Ulrike Röttger (Hrsg.)

PR-Kampagnen

Ulrike Röttger (Hrsg.)

PR-Kampagnen

Über die Inszenierung
von Öffentlichkeit

4., überarbeitete
und erweiterte Auflage

Bibliografische Information der Deutschen Nationalbibliothek
Die Deutsche Nationalbibliothek verzeichnet diese Publikation in der
Deutschen Nationalbibliografie; detaillierte bibliografische Daten sind im Internet über
<http://dnb.d-nb.de> abrufbar.

1. Auflage 1997
2. Auflage 2001
3. Auflage 2006
4., überarbeitete und erweiterte Auflage 2009

Alle Rechte vorbehalten
© VS Verlag für Sozialwissenschaften | GWV Fachverlage GmbH, Wiesbaden 2009

Lektorat: Barbara Emig-Roller

VS Verlag für Sozialwissenschaften ist Teil der Fachverlagsgruppe Springer Science+Business Media.
www.vs-verlag.de

Das Werk einschließlich aller seiner Teile ist urheberrechtlich geschützt. Jede Verwertung außerhalb der engen Grenzen des Urheberrechtsgesetzes ist ohne Zustimmung des Verlags unzulässig und strafbar. Das gilt insbesondere für Vervielfältigungen, Übersetzungen, Mikroverfilmungen und die Einspeicherung und Verarbeitung in elektronischen Systemen.

Die Wiedergabe von Gebrauchsnamen, Handelsnamen, Warenbezeichnungen usw. in diesem Werk berechtigt auch ohne besondere Kennzeichnung nicht zu der Annahme, dass solche Namen im Sinne der Warenzeichen- und Markenschutz-Gesetzgebung als frei zu betrachten wären und daher von jedermann benutzt werden dürften.

Umschlaggestaltung: KünkelLopka Medienentwicklung, Heidelberg
Druck und buchbinderische Verarbeitung: Krips bv, Meppel
Gedruckt auf säurefreiem und chlorfrei gebleichtem Papier
Printed in the Netherlands

ISBN 978-3-531-16228-7

Inhalt

Ulrike Röttger
Campaigns (f)or a better world?..9

Medien, Öffentlichkeit und Kampagnen

Ulrich Saxer
PR-Kampagnen, Medienöffentlichkeit und politische Entscheidungsprozess.
Eine Fallstudie zur schweizerischen Abstimmung über den EWR 27

Elisabeth Klaus
Öffentlichkeit als Selbstverständigungsprozess.
Das Beispiel Brent Spar 47

Gerhard Vowe
Feldzüge um die Öffentliche Meinung.
Politische Kommunikation in Kampagnen am Beispiel von
Brent Spar und Mururoa..69

Volker Gehrau
Die Dynamik von öffentlicher Meinung und
öffentlichem Verhalten am Beispiel von Brent Spar...87

Svenja Koch
Umweltkampagnen mit Herz und Verstand.
Strategien der Greenpeace-Kommunikation 109

Politik als Kampagne

Claus Leggewie
Kampagnenpolitik.
Eine nicht ganz neue Form politischer Mobilisierung..119

Patrick Donges
Politische Kampagnen..135

Hans-Jürgen Arlt/Otfried Jarren
Abwehrkünstler am Werk.
Über die Kampagnenfähigkeit des Deutschen Gewerkschaftsbundes..................149

Christian Nuernbergk
Die PR-Kampagne der
Initiative Neue Soziale Marktwirtschaft und ihr Erfolg in den Medien.
Erste Ergebnisse einer Evaluationsstudie 167

Marion G. Müller
Politisches Parfüm.
Die visuelle Vermarktung des Immateriellen 185

Soziales als Kampagne

Sarah Zielmann
Chancen und Hindernisse internationaler Gesundheitskampagnen.
Die Anti-Rauchen-Kampagne
„Help – für ein rauchfreies Leben" der EU 197

Martina Leonarz
Vorne ansetzen, um hinten zu sparen.
Konzeption und Evaluation einer Informationskampagne im
Sucht- und Gesundheitsbereich 213

Moralisierung der Kampagnenkommunikation

Ulrich Sarcinelli/Jochen Hoffmann
Öffentlichkeitsarbeit zwischen Ideal und Ideologie.
Wie viel Moral verträgt PR und wie viel PR verträgt Moral? 233

Sigrid Baringhorst
Sweet Charity.
Zum moralischen Ethos zeitgenössischer Sozialkampagnen. 247

Inga Schlichting/Ulrike Röttger
Zu gut für diese Welt?
Zur Glaubwürdigkeit unternehmerischer Sozialkampagnen 265

Sarah Zielmann/Ulrike Röttger
Moralisierung von Unternehmenskommunikation.
Ausgewählte Toscani-Kampagnen
in Deutschland und Italien und deren mediale Resonanz 283

Christian M. Peter
Gesellschaftliche Verantwortung auf Rezept.
Chemie und Pharma kümmern sich um Ihre Gesundheit 301

Klaus-Peter Johanssen
„Wir kümmern uns um mehr als Autos."
Die Geschichte einer Kampagne. 315

Fallstudien zur Kampagnenpraxis

A. Luchtefeld / J. Neidhart / S. Schröder / A. Schwital
Unternehmerische Sozialkampagnen – total sozial?
Eine Untersuchung am Beispiel der
Krombacher Regenwald-Kampagne 325

Kirsten Bothe / Julia Roeckner
Auf Verbrecherjagd.
Analyse der Kampagne „Raubkopierer sind Verbrecher"....................................337

Hanna Lena Lepp / Hanna Tank
Goethe Institut – Learn German (and brand your nation).
Zwei Imagekampagnen für die deutsche Sprache 349

Nadine Fislage / Sandya Stiebling
„Man muss das Chaos lieben."
Untersuchung der GATS-Kampagne von Attac..361

Sebastian Bonse / Christine Drath / Sonja Ramm / Julia Völker
Mit Schnipsen gegen die Armut? 375

Zu den Autorinnen und Autoren dieses Bandes 385

Campaigns (f)or a better world?*

Ulrike Röttger

Greenpeace besetzt Brent Spar, Shell entschuldigt sich öffentlich in Anzeigen, Krombacher ruft zur Rettung des Regenwaldes auf und „Du bist Deutschland" will ein ganzes Land zu mehr Optimismus und Engagement bewegen. Kampagnen sind in der öffentlichen Diskussion und ihr Einfluss auf die öffentliche Meinung wächst. Ihnen wird seit einigen Jahren seitens der Medien, der Öffentlichkeitsarbeit, der Politik und schließlich der Wissenschaft vermehrt Aufmerksamkeit geschenkt. Das hat vor allem drei Gründe: die rein quantitative Zunahme von Kampagnen, die Professionalisierung der Kampagnenarbeit und eine veränderte Qualität der Kampagnenkommunikation – die moralische Aufladung von Kampagnenbotschaften. Im Mittelpunkt der folgenden Ausführungen steht die Frage, welche Konsequenzen die Moralisierung der Kampagnenkommunikation für Organisationen, Öffentlichkeit und RezipientInnen haben kann.

Was sind PR-Kampagnen?
Wie viele Begriffe und Praktiken der Public Relations ist auch der von der PR verwendete Kampagnenbegriff nicht eindeutig definiert. Insbesondere eine Abgrenzung von Werbe-, Marketing- und PR-Kampagnen ist in der Praxis kaum möglich. Kennzeichen von PR-Kampagnen ist, dass sie Wirklichkeit dramatisch inszenieren – und dies in der Regel in medienadäquater Form. Unter PR-Kampagnen werden hier dramaturgisch angelegte, thematisch begrenzte, zeitlich befristete kommunikative Strategien zur Erzeugung öffentlicher Aufmerksamkeit verstanden, die auf ein Set unterschiedlicher kommunikativer Instrumente und Techniken – werbliche Mittel, marketing-spezifische Instrumente und klassische PR-Maßnahmen – zurückgreifen.

Aufmerksamkeit zu wecken ist das Minimalziel von Kampagnen aller Art. Ziel ist darüber hinaus, Vertrauen in die Glaubwürdigkeit der Organisation und Zustimmung zu den eigenen Intentionen oder aber Anschlusshandeln zu erzeugen (vgl. Saxer 1994). Ohne Aufmerksamkeit und Vertrauen können Zustimmung und Anschlusshandeln

---

* Dieser Beitrag wurde gegenüber der 2. Auflage des Bandes von 2001 aktualisiert und ergänzt.

nicht erlangt werden. Das Ziel, Anschlusshandeln zu provozieren, wird deutlich zum Beispiel bei klassischen Informations- bzw. Sozialkampagnen, mittels derer Einstellungen oder soziale Verhaltensweisen verändert oder bestätigt werden sollen. Bekannte Beispiele hierfür sind Safer-Sex-, Anti-Rauch-, Pro-Gurt-Kampagnen oder auch Familienplanungs-Kampagnen in Ländern der Dritten Welt. Konstituierend für Sozialkampagnen ist ein Akteur, der eine auf ein soziales Ziel hin ausgerichtete und an spezifische Zielgruppen adressierte Änderungsstrategie öffentlich macht (vgl. Kotler/Roberto 1991: 15-35; Salmon 1989b). Sozialkampagnen lassen sich zudem nach der Art ihres Anliegens und ihrer inhaltlichen Zielsetzung – von kognitiven Änderungen über Verhaltens- bis hin zu Werteänderungen – unterscheiden (vgl. Bonfadelli 2004: 101ff.). Die Chance, dass diese Ziele erreicht werden, sinkt dabei gemäß der Reihenfolge der Aufzählung.

Kampagnen verfolgen in der Regel eine kommunikative Doppelstrategie: Einerseits sind sie durch eine Medienorientierung gekennzeichnet. Sie sind in ihrer inhaltlichen Aufbereitung und zeitlichen Ereignisstruktur auf die Regeln und Routinen des Mediensystems ausgerichtet und haben eine möglichst hohe Medienresonanz zum Ziel. Andererseits weisen Kampagnen eine direkte Publikumsorientierung auf. Sie wollen die Aufmerksamkeit, das Vertrauen der relevanten Teilöffentlichkeiten erreichen und zielen auf die Mobilisierung einzelner Zielgruppen ab. Medienresonanz und Bevölkerungsmobilisierung bedingen und beeinflussen sich gegenseitig; eine hohe Medienresonanz begünstigt eine hohe Publikumsresonanz und umgekehrt. Dem Zusammenspiel von Medienresonanz und Wahrnehmung durch das Publikum haftet allerdings immer auch die Gefahr einer Verselbständigung der Kommunikation an. Zum Beispiel dann, wenn sich intendierter Protest in nicht beabsichtigten Boykott oder gar gewalttätige Aktionen verwandelt. Und auch die Kontrolle über die Art der geführten Diskussion und die thematischen Schwerpunkte der Kampagne können in der öffentlichen Diskussion verloren gehen.

PR-Kampagnen und Öffentlichkeit

Unter den Bedingungen eines qualitativ und quantitativ ausdifferenzierten Mediensystems, in der „Viel-Kanal-Öffentlichkeit" (Jarren 1997: 103), verstärkt sich für Organisationen der Zwang zur Kommunikation und der Zwang, Aufmerksamkeit zu finden. Zugleich wird es angesichts der Flut von Informationen immer schwieriger, sich öffentlich Gehör zu verschaffen. Themen stehen in hoher Konkurrenz zueinander und die Aufmerksamkeit des Publikums und der Medien ist begrenzt. Organisationen, die mit ihren Themen öffentliche Aufmerksamkeit erzielen wollen, müssen „interessanter und wichtiger als auch kompetenter und glaubwürdiger erscheinen als ihre Mitkonkurrenten" (Neidhardt 1994: 7). Kontinuierliche Öffentlichkeitsarbeit, das PR-Alltagsgeschäft, ist eine notwendige, aber häufig nicht mehr hinreichende Bedingung für die erwünschte öffentliche Wahrnehmung von Botschaften. Inszenierungen und Symbole sind nötig, um angesichts des Informationsüberangebots Aufmerksamkeit sowohl der Medien als auch des Publikums zu erhalten. Spektakuläre PR-Aktionen und dramaturgisch wohlüberlegte Inszenierungen gewinnen gegenüber dem Alltagsgeschäft eine größere Bedeutung in der Öffentlichkeitsarbeit. Kampagnen leben von Symbolen und damit von Vereinfachungen.[1] Hier agieren Helden und Retter, die Guten und die Bösen sind eindeutig identifizierbar. Greenpeace beherrscht diese Form der Inszenierung und Symbolisierung perfekt: Da kämpft David (Greenpeace) gegen Goliath (z.B. Shell), Regenbogenkrieger in winzigen Schlauchbooten, die unter Einsatz ihres Lebens für eine bessere Welt kämpfen, werden zu Helden, eine einzige Bohrinsel wird zum Synonym für die Verschmutzung der Weltmeere.[2] Die journalistischen Selektionshürden und die Wahrnehmungshürden bei den RezipientInnen, die es für Public Relations zu überwinden gilt, steigen dabei im Prinzip mit jeder neuen Inszenierung. Ein Ende der Entwicklung ist nicht abzusehen. Und so besteht die Gefahr, dass die „signalökonomischen Gesetze der Kampagnenkommunikation" (Baringhorst 1995a: 57) komplexe Sachverhalte und die systematische Problemanalyse in den Hintergrund drängen. Dies kann auf Dauer zu einer vordergründigen Orientierung an Einzelereignissen und einer Vernachlässigung komplexer gesellschaftlicher Sachverhalte führen.

Der „moralische Mehrwert" kommerzieller Kampagnen

Während traditionell gemeinwohlorientierte Organisationen, also z.B. Vereine, Verbände und staatliche Institutionen, Träger von Sozialkampagnen sind, wählen zunehmend auch Wirtschaftsunternehmen Strategien, die direkt auf soziale, gesellschaftliche Anliegen Bezug nehmen. Unter den Stichworten „Corporate Social Responsibility" und „Corporate Citizenship" wird heute die ökologische und soziale Verantwortung, die Unternehmen freiwillig über Gesetzesvorhaben hinaus wahrnehmen, intensiv diskutiert (vgl. u.a. Maaß/Clemens 2002; Weiß 2002; Habisch 2003). Privatwirtschaftlichen Unternehmungen wird seitens der KonsumentInnen vermehrt soziale und ökologische Verantwortung abverlangt (vgl. Maignan 2001). Denn die Erkenntnis und die Erfahrung, dass moderne Industriegesellschaften in hohem Maße (ökologische) Risiken produzieren, dass die „Risikogesellschaft" (Beck 1986) eine „Weltrisikogesellschaft" (Beck 1995a) ist, in der z.B. ökologische Gefahren räumlich nicht mehr begrenzbar sind, hat zu erheblichen Existenz- und Bedrohungsängsten und zur Sensibilisierung der Bevölkerung in gesellschaftsrelevanten Fragen geführt. In Zeiten der Politisierung der Ökonomie werden Unternehmen immer stärker nach nicht-ökonomischen Kriterien beurteilt.

KonsumentInnen reagieren zunehmend nicht mehr nur individuell, indem sie zum Beispiel auf umweltschädliche Produkte verzichten beziehungsweise vorwiegend umweltgerechte Produkte nutzen. Immer häufiger kommt es auch zur Androhung gemeinschaftlichen Boykotts von Unternehmen und Organisationen, die ihrer gesellschaftlichen, ökologischen Verantwortung aus Sicht der KonsumentInnen nicht gerecht geworden sind: Boykott von Dosenbier, Boykott von Shell-Tankstellen, Boykott von französischem oder amerikanischem Wein, Boykott von Benetton, die Liste der ange-

---

[1] Mit der Bedeutung von Inszenierungen und Symbolen in massenmedialen Solidaritätskampagnen hat sich intensiv Sigrid Baringhorst beschäftigt (Baringhorst 1994, 1995a und 1995b).
[2] Zur bildlichen Darstellungsstrategie von Greenpeace siehe z.B. Böttger 1996.

drohten und zum Teil durchgeführten Boykottaktionen ließe sich fortsetzen. Konsum oder Boykott(-androhungen) sind zu einem Mittel der politischen Beteiligung geworden, mit dem KonsumentInnen/BürgerInnen ihre politisch-gesellschaftlichen Forderungen nachdrücklich formulieren (vgl. Beck 1995b; Friedman 1999).

Auf die an sie gerichteten Forderungen nach sozial und ökologisch verantwortlichem Handeln reagieren Unternehmen zunehmend mit Corporate Social Responsibility-Projekten und „Social-PR". Ein Gemeinwohlbezug in der kommunikativen Darstellung nach innen und außen stellt für sie eine Möglichkeit dar, die eingeforderte Verantwortlichkeit einzulösen oder doch zumindest kommunikativ zu demonstrieren. Die Entwicklung zur „moralischen Unternehmensaktion" (Reichertz 1995: 470) ist jedoch nicht nur eine Reaktion auf veränderte Konsumentenerwartungen, sondern auch eine Reaktion auf eine spezifische Wettbewerbssituation. Produkte und Dienstleistungen sind austauschbar geworden, eine eindeutige, unverwechselbare Profilierung allein über sie entsprechend kaum mehr möglich. Profilierung und Imagebildung verlangen in dieser Konkurrenzsituation nach einem erkennbaren „Mehrwert" der Produkte und Dienstleistungen, der unter anderem über eine moralische Aufladung erreicht werden kann. „Moralischen Mehrwert" haben Milka Schokoladentafeln, wenn von jeder in Österreich verkauften Tafel ein Groschen für die Aufforstung der Alpen genutzt wird (vgl. Reichertz 1995: 470); Ritter Sport unterstützt das Projekt „Schulen für Afrika", Volvic spendet Trinkwasser für Äthiopien.

Nicht von ungefähr engagieren sich dabei viele Unternehmen in gesellschaftlichen Bereichen, die nicht im engen thematischen Bezug zum Unternehmen stehen (Bröhm 1995: 161). Nicht von ungefähr thematisieren Unternehmen bevorzugt Lösungen für Probleme, für deren Existenz sie nicht direkt zur Verantwortung gezogen werden können. Soziales Engagement in firmenfremden Bereichen, wie z.B. das der Deutschen Shell AG in den Bereichen Jugend und Verkehrserziehung, kann zu einer positiven Imagegestaltung beitragen und minimiert zugleich das Risiko, am eigenen Anspruch gemessen zu werden.

Unternehmen, die ihre gesellschaftliche Verantwortung zur Imagegestaltung einsetzen, setzen sich allerdings der verstärkten öffentlichen Dauerbeobachtung aus. Mit einem gemeinwohlorientierten Image ist eine gewisse Selbstverpflichtung verbunden – dies ist für kommerzielle Unternehmungen ein nennenswertes Risiko bei Sozialkampagnen. Das hat im Kontext von Brent Spar auch die Shell-Kampagne „Das wollen wir ändern" gezeigt, die kurz vor Brent Spar gestartet worden war (siehe den Beitrag von Johanssen in diesem Band). Da Shell seinen selbst gesetzten Maßstäben aus Sicht der BürgerInnen im Fall Brent Spar nicht gerecht wurde, war ein erheblicher Verlust an Vertrauens- und Glaubwürdigkeit die Folge. Shell versuchte schließlich mit einem „öffentlichen Kniefall" zu retten, was noch zu retten war: In der Nach-Brent-Spar-Kampagne „Wir werden uns ändern" folgte die demutsvolle Entschuldigung und das Versprechen der Besserung.

Inwieweit der Rekurs auf soziale und gesellschaftliche Verantwortung durch Wirtschaftsunternehmen von den KonsumentInnen als glaubwürdig eingeschätzt wird, hängt nicht nur davon ab, ob Selbstdarstellung und konkretes Handeln übereinstimmen. Zum anderen ist von Bedeutung, ob und wie Selbstdarstellung und Handeln von den KonsumentInnen wahrgenommen werden (siehe hierzu den Beitrag von Schlichting/Röttger in diesem Band; vgl. auch Mohr et al. 2001; Maignan 2001).

> „Kurz: viele Unternehmen erhoffen sich wirtschaftlichen Erfolg aus dem Umstand, dass sie eine Ausfallbürgschaft übernehmen, nämlich das tun, was die Kirche, die Wissenschaft und auch die Politik einmal taten, jedoch aus unterschiedlichen Gründen zunehmend weniger vermögen: die Setzung und Vertretung gesellschaftlicher Normen. Die Frage ist, ob die kommerzielle Absicht dieses Tun diskreditiert." (Reichertz 1994: 277)

Diese Frage ist nur im konkreten Einzelfall, also empirisch zu beantworten. Jedoch zeigt sich insbesondere in Krisensituationen, dass die Glaubwürdigkeit des „better-world-Anspruchs" von kommerziellen Unternehmungen selbst bei Kohärenz von Aussagen und Handlungen latent gefährdet ist. Ihr gesellschaftliches Engagement ist letztlich ein Mittel zur Durchsetzung partikularer Interessen und wird vom Publikum in der Regel auch so wahrgenommen. Diese kommerzielle Absicht diskreditiert nicht zwangsläufig das gesellschaftspolitische Engagement von Unternehmen, aber es gefährdet ihre Glaubwürdigkeit.

Engagement für Wale und Weltmeere, Biotope und Behinderte – bislang war vor allem von kommerziellen PR-Kampagnen die Rede, die auf unternehmensexterne gesellschaftliche Problemlagen Bezug nehmen. Sie sind eine Reaktion auf veränderte Erwartungen der KonsumentInnen an Unternehmen und als Möglichkeit der Profilierung und Imagegestaltung über das Produkt hinaus. Im Folgenden soll der Blick auf kommerzielle PR-Kampagnen gerichtet werden, die in erster Linie eine Reaktion auf konkrete Problemlagen des Unternehmens sind. Denn auch hier zeigt sich eine Kampagnenkultur, die als Zeichen einer veränderten gesellschaftlichen Rolle von Unternehmen gewertet werden kann. Bekannte Strategien in Krisensituationen bestehen darin, das Problem umzudeuten, die Schuld zu bestreiten oder von der Gesamtorganisation auf einzelne personifizierbare „Sündenböcke" zu schieben (vgl. Hearit 1995). Oder aber: sich durch Schweigen entziehen. All diese Handlungsoptionen finden regelmäßig Anwendung und werden es wohl auch in Zukunft tun. Zugleich ist aber auch eine andere Entwicklung zu beobachten: Fehler zuzugeben, sich der öffentlichen Kritik zu stellen und zu entschuldigen. Entschuldigungskampagnen sind nur vor dem Hintergrund der moralisch aufgeladenen Profilierungsbestrebungen von Unternehmen und ihrer gleichzeitig veränderten gesellschaftlichen Rolle zu verstehen. Im Zuge der Profilierung bemühen sie sich um eine eigenständige und vor allem vertrauenserweckende Identität; Unternehmen präsentieren sich als moralisch Handelnde, die über das Eingeständnis von Fehlern Verantwortungs- und Dialogbereitschaft signalisieren. Wie glaubwürdig solche Entschuldigungen sind, hängt von zwei Faktoren ab: Zum einen sind die konkreten Bedingungen des Einzelfalls zu berücksichtigen: Wie gravierend war der Fehler, wer war davon in welchem Ausmaß betroffen? Zum anderen ist entscheidend, ob mit der Entschuldigung eine Änderung des Verhaltens einhergeht: Wird alles Mögliche unternommen, damit der Fehler nicht noch einmal passiert?

Was haben Nächstenliebe und Seife gemeinsam?
„Why can´t you sell brotherhood and rational thinking like you sell soap?" (Wiebe 1952 zit. nach Salmon 1989a: 19) – Die Frage, warum sich Nächstenliebe nicht wie Waschmittel verkaufen lässt, ist heute scheinbar obsolet geworden: Denn die Vermarktungs- und Veröffentlichungsstrategien von Misereor und Tchibo, Greenpeace und Shell, Benetton und amnesty international werden sich immer ähnlicher. Nonprofit-Organisationen und kommerzielle Unternehmen greifen auf die gleichen Kampagnen-Instrumente und -Strategien zurück. Zwei Entwicklungslinien prägen diese Angleichung der Kampagnenstrategien von Nonprofit-Organisationen und kommerziellen Unternehmen: Zum einen ist dies die bereits beschriebene Tendenz zur moralischen Aufladung der kommunikativen Strategien. Zum anderen ist auf Seiten der Nonprofit-Organisationen eine Professionalisierung der PR und der Kampagnenkommunikation zu beobachten. Unter dem Stichwort „Social Marketing" hat eine Ausweitung des traditionell im kommerziellen Bereich angewandten Marketing-Begriffs auf den nichtkommerziellen Bereich stattgefunden: Soziale Ideen und Ziele, gesamtgesellschaftlich relevante Anliegen sollen mit Hilfe des Marketinginstrumentariums effizienter gelöst werden.[3]

Die Professionalisierung der Nonprofit-Akteure im Sinne einer Übernahme des professionellen Instrumentariums von Profit-Organisationen ist nicht auf das Marketing-Instrumentarium beschränkt. Auch im Bereich der PR oder beim Einsatz werblicher Mittel lässt sich eine Anpassung der Nonprofit-Organisationen an die von kommerziellen Organisationen gesetzten Standards feststellen. Die PR- und Marketingstrategien privatwirtschaftlicher Unternehmen werden von Nonprofits aufgegriffen und den eigenen Zielen angepasst. Die Professionalisierung umfasst dabei zunächst die Bereitstellung der nötigen finanziellen und personellen Ressourcen für Öffentlichkeitsarbeit, betrifft darüber hinaus aber auch Fragen der organisationsinternen Ansiedlung der PR und ihrer Autonomie und die Einflussmöglichkeiten der Öffentlichkeitsarbeit auf organisationspolitische Entscheidungen. Und die Professionalisierung endet schließlich in der Wahl der Strategien, Maßnahmen und Mittel, mit denen versucht wird, öffentliche Aufmerksamkeit für die eigenen Anliegen zu schaffen.

Gerade für Nonprofit-Organisationen, die über keinen direkten Zugang zum politisch-administrativen System verfügen, bieten professionelle PR-Kampagnen die Möglichkeit, in die öffentliche Diskussion zu kommen und Entscheidungsprozesse zu beeinflussen. Dies setzt aber finanzielle und personelle Ressourcen und kommunikative Kompetenzen voraus, ohne die die Wahrnehmungs- und Selektionshürden von Medien und RezipientInnen kaum überwunden werden können. Dies bedeutet zugleich, dass eine Ausgrenzung von Themen und Positionen aus der öffentlichen Diskussion zu befürchten ist, die nicht von organisations- und konfliktfähigen Gruppierungen repräsentiert werden. Organisationen, die nicht kampagnenfähig sind, weil sie eben nicht über

---

[3] Eine ausführliche Darstellung der Chancen und Probleme des Social Marketings für Nonprofit-Organisationen findet sich z.B. in Bruhn/Tilmes 1994; Kotler/Roberto 1991; Krzeminski 1994; Leif 1993.

die entsprechenden finanziellen Ressourcen und personellen Kompetenzen verfügen, und Themen, die nicht medien- und publikumswirksam darstellbar sind, werden in der mit immer professionelleren Mitteln ausgetragenen Konkurrenz um öffentliche Aufmerksamkeit und um Spendengelder aus dem Blickfeld gedrängt.

Konsequenzen hat die Professionalisierung der Kampagnenarbeit von Nonprofit-Organisationen erwartbar auch für deren Organisationsstruktur und -politik. Mitgliederpartizipation, langwierige interne Diskussions- und Entscheidungsprozesse stehen einer effizienten und punktgenau wirksamen Kampagnenarbeit tendenziell im Wege. Dem internen Diskurs und dem Laienwissen der Mitglieder stehen die Regeln der öffentlichen Aufmerksamkeitsgewinnung und das Expertenwissen der Campaigner und Öffentlichkeitsarbeiter gegenüber. Können Nonprofits in Zukunft nur existieren, wenn sie ausschließlich aus professionellen PR-Experten und Campaignern bestehen, deren Entscheidungen losgelöst sind von Mitgliedern, Spendern und Helfern?

Probleme: Verschleiß von Themen und Aufmerksamkeiten

Die beschriebene Annäherung in der Kampagnenpolitik von Profit- und Nonprofit-Organisationen hat Folgen: Sie führt dazu, dass die Trennung zwischen Solidaritäts- und Mobilisierungskampagnen von gemeinnützigen Organisationen und moralisch argumentierenden Kampagnen von kommerziellen Unternehmen für das Publikum und die Medien immer schwieriger wird. Konsequenzen dieser Entwicklung sind sowohl auf der Mikro- als auch auf der Makro-Ebene denk- und erwartbar:

- Welche Folgen hat die beschriebene Annäherung für die Wahrnehmung und Bewertung der Kampagnen durch das Publikum? Die Zunahme von moralisierenden Sozialkampagnen mit „better-world-Anspruch" kann zu einer „Abstumpfung" auf Seiten des Publikums und damit zu einer geringeren Mobilisierungsbereitschaft führen.
- Welche Folgen hat die wachsende Verschränkung von Markt und Moral für Politik, Gesellschaft und Öffentlichkeit? Übernehmen kommerzielle Unternehmen scheinbar – u.a. über PR-Kampagnen vermittelt – oder tatsächlich immer stärker Aufgaben aus anderen Systemen wie Politik, Kultur und Sozialem? (Baringhorst 1995a)
- Ist die grundsätzliche Gewinnorientierung kommerzieller Unternehmen aus Sicht der Teilöffentlichkeiten glaubwürdig mit einem Gemeinwohlbezug vereinbar? Wenn nicht: Sinkt allgemein die Glaubwürdigkeit von moralisierenden Kampagnen, da sich Glaubwürdigkeitsdefizite von kommerziellen Unternehmen auf Nonprofits übertragen?
- Sind Sozial- und Solidarkampagnen lediglich Ausdruck einer symbolischen Inszenierung von gesellschaftlichem Engagement? Werden Solidarität und Mitgefühl in der Folge von moralisierenden „better-world-Kampagnen" ausschließlich zum symbolischen Akt, der kaum reale Handlungsfolgen hat?
- Wie werden Medien und JournalistInnen mit der wachsenden Bedeutung der Öffentlichkeitsarbeit und von Kampagnen am Prozess der Herstellung von Öffentlichkeit umgehen; ist eine zunehmende Instrumentalisierung der JournalistInnen zu erwarten?

Campaigns (f)or a better world? – Ob Kampagnen diese Welt besser machen oder aber die Welt ohne Kampagnen besser wäre, ist theoretisch sicher nicht zu beantworten. Eines ist jedoch klar: Bessere Kampagnen werden diese Welt sicher nicht schlechter machen.

Zu den Beiträgen in diesem Band
Der vorliegende Sammelband greift die wachsende Bedeutung von PR-Kampagnen auf und stellt anhand von theoriegeleiteten Betrachtungen und Beispielen aus der Praxis die Voraussetzungen und notwendigen Rahmenbedingungen, die Ziele und Wirkungsweisen von Kampagnen dar. Die Beiträge des Bandes spiegeln insgesamt die Vielgestaltigkeit von Kampagnen, ihre zahlreichen Facetten und Implikationen wider. Gleichwohl Kampagnen per se als Form der integrierten Kommunikation anzusehen sind, insofern eine klare Trennung von Werbung, Marketing und PR im Kampagnenkontext wenig sinnvoll und auch kaum möglich ist, stehen hier Kampagnen, die einen starken PR-Bezug aufweisen, im Mittelpunkt. Dabei liegt dem Konzept der Publikation aber ein sehr weiter PR- und Kampagnen-Begriff zugrunde: Auch Kommunikationsformen, die klassisch nicht zu Public Relations gezählt werden, aber eine deutliche Nähe zu ihr aufweisen, können und sollen aufgegriffen werden.

Die vorliegende dritte, völlig überarbeitete Auflage des Sammelbandes basiert dabei zum einen aus Texten, die bereits für die erste Auflage von 1997 verfasst wurden. Texte, die von grundlegender Bedeutung für das Thema sind, wurden unverändert übernommen. Einige Beiträge aus der ersten bzw. zweiten Auflage wurden aktualisiert und schließlich wurden zahlreiche aktuelle Fallstudien für diese dritte Auflage verfasst. Der konkrete Status ist jeweils zu Beginn der Beiträge vermerkt.

Medien, Öffentlichkeit und Kampagnen
Die Beiträge des ersten Abschnittes beschäftigen sich mit dem Verhältnis von PR-Kampagnen zu Medien und Öffentlichkeit: Wie wirken Kampagnen und welche Folgen haben sie für den öffentlichen Diskurs?

Ulrich Saxer diskutiert anhand einer Fallstudie zur schweizerischen Abstimmung über den EWR das Verhältnis von Medienöffentlichkeit, Öffentlichkeitsarbeit und politischem Entscheidungsprozess. Die Studie belegt den Sieg der Kampagnenarbeit über den Journalismus: Obwohl sich die JournalistInnen mehrheitlich für den EWR-Beitritt aussprachen, stimmte die Bevölkerung dagegen. Welche Relevanz hat also die journalistisch gestaltete Medienrealität für den politischen Entscheidungsprozess? Saxer zeigt, dass die einseitige Fokussierung der Kommunikationsforschung im Bereich der politischen Kommunikation auf Medienkommunikation in Zweifel gezogen werden muss: Öffentlichkeit ist ein komplexes System, das weit mehr ist als Medienöffentlichkeit. Als Subsystem von Öffentlichkeit muss die interpersonale Kommunikation als weiteres Interaktionssystem berücksichtigt werden – eine Argumentation, mit der auch Elisabeth Klaus in ihrem folgenden Aufsatz übereinstimmt.

Noch heute, zehn Jahre nach „Brent Spar", gelten die öffentlichen Auseinandersetzungen um die Ölplattform als ein Paradebeispiel der Kampagnenkommunikation. Eine systematische, wissenschaftliche Analyse der unterschiedlichen PR-Strategien, die die Auseinandersetzung um die Ölplattform in der Nordsee ausgelöst und begleitet haben, liefern die Beiträge von Elisabeth Klaus und Gerhard Vowe. Die Aufarbeitung der Brent-Spar-Auseinandersetzungen war von heftiger Kritik an der Rolle der Medien begleitet: Die Journalisten hätten ihre Kritik- und Kontrollfunktion nicht angemessen wahrgenommen und sich von Greenpeace instrumentalisieren lassen, lautet einer der Hauptvorwürfe an die Medien (vgl. Baerns 1996: 21; Johanssen/Vorfelder 1996). *Elisabeth Klaus* analysiert die Rolle der Medien im Fall Brent Spar vor dem Hintergrund eines umfassenden Begriffs von Öffentlichkeit: Öffentlichkeit, verstanden als Verständigung der Gesellschaft über sich selbst, ist die Gesamtheit aller Kommunikationsforen und -formen, in denen diese Selbstverständigungsprozesse stattfinden. Hierzu zählen Alltagsgespräche ebenso wie massenmediale Kommunikation. In ihrer Analyse des Kampagnenverlaufs richtet sie den Blick entsprechend nicht nur auf die Medien und massenmediale Öffentlichkeit. Klaus zeigt auf, dass weite Teile der Bevölkerung, lange bevor die Medienberichterstattung ihre Höhepunkte erreichte, die Protestaktionen von Greenpeace befürworteten – Brent Spar ist nicht von den Medien herbeigeredet worden.

Während Elisabeth Klaus vor allem die organisationsexternen Faktoren beleuchtet, die über den Kampagnenerfolg entscheiden, rücken im Beitrag von *Gerhard Vowe* stärker organisationsinterne Aspekte in den Vordergrund. Anhand eines Vergleichs der beiden Greenpeace-Kampagnen „Brent Spar" und „Mururoa" zeigt er die Bedingungen auf, die über den Erfolg oder Misserfolg von „Feldzügen um die öffentliche Meinung" mitentscheiden. Kampagnen umfassen laut Vowe vier Kommunikationsebenen – Binnen-, Krisen-, Medien- und Anschlusskommunikation. Er beschreibt Kampagnen als dynamischen Prozess der Rückkopplung zwischen den verschiedenen Kommunikationsebenen, aber auch zwischen unterschiedlichen Kampagnen. Vowes Fazit: Der Erfolg einer Kampagne ist letztlich nicht planbar. Völlig neue Perspektiven auf den Zusammenhang von medienberichterstattung, öffentlicher Meinung und öffentlichem Verhalten (Boykott der Tanstellen) bietet der Beitrag von *Volker Gehrau*, der auf teils erst jetzt allgemein zugängliche empirische Daten zurück greift. Gehraus Analyse verweist auf die wichtige Rolle der Medien im Rahmen des Agenda Setting, zeigt aber zugleich, dass die Medien im Fall Brent Spar die Einstellung der Bevölkerung nicht oder nicht wesentlich beeinflusst haben.

Die Innensicht der Greenpeace-Kampagnenplanung liefert schließlich *Svenja Koch*, Pressesprecherin bei Greenpeace, in ihrem Beitrag. Sie beschreibt die Bedeutung von Öffentlichkeitsarbeit und Kampagnenkommunikation für ihre Organisation und erläutert die zentralen Prinzipien, denen Greenpeace-Kampagnen folgen.

Politik als Kampagne

Der zweite Teil des Buches befasst sich mit Politik als Kampagne beziehungsweise Kampagnen als Instrument der Politik. Politikvermittlung, Polit-PR und politische Kampagnen sind wiederholt der Kritik ausgesetzt. Kampagnenpolitik sei die „Transformation des Politischen von der Realpolitik zum Politikmarketing" (Baringhorst

1995b: 35) oder schlicht „symbolische Politik" (Sarcinelli 1987). Kampagnen seien ein Ausdruck einer von Politik und Medien getragenen Inszenierung von Politik, die mit der politischen Realität nicht mehr viel gemeinsam habe. Pervertieren Kampagnen also den Politikbetrieb? *Claus Leggewie* zeigt in seinem Gang durch die Geschichte der Kampagnenpolitik und anhand von amerikanischen Wahlkampagnen, dass die Form der Kampagne dem Politischen schon immer zu eigen war: Kampagnen sind ein elementarer Bestandteil politischer Kommunikation. Für ihn steht fest: „Wer in heutigen Kampagnen niedrige Instinkte am Werk sieht, entdeckt nur einen Grundzug der Politik seit jeher."

Mit der Frage, ob Kampagnen die Politik besser oder schlechter machen, beschäftigt sich auch *Patrick Donges*. Nach einer grundlegenden Verortung von Kampagnen im Prozess der politischen Interessenvermittlung diskutiert er neuere Entwicklungen der politischen Kampagnenkommunikation, die oftmals mit dem Schlagwort „Amerikanisierung" bezeichnet werden. Donges stellt der „Amerikanisierung" Konzepte der Modernisierung und Globalisierung gegenüber und macht deutlich, dass neue Formen der Kampagnenkommunikation weniger als ein Import aus Amerika zu verstehen sind, sondern vielmehr als Ergebnis von Prozessen der Modernisierung und funktionalen Differenzierung des politischen Systems, des soziokulturellen Systems und des Mediensystems.

Die Mobilisierung von Mitgliedern, Wählern oder Anhängern ist für politische Mitglieder-Organisationen aller Art eine zentrale Funktion von Kampagnen – so auch für den Deutschen Gewerkschaftsbund. Aber: Wie kampagnenfähig ist der Deutsche Gewerkschaftsbund heute? *Hans-Jürgen Arlt* und *Otfried Jarren* zeigen, dass der DGB seine Kampagnenfähigkeit in erster Linie bei der Bewältigung von Abwehraufgaben unter Beweis stellt: Vor allem extern produzierte Motivationen, zum Beispiel Angriffe auf tarifpolitische Besitzstände, führen zu einer hohen Beteiligungsbereitschaft der Mitglieder. Als problematisch erweist sich demgegenüber die innerorganisatorische Akzeptanz von selbst definierten, aus eigener politischer Kraft entwickelten Kampagnen, die Teil einer gesellschaftspolitischen Strategie der Gewerkschaften sind. Als Voraussetzungen für eine derartige intern motivierte Kampagnenfähigkeit stellen die Autoren eine veränderte Kommunikationskultur heraus. Dies umfasst auch eine Entwicklung des Verhältnisses von Politik und Öffentlichkeitsarbeit hin zum strategischen Prozessmanagement.

Die Kampagnenfähigkeit und Kommunikationspotentiale eines relativ neuen politischen Akteurs – die Initiative Neue Soziale Marktwirtschaft – analysiert *Christian Nuernbergk* in seinem Beitrag. Die Ergebnisse seiner Input-Output-Analyse zeigen deutlich, wie es der INSM gelungen ist, die Medienberichterstattung in hohem Maße im Sinne der eigenen Positionen zu beeinflussen und die eigenen Interessen in den Medien zu positioinieren. Problematisch ist dies vor allem, da die Thematisierungsstrategie der Initiative für die RezipientInnen in den seltensten Fällen erkennbar ist, da in der Berichterstattung die nötigen orientierenden Informationen z.B. zur Zugehörigkeit einzelner Prominenter zur Initiative meist fehlen.

In der wissenschaftlichen Analyse politischer Kommunikation finden visuelle Kommunikationsmittel und Darstellungsstrategien bislang eher wenig Beachtung. Gleichwohl zählen Bildmittel in Form von Plakaten oder Werbespots zu zentralen Instrumenten z.B. von Wahlkampagnen. *Marion G. Müller* analysiert in ihrem Beitrag die visuellen Darstellungsstrategien in der Politik und zieht Vergleiche zu bekannten Formen der Parfüm- und Produktwerbung. Denn Politik ist wie Parfüm ein ephemeres Gut. Beide sind auf optische Zeichen und Symbole angewiesen, die auf die Qualitäten des Produkts selbst verweisen. Anhand von Bildbeispielen zeigt sie die wechselseitige Durchdringung von Politik und PR auf: Public Relations und Werbung bedienen sich verstärkt politisch-gesellschaftlicher Themen. Die Politik setzt ihre Botschaften mittels professioneller Marketing- und PR-Strategien um und reduziert politische Komplexität mittels aus der Produktwerbung bekannter Darstellungsstrategien.

Soziales als Kampagne

Zwei klassische öffentliche Informationskampagnen stehen im Mittelpunkt des dritten Abschnitts. *Sarah Zielmann* stellt die aktuelle Anti-Rauchen-Kampagne „Help – für ein rauchfreies Leben" der EU vor und kann eindrücklich die Probleme von international bzw. paneuropäisch angelegten Kampagnen aufzeigen. Deutlich wird, dass Kampagnen – zumal solche, die Einstellungs- und Verhaltensänderungen bewirken wollen – intensiv auf nationale Besonderheiten im Kontext des jeweiligen Kampagnenthemas eingehen müssen.

Ob und inwieweit Sozialkampagnen erfolgreich sind, hängt selbstverständlich von zahlreichen unterschiedlichen Faktoren ab: Erreichen die eingesetzten Medien und Instrumente das Zielpublikum, sind die Botschaften und Visualisierungen verständlich und eingängig? Ohne den Einsatz wissenschaftlicher Erhebungsverfahren können diese und andere zentrale Fragen der Kampagnenkonzeption und -durchführung kaum zuverlässig beantwortet werden. Die Möglichkeiten und auch Grenzen der Kampagnen-Evaluation stellt *Martina Leonarz* am Beispiel der Informationskampagne „Sucht beginnt im Alltag. Prävention auch." vor. Die Kampagne, die 1995 gestartet wurde und inzwischen im sechsten Jahr in Zürich durchgeführt wird, wurde kontinuierlich wissenschaftlich erforscht. Leonarz zeigt in ihrem Beitrag unter anderem, welchen Einfluss die Befunde der wissenschaftlichen Begleitforschung auf die Weiterentwicklung der Kampagne hatten und noch haben. Ihr Fazit: Die Evaluationsforschung liefert Informationen, die zu einer Optimierung von Kampagnen beitragen können. Eine Garantie für den Kampagnenerfolg kann die Forschung jedoch nicht liefern.

Moralisierung der Kampagnenkomunikation

Die allgemein beobachtbare Moralisierung der Kampagnenkommunikation bildet einen Schwerpunkt der dritten Auflage dieses Sammelbandes. Zunächst thematisieren *Ulrich Sarcinelli* und *Jochen Hoffmann* grundlegend das Verhältnis von PR und Moral und den – nicht nur in Sozialkampagnen sichtbaren – Anspruch der Öffentlichkeitsarbeit, gesellschaftliche Verantwortung übernehmen zu wollen. Die Frage, ob die Demonstration von sozialer Verantwortung durch PR-Kampagnen ein ernsthaftes Anliegen ist oder letztlich nur der Legitimierung von Partikularinteressen dient, ist – so die Autoren – eine empirische Frage, die nur im Einzelfall beantwortet werden kann. Sie identifizieren jedoch drei Indikatoren, anhand derer überprüft werden kann, inwieweit die Moralisierung durch PR und das Handeln der Akteure übereinstimmen. Die drei Indikatoren sind die organisatorische Verortung der PR, die Diskursivität von Kampagnen und deren Beteiligungsoffenheit.

Lichterketten gegen Rassismus und Fremdenfeindlichkeit, Life-Aid-Konzerte und Benefiz-Partys – kampagnenförmige Solidaritätsaufrufe sind en vogue. Sie widersprechen zugleich scheinbar dem aufbeschworenen Bild von der Solidarität als Mangelware in unserer Gesellschaft. Welche Vorstellungen von Solidarität die ethischen Handlungsappelle gemeinnütziger Organisationen und kommerzieller Unternehmungen hervorrufen, thematisiert *Sigrid Baringhorst*. Mit den Begriffen Humanitarismus und Überlebensethik beschreibt sie die moralische Aufladung der Kampagnenbotschaften: Ihr moralischer Minimalstandard basiert auf der Thematisierung humaner und ökologischer Überlebensfragen. Die „normative Ausdünnung" der Solidarität geht Hand in Hand mit einer Entgrenzung der Solidarität: Die Unterstützungspflicht ist heute eine globale. Je größer das erreichbare Publikum, je globaler die thematisierten Probleme, desto kleiner wird die gemeinsame normative Basis – konsensuale Sinnstiftung steht im Vordergrund. Solidarität wird heute in Solidarkampagnen weitgehend entpolitisiert, Bezüge zu realen gesellschaftspolitischen Rahmenbedingungen unterbleiben in der Regel. Moderne, kampagnenförmige Solidaritätsappelle können als professionelle und strategische Solidaritätskonstruktionen verstanden werden, als symbolische Formen der Solidarität mit für die Einzelnen begrenzten realen Handlungsfolgen.

Auch Wirtschaftsunternehmen haben Solidarität und Gemeinwohlorientierung als Kampagnengegenstand für sich entdeckt. Unternehmerische Sozialkampagnen sind in; allerdings wissen wir bislang nur wenig über die Wirkungen derartigen unternehmerischen Engagements: Wie unternehmerische Sozialkampagnen und einzelne CSR-Maßnahmen von Stakeholdern bewertet werden, welche Faktoren deren Glaubwürdigkeit fördern bzw. sie eher untergraben, ist bislang noch nicht systematisch untersucht worden. *Inga Schlichting* und *Ulrike Röttger* beschreiben unternehmerische Sozialkampagnen zunächst als Element eines integrierten Komunikations- und Beziehungsmanagements und liefern eine Systematisierung dieses heterogenen Feldes. Vor diesem Hintergrund beschreiben sie im Sinne von Handlungsempfehlungen für die Komunikationspraxis Faktoren, die die Glaubwürdigkeit und Akzeptanz unternehmerischer Sozialkampagnen fördern. Ihre Überlegungen basieren auf Gruppendiskussionen, in denen am Beispiel der „Kellogg's macht Schule"-Kampagne die bei Kunden und Nicht-Kunden vorhandenen Einstellungen zu unternehmerischen Sozialkampagnen erhoben wurden. Eine Sonderform der unternehmerischen Sozialkampagne nehmen schließlich Sarah Zielmann und Ulrike Röttger in den Blick: Sie analysieren die mediale Resonanz von ausgewählten Toscani-Kampagnen in Deutschland und Italien.

Wie Unternehmen Verantwortung als PR-Thema nutzen, analysiert *Christian Peter* kritisch. Beispielhaft für die chemische Industrie zeigt er, wie das Thema Verantwortung in unterschiedlichen Imagekampagnen genutzt wurde und wie Unternehmen den Anspruch gesamtgesellschaftlich verantwortungsvoll zu handeln kampagnenförmig darstellen. Seine empirische Analyse der Imagekampagnen der chemisch-pharmazeutischen Industrie von 1987 bis 2003 verweist auf deutliche Widersprüche zwischen Rede und Handlung und damit auf mittel- und langfristige Glaubwürdigkeitsprobleme derartiger Kampagnen.

Soziales Engagement signalisierte auch die Deutsche Shell AG mit ihrer Kampagne „Wir kümmern uns um mehr als Autos". Die Sozialkampagne hat in der Öffentlichkeit große Beachtung gefunden und zahlreiche Diskussionen ausgelöst. Spuren dieser Auseinandersetzung finden sich in vielen Beiträgen dieses Buches. Grund genug, die Konzeption und die Ziele der großangelegten PR-Aktion von *Klaus-Peter Johanssen*, 1995 Leiter der Unternehmenskommunikation der Deutschen Shell AG, aus erster Hand beschreiben zu lassen. Die Auseinandersetzungen um Brent Spar bedeuteten das vorzeitige Ende dieser Sozialkampagne. Der Betonung der sozialen und auch ökologischen Verantwortung des Unternehmens in der Kampagne stand die massive Kritik an der Haltung zu Brent Spar gegenüber – die Kampagnenbotschaft und damit Shell insgesamt verlor an Glaubwürdigkeit.

Fallstudien zur Kampagnenpraxis

Im letzten Teil des Buches werden fünf Fallstudien zu aktuellen Kampagnen vorgestellt. Sie sind im Rahmen eines Seminars am Institut für Kommunikationswissenschaft der Westfälischen Wilhelms-Universität Münster entstanden; die Autorinnen und Autoren sind Studierende am IfK in Münster. Die ausgewählten Beispiele greifen zum Teil bereits angesprochene Aspekte auf: so zum Beispiel das Thema unternehmerische Sozialkampagnen, hier konkret dargestellt im Beitrag von *Anja Luchtefeld* et al. am Beispiel der Krombacher Regenwald-Kampagne. Fokussiert wird ferner die Kampagnenkommunikation von NGOs, sei es in Form von moralisierenden Solidaritätsappellen wie im Falle von VENRO (siehe den Beitrag von *Sebastian Bonse* et. al) oder aber in Form von politischen Informations- und Mobilisierungskampagnen wie im Falle von attac (siehe den Beitrag von *Nadine Fislage* und *Sandya Stiebling*).

Zudem werden zwei in den übrigen Beiträgen des Buches nicht oder nur am Rande berücksichtigte Aspekte der Kampagnenkommunikation analysiert: Kirsten Bothe und Julia Roeckner analysieren die Kampagne „Raubkopierer sind Verbrecher" der deutschen Filmwirtschaft, die informieren, aber auch abschrecken will. Hanna Lena Lepp und Hanna Tank gehen schließlich in ihrem Beitrag der Frage nach, ob und inwieweit Kampagnen als Instrument des Nation Branding eingesetzt werden können. In ihrer Analyse beziehen sie sich dabei auf zwei Kampagnen des Goethe-Instituts in Großbritannien und Frankreich.

Zum Schluss ein großer Dank an Dagmar Schierenberg für ihre Unterstützung bei der Erstellung der Druckvorlage.

Literatur

Baerns, Barbara (1996): Spektakel statt Information. In: sage & schreibe 2/96: 21
Baringhorst, Sigrid (1994): Protest und Mitleid – Politik als Kampagne. In: Claus Leggewie (Hg.): Wozu Politikwissenschaft? Über das Neue in der Politik, Darmstadt: 179-191
Baringhorst, Sigrid (1995a): Öffentlichkeit als Marktplatz – Solidarität durch Marketing? In: Vorgänge 132, 34. Jg. Heft 4/Dez., 1995: 55-67
Baringhorst, Sigrid (1995b): Humanitarismus und Life-Aid. Zur Moralisierung des Politischen in massenmedialen Solidaritätskampagnen. In: Frauenanstiftung e.V. (Hg.): Auf dem Weg in die „Kabeldemokratie"? Frauen in der Medien- und Informationsgesellschaft, Dokumentation der Frauenpolitischen Konferenz vom 17.-19.11.1995 in Hamburg, Hamburg: 35-43
Beck, Ulrich (1986): Risikogesellschaft, Frankfurt/Main
Beck, Ulrich (1995a): Judo-Politik. In: die tageszeitung, 1./2. Juli 1995: 13-14
Beck, Ulrich (1995b): Was Chirac mit Shell verbindet. In der Weltrisikogesellschaft wird der Konsumentenboykott zum Demokratischen Machtinstrument. In: Die Zeit, 8.09.1995: 9
Böttger, Conny (1996): Greenpeace macht Bilder, Bilder machen Greenpeace. In: Greenpeace (Hg.): Das Greenpeace Buch, München: 193-199
Bonfadelli, Heinz (2004): Medienwirkungsforschung II. Anwendungen. Konstanz
Bröhm, Dieter (1995): Imagewerbung durch Ökosponsoring. In: Sigrid Baringhorst (Hg.): Macht der Zeichen – Zeichen der Macht: neue Strategien politischer Kommunikation, Frankfurt/Main: 155-168
Bruhn, Manfred/Jörg Tilmes (1994): Social Marketing: Einsatz des Marketing für nichtkommerzielle Organisationen, 2. überarb. und ergänzte Aufl., Stuttgart
Friedman, Monroe (1999): Consumer boycotts. Effecting change through the marketplace and the media, New York.
Habisch, André (2003): Corporate Citizenship. Gesellschaftliches Engagement von Unternehmen, Wiesbaden
Hearit, Keith Michael (1995): From „We Didn´t Do It" to „It´s Not Our Fault": The Use of Apologia in Public Relations Crisis. In: William N. Elwood (Hg.): Public Relations Inquiry as Rhetorical Criticism, Case Studies of Corporate Discourse and Social Influence, Westport (Con.), London: 117-131
Jarren, Otfried (1997): Politik und Medien: Einleitende Thesen zu Öffentlichkeitswandel, politischen Prozessen und politischer PR. In: Günter Bentele/Michael Haller (Hg.): Aktuelle Entstehung von Öffentlichkeit. Akteure, Strukturen, Veränderungen, Konstanz: 103-110
Johanssen, Klaus-Peter/Jochen Vorfelder (1996): Public Relations Alltag im Rückblick. In: Barbara Baerns/Joachim Klewes (Hg.): Public Relations 1996, Düsseldorf: 98-109
Kotler, Philip/Eduardo Roberto (1991): Social Marketing, Düsseldorf
Krzeminski, Michael (Hg.) (1994): Praxis des Social Marketing: erfolgreiche Kommunikation für öffentliche Einrichtungen, Vereine, Kirchen und Unternehmen, Frankfurt/Main
Leif, Thomas (1993): Social Sponsoring und Social Marketing, Praxisberichte über das neue Produkt Mitgefühl, Köln
Maaß, Frank/Reinhard Clemens (2002): Corporate Citizenship. Das Unternehmen als „guter Bürger", Wiesbaden
Maignan, Isabelle (2001): Consumer´s Perception of Corporate Social Responsibilities: A Cross-Cultural Comparison. In: Journal of Business Ethics. 43. Jg. Nr. 30: 57-72
Mohr, Lois A./Deborah J. Webb et al. (2001): Do Consumers Expect Companies to be Socially Responsible? The Impact of Corporate Social Responsibility on Buying Behavior. In: Journal of Consumer Affairs, 35, 1: 45-72
Neidhardt, Friedhelm (1994): Öffentlichkeit, öffentliche Meinung, soziale Bewegung. In: ders.: Öffentlichkeit, öffentliche Meinung, soziale Bewegung, Opladen: 7-41
Reichertz, Jo (1994): Selbstgefälliges zum Anziehen. In: Norbert Schröer (Hg.): Interpretative Sozialforschung, Opladen: 253-280
Reichertz, Jo (1995): „Wir kümmern uns um mehr als Autos" Werbung als moralische Unternehmung. In: Soziale Welt, 46. Jg. Heft 4/95: 469-490
Salmon, Charles T. (1989a): Campaigns for Social „Improvement": An Overview of Values, Rationales and

Impacts. In: ders. (Hg.): Information Campaigns: Balancing Social Values and Social Change, Newbury Park: 19-53

Salmon, Charles T. (1989b): Information Campaigns: Balancing Social Values and Social Change, Newbury Park

Sarcinelli, Ulrich (1987): Symbolische Politik: Zur Bedeutung symbolischen Handelns in der Wahlkampfkommunikation der Bundesrepublik Deutschland, Opladen

Saxer, Ulrich (1994): Norm und Gegennorm. Probleme von Normenverträglichkeit in der PR-Arbeit. In: Wolfgang Armbrecht/Ulf Zabel (Hg.): Normative Aspekte der Public Relations, Opladen: 195-224

Weiß, Ralf (2002): Unternehmensführung in der reflexiven Modernisierung. Global Corporate Citizenship, Gesellschaftsstrategie und Unternehmenskommunikation, Oldenburg

Wiebe, G. D. (1952): Merchandising Commodities and Citizenship on Television. In: Public Opinion Quarterly, Heft 15: 679-691

Medien, Öffentlichkeit und Kampagnen

PR-Kampagnen, Medienöffentlichkeit und politischer Entscheidungsprozess

Eine Fallstudie zur schweizerischen Abstimmung über den EWR*

Ulrich Saxer

Dass auch im politischen System PR-Kampagnen immer häufiger als Strategieelement im Prozess der Entscheidungsbeeinflussung eingesetzt werden, ist unbestreitbar, und ebenso der neuerdings vermehrte Rekurs auf moralische Prinzipien in der Kampagnenarbeit generell, um jeweils deren Anliegen zu legitimieren. *Möglichkeiten und Problematik* solchen Handelns sollen im Folgenden im Lichte einer schweizerischen Fallstudie bedacht werden (Saxer/ Tschopp 1995), aber auch im Hinblick auf den immer noch problematischen Kontext der Forschung zur politischen Kommunikation überhaupt.

Was die zunehmende *Moralisierung von Kampagnen* betrifft, so verdient sicher die diesbezügliche systemtheoretische Skepsis Beachtung. Moral wird ja unter dieser Perspektive selber als eine Art von Kommunikation interpretiert, die gemäß dem Grundcode Achtung/Missachtung funktioniert, über den moderne pluralistische Gesellschaften indes nicht mehr integriert werden könnten. Moralisierung mit einem Allgemeinheitsanspruch stellt also regelmäßig einen ethischen Ideologisierungsversuch dar, woraus Luhmann folgert, „die vielleicht vordringlichste Aufgabe der Ethik (sei es da sogar, U.S.) vor Moral zu warnen." (Luhmann 1990: 41).

Andererseits ist die Analyse politischer Kommunikation in Politologie und Soziologie „nach wie vor randständig" (Kaase/Schulz 1989: 9), weil wohl an ihrer *Entscheidungsrelevanz* für politische Prozesse gezweifelt wird. Tatsächlich scheint Kommunikation im Lichte herkömmlicher Untersuchungen in sehr vielen Fällen als notwendige, aber nur selten als hinreichende Bedingung für substantielles politisches Geschehen,

---
* Dieser Beitrag wurde unverändert aus der 2. Auflage von 2001 übernommen.

für die Ergebnisse von Politik also, auf. Und in diesem Zusammenhang ist vollends der Beitrag von PR bzw. Öffentlichkeitsarbeit an die Konstituierung von Öffentlichkeit, also einer allgemein zugänglichen Artikulationssphäre, die Meinungsbildung ermöglicht, schwer abschätzbar. Die extreme Zunahme entsprechender Anstrengungen hat ja eine derartige Konkurrenz um öffentliche Aufmerksamkeit zur Folge, dass diese mit schrumpfendem Grenznutzen operieren, eine Entwicklung, die durch die wachsende Privatisierung der Einstellungen und Mentalitäten in modernen Gesellschaften noch verstärkt wird.

Schließlich mehren sich neuerdings die Zweifel, ob die *einseitige Fokussierung* der Kommunikationsforschung und überhaupt der Theorienbildung im Bereich der politischen Kommunikation auf Medienkommunikation und Medienakteure die Meinungsdynamik in heutigen Demokratien genügend einzufangen vermag (Langenbucher 1996). Das Erdbeben, das vor einem halben Jahrhundert die Entdeckung des *two-step-flow of communication* in der Publizistikwissenschaft auslöste, ist zwar längst wieder abgeklungen, aber gerade die im Folgenden diskutierte schweizerische Fallstudie gibt Anlass, das Verhältnis von Medienkommunikation und interpersonaler Kommunikation im Prozess der politischen Meinungsbildung neu zu bedenken und so dem realen Wirkungsvermögen von PR-Kampagnen näher zu kommen.

1 Zum Beitrag von PR-Kampagnen an die Konstituierung von Öffentlichkeit

1.1 Öffentlichkeit als komplexes System

Die Schwierigkeiten im Forschungsbereich Politische Kommunikation gründen namentlich auch in solchen der Begriffsbildung. Die notorische Unschärfe des Konzepts „Öffentlichkeit" hängt z.B. maßgeblich mit dem Umstand zusammen, dass bei seinem Gebrauch empirische und normative Konnotationen vermengt werden. Von Öffentlichkeit zum einen wird ja erwartet, dass sie in ausreichender Quantität und Qualität die Information all jener ermögliche, die am politischen Prozess partizipieren sollten, und zwar systemgerecht, dank der Vermittlung adäquater Einstellungen und Verhaltensweisen. Zum andern wird Öffentlichkeit empirisch als grundsätzlich „*offenes Kommunikationsforum*" (Neidhardt 1994: 7) aufgefasst, das Meinungsbildung gestattet bzw. ermöglicht.

Als kommunikatives Verarbeitungssystem durchläuft im Übrigen Öffentlichkeit die drei Phasen Input, Throughput, Output, und die verschiedenen Öffentlichkeitskonzeptionen unterscheiden sich besonders elementar darin, wie viel *Verarbeitungsvermögen* sie diesem Kommunikationsforum zutrauen. Während Spiegelmodelle von diesem Forum nur Inputleistungen in Gestalt öffentlicher Thematisierungen gewärtigen, erhoffen Advokaten von namentlich auf Habermas fußenden Diskursmodellen idealistischer von Öffentlichkeit auch diskursive Validierung von Themen und Meinungen, substantielle Leistungen, also auch des Throughputs und des Outputs (Neidhardt 1994:9). Festzuhalten ist allerdings, dass unzählige empirische Befunde die Diskursmodelle widerlegen, wie auch die ungenügende medientheoretische Fundierung der Habermas'schen These vom „Strukturwandel der Öffentlichkeit" und ebenso deren missverständliche Ablehnung von Systemtheorie deren Überzeugungskraft entschieden schmälern (Saxer 1994a).

Es wurde darum im Gegensatz zu idealistischen Diskursmodellen in der schweizerischen Fallstudie Öffentlichkeit als komplexes System konzipiert (Neidhardt/Gerhards 1991: 44ff.), als kommunikative und soziale Konfiguration also, in die verschiedene Subsysteme bei der Generierung von öffentlichen Meinungen einbezogen sind. Dabei muss vorgängig allerdings auch wieder das Konzept „*Meinen*" präzisiert werden, da Unklarheiten auch hier die wissenschaftliche Verständigung beeinträchtigen. Thesenhaft lassen sich im Lichte der neueren Fachdiskussion sechs Konstituenten herausstellen, die in der gegenwärtigen wissenschaftlichen Modellierung von „Meinen" aufscheinen:

- Meinen ist ein individuell wie kollektiv bedingter Prozess des Für-wahr-Haltens.
- Meinung kann verschwiegen oder geäußert werden, sie kann private oder öffentliche sein.
- Meinen ist geschichtlich und sozial verortet.
- Meinungsprozesse operieren reflexiv.
- Meinungsprozesse, insbesondere solche im Bereich der öffentlichen Meinung, implizieren Themen-, Träger-, Qualitäts- und Verbreitungshierarchien.
- Meinungsprozesse sind multifunktional; öffentliche Meinung im Speziellen formt kollektive Antworten auf soziale Probleme, und zwar maßgeblich, indem sie Konformität fordert.

Die problematische Geltung der *öffentlichen Meinung* wird aufgrund dieser Merkmalsliste ebenso einsichtig wie die Schwierigkeit, öffentliche und private Meinung überzeugend zu unterscheiden. Öffentliche Meinung ist in Demokratien als politische Institution sanktioniert und mehr als die Summe von individuellen Meinungen. In den Arenen des Forums Öffentlichkeit thematisieren Akteure vor einer mehr oder minder großen Zahl von Beobachtern Sachverhalte und artikulieren Stellungnahmen zu diesen. „Unter bestimmten Bedingungen können sich aus der Kommunikation in den Arenen Fokussierungen auf bestimmte Themen und Übereinstimmungen in den Meinungsäußerungen zu diesen Themen ergeben. In diesem Falle einer Arenenkonsonanz sind *öffentliche Meinungen* entstanden – öffentliche Meinungen als herrschende Meinungen unter den Öffentlichkeitsakteuren, also denen, die das Publikum wahrnehmen kann" (Neidhardt 1994: 7). Kompliziert wird dieser Prozess durch seine Reflexivität, d.h. den Umstand, dass er sich auf sich selbst beziehen kann, Meinungen über Meinungen kursieren. „Meinen" wie auch Medienkommunikation, die es maßgeblich vermittelt, fungieren so als umfassende Apparate der Rückkopplung und Selbstvergegenwärtigung der Gesamtgesellschaft; dies umso mehr, als in modernen Demokratien über die Privatisierung der Einstellungen und Meinungen und die Beobachtungstechnik Demoskopie mehr und mehr auch private Meinungen politische Entscheidungsprozesse stimulieren.

Nur eine *Konzeption von Öffentlichkeit als komplexem System* dürfte demnach diese Konfiguration ausreichend isomorph, strukturähnlich, abbilden. Insbesondere verbietet sich, vor allem angesichts der zunehmenden „Privatisierung" öffentlicher Meinung, im vornhinein bei der Analyse der politisch, also der für die Erwirkung allgemein verbindlicher Entscheidungen relevanten Meinungsdynamik, die Beschränkung auf dasjenige, was in der Medienöffentlichkeit aufscheint. In der schweizerischen Fallstudie, die der Presseöffentlichkeit zur eidgenössischen Abstimmung über einen etwaigen Beitritt der Schweiz zum Europäischen Wirtschaftsraum (EWR) vom 6. Dezember 1992 galt, half denn auch erst die nachträgliche Berücksichtigung einschlägiger demoskopischer Befunde, ein sonst schwer interpretierbares Geschehen zu erklären. An Subsystemen von Öffentlichkeit muss daher zumindest neben der Medienkommunikation und der Öffentlichkeitsarbeit die interpersonale Kommunikation als weiteres Interaktionssystem berücksichtigt werden. Öffentlichkeitskonzeptionen, die die letztere nicht einbeziehen, sind nicht nur historisch blind (Faulstich 1996), sondern verdrängen auch die durch die Entdeckung des Zweistufen-Flusses von Kommunikation erteilte Lektion über die Komplexität der Diffusions- und Meinungsdynamik.

1.2 PR-Kampagnen

Wenn Öffentlichkeitsarbeit bzw. Public Relations als Subsystem von Öffentlichkeit interpretiert werden, als System jedenfalls (Hazleton 1992), bilden PR-Kampagnen spezifische Kommunikations-Strategiesysteme, also Ensembles von systematischen und zielgerichteten Kommunikationsaktivitäten zur Weckung von Aufmerksamkeit, Schaffung von Vertrauen und Zustimmung für bestimmte Anliegen. In der gegenwärtigen Kommunikationskultur sind diese *drei Ziele*, wie bereits angedeutet, immer schwieriger zu realisieren: Öffentliches Interesse, Vertrauen und zustimmendes Anschlusshandeln wollen ja immer mehr Kommunikatoren mit zum Teil immer drastischeren Techniken für immer weitere Anliegen sichern, so dass praktisch nur noch Chancen bestehen, je nach Thema und Situation Teilöffentlichkeiten zu erreichen.

Bezeichnenderweise ist man sich denn auch in der neueren Kampagnenforschung dieser Schwierigkeiten mehr und mehr bewusst geworden und hat die Forschungs- und auch die praxisleitenden Modelle im Sinne des system-theoretischen *law of requisite variety* (Ashby 1968) mit mehr Komplexität als ehedem angereichert und damit auch deren *Erfolgschancen* verbessert. Nach Jahrzehnten – im Einklang mit dem dazumal dominierenden Paradigma (relativer) Medienohnmacht – vornehmlich skeptischer Einschätzung der Wirkungsmöglichkeiten von Informationskampagnen lässt sich sogar in der Kampagnenforschung ein analoger Paradigmenwechsel zur generellen Medien-Wirkungsforschung erkennen: So wie diese erneut eine, in erster Linie kognitiv begründete, (relative) Medienmacht diagnostiziert, so ist man seit den 80er Jahren in der *scientific community* vermehrt der Ansicht, aufgrund vertiefter kommunikationswissenschaftlicher Erkenntnisse und kompetenter empirischer Evaluation könnten Kampagnen durchaus Erfolge zeitigen, d.h. das Problembewusstsein, die Einstellungen und die Verhaltensweisen von Zielgruppen im gewünschten Sinne beeinflussen (Bonfadelli

1994: 25). Was von einer entsprechenden Professionalisierung der politischen Öffentlichkeitsarbeit gewärtigt werden kann, belegt die im Folgenden referierte schweizerische Fallstudie, die – vereinfacht gesagt – den Sieg solcher Kampagnenarbeit über den Journalismus bezeugt.

Welche Qualitäten PR-Kampagnen als spezifische Kommunikations-Strategiesysteme aufweisen müssen, verdeutlicht der von Bonfadelli entwickelte systemtheoretische Bezugsrahmen für Informations-Kampagnen. Entscheidend ist dabei, dass ein System regelmäßig so wirkungsvoll operiert, wie sein schwächstes Glied – Element oder Phase – es zulässt. Keinen der in Abbildung 1 aufscheinenden Gesichtspunkte vernachlässigt also ein Kampagnenplaner und -realisator ungestraft. Die Entwicklung im Kampagnenfeld ist demnach durch *gegenläufige Tendenzen* gekennzeichnet: Zum einen werden die Erfolgsbedingungen für diese Kommunikationsstrategie immer härter, zumal im Bereich der politischen Öffentlichkeitsarbeit, wo sich die Einbußen an sozialpsychologischem Rückhalt des Systems Politik natürlich negativ auswirken, zum andern nehmen eben die Investitionen in die Kampagnenarbeit, wie generell in die Öffentlichkeitsarbeit, exorbitant zu, weil die „reflexive Gesellschaft" (Beck) immer ungestümer die Sphäre ihrer Selbstvergegenwärtigung ausdifferenziert und dafür von der sich entfaltenden kommunikativen Sozialtechnologie auch zunehmend effiziente Instrumente bereitgestellt erhält. Allerdings nicht umsonst! Das Gefälle, das zwischen den Mitteln besteht, die gewöhnlich Profit- und Nonprofit-Organisationen für ihre jeweilige Öffentlichkeitsarbeit aufwenden können, weist auf plutokratische Verzerrungsmechanismen im Wettbewerb um öffentliche Aufmerksamkeit und Zustimmung hin. Und die immer unüberblickbarere Vielzahl von Konkurrenten um diese wirft je länger desto mehr das Problem des schrumpfenden Grenznutzens von PR-Kampagnen auf.

Abb. 1: Systemtheoretischer Bezugsrahmen für Info-Kampagnen

Kampagnen-Input			
1. Soziales Problem	2. Betroffene	3. Auftraggeber	4. Sonstige

1. Problem-/Situationsanalyse Definition und Analyse des Problems aufgrund explorativer Forschung	Informations-kampagne als System mit Ziel-, Identitäts-, Adaptions-Problemen	*3. Ziele* Aufgrund von Problemanalyse und bezogen auf Zielgruppen, kog., aff., soz. Ebene
2. Zielgruppen Homogene Segmentierung in Bezug auf Probleme und Kommunikationsverhalten		*4. Strategie* Wie sollen die Ziele durch Botschaften + Medien bei Zielgruppen realisiert werden?

Output der Informationskampagne 1. Entwicklung und Realisierung von Botschaften (Inhalte und Gestaltung) 2. Wahl von Medien, Kanälen, Stützsystemen, 3. Programmkontrolle und Evaluation

(Quelle: Bonfadelli 1994: 27)

Diese elementare Prägung der Wirkungskonstellation moderner Kampagnen durch Gegensätze, ja Widersprüche wird allerdings von der einschlägigen Literatur wenig reflektiert, weil diese, überwiegend sozialtechnologisch motiviert und ausgerichtet, die *Veränderungen der Makrobedingungen* von Kampagnenarbeit nicht konsequent, sondern bloß reaktiv erfasst. Die Konstruktion eines umfassenden systemtheoretischen Bezugsrahmens, wie von Bonfadelli geleistet, bildet die große Ausnahme, und so bleibt der theoretische Reifegrad der Kampagnenforschung trotz deren erwähnten Verbesserungen bescheiden. Auch in dieser Hinsicht entrinnt diese eben nicht Einseitigkeiten der publizistik-/kommunikationswissenschaftlichen Mainstream-Forschung, die nach wie vor die Mikro- auf Kosten der Makroperspektive bevorzugt und so der weiteren gesellschaftlichen Implikationen ihres Forschungsgegenstandes weiterhin nur ungenügend gewahr wird.

So werden die *elementaren vier Probleme*, die PR-Systeme wie alle andern Handlungssysteme auch zu meistern haben (Parsons 1972: 13), nämlich Ziel-, Identitäts-, Adaptations- und Integrationsprobleme, von der Kampagnenforschung insgesamt zu wenig systematisch bedacht. Die an sich wertvolle Differenzierung der PR-Theorie durch das Konzept der Teilöffentlichkeiten (Signitzer 1992: 142ff.) wird z.B. zu wenig konsequent mit der Integrations- und Identitätsproblematik von PR-Systemen in Zusammenhang gebracht, und die Problem-/Situationsanalyse im Rahmen von deren Adaptationsproblematik trägt gewöhnlich dem zeitlichen Moment, von der die letztere zutiefst geprägt ist, nur pragmatisch, in Gestalt von praktischen Anweisungen, Rechnung. Die Zielproblematik, immerhin, wird im Zuge des erwähnten Paradigmenwechsels dierenzierter und auch vielseitiger angegangen (Avenarius 1995: 195ff.).

Diese Defizite in der Systemanalyse von Kampagnen haben u.a. zur Folge, dass die Kampagnenevaluation nach wie vor oft rudimentär bleibt und so der Schwachpunkte einer Kampagne gar nicht inne wird. Auch die schweizerische Fallstudie, von der dieser Beitrag handelt, lässt in dieser Hinsicht Wünsche offen. So wurde ja das ursprüngliche Untersuchungsdesign erst nachträglich um die Berücksichtigung demoskopischer Befunde erweitert. Soll aber der Erfolg der Inszenierung von Aufmerksamkeit durch Kampagnen abgeschätzt werden können, so ist dies offenbar unerlässlich.

Was die eingangs erwähnte Tendenz zur Legitimierung von Kampagnenanliegen durch deren Moralisierung anbelangt, so scheint deren Effizienz als Mittel zur Steigerung von Kampagnenerfolg nicht nur im Lichte der Pluralisierung von Moral und der Individualisierung der Lebensstile in modernen Gesellschaften zumindest fragwürdig. Überraschend wenig Aufmerksamkeit hat ja in der PR-Theorie die Frage der Normativität von PR und innerhalb derselben diejenige der Normenverträglichkeit in der PR-Arbeit gefunden (vgl. zum Folgenden Saxer 1994b). Dabei ist diese doch für die ganze PR-Berufskultur zentral, als zum einen der Doppelbezug zu Klienten bzw. Auftraggebern und zu Teil- bzw. Gesamtöffentlichkeiten normativ maßgebend ist, zum andern die professionelle Anforderung, diese durch ein kompetentes Kommunikationsmanagement in eine optimale Beziehung zu bringen. Je kompatibler die Normensysteme dieser Beziehungsinstanzen sind, desto eher gelingt es, normative Übereinstimmung und damit eine Basis für die Akzeptanz der PR-Botschaft zu erwirken.

Da aber der Bewusstseinshorizont der Theoretiker und Praktiker von Öffentlichkeitsarbeit kaum über die Anerkennung der Bedeutung der Normen und Werte anvisierter Teilöffentlichkeiten hinausreicht, ist die Aufgabe, systematisch Strategien der Normenharmonisierung in der postindustriellen PR zu entwickeln, als solche noch kaum erkannt, und dementsprechend fehlt auch noch weitgehend das einschlägige konzeptuelle und methodologische Instrumentarium. In diesem Sinne wurde auf dem Hintergrund der idealtypischen Annahme, die charakteristischen PR-Strategien in der industrialisierenden bzw. der industrialisierten Gesellschaft ließen sich als antagonistisch bzw. identitätsstiftend charakterisieren (Saxer 1994b: 208), tentativ – und natürlich empirisch zu testend – eine Skala der Normenverträglichkeit mit diesen zwei Strategietypen als Extremkonstellationen entworfen.

Skala der Normenverträglichkeit

- Antagonismus: absolute Normenunverträglichkeit
- Differenz: partielle Normenunverträglichkeit
- Koexistenz: nicht beziehungsfähiges Nebeneinander von Normen
- Kompatibilität: beziehungsfähiges Nebeneinander von Normen
- Komplementarität: funktionale Ergänzung von Normen
- Identität: Deckungsgleichheit von Normen

Es ist offenkundig, dass unter postindustriellen Bedingungen normalerweise nur Strategien auf den Positionen 2 bis 5 einen gewissen Harmonisierungserfolg versprechen. Das schweizerische Beispiel zeigt diesbezüglich ein aufschlussreiches und politisch kurz- wie langfristig folgenreiches Auseinanderklaffen von erfolgreicher PR- und erfolgloser journalistischer Strategie. Die deutschschweizerischen Pressejournalisten, als überdurchschnittlich urbanisierte und gebildete Gruppe von professionellen Kommunikatoren und Mediatoren, bewerteten die Beitrittsvorlage zum EWR zu 4/5 positiv, argumentierten also größtenteils von Position 6: Normenidentität mit ihresgleichen. Die knappe Ablehnung der Vorlage durch den Souverän belegt hingegen Position 2: partielle Normenverträglichkeit, von dessen Meinungsgrundlage im Vergleich zur journalistischen, und mancher verbale und geschriebene Schlagabtausch zwischen Gegnern und Befürwortern der Vorlage lässt in etlichen Teilöffentlichkeiten auf Position 1: absolute Normenunverträglichkeit schließen.

Die schweizerische Fallstudie bringt schließlich auch die überragende Bedeutung des richtigen Timings von politischen Kampagnen an den Tag. Und auch in dieser Hinsicht operierten die Gegner der Vorlage sehr viel professioneller und erfolgreicher als deren Befürworter (Saxer/Tschopp 1995: 137ff.). Diese überließen ja, im falschen Gefühl, diese Entscheidung verlaufe ohnehin in ihrem Sinne, weitgehend deren argumentative und semantische Vorstrukturierung den Beitrittsgegnern und mussten demnach, endlich aktiv werdend, statt die Vorzüge der Vorlage herauszustellen, weit mehr die von den Gegnern geschürten Ängste vor negativen Folgen eines Beitritts der Schweiz zum EWR abzuwehren suchen.

1.3 Die EWR-Kampagne in der Schweiz

Die schweizerische EWR-Kampagne von 1992, als Beispiel für den Beitrag von Kampagnen an die Konstituierung von Öffentlichkeit, soll nun zur weiteren Vertiefung der Kampagnenproblematik und zur Vorbereitung der noch spezifischeren Würdigung von Medienöffentlichkeit für den politischen Entscheidungsprozess in den Rahmen der erwähnten Fallstudie gestellt und deren Befunde dann, unter Punkt 2, weiter im Hinblick auf das Titelthema interpretiert werden. Unerlässlich ist freilich zuerst eine knappe Skizzierung der politisch-medialen Rahmenbedingungen, unter denen es zu diesem, vielfach zur „Jahrhundertabstimmung" hochstilisierten, ablehnenden Volksentscheid kam.

Die Schweiz ist bekanntlich ein hochentwickelter, mehrsprachiger, stark segmentierter Kleinstaat und politisch als föderalistische Referendumsdemokratie verfasst, in der die Bürgerschaft auch in vielen Sachfragen das letzte Sagen hat. Diese Konstellation zeitigt natürlich erheblich andere Öffentlichkeitsstrukturen als in einer parlamentarischen Großdemokratie; insbesondere ist – oder wäre – der objektive politische Informationsbedarf des Souveräns groß, weil er ja eben auch an inhaltlichen Entscheidungen mitwirken soll. Ferner ist dieses politische System im Gefolge ausgeprägter Konkordanzbedürfnisse und intensiver Minderheitenpflege durch einen besonders hohen Zustimmungsbedarf gekennzeichnet, so sehr in der Tat, dass immer häufiger Zweifel an der Produktivität dieses politischen Systems geäußert werden, was die Menge und Qualität der von diesem generierten allgemeinverbindlichen Entscheidungen betrifft. Diese Kritik hakt gerade bei solchen gescheiterten Öffnungsversuchen gegenüber dem übrigen Europa ein.

Diesem anspruchsvollen – weil auf Bundes-, Kantons- und Gemeindeebene operierenden und intensive Bürgerpartizipation erheischenden – politischen System ist ein immer noch differenziertes Mediensystem zugeordnet. Wohl schrumpfte von 1980 bis 1996 die Zahl der schweizerischen Tageszeitungen von 126 Titeln auf 99, darunter lediglich noch 1/3 mit Vollredaktionen, aber die Presse bildete, jedenfalls 1992, nach wie vor die wichtigste Quelle politischer Information (Bonfadelli/Hättenschwiler 1989: 54f.). So orientierten sich während der EWR-Kampagne 90 Prozent der deutschschweizer Urnengänger in den redaktionellen Teilen der Tageszeitungen, während das Fernsehen mit seinen diesbezüglichen Sendungen 84 Prozent derselben erreichte (Saxer 1996: 531).

Die forschungsökonomisch bedingte Beschränkung der ohne Drittmittel im Rahmen studentischer Projektgruppenarbeit am Seminar für Publizistikwissenschaft der Universität Zürich realisierten Studie auf die quantitative Inhaltsanalyse der Artikel zum Thema EWR in 18 deutschschweizer Tageszeitungen rechtfertigte sich mithin aufgrund der hohen Nutzungsintensität dieses Mediums, zumal die Stichprobe so angelegt war, dass alle relevanten Typen (Elite-, Boulevard-, Forums-, Regional- und Lokalzeitungen) und die wichtigsten lokalen Kommunikationsräume entsprechend dem stark geographisch segmentierten politisch-publizistischen Geschehen in der Schweiz Berücksichtigung fanden. Deren Vor- und Nachberichterstattung zur EWR-Abstimmung wurden, aufgrund zusätzlicher telefonischer Abklärungen, vom 2. November bis 12. Dezember 1992 analysiert, die einschlägigen Inserate (unter Einbezug von fünf Titeln aus der französischen Schweiz) vom 19.10. bis 5.12.1992. Entsprechend der gewählten komplexen Konzeption auch von Medienöffentlichkeit wurden nämlich drei Mediatisierungsintensitäten gemäß Abbildung 2 unterschieden.

Auf diese Weise kam ein Corpus von 1198 Artikeln sowie von 5315 Inseraten im Vorfeld der Abstimmung zusammen bzw. von 345 Artikeln in der Nachberichterstattung. Zudem wurde in der mehrstufigen Untersuchung an zwei Titeln, der überregionalen Forumszeitung „Tages-Anzeiger" und dem Boulevardblatt „Blick", eine, bekanntlich sehr aufwendige, quantitative Argumentationsanalyse durchgeführt, die 903 Argumente auf Artikelebene (Nachberichterstattung) und 177 Attributoren (Ursachenzuschreibungen) zu Tage förderte.

Abb. 2: Mediatisierte Politik in publizistischen Konflikten

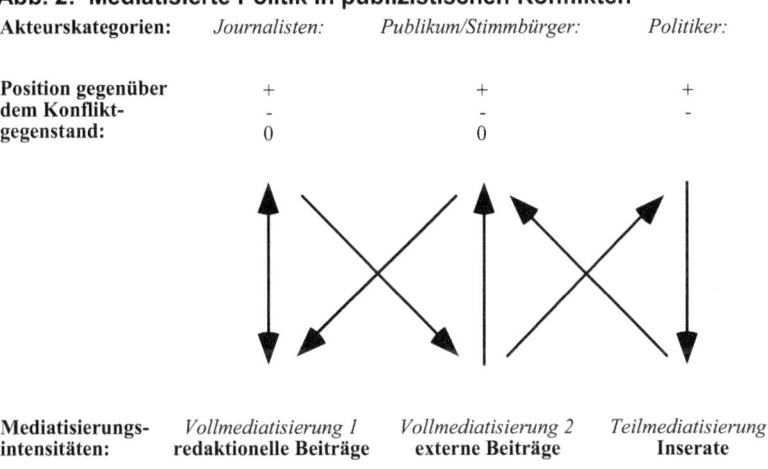

(Quelle: Saxer/Tschopp 1995: 18)

Die Entscheidungsmaterie, über die das schweizerische Stimmvolk am 6. Dezember 1992 zu befinden hatte, war für dieses freilich alles andere als leicht nachvollziehbar: ein höchst komplexer, unsicherer und umstrittener Wechsel auf die helvetische Zukunft in Gestalt eines überaus vielschichtigen, von der Alltagserfahrung abgehobenen Vertragswerks. Der Entscheidungsgegenstand, der etwaige Beitritt der Eidgenossenschaft zum Europäischen Wirtschaftsraum, betraf aber zugleich wie wenige zuvor viele Lebensbereiche, rührte entsprechend die Gemüter auf und veranlasste ganz ungewöhnlich viele Stimmbeteiligte, nämlich 78%, sich zur Urne zu bemühen. Ziel Nummer 1 von Kampagnen: Weckung von Interesse war also auf jeden Fall erreicht worden. Als „unobtrusive issue" (Zucker 1978) war allerdings der Entscheidungsgegenstand ohne Erklärungshilfe der Massenmedien für die Bürger kaum interpretierbar, um so mehr als einer annähernd geschlossenen Meinungsführerschaft für das Vertragswerk in der französischen Schweiz eine diesbezüglich völlig zerstrittene in der deutschen Schweiz gegenüberstand. Auch die Argumentationslage war entsprechend kontrovers: Befürworter betonten vor allem die wirtschaftlichen Vorteile einer starken europäischen Einbindung der Schweiz, Gegner beschworen unkalkulierbare Risiken einer solchen und schmerzliche Beeinträchtigungen traditioneller helvetischer Freiheiten in dessen Gefolge. Angesichts dieser Sachlage kann das Paradoxon nicht verwundern, dass zwar viel über die Abstimmungsvorlage gelesen wurde, diese auch eine ungewöhnlich hohe Stimmbeteiligung stimulierte, aber der allgemeine Wissensstand über deren Inhalt durchaus rudimentär war (Saxer/Bonfadelli 1992; Saxer 1996: 531).

Die demoskopische Analyse der Motivation der Abstimmenden schließlich, von denen eine knappe Mehrheit – vor allem in der Deutschschweiz ansässig – einen schweizerischen Beitritt in den EWR ablehnte, brachte dementsprechend sehr unterschiedliche Problemperzeptionen der involvierten Teilöffentlichkeiten zutage, die ihrerseits zweifellos wieder von unterschiedlichen Normsystemen gesteuert waren. Als eine relativ gemeinsame Grundbefindlichkeit der Verweigerer, die zudem eher in ländlichen Regionen und Grenzgebieten siedelten und durchschnittlich eher weniger formal gebildet und älter als die Befürworter waren, kann diffuse Angst ausgemacht werden (Saxer 1996: 537), die aber von den meisten der abgehoben produzierenden Journalisten offenbar weder wahr- noch ernst genommen wurde, dafür um so mehr von den Gegenpropagandisten.

In einer ersten summarischen Würdigung der Kampagneneffekte im Zusammenhang mit der Abstimmung über einen etwaigen EWR-Beitritt der Schweiz kann demzufolge festgehalten werden, die mit beachtlicher Professionalität gestaltete Negativkampagne – professioneller als diejenige der Befürworter – habe maßgeblich dank dem mehrheitsgerechteren Ansprechen der emotionalen Befindlichkeit des Stimmvolks den Sieg davon getragen, und zwar auch gegen das kollektive politische Urteil der Journalisten, die, wie viele ihrer Berufskollegen in andern Ländern bei Abstimmungen zu Europa-Fragen auch (Rust 1993), es an ethnologischer Sensibilität, an Empathie für die emotionale Befindlichkeit sehr vieler Stimmbürger mangeln ließen. Dieser schweizerische Fall deckt damit, in Übereinstimmung mit weiteren publizistik- und politikwissenschaftlichen Befunden, Problemfelder von erheblicher Tragweite auf, nämlich dasjenige der Relevanz der journalistisch gestalteten Medienrealität für den politischen Entscheidungsprozess und dasjenige der Rationalität desselben. Diesen Fragen ist demnach im Folgenden nachzugehen.

2 Zur Bedeutung von Medienöffentlichkeit für den politischen Entscheidungsprozess

2.1 Politische Medienöffentlichkeit

Im Lichte der Ergebnisse dieser schweizerischen Fallstudie und weiterer wissenschaftlicher Befunde muss also grundsätzlich die politische Funktionalität der journalistischen Gestaltung von Medienrealität in Zweifel gezogen werden. Auch dies liegt freilich auf den Linien einer allgemeineren als lediglich der Kampagnenproblematik und macht damit zugleich ein weiteres Mal das Ungenügen einer lediglich prozessual und nicht auch makro-orientiert auf diesen Gegenstand konzentrierten Forschung deutlich. Generell werden nämlich zunehmend Zweifel in der scientific community an der realen kommunikativ-gesellschaftlichen Gestaltungsmacht von Journalismus unter seinen gewandelten Wirkungsbedingungen geäußert, Zweifel, die die beschriebene schweizerische Studie weiter nährt und damit auch die Vorbehalte gegenüber einer weitgehend auf Journalismus und Medien fixierten Forschungspraxis im Bereich politischer Kommunikation.

Man braucht dabei nicht gleich die Vision einer „postjournalism era" und damit die Abdankung des Journalismus zu beschwören, wie dies Alheide/Snow unter dem Eindruck des übermächtigen Einflusses der Formate, der vorgegebenen Form-/Inhaltskombinationen im (amerikanischen) Fernsehen tun (Alheide/Snow 1991). Bezeichnend ist indes, dass 1996 in seinem Eröffnungsreferat zur Leipziger DGPuK-Tagung „Aktuelle Entstehung von Öffentlichkeit. Akteure – Strukturen – Veränderungen" auch der engagierte Verfechter der Unverzichtbarkeit persönlicher journalistischer Leistungen (Langenbucher 1993: 259) vor der Zentrierung der Kommunikatorforschung auf den Journalismus warnt. Rühl wiederum charakterisiert die Medien-Produktionsrealität schon 1989 als zwingende Bedingungskonstellation für das Praktizieren von „organisatorischem Journalismus" und resümiert nüchtern:

„Das Idealbild eines organisationsunabhängigen Persönlichkeitsjournalismus mag durch Berufsideologien tradiert werden; allein es entspricht nicht der empirisch zugänglichen Wirklichkeit heutiger Ausbildung und beruflicher Sozialisation" (Rühl 1989: 260f.).

Dass der Journalismus in starkem Wandel begriffen ist, dürfte jedenfalls nicht bestreitbar sein (Saxer 1993), und manches spricht auch dafür, dass er im Gefolge von Differenzierungsprozessen, aber auch der neueren Technologien in seiner traditionellen Wirkungsbreite geschmälert wird. Konkretisiert man den Formatbegriff durch denjenigen des Zeitungstyps und denjenigen des Organisatorischen Journalismus durch Routineproduktion, so gelten nämlich diese Urteile mutatis mutandis auch für das schweizerische Pressesystem. Mit Hilfe von Routinen, d.h. im Verlaufe der Zeit entwickelten Verarbeitungsmustern, bewältigen ja die Redaktionen, wie neuere Medien-Produktionsforschung erkannt hat (Tuchman 1978), Weltkontingenz. Routinen fungieren als Klassifikationsschemata für Weltstoff gemäß dem Kriterium seiner Publikationswürdigkeit und zugleich, namentlich in Gestalt der journalistischen Darstellungsformen, der Genres, als bewährte Lösungsmuster unterschiedlicher Kommunikationsaufgaben. Entsprechend wird in diesen Zeitungen auch das journalistische Raisonnement, das in der Berufsliteratur nach wie vor als Ausdruck der journalistischen Persönlichkeit interpretiert wird, als Medienroutine realisiert, arbeitsteilig und standardisiert, wie es der kulturwirtschaftliche Zwang zur ständigen, massenhaften Raschestproduktion von Unikaten immer unerlässlicher macht. Die unterschiedlichen Zeitungstypen ihrerseits variieren diese auf spezifische Art und vermögen auf diese Weise unterschiedliche Kommunikationsbedürfnisse zu befriedigen. Als Problem erweist es sich dabei zum einen, dass sich diese Routinen, wie offenbar im Falle der journalistisch gestalteten politischen Medienrealität, autopoietisch verselbständigen können und dadurch die Medienrealität an Leistungsvermögen als Vermittlungssystem politisch unverzichtbarer

Information verliert, und zum andern, ob die so beschaffene Medienöffentlichkeit nicht im Dienste bestimmter Interessen, namentlich von Öffentlichkeitsarbeit durch Unterlaufen dieser Selektionskriterien, instrumentalisiert wird.

Dass das Letztere schon in ausgeprägtem Maß praktiziert wird, verraten insbesondere die bald in jeder Handreichung für Öffentlichkeitsarbeit formulierten Tipps für Ereignismanagement. Die Umwelt, zumal auch die politische, stellt sich mithin zunehmend auf die Routinen der Medien ein: Ausdruck von deren struktureller Macht und produziert immer mehr medienkompatible Ereignisse, vom politischen Majorettenspektakel bis zum Showdown von Politikprotagonisten vor laufender Kamera. Medienrealität und (politische) medienexterne Realität werden auf diese Weise gewissermaßen umgekoppelt. Das Medium generiert dabei zwar, im Gefolge seiner bloßen Existenz, das politische Ereignis und vermittelt es nicht bloß, wird aber zugleich, je kundiger dessen Organisatoren Nachrichtenfaktoren und -werte (Staab 1990) in ihrem Geschehensarrangement maximieren, durch seine eigene Produktionslogik zu dessen publizistischer Berücksichtigung genötigt: Ausdruck von struktureller Ohnmacht.

Politikdarstellung rangiert unter diesen Bedingungen natürlich immer weiter vor Politikherstellung (Sarcinelli 1987), das Reden über allgemeinverbindliche Entscheidungen drängt zunehmend deren tatsächliches Erwirken und Durchsetzen in den Hintergrund. Die Nachrichtenagenturen, zum Terminjournalismus verpflichtet, bilden dabei auch im schweizerischen Beispiel recht eigentlich die Einfallspforte für kompetent inszenierte PR-Aktionen als Werbemittel um öffentliche Aufmerksamkeit. Bezeichnend auch, dass das Boulevardblatt „Blick" in besonders starkem Maß den Ereignischarakter der Abstimmung auf Kosten von deren politischen Implikationen thematisiert, von Action lieber als von Inhalten berichtet (Saxer/Tschopp 1995: 71). Im Übrigen haben die neuen Strategien von Ereignismanagement die Erfolgsaussichten von politischer Öffentlichkeitsarbeit erhöht, wie Kepplinger an einer Reihe von Fällen dargetan hat (Kepplinger 1992), fraglich ist nur, wie lange noch, mindert doch bereits auch die immer maßlosere Anbieterkonkurrenz auf dem Ereignismarkt mehr und mehr die Beachtungschancen von dessen Produkten.

Die überragende Bedeutung der Nachrichtenfaktoren bzw. -werte wie räumliche und zeitliche Nähe eines Ereignisses, daran beteiligte Prominenz, Schadenträchtigkeit oder auch Seltenheit des Verlaufs, als zentralem Strukturierungselement von Medienrealität und daher auch von Medienöffentlichkeit, ist damit erneut angesprochen. Konstitutiv für das politische Geschehen, das der Vermittlung durch Medienöffentlichkeit bedarf, sind sie vor allem darum, weil auf ihnen das Agenda-Setting, das Thematisierungs- und Themenstrukturierungsvermögen von Medienkommunikation beruht (Brosius 1994). Der überzeitliche Erfolg dieses Branchen-Kriteriensets (Wilke 1984), öffentliche Aufmerksamkeit zu stimulieren, verdankt sich namentlich dem Umstand, dass dieser, als eine Art Auffälligkeitscode, letztlich bei anthropologischen Wahrnehmungsmechanismen ansetzt, diese in beträchtlichem Maß befriedigt und auch informationstheoretisch Sinn macht, als er das Unerwartete herausholt. Bezeichnenderweise greifen Journalisten allenthalben, so auch in den ehemals kommunistischen Staaten, nach dem

Wegfallen gegenläufiger Zensurvorschriften im Sinne (regime-)positiver Berichterstattung wieder auf dieses zwar berufskulturell variable, aber im Kern feste, da eben anthropologisch begründete Selektionssystem von Publikationswerten zurück.

Allerdings sind die Nachrichtenfaktoren bzw. -werte fast ausschließlich kognitionstheoretisch fundiert. Kampagnentheoretisch besonders erheblich und ergiebig wäre daher die Entwicklung einer analogen Theorie von Medien-Gefühlswerten, ist doch das Auftreten bestimmter Nachrichtenwerte ganz offenkundig mit bestimmten Gefühlswerten gekoppelt, Meldungen über nationales Unglück z.B. mit der publizistischen Signalisation von Trauer. Allerdings ist die Arbeit an einer solchen Theorie sehr schwierig und steckt daher erst in den Anfängen (Saxer/Märki-Koepp 1992). Eine solche würde aber den Misserfolg der journalistisch verantworteten Medienöffentlichkeit zur schweizerischen EWR-Abstimmung weiter erklären und künftig analoge journalistische Fehlleistungen vermeiden helfen.

Politische Medienöffentlichkeit wird schließlich auch durch die Qualität des darin vorwaltenden Raisonnements bestimmt, und verbreitet, zumal in publizistischen Kreisen, ist die Auffassung, die Rationalität einer politischen Kultur finde namentlich in Medienkommentaren ihren Ausdruck. Hierzu ist allerdings in Ergänzung zum Befund der arbeitsteiligen Realisierung von Raisonnement in der heutigen Presse (Saxer 1996) festzuhalten, dass dementsprechend auch der Leitartikel, gekennzeichnet durch prominente Position, persönliche oder gesamtredaktionelle Durchdringung und inhaltliche und formelle Geschlossenheit im Sinne einer lese- und meinungswirksamen Stellungnahme, als charakteristische journalistische Textgattung der Meinungspresse im Zuge von deren Verwandlung zur Informations- bzw. Forumpresse weitestgehend von anderen, weniger direkten Kommentierformen, etwa dem weniger anspruchsvollen Editorial, zurückgedrängt worden ist. Das Publikum lehnt ja direkte publizistische Persuasionsversuche auch mehr und mehr ab (Schenk 1987: 64). Dem Verkümmerungsprozess der politischen Großideologien im späten 20. Jahrhundert zollen eben auch die Mediensysteme Tribut und befördern ihn auf diese Weise weiter, indem sie von entsprechenden journalistischen Genres abrücken, ihre Argumentationskultur überhaupt eine andere wird und das berufskulturelle Selbstverständnis der Journalisten sich stärker über zuverlässige neutrale Berichterstattung definiert (Mahle 1993; Schneider/Schönbach/Stürzebecher 1993). Auch die EWR-Kampagne in der Schweizer Presse bestätigt diese Entwicklung, als in ihr bloß noch ideologische Restbestände beschworen werden.

Überraschenderweise, unter diesen Umständen, prägt aber das Raisonnement als spezifische Routine trotzdem weiterhin das jeweilige zeitungstypische Profil (Saxer/Tschopp 1995: 106ff.). So hält das Eliteblatt „Neue Zürcher Zeitung" am Leitartikel fest und personalisiert auch das politische Geschehen als Mittel zur Erhöhung von dessen Nachvollziehbarkeit viel zurückhaltender als die Forumszeitung „Tages-Anzeiger" oder natürlich das Boulevardblatt „Blick". Der „Tages-Anzeiger" seinerseits, als Repräsentant des Zeitungstyps Forumspresse mit dessen charakteristischer Strategie einer möglichst allseitigen Optimierung seiner Beziehungen zu seiner Umwelt, im Unterschied zur sehr viel selektiveren der Elitezeitung, lässt besonders viel durch Außenstehende meinen, zehnmal mehr als die Boulevardzeitung, und zwar rekrutiert er diese Gastkolumnisten recht ausgewogen aus seinem Verbreitungsgebiet. Dem Risiko, selber Farbe zu bekennen, entzieht sich auf diese Weise das auf Überparteilichkeit eingeschworene Forumsblatt, während das Boulevardblatt pointierter selber Stellung zu nehmen wagt. Da Kampagnenstrategen ihre Budgets ja auf bestimmte Medientypen optimal verteilen sollen, wäre ihnen die Kenntnis solcher Unterschiede, die das Image und das Nutzungsprofil der betreffenden Organe mitprägen, zweifellos dienlich.

Über die Qualität dieser Presse-Argumentationskultur und damit den von dieser geleisteten Beitrag an die Rationalisierung des politischen Prozesses sagen diese typologischen Unterschiede allerdings noch wenig aus, wenn auch z.B. das Ressourcenpotential für die Intensität der Informationsbeschaffung eines Zeitungstyps natürlich eine ausschlaggebende Rolle spielt. Dass hier ein qualitativ geschichtetes Pressesystem die Berichterstattung realisiert, wird immerhin auch daran deutlich, dass die Elitezeitung erwartungsgemäß den Anlass in viel mehr Aspekten abdeckt als z.B. das Boulevardblatt und durch diese vieldimensionale Themenstrukturierung – neben den politischen werden auch wirtschaftliche, kulturelle, ökologische etc. Implikationen der Vorlage abgehandelt – natürlich erheblich mehr Hilfestellung für eine qualifizierte politische Meinungsbildung leistet (Saxer/Tschopp 1995: 71f.).

Dies vermag indes nicht den Gesamteindruck einer Argumentationskultur von intensiver Standardisiertheit und geringer Komplexität als Zeitungsroutine zu zerstreuen (Saxer 1996: 536f.). Die forschungsökonomisch bedingte Beschränkung der Argumentationsanalyse auf „Tages-Anzeiger" und „Blick" gestattet zwar nur Aussagen über die Tiefenstruktur der Argumentation in der Forums- und Boulevardpresse, aber die Tatsache, dass dieses Globalurteil auf beide Zeitungstypen zutrifft, lässt doch die Schlussfolgerung zu, von diesem Pressesystem werde hohe politische Komplexität argumentativ nur recht rudimentär durchdrungen. Argumentieren heißt hier ja in erster Linie, Feststellungen ohne weitere Begründung zu treffen, wobei sich auch die externen Kolumnisten überwiegend dieser kurzatmigen Argumentationsroutinen bedienen. Dass die in den Zeitungen entworfenen Zukunftsperspektiven nach der Ablehnung der Vorlage mehrheitlich vage und unverbindlich bleiben, reduziert vollends den angeblichen politischen Jahrhundertentscheid auf den Status eines letztlich folgenlosen Intermezzos (Saxer 1996: 537). Das Gefälle zwischen dem sehr hohen quantitativen Output dieses Zeitungssystems zu dieser wichtigen Abstimmungsvorlage und deren argumentativer Durchdringung ist nicht zu übersehen, die Leistung desselben zur Rationalitätssteigerung von Politik, nicht zuletzt auch im Lichte des law of requisite variety, problematisch.

2.2 Politische Öffentlichkeitsarbeit als Kommunikationsstrategie

Innerhalb dieser Gesamtkonstellation politischer Medienöffentlichkeit sind nun weiter auf der Folie der schweizerischen Fallstudie und zusätzlicher Forschungsbefunde die Ausprägungen politischer Öffentlichkeitsarbeit genauer zu analysieren und ihre Auswirkungen auf den politischen Entscheidungsprozess abzuschätzen. Die Tatsache, dass die öffentlich Meinenden dieses Zeitungssystems – Journalisten, Gastkolumnisten und Inserenten – immer wieder von der inhaltlichen auf die metakommunikative Ebene ausweichen und dort den Meinungsgegner kommunikativer Regelverstöße und damit der Unfähigkeit zum demokratischen Dialog bezichtigen, mutet allerdings als Ausdruck von politischem Diskurs wenig produktiv an und führt noch einmal zur Frage, wieweit durch diesen hier politische Rationalität gefördert wird.

Da PR-Kampagnen in diesem Beitrag als spezifische Kommunikations-Strategiesysteme innerhalb von Public Relations als einem Subsystem von Öffentlichkeit konzipiert sind, liegt es nahe, die PR-Strategien der verschiedenen hier involvierten Akteurskategorien vergleichend zu interpretieren, und zwar anhand der in Abbildung 2 dokumentierten drei Mediatisierungsintensitäten des Untersuchungsmaterials. Die Journalisten zählen natürlich nicht zur Berufskategorie der PR-Spezialisten, fungieren aber vielfach und gerade auch in diesem Fall in analoger Weise. Sie unterhalten mit den Öffentlichkeitsarbeitern überhaupt vielfach symbiotische Beziehungen, grenzen sich aber andererseits als Stand schroff von diesen ab (Jarren/Altmeppen/Schulz 1993: 152; Saxer 1992: 67). Widersprüche im beruflichen Selbstverständnis und anomisches Verhalten prägen denn auch das journalistische Verhalten in diesem Fall: Bekenntnissen zur Unparteilichkeit zum Trotz befürwortet ja die große Mehrheit dieser Journalisten die Vorlage, leistet indes für diese vornehmlich nur indirekte PR, nämlich mittels der Strategie der Instrumentellen Aktualisierung (Kepplinger 1989), d.h. der Thematisierung wertbesetzter Sachverhalte zur Stärkung der eigenen Meinungsposition und Argumentation. Und dazu lassen die Journalisten eben mit Vorliebe Außenstehende meinen – bei politisch heiklen Themen wie bei solchen, für die sie sich nicht die nötige Sachkompetenz zutrauen – und zwar in doppelter Weise, indem einerseits Gewährsleute im Sinne der eigenen Meinungsposition zitiert werden, Meinungsführerschaft also mittels Sekundärtext gesucht wird, oder solche als Gastkolumnisten das Wort erhalten.

Die Strategie der Instrumentellen Aktualisierung wurde von den Journalisten in diesem Fall, in dem sie sich auf der Verliererseite befanden und demzufolge ihrem habituellen Anspruch, als gesellschaftliches Frühwarnsystem zu fungieren, nicht gerecht wurden, auch als Mittel zur Schadensbegrenzung in eigener Sache eingesetzt. Sie überließen nach der verlorenen publizistischen Auseinandersetzung fast ausschließlich enttäuschten Befürwortern der Vorlage das Wort, die dann noch einmal die Richtigkeit der journalistischen Option für diese bestätigten (Saxer/Tschopp 1995: 167). Allerdings verstoßen sie damit gegen ihr eigenes berufskulturelles Transparenzgebot – Stichwort: anomisches Verhalten – das die Trennung von Referat und Raisonnement verlangt. Kampagnentheoretisch kann hieraus gefolgert werden, Journalisten betreiben, vor allem in Gestalt von Sekundärtext, immer wieder Öffentlichkeitsarbeit, aber verdeckte.

Die Gastkolumnisten, fast alles Politiker, kooperieren also auf diese Weise mit den Journalisten, natürlich weil sie so ihrer Meinungsposition vermehrt Publizität verschaffen können. Da sie professionelle Kenner der zur Abstimmung anstehenden Materie sind, könnte man von ihnen zugleich besonders fundierte Argumentationen erwarten. Die Analyse ergibt indes eben, dass sie dieselben kurzatmigen Argumentationsroutinen wie die Journalisten pflegen. Sie vergeben damit die Chance, den politischen Diskurs zu vertiefen und passen sich freiwillig in die medialen Standardisierungmechanismen ein, denn ihre Stellungnahmen werden ja nicht journalistisch umgeschrieben. Die strukturelle Macht der Medien bei der Konstituierung von politischer Öffentlichkeit erweist sich hier daran, dass selbst die Primärakteure des politischen Systems, statt ihre systemeigenen Artikulationsweisen öffentlich durchzusetzen, die Gestaltungsprinzipien von Medienöffentlichkeit internalisieren und durch ihre Art der Darstellung von Politik auch sanktionieren. Umgekehrt praktizieren aber die Politiker ihrerseits einen doppelten Zugriff auf die Medienöffentlichkeit und über diese auf die politische Öffentlichkeit, nämlich außer über ihre publizistischen Beiträge eben auch über das Management von politischen Ereignissen, über die wiederum die Journalisten aufgrund ihres Informationsauftrags berichten müssen. Politische Öffentlichkeitsarbeit wird somit nur als das Resultat von Strategieinterpenetration verschiedener Akteurskategorien (Westerbarkey 1995) fassbar.

Unter den Organisatoren politischer Öffentlichkeitsarbeit im engeren Sinn, in diesem Fall den Verantwortlichen für die teilmediatisierten Texte, die Inserate zur EWR-Abstimmung schalten, ist diese erwartungsgemäß zwischen den Befürwortern und Gegnern der Vorlage auch sehr ausgeprägt, im Unterschied zur weitgehend symbiotischen Strategieinterpenetration zwischen Journalisten und Politikern aber deutlich antagonistisch. Wie bereits mehrfach angesprochen wurde die Inseratenkampagne von den Gegnern eines EWR-Beitritts erheblich professioneller geführt als von dessen Befürwortern, wobei der Hauptmangel der letzteren in ihrer überwiegend reaktiven Anlage zu sehen ist. Zwar warnen reflektierte Praktiker von Öffentlichkeitsarbeit zu Recht vor einer Überschätzung des PR-Steuerungsvermögens von Thematisierungsprozessen und auch der Möglichkeiten eines gezielten Issues Managements (Avenarius 1995: 209f). Im gegebenen Fall deuten aber die demoskopischen Befunde doch darauf hin (Longchamp 1993), dass – letztlich kampagnenentscheidend – ein positives, zukunftsträchtiges Image mit der Vorlage nicht verbunden und vermittelt werden konnte. Zusammen mit dem Verfehlen der emotionalen Befindlichkeit der Mehrheit des Stimmvolks führte diese Kommunikationskonstellation, natürlich im Verein mit zahlreichen weiteren Faktoren, dazu, dass dieses der Vorlage die Zustimmung verweigerte. Auch als Lehrbeispiele von Strategieinterpenetration bildeten solche politischen Abstimmungen zweifellos weitere lohnende Forschungsobjekte.

2.3 Medienöffentlichkeit, Öffentlichkeitsarbeit und politische Entscheidung

Im Lichte der vorangehenden theoretischen Erörterungen zum Verhältnis von Medienöffentlichkeit, Öffentlichkeitsarbeit, zumal von PR-Kampagnen, und politischem Entscheidungsprozess und der diese konkretisierenden Befunde einer neueren schweizerischen Fallstudie drängt sich abschließend ein kurzes Fazit, auch im Hinblick auf die künftige Forschungsagenda, auf. Es gilt ja nach wie vor, die PR-Theorie trotz beachtlichen Fortschritten (Ronneberger/Rühl 1992) zu fundieren und innerhalb derselben den Focus der Kampagnenforschung in Richtung von Makroaspekten zu verbreitern. Auch liegt zwar ein vielfältiges und soweit zuverlässiges Praktikerwissen über die Möglichkeiten erfolgreicher Kampagnengestaltung vor, aber dessen systematische theoretische Durchdringung, zumal im Bereich politischer Kommunikation, steht noch weitgehend aus, und ebenso fehlt es an Szenarien über die Perspektiven künftiger politischer Öffentlichkeitsarbeit. In diesem Sinne mag dieses Fazit aus den erörterten Forschungsbefunden vielleicht auch forschungspolitische Anregungen vermitteln:

Medienöffentlichkeit als Subsystem von politischer Öffentlichkeit bildet natürlich einen zentralen Prägungsfaktor derselben, aber im Lichte gerade der Befunde der schweizerischen Fallstudie wird die häufig geäußerte These von ihrem immer überwältigenderen Einfluss auf den Prozess der politisch relevanten Meinungsbildung fragwürdig. In dieser konkreten Konstellation vollzog sich diese ja weitgehend unterhalb des Levels von Medienkommunikation, in privaten Gesprächszirkeln und in sonstigen Formen interpersonaler Kommunikation und unterlief dergestalt jene gewissermaßen. Von der weitgehenden Gleichsetzung von politischer und Medienöffentlichkeit muss mithin die scientific community Abstand nehmen, zumal diese einer positionsbedingten Perzeptionsverkürzung und -verzerrung von Politikern und Journalisten entspringt, und sich wieder verstärkt auf ihre diffusionstheoretischen Erkenntnisse besinnen bzw. diese mehren. Zu wünschen sind daher systematische vergleichende Analysen des relativen Einflusses von Medienöffentlichkeit bzw. -kommunikation innerhalb des komplexen Gesamtsystems Öffentlichkeit auf die Entwicklung des politischen Prozesses.

Politische Öffentlichkeitsarbeit, insbesondere Kampagnen, wollen Meinungsbildungsprozesse und Verhaltensweisen im Sinne bestimmter politischer Ziele erwirken. Das schweizerische Beispiel, aber auch andere Fälle belegen (Burkart/Probst 1991), dass allzu einseitig auf Medienöffentlichkeit ausgerichtete PR die Komplexität politischer Urteilsbildung verfehlen, zumal die Medienrealität zunehmend die Tendenz zeigt, sich zum sich selbst reproduzierenden System zu entwickeln und Einflüsse von außen entweder ihren eigenen Strukturen anzugleichen oder diese einfach nicht wahrzunehmen. Das Verhältnis von massenmedial veröffentlichter Meinung und privater wird damit erneut kritisch. Dieses Phänomen einer gewissen Entfremdung der Medienrealität von der erfahrenen Wirklichkeit des Publikums (vgl. auch Donsbach 1993: 305ff.), im schweizerischen Fall von dessen emotionaler Befindlichkeit, hat bereits zur Neufokussierung von Wahlkampfstrategien geführt, nämlich an den Nachrichten vorbei (Donsbach 1993: 239).

Die Erwartungen der Anhänger von Diskursmodellen an das Verarbeitungsvermögen des Kommunikationsforums Öffentlichkeit werden auch von diesem schweizerischen Beispiel einmal mehr enttäuscht, wenigstens was dessen Subsystem Medienöffentlichkeit anbelangt. Die zutage tretende Presse-Argumentationskultur erweist sich ja als dürftig, aber auch der ermittelte rudimentäre Wissensstand des Souveräns lässt an der objektiv fundierten und nicht bloß subjektiv begründeten Rationalität seiner Meinungsbildung und Entscheidung zweifeln.

Rationale Kampagnen für eine bessere politische Welt zu realisieren, stellt unter diesen Bedingungen ein überaus schwieriges Unterfangen dar. Erfolgreich war ja in diesem Fall in erster Linie jene politische Öffentlichkeitsarbeit, die an diffuse Ängste appellierte bzw. solche schürte, eine Strategie also, die auf Emotionalität und nicht auf Rationalität setzte. Das zunehmend abstrakte politische Geschehen auf nachvollziehbare Kriterien zu bringen, ohne durch allzu radikale Reduktion von dessen Komplexität dieses entschieden zu verzerren, gemahnt als strategische Aufgabe an diejenige der Quadratur des Zirkels. Andererseits bauen sich in der Bürgerschaft im Gefolge wachsender Privatisierung der Mentalitäten vermehrt Lernwiderstände gegen jedwede nicht als unmittelbar persönlich relevant perzipierte politische Information auf, was öffentliche Kommunikation zur extremen Vereinfachung von solcher veranlasst. Und schließlich führt ein immer größerer Ansturm von immer mehr Konkurrenten auf das sich darob ständig verknappende Gut öffentlicher Aufmerksamkeit, wie die Entwicklung der Werbung und die Werbeforschung zeigen, zumindest in den elektronischen Medien und der Massenkommunikation, eher zur Entwicklung immer emotionalerer in der „Erlebnisgesellschaft" (Schulze 1992) denn kognitiver Appelle. Erfolgschancen von politischen PR-Kampagnen sind, wie das schweizerische Beispiel und die neuere Forschung belegen, trotzdem gegeben. Sie bedingen allerdings immer größere Investitionen und die integrale Optimierung aller Elemente von Kampagnen, die Abbildung 1 ausweist, bei zusätzlicher der jeweiligen Makrokonstellation. Die jeweils erfolgreiche Ansprechlogik ist dabei natürlich variabel und diejenige im Sinne der demokratietheoretischen Forderung nach einer solchen von generalisierbarer Vernunft sicher nur eine von vielen.

Für die zukünftige Gestalt der politischen Öffentlichkeits- bzw. Kampagnenarbeit werden denn auch in erster Linie die mehrfach genannten Gesamttrends entscheidend werden. Diese sind die weitere evolutionäre Zunahme gesellschaftlicher Komplexität und entsprechender Differenzierungsvorgänge, die wachsende Überlastung der Problemlösungskapazität des politischen Systems, die verstärkte Konkurrenz um sich verknappende öffentliche Aufmerksamkeit und steigende Ansprüche an die Leistungsfähigkeit der immer aufwendigeren PR- bzw. Kampagnensysteme. Diese, ihrerseits, differenzieren ihr Instrumentarium weiter und verwissenschaftlichen es noch mehr, zumal trotz höherer Professionalität der entsprechenden Spezialisten unter den gewandelten Bedingungen die Realisierung von deren Zielen immer schwieriger wird. Die dadurch steigenden Kosten bei wohl verstärkter Erfolgsungewissheit werden dabei insbesondere zu immer höheren Anforderungen an die Qualität und die Intensität der Kampagnenevaluation führen. Trotzdem werden das politische System, namentlich der Staat, als solches wie seine verschiedenen Protagonisten noch vermehrt Öffentlichkeitsarbeit, insbesondere PR-Kampagnen einsetzen, da sie immer intensiver um Verständnis werben und ihre Legitimation fortgesetzt dartun müssen. Im komplexen System Öffentlichkeit dürften daher, vor allem bei weiterer Entfremdung der Medienrealität von der politischen Alltagserfahrung, die kommunikative Gestaltungsmacht von Öffentlichkeitsarbeit bzw. PR-Kampagnen und ihr Einfluss auf die politische Meinungsbildung zunehmen.

Literatur

Alheide, David L./Robert P. Snow (1991): Media Worlds in the Postjournalism Era, New York
Ashby, Ross W. (1968): Variety, Constraint, and the Law of Requisite Variety. In: Walter Buckley (Hg.): Modern Systems Research for the Behavioral Scientist, Chicago: 129-136
Avenarius, Horst (1995): Public Relations. Die Grundform der gesellschaftlichen Kommunikation, Darmstadt
Bonfadelli, Heinz (1994): Medienwirkungen in Politik, Wirtschaft und Kultur, Skript, Zürich
Bonfadelli, Heinz/Walter Hättenschwiler (1989): Das Lokalradio-Publikum. Ergebnisse der Publikumsbefragungen zu den lokalen Rundfunkversuchen in der Schweiz 1983-1988, Zürich
Brosius, Hans Bernd (1994): Agenda-Setting nach einem Vierteljahrundert Forschung. In: Publizistik, 39, 3: 269-288
Burkart, Roland/Sabine Probst (1991): Verständigungsorientierte Öffentlichkeitsarbeit. Eine kommunikationstheoretisch begründete Perspektive. In: Publizistik, 36, 1: 56-76
Donsbach, Wolfgang (1993a): Journalismus versus journalism – ein Vergleich zum Verhältnis von Medien und Politik in Deutschland und in den USA. In: Wolfgang Donsbach et al.: Beziehungsspiele – Medien und Politik in der öffentlichen Diskussion, Gütersloh: 283-315
Donsbach, Wolfgang (1993b): Täter oder Opfer – Rolle der Massenmedien in der amerikanischen Politik. In: Wolfgang Donsbach et al.: Beziehungsspiele – Medien und Politik in der öffentlichen Diskussion, Gütersloh: 221-281
Faulstich, Werner (1996): Medien und Öffentlichkeiten im Mittelalter 800-1400, Göttingen
Gerhards, Jürgen/Friedhelm Neidhardt (1991): Strukturen und Funktionen moderner Öffentlichkeit. Fragestellungen und Ansätze. In: Stefan Müller-Doohm/Klaus Neumann-Braun (Hg.): Öffentlichkeit. Kultur. Massenkommunikation, Oldenburg: 31-89
Hazleton, Vincent (1992): Toward a Systems Theory of Public Relations. In: Horst Avenarius/Wolfgang Armbrecht (Hg.): Ist Public Relations eine Wissenschaft? Eine Einführung, Opladen: 33-45
Jarren, Otfried/Klaus-Dieter Altmeppen/Wolfgang Schulz (1993): Parteiintern – Medien und innerparteiliche Entscheidungsprozesse. Die Nachfolge Genschers und die Kür Engholms zum SPD-Kanzlerkandidaten. In: Wolfgang Donsbach et al.: Beziehungsspiele – Medien und Politik in der öffentlichen Diskussion, Gütersloh: 111-157
Kaase, Max/Winfried Schulz (1989): Perspektiven der Kommunikationsforschung. In: Kölner Zeitschrift für Soziologie und Sozialpsychologie, Sonderheft 30: 9-27
Kepplinger, Hans Mathias. In Zusammenarbeit mit Hans-Bernd Brosius, Friedrich Staab, Günter Linke (1989): Instrumentelle Aktualisierung. Grundlagen einer Theorie publizistischer Konflikte. In: Kölner Zeitschrift für Soziologie und Sozialpsychologie, Sonderheft 30: 199-220
Kepplinger, Hans Mathias (1992): Ereignismanagement. Wirklichkeit und Massenmedien, Zürich, Osnabrück
Langenbucher, Wolfgang R. (1993): Journalismus 2000. Vorbemerkungen zu diesem Heft. In: Publizistik, 38, 3: 259-260
Langenbucher, Wolfgang R. (1996): Auf der Suche nach den unbekannten Kommunikatoren. In: Aviso, No. 17: 7-10
Longchamp, Claude (1993): Den Pelz waschen, ohne ihn nass zu machen. Eine sozialwissenschaftliche A-

nalyse der Entscheidung der Schweiz über den Beitritt zum Europäischen Wirtschaftsraum vom 6. Dezember 1992 In: Holger Rust (Hg.): Europa-Kampagnen. Dynamik öffentlicher Meinungsbildung in Dänemark, Frankreich und der Schweiz, Wien: 9-57

Luhmann, Niklas (1990): Paradigm lost: Über die ethische Reflexion der Moral, Frankfurt/Main

Mahle, Walter (Hg.) (1993): Journalisten in Deutschland. Nationale und internationale Vergleiche und Perspektiven, München

Neidhardt, Friedhelm (1994): Öffentlichkeit, öffentliche Meinung, soziale Bewegungen. In: Kölner Zeitschrift für Soziologie und Sozialpsychologie, Sonderheft 34: 7-41

Parsons, Talcott (1972): Das System moderner Gesellschaften, München

Ronneberger, Franz/Manfred Rühl (1992): Theorie der Public Relations. Ein Entwurf, Opladen

Rühl, Manfred (1989): Organisatorischer Journalismus. Tendenzen der Redaktionsforschung. In: Kölner Zeitschrift für Soziologie und Sozialpsychologie, Sonderheft 30: 253-269

Rust, Holger (1993): Gefühle, Stimmungen, Konventionen und Erwartungen: Die komplizierten Hintergründe der politischen Überzeugungsarbeit. In: Holger Rust (Hg.): Europa-Kampagnen. Dynamik öffentlicher Meinungsbildung in Dänemark, Frankreich und der Schweiz, Wien: 175-225

Sarcinelli, Ulrich (1987): Symbolische Politik. Zur Bedeutung symbolischen Handelns in der Wahlkampfkommunikation der Bundesrepublik Deutschland, Opladen

Saxer, Ulrich (1992): Public Relations als Innovation. In: Horst Avenarius/Wolfgang Armbrecht (Hg.): Ist Public Relations eine Wissenschaft? Eine Einführung, Opladen: 47-76

Saxer, Ulrich (1993): Medienwandel – Journalismuswandel. In: Publizistik, 38, 3: 292-304

Saxer, Ulrich (1994a): Strukturwandel der Öffentlichkeit. Jürgen Habermas' Klassiker wi(e)dergelesen von einem Kontrahenten. In: Zoom K&M, No. 4: 71-75

Saxer, Ulrich (1994b): Norm und Gegennorm: Probleme der Normenverträglichkeit in der PR-Arbeit. In: Wolfgang Armbrecht/Ulf Zabel (Hg.): Normative Aspekte der Public Relations. Grundlagen und Perspektiven. Eine Einführung, Opladen: 195-224

Saxer, Ulrich (1996): Zur Rationalität von Politik, Medien und Public Relations. Schlußfolgerungen aus einer schweizerischen Fallstudie. In: Rundfunk und Fernsehen, 44, 4: 531-538

Saxer, Ulrich/Heinz Bonfadelli (1992): EG und EWR: Wie steht es um die Information der Öffentlichkeit? In: Marketing- und Sozialforschung Schweiz: Handbuch 92/93, Hergiswil: 63-70

Saxer, Ulrich/Martina Märki-Koepp (1992): Medien-Gefühlskultur. Zielgruppenspezifische Gefühlsdramaturgie als journalistische Produktionsroutine, München

Saxer, Ulrich/Cosima Tschopp (1995): Politik und Medienrealität. Die schweizerische Presse zur Abstimmung über den EWR, Zürich

Schenk, Michael (1987): Medienwirkungsforschung, Tübingen

Schneider, Beate/Klaus Schönbach/Dieter Stürzebecher (1993): Westdeutsche Journalisten im Vergleich. Jung, professionell und mit Spaß an der Arbeit. In: Publizistik, 38, 1: 5-30

Schulze, Gerhard (1992): Die Erlebnisgesellschaft: Kultursoziologie der Gegenwart, Frankfurt/Main, New York

Signitzer, Benno (1992): Theorie der Public Relations. In: Roland Burkart/Walter Hömberg (Hg.): Kommunikationstheorien. Ein Textbuch zur Einführung, Wien: 134-152

Staab, Joachim Friedrich (1990): Nachrichtenwert-Theorie. Formale Struktur und empirischer Gehalt, Freiburg, München

Tuchman, Gaye (1978): Marketing News. A study in the construction of reality, New York, London

Westerbarkey, Joachim (1995): Journalismus und Öffentlichkeit. Aspekte publizistischer Interdependenz und Interpenetration. In: Publizistik, 40, 2: 152-162

Wilke, Jürgen (1984): Nachrichtenauswahl und Medienrealität in vier Jahrhunderten, Berlin, New York

Zucker, Harold (1978): The Variable Nature of News Media Influence. In: Brent D. Ruben (Hg.): Communication Yearbook 2, New Brunswick (N.J.): 225-240

Öffentlichkeit als Selbstverständigungsprozess

Das Beispiel Brent Spar*

Elisabeth Klaus

Der Konflikt um die Versenkung der Ölverlade- und Lagereinrichtung Brent Spar im Sommer 1995 gehört zu den bemerkenswertesten gesellschaftlichen Auseinandersetzungen der 1990er Jahre. Im Zehn-Jahresrückblick von Greenpeace wird die Kampagne zurecht als „die größte Boykottbewegung von Bürgern gegen einen Konzern in der Geschichte der Bundesrepublik" bewertet (Krüger/Müller-Henning 2005: 25). Die Ereignisse um Brent Spar führten zu Irritationen über die Macht von weltweit operierenden Konzernen und die Möglichkeiten zivilgesellschaftlicher Organisationen, öffentliche Meinung zu verändern. Solche Irritationen sind wissenschaftlich deshalb interessant, weil sie die ansonsten verborgenen Aspekte des sozialen Zusammenlebens erhellen. Ich nutze die Ereignisse daher im Folgenden, um über Öffentlichkeit nachzudenken und stelle in diesem Zusammenhang mein Drei-Ebenen-Modell von Öffentlichkeit vor.

Der Greenpeace-Mitarbeiter Jochen Vorfelder (1995; vgl. dazu auch Greenpeace 1997) hat damals die Kampagne aus Sicht der Umweltorganisation in „Brent Spar oder die Zukunft der Meere" beschrieben. Den Schlusssatz übernahm er vom *Guardian*: „Menschen zählen noch. Boykotte können noch funktionieren. Das ist für die Demokratie genauso erfrischend wie für die Nordsee." (ebd.: 196) Ganz andere Akzente setzte, nicht überraschend, die Chronologie und Medienresonanzanalyse „Die Ereignisse um Brent Spar in Deutschland", die der Kommunikationsberater Wolfgang Mantow im Auftrag der Deutschen Shell AG Hamburg ausgearbeitet hat. Hier steht einleitend die besorgte Frage:

„Wie soll in Zukunft im Dialog oder Konflikt berechtigter partikularer Interessen ein gesellschaftlicher Konsens entstehen, der verantwortbares Handeln und konstruktive Ergebnisse

---

* Dieser Beitrag wurde gegenüber der 2. Auflage des Bandes von 2001 aktualisiert und ergänzt.

möglich macht und nicht blockiert? Es kann nicht sein, daß die gesellschaftliche Diskussion bei allen Zukunftsfragen nur verkürzt wird auf ein Spektakel, das Sieger und Besiegte haben muß." (Mantow 1995: 3)

Beide Veröffentlichungen bemühen sich um eine intersubjektiv nachvollziehbare Darstellung der Ereignisse, dokumentieren den Verlauf des Konflikts im Rahmen ihrer Aufgabenstellung sorgfältig und trotz der notwendigen Selektivität ohne Verzerrungen. Trotzdem enthalten sie jene zwei Versionen der Brent-Spar-Auseinandersetzung, die bis heute nebeneinander bestehen. Die eine Version sieht Brent Spar als ökologischen Sieg gegen die Umweltverschmutzer, zelebriert das gewachsene Umweltbewusstsein und die Durchsetzungsfähigkeit der Bevölkerung (z.B. Beck 1995), die andere entdeckt einen Missbrauch der Demokratie durch die „Protest-Maschine" Greenpeace (Luyken 1996), sieht eine Manipulation der Manipulateure und beklagt eine „Fehlfunktion im Mediensystem".[1] Brent Spar schien für einen kurzen historischen Moment die Einflussmöglichkeiten und Handlungsspielräume von Konzernen und Non-Profit-Organisationen zu vertauschen oder doch zumindest aufzuweichen.

Die Auseinandersetzung um die Versenkung der Brent Spar berührt bis heute Grundfragen der Kommunikationswissenschaft: Unter welchen Bedingungen haben PR-Kampagnen Erfolg? Wie unterscheiden sich die Form, die Wirkung und der Inhalt der PR von Profit- und Non-Profit-Organisationen? Wie ist die Beziehung zwischen Öffentlichkeitsarbeit und Journalismus? Welche Rolle spielen Medien, welche die Bevölkerung und andere AkteurInnen im Prozess der Meinungsbildung? Wie berichten Medien in einer Krise, welches Rollenselbstbild entwerfen die JournalistInnen? Sind öffentliche Auseinandersetzungen nur Kommunikationsprobleme oder auch Probleme des Handelns?

Die folgende Darstellung konzentriert sich auf zwei Aspekte: Zum einen wird am Beispiel Brent Spar das Verhältnis zwischen Öffentlichkeit und Medien, zum anderen das zwischen Medien und Öffentlichkeitsarbeit diskutiert. Dabei beschreibe ich zunächst Öffentlichkeit als einen wechselseitigen Prozess, in dem unterschiedliche Interessen verhandelt werden und zwischen verschiedenen Perspektiven vermittelt wird. Kampagnen sind nicht nur Medienkampagnen, sondern entfalten ihre Dynamik in der Interaktion zwischen verschiedenen Teilöffentlichkeiten. Der Konflikt um die Brent Spar bestätigt darüber hinaus vieles, was über Thematisierungsprozesse, politische Themenkarrieren und ökologische Kommunikation bekannt ist (vgl. Pfetsch 1994; Haan 1995).

Im Weiteren diskutiere ich die Implikationen der Brent-Spar-Kampagne für das Verhältnis von Medien und Öffentlichkeitsarbeit. Das „PR-Debakel" für die Deutsche Shell AG war zugleich ein „PR-Erfolg" für Greenpeace. Die überaus erfolgreiche Solidaritätskampagne der Umweltschutzorganisation und der Misserfolg der Social Marketing-Kampagne des Erdölkonzerns gehören eng zusammen. Aus der Perspektive konkurrierender Öffentlichkeiten, d.h. von Konfliktteilnehmenden mit gegenläufigen Interessen, stellt sich die Frage, wer die drei Ziele der PR – Aufmerksamkeit, Vertrauen in

---

[1] Unter dieser Überschrift veröffentlichte Sage & Schreibe 2/96 mehrere Beiträge zum Thema.

die Glaubwürdigkeit, Zustimmung zu Intentionen und Handlungen – besser erreicht. Die Greenpeace-Öffentlichkeitsarbeit im Fall Brent Spar war in Bezug auf die Aufmerksamkeits-, Vertrauens- und Konsensfaktoren der PR-Arbeit der Shell-AG deutlich überlegen und konnte deshalb eine weitaus stärkere Medienresonanz erzielen.

Vor die Diskussion dieser beiden Problembereiche stelle ich einen Rückblick auf die Brent Spar-Ereignisse, um damit vor allem das Agieren der Medien und die Rolle anderer AkteurInnen auf der öffentlichen Bühne im Sommer 1995 in Erinnerung zu rufen.

1 Brent Spar – nicht nur ein Medienspektakel

Anfang März 1995 begann die Deutsche Shell AG mit einer mit 30 Millionen Mark gut ausgestatteten, viel beachteten, aber zunächst nicht umstrittenen Social-Marketing-Kampagne. Unter dem Motto „Das wollen wir ändern" bekannte sich Shell zu einer „besonderen Verantwortung", die das Unternehmen als Mineralölkonzern für die Gesellschaft und die Umwelt trage. Mit der Kampagne versuchte das Unternehmen, das unter anderem aufgrund von Öl-Verschmutzungen im Niger-Delta in die Kritik geraten war, sein Image offensiv zu verbessern. Im Nachhinein hören sich die damals geäußerten Bedenken eines PR-Fachmanns an wie die berühmten Kassandrarufe: „Shells Response-Auftritt ist riskant und muß sich an Taten messen lassen" (Menzendorf zit. in Klink 1995). Dabei waren die Anfangserfolge der Kampagne beachtlich. Der Appell an das soziale Gewissen und das Bekenntnis zur sozialen Verantwortung hätten wohl Erfolg gehabt, wäre die Brent-Spar-Auseinandersetzung nicht gewesen.

Auch der Konflikt um die Brent Spar begann als eine Social-Marketing-Kampagne, war Produkt der professionell geplanten Öffentlichkeitsarbeit von Greenpeace. Am 30. April 1995 besetzten Greenpeace-AktivistInnen die ausgediente Ölverlade- und Lagereinrichtung Brent Spar, die Esso und Shell zwar gemeinsam gehört, die aber von Shell Großbritannien betrieben wird. Die Besetzung sollte die Öffentlichkeit auf die geplante und nach Abschluss des Genehmigungsverfahrens unmittelbar bevorstehende Versenkung der Brent Spar im Ostatlantik aufmerksam machen. Dem Ereignis kam insofern eine Signalwirkung zu, als es sich um die erste Versenkung einer Ölplattform in der Nordsee handelte. Zunächst gelang es Greenpeace nicht, mehr als die übliche Medienresonanz zu erzielen, auch wenn mit Panorama, Spiegel, Focus, Welt und den Nachrichtenagenturen führende politische Meinungsträger über die Besetzung berichteten. Bis Ende Mai betrug das von Mantow (1995: 236-237) erfasste Medienecho[2] insgesamt 568 Presseartikel und 131 TV-Beiträge (vgl. zum Fernsehen Schaubild 1). Zum Vergleich: Auf dem Höhepunkt des Konflikts in der dritten Juniwoche erschienen an einem einzigen Tag (22.6) mehr Presseartikel (599) und das Fernsehen strahlte am

---

[2] Mantow (1995: 3) schätzt, dass gut 60 Prozent aller erschienenen Artikel und Beiträge erfasst wurden. „Das dargestellte Bild in der Chronologie mit all seinen Facetten darf als repräsentativ bezeichnet werden" (ebd.: 3). Sofern nicht anders angegeben beziehen sich die hier wiedergegebenen Medienresonanzdaten immer auf diese Quelle.

16.6. (173), 20.6. (152) und 21.6. (134) mehr Beiträge aus als im gesamten Mai. Dass die Medien zunächst nur zögerlich reagiert haben, wird auch von einer im Auftrag von Greenpeace durchgeführten Inhaltsanalyse bestätigt (Krüger/Müller-Henning 2005: 26).

Abb. 1: TV-Medienresonanz Brent Spar
(Anzahl der Sendungen pro Tag 1.5.-15.7.1995)

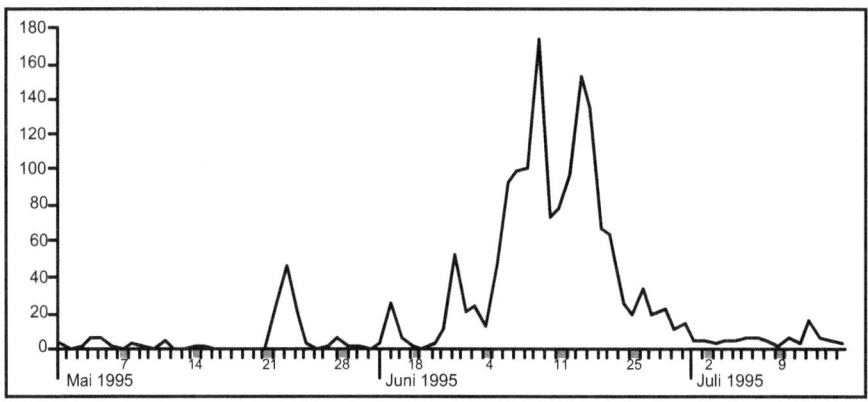

Quelle: Mantow 1995: 237

Auf anderen Ebenen des Öffentlichkeitsprozesses zeichnete sich jedoch schon früh eine beachtliche Zustimmung zur Greenpeace-Kampagne ab. Bereits im Mai gingen weit über 100.000 Protestpostkarten bei Shell Großbritannien ein. Der Betriebsrat und der Gesamtbetriebsrat von Shell Deutschland äußerten dem Vorstand gegenüber Kritik und Besorgnis über die Versenkung. Mit dem Boykottaufruf der Jungen Union Nordrhein-Westfalen und der kritischen Stellungnahme der damaligen Umweltministerin Angela Merkel (CDU) am 24. Mai kündigte sich zudem eine ungewöhnliche Koalition zwischen Umweltschutzgruppen und Konservativen an. Eine Woche später bekundeten drei Viertel der Befragten bei einer von Greenpeace in Auftrag gegebenen Emnid-Umfrage[3] ihre Bereitschaft, Shell zu boykottieren, noch mehr waren es unter den Autofahrer- Innen (Mantow 1995: 255). Brent Spar war zu einem Thema geworden, das viele BürgerInnen als wichtig ansahen und über das weitgehend Konsens herrschte. Im Laufe des Juni schlossen sich viele gesellschaftlich relevanten Gruppen dem Boykottaufruf an. Der Umsatz an den Shell-Tankstellen ging um 20-30 Prozent, vereinzelt bis 50 Prozent zurück (vgl. Greenpeace 2005b).

Das Thema beherrschte nun die Medienberichterstattung. Hörfunk, Fernsehen und Tagespresse berichteten an prominenter Stelle und umfangreich. „Radio-Sender stellten bundesweit ihre Programme um. Jede Hörerbefragung lief jetzt unter dem Thema: Brent Spar." (Vorfelder 1995: 167) Eine TED-Umfrage von Pro 7 ergab, dass von 25.000 AnruferInnen über 70 Prozent für den Boykott waren. Allein der Kölner Express sammelte 10.000 Protestunterschriften (Mantow 1995: 110). An diesen Beispie-

---

[3] Das genaue Umfrageergebnis ist aufgrund der suggestiven Fragestellung wenig aussagekräftig, in der Tendenz aber eindeutig.

len sind zwei Dinge bemerkenswert: die offene Parteilichkeit der Medien und das Ausmaß der Bevölkerungsaktivitäten.

Was im Nachhinein wie *eine* Themenkarriere aussieht, setzt sich jedoch aus einer Anzahl typischer Berichterstattungsmuster zusammen: Aufschwung, Höhepunkt, Abschwung wiederholen sich in immer kürzeren Abständen und auf immer höherem Niveau bei der Besetzung (30.4.) und der Räumung (22./23.5.) der Brent Spar, bei Aktionstagen gegen Shell und der Veröffentlichung der Greenpeace-Umfrage (1.6.), der Eröffnung der Nordseeschutzkonferenz (8.6.), schließlich dem Beginn des Schlepps der Brent Spar in den Atlantik (13.6.). Auch Harald Berens (2001: 233ff.) konstatiert, dass der Thematisierungsverlauf keineswegs stetig, sondern sprunghaft entlang von Schlüsselereignissen verlief.

Am 20. Juni 1995 gab Shell England dann den Verzicht auf die Versenkung bekannt. Eine Dankanzeige von Greenpeace und eine Entschuldigungsanzeige von Shell Deutschland markierten zunächst das Ende zweier professionell durchgeführter PR-Kampagnen. Allerdings haben diese Anfang September ein kurzes, für die Bewertung der Öffentlichkeitsarbeit aber wichtiges Nachspiel. Am 4.9.1995 entschuldigt sich Greenpeace für falsche Zahlen, mit denen die Organisation Mitte Juni an die Öffentlichkeit getreten war.[4] Schon vorher dominierte – nach der Aufgeregtheit auf dem Höhepunkt des Konflikts im Rückblick in den Medien – Nachdenklichkeit. Keine/r der AkteurInnen bleibt von Vorwürfen und Kritik verschont: weder Shell noch Greenpeace, weder die Politik noch die Bevölkerung und schon gar nicht die Medien selber.

2 Kritik und Selbstkritik:
Die AkteurInnen auf der öffentlichen Bühne

Shell

Shell, im Mai und Juni am meisten gebeutelt, schneidet in der Reflexion der PR-Branche und konservativ orientierter Zeitschriften nicht so schlecht ab. Als rehabilitiert sieht das Handelsblatt ein Jahr nach der Besetzung der Brent Spar das Unternehmen an (Schmitt 1996). Viele PR-Fachleute bescheinigen Shell Deutschland ein im Wesentlichen korrektes Kommunikationsverhalten und ein gelungenes Krisenmanagement (vgl.

---

[4] Am 16.6. beschuldigte Greenpeace in einer in England herausgegebenen Presseerklärung – die zwei Tage später in Deutschland erschien – die Shell AG, mit völlig falschen Zahlen zu operieren: Statt der angegebenen 130 Tonnen befänden sich nach ihren Messungen 5.500 Tonnen giftiger Ölrückstände auf der Brent Spar. Eine Falschmeldung, wie Greenpeace Anfang September, sich entschuldigend, zugeben muss. Die Veröffentlichung falscher Zahlen hat im Nachhinein die Glaubwürdigkeit der Brent-Spar-Kampagne grundsätzlich erschüttert (Johanssen/Vorfelder 1996: 101). Greenpeace (1996) betont jedoch, dass die Pressemitteilung die Auseinandersetzung nicht mehr entscheidend beeinflusst habe. Es würde an dieser Stelle aber zu weit führen, die Vorwürfe im Einzelnen genau zu bewerten. Der Konfliktdiskurs, der Prozess Öffentlichkeit, der hier im Mittelpunkt der Diskussion steht, wurde durch die Falschmeldung kaum berührt. Krüger und Müller-Hennings Analyse zufolge haben nur 37 von 1054 ausgewerteten Presseberichten zwischen dem 17. und dem 23. Juni 1995 die neue Zahlenangabe überhaupt erwähnt (Krüger/Müller-Henning 2005: 27).

Sage&Schreibe 2/1996: 22; Wunder 1997). Die Arbeit von Silke Hecker (1997), die Aspekte der Unternehmenskommunikation thematisiert, kommt allerdings zu einem anderen Ergebnis, demzufolge die Krisen-PR von Shell nicht sehr erfolgreich war. Wie dem auch sei: Die Auseinandersetzung um die Brent Spar hat das Risiko von Sozialkampagnen der Industrie drastisch vor Augen geführt. Die deutsche Shell AG wurde auch an ihrer Selbstverpflichtung zu sozialem und umweltgerechtem Handeln gemessen.

Weiter zeigte sich, dass die Entscheidungsstrukturen innerhalb des Konzerns eine wirkungsvolle Öffentlichkeitsarbeit von Shell Deutschland behinderten. Im Rahmen der Aufgaben- und Kompetenzverteilung der Tochtergesellschaften des multinationalen Konzerns hatte die deutsche Shell zunächst keine Informationen und zu keinem Zeitpunkt tief greifende Entscheidungsbefugnisse. Anfang 1996 wurden ein zentrales Krisenmanagement in der Konzernspitze und eine Schaltstelle für die Öffentlichkeitsarbeit der Tochtergesellschaften eingeführt (Johanssen 1996: 17; Durry 1996).

Greenpeace
Ansehensverluste für Shell (Johanssen 1995a) korrespondieren mit hohen Sympathie- und Vertrauenswerten für Greenpeace, die eine Emnid-Umfrage im Herbst 1995 im Auftrag von Spiegel special (11/1995: 8) ermittelte: Danach hätten 28 Prozent Greenpeace bestimmt, weitere 33 Prozent vielleicht gewählt, wenn die Umweltschutzorganisation eine Partei wäre. 70 Prozent befürworteten die Idee, Greenpeace den Friedensnobelpreis zu verleihen. Sigrid Baringhorst (1995a: 55) hat aufgezeigt, dass die prominenten FürsprecherInnen dieser Idee den Inhalt der Greenpeace-Arbeit, Schutz der Nordsee, gegenüber der Form der PR-Kampagne betonten, die prominenten KritikerInnen dagegen die Form gegenüber dem Inhalt. Geschickte PR, auch für gute Produkte, so argumentierten Letztere, sei nicht nobelpreisfähig. Drei Kritikpunkte standen bei der teilweise vehementen Kritik an Greenpeace im Mittelpunkt: erstens die gewählte Kampagnenform, zweitens ihre Organisationsstruktur und drittens ihr Umgang mit den Medien. Die von Greenpeace favorisierte Form der provokatorischen Aktion führe zu Simplifizierungen, zu Emotionalisierung, zum Freund/Feind-Denken und zur David-gegen-Goliath-Mythenbildung. Auch besitze die Organisation keine basisdemokratischen Strukturen und kein Mandat, damit sei ihre demokratische Legitimität fraglich. Schließlich instrumentalisiere Greenpeace die Massenmedien, beispielsweise durch selektive Auswahl der mit Informationen versorgten Medien, das Bildermonopol und die Ausübung von Druck auf die JournalistInnen, sich mit den Anliegen von Greenpeace zu solidarisieren. Der „Ökomulti" sei zu einer „Protestmaschine" geworden, dem jedes Mittel zur Erreichung seiner Ziele recht sei und der auch nicht vor der Verbreitung von Fehl- oder Falschinformationen zurückschrecke (z.B. Adam 1995; Aune 1995; Herrgesell 1995; Luyken 1996; Schießl 1995).

Politik
PolitikerInnen aller Parteien unterstützten im Laufe der Auseinandersetzung die Forderungen von Greenpeace und forderten Shell auf, die Brent Spar an Land zu entsorgen.

Shell warf daraufhin am 13.6.1995 der Politik vor, dem Unternehmen die Schuld am eigenen Versagen beim Schutz der Nordsee zuzuschieben (vgl. Mantow 1995: 61). Gegenüber den amtierenden PolitikerInnen erhoben UmweltschützerInnen den Vorwurf der Heuchelei und Doppelmoral (z.B. Lessing 1995; Stern 1995). Vor allem konservative Zeitschriften monierten das Versagen und die Handlungsunfähigkeit der Politik (Löffelholz 1995). Sie habe die Rolle eines „Lakaien und Clown" (Adam 1995) gespielt, ihre Haltung sei blanker Populismus gewesen (Jeske 1995).

Bevölkerung

Am deutlichsten klafften die Positionen bei der Frage nach dem Verhalten der Bürgerinnen und Konsumenten auseinander. Bemerkenswert ist dabei, dass die Urteile nicht entlang des gewohnten Links-Rechts-Spektrums verliefen. Einen erfolgreichen und mehrheitsfähigen zivilen Widerstand und neue Demokratieformen, in deren Mittelpunkt die VerbraucherInnen stehen, sahen die einen (z.B. Bastar 1995; Enzensberger 1995). Ulrich Beck (1995) hat diese Position in der Zeit pointiert vertreten:

„Das Verblüffende daran ist: Im ganz normalen Alltagshandeln liegen also Chancen der politischen Mitwirkung. Diese Formen der Partizipation wirken überdies direkt, also unter Umgehung von Parteien, Parlamenten und Regierungen (…)."

In einer repräsentativen Telefonumfrage sprachen sich am 25.6.1995 82 Prozent der Befragten dafür aus, das Mittel des VerbraucherInnenboykotts häufiger zu verwenden (vgl. Mantow 1995: 151). Genau diese Einmütigkeit ist es, die den Ausgangspunkt einer ganz anderen Wertung der Bevölkerungsaktivitäten bildete. „Der größte Erfolg einer Boykottbewegung seit dem April 1933", meint Jürgen Elsässer (1995). Vom „Volkssturm" und den Medien als „Völkischen Beobachtern" ist die Rede wie auch vom unheimlichen „Volkes Zorn" (Bauschke 1995) und dem gemeinsamen nationalen Feindbild Shell (Brumlik 1995).

Nüchterner und weniger aufgeregt stellt sich die Frage, warum und wann sich die ansonsten eher demonstrations- und politikmüde Bevölkerung plötzlich stark engagiert, wie es in jüngerer Zeit etwa bei Protesten gegen den Irakkrieg geschehen ist (vgl. Habermas 2003). In der causa Brent Spar werden dafür drei Erklärungen angeboten: Die erste hebt das Umweltbewusstsein in der Bundesrepublik hervor, wobei der Greenpeace-Vorsitzende Thilo Bode jedoch in dieser Hinsicht vor einer Überschätzung warnt (zit. in Mantow 1995: 125). Der Protest sei, zweitens, auch bequem gewesen und habe nichts gekostet, die VerbraucherInnen hätten ihr Verhalten nicht ändern müssen (Baringhorst 1995b). Schließlich findet sich die Position, dass die Haltung der Bevölkerung eine Folge der Medienberichterstattung sei. Zumindest implizit wird die These von den starken Medienwirkungen am häufigsten vertreten. Weder in den Reflexionen von Mantow noch von Vorfelder kommt der Bevölkerung eine wirklich eigenständige Rolle in der Brent-Spar-Auseinandersetzung zu. „Daß Millionen von Autofahrern mitzogen und der Protest den Konzern überrollte wie eine Lawine, dafür sorgten weder die Politiker noch die Greenpeace-Kletterer, sondern die Medien." (Vorfelder 1995: 161)

Medien

Die Medien bekamen nach Beendigung der Kampagne nicht nur die härteste Kritik zu spüren, sondern übten auch die deutlichste Selbstkritik. Parallel zu der an Greenpeace gerichteten Kritik wurde moniert, dass die Medien sich hätten instrumentalisieren lassen, keine Distanz gehabt, in ihrer Kritik- und Kontrollfunktion gegenüber Greenpeace versagt hätten (Aune 1995). „Greenpeace hat uns benutzt" beschweren sich BBC- und ITV-RedakteurInnen (Mantow 1995: 187; NZZ in ebd.: 198). Ein objektiver Journalismus sei angesichts der ausgefeilten PR-Strategie von Greenpeace nicht möglich gewesen (Herrgesell 1995). Keiner der beiden Konfliktgegner zeigte sich mit der Medienberichterstattung zufrieden. Klaus-Peter Johanssen (1995b), Direktor Unternehmenskommunikation und Wirtschaftspolitik der Deutschen Shell AG, warf den Medien die Emotionalisierung des Konflikts, die Vermittlung falscher Informationen („Bohrinsel", „Giftmülldeponie") und eine einseitige Bevorzugung von Greenpeace-Material vor. Ein komplexer Sachverhalt sei auf ein Schlagwort reduziert worden. Jedoch bemängelte auch Jochen Vorfelder, dass sich die von Greenpeace bereitgestellte Informationsvielfalt in der Berichterstattung nicht widergespiegelt hätte. Statt dessen sei diese durch Verdünnung von Information und ihre sensationelle Aufmachung gekennzeichnet gewesen. Die „Message" sei immer einfacher geworden: „Shell böse" (Johanssen/Vorfelder 1996: 102). Im Zehn-Jahresrückblick von Greenpeace findet sich diese Medienkritik allerdings nicht wieder. Dort wird die Medienberichterstattung ohne Einschränkung als ein wichtiger Erfolgsfaktor gewertet (Krüger/Müller-Henning 2005: 26). Barbara Baerns (1996: 21) hat die Kritik an den Medien wie folgt zusammengefasst:

> „Das Medienspektakel um die Ölplattform Brent Spar hat es erneut vor Augen geführt: Gerade dann, wenn es darauf ankommt, kann man sich auf die Informationsleistung der Medien nicht verlassen – die Fakten weichen der emotionalen Berichterstattung."

3 Das Verhältnis von Öffentlichkeit und Massenmedien[5]

„Öffentlichkeit" ist ein grundlegendes Konzept sowohl für den Journalismus als auch für die Öffentlichkeitsarbeit. Manfred Rühl (1979) hat „die Herstellung und Bereitstellung von Themen zur öffentlichen Diskussion" als eine zentrale Leistung des Journalismus bezeichnet. Mit derselben Formulierung hat er später gemeinsam mit Franz Ronneberger die gesellschaftliche Funktion der Public Relations charakterisiert (vgl. Ronneberger/Rühl 1992). Um so erstaunlicher ist es, dass die Publizistik- und Kommunikationswissenschaft nur wenig zur Klärung des Begriffs beigetragen hat (vgl. Bentele 1997). Die Diskussion um Öffentlichkeit wurde vielmehr häufig mit Kommunikatorforschung gleichgesetzt.[6] Auf der öffentlichen Bühne agieren jedoch nicht nur

---

[5] Die theoretischen Überlegungen, die diesem Teil zugrunde liegen, habe ich über einen längeren Zeitraum entwickelt. Eine ausführliche Begründung findet sich in Klaus (2005, 2001).
[6] Ein Beispiel dafür lieferte die Jahrestagung der DGPuK in Leipzig 1996, die unter dem Titel „Zur aktuellen Entstehung von Öffentlichkeit" auf eine Bestandsaufnahme der Kommunikatorforschung zielte.

JournalistInnen via Massenmedien, sondern hier tummeln sich auch viele andere AkteurInnen (vgl. z.B. Dröge 1970; Klaus 1994; Westerbarkey 1991). So hat Ulrich Saxer (1996) auf die Öffentlichkeit der Stammtische und Versammlungen aufmerksam gemacht. Obwohl sich in der Schweiz 1992 vier Fünftel der Medien für den EU-Beitritt aussprachen, stimmte die Bevölkerung dagegen. Offensichtlich wurde die öffentliche Auseinandersetzung nicht durch die Massenmedien, sondern in anderen Foren entschieden. Das Beispiel zeigt, dass die Kommunikationswissenschaft Öffentlichkeit nicht angemessen beschreiben kann, wenn sie sich dabei auf die Redaktionsräume und die darin agierenden Personen oder auf die Inhalte der Massenmedien beschränkt. Das gilt auch für die derzeit viel gestellte Frage nach einer europäischen Öffentlichkeit. Und das galt auch für den Konflikt um die Brent Spar. Deshalb lege ich hier einen weiten Begriff von Öffentlichkeit zugrunde. Öffentlichkeit definiere ich als Verständigungsprozess der Gesellschaft über sich selbst. Durch die Thematisierung, Verallgemeinerung und Bewertung von Erfahrungen werden im Prozess Öffentlichkeit

- gesellschaftliche Wirklichkeitskonstruktionen verhandelt, gefestigt, ent- oder verworfen,
- die gesellschaftlichen Bedeutungen von Themen herausgearbeitet,
- die Regeln und Normen des gesellschaftlichen Zusammenlebens bestätigt oder modifiziert,
- kulturelle Ziele überprüft und kulturelle Identitäten geschaffen (vgl. Winter 1993), schließlich auch
- die ökonomisch-politische Verfasstheit der Gesellschaft diskutiert und legitimiert.

Öffentlichkeit ist die Gesamtheit jener Kommunikationsformen und -foren, in denen solche Selbstverständigungsprozesse stattfinden, besteht also aus einer Vielzahl von Teilöffentlichkeiten. Diese konstituieren sich auf der Basis gemeinsamer Erfahrungen oder geteilter Interessen, sind unter anderem schicht-, generations-, geschlechtsspezifisch. Der Prozess Öffentlichkeit entfaltet sich auf drei Ebenen, die sich im Grad ihrer Komplexität unterscheiden. Ich spreche im Folgenden deshalb von der einfachen, mittleren und komplexen Ebene der Öffentlichkeit (vgl. auch Gerhards/Neidhardt 1990). Während die einfache Ebene der Öffentlichkeit durch sich spontan entwickelnde Kommunikationen im Alltag bestimmt ist, die lediglich die physische Präsenz der Teilnehmenden und eine gemeinsame Sprache voraussetzt, zeichnet die mittlere Ebene eine Organisierung und eine daran anknüpfende Rollendifferenzierung aus, z.B. in aktive und passive Mitglieder, in Sprechende und Zuhörende, in AkteurInnen, KommunikatorInnen und Publikum. Auf der dritten Ebene erhält Öffentlichkeit eine hochkomplexe und stabile Struktur. Auf dieser Ebene bewegen sich die Massenmedien: Durch die technischen Möglichkeiten können Meinungen schnell und großflächig verbreitet werden. Die Leistungsrolle der KommunikatorInnen differenziert und professionalisiert sich. Zugleich verändert sich die Rolle von BeobachterInnen und ZuhörerInnen. „Das Publikum wird abstrakter (keine Präsenzöffentlichkeit), zudem viel größer, in seinen Handlungsmöglichkeiten aber reduzierter." (Gerhards/Neidhardt 1990: 24)

Massenmedien sind Teil eines umfassenderen Kommunikationssystems Öffentlichkeit, das zwischen den verschiedenen gesellschaftlichen Teilsystemen vermittelt (vgl. Gerhards 1995). Insbesondere kommt den Massenmedien dabei die Aufgabe zu, Themen aus den verschiedenen Teilöffentlichkeiten zu sammeln, auszuwählen, zu bearbeiten und dann wieder als Diskussionsangebote zur Verfügung zu stellen. Danach legen die Massenmedien nicht bindend fest, was überhaupt öffentlich ist, weil auf der einfachen und mittleren Ebene von Öffentlichkeit auch Themen diskutiert werden, die in den Massenmedien nicht vorkommen. Der Journalismus entscheidet aber darüber, welche Inhalte allen Mitgliedern der Gesellschaft zumindest prinzipiell zur Verfügung stehen. Insofern ist massenmediale Öffentlichkeit ein Gradmesser für die gesellschaftliche Relevanz von Themen, generiert diese aber in der Regel nicht aus sich heraus. Gesellschaftliche Relevanz ist dabei zu unterscheiden von subjektiver Bedeutung, die – wie Michael Schenk (1995) gezeigt hat – überwiegend in den zwischenmenschlichen Netzwerken, also in den einfachen Öffentlichkeiten festgelegt wird. Die so präzisierte Agenda-Setting-Funktion der Medien ist ohne die Beachtung der gesellschaftlichen und kulturellen Rahmenbedingungen ebenso wenig zu verstehen wie ohne die Rückkopplungsprozesse zu anderen Teilöffentlichkeiten.

Die verschiedenen Ebenen von Öffentlichkeit und die darin jeweils agierenden Teilöffentlichkeiten stehen nicht gleichberechtigt nebeneinander. Vielmehr gilt, dass die Zahl der kommunikativen Foren sich umgekehrt proportional zu der von ihnen ausgeübten Macht verhält. Auf der einfachen Ebene von Öffentlichkeit existieren zwar besonders viele Teilöffentlichkeiten, diese haben aber vergleichsweise wenig Einfluss. Auf der komplexen Ebene von Öffentlichkeit agieren demgegenüber Massenmedien in der Regel viel wirkungsvoller als die vielen kleinen und mittleren Teilöffentlichkeiten und sind deshalb im Prozess Öffentlichkeit dominant. Der Journalismus nimmt vor allem Informationen aus der etablierten Politik und der Wirtschaft wahr, seine hauptsächliche Referenzquelle sind die gesellschaftlichen Eliten. Im Fall Brent Spar scheint dieses Prinzip auf den ersten Blick unterlaufen worden zu sein, wenn jene KritikerInnen Recht hatten, die monierten, dass sich in den Massenmedien die Sicht einer Umweltorganisation durchgesetzt habe, Argumente der Industrie oder der Politik dagegen kaum präsent waren.[7] Der Elitebezug der Medien ist aber nicht bei jedem Thema und in jeder Situation zwingend. Im Gegenteil: Gesellschaftliche Modernisierungen haben zur Voraussetzung, dass die Beziehungen zwischen einfachen, mittleren und komplexen Teilöffentlichkeiten in Bewegung geraten. In spezifischen gesellschaftlichen Konstellationen und historischen Situationen können die kleine und mittlere Ebene von Öffentlichkeit sogar dominant werden.

Modernisierungsschübe erscheinen immer in der Form gesellschaftlicher Krisen, als Legitimationskrisen etablierter Werte und Normen und der sie tragenden Institutionen. Weil Massenmedien in der Regel als „Agenten der Macht" (Altschull 1989) fungieren,

---

[7] Das TV-Auswahlpanel der Medienresonanzanalyse zeigt das nur bedingt: Bei 552 Sendungen mit Beteiligten kam Greenpeace in 182, Shell in 151 und PolitikerInnen in 250 Beiträgen zu Wort. In 307 Beiträgen fanden sich „sonstige" AkteurInnen. (Mantow 1995: 238-240)

schwindet in Krisensituationen ihre Integrationskraft und informelle Kanäle gewinnen an Bedeutung, das heißt die Beziehungen zwischen Massenmedien und anderen Öffentlichkeiten werden zumindest partiell neu gestaltet.

Ist eine Krise erst einmal als solche definiert, so wandelt sich die Rolle der Massenmedien. Sie spiegeln nun nicht mehr nur einfach die gesellschaftlichen Diskussionsprozesse, sondern werden zu Botschafterinnen des gesellschaftlichen Wandels (vgl. McQuail 1987: 103). JournalistInnen weichen dann von journalistischen Routinen und proklamierten Standards ab, sehen sich nicht als VermittlerInnen objektiver Informationen, sondern agieren als Stimme der Bevölkerung bzw. bestimmter gesellschaftlicher Gruppen oder Institutionen (vgl. zur Kriegs- und Katastrophenberichterstattung Schanne 1995: 116). Das bedeutet zugleich, dass die Logik der Medien mit ihren spezifischen Darstellungsformen und Argumentationsweisen den Konflikt zu dominieren beginnt (vgl. zu politischen Skandalen Pfetsch 1994: 19).

Analogien zu Brent Spar sind offensichtlich: Die Brent-Spar-Auseinandersetzung ist nicht von den Massenmedien „herbeigeredet" worden. Das zeigt die Chronologie der Ereignisse. Der Konflikt ist ohne das Engagement jener BürgerInnen und VerbraucherInnen nicht zu begreifen, die bereit waren, die Greenpeace-Kampagne schon zu unterstützen, ehe sie dann zum Feld für politische Profilierung und noch später zum Anlass einer „Medienkampagne" wurde.

> „Die Medien sind selbst nur Teil eines symbolisch strukturierten Konfliktfeldes, in dem die Wirklichkeit, die jeweils vorherrschende Sichtweise der Umweltproblematik, in einem beständigen interaktiven Prozess konstruiert wird. Die daran beteiligten Akteure verfügen über unterschiedliche Ressourcen, Selektions- und Steuerungsmöglichkeiten" (Brand 1995: 59).

Harald Berens hat „Prozesse der Thematisierung" u.a. am Beispiel Brent Spar untersucht. Er resümiert: „Im Wechselspiel zwischen dem öffentlichen Handeln der Akteure und den Situationsdefinitionen durch die Medien schaukelt sich ein Konflikt als Kettenreaktion aus Schlüssel- und Folgeereignissen wellenartig auf." (2001: Klappentext; Hervorh. E.K.).

Abb. 2: Die Umweltberichterstattung in FAZ, FR, SZ und Welt 1975 und 1995
(Anzahl der Artikel, je eine künstliche Woche pro Monat)

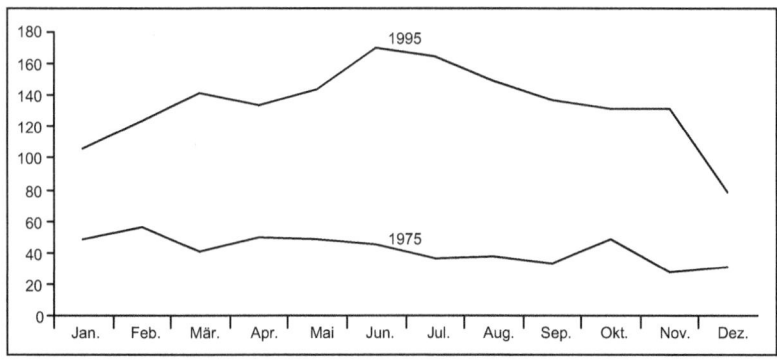

Quelle: Best 1997: 85

Die Rolle von Umweltverbänden ist es, durch neue Themensetzungen Modernisierungsprozesse in den Massenmedien anzustoßen (vgl. z.B. Brand 1995: 58). Das ist in der Bundesrepublik in den vergangenen 35 Jahren folgenreich gelungen (vgl. Bölsche 1995). Ein inhaltsanalytischer Vergleich der Umweltberichterstattung von Welt, Frankfurter Allgemeine Zeitung, Frankfurter Rundschau und Süddeutscher Zeitung zeigt, dass sich 1995 im Vergleich zu 1975 die Zahl der Berichte zu Umweltthemen verdreifacht und darüber hinaus auch der durchschnittliche Textumfang leicht zugenommen hat (vgl. Best 1997).[8] Auch die Gründung der Partei „Die Grünen" 1980, ihr Einzug in den Bundestag 1983 und ihre Regierungsbeteiligung ab 1998 zeugt von der erfolgreichen ökologischen Themensetzung. Beobachtet man die Umweltberichterstattung des Jahres 1995 insgesamt, so zeigt sich, dass Brent Spar kein singuläres Medienereignis war (vgl. Abb. 2).

Zwar erreicht die Berichthäufigkeit im Juni den erwarteten Höhepunkt, dieser findet aber vor dem Hintergrund einer ohnehin hohen Aufmerksamkeit für Umweltthemen statt. Der durchschnittliche Umfang der Artikel ist im April, Mai und Juni 1995 fast gleich und steigt dann noch einmal an. 1995 wird gegenüber 1975 vor allem relativ häufiger in den Ressorts Politik und Wirtschaft, relativ seltener im Wissenschaftsressort berichtet. Erheblich gestiegen ist 1995 gegenüber 1975 die Zahl der LeserInnenbriefe zu Umweltthemen. Das weist auf ein gewachsenes Interesse an der Umweltproblematik in der Bevölkerung hin und unterstreicht nochmals die ständig stattfindende Interaktion zwischen Medien und anderen Öffentlichkeiten. Umweltorganisationen können Thematisierungsprozesse jedoch nur dann anstoßen, wenn sie zugleich die Massenmedien ansprechen und die BürgerInnen bzw. relevante Teilöffentlichkeiten für ihre Anliegen mobilisieren können (vgl. Pfetsch 1994: 16). Umwelt*phänomene* werden erst dann zu Umwelt*problemen*, wenn sie im öffentlichen Diskurs Beachtung finden.

> „Sie bedürfen erst einer entsprechenden interpretativen ‚Rahmung', die das jeweilige Problem mit alltäglichen Erfahrungen und Realitätsdeutungen verknüpft, die ihm eine entsprechende Dringlichkeit verleiht, Verursacher und Schuldige identifiziert und die ‚notwendigen' Handlungsschritte zur Behebung der Probleme aufzeigt" (Brand 1995: 48).

All diese Voraussetzungen waren beim Thema Brent Spar gegeben. Die interpretative Rahmung erfolgte über das bundesdeutsche Umweltbewusstsein und das Wissen um die Verschmutzung der Meere. An alltägliche Erfahrungen und Realitätsdeutungen knüpfte Brent Spar in zweifacher Weise an. Erstens, indem das Verhalten Shells an alltäglichen Regeln gemessen wurde nach dem Motto: Niemand darf sein Schrottauto einfach in der Donau entsorgen. Zweitens, indem vor allem in der Ferienzeit die Bedeutung des Meeres als Erholungsraum und damit als besonders schützenswertes Gut unmittelbar einleuchtet. Verursacher und Schuldige konnten mit dem Betreiber der Brent Spar, der Shell AG bzw. mit den die Nordsee verschmutzenden Mineralölkonzernen

---

[8] Die Stichprobe bestand aus je einer künstlichen Woche pro Monat (jeder 5. Werktag). Kodiereinheit war jeder in sich geschlossene Beitrag. Die Kodierung erfolgte anhand des Mediums (Luft, Wasser, Meer, Erde) und der damit verbundenen Themen. Der Konflikt um die Brent Spar war nicht Gegenstand der Untersuchung und taucht unter verschiedenen Kategorien auf.

leicht identifiziert werden und schließlich gab es mit dem Verzicht auf die Versenkung durch Shell auch eine schnelle Lösung zur Behebung des Problems.

4 Kampagnen in der Öffentlichkeitsarbeit

Schutz und Verschmutzung der Umwelt sind langfristige und komplexe Themen und als solche der aktuellen Medienberichterstattung nur schwer zugänglich. Die Nachrichtenwertforschung hat gezeigt, dass solche gesellschaftlichen Strukturprobleme – etwa auch die Integration von AusländerInnen, Armut oder Gleichstellungsfragen – durch das Raster der Nachrichtenselektion fallen (etwa Prenner 1995). Mit ihren Kampagnen vermittelt Greenpeace die Umweltproblematik entsprechend den Regeln der journalistischen Berichterstattung. Die Strategie der Umweltorganisation zielt immer zugleich auf Wirksamkeit in den Medien und auf die Mobilisierung ihrer SponsorInnen und FördererInnen bzw. anderer Teile der Bevölkerung. Dazu nutzt Greenpeace das Mittel der provozierenden Kampagne zur Herbeiführung öffentlicher Konflikte. Kampagnen haben auf den ersten Blick wenig gemeinsam mit dem Bild der Umweltschutz- und Bürgerbewegung, das durch spontanen Protest und basisdemokratische Aktionsformen der 70er Jahre geprägt wurde. Jochen Vorfelder betont:

„Eine Kampagne – gesehen als idealtypisches Zusammenspiel von provozierendem Sachverhalt, politischer Argumentation, medientechnischer Umsetzung, paßgenauem Timing und aktions-technischer Raffinesse – lebt von ihrer professionellen Umsetzung." (Johanssen/Vorfelder 1996: 107)

Kampagnenpolitik hat einen zweifelhaften Ruf. Sie sei eine Transformation des Politischen von der Realpolitik zum Politmarketing (Baringhorst 1995b), ihr Merkmal sei der Entwurf von Feindbildern zur Instrumentalisierung der Medien und zur Manipulation der BürgerInnen (Seifert 1995). Dagegen sieht Michael Th. Greven (1995) Kampagnen als einen normalen und notwendigen Teil demokratischer Politik. Er definiert sie als „zielgerichtete Mobilisierung einer Öffentlichkeit aufgrund eines Plans, um die gewissermaßen strategische Herbeiführung eines öffentlichen Meinungsklimas" (ebd.: 41ff.). Eine Kampagne zielt auf eine nachhaltige Beeinflussung der öffentlichen Meinung.

Damit die Gesellschaft sich verständigen kann, damit Gesellschaftskonstruktionen ent- oder verworfen werden können, ist die Verdichtung von Kommunikation, die Vereinfachung komplexer Sachverhalte, die symbolische Zuspitzung, auch die Emotionalisierung und Moralisierung der gesellschaftlichen Debatte notwendig. Erst dadurch werden Probleme in das gesellschaftliche Blickfeld gerückt. Manches spricht dafür, dass das Umwelt*bewusstsein* in der Bundesrepublik nicht auf ein größeres und differenzierteres Umwelt*wissen* zurückzuführen ist, sondern ereignisabhängig – als Folge von Seveso, Tschernobyl, dem Waldsterben, dem Ozonloch etc. – gestiegen ist (Haan 1995).

Kampagnen zeigen den Krümel, den Kuchen erklären sie nicht. Sie können aber die Wahrnehmung verändern, so dass alte Selbstverständlichkeiten hinterfragt und eine neue Sicht der Dinge, eine Veränderung von Entscheidungsregeln ermöglicht wird.

Brent Spar war eben *auch* ein Präzedenzfall, der das im Juli 1998 erfolgte internationale Verbot für die Versenkung stillgelegter Offshore-Anlagen im Nordost-Atlantik vorbereitet hat (Greenpeace 2005b: 23). Aus Sicht der Kommunikationswissenschaft sind Kampagnen Teil der Öffentlichkeitsarbeit einer Organisation. Barbara Pfetsch (1994: 18-19) zählt die Inszenierung von so genannten Pseudoereignissen, d.h. von Aktionen und Anlässen, die es nur für und durch Massenmedien gibt, zu den gängigsten Praktiken der politischen Öffentlichkeitsarbeit. Dabei stellen sich politische AkteurInnen bewusst auf Struktur und Wirkungsweise der Massenmedien und die Interessen der Publika ein. Zum Problem für die Demokratie wird das nur dann, wenn die InitiatorInnen von Kampagnen in jedem Fall ihre Position ungeprüft und unwidersprochen in die Medien bringen können. Gerade gegenüber der Politik- und Umweltberichterstattung wird immer wieder der Vorwurf des „Verlautbarungsjournalismus" laut. Barbara Baerns (1985) hat gezeigt, dass die landes-politische Berichterstattung in NRW weitgehend auf die Öffentlichkeitsarbeit der Landesregierung zurückzuführen war. Sie hat daraus den Schluss gezogen, dass publizistische Aussagen von Öffentlichkeitsarbeit weitgehend determiniert werden. Torsten Rossmann (1993) kommt in Bezug auf Greenpeace zu einem ähnlichen Ergebnis: Greenpeace bestimme maßgeblich die Themen und Inhalte der Berichterstattung über sich und seine Arbeit. Differenzierter argumentieren Henrike Barth und Wolfgang Donsbach (1992): Danach ist der Einfluss der Öffentlichkeitsarbeit der Chemieindustrie auf die Medien dann relativ groß, wenn es sich um konfliktarme Routineereignisse handelt, in einer Konflikt- oder Krisensituation aber deutlich geringer. Siegfried Weischenberg ist der These entgegengetreten, dass der Einfluss der Public Relations auf den Journalismus letztlich dysfunktional sei.

> „Vielmehr läßt sich auch anhand der Medienangebote nachweisen, daß das System Journalismus Resistenz gegen eine Umweltsteuerung aufbringt. Öffentlichkeitsarbeit muß schon zu den internen Relevanzhierarchien und Operationsprozeduren passen, wenn sie in der intendierten Weise wirken soll." (Weischenberg 1997: 8)

5 Faktoren erfolgreicher Medienresonanz: Aufmerksamkeit, Vertrauen und Zustimmung

Die PR-Forschung identifiziert drei grundlegende Ziele der Öffentlichkeitsarbeit: Aufmerksamkeit erzeugen, Vertrauen in die Glaubwürdigkeit der Kampagne bzw. der Organisation vermitteln und Zustimmung zu ihren Intentionen und Zielen erreichen. Für alle Teilöffentlichkeiten hängt die Frage ihrer gesellschaftlichen Wirksamkeit und Ausstrahlungskraft von der Erreichung dieser Ziele ab. Aufmerksamkeit ist die Grundvoraussetzung, um über die eigene Gruppe oder Organisation hinaus Beachtung zu finden. Vertrauen und Glaubwürdigkeit müssen vorhanden sein, damit eine Meinung, eine Perspektive überhaupt in anderen öffentlichen Foren diskutiert wird, also einen Beitrag zur sozialen Konstruktion von Wirklichkeit leisten kann. Für die gesellschaftliche Wirksamkeit ist schließlich auch Bedingung, dass die zunächst immer partikularen Interessen und Intentionen einer Teilöffentlichkeit verallgemeinerungsfähig werden, also weit reichende Zustimmung erfahren.

Auf den verschiedenen Ebenen der Öffentlichkeit ergeben sich jeweils spezifische Schwierigkeiten, die drei Voraussetzungen zu erfüllen. So stellt sich Aufmerksamkeit als zentrales Problem einfacher Teilöffentlichkeiten dar. Beispielsweise ist aus der Risiko- und Umweltkommunikation bekannt, dass betroffene BürgerInnen ihre spezifischen Interessen nur durchsetzen können, wenn sie einer organisierten Gruppe, einer Partei oder Bürgerinitiative, angehören (Hingst/Rager/Weber 1995). Die Greenpeace-Kampagne vermittelte hier zwischen den BürgerInnen, die in Umfragen zu Wort kamen, und den Massenmedien wie auch dem Politik- und Wirtschaftssystem.

Für mittlere Teilöffentlichkeiten ist die zentrale Herausforderung, ihre Ziele zu verallgemeinern, das heißt die Relevanz ihrer Intentionen zu verdeutlichen und weitergehende Zustimmung zu erreichen. Partikulare Interessen müssen als universelle erscheinen, damit sie öffentlich wirksam werden können. Das scheint ein Grund dafür zu sein, warum Wirtschaftsunternehmen sich immer häufiger als sozial und ökologisch verantwortlich handelnde Organisationen präsentieren – neben dem wirtschaftlichen Eigensinn also noch einen moralischen Gemeinsinn reklamieren nach dem Motto: Das soziale Leben und der Schutz der Umwelt gehen „uns" alle an.

Glaubwürdigkeit – und die damit eng zusammenhängende Frage der Authentizität – wird zum Hauptproblem komplexer Sozialsysteme. Niklas Luhmann (1991: 100) hat für marktorientierte Systeme allgemein festgestellt: „Es bleibt bei einer Kontrolle eigener Einschätzungen durch eigene Resultate. Nie erfährt das System, was Bedürfnisse ‚wirklich' sind." Damit sind diese Systeme aber immer in Gefahr von Vertrauens- und Glaubwürdigkeitsverlusten, die die Basis von Legitimationskrisen bilden. Auch auf der komplexen Ebene von Öffentlichkeit existieren nur grobe und post hoc Indikatoren, um den Willen des Publikums zu erkunden. Im Titel von Ien Angs (1994) Standardwerk „Desperately seeking the audience" kommt das sehr plastisch zum Ausdruck. Das ist einer der Gründe, warum der Journalismus, um authentisch zu bleiben, einfache und mittlere Teilöffentlichkeiten braucht (vgl. Gerhards/Neidhardt 1990: 25-26). Diese vermitteln eine direkte Verbindung zu den RezipientInnen, die das Mediensystem trotz noch so aufwendiger und differenzierter Forschung und anderer Anstrengungen zur Erkundung des Publikumsbedarfs nie „wirklich" schaffen kann.

In Bezug auf die Gewinnung der Medien lassen sich die drei Ziele der Öffentlichkeitsarbeit zu den journalistischen Selektions- und Qualitätskriterien in Beziehung setzen, die unter den KommunikatorInnen weitgehend konsensfähig sind. Angesprochen sind hier die im obigen Zitat von Siegfried Weischenberg erwähnten internen Relevanzhierarchien und Operationsproceduren der Medien, die darüber entscheiden, ob ein Thema überhaupt zur Veröffentlichung ausgewählt wird, wie es dargestellt, gewichtet und bewertet wird. In den Redaktionen existieren *Aufmerksamkeits-, Vertrauens- und Konsensfaktoren* als Entscheidungshilfen. Daneben entscheiden aber auch *Kontextfaktoren*, die die „interpretative Rahmung" bestimmen, und *Zufallsfaktoren*, die die Einmaligkeit eines Ereignisses erfassen, über Medienauswahl und Thematisierungsprozesse.

Aufmerksamkeitsfaktoren bestimmen darüber, ob ein Thema überhaupt zum Gegenstand der Medienberichterstattung wird. Das hängt bei politischen Themen zum einen von der Erfüllung der Nachrichtenfaktoren ab, wie Personalisierung, Negativismus, Prominenz, Neuigkeitswert, Konflikt- und Krisenhaftigkeit, Nähe, Betroffenheit und Emotionalisierung (vgl. Schulz 1976; Pfetsch 1994; Prenner 1995). Zum anderen wird im Zuge der Ausdifferenzierung des Mediensystems die Passgenauigkeit einer PR-Mitteilung zu den Medienformaten für die Gewinnung von Aufmerksamkeit immer bedeutsamer. Beispielsweise zeichnet sich die Fernsehberichterstattung über Politik aus durch Schnelligkeit, Einfachheit der Informationsbeschaffung, Visualisierbarkeit, Dramatik und Aktionshaltigkeit, schließlich Verkürzung bzw. Vereinfachung. Öffentliches Vertrauen definiert Bentele (1994: 141) in Anlehnung an Luhmann als

"kommunikativen Mechanismus zur Reduktion von Komplexität, in dem öffentliche Personen, Institutionen und das gesamte gesellschaftliche System in der Rolle des ‚Vertrauensobjekts' fungieren. Öffentliches Vertrauen ist ein medienvermittelter Prozess, in dem die ‚Vertrauenssubjekte' zukunftsgerichtete Erwartungen haben, die stark von vergangenen Erfahrungen geprägt sind."

Zu den *Vertrauensfaktoren*, deren Präsenz zu einer Erhöhung der Glaubwürdigkeit, ihr Fehlen zu einem Vertrauensverlust führt, zählt Bentele (ebd.: 145) Sach- und Problemlösungskompetenz, Kommunikationsadäquatheit wie kommunikative Konsistenz, Transparenz und Offenheit und schließlich gesellschaftlich verantwortliches Handeln. Falsche Zahlenangaben, wie sie Greenpeace während der Brent-Spar-Kampagne herausgab, führten zu einem Vertrauensverlust, der allerdings nicht von langfristiger Dauer war (vgl. Redelfs 2005).

Zustimmung zu Zielen und Intentionen bestimmter Personen oder Organisationen gehört nicht zu den Aufgaben des Journalismus. Im Gegenteil, die journalistischen Objektivitätskriterien schreiben eine grundsätzlich distanzierte Haltung gegenüber Themen und InformantInnen vor. Zustimmung ist jedoch in zweifacher Hinsicht eine medienrelevante Kategorie: Erstens zeigt sich in jeder Veröffentlichung, dass die Redaktion die thematische Kompetenz der Organisation grundsätzlich anerkennt und die spezifische Aussage für relevant hält. Aufmerksamkeit (= Relevanz) und Vertrauen (= Kompetenz) bilden dann auch die Voraussetzung für Zustimmung. Zweitens ist die Formulierung einer eigenen redaktionellen Linie und journalistischen Position nicht nur legitim, sondern auch wünschenswert, solange sie als Meinungsäußerung gekennzeichnet wird. Der politische Kommentar gilt als „hohe Kunst" der Berichterstattung. Meinungsäußerung und Kommentar bedeuten aber die Formulierung von Konsens oder Dissens. Die Bestimmung von *Konsensfaktoren* ist im Rahmen dieses Artikels nicht zu leisten, jedoch können einzelne Merkmale aufgezählt werden: die normative Bedeutung des Themas, das Berühren grundsätzlicher gesellschaftlicher oder humanitärer Werte, seine Konflikthaltigkeit bei gleichzeitiger Existenz polarer Interessensgruppen, die Notwendigkeit einer Entscheidungsfindung, das Vorliegen von Handlungsalternativen und die intensive Diskussion in anderen öffentlichen Foren.

Die Auseinandersetzung um Brent Spar erfüllte viele der genannten Aufmerksamkeits-, Vertrauens- und Konsensfaktoren. Brent Spar war ein Konfliktfall, in den Gruppen und Institutionen auf allen Ebenen des Öffentlichkeitssystems eingriffen. Zentral standen zwei Organisationen und ihre PR-Abteilungen in Konkurrenz, rangen um Aufmerksamkeit, Vertrauen und Zustimmung.

Aufmerksamkeit
Dabei erzeugte die Besetzung durch Greenpeace-Campaigner und -AktivistInnen ebenso positive Aufmerksamkeit wie die Reaktion Shells, die Ölplattform räumen zu lassen, negative Schlagzeilen machte. Die – nur selten gegebene – Möglichkeit der Visualisierung und Symbolisierung der Umweltverschmutzung war mit den Besetzungs- und Räumungsversuchen der Brent Spar vorhanden. Die Bilder über diese Aktionen vermittelten die notwendige Dramatik und lieferten die Basis einer fernsehgerechten Darstellung. Harald Berens und Lutz M. Hagen (1997) sprechen von Schein-Visualisierung und Schein-Authentizität, da viele Bilder gar nicht das gezeigt hätten, was der begleitende Text vorgab. Auch das war aber keine Besonderheit des Konfliktes, sondern ein Beispiel für die Text-Bild-Schere, die der Fernsehberichterstattung bei vielen Anlässen eigen ist. Über ein Ereignis – hat es erst einmal die Aufmerksamkeit der Medien gewonnen – wird dann relativ unabhängig von medialen Aufmerksamkeits- und Relevanzkriterien weiter berichtet (vgl. Schanne 1995: 117). Das Thema Brent Spar erfüllte zahlreiche Aufmerksamkeitsfaktoren und schaffte so den Sprung auf die Medienagenda: das Überraschende in der Greenpeacestrategie, ihre Aktionsorientierung, der Negativismus der weiteren Verseuchung der Meere, die Schlichtheit der Argumentation, dass Schrott nicht ins Meer gehört, die Personalisierung in Form der Identifizierung eines schuldigen Konzerns, die Unterstützung durch politische und andere Prominenz, schließlich die Emotionalisierung und die dadurch erreichte Betroffenheit und Mobilisierung.

Vertrauen
Im Verlauf der Auseinandersetzung bestand kein Zweifel daran, dass das Vertrauen in die Glaubwürdigkeit von Greenpeace und gleichzeitig das Misstrauen gegenüber Shell groß war. Greenpeace erhielt gleich zu Beginn der Kampagne einen Informationsvorsprung, weil Shell Deutschland über die Versenkungspläne nicht Bescheid wusste. Das entlastete nun das Unternehmen nicht etwa, sondern demonstrierte geradezu, dass Shell kein verantwortungsbewusster nationaler Konzern, sondern ein gewissenloser multinationaler Gigant ist. Global Player werden global verantwortlich gehalten. Die Organisationsstruktur behinderte kommunikative Transparenz und Offenheit. Hinzu kam, dass das Unternehmen gerade mit der sozialen Verantwortung geworben hatte, sich hier aber im Gegenteil der Egoismus der Wirtschaft zu entlarven schien, also die kommunikative Konsistenz in Frage stand. Im Zwiespalt zwischen Konzernloyalität und den Umweltschutzbesorgnissen der deutschen Bevölkerung konnte Shell Deutschland nicht mehr adäquat kommunizieren. In der Medienberichterstattung zeigte sich das in der Distanz bzw. im Misstrauen gegenüber Shell-Presseinformationen, obwohl sich Journalis-

tInnen gegenüber Verlautbarungen von Unternehmen im allgemeinen weniger skeptisch verhalten als die BürgerInnen (Haan 1995: 23). Peter Szyszka (1996: 27) hat in diesem Zusammenhang die Frage gestellt, ob weniger die Brent Spar als vielmehr Shell das Symbolmedium der Auseinandersetzung war. In der Legitimationskrise von Politik und Wirtschaft konnte mit den NGOs eine dritte Kraft an Glaubwürdigkeit und an Einfluss gewinnen (vgl. Beck 1995; Merz/Wernicke 1995). Zwei Drittel der Bevölkerung vertrauen den Umweltverbänden (Haan 1995: 23). Seit Jahren zeigen alle Umfragen das hohe Ansehen von Greenpeace, wenn es um Umweltverschmutzung geht. Der Organisation traut man deutlich mehr Sach- und Problemlösungskompetenz zu als den Umweltministerien und der Politik (Redelfs 2005: 35; Spiegel special 2/95: 20; Spiegel special 11/95: 8; Kohl/Bölsche 1995: 45).

Zustimmung
Auch in Bezug auf die genannten Konsensfaktoren schnitt Greenpeace in der Brent-Spar-Kampagne gut ab. Die Organisation benannte als ein Ziel die Rettung der Nordsee bzw. der Meere, eine Aufgabe, die hohe Zustimmung erzielt, weil sie die Menschen als StaatsbürgerInnen ebenso angeht wie sie sie als UrlauberInnen betrifft. Shell dagegen versuchte, die Schwierigkeiten bei der Entsorgung einer Ölplattform zu erklären und die Öffentlichkeit davon zu überzeugen, dass sie dabei nicht nur korrekt und legal, sondern auch im Interesse der Allgemeinheit gehandelt hatte. Das misslang. Eine gesellschaftliche Konstruktion beherrschte die Öffentlichkeit: Greenpeace kämpfte um den Erhalt der Natur, verfocht ein uneigennütziges Ziel, während Shell möglichst kostengünstig den eigenen Müll versenken wollte. Ergo: Ein selbst erzeugtes Problem des Erdölkonzerns sollte auf Kosten der Allgemeinheit gelöst werden. Berücksichtigt man zudem noch die Zufallsfaktoren, wie die Konkurrenzlosigkeit des Themas im medialen „Sommerloch", so ist es nicht erstaunlich, dass auf dem bundesdeutschen Meinungsmarkt Greenpeace die verschiedenen Teilöffentlichkeiten für seine Position gewinnen konnte.

6 Fazit

Brent Spar war auch eine Medienkampagne und im Zehn-Jahres-Rückblick von Greenpeace werden die damit verbundenen Probleme einer nur punktuellen, ereignisbezogenen und damit unzureichenden Thematisierung der Umweltverschmutzung nüchtern bilanziert (Schmid 2005; Redelfs 2005: 38). Brent Spar war aber nicht nur und nicht einmal vorrangig Medienkampagne und Medienspektakel. Vielmehr handelten die Medien in weitgehender Übereinstimmung mit journalistischen Relevanzhierarchien und Operationsprozeduren. Dazu gehört, dass JournalistInnen auf dem Höhepunkt einer Krise von verbal geäußerten Standards wie Objektivität abweichen und initiierend oder auch inszenierend in die gesellschaftliche Auseinandersetzung eingreifen und so eine Entscheidung mit herbeiführen. Der gesellschaftliche Krisen- und Konfliktdiskurs entwickelte im Zusammenspiel der verschiedenen AkteurInnen auf der öffentlichen Bühne eine unvorhersehbare, aber nicht regelwidrige Eigendynamik. Brent Spar zeigte ein ganz normales, wenn auch nicht alltägliches Stück Öffentlichkeit. Daher rührt die anhaltende Bedeutung des Konfliktes. Chantal Mouffe (2002, vgl. auch 2005) sieht politische Öffentlichkeit als Widerstreit verfeindeter, antagonistischer AkteurInnen. Einerseits müssten solche Meinungskämpfe zugelassen werden, weil nur dadurch leidenschaftliche politische Debatten ermöglicht würden, die in heutigen Demokratien kaum noch stattfänden. Zugleich seien aber andererseits Verfahren zu etablieren, die es ermöglichten antagonistische Positionen in agonistische zu verändern und damit der Konstituierung von Öffentlichkeit dienlich seien. Folgt man den Ausführungen Chantal Mouffes, so wurde in der Brent-Spar-Auseinandersetzung, trotz aller medialen Probleme, ein Stück Demokratie verwirklicht.

Literatur

Adam, Konrad (1995): Multis unter sich. Die „Brent Spar" oder: Wie man den Staat überspielt. In: Frankfurter Allgemeine Zeitung vom 23.06.95

Altschull, J. Herbert (1989): Agenten der Macht. Die Welt der Nachrichtenmedien – eine kritische Studie, Konstanz

Ang, Ien (1994): Desperately Seeking the Audience, London/New York

Aune, Ivar E. (1995): Gewaltig, wie PR sie schuf. Greenpeace oder: Wer kontrolliert die Protestindustrie? In: Die Welt vom 29.07.95

Baerns, Barbara (1996): Spektakel statt Information. In: Sage & Schreibe 2/96: 21

Baerns, Barbara (1985): Öffentlichkeitsarbeit oder Journalismus? Zum Einfluß im Mediensystem, Köln

Baringhorst, Sigrid (1995a): Öffentlichkeit als Marktplatz – Solidarität durch Marketing? In: Vorgänge 132, 34. Jg., 4/95: 55-67

Baringhorst, Sigrid (1995b): Humanitarismus und Life-Aid. Zur Moralisierung des Politischen in massenmedialen Solidaritätskampagnen. In: Frauenanstiftung (Hg.): Dokumentation der frauenpolitischen Konferenz, Hamburg: 35-43

Barth, Henrike/Wolfgang Donsbach (1992): Aktivität und Passivität von Journalisten gegenüber Public Relations. Fallstudie am Beispiel von Pressekonferenzen zu Umweltthemen. In: Publizistik 2/92: 151-165

Bastar, Thomas (1995): Ein einig Volk von Umweltschützern. In: Deutsches Sonntagsblatt vom 23.06.95

Bauschke, Christian (1995): Land im Rausch. In: Wochenpost vom 22.06.95

Beck, Ulrich (1995): Was Chirac mit Shell verbindet. In: Die Zeit vom 8.09.95: 9

Bentele, Günter (1994): Öffentliches Vertrauen – normative und soziale Grundlage für Public Relations. In: Wolfgang Armbrecht/Ulf Zabel (Hg.): Normative Aspekte der Public Relations. Grundlegende Fragen und Perspektiven, Opladen: 131-158

Bentele, Günter (1997): Defizitäre Wahrnehmung. Die Herausforderung der PR an die Kommunikationswissenschaft. In: Günter Bentele/Michael Haller (Hg.): Aktuelle Entstehung von Öffentlichkeit. Akteure – Strukturen – Veränderungen, Konstanz: 67-84

Berens, Harald/Lutz M. Hagen (1997): Der Fall Brent Spar in Hauptnachrichtensendungen. Ansätze zur Operationalisierung von Qualitätskriterien für die Bildberichterstattung. In: Günter Bentele/Michael Haller (Hg.): Aktuelle Entstehung von Öffentlichkeit. Akteure – Strukturen – Veränderungen, Konstanz: 539-549

Berens, Harald (2001): Prozesse der Thematisierung in publizistischen Konflikten. Ereignismanagement, Medienresonanz und Mobilisierung der Öffentlichkeit am Beispiel von Castor und Brent Spar, Wiesbaden

Best, Carolin (1997): Agenda und Themenkarrieren in der Umweltberichterstattung. Ein inhaltsanalytischer Vergleich zwischen „Frankfurter Allgemeine Zeitung", „Frankfurter Rundschau", „Süddeutsche Zeitung" und „Die Welt" 1975-1995, Diplomarbeit an der Fakultät für Sozialwissenschaften der

Georg-August-Universität Göttingen

Bölsche, Jochen (1995): Dritter Weltkrieg gegen die Natur. 25 Jahre Umweltbewegung und Umweltpolitik in Deutschland, Spiegel Special 2/95: 10-14

Brand, Karl-Werner (1995): Der ökologische Diskurs. Wer bestimmt Themen, Formen und Entwicklung der öffentlichen Umweltdebatte? In: Gerhard de Haan (Hg.): Umweltbewußtsein und Massenmedien. Perspektiven ökologischer Kommunikation, Berlin: 47-62

Brumlik, Micha (1995): Siegeszug des Shell-Boykotts: Ein Volk, ein Meer, ein Bohrturm. In: Die Tageszeitung vom 21.06.95

Dröge, Franz (1970): Der zerredete Widerstand. Soziologie und Publizistik des Gerüchts im 2. Weltkrieg, Düsseldorf

Durry, Jürgen (1996): Verstärkte Kommunikation schützt nicht vor Konflikten. Zit. in: Handelsblatt vom 29.04.96

Elsässer, Jürgen (1995): Helmuts Schnelle Eingreiftruppe. In: Konkret 8/95: 12-14

Enzensberger, Hans Magnus (1995): Die Frau gegenüber. In: Spiegel Special 11/95: 10 (Nachdruck von 1987)

Gerhards, Jürgen (1995): Welchen Einfluß haben die Massenmedien auf die Demokratie in der Bundesrepublik Deutschland? In: Gerhard Göhler (Hg.): Macht der Öffentlichkeit – Öffentlichkeit der Macht, Baden-Baden: 149-177

Gerhards, Jürgen/Friedhelm Neidhardt (1990): Strukturen und Funktionen moderner Öffentlichkeit. Fragestellungen und Ansätze (WZB Discussion Paper FS III 90-101), Berlin

Greenpeace (Hg.) (1997): Brent Spar und die Folgen. Analysen und Dokumente zur Verarbeitung eines gesellschaftlichen Konflikts, Göttingen/Lichtenau

Greenpeace (Hg.) (2005a): Brent Spar und die Folgen. Zehn Jahre danach, Hamburg

Greenpeace (Hg.) (2005b): Chronik der Kampagne gegen die Versenkung von Plattformen. In: Greenpeace (Hg.): Brent Spar und die Folgen. Zehn Jahre danach, Hamburg: 16-23

Greenpeace (1996): Manipulierter Protest? Ein Jahr nach Brent Spar, Presseerklärung Hamburg (4 Seiten)

Greven, Michael Th. (1995): Kampagnenpolitik. In: Vorgänge 132, 34. Jg., 4/95: 40-54

Haan, Gerhard de (1995): Ökologische Kommunikation. Der Stand der Debatte. In: Gerhard de Haan (Hg.): Umweltbewußtsein und Massenmedien. Perspektiven ökologischer Kommunikation, Berlin 1995: 17-34

Habermas, Jürgen (2003): Was bedeutet der Denkmalsturz? In: Frankfurter Allgemeine Zeitung, 17. April 2003, 33-34

Hecker, Silke (1997): Kommunikation in ökologischen Unternehmenskrisen. Wiesbaden

Herrgesell, Oliver (1995): Greenpeace manipuliert. In: Die Woche vom 1.09.95

Hingst, Armin/Günther Rager/Bernd Weber (1995): Seismograph statt Sirene. Zur Frühwarnfunktion der Presse bei Umwelt- und Gesundheitsthemen, Münster

Jeske, Jürgen (1995): Der Müll, das Meer und die Moral. In: Frankfurter Allgemeine Zeitung vom 20.06.95

Johanssen, Klaus-Peter (1995a): Shells Kampf gegen den Dammbruch. Interview: Rainer Still und Michael Geffken. In: W&V Background 19/95: 66-67

Johanssen, Klaus-Peter (1995b): Shell fühlt sich raffiniert aufs Kreuz gelegt. Interview: Thomas Voigt. In: Horizont vom 21.07.95, 29/95: 18-19

Johanssen, Klaus-Peter (1996): Wie weiter bei Shell? Interview: Kurt Hesse. In: Public Relations Forum 1/96: 17-18

Johanssen, Klaus-Peter/Jochen Vorfelder (1996): Public Relations Alltag im Rückblick. In: Barbara Baerns/Joachim Klewes (Hg.): Public Relations 1996. Kampagnen, Trend & Tips, Düsseldorf: 98-109

Klaus, Elisabeth (2001): Das Öffentliche im Privaten – Das Private im Öffentlichen. Ein kommunikationstheoretischer Ansatz. In: Friederike Herrmann/Margret Lünenborg (Hg.): Tabubruch als Programm. Privatheit und Intimität in den Medien, Opladen: 15-35

Klaus, Elisabeth (2005): Kommunikationswissenschaftliche Geschlechterforschung. Zur Bedeutung der Frauen in den Massenmedien und im Journalismus. 2. aktualisierte Auflage, Hamburg/Münster/Wien

Klaus, Elisabeth (1994): Von der heimlichen Öffentlichkeit der Frauen. In: Institut für Sozialforschung Frankfurt (Hg.): Geschlechterverhältnisse und Politik, Redaktion Katharina Pühl, Frankfurt a.M.:

72-97

Klink, Bodo (1995): Social Campaign auf Prüfstand. In: Horizont vom 19.05.95, 20/95: 17

Kohl, Christiane/Jochen Bölsche (1995): Das Gold am Ende des Regenbogens. Greenpeace in der Bundesrepublik: gefeiert, kritisiert – und neuerdings überschätzt. In: Spiegel Special 11/95: 38-45

Krüger, Christian/Matthias Müller-Henning (2005): Brent Spar als Geschichte und Gegenwart. Zur sozialen Brisanz der Auseinandersetzung. In: Greenpeace e.V. (Hg.): Brent Spar und die Folgen. Zehn Jahre danach, Hamburg: 25-29

Lessing, Jörg (1995): Mit Doppelmoral gegen Shell. In: Schwarzwälder Bote vom 22.06.95

Löffelholz, Thomas (1995): Ein wunderbarer Sieg? In: Die Welt vom 22.06.95

Luhmann, Niklas (1991): Das Moderne der modernen Gesellschaft. In: Wolfgang Zapf (Hg.): Die Modernisierung moderner Gesellschaften. Verhandlungen des 25. Deutschen Soziologentages in Frankfurt a.M. 1990, Frankfurt a.M./New York: 87-108

Luyken, Reiner (1996): Die Protest-Maschine. In: Die Zeit vom 6.09.95: 9-14

Mantow, Wolfgang (1995): Die Ereignisse um Brent Spar in Deutschland. Darstellung und Dokumentation mit Daten und Fakten. Im Auftrag der Deutschen Shell AG, Hamburg

McQuail, Denis (1987[2]): Mass Communication Theory. An Introduction, Beverly Hills

Merz, Martin/Christian Wernicke (1995): Die neue Internationale. In: Die Zeit vom 25.08.95: 9-12

Mouffe, Chantal (2005): On the political, Abingdon

Mouffe, Chantal (2002): For an agonistic public sphere. In: Documenta 11 (Hg.): Democracy unrealized, Ostfildern-Ruit

Pfetsch, Barbara (1994): Themenkarrieren und politische Kommunikation. Zum Verhältnis von Politik und Medien bei der Entstehung der politischen Agenda. In: Aus Politik und Zeitgeschichte B 39/94: 11-20

Prenner, Andrea (1995): Die Konstruktion von Männerrealität in den Nachrichtenmedien. Eine theoretisch-empirische Untersuchung anhand eines Beispiels, Bochum

Redelfs, Manfred (2005): Glaubwürdigkeit – das wichtigste Kapital einer NGO. In: Greenpeace e.V. (Hg.): Brent Spar und die Folgen. Zehn Jahre danach, Hamburg: 34-39

Ronneberger, Franz/Manfred Rühl (1992): Theorie der Public Relations. Ein Entwurf, Opladen

Rossmann, Torsten (1993): Öffentlichkeitsarbeit und ihr Einfluß auf die Medien. Das Beispiel Greenpeace. In: Media Perspektiven 2/93: 85-94

Rühl, Manfred (1979): Die Zeitungsredaktion als organisiertes soziales System, Freiburg

Saxer, Ulrich (1996): Zur Rationalität von PR, Medien und Politik. Schlußfolgerungen aus einer Schweizer Fallstudie. In: Kurt Imhof/Peter Schulz (Hg.): Politisches Raisonnement in der Informationsgesellschaft, Zürich: 255-264

Schanne, Michael (1995): Der Beitrag journalistischer Objektivitätskriterien zu einer verläßlichen Beschreibung von Wirklichkeit. In: Kurt Imhof/Peter Schulz (Hg.): Medien und Krieg – Krieg in den Medien, Zürich: 111-119

Schenk, Michael (1995): Soziale Netzwerke und Massenmedien: Untersuchungen zum Einfluß der persönlichen Kommunikation, Tübingen

Schießl, Michaela (1995): David ohne Schleuder. (Mit Bildtexten von Christoph Scheuring) In: Spiegel Special 11/95: 22-37

Schmid, Karsten (2005): Industriegebiet Nordsee. In: Greenpeace e.V. (Hg.): Brent Spar und die Folgen. Zehn Jahre danach, Hamburg: 11-15

Schmitt, Thomas (1996): Ein Piratenstück vor laufenden Kameras. In: Handelsblatt vom 29.04.96: 20

Schulz, Winfried (1976): Die Konstruktion von Realität in den Nachrichtenmedien, Freiburg/ München

Seifert, Jürgen (1995): Medienkampagnen mit Feindbildern und strategische Interaktion. In: Vorgänge 132, 34. Jg., 4/95: 72-81

Stern, Horst (1995): Es fehlte nur der Papst. In: Spiegel Special 11/95: 10

Szyska, Peter (1996): „Brent Spar" – nur ein Ölfaß in der Weite des Ozeans? Befunde zur Organisationskommunikation. In: Public Relations Forum 2/96: 24-27

Vorfelder, Jochen (1995): Brent Spar oder die Zukunft der Meere. Ein Greenpeace-Report, München

Weischenberg, Siegfried (1997): Selbstbezug und Grenzverkehr. Zum Beziehungsgefüge zwischen Journalismus und Public Relations. In: Public Relations Forum 1/97: 6-9

Westerbarkey, Joachim (1991): Das Geheimnis. Zur funktionalen Ambivalenz von Kommunikationsstrukturen, Opladen
Winter, Carsten (1993): Kulturelle Öffentlichkeiten? Kritik des Modells bürgerlich-liberaler Öffentlichkeit. In: Werner Faulstich (Hg.): Konzepte von Öffentlichkeit, Bardowick: 29-46
Wunder, Werner (1997): Editorial. In: Public Relations Forum 1/97: 3

Feldzüge um die öffentliche Meinung

Politische Kommunikation in Kampagnen am Beispiel von Brent Spar und Mururoa*

Gerhard Vowe

> Campagne, Feld-Zug, expeditio heißt diejenige Zeit, zu welcher die Armeen im Felde stehen, und die sich meistentheils mit dem Junio anfängt, im November aber zu Ende gehet, auch bißweilen wohl noch länger dauert; Wie denn, wenn schwere Belagerungen gewesen, wohl den ganzen Winter durch campiret worden ist.
> (J. H. Zedlers Universal-Lexicon. Halle/Leipzig 1733)

Welche Bedingungen entscheiden über Erfolg oder Misserfolg in einem Feldzug – und zwar in einem Feldzug, in dem es nicht um die Eroberung von Territorien geht, sondern um die öffentliche Meinung; einem Feldzug, in dem nicht mit militärischen Mitteln operiert wird, sondern mit kommunikativen? Diese Frage will ich beantworten, indem ich die kommunikative Struktur von Kampagnen offen lege. Dieser interessante und farbige Typ politischer Kommunikation erschließt sich am besten, wenn man sich Beispiele ansieht und miteinander vergleicht. Ich werde zwei Beispiele schildern und zwar jeweils in der Form eines Dramas. Das erste trägt den Titel „Brent Spar".[1]

---

* Ich danke allen, die mich bei der Vorbereitung rat- und tatkräftig unterstützt haben, insbesondere K. Beck, B. Berta, O. Jarren, K.-P. Johanssen, S. Koch sowie A. Faragó, A. Klammt und B. Meyer. Dieser Beitrag wurde unverändert aus der 2. Auflage von 2001 übernommen.
[1] Die Rekonstruktion stützt sich auf: Deutsche Shell AG 1995; Vorfelder 1995; Brand 1996.

1 „Brent Spar": Ein Nordseedrama in vier Akten

Ein Hauptakteur in diesem Stück ist Greenpeace – eine schillernde Figur mit geradezu mythischen Zügen. Greenpeace ist ein internationaler Verbund von nationalen Sektionen, von denen Greenpeace Deutschland mit Sitz in Hamburg die größte ist – ein gemeinnütziger Verein mit 30 Mitgliedern, deren Namen geheim gehalten werden, und 500.000 Förderern, die keinen Einfluss auf die Entscheidungen haben; ein Unternehmen mit 120 Angestellten und einem Jahresbudget von 70 Mio. DM aus Spenden. Auch der andere Hauptakteur trägt einen mythenbesetzten Namen: Shell. Mehr als alle anderen Ölfirmen steht Shell für Reichtum, Größe und Macht. Shell ist ein multinationaler Konzern mit starken nationalen Töchtern und einer schwachen Mutter. Deshalb tritt Shell in unserem Stück gleich dreifach auf: als Shell Großbritannien (Shell GB), Shell Deutschland (Shell D) und Shell International.

Prolog: Zwei Entscheidungen

Unser Stück hat eine Vorgeschichte, eigentlich sogar zwei. Die eine: Shell GB will die Brent Spar-Plattform loswerden, einen gigantischen Öltank, der in der Nordsee verlassen vor sich hinrostet. Sie gibt eine Reihe von Untersuchungen in Auftrag, wie dies denn unter technischen, ökonomischen und ökologischen Gesichtspunkten am günstigsten zu bewerkstelligen sei, und beantragt schließlich bei der britischen Regierung, die Plattform im Nordatlantik versenken zu dürfen. Dies wird genehmigt. Im Juni 1995 soll die Aktion über die Bühne gehen.

Parallel dazu läuft die andere Vorgeschichte: Ein holländischer Greenpeace-Aktivist erfährt vom Shell-Plan und setzt innerhalb von Greenpeace Deutschland gegen vielfältigen Widerstand durch, dass zu diesem Thema von Greenpeace Deutschland – und nicht von Greenpeace GB! – eine Kampagne losgetreten wird.

Erster Akt: Nordsee (Mai 1995)

Das Stück selbst beginnt mit einem Paukenschlag: Am 30.4.1995 besetzen vier Greenpeace-Aktivisten mit großem Medienecho die Brent Spar. Danach ist aber drei Wochen Ruhe an Deck, und die Aufmerksamkeit der Öffentlichkeit ist trotz intensiver PR-Anstrengungen von Greenpeace längst erlahmt, bis Shell GB Ende Mai die Plattform räumt – unter den Augen der Öffentlichkeit und in mehreren Versuchen, was der Sache die nötige Dramatik verleiht.

Zweiter Akt: An der Heimatfront (1. Juni-Woche)

Sofort nach der Räumung eröffnet Greenpeace eine Heimatfront: An 300 Shell-Tankstellen in 80 Städten gehen Greenpeace-Unterstützer die Kunden an. Es wird außerdem eine Umfrage in Auftrag gegeben und publiziert, wie denn die Deutschen zum Boykott von Shell stünden, und siehe da, es spricht sich eine respektable Mehrheit dafür aus. Es beginnen sich auch die Stimmen politischer Organisationen zu mehren, die zum Boykott von Shell aufrufen. Den Anfang macht die wahlkämpfende Junge Union in NRW.

Dritter Akt: Auf diplomatischem Parkett (2. Juni-Woche)

Greenpeace trägt nun mit spektakulären Aktionen den Kampf aufs diplomatische Parkett, und zwar in die Nordseeschutzkonferenz im dänischen Esbjerg. Andere Konferenzthemen wie z.B. die Einleitung von Chlor in die Nordsee treten hinter Brent Spar zurück. Die Konferenz kann sich nicht zu einem Beschluss für ein generelles Versenkungsverbot für Ölplattformen durchringen. Inzwischen läuft der Boykott auf vollen Touren, und Shell hat begonnen, die Plattform zu ihrem Versenkungsort zu schleppen, begleitet von einem Greenpeace-Schiff mit wechselnden Journalistengruppen an Bord.

Vierter Akt: Krisis und Lösung (3. Juni-Woche)

Im vierten Akt spitzt sich das Drama nun innerhalb weniger Tage auf allen drei Schauplätzen zu:
- In der Nordsee besetzen Greenpeace-Aktivisten erneut die Plattform: Spektakuläre Bilder!
- An der Heimatfront wird der Boykott auf andere Länder, insbesondere auf die Niederlande und Dänemark, ausgedehnt. In Deutschland kommt es zu Drohbriefen an Shell und zu Brandanschlägen auf Shell-Tankstellen.
- Dem Konflikt werden höchste diplomatische Weihen zuteil: Bundeskanzler Kohl setzt die Frage auf die Tagesordnung des Weltwirtschaftsgipfels und spricht mit Major: Wieder starkes Medienecho.

Nun aber kommt noch ein vierter Schauplatz hinzu: Im Reich des Bösen. Es wird immer deutlicher, dass sich Shell GB und Shell D heftig streiten, wie denn zu verfahren sei. Am 20. Juni rafft sich die Mutter auf, ruft ihre streitenden Töchter an einen Tisch und sorgt für einen Konsens gegen die Versenkung. Neben den Umsatzeinbrüchen und der fast völligen Isolation gibt für diese Entscheidung das Sicherheitsargument den Ausschlag: Eine Versenkung dürfte zur Eskalation der Auseinandersetzung führen, die nicht mehr zu kontrollieren wäre. Die Plattform wird nun nach Norwegen geschleppt, wo sie noch heute auf ihr weiteres Schicksal wartet. Greenpeace triumphiert, Shell ist desorientiert.

Epilog

Das Drama hat mehrere Epiloge. Der wichtigste: Ein neutrales Institut untersucht die Brent Spar auf Ölreste und Schadstoffe. Ergebnis: Die ursprünglichen Angaben von Shell lagen bei weitem näher an diesen Messdaten als die, die Greenpeace während der Besetzung publiziert hat. Daraufhin entschuldigt sich Greenpeace bei Shell für die Falschmessungen. Aber da hat sich schon der Vorhang für das nächste Stück gehoben, und das heißt: Mururoa. Da ist nun die Republik Frankreich der Gegenspieler von Greenpeace.[2]

---

[2] Die Rekonstruktion stützt sich auf die Presseberichterstattung von Juni 1995 bis Februar 1996.

2 „Mururoa": Ein Südseedrama in drei Akten

Prolog
Dieses Stück hat eine Vorgeschichte, die bis in die Gründungstage von Greenpeace zurückreicht. Denn Greenpeace entstand 1971 in einer Aktion gegen Atomtests der USA vor Alaska, und einer der sagenumwobenen Gründerväter von Greenpeace verlor 1972 beim Protest gegen die französischen Atomtestversuche in Mururoa fast ein Auge. 10 Jahre später wurde das Greenpeace-Flaggschiff, die „Rainbow Warrior", vom französischen Geheimdienst in einem neuseeländischen Hafen zerstört. Seitdem besteht zwischen Marianne und den Regenbogenkriegern eine innige Liaison, und die geht in eine neue Runde, als der frischgewählte Staatspräsident Chirac im Juni 1995 bekannt gibt, dass er noch vor dem Abschluss des weltweiten Atomteststoppabkommens eine letzte Serie von unterirdischen Tests unter dem Südseeatoll Mururoa machen will, um Frankreichs Rang als Großmacht in der Weltpolitik für die Zukunft zu sichern – und um nach innen Stärke zu beweisen.

Erster Akt: Verheißungsvoller Auftakt (Juli/August 1995)
Zwar reagiert in Frankreich selbst die Öffentlichkeit weitgehend gelassen, aber weltweit wird mehr oder weniger deutlich und offiziell gegen „Hiroschirac" protestiert. Greenpeace startet seine lange vorbereitete Kampagne und wirft eine Protestarmada von der Nordsee in die Südsee.

Zweiter Akt: Fiasko in der Südsee (September 1995)
Dort entwickelt sich die Sache anders als erwartet. Greenpeace will spektakulär die Tests verhindern, indem Aktivisten unter den Augen der Weltöffentlichkeit zum Explosionsort vordringen. Die Franzosen langen aber konsequent zu. Ein Greenpeace-Schiff wird geentert, als es die 12-Meilen-Zone um das Atoll verletzt. Die zuvor ausgesetzten Schlauchboote und Taucher werden von den Franzosen eingefangen, die Besatzungen und mitreisenden Journalisten ausgeflogen. Als ein weiteres Greenpeace-Schiff aufgebracht wird – von ihm flog ein Hubschrauber in die Sperrzone – ist der Rest der „Friedensflotte" ohne Versorgung und ohne medientechnische Infrastruktur. Weitere Vorstöße mit Schlauchbooten scheitern. Am 5. September wird die erste Testbombe gezündet. Damit ist der Kampf entschieden, und die gewaltsamen Auseinandersetzungen in Tahiti zwischen den Einheimischen und der französischen Kolonialmacht zeigen nur noch, wie begrenzt der Einfluss von Greenpeace auf das Geschehen ist. Nach weiteren Scharmützeln ist die gesamte hochseetüchtige Flotte von Greenpeace in den Händen der Franzosen; der Greenpeace-Kampagnenleiter überwirft sich mit der Greenpeace-Geschäftsführung. Ungerührt lassen die Franzosen im Oktober zwei weitere Bomben unter dem Atoll explodieren. „Kurz schäumt das Meer" (taz vom 7.9.1995); Radioaktivität wird nicht freigesetzt.

Dritter Akt: Auf diplomatischem Parkett (November 1995)

An den Heimatfronten bleibt es derweil weitgehend ruhig: Boykottaktionen von französischen Waren oder von Reisen nach Frankreich kommen über zaghafte Ansätze nicht hinaus. Der Ruf „In dubio Prosecco" (Hellmuth Karasek) braust nicht wie Donnerhall durch Deutschland. Einige Politikertreffen werden von Demonstranten gestört – insgesamt aber springt der Funke nicht über. Auf diplomatischem Parkett nimmt man viel Rücksicht auf Frankreich. Zwar verurteilen das Europäische Parlament und die UN-Vollversammlung mehrfach die Atomtests, aber die meisten Regierungen halten sich aus Loyalität zum Wirtschafts- und Bündnispartner zurück – wenngleich sie ihr Unverständnis nicht verhehlen. Die Anrainerstaaten protestieren energischer, aber auch hier wird der Widerstand zusehends schwächer.

Epilog

Das Drama klingt müde aus: Bis zum Januar 1996 explodiert Monat für Monat eine Testbombe, insgesamt sechs statt der geplanten acht und immer weniger bemerkt von der Weltöffentlichkeit. Zumindest äußerlich unbeeinflusst von der Kampagne wird in Genf über ein generelles und uneingeschränktes Atomteststoppabkommen verhandelt, das im Januar 1996 unterschriftsreif vorliegt und mittlerweile ratifiziert ist.

3 Die Kampagnen im Vergleich: Was entscheidet über Erfolg oder Misserfolg?

Was zeigt der Vergleich zwischen den Fällen im Hinblick auf die Frage nach den Erfolgsbedingungen in Feldzügen um öffentliche Meinung? Ich will die Gemeinsamkeiten und Unterschiede auf vier kommunikativen Ebenen anordnen und damit ein generelles Muster für Kampagnenkommunikation zeichnen.

Abbildung 1: Kommunikationsebenen von Kampagnen

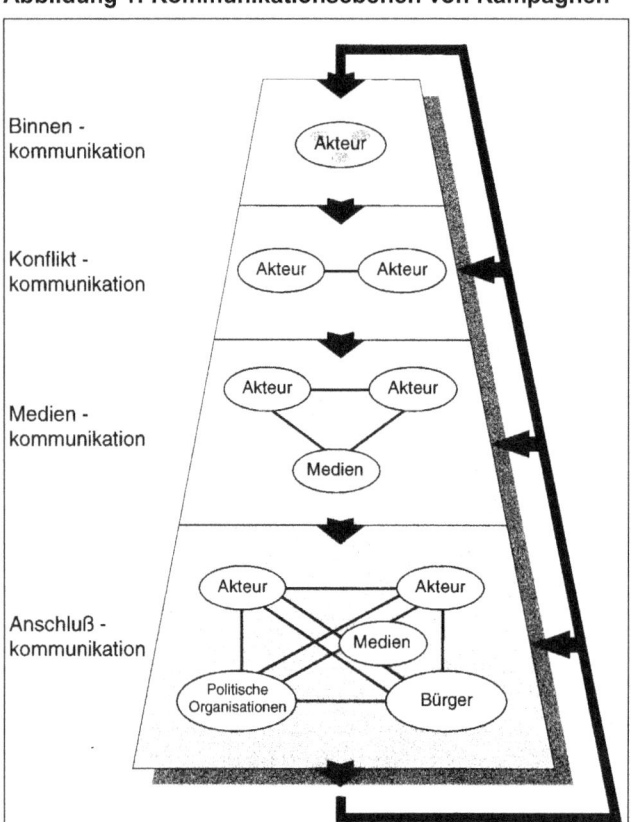

3.1 Binnenkommunikation

Beginnen wir bei der Kommunikationsebene, die zumeist abgedunkelt bleibt: die organisationsinterne Kommunikation, die Binnenkommunikation. Von dieser „Hinterbühne" hängt in einem oft sträflich unterschätzten Maße ab, ob eine Kampagne zum Erfolg geführt werden kann.

3.1.1 Sachlicher Aspekt:
Öffentliche Meinung als vorrangiges Thema der Organisation

Zunächst eine Selbstverständlichkeit: Eine Kampagne um öffentliche Meinung kann nur eine Organisation führen, die das auch wirklich will. Falls für eine Organisation die öffentliche Meinung ein Faktor von sekundärer Bedeutung ist, so wird sie nicht in erforderlichem Maße Ressourcen in eine Kampagne investieren. Öffentliche Meinung muss also ein zentrales Thema der Binnenkommunikation sein. Für Shell GB waren bis zum Schluss ökonomische und rechtliche Faktoren von ausschlaggebender Bedeutung – die publizistische Situation in Deutschland war kein Faktor im Kalkül der Briten. Greenpeace hingegen setzt fast seinen gesamten Einsatz auf das Feld „Öffentliche

Meinung" – auf sie ist alles ausgerichtet, auch die wissenschaftlichen Untersuchungen, die von oder für Greenpeace durchgeführt werden.[3]

3.1.2 Sozialer Aspekt: Integration durch Koordination und Motivation

Der Führung einer Organisation muss es aber auch gelingen, die auseinander strebenden Einzelteile der Organisation wie mit einem Magneten auf ein gemeinsames Ziel auszurichten, aus den Individuen und Gruppen einen handlungsfähigen Akteur zu formen – das bedeutet die Lösung unzähliger interner kleiner und großer Koordinationsprobleme, das bedeutet aber auch, die Integration der Solisten in einer transparenten Entscheidungsstruktur und die Mobilisierung der Energien auf das Ziel hin – bei Greenpeace die Eroberung öffentlicher Meinung. Die ausgesprochen heterogene Struktur der Shell erwies sich als Achillesferse, auf die Greenpeace seine Strategie ausrichtete. Und umgekehrt: Bei Mururoa brechen alte tiefe Gräben innerhalb von Greenpeace auf: Die Aktivisten vor dem Atoll befolgen nicht die Anweisungen der Einsatzleitung, und die wiederum fügt sich nicht der Geschäftsführung. Dies nutzt wiederum Frankreich, um Greenpeace niederzuringen.

3.1.3 Zeitlicher Aspekt: Offenheit der Planung

Das dritte und wichtigste Moment der Binnenkommunikation: Eine Kampagne bedarf der Planung, mit der Ziele und Mittel präzise definiert und aufeinander abgestimmt werden. Zugleich muss die Planung so flexibel und reversibel bleiben, dass die Änderung der Situation und die Reaktionen des Gegners berücksichtigt werden können. Die Fähigkeit zur Balance dazwischen macht einen Großteil der Professionalität von Greenpeace aus. Aber der Vergleich zeigt Unterschiede, in welchem Maße die Strategie der Binnenkommunikation noch Luft lässt. Bei *Brent Spar* führt Shell durch eine rigide Planung, die kein Verschieben und kein Ausweichen kennt, die eigene Niederlage herbei. Greenpeace gelingt es hingegen, ihre Planung laufend an die sich wandelnden Gegebenheiten anzupassen, d.h. Mittel und Ziele zu verändern und neu zu justieren. So wird die Kampagne kurzfristig eingeschoben; die Fehler von Shell werden sofort ausgenutzt; die eigentlich als Zielpunkt anvisierte Nordseeschutzkonferenz rückt während der Kampagne an den Rand usw. Vom Ende sind die Campaigner nicht weniger überrascht als die Beobachter.

Mururoa steht von Beginn an im Schatten der Vergangenheit. Es wird an den erfolgreichen Strategien der Urkampagnen angeknüpft. Und nun liegt durch Brent Spar die Latte des Erfolgs sehr, sehr hoch. Die will nun auch das andere „Green-Team" meistern – koste es, was es wolle. Erfahrung blockiert hier Planung. D.h. bei Mururoa war die Planung von Greenpeace nicht offen genug, der Horizont hatte sich verengt. Interner und externer Erfolgsdruck und die Übernahme des Erfolgsschemas haben die Entwicklung einer kreativen und flexiblen Strategie behindert.

---

[3] Ein schönes Beispiel bietet die Umfrage zur Boykottbereitschaft, deren Frageformulierung allen Standards der Umfrageforschung zuwiderläuft (vgl. Deutsche Shell AG 1995: 255).

3.1.4 Fazit: Der Beitrag der Binnenkommunikation

Binnenkommunikation trägt in dem Maße zum Erfolg von Kampagnen bei, wie drei Bedingungen erfüllt sind:
- Die Gewinnung der öffentlichen Meinung wird zum vorrangigen Thema der Binnenkommunikation: Bei Greenpeace ist dies immer der Fall; für Shell GB war die öffentliche Diskussion in Deutschland ein peripheres Problem.
- Die Angehörigen der Organisation werden durch Binnenkommunikation integriert: Als Achillesferse der Shell erwies sich die Kommunikationslücke zwischen Shell GB und Shell D. Bei Mururoa klappte bei Greenpeace die Koordination zwischen Aktivisten, Einsatzleitung und Geschäftsführung nicht im erforderlichen Maße.
- Die Kampagnenplanung gibt der Binnenkommunikation eine Struktur, aber Strategie und Taktik sind dennoch revidierbar: Im Fall von Brent Spar hat Greenpeace sich laufend an situative Veränderungen angepasst, bei Mururoa aber an traditionellen Konfrontationsstrategien bis zum bitteren Ende festgehalten.

In einen Satz gefasst: Organisationsinterne Kommunikation hat zu gewährleisten, dass alle relevanten Teile der Organisation immer wieder neu auf die reversibel gehaltenen Kampagnenziele ausgerichtet werden.

3.2 Konfliktkommunikation: Spielarten von Auseinandersetzung

3.2.1 Spielart Konfrontation

Feldzüge, auch die um öffentliche Meinung, definieren sich über die Auseinandersetzung zwischen zwei oder mehr Parteien. Akteure suchen und finden im Kampf um die Verteilung der öffentlichen Aufmerksamkeit vor allem die Konfrontation – eine Art der Auseinandersetzung, wo der Sieg des einen die Niederlage des anderen voraussetzt. Akteure spitzen zu, sie schlagen – je nach Kultur mit Säbel oder Florett – aufeinander ein, sie täuschen vor und hintergehen. Sie nutzen die Schwächen des Gegners aus und unterlaufen seine Stärken. Sie gehen den Gegner direkt an oder spielen über Bande – ganz wie es das Erfolgskalkül gebietet. Sie laden den Kampf symbolisch auf und moralisieren und stilisieren den Gegner zum Altbösen Feind. Eine Kampagne ist kein Diskurs. An der Idealen Sprechsituation orientiert man sich anderswo. Dennoch: Die Akteure halten auch in dieser Auseinandersetzungsform Grenzen ein, z.B. wählen sie ihre Mittel nach dem Grundsatz der Verhältnismäßigkeit. Einmal deshalb, weil sie wissen, dass sie von und über Medien beobachtet werden und sie der Sympathien anderer, z.B. von Bündnispartnern nicht verlustig gehen wollen.

3.2.2 Spielart Kooperation

Zum anderen deshalb, weil man den Gegner vielleicht noch braucht oder man den Kommunikationsmodus der Konfrontation später wieder einmal verlassen will. Denn die Akteure gehen, wenn es das strategische Kalkül gebietet, auch von der Konfrontation zur Kooperation über, z.B. in Form von Verhandlungen, was allerdings schon aus organisationspsychologischen Gründen nicht immer ganz einfach ist. Oder sie gehen

Koalitionen ein – auch mit Teilen des Gegners, wenn dies die Erfolgsbedingungen verbessert.

3.2.3 Auseinandersetzungsmuster bei Brent Spar und Mururoa

Was zeigen uns die beiden Fälle für den Stellenwert der Konfliktkommunikation? Greenpeace hat durch Kombination von Konfrontation und Kooperation die Zerrissenheit von Shell vertieft und genutzt: Über den Hebel Deutsche Shell hat Greenpeace Shell GB unter Druck gesetzt. Im anderen Fall hat Frankreich seine militärische Stärke ausgespielt und Greenpeace an der empfindlichsten Stelle getroffen: Frankreich hat Greenpeace geblendet, ihm die Möglichkeit der Visualisierung genommen. Auf diese Ebene der Auseinandersetzung hat sich Greenpeace ziehen lassen – es hat seine Rolle als Seemacht überschätzt und seine medialen Ressourcen nicht zu schützen gewusst. David hat sich von Goliath die Schleuder abnehmen lassen.

Fazit: Je besser ein Akteur verschiedene Spielarten der Konfliktkommunikation beherrscht und je nach Akteurskonstellation und Situation zu kombinieren weiß, desto wahrscheinlicher ist sein Erfolg in einer Kampagne.

3.3 Medienkommunikation

Das Herzstück einer Kampagne, in der es um die öffentliche Meinung geht, bildet die Medienkommunikation. Faustregel dafür: Je mehr sich ein Akteur auf die Handlungsorientierungen der Medien einlässt, ihre Sichtweisen und Muster berücksichtigt, desto größere Medienresonanz ist ihm sicher.

Dass man keine ellenlangen Presseerklärungen schreibt, dass man sein Timing nach Redaktionsschlüssen richtet und andere handwerkliche Standards berücksichtigt, versteht sich von selbst. Hier ist mehr gemeint.

3.3.1 Kognition von Medien: Nachrichtenwertfaktoren

Von zentraler Bedeutung ist das Selektionsraster von Journalisten, bestimmt durch die so genannten Nachrichtenwertfaktoren, das sind die Kriterien, mit denen Journalisten Berichtenswertes von Vernachlässigbarem im Weltgeschehen trennen (vgl. Schulz 1976). Die wichtigsten Nachrichtenwertfaktoren oder vielleicht besser „Bedingungen für Medienaufmerksamkeit" sind:
- *Überraschung* – ein Ereignis ist um so nachrichtenwürdiger, je mehr es nicht nur aktuell ist, sondern plötzlich und unerwartet eintritt.
- *Dramatik* – ein Ereignis ist um so nachrichtenwürdiger, je mehr es einen Konflikt zwischen personalisierbaren Gegnern und mit offenem Ausgang enthält.
- *Relevanz* – ein Ereignis ist um so nachrichtenwürdiger, je mehr ihm aufgrund von Größenordnung, Folgenschwere und/oder Nähe besondere Bedeutung zugesprochen wird. („Die beste schlechte Nachricht ist die Katastrophe" – Jo Leinen)
- *Visualität* – ein Ereignis ist um so nachrichtenwürdiger, je mehr es in Foto oder Film mitteilbar ist, denn es gilt in mehrfacher Hinsicht: „All news are views" (George Gerbner)

Die Medienresonanz ist bei Brent Spar anders als bei Mururoa, weil diese vier Kriterien in unterschiedlichem Maße gegeben sind. Brent Spar ist von Anfang bis Ende eine Kette von *Überraschungen*. Mururoa hingegen hat einen langen Vorlauf der Ankündigung von beiden Seiten, und schon kurz nach dem Beginn ereignet sich nichts Unerwartetes mehr.

Brent Spar ist ein Prototyp für *Dramatik*: Die Konstellation der Kontrahenten nimmt ein altes dramatisches Motiv auf: hier der äußerlich unscheinbare, aber pfiffige und gewandte David, dort Goliath, von furchterregender Gestalt, aber unbeweglich und beschränkt. Die Windungen und Wendungen in der Entwicklung halten den Spannungsbogen aufrecht, und das Ende bleibt bis zuletzt offen. Vor Mururoa ist nach der ersten Explosion klar, wer Sieger wird. Der Spannungsbogen ist gebrochen.

Bei Brent Spar ist es Greenpeace gelungen, einen einzelnen Öltank zum Symbol zu machen, ihm eine *Relevanz* zuzuschreiben, die weit über die öko-logischen Wirkungen des Schadstoffinventars hinausging. Es ist in der Tat politisch sekundär, ob man 100 Tonnen Ölreste – wie in einer neutralen Untersuchung festgestellt – oder 5500 Tonnen – wie von Greenpeace behauptet – mit der Brent Spar versenkt. Die Plattform avancierte zum Präzedenzfall für alle zur Entsorgung anstehenden 400 Bohrinseln und für unseren Umgang mit dem Meer überhaupt. Dadurch erhielt die Brent Spar eine Relevanz, die alles und jedes rund um den Stahlkoloss zur Nachricht machte.

Mururoa hatte diesen Symbolcharakter von vornherein. Eine Atomexplosion löst wie kein anderes Ereignis Furcht und Schrecken aus. Diese Angstladung katapultiert den Test in unsere Nähe, selbst wenn er fernab in der Südsee passiert. Aber die Bedeutung der Testserie ist zweifach zu relativieren: Zum einen war sie als „Auslaufmodell" deklariert – es würde keine weiteren französischen Tests mehr geben, egal, ob nun dieser verhindert wird oder nicht. Zum anderen hat niemand eine radioaktive Verseuchung des Meeres behauptet oder gar nachgewiesen. André Glucksmann kann folglich über des Deutschen „Mitleid mit Plankton" spötteln (FAZ vom 5.10.1995). Dies alles nimmt dem Ereignis den Charakter des Präzedenzfalles. Es mindert die Relevanz.

Bei Brent Spar gelingt die *Visualisierung* perfekt. Jede Etappe dokumentiert Greenpeace durch sorgfältig inszenierte Fotos und Filmaufnahmen. Dies reißt das Ereignis an die Spitze der Fernsehnachrichten und auf die Titelseiten der Presse. Dies war bei Mururoa durch die Gegenmaßnahmen der Franzosen nicht möglich. Greenpeace hat eine hohe Kunstfertigkeit entwickelt, eine Konfrontation auf diese vier Nachrichtenwertfaktoren auszurichten und damit die Konflikte mediengerecht zu inszenieren; aber dies gelingt eben in dem einen Falle besser als im anderen. Brent Spar rangiert bei allen Kriterien höher als Mururoa: Das Ereignis ist überraschender, dramatischer, relevanter und visualisierbarer.

3.3.2 Motive von Medien: Konkurrenz

Greenpeace sichert die Medienkommunikation nicht nur durch die Inszenierung des Konflikts – Greenpeace operiert dabei auch geschickt mit der Konkurrenz unter Journalisten. Greenpeace bietet einigen Journalisten exklusive Möglichkeiten an, vor allem das Mitreisen auf den Greenpeace-Schiffen, Nutzung von Telekommunikationsmöglichkeiten, Live-Interviews mit Aktivisten, Hintergrundinformationen, Einbindung in ein Netzwerk. Greenpeace verspricht Profilierungsmöglichkeiten, Vorteile im Wettrennen der Journalisten um die erste und um die beste Geschichte, die aufregendsten Bilder und die frischesten O-Töne. Dieses Moment wirkt bei Brent Spar in vollem Umfange, dagegen bekommt Mururoa ein wenig den Charakter einer Folgegeschichte, an der nun alle dran sind und bei der auch das letzte Anzeigenblatt noch einen Reporter auf der Friedensflotte hat.

3.3.3 Normen für Medien: Distanz und Nähe, Sorgfaltspflicht und Engagement

Ein weiterer Bestandteil der PR-Strategie von Greenpeace ist es, diejenigen Medien bevorzugt einzubinden, die für Journalisten Leitcharakter haben, die also innerhalb der Medienwelt als *Multiplikatoren* fungieren, als Themensetzer und Positionsvorgeber. Das sind vor allem:
- die Bilderdienste und Nachrichten-Agenturen
- die Nachrichtenredaktionen der öffentlich-rechtlichen Sender
- die führenden politischen Fernsehmagazine wie „Panorama" und „Spiegel-TV"
- die Nachrichtenmagazine „Spiegel", „Focus", „Stern"
- „Bewegungsmedien" wie die „taz" und die „Frankfurter Rundschau".

Damit löst Greenpeace ein zentrales Problem von Journalisten, nämlich, wie sie bei einer sich überstürzenden Nachrichtenlage, großer Distanz zum Ereignisort und bei widerstreitenden Parteien ihrer *Sorgfaltspflicht* genüge tun wollen. Journalisten beurteilen in komplexen Gemengelagen und unter Druck die Glaubwürdigkeit einer Nachricht nach der Quelle: Ist die vertrauenerweckend, so bedarf es keiner weiteren Prüfung mehr. Agenturtexte werden folglich unbearbeitet ins Blatt gehoben; „Spiegel"-Meldungen werden vorabgedruckt; Positionen aus den „Tagesthemen" übernommen – dies alles, ohne dass es den Lesern und Zuschauern immer erkennbar wäre.

Dieser *Vertrauensbonus* erstreckt sich sogar auf Greenpeace selbst: Greenpeace gilt bei Journalisten als ausgesprochen glaubwürdig. Auf Greenpeace greift man zurück, wenn man eine Auskunft oder einen Experten in Sachen Umwelt braucht. Pressemitteilungen von Greenpeace werden gemeinhin unredigiert und ungeprüft abgedruckt – nachweislich mehr als bei jeder anderen Organisation (vgl. Rossmann 1993). Warum? Wer Greenpeace unterstützt, der meint, damit auf der richtigen Seite zu stehen, *Engagement* zu zeigen, der ist nicht nur ein Mietschreiberling, ein Chronist, sondern der hilft tatkräftig mit, die Welt vor dem Abgrund zurückzureißen. Auf diese Weise hat sich ein emotional und kognitiv eng gewobenes *Netzwerk* aus Journalisten und Greenpeacelern gebildet – ein Netzwerk, das eine hochgradig Greenpeace-konforme Medienkommunikation bei Brent Spar trägt.

Es trägt auch noch bei Mururoa – aber auf die Euphorie über den gemeinsam errungenen Sieg von Brent Spar folgt bei Journalisten eine Ernüchterung über die Chancen weiterer Durchmärsche und Erschrecken über den Verlust an Distanz. Bei Mururoa rücken die Journalisten von Greenpeace ab.[4] Noch immer ist Greenpeace glaubwürdiger

---
[4] Beispiele: Simon 1995, Lütgert 1995, Madeja 1995.

als alle anderen Quellen, und noch immer sind die Journalisten mit Herz und Hand auf deren Seite – aber die professionellen Normen greifen nun doch stärker und bremsen den journalistischen Überschwang.

3.3.4 Fazit

Insgesamt lässt sich für die Medienkommunikation folgendes Bild zeichnen:
Die Medien springen auf das Thema Brent Spar an,
- weil es punktgenau in ihr Selektionsraster passt;
- weil es eine hervorragende Gelegenheit bietet, sich im Wettrennen der Journalisten und der Medienorganisationen zu profilieren;
- weil man Greenpeace vertrauen kann und man mit Greenpeace auf der besseren Seite steht.[5]

Bei Mururoa ist dies im Grundsatz ähnlich, aber eben auch nur „ähnlich":
- Mururoa erfüllt nicht im gleichen Maße die medialen Auswahlbedingungen;
- Mururoa bietet nicht im gleichen Maße Möglichkeiten, sich zu profilieren;
- bei Mururoa gehen die Medien auf Distanz zu Greenpeace.

Resultat: Bei Brent Spar ergeben sich eine höhere Prominenz des Themas als bei Mururoa und eine höhere Konsonanz in den veröffentlichten Positionen.

3.4 Anschlusskommunikation

Das Schicksal einer Kampagne entscheidet sich erst in der Kommunikation, die an Medienresonanz anschließt: Über ein Thema wird in den Medien berichtet. Dann geht es entweder unter im Rauschen der gesellschaftlichen Kommunikation; oder es wird aufgegriffen im Gespräch auf der Straße, in der Frühstückspause, beim Abendessen – wie dies bei Brent Spar der Fall war.

3.4.1 Anschlusskommunikation in der Brent Spar-Kampagne

Auch Brent Spar hat die sehr persönlichen Themen, die lokalen Probleme natürlich nicht aus dem Gespräch der Bürger verdrängt; aber wenn im Juni 1995 – keine Sauregurkenzeit – die Rede auf Allgemeines kam, also auf ein *Thema*, das alle angeht und dessen Kenntnis bei allen vorausgesetzt werden kann, dann war dies Brent Spar. Und dabei hat sich die *Position* „Keine Versenkung im Meer" oder schicker „No dumping" oder verwegen-poetisch: „Shell to hell" schnell als diejenige durchgesetzt, die man öffentlich äußern kann, ohne schief angesehen zu werden. Dies ist darauf zurückzuführen, dass die Medienbotschaften zu Brent Spar auf offene Augen und Ohren trafen, weil sie haargenau zu den Denkmustern passten, mit denen wir uns die Welt ordnen. Um nur drei dieser Denkmuster zu nennen:
- Klare Fronten: Hier der Täter, ein Konzern – dort das Opfer, das Meer.
- Klare Logik: Auf eine Ursache „Müll ins Meer" folgt die Wirkung „Gift in der Nahrungskette".

---

[5] Auch in einer säkularisierten Welt gilt der Regenbogen, das Emblem von Greenpeace, als Zeichen von Hoffnung, als Verweis auf die Welt nach der Sintflut, in der Friede zwischen Gott und den Menschen, zwischen Natur und Menschen und zwischen den Menschen herrscht.

- Alarm: „Es ist 5 vor 12!"

Diese Schemata sind keine kühlen Kalküle – es sind heiße Muster, emotional und normativ geladene Sichtweisen. Mitleid, Gerechtigkeit, Angst – diese Saiten unserer Wahrnehmung muss eine Botschaft zum Klingen bringen, wenn wir darüber ins Reden kommen sollen. Allerdings muss die Quelle der Botschaft überzeugend sein; dies ist hier gegeben: Man sieht die Schweinerei ja mit eigenen Augen, und die dagegen angehen, die kann man nur bewundern, die riskieren ja Kopf und Kragen! Also glaubwürdig!

Im Falle Brent Spar kommt noch ein kommunikatives Moment hinzu, das eigentliche Ziel, der Gral eines jeden Campaigners, Werbers und Öffentlichkeitsarbeiters: Es kommt zu spürbaren, sichtbaren *Verhaltensänderungen*. Shell-Tankstellen werden von so vielen nicht mehr angefahren, dass sich der Umsatz mancherorts halbiert, sich durchschnittlich um 20 Prozent verringert. Die Verhaltensänderung hat zwei Seiten. Zum einen wird demonstratives Handeln gesucht: Bürger tanken woanders und bekennen sich privat und öffentlich dazu; sie begründen es mit ihrer Wut über Shell, mit ihrer Sympathie für Greenpeace, aus ihrer Angst um die Umwelt, aus ihrem Wunsch, etwas zu tun, mitzuhelfen – und dies können sie ja ohne jegliche Komforteinbuße. Man tankt 100 Meter weiter. Und das kann man ohne Schuldgefühle: Wer wird denn geschädigt? Ein Konzern, dem die Taschen platzen vor Geld! Die Shell-Pächter sollen sich gefälligst an ihren Verpächter halten. Und die Anschläge? Mit Gewalt haben wir nichts am Hut. Also: Verantwortungsfreies Handeln! Schaut man sich aber die Bilder von den Greenpeace-Aktionen an, so sieht man noch ein anderes kommunikatives Element: Konformitätsdruck, oder weniger vorsichtig ausgedrückt: man sieht einen Pranger. Nur wenige von uns mögen es, sich gegen eine deutlich spürbare Mehrheitsmeinung zu stellen, sich mit einem abweichenden Votum zu exponieren (vgl. Noelle-Neumann 1980). Das Tanken bei Shell ist zu einem demonstrativen Akt geworden. Es ist nicht mehr selbstverständlich und erhält Bedeutung über das Tanken hinaus. Man befürchtet, als Umweltmuffel zu gelten, den das Schicksal der Meere nicht interessiert, schlimmstenfalls als Shell-Unterstützer, der die Umwandlung der Meere in Müllkippen gar noch mit vorantreibt. So werden Erwartungen aufgebaut und folglich wird der kommunikativ gewordene Akt des Tankens bei Shell gemieden. Das bedeutet: Gewichtiger Teil der Kampagne ist die Öffnung einer Option für das Handeln von jedem und jeder: Soll man weiter bei Shell tanken oder nicht?[6] Nicht bei Shell zu tanken ist eine risikoarme Demonstration umweltfreundlichen Handelns; die andere Möglichkeit ist sozial riskant, dabei isoliert man sich.

In dem Maße, in dem deutlich wird, dass Brent Spar dauerhafte Medienresonanz erzeugt und zu intensiver Anschlusskommunikation führt, treten politische Organisationen auf den Plan. Eine ganz große Koalition positioniert sich eindeutig gegen Shell. Einige aus dieser Reihe rufen zum Boykott auf oder ordnen wie der Oberbürgermeister von Leipzig an, den Fuhrpark nicht mehr bei Shell betanken zu lassen. Beileibe sind es

---

[6] Vernachlässigbar ist der Fall, dass jemand demonstrativ sein Verhalten ändert und erst jetzt bei Shell tankt.

nicht nur Initiativen, Verbände und Parteien, die sich äußern. Staatliche Instanzen jeder Ebene geben Stellungnahmen ab – bis zum Bundeskanzler. Warum eine so große Resonanz und Konsonanz? Weil politische Organisationen genau wie die Bürger die Erwartung spüren, dass sie in dieser Frage Laut geben; und weil sie risikoarm eine eindeutige Position beziehen können. Es sind keine sonderlich großen Folgen zu befürchten, wenn man sich hier aus dem Fenster lehnt, und je eher und je weiter man dies tut, desto größere Wahrscheinlichkeit besteht, vielleicht doch noch einigen anderen zuvorzukommen. Politische Organisationen steigen also der Reihe nach und immer zügiger auf das Thema ein, und dadurch dreht sich auch hier die Erwartungshaltung: Das Schweigen wird beredt. Wer sich nicht äußert, gerät in den Verdacht, entweder Shell zu unterstützen oder noch etwas anderes im Schilde zu führen, sich etwa, wie die anderen Mineralölkonzerne, zum Kriegsgewinnler zu entwickeln, oder, wie andere Umweltschutzverbände, grün vor Neid auf Greenpeace geworden zu sein. Insgesamt ergibt sich für die Anschlusskommunikation in der Brent Spar-Kampagne eine hohe Frequenz der Äußerungen, eine hohe Konsonanz und eine hohe Konsequenz der Äußerungen.

3.4.2 Anschlusskommunikation in der Mururoa-Kampagne

Bei Mururoa entwickelt sich die Anschlusskommunikation anders. Sicherlich wird über Mururoa am Tresen und im Bus gesprochen. Sicherlich verurteilt eine große Mehrheit der Bürger die Atomtests im Pazifik, aber von einem demonstrativen Handeln ist wenig zu bemerken. Greenpeace versucht, eine Heimatfront aufzubauen, aber dies gelingt längst nicht in gleichem Maße wie beim erdrückendem Vorbild Brent Spar. Ein Boykott französischer Waren ist auch nicht so einfach: „Politisch korrektes Einkaufen" (Sigrid Baringhorst) geht hierbei nicht ohne Komfortverlust ab – denn für den Umweltschutz auf eine andere Filterlose umzusteigen, ist nicht jedermanns Sache; und auch nicht ohne Gewissensbisse, denn man weiß, man trifft den Winzer und nicht den Staatspräsidenten; und es ist auch nicht recht einsichtig, wie durch den drohenden Ruin von Käsereien eine Regierung auf die Knie gezwungen werden könnte. Die Aussicht auf Erfolg ist gering, und so fürchtet man sich zu isolieren, von der weiterhin frohen Herzens genießenden Mehrheit als verkniffener Ökopax eingeordnet zu werden. Es kommt eben nicht zu dem Negativeffekt, dass sich derjenige exponiert, der weiter französische Waren kauft. Normalfall bleibt, seine Konsumgewohnheiten beizubehalten.

Und so kann sich auch ein großer Teil der politischen Organisationen zurückhalten. Zwar profilieren sich einige früh gegen die Versuche, aber viele können schweigen, von ihnen wird keine Stellungnahme erwartet, nicht für, aber auch nicht gegen die Versuche. Gerade für staatliche Instanzen wäre eine kritische Stellungnahme riskant – ein Affront gegen den engsten Partner der Bundesrepublik. In der Shell-Geschichte war die britische Regierung nur indirekt einbezogen, hier aber steht die Staatsräson selbst auf dem Spiel. Wenn man also Rücksichten zu nehmen hat und kein Zwang zur Äußerung besteht, dann ist Schweigen die beste Kommunikationsstrategie. Und Schweigen ist ansteckend.

3.5 Die Struktur von Kampagnen: Rückkoppelung

3.5.1 Rückkoppelung auf einer Kommunikationsebene

Damit sind wir bei einem entscheidenden Punkt. Im Gegensatz zu Mururoa schaukelt sich bei Brent Spar die Anschlusskommunikation hoch: Wenn die eine Partei sich äußert, muss es auch die andere tun, und die dritte versucht sie zu übertrumpfen, wird aber noch übertroffen von dem Jugendverband der vierten, wohinter die Senioren der fünften Partei nicht zurückstehen mögen usw. Ebenso ist dies bei den Unterstützern von Greenpeace und bei den Bürgern. Brent Spar entwickelte sich zum Flächenbrand: Das Thema wird so oft angesprochen, dass von allen erwartet wird, dass sie es ansprechen, wenn sich Gelegenheit ergibt, und folglich erwartet jeder, dass der andere es erwartet, und spricht das Thema dann auch an. Genauso ist es mit der Positionierung: Man bezieht eine *Anti-Shell-Haltung*. Da dies als konsensfähig unterstellt wird, äußert man sich auch entsprechend deutlicher und öfter. Und genauso ist es mit demonstrativem *Nicht-bei-Shell-Tanken*.

3.5.2 Rückkoppelung zwischen zwei Kommunikationsebenen

Die Rückkoppelung geht weiter: Wo von keiner bewegten Boykottaktion zu berichten ist, da muss sich der Redakteur auf den Agenturbericht aus der Südsee beschränken, und der Lokaljournalist kann gar nichts melden. Wenn der Bundeskanzler sich nicht rührt, kann dies ein Leitartikler einmal bedauern, aber eine Meldung ist es nicht wert. Anschlusskommunikation ergibt sich aus Medienkommunikation, aber sie wirkt auch auf Medienkommunikation zurück (vgl. Abb. 1). Der Boykott kommt erst in Fahrt, als jede Zeitung darüber berichtet und jede private Hörfunkstation den Shell-Kunden das Mikrofon ins Auto hält.

Und weiter: Medienresonanz folgt auf Konfliktkommunikation, aber Medienresonanz wirkt auch zurück auf die Konfliktparteien – die ändern ihr Handeln, sobald Medien anwesend sind. Die Aktionen sind von vornherein auf Medienresonanz hin konzipiert – auch weil dies die Aktivisten von Greenpeace vor Übergriffen schützt – und sie werden nach der Medienresonanz feingesteuert. Und selbstverständlich wirkt Konfliktkommunikation auf die Binnenkommunikation zurück, und ebenso tun dies Medienkommunikation und Anschlusskommunikation. Frankreich kann deshalb so ungerührt seine Strategie verfolgen, weil die Medienkommunikation und die Anschlusskommunikation in Deutschland kein Echo in Frankreich finden und von der Regierung nur als Rauschen wahrgenommen werden – sie wirken folglich nur schwach auf die Binnenkommunikation der französischen Regierung zurück. Für einen Akteur ist es also wichtig, *den Zusammenhang* der Kommunikationsebenen zu wahren, den Blick für das Ganze einer Kampagne zu behalten, denn die Rückwirkungen und Quereffekte sind von entscheidender Bedeutung.

3.5.3 Eine Kampagne – eine Spirale öffentlicher Meinungsbildung

Damit sind wir auf den Kern der Struktur einer Kampagne gestoßen. Wenn sich die Kommunikation auf einer Ebene aufschaukelt und sich verstärkende Rückkoppelungen zwischen den Ebenen ergeben, dann kommt eine Spirale öffentlicher Meinungsbildung in Gang. Es kommt zu einem „selbsttragenden Aufschwung", die Kampagne ist in Schwung, mit andauernder Präsenz auf der gesellschaftlichen Tagesordnung und konsentierenden Positionen der Akteure – rund um Brent Spar entwickelt sich eine „Redespirale", die damit endet, dass der eine Kontrahent aufgibt und die Schlacht um die öffentliche Meinung für verloren erklärt. Der andere Kontrahent versucht, die „Redespirale" fortzusetzen, das „flow-Erlebnis" zu verlängern, indem er den Schwung in eine neue Kampagne hinüberzuretten versucht. Denn je mehr die sich dreht, desto größere Erfolge kann er feiern, desto mehr kommunikative und materielle Unterstützung fließen ihm zu, desto mehr wachsen Macht, Geld und Status. Der Sieg spornt ihn an und treibt ihn in die nächste Kampagne.

3.5.4 Rückkoppelungen zwischen Kampagnen

Aber: Wie wir gesehen haben, wird die zweite Kampagne nicht zur Fortsetzung der ersten – und sie kann es nicht werden, denn die Bedingungen haben sich zum Teil verändert: Die Akteure *nach* Brent Spar sind nicht mehr die gleichen wie *vor* Brent Spar. Die Akteure haben gelernt: Frankreich überarbeitet seine Strategie auf Grundlage der Erfahrungen, die man seinerzeit selbst mit Greenpeace und die nun soeben Shell mit Greenpeace gemacht hat. Etliche Journalisten und Medienorganisationen gehen auf Distanz zu Greenpeace und besinnen sich nach Brent Spar auf ihre Autonomie: Mancherorts werden sogar eigens Richtlinien für die Berichterstattung zu Greenpeace-Aktionen erarbeitet. Eben so wenig lassen sich Bürger erneut so mitreißen: Misstrauen keimt auf. Ehrenamtliche Helfer kümmern sich zur Abwechselung einmal um ihre während Brent Spar vernachlässigten anderen Angelegenheiten. Den politischen Organisationen kann ein erneuter Sieg von Greenpeace nicht ins Konzept passen – sie schicken sich an, diesem Phönix nun endlich die Flügel zu stutzen. In der zweiten Kampagne – und eben zum Teil deshalb, weil es die zweite ist – schaukelt sich die Kommunikation nicht in einem Maße auf, wie es für einen „selbsttragenden Aufschwung" erforderlich wäre.

Die „Saga Brent Spar" (FAZ) führt so auch wieder zu einem Erstarken der Gegenkräfte. Dies verhindert einen Erfolg von Greenpeace in der zweiten Kampagne und dies schwächt insgesamt Macht, Reputation und Reichtum von Greenpeace – der Stern verblasst wieder ein wenig. Insofern wirkt Mururoa auf Brent Spar zurück – die Niederlage relativiert den Sieg.

Abbildung 2: Rückkopplung in und zwischen Kampagnen

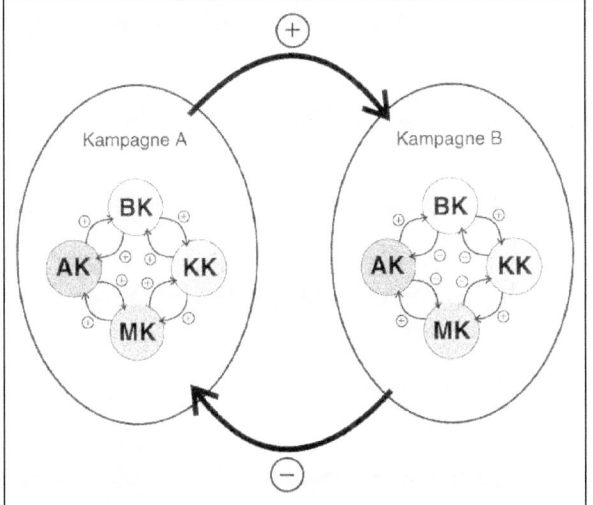

4 Fazit: Die „unsichtbare Hand" der lernenden Akteure

Hier haben wir ein Prinzip nicht nur von Kampagnenkommunikation, sondern von politischer Kommunikation überhaupt. Die Verteilung von Macht im politischen System sorgt dafür, dass sich kommunikative Potentiale wechselseitig relativieren; dass sich Kommunikation und Kommunikation nicht nur und nicht immer wechselseitig aufschaukeln, sondern auch wechselseitig abschwächen: Gewicht und Gegengewicht, checks and balances. Diese „un-sichtbare Hand", die hier für Ausgleich sorgt, ist eine diesseitige Instanz. Sie besteht nämlich aus den anderen Akteuren in einer Konstellation, die sie zu Gegengewichten werden lässt. Dadurch relativiert sich aber der Stellenwert desjenigen Akteurs, der Kampagnen initiiert, wie z.B. Greenpeace. Denn es gilt folgendes Prinzip: Die einzelnen Kommunikationsebenen tragen nicht in gleichem Maße zum Kampagnenergebnis bei; der Beitrag wächst von Ebene zu Ebene. Die Binnenkommunikation ist nicht unwichtig, aber sie ist weniger wichtig als die Konfliktkommunikation. Letztlich wird über Erfolg oder Misserfolg auf der letzten Ebene entschieden. Die ist die wichtigste.

Aber zugleich schrumpfen von Ebene zu Ebene die Möglichkeiten eines Akteurs, die jeweilige Kommunikation zu steuern. Steuerungsnotwendigkeit und -möglichkeit sind also asymmetrisch über die Ebenen verteilt. Kein Akteur kann einen Erfolg planen. Denn von Ebene zu Ebene wird die Kommunikation komplexer, die Akteurskonstellation vielfältiger. Medienkommunikation ist durch Pressearbeit noch in einem gewissen Maße zu steuern, aber schon weniger als die Konfliktkommunikation. Anschlusskommunikation aber ist nur noch durch Lobbying bei den politischen Organisationen marginal zu beeinflussen.

Das Geheimnis einer Kampagne ist ihre Eigendynamik. Eine Kampagne schlägt ein, wenn und weil sie ein Eigenleben entwickelt, das nicht gesteuert werden kann, und zwar deshalb, weil ein Akteur das Lernen der anderen Akteure in und aus einer Kampagne nicht steuern kann. Das Prinzip der Checks and Balances kann nicht durch einen Akteur ausgehebelt werden. Mit der nächsten oder vielleicht erst mit der übernächsten Kampagne setzen sich Gegenkräfte durch. Das gilt für Mururoa in Folge von Brent Spar, und es gilt für die Zeit nach Mururoa. Denn die Niederlage in der Südsee stärkt wiederum innerhalb von Greenpeace diejenigen Kräfte, die ihrerseits Lehren ziehen und einige organisationsinterne Veränderungen durchsetzen.[7] Überspitzt lautet die Greenpeace-Erfolgsformel nun: „Raus aus den Booten, ran an die Bosse!" Weg von der konfrontativen Kampagne, hin zur lösungs-orientierten Kampagne: Drei-Liter Auto, FCKW-freier Kühlschrank, Solarhauptstadt Berlin. Provokation von öffentlicher Aufmerksamkeit mit positiven Inhalten!

Aber welche Schlüsse auch immer die einzelnen Kontrahenten aus den Kampagnen ziehen: Es kommt doch immer wieder zu einem neuen Gleichgewicht der Kräfte.[8] Und das ist ja eigentlich ganz beruhigend.

Literatur

Brand, Carola (1996): Die Affäre „Brent Spar". Der Kampf von Shell und Greenpeace um die Öffentliche Meinung. Unveröffentlichte Diplomarbeit im Studiengang Journalistik an der Katholischen Universität Eichstätt
Brown, Michael/John May (1989): Die Greenpeace-Story, Hamburg, 2. Auflage
Deutsche Shell AG (Hg.) (1995): Die Ereignisse um Brent Spar in Deutschland, Hamburg
Greenpeace (Hg.) (1996): Das Greenpeacebuch. Reflexionen und Aktionen, München
Lütgert, Christoph (1995): Goliath war diesmal stärker. In: Die Woche vom 8.9.1995
Luyken, Rainer (1996): Die Protestmaschine. In: Die Zeit vom 6.9.1996
Madeja, Falk (1995): Wolken über dem Regenbogen. In: Der Tagesspiegel vom 15.9.1995
Noelle-Neumann, Elisabeth (1980): Die Schweigespirale. Öffentliche Meinung – unsere soziale Haut, München/Zürich
Rossmann, Torsten (1993): Öffentlichkeitsarbeit und ihr Einfluß auf die Medien. Das Beispiel Greenpeace. In: Media Perspektiven, 2/93: 85 – 94
Reiss, Jochen (1989): Greenpeace – der Umweltmulti. Sein Apparat, seine Aktionen, Rheda-Wiedenbrück, 2. Auflage
Simon, Claus-Peter (1995): Die Medienmaschine. Wie Greenpeace sich öffentlich inszeniert – und die Presse bereitwillig mitspielt. In: Die Woche vom 8.9.1995
Streich, Jürgen (1987): Greenpeace – Gewaltfrei gegen die Zerstörung, München, 2. Auflage
Schulz, Winfried (1976): Die Konstruktion von Realität in den Nachrichtenmedien, Freiburg/München
Vorfelder, Jochen (1995): Brent Spar oder die Zukunft der Meere, München

---

[7] Hinweise zu dieser Auseinandersetzung finden sich in dem erstaunlich reflektierten Jubiläumsband Greenpeace 1996 und bei Luyken 1996.
[8] Um ein seemännisches Bild zu gebrauchen: Drückt der Wind ein Boot zu sehr auf die Seite, sorgt der Kiel für eine Gegenkraft und verhindert damit nicht nur ein Kentern, sondern ermöglicht auch eine Verstärkung des Vortriebs.

Die Dynamik von öffentlicher Meinung und öffentlichem Verhalten am Beispiel von Brent Spar[*]

Volker Gehrau

„Bornierte Rücksichtslosigkeit – Shell provozierte Öffentlichkeit"[1], so titelte die Märkische Allgemeine, nachdem Shell den Verzicht auf die Versenkung der Verladeplattform Brent Spar bekannt gegeben hatte. Damit wird unterstellt, die Öffentlichkeit habe Ansprüche, auf die Rücksicht genommen werden muss. Allerdings ist wahrscheinlich nicht die Öffentlichkeit als abstraktes Konstrukt gemeint, sondern konkreter öffentliche Meinung und öffentliches Verhalten. Im nachfolgenden Beitrag wird dazu untersucht, wie sich die öffentliche Meinung im Fall Brent Spar entwickelt hat, wie sie durch das Verhalten von Akteuren beeinflusst wurde und wie sie sich auf das Verhalten der Bevölkerung ausgewirkt hat.

Die Öffentlichkeitsarbeit versucht durch Kampagnen Einfluss auf die Öffentlichkeit bzw. die öffentliche Meinung zu nehmen. Als Ziele dieser Einflussnahme werden in der Regel (vgl. Klaus 2009, im vorliegenden Band) Aufmerksamkeit, Vertrauen und Zustimmung genannt, manchmal auch Anschlusshandlungen. Auf die beiden Hauptakteure im Konflikt um Bernt Spar trifft das sicher zu. Shell hatte die Kampagne „Wir kümmern uns um mehr als Autos" gestartet, um die Aufmerksamkeit auf Aktivitäten des Unternehmens im Bereich Umwelt und Gesellschaft zu lenken und Zweifel an seinem Verantwortungsbewusstsein zu zerstreuen. (Vgl. Johanssen 2009, im vorliegenden Band) Greenpeace hatte die Besetzung der Verladeplattform sowie die folgenden Aktionen unternommen, um Aufmerksamkeit für das Thema Verschmutzung der Meere zu erzielen. Dazu Koch (2009, im vorliegenden Band): „Ein Prinzip der Greenpeace-Öffentlichkeitsarbeit ist es, die Normalbürger zu Augenzeugen zu machen." Indirekt

---

[*] Dieser Beitrag wurde für die vierte Auflage neu verfasst. Für viele hilfreiche Hinweise zum Manuskript danke ich Ulrike Röttger und Frank Marcinkowski.
[1] Märkische Allgemeine vom 21.06.1995, angegeben in: Mantow 1995: 248.

dient die Aufmerksamkeit für den Umweltschutz auch dem Vertrauen in Greenpeace als Anwalt der Umweltbelange.

Der Verlauf des Konflikts zwischen beiden Akteuren ist bekannt. Es ist eine Schlacht um die öffentliche Meinung entbrannt (vgl. Vowe 2009, im vorliegenden Band), die Greenpeace gewonnen hat, wobei die stärksten Truppen wahrscheinlich die Boykotteure der Shell-Tankstellen waren. Weniger klar ist aber, wie sich die öffentliche Meinung entwickelte und wer sie mit welchen Konsequenzen beeinflusste. Für die Öffentlichkeitsarbeit ist es wichtig, diese Prozesse zu verstehen, um Kampagnen möglichst wirkungsvoll zu gestalten. In der Regel ist es aber fast unmöglich, die Entwicklung von öffentlicher Meinung im Kontext zu untersuchen. Das liegt zum einen an dem Problem, die öffentliche Meinung einzugrenzen, was im Fall Brent Spar zumindest sachlich und zeitlich gut möglich ist. Das liegt zum anderen an den dazu notwendigen Daten, die umfassend zu erheben extrem aufwändig ist. Auch hier bietet eine Analyse des Brent Spar-Konflikts Vorteile, denn aus verschiedenen Studien liegen unterschiedliche Daten zum Fall Brent Spar vor. Mantow (1995) hat für die Shell AG eine Chronologie der Ereignisse sowie eine Medienresonanzanalyse auf Tagesbasis vorgelegt. Wiedmann, Klee und Böcker (1996) haben Tankstellenkunden zum Boykott von Shell-Tankstellen befragt. Greenpeace hat die Aktionen und Ereignisse dokumentiert und Hachmer (2005) hat diese Aktionen mit Bezug zum Boykott von Shell-Tankstellen auf Tagesbasis systematisiert und zudem eine Inhaltsanalyse von Tagezeitungen zur Boykottberichterstattung vorgelegt. Interessant werden diese Daten in Kombination mit Umfragedaten, die forsa 1995 werktäglich zu auffälligen Medienthemen und der Wichtigkeit von Problemen für die BRD durchgeführt hat.

Damit eröffnen sich neue methodische Zugänge zum Thema Öffentlichkeit und Kampagnen; Zugänge, die erst möglich wurden, nachdem unterschiedliche Daten zum Brent Spar-Konflikt vorliegen und der Verlauf sowie das Ergebnis des Konflikts bekannt sind.

1 Vorgehen

Für die Modellierung von öffentlicher Meinung im Kontext der Handlungen gesellschaftlicher Akteure sowie der Bevölkerung ist es notwendig, vorab einige theoretische und methodische Grundlagen zu diskutieren.

1.1 Theoretische Grundlagen

Die nachfolgende Analyse lehnt sich an Überlegungen zur öffentlichen Meinung an. Diese wird zum einen als veröffentlichte Meinung operationalisiert, also als die Gesamtheit der in den Massenmedien publizierten Meinungen, und zum anderen als Meinungsklima, also der feststellbaren Meinungsverteilung in der Bevölkerung. Für die Analyse von Öffentlichkeit und Kampagnen ist aber eine weniger meinungszentrierte Betrachtungsweise nötig, da Kampagnen z.B. auch auf Aufmerksamkeit zielen. Deshalb wird der Blick auf jegliche auch nicht meinungsbezogene Berichterstattung der

Medien ausgeweitet sowie auch auf nicht meinungsbezogene Vorstellungen der Bevölkerung, wenn sie sich auf ein bestimmtes Problem- oder Themenfeld beziehen. In dieser Modellierung gibt es nicht die öffentliche Meinung, sondern nur eine öffentliche Meinung zu einem Themenfeld, im vorliegenden Fall der Konflikt um die geplante Versenkung der Verladeplattform Brent Spar im Sommer 1995. Die diesbezügliche öffentliche Meinung wird definiert als alle Berichte in den Massenmedien zu diesem Themenfeld und das diesbezügliche Problembewusstsein der Bevölkerung. Für das weitere Vorgehen wird die Definition in zweierlei Hinsicht zusätzlich konkretisiert: Als Medienberichterstattung wurden nur Berichte aus denjenigen Medien untersucht, die 1995 vornehmlich für aktuelle Informationen genutzt wurden. Das umfasst die Tages- und Wochenzeitungen im Printsektor und das Fernsehen. Zeitschriften und Radio wurden nicht berücksichtigt. Als Problembewusstsein des Publikums wurden Thematisierungseffekte berücksichtigt, sprich auf welche Themen und Probleme die Bevölkerung durch die Medien aufmerksam wurde und welche sie für wichtig hält. Die Einstellung der Bevölkerung in Bezug auf die Versenkung der Brent Spar konnte nicht betrachtet werden, da dazu keine Daten vorliegen.

Um öffentliche Meinung im Kontext von Kampagnen und Aktivitäten der Öffentlichkeitsarbeit zu diskutieren, wird sie in Verbindung mit unterschiedlichen Handlungen analysiert. Dabei wird ein Input-Output-Modell zugrunde gelegt, ähnlich dem Modell von Marcinkowski (2001) für politische Öffentlichkeit. Ein wesentlicher Input sind Aktionen und Äußerungen von politischen und gesellschaftlichen Akteuren mit Bezug zu Brent Spar. Diese können sowohl öffentlichkeitswirksam werden, weil sie sich direkt auf das Problembewusstsein der Bevölkerung auswirken, in dem sie z.B. in Demonstrationen auf bestimmte Sachverhalte aufmerksam machen, oder weil sie von den Massenmedien aufgegriffen werden und damit in die Berichterstattung einfließen. Im vorliegenden Fall sind insbesondere die Aktionen und Äußerungen von Greenpeace interessant und die Frage, wie sich diese in der Medienberichterstattung und dem Problembewusstsein der Bevölkerung niederschlagen. Im Konflikt um Brent Spar ging es aber nicht nur um die Versenkung der Verladeplattform, sondern auch darum, Shell-Tankstellen zu boykottieren. Das ist zwar nur ein Teilaspekt des Konflikts, allerdings ein wichtiger, da er mit Bevölkerungshandlungen und für Shell und die Tankstellenpächter mit direkten wirtschaftlichen Konsequenzen verbunden ist. Aus der Perspektive der öffentlichen Meinung werden die Aktionen und Äußerungen der gesellschaftlichen und politischen Akteure als Input für die öffentliche Meinung verstanden und die Bevölkerungshandlungen als Output. Diese Betrachtung stellt aber eine Vereinfachung dar, da die gesellschaftlichen und politischen Akteure bei ihren Aktionen und Äußerungen auch auf die öffentliche Meinung reagieren sowie beide auch auf die Boykotthandlungen der Bevölkerung. Aus Prozessperspektive kann man sich den Prozess am besten als dynamische Koppelung vorstellen. Innerhalb der öffentlichen Meinung kommt es zu einer Koppelung zwischen Medienberichterstattung und Problembewusstsein des Publikums, die sich anhand der Agenda Setting-Hypothese untersuchen lässt und selbst im Sinne des Agenda Building und klassischer Medienwirkungen mit Input-

und Outputhandlungen verbunden ist. Als einfachstes Kausalmodell wird zunächst eine gezielte Intervention im Sinne einer Kampagne von Grennpeace nach folgendem Muster erwartet. Gezielte Aktionen von Greenpeace führen im Anschluss zu Reaktionen anderer gesellschaftlicher Akteure sowie beide zu Berichten in den Massenmedien über Brent Spar und die dazugehörigen Aktionen. In klassischen kommunikationswissenschaftlichen Ansätzen wird das als Agenda Building und in der PR-Literatur als Issue Management bezeichnet. Dann kommt es zum Agenda Setting-Effekt. Die Berichterstattung über Brent Spar macht die Bevölkerung auf den Konflikt aufmerksam und sie hält diesen in der Folge für gesellschaftlich wichtig. Abschließend findet ein Transfereffekt vom erzeugten Problembewusstsein auf Handlungen einiger Bevölkerungsmitglieder statt, die daraufhin Shell-Tankstellen boykottieren.

Abb. 1: Vermutete Entwicklung im Fall Brent Spar

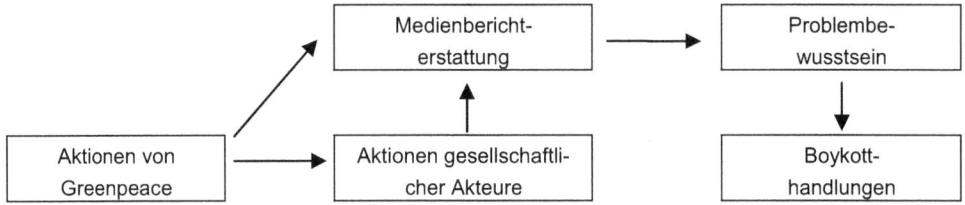

1.2 Methodische Grundlagen

Die Medienberichterstattung der Ereignisse um Brent Spar wurde von Shell dokumentiert. Die Dokumentation umfasst Daten zu Zeitungen und Fernsehen vom ersten Mai 1995, also einem Tag nach der Besetzung der Verladeplattform Brent Spar durch Greenpeace-Aktivisten in Begleitung von Journalisten, bis zum 15. Juli 1995. (Montow 1995) Vor allem finden sich im Anhang der Dokumentation von Montow (1995: 236-237) genaue Angaben darüber, wie viele Berichte pro Tag zum Themenkomplex Brent Spar in deutschen Tages- und Wochenzeitungen sowie im deutschen Fernsehen veröffentlicht wurden. Es handelt sich nach den veröffentlichten Angaben um eine Vollerhebung der verbreitetsten Medienangebote in Deutschland mit einer relativ guten Ausschöpfung (Mantow 1995:3). Die Daten wurden auch in anderen Analysen und Publikationen benutzt (z.B. von Wiedmann/Klee/Böcker 1996 oder von Klaus 2009 im vorliegenden Band). Die Medieninhaltsdaten passen ideal zu Daten aus Bevölkerungsumfragen, die von forsa in ihrem Umfragebus gestellt wurden und im Kölner Archiv für Sozialforschung zugänglich sind. Die Befragung fand 1995 an jedem Werktag per Telefon mit einer Zufallsauswahl von jeweils ca. 500 Deutschen ab 14 Jahren statt. Dabei wurde die Bevölkerung zum einen gefragt, welche drei Themen ihnen in der Medienberichterstattung der vergangenen Tage aufgefallen sind. Zum anderen interessierte, welches die drei derzeit wichtigsten Probleme für Deutschland sind. Von den Befragten liegen zudem Angaben zu ihrer Person sowie zu ihrer politischen Orientierung vor. Die Befragungsdaten wurden auf den Zeitraum der Medienresonanzanalyse bezogen, auf Tagesbasis aggregiert und über das Datum mit den Medieninhaltsdaten synchronisiert.

Zur Analyse der Input-/Output-Effekte sind zudem Daten über öffentliches bzw. öffentlichkeitswirksames Verhalten nötig. Sowohl durch Shell als auch durch Greenpeace ist eine genaue Rekonstruktion ihrer öffentlichkeitswirksamen Handlungen möglich. Dokumentiert wurde, wann sich unterschiedliche andere gesellschaftliche Akteure zu Wort meldeten oder Aktionen starteten und diese entweder von den Medien aufgegriffen oder Shell bzw. Grennpeace direkt bekannt wurden. Nicht rekonstruierbar sind demgegenüber Handlungen, die Akteure hinter den Kulissen vorgenommen haben. Hachmer (2005) hat in ihrer Magisterarbeit die Handlungen mit Bezug zum Boykott von Shell-Tankstellen nach Akteuren auf Tagesbasis erfasst. Zudem hat sie eine Inhaltsanalyse der 10 auflagenstärksten Tageszeitungen in Deutschland in Bezug auf die boykottbezogene Berichterstattung zwischen dem Tag der Plattformbesetzung und dem Tag der Bekanntgabe des Verzichts auf die Versenkung durchgeführt. In der Arbeit werden die Daten aggregiert auf Zeiträume präsentiert, anhand des Anhangs können die Ergebnisse aber taggenau rekonstruiert werden. Von besonderem Interesse sind dabei die Aktionen von Grennpeace und deren Auswirkungen. Die Daten aus der Magisterarbeit lassen sich über das Datum mit den vorher beschriebenen Daten zur öffentlichen Meinung synchronisieren. Zudem haben Wiedmann, Klee und Böcker (1996) im Zeitraum zwischen Ende August und Ende Oktober 1995 in Niedersachsen ein Umfrage an Tankstellen zum Boykott von Shell-Tankstellen durchgeführt. Befragt wurden insgesamt 653 Kunden unterschiedlicher Tankstellen, ob sie sich am Boykott von Shell-Tankstellen beteiligt haben, und – wenn ja – wann sie ungefähr mit ihrem Boykott begonnen haben und wann sie ihn beendet haben. Anhand dieser Daten (Wiedmann/Klee/Böcker 1996) lässt sich grob rekonstruieren, in welchen Zeitraum sich wie viel Prozent der Tankstellenkunden am Boykott beteiligt haben.

Für das weitere Vorgehen ist eine Zweiteilung naheliegend. Im ersten Schritt geht es darum, öffentliche Meinung zu definieren und im Zeitverlauf empirisch zu modellieren. Im zweiten Schritt wird die Dynamik der öffentlichen Meinung in Beziehung gesetzt mit den Aktivitäten von Grennpeace, anderer gesellschaftlicher Akteure und dem Verhalten der Bevölkerung. In beiden Schritten wird – wenn möglich – mit dem Verfahren der zeitreihenanalytischen Kreuzkorrelation gearbeitet.

Hierzu werden Daten auf Tagesbasis gebildet und über das Datum synchronisiert. Dann werden unterschiedliche Variablen mit unterschiedlichem Zeitverzug miteinander in Verbindung gesetzt, um den Prozess zu analysieren. Gibt es Vermutungen über die Kausalität zwischen den Variablen, so setzt man die unabhängige Variable vor die abhängige Variable, womit die Zeitverschiebungen folgendermaßen zu interpretieren sind: Negative Time-lags bedeuten, dass sich die unabhängige Variable mit Zeitverzug auf die abhängige Variable auswirkt, bei dem lag_{-1} z.B. mit einem Tag Verzug. Der lag_0 deutet auf einen Zusammenhang ohne Zeitverzug, was eher gegen eine Kausalbeziehung spräche, und ein lag mit positivem Index spricht für eine umgekehrte Kausalität. Diese würde bedeuten, dass sich entgegen der Annahme die vermeintliche abhängige Variable zeitversetzt auf die vermeintliche unabhängige Variable auswirkt. Ein Problem entsteht bei Kreuzkorrelationen aber, wenn die in Beziehung gesetzten Zeitreihen interne Strukturen beinhalten, die auf Saisons, Trends oder paarweise Abhängigkeiten zurückzuführen sind. Dann entstehen Scheinkorrelationen, die zu Fehlinterpretationen führen. Deshalb ist es angeraten, die Strukturen innerhalb der Zeitreihen zu identifizieren und zu bereinigen. Dazu werden ARIMA-Modelle gerechnet und die Zeitreihe um die Struktureffekte bereinigt. Im Anschluss können Kreuzkorrelationen der bereinigten Variablen gerechnet werden, die von Scheinkorrelationen weitgehend frei sind. Allerdings werden durch die Bereinigung oft auch Effekte unterdrückt, die eigentlich interessant wären. Insofern ist eine Bereinigung der Daten nicht unproblematisch. Deshalb werden nachfolgend sowohl bereinigte als auch unbereinigte Modelle analysiert, wobei die beste Annäherung an die eigentlichen Phänomene wahrscheinlich zwischen beiden Modellen liegt. Zumal eine akkurate Bereinigung vollständige Zeitreihen verlangt, die aber nicht vorliegen. Daher müssen fehlende Werte durch Schätzwerte ersetzt werden, was wiederum mit Problemen verbunden ist. Um Fehlinterpretationen zu vermeiden und die Probleme mit der Zeitreihenanalyse einzugrenzen, werden flankierend klassische Arten der Datenanalyse vorgenommen. Zum einen werden die tagesbezogenen Mediendaten über das Datum der Befragung den einzelnen Befragten zugeordnet und mit diesen Daten dann normale Korrelationen bzw. Regressionen gerechnet. Zum anderen werden die Tagesdaten auf aussagekräftige Vergleichszeiträume aggregiert, die dann analytisch miteinander verglichen werden können. Beide Herangehensweisen sind zwar methodisch dynamischen Daten weniger angemessen als Zeitreihenanalysen, aber dennoch geeignet, grundlegende Tendenzen aufzudecken.

2 Die Dynamik der öffentlichen Meinung

Die Dynamik der öffentlichen Meinung, hier definiert als Medienberichterstattung über einen Themenkomplex sowie das Problembewusstsein der Bevölkerung zu diesem, wird aus der Agenda Setting-Perspektive analysiert. Es wird also vermutet, dass die Bevölkerung auf diejenigen Themen und Probleme aufmerksam wird und sie für wichtig hält, über die die Medien aktuell berichten.

2.1 Medienberichterstattung

Zunächst geht es um die Medien-Agenda. In Abbildung 2 sind die Entwicklung der Fernseh- und der Printberichterstattung abgetragen. Die horizontale Achse bildet den zeitlichen Verlauf ab. Die angegebene achtstellige Ziffer gibt der Reihe nach das Jahr, den Monat und schließlich den Tag wieder; so bezeichnet 950501 z.B. den 1.5.1995. Die vertikale Achse erfasst den Umfang der Berichterstattung, wobei der jeweils berichterstattungsintensivste Tag als 100 Prozent gesetzt wurde und die anderen Tage relativ dazu erfasst wurden. Beide Zeitreihen ähneln sich stark. Zeiten intensiver Fernsehberichterstattung werden zeitnah von intensiver Printbericherstattung begleitet. Außerdem ist eine Saisonalität festzustellen, die daher rührt, dass an Sonntagen wenig Berichterstattung vorzufinden ist, was mit der Produktions- und Veröffentlichungsweise der Medien zu erklären ist, insbesondere der Zeitungen.

Abb. 2: Berichterstattung über Brent Spar im Zeitverlauf

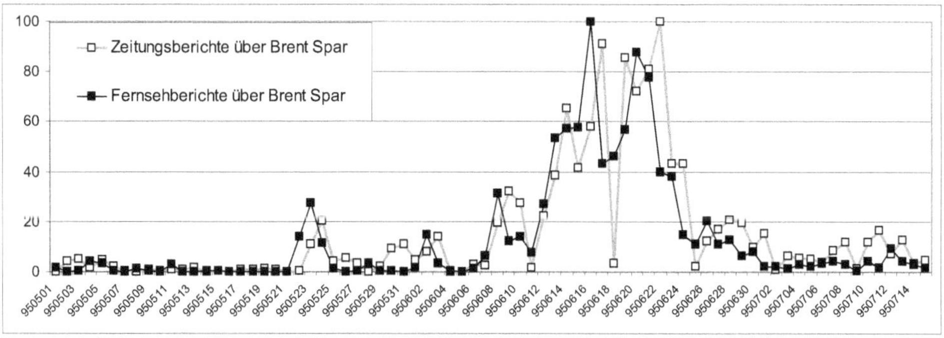

(Daten: Zeitung=Mantow 1995: 236; Fernsehen=Mantow 1995: 237)

An einigen Stellen legt die Grafik nahe, die Fernsehberichterstattung könnte der Zeitungsberichterstattung einen Tag vorausgehen. Vor allem aber verlaufen beide Grafen relativ gleichförmig. Kreuzkorrelationen zwischen beiden Reihen bestätigen den Eindruck der Gleichförmigkeit. Beide Datenreihen korrelieren zeitversetzt um plus/minus sieben Tage sehr hoch miteinander. Um sechs Tage verschoben liegen die Korrelationen zwischen $r_{lag-6}=57$ und $r_{lag+6}=0,40$. Je geringer die Zeitverschiebung wird, umso größer wird die Korrelation, $r_{lag0}=0,81$. Die größte Korrelation findet sich mit $r_{lag-1}=0,92$ bei einem Tag Zeitverschiebung zwischen Zeitungen und Fernsehen. Das würde bedeuten, der stärkste Zusammenhang findet sich zwischen der Printberichterstattung eines Tages und der Fernsehberichterstattung am Folgetag.

Da beide Zeitreihen sehr ähnlich verlaufen und die stärksten Abhängigkeiten zwischen ihnen zeitgleich oder mit einem Tag Zeitverzug bestehen, werden beide für die weitere Analyse zu einer Zeitreihe Medienberichterstattung zusammengefasst. Dafür spricht auch die hier gewählte Betrachtungsweise von öffentlicher Meinung, in die die Medienberichterstattung insgesamt und nicht nach einzelnen Medien oder Mediengattungen differenziert eingeht. Zudem kann im Befragungsdatensatz nicht nach Mediennutzung differenziert werden, da diese nicht abgefragt wurde. Bei der Variablen Medienberichterstattung wurden die identifizierten Berichte pro Tag wieder ins Verhältnis zum Tag mit der intensivsten Berichterstattung (=100%) gesetzt.

2.2 Medienberichterstattung und Gesellschaft auf aggregiertenm Niveau

Gemäß dem Agenda Setting-Ansatz müsste die Medienagenda auf das Problembewusstsein der Bevölkerung einwirken. Zeitreihenanalytisch müssten sich also Kreuzkorrelationen zwischen der Intensität der Medienberichterstattung und der Wahrnehmung und Wichtigkeitseinschätzung des Falls Brent Spar nachweisen lassen. Dabei wird die Medienberichterstattung nach dem oben skizzierten Ansatz erfasst. Problematischer ist die Operationalisierung des Problembewusstseins der Bevölkerung über den

Themenkomplex. Die klassische Agenda Setting-Forschung (McCombs/Shaw 1972) betrachtet Issues (vgl. z.B. Funkhouser 1973/Schönbach 1982), was sich am besten mit Problemfeldern übersetzen lässt. Die Problemfelder, über die die Medien berichten, werden in der Folge vom Publikum als wichtig wahrgenommen. Das Problembewusstsein wird unterschiedlich konzeptualisiert (vgl. z.B. Rössler 1997: 93f.). Im Awareness-Modell machen die Medien das Publikum durch ihre Berichterstattung auf die entsprechenden Problemfelder aufmerksam. Im Salience-Modell bestimmt die Intensität der Berichterstattung über einzelne Probleme die Einschätzung des Publikums, das dazugehörige Problemfeld sei wichtig, wobei die Wichtigkeit in der Regel in Bezug auf den Staat gesehen wird.

Die zum Fall Brent Spar vorliegenden Umfragedaten erfassen die Wahrnehmung der Medienthemen (Awareness) über die Frage nach den drei Themen, die den Befragten in den letzten Tagen in den Medien aufgefallen sind, wobei der Konflikt um Brent Spar einzeln erfasst wurde. Die Wichtigkeit (Salience) korrespondiert mit der Frage nach den drei wichtigsten Problemen der BRD. Hier ist aber eine Nennung von Brent Spar nicht zu erwarten, weil nach allgemeinen Problemen und nicht konkreten Ereignissen gefragt wurde. Allerdings lässt sich der Konflikt dem Themenfeld Umweltschutz zuordnen, der in der Umfrage erfasst wurde. Für die Aufmerksamkeit und die Wichtigkeit wird jeweils festgehalten, wie viel Prozent der Befragten pro Tag Brent Spar als eines der Medienthemen bzw. Umweltschutz als eines der wichtigen Probleme nennen. Damit liegen zwar für die Bevölkerung Tagesdaten vor; diese Zeitreihe ist aber unvollständig, da nur werktags befragt wurde. Für Zeitreihenanalysen sind aber vollständige Zeitreihen Voraussetzung. Deshalb wurde für die fehlenden Angaben der Durchschnitt von zwei vorhergehenden und zwei nachfolgenden Tagen ermittelt, wenn diese vorhanden waren, sonst wurden nur zwei oder drei Tage verwendet. Das Vorgehen bot sich insofern an, als die vorhandenen Angaben kurzfristig immer relativ stabil waren. Abbildung 3 gibt die Dynamik der drei Zeitreihen wieder.

Aus der Aufmerksamkeitsperspektive (Awareness-Modell) fällt der Zusammenhang zwischen der Berichterstattung und der Wahrnehmung von Brent Spar als wichtigem Medienthema auf. Wenn die Berichterstattung einen gewissen Schwellenwert überschreitet, was um den 9. Juni stattfindet, dann beginnt die Bevölkerung den Konflikt als wichtiges Medienthema zu identifizieren und folgt zeitversetzt der Berichterstattung. Offenbar gelingt es den Medien, das Themenfeld Brent Spar ins Bewusstsein der Bevölkerung zu rücken. Das Bild ändert sich aber bei Berücksichtigung der wahrgenommenen Wichtigkeit des Problems Umweltschutz. Im gesamten Zeitraum geben jeweils grob 20 Prozent der Bevölkerung an, Umweltschutz sei eines der drei wichtigen Probleme der BRD. Zwar variieren die Werte leicht um wenige Prozentpunkte, aber – zumindest bei optischer Ansicht – nicht systematisch nach der Berichterstattungsintensität über Brent Spar.

Abb. 3: Berichterstattung, Wahrnehmung Medienthema und Wichtigkeit Umweltschutz

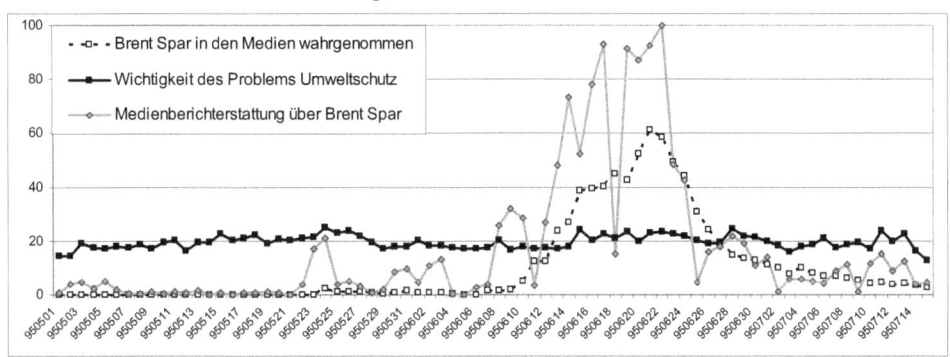

(Daten: Berichterstattung=Mantow 1995: 236-237; Befragung=forsa Umfragebus 1995, ZA 2983, aggregiert)

Um die Probleme bei der Analyse nach Augenschein zu minimieren, werden Zeitreihenanalysen vorgenommen. Diese beinhalten ein methodenbedingtes Problem. Für jede Woche liegen aus der Befragung nur maximal fünf Messpunkte für Werktage vor. Die zwei Messpunkte des Wochenendes wurden aus den umliegenden Tagen geschätzt. Deshalb werden bei Analysen mit mehr als vier Tagen Verzug nicht mehr Messwerte mit Mess- oder Schätzwerten verglichen, sondern auch Schätzwerte mit Schätzwerten. Deshalb wird die Betrachtung auf Zeitverschiebungen bis maximal plus/minus vier Tage beschränkt.

Tab. 1: Kreuzkorrelationen Berichterstattung, Wahrnehmung Medienthema und Wichtigkeit Umweltschutz

	lag_{-4}	lag_{-3}	lag_{-2}	lag_{-1}	lag_{0}	lag_{+1}	lag_{+2}	lag_{+3}	lag_{+4}
Berichterstattung → Wahrnehmung von Brent Spar als Medienthema	0,51*	0,59*	0,69*	0,79*	0,86*	0,90*	0,88*	0,83*	0,78*
Berichterstattung → Wichtigkeit des Problems Umweltschutz	0,05	0,03	0,19	0,23	0,36*	0,37*	0,37*	0,27*	0,20

(n=76; * Korrelation ist größer als die Signifikanzgrenze von zweimal dem Standardfehler)
(Daten: Berichterstattung=Mantow 1995: 236-237; Befragung=forsa Umfragebus 1995, ZA 2983, aggregiert)

Der bereits optisch identifizierte Zusammenhang zwischen der Medienberichterstattung über Brent Spar und der Wahrnehmung der Bevölkerung, der Konflikt um die Verladeplattform sei ein auffälliges Medienthema der vergangenen Tage gewesen, bestätigt sich durch die Kreuzkorrelationen. Zu allen Zeitverschiebungen finden sich aussagekräftige Kreuzkorrelationen zwischen den Zeitreihen, die zwischen 0,5 und 0,9 liegen, und größer werden, je näher sich die Zeitreihen kommen. Entgegen der optischen Analyse finden sich auch statistisch aussagekräftige Zusammenhänge zwischen der Medienberichterstattung und der Wichtigkeitseinschätzung des Themas Umwelt und zwar zeitversetzt mit positiven lags. Das würde ein Nachfolgen der Berichterstattung auf die

Wichtigkeitseinschätzung andeuten und damit der Agenda Setting-Hypothese widersprechen.

Die Kreuzkorrelationen umfassen wahrscheinlich auch Anteile, die auf die interne Struktur der Zeitreihen zurückzuführen sind. Die Medienberichterstattung umfasst einen autoregressiven Prozess erster Ordnung (jeder Tag bestimmt das Niveau des Folgetags mit). Nach Bereinigung dieses Effekts erweist sich die bereinigte Zeitreihe der Medienberichterstattung als brauchbar, wenngleich sie noch einen saisonalen Effekt auf Wochenebene (7 Tage Zeitverzug) umfasst, der auf die Arbeitsweise der Medien zurückzuführen ist. Auch die Befragungszeitreihe zu den drei wichtigsten Problemen für die BRD enthält einen autoregressiven Prozess erster Ordnung und nach Bereinigung von diesem noch einen geringen Effekt auf Wochenebene. Die Befragungsdaten zum auffälligen Medienthema enthalten einen autoregressiven Prozess erster sowie einen zweiter Ordnung, also einen um einen Tag plus einen um zwei Tage verschobenen Effekt. Nach Bereinigung der internen Struktur bleibt lediglich eine geringe Korrelation mit zwei Tagen Zeitverzug übrig. Damit sind die bereinigten Zeitreihen zwar nicht optimal um interne Effekte korrigiert; sie sind allerdings brauchbar für eine genauere Bestimmung der Kreuzkorrelationen.

Tab. 2: Kreuzkorrelationen der bereinigten Berichterstattung, Wahrnehmung Medienthema und Wichtigkeit Umweltschutz

	lag_{-4}	lag_{-3}	lag_{-2}	lag_{-1}	lag_0	lag_{+1}	lag_{+2}	lag_{+3}	lag_{+4}
Berichterstattung → Wahrnehmung als Medienthema	0,31*	-0,11	0,23	0,34*	0,06	0,47*	-0,02	-0,09	0,05
Berichterstattung → Wichtigkeit Umweltschutz	-0,25*	0,10	-0,08	-0,07	0,15	0,08	0,20	-0,14	0,28*

(n=76; * Korrelation ist größer als die Signifikanzgrenze von zweimal dem Standardfehler)
(Daten: Berichterstattung=Mantow 1995: 236-237; Befragung=forsa Umfragebus 1995, ZA 2983, aggregiert)

Der Einfluss der Berichterstattung auf die Wahrnehmung von Brent Spar als auffälliges Medienthema entspricht den Erwartungen. Insbesondere die Berichterstattung von gestern (lag_{-1}), ansatzweise von vorgestern (lag_{-2}) und von vor vier Tagen (lag_{-4}) über Brent Spar sorgen für die Auffälligkeit des Medienthemas. Insofern ist statistisch eindeutig belegt, dass die Bevölkerung die verstärkte Medienberichterstattung über den Brent Spar-Konflikt wahrgenommen hat. Allerdings setzt sich das nicht systematisch in einem Anstieg der wahrgenommenen Wichtigkeit des Problems Umweltschutz um. Es finden sich keine kurzfristigen Effekte der Medienberichterstattung auf die Wichtigkeitseinschätzung des Problems Umweltschutz. Es finden sich nur inhaltlich widersprechende Kreuzkorrelationen mit jeweils vier Tagen Zeitverzug in die eine sowie die andere Richtung. Diese Effekte sind wahrscheinlich methodisch aufgrund von unvollständiger Bereinigung sowie der geschätzten Wochenenddaten bei der Befragung entstanden und nicht inhaltlich interpretierbar. Noch problematischer fällt die oben nicht diskutierte Kreuzkorrelation zwischen Berichterstattung und Wahrnehmung zum lag_1 aus. Inhaltlich würde sie bedeuten, dass Anstiege in der Wahrnehmung von Brent Spar als Medienthema einen Tag vor dem Anstieg der Berichterstattung stattfinden. Bei diesem Befund muss es sich um ein Methodenartefakt handeln, das z.B. durch das Auffüllen der unvollständigen Befragungsdaten oder durch die Saisonalität der Mediendaten entsteht. Insofern birgt die Zeitreihenanalyse Probleme, die zu Fehlinterpretationen führen könnten. Deshalb erscheint es angezeigt, die Effekte zusätzlich auf Individualniveau zu prüfen.

2.3 Medienberichterstattung und Gesellschaft auf Individualniveau

Die Effekte auf Individualniveau zu prüfen bedeutet, den Befragten individuell diejenige Berichterstattung zuzuordnen, die in den Tagen vor dem jeweiligen Interview in den Medien stattfand. So lässt sich prüfen, ob die Befragten systematisch auf Veränderungen der Berichterstattungsintensität mit ihrem Problembewusstsein reagieren. Normalerweise würde man die Zuordnung nach Mediennutzung vornehmen, also Fernsehnutzern die entsprechende Fernsehberichterstattung und Zeitungsnutzern die Zeitungsberichterstattung zuordnen. Das ist mit den vorliegenden Daten nicht möglich, da in der Befragung keine Mediennutzung erhoben wurde. Es kann den Befragten also nur die gesamte Berichterstattung zugeordnet werden. Zuordnungskriterium ist dabei das Datum. Es ist bekannt, welches Interview an welchen Tag stattgefunden hat. So kann allen Befragten eines Tages die Berichterstattung desselben Tages zugeordnet werden, ebenso wie die der Vortage. Die Probleme mit den fehlenden Befragungen am Wochenende entstehen bei dieser Art der Analyse nicht, da die Medienberichterstattung für alle Tage vorliegt und somit zu jedem Befragungsdatum akkurat zugewiesen werden kann. Die Analyse der Agenda Setting-Effekte muss bei dieser Herangehensweise mit normalen Korrelations- bzw. Regressionsanalysen vorgenommen werden. Dabei ist allerdings die sehr große Fallzahl von deutlich über 23.000 Befragten zu berücksichtigen, die dazu führt, dass extrem kleine Effekte statistisch signifikant werden. Deshalb ist das Signifikanzniveau hoch anzusetzen und immer auch inhaltlich zu prüfen, ob signifikante Effekte als Einfluss interpretiert werden können.

Bei den Korrelationen zeigen sich wieder große Effekte zwischen der Medienberichterstattung und der Wahrnehmung von Brent Spar als Medienthema. Diese liegen zwischen $r=0,5$ zeitgleich und $r=0,38$ bei einer Woche Zeitverzug, wobei die Stärke der Korrelation mit zeitlicher Nähe zunimmt. Es finden sich zwar auch statistisch aussagekräftige Korrelationen zwischen der Medienberichterstattung und der Wichtigkeitseinschätzung des Themas Umweltschutz. Diese fallen allerdings mit Effektgrößen von grob $r=0,02$ so gering aus, dass sie inhaltlich nicht interpretierbar sind.

**Tab. 3: Korrelationen Berichterstattung,
Wahrnehmung Medienthema und Wichtigkeit Umweltschutz**

	lag$_{-6}$	Lag$_{-5}$	lag$_{-4}$	lag$_{-3}$	lag$_{-2}$	lag$_{-1}$	lag$_0$
Berichterstattung → Wahrnehmung von Brent Spar als Medienthema	0,38*	0,38*	0,40*	0,44*	0,47*	0,49*	0,50*
Berichterstattung → Wichtigkeit des Problems Umweltschutz	0,02	0,02	0,01	0,02	0,03*	0,02*	0,02*

(n≈25.000; * p<0,001)
(Daten: Berichterstattung=Mantow 1995: 236-237, fusioniert; Befragung=forsa Umfragebus 1995, ZA 2983)

Die Wahrnehmung des Medienthemas Brent Spar und die Wichtigkeitseinschätzung des Themas Umweltschutzes hängen auch von anderen Faktoren ab als nur der Medienberichterstattung. Soziodemographische Faktoren könnten insofern eine Rolle spielen, als jüngere ebenso wie besser gebildete Befragte Belangen des Umweltschutzes offener gegenüberstehen dürften. Zudem könnte die politische Orientierung eine Rolle spielen. In der Befragung wurden die vergangene Bundestags- und Landtagswahl abgefragt sowie die jeweilige Wahlabsicht für beide kommenden Wahlen. Aus den vier Angaben wurde ein Index gebildet, der zählt, in wie vielen der vier Angaben die Grünen als Option angegeben wurden. Interpretiert wird der Index als Affinität zur Partei der Grünen, bei deren Anhängern auch eine Affinität zu Belangen des Umweltschutzes erwartet wird. In Regressionsmodellen lässt sich nun auf Individualebene prüfen, wie der Einfluss der demographischen Faktoren und der politischen Orientierung im Verhältnis zur Medienberichterstattung einzuschätzen ist.

Die Wahrnehmung von Brent Spar als wichtigem Medienthema wird kaum durch persönliche Faktoren bestimmt. Die Variablen Alter, Bildung und Affinität zu den Grünen erklären nur 1,5 Prozent der Varianz. Wenn im zweiten Schritt die Variablen der Medienberichterstattung hinzugenommen werden, steigt der Anteil erklärter Varianz um 27,5 Prozentpunkte auf 29 Prozent an. Das Modell ist hoch signifikant, was im Fall so guter Varianzerklärung nicht nur auf die große Fallzahl zurückzuführen ist. Jeweils geringe Effekte mit Beta-Werten um 0,05 ergeben sich bei den persönlichen Variablen. Mit zunehmendem Alter sinkt die Wahrnehmung von Brent Spar als Medienthema, mit Bildung nimmt sie zu, ebenso mit Affinität zu den Grünen. Im zweiten Schritt findet sich ein großer zeitgleicher Effekt der Medienberichterstattung von 0,13, ein noch größerer Effekt der Berichterstattung von gestern mit 0,2 sowie abnehmende Effekte, je länger diese her sind. Die Effekte sind als stark einzuschätzen, da auf Individualebene nicht zu rekonstruieren ist, ob die Befragten überhaupt Zeitung gelesen und Fernsehinformationen verfolgt haben. Trotzdem ist systematisch bei denjenigen Befragten die Wahrnehmung des Medienthemas besonders hoch, die am Tag oder Folgetag intensiver Medienberichterstattung befragt wurden. Entweder haben in der Zeit viele die Medien intensiv in Bezug auf dieses Themenfeld verfolgt, so dass große Effekte entstehen, oder die Mediennutzer haben zusätzlich mit Nichtnutzern über das Themenfeld gesprochen, so dass auch bei Nichtnutzern Aufmerksamkeit für das Themenfeld entsteht (Krause/Gehrau 2007).

Die Aufmerksamkeit gegenüber dem Medienthema Brent Spar setzt sich aber auch auf Individualniveau nicht in Wichtigkeit des Problems Umweltschutz um. Das Regressionsmodell zur Wichtigkeitseinschätzung erklärt nur 3 Prozent Varianz und die Varianzerklärung geht nahezu ausschließlich auf persönliche Faktoren zurück. Die Einschätzung, Umweltschutz sei ein wichtiges Problem, steigt mit zunehmender Bildung und Affinität für die Grünen leicht an und sinkt mit dem Alter leicht ab. Ein statistisch aussagekräftiger Effekt der Medien findet sich nur für die Berichterstattung von vorgestern. Von der Effektgröße her betrachtet ist er aber nicht relevant, zumal er von widersinnigen negativen Effekten begleitet wird, was gegen systematische Einflüsse der Medienberichterstattung spricht.

Tab. 4: Regressionsanalyse Berichterstattung, Wahrnehmung Medienthema und Wichtigkeit Umweltschutz

	Wahrnehmung Medienthema	Wichtigkeit Umweltschutz
korrigiertes R^2	0,29*	0,03*
Alter	-0,06*	-0,07*
Schulabschluss	0,06*	0,08*
Affinität Grüne	0,04*	0,11*
erklärte Varianz	0,01*	0,03*
Medienberichterstattung zeitgleich	0,13*	-0,01
Medienberichterstattung Tag zuvor	0,20*	0,01
Medienberichterstattung 2 Tage zuvor	0,10*	0,04
Medienberichterstattung 3 Tage zuvor	0,05*	-0,02
Medienberichterstattung 4 Tage zuvor	0,08*	-0,02
Medienberichterstattung 5 Tage zuvor	0,10*	0,01
Medienberichterstattung 6 Tage zuvor	-0,04	0,02
zusätzliche erklärte Varianz	0,28*	0,00*

(n≈23.000; * p<0,001)
(Daten: Berichterstattung=Mantow 1995: 236-237, fusioniert; Befragung=forsa Umfragebus 1995, ZA 2983)

2.4 Synopse

Öffentliche Meinung wurde als die Berichterstattung der Massenmedien und das Problembewusstsein der Bevölkerung zum Themenfeld Brent Spar modelliert. Es zeigt sich, dass der Konflikt in seiner Kernzeit eine erhebliche Medienresonanz erfährt. Diese Berichterstattung wird auch von der Bevölkerung wahrgenommen. Zu Hochzeiten der Medienberichterstattung geben 60 Prozent der Bevölkerung Brent Spar als eines der drei auffälligen Medienthemen der vergangenen Tage an. Genauere Analysen der Dynamik zeigen, dass die Medienberichterstattung von der Bevölkerung relativ zeitnah, das heißt am selben Tag bzw. mit einem oder zwei Tagen Verzögerung, wahrgenommen wird. Die Aufmerksamkeit ist aber flüchtig. Sowohl die Medienberichterstattung als auch die Wahrnehmung der Bevölkerung sind schnell auf andere Themenfelder übergegangen. Spuren würde diese Aufmerksamkeit hinterlassen, wenn sie sich in gesteigerter Wichtigkeitseinschätzung für das Thema Umweltschutz niederschlagen würde. Wenn also diejenigen, die den Konflikt wahrnehmen, aufgrund dessen den Umweltschutz für wichtig halten. Dieses Phänomen tritt aber nicht ein. Der Umweltschutz wird nahezu konstant von einem Fünftel der Bevölkerung als eines der drei wichtigsten Probleme der BRD genannt und zwar unabhängig von der Medienberichterstattung über Brent Spar und deren Wahrnehmung durch die Bevölkerung.

3 Die Dynamik des öffentlichen Verhaltens

Wenn man die öffentliche Meinung als Medienberichterstattung und Problembewusstsein der Bevölkerung versteht, stell sich nun die Frage, welche Aktionen politischer und gesellschaftlicher Akteure als Input die öffentliche Meinung beeinflusst haben und welchen Effekt die öffentliche Meinung als Output auf das Verhalten der Bevölkerung hatte. Die Input-Output-Logik ist angelehnt an eine Denkfigur von Marcinkowski (2001) zur politischen Öffentlichkeit und wird im Weiteren zur genauen Operationalisierbarkeit auf den Boykott von Shell-Tankstellen bezogen. Dem entsprechend werden alle öffentlichkeitswirksamen Aktionen von gesellschaftlichen Akteuren betrachtet, die im relevanten Zeitraum stattgefunden haben und den Boykott bereffen. Da zumindest Greenpeace ihre Aktionen im Sinne einer Kampagne geplant und durchgeführt hat (Koch 2009, im vorliegenden Band) ist besonders interessant, wie sich diese ausgewirkt haben. Als Output steht die Frage im Fokus, wie viel Prozent der Tankstellenkunden sich im Zeitraum am Boykott von Shell-Tankstellen beteiligt haben.

3.1 Aktionen und der Boykott von Shell-Tankstellen

Zum Boykott von Shell-Tankstellen im Zuge des Brent Spar-Konflikts liegen Daten aus der Magisterarbeit von Hachmer (2005) vor, die eine Inhaltsanalyse der zehn auflagenstärksten Tageszeitungen zur Boykottberichterstattung durchgeführt hat und zwar im Zeitraum von der Besetzung der Verladeplattform durch Greenpeace bis zur Aufgabe der Versenkungspläne durch Shell. Daten zur Fernsehberichterstattung liegen nicht vor. Die Inputdaten stammen auch aus der Magisterarbeit. Die Autorin hat zusammengestellt, wann Greenpeace und wann andere politische und gesellschaftliche Akteure Aktionen mit Bezug auf den Boykott von Shell-Tankstellen durchgeführt haben. Die Outputdaten stammen aus der Befragung von Wiedmann, Klee und Böcker (1996), in der Tankstellenkunden gefragt wurden, ob sie sich am Boykott beteiligt haben, wann sie mit dem Boykott begonnen haben und wann sie diesen beendeten. Auf der Basis der Veröffentlichung wurde berechnet, wie viel Prozent der Tankstellenkunden sich im interessierenden Zeitraum jeweils am Boykott beteiligt haben. Bei den Aktionen und der Printberichterstattung wurde jeweils der Tag mit den meisten Aktionen/Berichten auf 100 Prozent gesetzt und die anderen Tage im Verhältnis dazu abgetragen. Die Aktionen von Greenpeace sind in der Grafik nicht als Wert interpretierbar. Jedes Dreieck repräsentiert eine Aktion, die aus Gründen der Sichtbarkeit im Niveau von 50 eingetragen wurde.

Abb. 4: Aktionen und Berichterstattung zum Boykott von Shell-Tankstellen

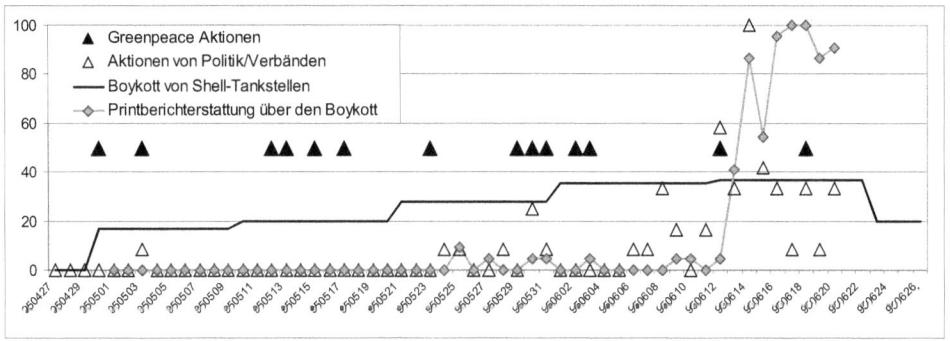

(Daten: Hachmer 2005: 51-68)

Bereits der Augenschein legt die Vermutung nahe, der Boykott der Shell-Tankstellen wurde weder durch die Printberichterstattung noch durch die Aktionen gesellschaftlicher Akteure initiiert. Er geht auf die Aktivitäten von Greenpeace zurück. Die meisten Befragten begannen ihren Boykott im Mai 1995, als es weder nennenswerte Berichterstattung zum Boykott noch diesbezügliche Aktionen politischer oder gesellschaftlicher Akteure gab. Im Zuge anlaufender Berichterstattung und Aktivitäten Anfang Juni treten zwar noch weitere Personen dem Boykott bei, zur Hauptzeit der Berichterstattung und der Aktivitäten Mitte Juni weitet sich die Zahl der Boykotteure aber kaum noch aus. Insofern werden weder die Printberichterstattung über den Boykott noch diesbezügliche Aktivitäten von gesellschaftlichen und politischen Akteuren wesentlich zur individuellen Entscheidung zu boykottieren beigetragen haben. Allenfalls können diese den Boykott verlängert haben, also die Entscheidung, mit dem Boykott aufzuhören, aufgeschoben haben.

Da die Input-Daten zu episodisch sind, ist eine Modellierung der Zusammenhänge mittels Zeitreihenanalyse nicht möglich. Hachmer (2005) ist in ihrer Arbeit das Problem durch den Vergleich von Zeitabschnitten angegangen. Sie wählt den 10. Juni, also den Beginn der intensiven medialen Aktivität, als Grenzdatum. Bis zu diesem Datum hat Greenpeace 13 boykottunterstützende Äußerungen und Handlungen vorgenommen und 2 im Zeitraum danach. Zudem hat es im ersten Zeitfenster 6 boykottbezogene Äußerungen oder Aktionen anderer Interessengruppen, 7 von Politikern und 5 von politischen Gruppierungen gegeben. Im zweiten Zeitraum finden sich deutlich mehr boykottbezogene Aktivitäten, 17 von Interessensverbänden, 17 von Politikern und 12 von politischen Gruppierungen. Ähnlich sieht es bei der boykottbezogenen Printberichterstattung aus. Es finden sich nur 8 Beiträge bis zum 10. Juni, aber 118 danach. Demgegenüber sind rund 96 Prozent der Boykotteure bereits vor dem 10. Juni dem Boykott beigetreten. (Vgl. Hachmer 2005: 51-63) Selbst wenn man Erinnerungsprobleme darüber unterstellt, wann genau die Boykotteure ihren Boykott begonnen haben, deuten die Ergebnisse darauf, dass die Entscheidung für den Boykott nicht auf Medienberichte über den Boykott oder boykottbezogene Aktionen politischer und gesellschaftlicher

Akteure zurückzuführen sein kann, sondern auf die Aktivitäten von Greenpeace zurückzuführen sein muss.

Tab. 5: Aktivitäten mit Bezug zum Boykott von Shell-Tankstellen nach Zeitraum

	Aktivitäten vor dem 11. Juni 1995	Aktivitäten ab dem 11. Juni 1995
Greenpeace	13	2
andere Interessensgruppen	6	17
Politiker	7	17
politische Gruppierungen	5	12
Printberichte	8	118
Boykotteintritt (in Prozent)	96	4

(Daten: Hachmer 2005: 51-68)

3.2 Medienberichterstattung und der Boykott von Shell-Tankstellen

Die Beschränkung auf den Boykott ist aber vielleicht unangemessen. Man könnte auch plausibel argumentieren, die Entscheidung für oder gegen den Boykott von Shell-Tankstellen hänge nicht in erster Linie von Aktionen und Berichten zum Boykott ab, sondern vielmehr vom allgemeinen Konflikt um die Versenkung der Verladeplattform Brent Spar, der den Anlass für den Boykott lieferte. Insofern ist es interessant zu betrachten, in welchem Verhältnis die Boykottdynamik zur Dynamik der Berichterstattung zu Brent Spar steht. Dazu kann auf die Daten aus dem letzten Kapitel zurückgegriffen und der betrachtete Zeitraum ausgedehnt werden.

Abb. 5: Berichterstattung und Boykott von Shell-Tankstellen

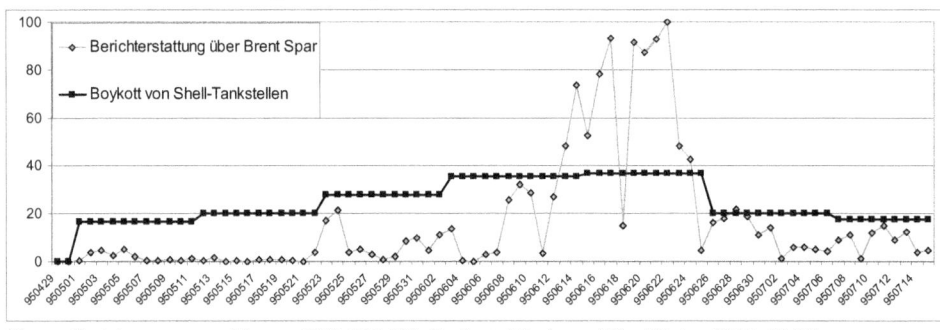

(Daten: Berichterstattung=Mantow 1995:236-237; Boykott=Wiedmann/Klee/Böcker 1996: 17-25)

Die optische Analyse der Grafik zeigt zwar Zeiträume, in denen Veränderungen in die Intensität der Berichterstattung über Brent Spar mit Veränderungen in der Boykottintensität einhergehen. Es finden sich aber mindestens ebenso viele Zeiträume, in denen sich beide unabhängig voneinander entwickeln. Der Gesamtverlauf deutet eher darauf hin, dass es externe Ereignisse sein könnten, die sowohl intensive Medienberichterstattung als auch eine Intensivierung des Boykotts nach sich ziehen.

Tab. 6: Kreuzkorrelationen Berichterstattung und Boykot von Shell-Tankstellen

	lag$_{-4}$	lag$_{-3}$	lag$_{-2}$	lag$_{-1}$	lag$_0$	lag$_{+1}$	lag$_{+2}$	lag$_{+3}$	lag$_{+4}$
Berichterstattung → Boykott von Shell-Tankstellen	0,63*	0,62*	0,61*	0,61*	0,62*	0,62*	0,57*	0,52*	0,41*
bereinigte Datenreihen Berichterstattung → Boykott	0,09	0,02	-0,02	0,01	0,03	0,24*	0,01	0,22	-0,11

(n=76; * Korrelation ist größer als die Signifikanzgrenze von zweimal dem Standardfehler)
(Daten: Berichterstattung=Mantow 1995:236-237; Boykott=Wiedmann/Klee/Böcker 1996: 17-25)

Modelliert man den Zusammenhang zeitreihenanalytisch, dann fällt zunächst der starke Zusammenhang zwischen den unbereinigten Daten auf. Sie korrelieren zwischen den Zeitverschiebungen mit Werten um 0,6, was auf einen erheblichen Zusammenhang deutet. Dabei finden sich die stärkeren Zusammenhänge mit negativem Time-lag. Das hieße, eine intensivere Berichterstattung an den Vortagen würde eine Intensivierung des Boykotts nach sich ziehen. Allerdings deuten die durchweg großen Werte auf Zeitstrukturen innerhalb der Datenreihen hin. In der Boykottreihe ist ein autoregressiver Prozess erster Ordnung zu identifizieren, der besagt, dass das Niveau des Boykotts zu einem Zeitpunkt das Niveau des darauf folgenden Zeitpunkts bestimmt. Bereinigt man die Reihe um diesen Effekt und berechnet man die Kreuzkorrelationen zur bereinigten Reihe der Medienberichterstattung, so ergibt sich ein anderes Bild. Lediglich die Kreuzkorrelation mit Zeitverzug um einen Tag wird aussagekräftig. Das bedeutet, wenn die Boykottintensität steigt, steigt am folgenden Tag die Intensität der Berichterstattung zum Thema Brent Spar an.

Das Gesamtbild ist plausibel, wenn man von externen Ereignissen ausgeht. Wenn Greenpeace Aktionen vor Shell-Tankstellen startet oder seine Mitglieder durch direkte Ansprache zu mobilisieren versucht, dann könnte das direkt die Teilnahme am Boykott ausdehnen. Im Anschluss daran würden die Medien sowohl über die Aktion als auch über den Boykott bzw. seine Ausweitung berichten, womit sich der Zeitverzug der Medien um einen Tag erklären ließe.

3.3 Synopse

In der Kernzeit der Auseinandersetzung um Brent Spar hat ein erheblicher Teil potenzieller Kunden Shell-Tankstellen boykottiert. Die Zeitungsberichterstattung nimmt den Boykott zwar wahr, hat aber kaum zur Beteiligung an diesem beigetragen. Auffällige Wellen von Boykottbeitritten finden eher nach Aktionen von Greenpeace statt und werden anschließend von der Öffentlichkeit aufgegriffen. Auch andere gesellschaftliche und politische Akteure scheinen eher auf Greenpeace und den stattfindenden Boykott zu reagieren, als den Boykott selbst zu initiieren. Damit ist aber nicht gesagt, dass die Aktivitäten der Akteure und die öffentliche Meinung für den Boykott unwichtig waren. Zum einen könnte es sein, dass die kontinuierliche Thematisierung des Konflikts im Juni die Boykotteure an die Wichtigkeit und Richtigkeit ihrer Boykottentscheidung erinnert und so bei der Stange gehalten hat. Zum anderen könnte auch das

Meinungsklima die Hürde gesenkt haben, dem Boykott öffentlich positiv gegenüberzustehen und sich an ihm zu beteiligen.

Abb. 6: Tatsächliche Entwicklung im Fall Brent Spar

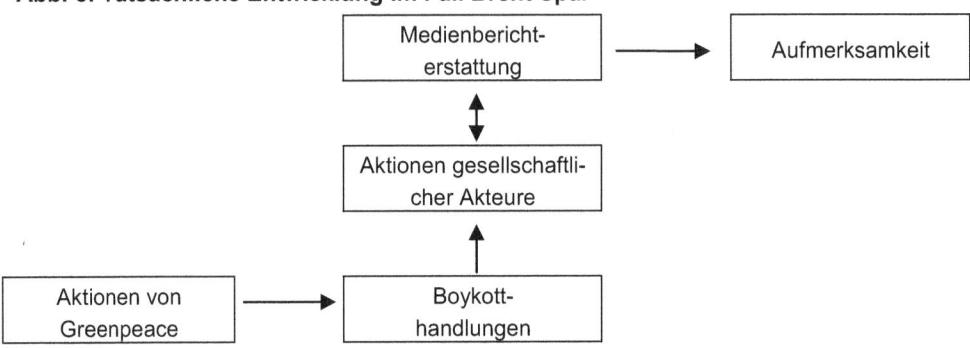

4 Fazit

Die Chronologie erlaubt es, die Ereignisse zu rekonstruieren, und die statistische Analyse verdeutlicht die den Ereignissen zugrunde liegende Einflussstruktur. Mit Hilfe beider Aspekte soll versucht werden, aus dem Beispiel Brent Spar allgemeine Aussagen über Kampagnen und Massenmedien abzuleiten.

„Manches spricht dafür, dass das Umweltbewusstsein in der Bundesrepublik nicht auf ein größeres Umweltwissen zurückzuführen ist, sondern ereignisabhängig – als Folge von Seveso, Tschernobyl, dem Waldsterben, dem Ozonloch etc. – gestiegen ist." So Klaus (2009 im vorliegenden Band) mit Bezug auf Haan (1995). Wenn man das Umweltbewusstsein hier als Aufmerksamkeit gegenüber Umweltproblemen versteht, dann stützen die Befunde eindeutig die Aussage. Die Ereignisse um Brent Spar gelangen in die Medienberichterstattung, werden vom Publikum wahrgenommen und gelangen so ins Bewusstsein der Bevölkerung, allerdings nur kurzfristig. Die Daten sprechen auch für einen relativ schnellen Wechsel der Wahrnehmung auffälliger Ereignisse. Es bleibt aber festzuhalten: Wenn es Kampagnen zu Ereignissen und Aktionen gelingt, in die Medien zu kommen und einen gewissen Schwellenwert an Berichterstattung zu überschreiten, dann werden die Ereignisse und Belange von der Bevölkerung wahrgenommen. Schwieriger ist es allerdings, Themenbewusstsein in Themenrelevanz zu transformieren, also aus dem Bewusstsein, Brent Spar sei derzeit ein wichtiges Thema in den Medien, einen Schub für die Wichtigkeitseinschätzung des Problems Umweltschutz zu erzielen. Zumindest kurzfristig ist dieser Transfer im Fall Brent Spar bei der Bevölkerung nicht gelungen. Deren Relevanzeinschätzung für das Problem Umweltschutz verändert sich kurzfristig kaum und ist wahrscheinlich eher von grundlegenden Dispositionen abhängig als von kurzfristigen Ereignissen. Klaus (2009, im vorliegenden Band) vermutet, „Umweltphänomene werden erst dann zu Umweltproblemen, wenn sie im öffentlichen Diskurs Beachtung finden". Die Beachtung im öffentlichen Diskurs reicht aber offenbar zur Generierung von Themenwichtigkeit in der Bevölkerung nicht aus. Insofern können Kampagnen, die kurzfristig zwar große Aufmerksamkeit in Medien und Bevölkerung erlangen, nicht darauf bauen, damit einen Effekt auf Relevanzeinschätzungen der Bevölkerung anzustoßen.

Vorfelder (1995: 161, zitiert nach Klaus 2009 im vorliegenden Band) nimmt auch den Kontext des öffentlichen Diskurses ins Blickfeld und kommt zu folgendem Ergebnis: „Das Millionen von Autofahrern mitzogen und der Protest den Konzern überrollte wie eine Lawine, dafür sorgten weder die Politiker noch die Greenpeace-Kletterer, sondern die Medien." Das stimmt nach den Daten in Bezug auf die Bevölkerung nicht, vielleicht aber in Bezug auf Shell selbst. Die Entscheidung von Shell zur Aufgabe der Versenkungspläne ist empirisch nicht als Medienwirkungseffekt auf Boykotteure erklärbar, höchstens als so genannter Third-Person-Effekt (vgl. Davison 1983). Dieser behauptet, Akteure würden vermuten, die Medien hätten großen Einfluss auf andere, und sich bei ihren Verhaltensweisen darauf einstellen. Mit der großen Welle der Medienberichterstattung und Aufmerksamkeit der Bevölkerung wird die Shell-AG massive Reaktionen der Bevölkerungen befürchtet haben und diesen durch Entschärfung des Konflikts entgegengewirkt haben. Das war vielleicht sinnvoll, um die öffentliche Debatte nicht eskalieren zu lassen, zum Verhindern von Bevölkerungsreaktionen aber unnötig. Die zentrale Reaktion der Bevölkerung war der Boykott von Shell-Tankstellen, zumal dieser auch wirtschaftliche Konsequenzen hatte und zwar nicht nur für den Konzern, sondern auch für die Tankstellenpächter. Laut Befragungsdaten lief der Boykott bereits auf Hochturen lange bevor sich die gesellschaftlichen Akteure und die Medien dem Boykott zuwendeten. Der Boykott wurde durch die direkte Adressierung der Boykottidee an Greenpeacemitglieder und durch Aktionen dieser im Umfeld von Shell-Tankstellen hervorgerufen. Er wurde nur zu Beginn kaum wahrgenommen. Ab einem bestimmten Punkt griffen gesellschaftliche Akteure und Medien den Boykott auf, wodurch er für Shell offenbar bedrohlich erschien. De facto hat sich der eigentliche Boykott an diesem Punkt aber gar nicht ausgeweitet, wohl aber die Wahrnehmung des Boykotts. Diese mag zwar das Boykott-Klima verändert haben und einige zum Durchhalten animiert haben, verursacht hat die öffentliche Aufmerksamkeit den Boykott aber nicht.

Der Verlauf des Brent Spar-Konflikts bestätigt damit die grundlegenden Vermutungen der Medienwirkungsforschung. Die Massenmedien informieren die Bevölkerung über wichtige Ereignisse und schaffen damit Aufmerksamkeit für diese. Den Medien gelingt es aber nicht, die Einstellungen der Bevölkerung zu beeinflussen, diese hängen von individuellen Dispositionen und langfristigen Veränderungen ab. Die Handlungsweisen der Bevölkerung werden praktisch gar nicht von den Medien, sondern von individuellen Einstellungen und dem sozialen Umfeld bestimmt. Auch hieraus lassen sich Rückschlüsse auf Kampagnen ziehen. Besteht das Ziel einer Kampagne darin, die Bevölkerung über Ereignisse oder Sachverhalte zu informieren und für diese Aufmerksamkeit zu erzeugen, dann sind Medienkampagnen ein probates und zielführendes Mittel. Will eine Kampagne demgegenüber bestimmte Handlungsmuster initiieren, dann sind Medienkampagnen in der Regel nicht das Mittel der Wahl. In solchen Fällen ist es zielführender, Personen mit günstigen Dispositionen direkt anzusprechen und über sie weitere Mitstreiter zu mobilisieren. Soll eine Kampagne allerdings keine bestimmten Handlungsweisen der Bevölkerung, sondern gesellschaftlicher, wirtschaftlicher, politischer etc. Akteure bewirken, dann sind die Massenmedien wiederum hilfreich. Durch deren Aufmerksamkeit und im Zuge der unterstellten Publikumsreaktionen könnten sich die Akteure veranlasst sehen, die gewünschten Handlungen vorzunehmen, um erwarteten Reaktionen vorzubeugen. Allein die Vorstellung, die Medienberichterstattung könnte für einen Akteur negative Auswirkungen haben, scheint einen sehr hohen Handlungsdruck zu erzeugen und zwar offenbar unabhängig davon, wie unwahrscheinlich die befürchteten Auswirkungen de facto sein mögen.

Nicht zuletzt verrät der Verlauf des Brent Spar-Konflikts einiges über die Dynamik von Öffentlichkeit. Die Medienberichterstattung und deren Wahrnehmung durch die Bevölkerung folgen einer Schwellenwertfunktion. Den Ausgangspunkt bildet die Medienberichterstattung über ein bestimmtes Problemfeld oder Ereignis. Überscheitet die Gesamtberichterstattung einen Schwellenwert, dann wird die Bevölkerung auf das zugrunde liegende Problemfeld oder Ereignis aufmerksam. Das erzeugt Druck auf die Medien, mehr über den Sachverhalt zu berichten, was wiederum die Aufmerksamkeit der Bevölkerung steigert. So kommt es nach Überschreitung des Schwellenwertes zu einem sich durch Rückkopplungsmechanismen selbst verstärkendem Effekt. Dadurch wird für einige Tage ein Niveau umfangreicher Berichterstattung gehalten, das dann aber recht schnell absinkt, weil andere Problemfelder oder Ereignisse ins Zentrum rücken. Nur wenn neue wichtige Erkenntnisse zum Thema auftauchen oder Folgeereignisse anschließen , kann das hohe Niveau noch eine begrenzte Zeit gehalten werden. Die Hochzeit der Berichterstattung ist zudem mit Aktionen gesellschaftlicher Akteure gekoppelt. Spektakuläre Aktionen oder folgenreiche Ereignisse initiieren den Öffentlichkeitsschub, indem sie Anlass für weitere Aktionen und Medienberichterstattung bieten. Um aber den öffentlichkeitswirksamen Schwellenwert an Berichterstattung zu überwinden, sind Aktionen und Äußerungen weiterer Akteure hilfreich, vielleicht sogar nötig. Im Fall Brent Spar beginnt die massive Medienberichterstattung nicht mit den Aktionen von Greenpeace oder dem Beginn des Boykotts, sondern mit den Aktionen und Äußerungen der anderen gesellschaftlichen Akteure. Plötzlich melden sich Politiker, Organisationen, Kirchen, Verwaltungen etc. zu Wort und bieten den Medien immer neue und zum Teil exklusive Inhalte. So weitet sich nicht nur der Pool möglicher Berichterstattungsinhalte aus. Es entsteht auch der Druck auf Akteure sich zu äußern, die sich bislang mit Äußerungen zurückgehalten haben. Auch dabei spielt wahrscheinlich die Idee der großen Wirksamkeit der öffentlichen Meinung eine entscheidende Rolle, da viele gern an dieser Wirksamkeit teilhaben würden, um sie zu eigenen Gunsten zu nutzen.

Literatur

Davison, W. Phillip (1983): The Third-Person-Effect in Commuication. In: The Public Opinion Quarterly, No. 47: 1-15.

Funkhouser, G. Ray (1973): The issues of the sixties: an exploratory study in the dynamics of public opinion. In: Public Opinion Quarterly, Heft 37: 62-75.

Haan, Gerhard de (1995): Ökologische Kommunikation. Der Stand der Debatte. In: Gerhard de Haan (Hg.): Umweltbewusstsein und Massenmedien. Perspektiven ökologischer Kommunikation. Berlin: 17-34.

Hachmer, Caroline (2005): Agenda-Setting oder Agenda-Building? Die Berichterstattung deutscher Tageszeitungen über den Shell-Boykott im Fall Brent Spar. Berlin: unveröff. Magisterarbeit.

Johanssen, Klaus-Peter (2008): „Wir kümmern uns um mehr als Autos". Die Geschichte einer Kampagne. In: Ulrike Röttger (Hg.): PR Kampagnen. Über die Inszenierung von Öffentlichkeit. 4. Aufl. Wiesbaden.

Klaus, Elisabeth (2008) Öffentlichkeit als Selbstverständigungsprozess. Das Beispiel Brent Spar. In: Ulrike Röttger (Hg.): PR-Kampagnen. Über die Inszenierung von Öffentlichkeit. 4. Aufl. Wiesbaden.

Koch, Svenjy (2008) Umweltkampagnen mit Herz und Verstand. Strategien der Grennpeace-Kommunikation. In: Ulrike Röttger (Hg.): PR-Kampagnen. Über die Inszenierung von Öffentlichkeit. 4. Aufl. Wiesbaden.

Krause, Birgit/Volker Gehrau (2007): Das Paradox der Medienwirkung auf Nichtnutzer. Eine Zeitreihenanalyse auf Tagesbasis zu den kurzfristigen Agenda-Setting-Effekten von Fernsehnachrichten. In: Publizistik, Jg. 52, Nr. 2: 191-209.

Macinkowski, Frank (2001): Politische Kommunikation und Politische Öffentlichkeit. Überlegungen zur Systematik einer politikwissenschaftlichen Kommunikationsforschung. In: Frank Marcinkowski (Hg.): Politik der Massenmedien. Köln: 237-256.

Mantow, Wolfgang (1995): Die Ereignisse um Brent Spar in Deutschland. Hamburg.

McCombs, Maxwell/Donald L. Shaw (1972): The agenda-setting function of the mass media. In: Public Opinion Quarterly, No. 36: 176-187.

Rössler, Patrick (1997): Agenda-Setting. Theoretische Annahmen und empirische Evidenzen einer Medienwirkungshypothese. Opladen.

Schönbach, Klaus (1982): The issues of the seventies: Elektronische Inhaltsanalyse und die langfristige Beobachtung von Agenda-Setting-Wirkungen der Massenmedien. In: Publizistik Jg. 27, Nr. 1: 129-139.

Vowe, Gerhard (2008): Feldzüge um die Öffentliche Meinung. Politische Kommunikation in Kampagnen am Beispiel von Brent Spar und Mururoa. In: Ulrike Röttger (Hg.): PR-Kampagnen. Über die Inszenierung von Öffentlichkeit. 4. Aufl. Wiesbaden.

Wiedmann, Klaus-Pter/Alexander Klee/Clemens Böcker (1996): Erscheinungsformen und Determinanten des Protestverhaltens der Konsumenten im „Brent Spar"-Konflikt. Ergebnisse einer empirischen Studie. Hamburg.

Umweltkampagnen mit Herz und Verstand

Strategien der Greenpeace-Kommunikation[*]

Svenja Koch

Ein seltsames Bild bot sich den Berlin-Touristen im August 2004 vor dem Brandenburger Tor. Auf einer blauen Folie lagen 11.000 tote Meerestiere: Rochen, Baby-Schollen, Seeigel, Muscheln und Krebse. Diese Tiere waren in der Woche zuvor von einem Fischkutter nach zwei Stunden Fangzeit in der Nordsee als Abfall aussortiert worden. Die Totentafel, eine Aktion von Greenpeace unter dem Motto: „Leben ist kein Abfall – Meeresschutzgebiete jetzt". Diese Protestaktion, die es sogar in den Jahresband 2004 des Chronik-Verlags geschafft hat, macht einige Prinzipien der Greenpeace-Öffentlichkeitsarbeit deutlich.

Greenpeace kämpft darum, dass die Erde als Lebensraum für Menschen und alle anderen Lebensgemeinschaften erhalten bleibt. Die Menschheit braucht sauberes Wasser, saubere Luft. Sie braucht die Ozeane, die Wälder. Sie muss den Klimawandel stoppen. Eines der Probleme ist die Plünderung der Ozeane. Aber manche Menschen sind von den Meeren so entfremdet, dass sie Fischstäbchen für eine eigene Fischart halten. Wie bringt man also die bundesdeutsche Öffentlichkeit dazu, sich mit diesem Thema auseinander zu setzen? Wie bringt man sie dazu, sich darum zu kümmern, dass irgendwo draußen auf hoher See nicht nur die Fische gefangen werden, die sich vermarkten lassen (und auch davon viel zu viele), sondern alles, was sich dem Netz in den Weg stellt, mit an die Oberfläche und in den Tod gezerrt wird?

Ein Prinzip der Greenpeace-Öffentlichkeitsarbeit ist es, die Normalbürger zu Augenzeugen machen: Sie müssen mit eignen Augen sehen, was passiert. Also holen wir das Problem von der Hohen See vor das Brandenburger Tor. Um zu verstehen, welche Rolle die Öffentlichkeitsarbeit bei Greenpeace spielt, muss man die Geschichte der Organisation kennen. Öffentlichkeitsarbeit war in der Greenpeace-Geschichte manchmal

---
[*] Dieser Beitrag wurde gegenüber der 2. Auflage des Bandes von 2001 vollständig überarbeitet.

im wahrsten Sinne des Wortes überlebenswichtig. Ohne Zeugen, keine Anklage. Aktivisten sind oft an Orten, wo es keine Zeugen gibt, wo außer uns niemand hinkommt: Südpazifik oder Polarmeer, Atomtestgelände oder Bergspitze.

Beispiel Moruroa, das Atomtest-Atoll im Südpazifik
David McTaggart, einer der Greenpeace-Mitgründer, war mit seiner Yacht Vega 1972 und 1973 im Südpazifik, um gegen die französischen Atomtests zu demonstrieren. Zwei Fotos gingen um die Welt:
- Das Bild der Greenpeace-Aktivisten, die von den französischen Militärs zum Essen gebeten wurden – freundliche Atmosphäre, konstruktive Gespräche, hieß es von Seiten der Franzosen.
- Die Bilder von der brutalen Schlägerei auf der Vega, als französische Fremdenlegionäre David McTaggart so heftig verprügelten, dass tagelang nicht klar war, ob er ein Auge verlieren würde.

Wäre es nach den PR-Strategen der französischen Armee gegangen, hätte diese Bilder niemand gesehen. Aber David McTaggarts Freundin schmuggelte den Film in ihrem Körper nach außen, und so wurde die Weltöffentlichkeit vom brutalen Vorgehen gegen friedliche Demonstranten unterrichtet.

Ein Prinzip der Grenpeace-Arbeit stammt von den Quäkern: „bearing witness", also Zeugnis ablegen, dort sein, wo es geschieht. Unter den Greenpeace-Gründern waren Quäker, Angehörige einer protestantischen Glaubensgemeinschaft, die sich u.a. der Gewaltlosigkeit verpflichtet haben. Der Schutz vor Gewalt durch Öffentlichkeit ist auch in den Jahrzehnten danach immer wieder wichtig gewesen. Gerade wenn Greenpeace seine Aktivitäten in totalitären Staaten oder in solche mit marodem Rechtssystem ausdehnt, muss dieser Schutz gegeben sein, sonst werden Demonstrationen gegen Umweltzerstörung zu Reisen ohne Wiederkehr.

Beispiel Finnland
Im Frühjahr 2005 errichteten Greenpeace-Umweltschützer ein Camp in einem finnischen Urwald, um gegen die geplante Abholzung zu protestieren. Es kam zu Bedrohungen durch Holzfäller bis hin zu einer Morddrohung. Die Polizei war verpflichtet, das Camp gegen Übergriffe zu schützen. Die Veröffentlichung der Drohungen führte u.a. dazu, dass sich Botschaften der internationalen Camp-Teilnehmer bei der finnischen Regierung meldeten.

Beispiel Bulgarien
Die Greenpeace-Aktivistin und Atomkraftgegnerin Albena Simeonova hat 2004 und 2005 Todesdrohungen wegen ihres Engagements gegen einen umstrittenen Atomreaktor in Nord-Bulgarien erhalten. Hintergrund sind vermutlich enge Verflechtungen der Energiekonzerne mit den Mächtigen des Landes. Die Empörung über diesen Fall war groß. Der Schutz der eigenen Mitstreiter kann bei Greenpeace bis zum Einstellen von Leibwächtern führen.

Vom Sicherheitsaspekt einmal abgesehen ist die informierte Öffentlichkeit der einzige Weg und das einzige Druckmittel zur Änderung politischer Entscheidungen, wie es Greenpeace-Kampagnen oft zum Ziel haben. Nur durch die öffentliche Meinung, durch viele Menschen, die durch Greenpeace-Anliegen berührt werden, kommt Bewegung in die Debatte. Politiker und andere Entscheidungsträger reagieren in der Flut ihrer Projekte besonders empfindlich auf solche, wo sie durch Nicht-Handeln Schaden für sich oder das Image ihrer Partei, Regierung oder ihres Unternehmens befürchten. Daher setzt die Greenpeace-Kommunikationsstrategie auf einen öffentlichen Konflikt, einen kommunikativen Prozess politischer Auseinandersetzung und Meinungsbildung. Von der Öffentlichkeitsarbeit hängt die politische Durchsetzungskraft der Organisation ab. Hätten wir nicht nachvollziehbare Anliegen, krause Forderungen und keine prägnanten Beispiele, interessierte sich die Öffentlichkeit nicht für unsere Umweltanliegen. Dann könnten Gegner aus Politik und Industrie entspannt aufatmen. Können sie aber nicht.

In der Hamburger Zentrale von Greenpeace Deutschland, im Elbspeicher am historischen Fischmarkt, arbeiten 200 Männer und Frauen. Der im Oktober 2005 genau vor 25 Jahren gegründete Verein befasst sich mit den Themen Energie (Atom, Öl, Erneuerbare Energien, Klimaschutz); Wälder (Urwälder, ökologische Waldnutzung); Meere (Wale, Fischerei); Gentechnik (Freisetzungen, Gentechnik in Lebens- und Futtermitteln); Patente auf Leben; Landwirtschaft; Chemie, FKW/FCKW; Auto (Dieselruß) und Abrüstung. Nur zu diesen Themen wird die Organisation aktiv, abgestimmt mit der Zentrale von Greenpeace International in Amsterdam, die wiederum die über 40 Greenpeace-Büros weltweit koordiniert. Die Beschränkung auf eine überschaubare Zahl von Themen garantiert die möglichst weltweite Schlagkraft.

Greenpeace Deutschland hat rund 40 Millionen Euro im Jahr für die Umweltarbeit zu Verfügung. Dieses Geld wird von etwa 550.000 Förderern zur Verfügung gestellt. Die Umweltarbeit wird bundesweit von 80 lokalen und regionalen Gruppen mit knapp 2.000 Ehrenamtlichen unterstützt. Dazu kommen Kinder-, Jugend- und Seniorengruppen.

Wenn die Fachleute aus den Themenbereichen auf ein brennendes Umweltproblem stoßen, so erarbeiten sie dazu die Hintergründe und stellen das Problem im Hause vor. Jedes Jahr im Herbst wird mit den Mitarbeitern und Gremien entschieden, welche Themenfelder im kommenden Jahr bearbeitet werden. Dabei müssen die Fachleute Vorschläge unterbreiten, zu welchem Thema eine Kampagne gestartet werden soll. Darunter versteht man ein zeitlich begrenztes Projekt mit einem klar definierten Ziel. Die Fachleute aus der Kommunikationsabteilung sind von Anfang an dabei. Eine Kampagne darf nicht zu wissenschaftlich ausgerichtet sein, muss aber trotzdem gut nachvollziehbares Fachwissen widerspiegeln. Aber nur wenn Lieschen Müller das Anliegen der Kampagne versteht, wird Lieschen Müller die Kampagnenziele unterstützen. *Einfaches, verständliches Formulieren ist Pflicht.*

Bekommt ein Thema den Zuschlag für eine Kampagne, kann die Arbeit beginnen. Ein Kampagnenteam hat alle Werkzeuge der Öffentlichkeitsarbeit zur Verfügung: von aktueller Presseinformation über Filme, Fotos, Broschüren, Internet-Seiten, über Briefe an die Greenpeace-Förderer, Plakate, Aufkleber, Mitmachaktionen über Unterschriftenlisten, Postkarten bis hin zur politischen Arbeit in Berlin oder Brüssel. Dazu kommen bundesweite Informationsveranstaltungen der lokalen Gruppen, Ausstellungen bis hin zu Kino-Spots oder Touren zu Hip-Hop-Konzerten. *Jedes Thema hat andere Zielgruppen, für jedes Thema werden andere Werkzeuge aus dem Werkzeugkasten geholt.* Natürlich gibt es wichtige Umweltthemen, die sich nicht für eine Kampagne eignen. Auch diese werden durch die Fachleute bearbeitet. Aber diese Arbeit ist eher leise und findet im Verborgenen statt mit wenigen öffentlichen Auftritten. Der Status der Kampagne schließt nicht nur das Recht auf Öffentlichkeitsarbeit, sondern auch die Pflicht des starken Greenpeace-Auftritts in der Öffentlichkeit ein.

Alle Männer und Frauen, die bei Greenpeace arbeiten, haben die Vision von der Erde als Lebensraum für alle, und sie setzen ihre Fähigkeiten dafür ein. Das gilt für Mechaniker, die Schlauchboot-Motoren reparieren, ebenso wie für die Kolleginnen aus der Telefonzentrale. Und Greenpeace ist kein Selbstzweck. Wir sind nicht dazu da, unsere Arbeitsplätze zu erhalten, sondern den uns gestellten Aufgaben gerecht zu werden. Wenn die Umweltprobleme dieser Erde wirklich eines Tages aus der Welt geschafft sind, werden sich die Greenpeacer darüber freuen, dass sie überflüssig geworden sind. Doch bis dahin...

Wie hält man es aus, jeden Tag mit neuen Hiobs-Botschaften eines kleinen, blauen Planeten mit zunehmendem neoliberalen Raubbau-Kapitalismus und der Mutlosigkeit der Menschen umzugehen? Das werden wir oft von unseren Sympathisanten gefragt. Man kann damit umgehen, weil man dafür kämpft, dass diese Welt lebenswert bleibt. Diese Arbeit unterscheidet sich zum Glück von Mobilisierungs- und Solidarisierungskampagnen von Politik und Industrie mit ihrer eigennützigen Ausrichtung. In der PR-Branche gibt es den Spruch, dass man am besten PR für etwas machen könne, von dem man überhaupt nichts halte. Für Mitarbeiter der Kommunikationsabteilung von Greenpeace – und wahrscheinlich auch von anderen Nichtregierungsorganisationen – gilt das nicht. Was sollten durchgearbeitete Wochenenden, abgesagte Privatverabredungen, abgebrochene Ferienreisen oder Nachtarbeit erträglich machen, wenn nicht die innere Überzeugung. Das Geld kann es nicht sein. *Den Idealismus der Umweltaktivisten kann man nicht mit dem Job hoch bezahlter PR-Experten gleichsetzen.* Die Werkzeuge der Öffentlichkeitsarbeit mögen vergleichbar sein, Motivation und Zielsetzung sind es nicht. Nicht umsonst wird Greenpeace Jahr um Jahr zu den vertrauenswürdigsten Institutionen der Republik gezählt.

Doch zurück zu den Fischbergen am Brandenburger Tor. Ein weiteres Prinzip der Kommunikation von Greenpeace wird daran deutlich: das *„Kuchen-Krümel-Prinzip"*. Der „Kuchen" ist ein globales Problem, der „Krümel" ist die Kampagne oder das eine prägnante Beispiel. Der „Krümel" erklärt das Problem. Kommt man im Verlauf der Kampagne aber nie auf den „Kuchen", das Gesamtproblem zu sprechen, hat die Strategie nicht gegriffen. Ebenso wenig erfolgreich ist es, wenn man das öffentliche Momentum, dass durch das „Krümel"-Beispiel erzeugt wurde, nicht für das Gesamtziel nutzen kann.

Beispiel Brent Spar
Dort hat diese Strategie funktioniert, wenn auch nur knapp. Die Ölplattform Brent Spar, auf deren Versenkung der Ölmulti Shell 1995 nach wochenlangem Kampf verzichtete, war nie der Kern der damaligen Kampagne. Die ausgediente Plattform im Nordostatlantik als rostiges Mahnmal der Gier nach Öl eignete sich hervorragend als „Krümel", um die alltägliche Belastung der Meere zu illustrieren, einen Kristallisationspunkt für den Unmut der Verbraucher zu haben und ein leicht verständliches Symbol. Greenpeace ging es aber immer um den „Kuchen", alle 400 zur Versenkung stehenden Plattformen. Das Momentum der Brent Spar-Kampagne war groß genug, um die Politiker der Oslo-Paris-Kommission (OSPAR) für ein totales Versenkungsverbot zu gewinnen. Doch gemessen am Medienwirbel war die Aufmerksamkeit zum Versenkungsverbot von 1998 viel geringer als die zu den Besetzungen der Plattform 1995.

Beispiel Schrott-Tanker in der EU
Dort hat die Strategie sehr knapp nicht funktioniert. Als im November 2002 der Uralt-Tanker „Prestige" vor der Küste Spaniens in Seenot geriet und sank, war das eine Katastrophe für Meeresumwelt und Küsten. Es wurde wieder einmal deutlich, welche Risiken der tägliche Transport fossiler Brennstoffe rund um dem Globus bedeutet. Greenpeace konnte seine gesamte Kompetenz in Sachen Schiffssicherheit und Folgen von Ölunfällen für die Umwelt ins Spiel bringen. Der „Krümel Prestige" fand ungeheure Aufmerksamkeit und sorgte für Empörung. Doch solche Tanker sind zu Dutzenden auf den Meeren unterwegs. Greenpeace verfolgte das Schwesterschiff „Byzantio" auf seinem Weg von einem russischen Ölhafen bis nach Rotterdam und überwachte wochenlang eine viel befahrene Tankerroute, die Kadetrinne in der Ostsee, um auf das Gesamtproblem aufmerksam zu machen. Beim EU-Gipfel im Dezember 2002 in Kopenhagen hatten die EU-Politiker die Chance, das Problem der Schrott-Tanker aus der Welt zu schaffen. Doch dafür reichte das Momentum des Unfalls im Monat zuvor nicht mehr. Die Aufnahme neuer EU-Mitglieder war wichtigster Tagesordnungspunkt, Tankersicherheit stand weiter hinten an.

Und sollte Greenpeace nun zum Vorbild für die Kommunikationsstrategien aller Nichtregierungsorganisationen werden? Nein. Die bisher erwähnten Prinzipien der Greenpeace-Kommunikationsstrategien sind nicht der Weisheit letzter Schluss für jedwede Öffentlichkeitsarbeit. Nicht alles lässt sich auf alle übertragen. Das ist auch gut so. Die Sicherung der Demokratie hängt von der Vielfalt der Meinungen und unabhängigen Organisationen ab. Greenpeace hat keinen exklusiven, elitären Anspruch. Aber jede Organisation muss sich klarmachen, was sie will.
Greenpeace hat nicht in erster Linie einen pädagogisch-aufklärerischen Anspruch, sondern will provozieren. Die Regenbogenkrieger wollen den Streit, den öffentlichen

Konflikt mit gewaltfreien Methoden. Wir nennen immer Ross und Reiter, Schaden, Schädiger, Geschädigte. Andere können das nicht. Das bedeutet z.B., dass Organisationen, die mit Informanten sehr vorsichtig umgehen müssen, wie Amnesty International, sicher anders agieren müssen, um nicht das Leben der Informanten zu gefährden. Oder auch Entwicklungshilfe-Organisationen, die das Land, in dem sie helfen wollen, verlassen müssten, würden sie sich zu den Schuldigen für Bürgerkrieg und Misswirtschaft äußern. Das heißt, man muss vorher überlegen, ob der offene Konflikt der beste Weg ist.

Zum Zweiten braucht Greenpeace Strukturen, die sehr schnell entscheiden. Wenn es Ziel einer Organisation ist, bei Ölunfällen in kürzester Zeit mit Helfern vor Ort zu sein, so wird man nicht vorher alle Förderer, alle Aufsichtsgremien und Ehrenamtlichen um Erlaubnis oder Zustimmung bitten können. Das muss schnell gehen, die Entscheidungsgremien sind klein. Der kurze Weg kommt wiederum aber für sehr basisdemokratisch strukturierte Organisationen und Netzwerke nicht in Frage – verschiedene Ziele bedürfen verschiedener Organisationsformen.

Zum Dritten sollte man sich klarmachen: Wer sich in die Medien begibt, wird seziert. Wer von den Medien hochgelobt wird, kann auch eines Tages in Grund und Boden geschrieben werden. Greenpeace steht unter großer öffentlicher Beobachtung. Wer öffentlich provoziert, schafft sich auch Feinde. Das ist Teil unserer Arbeit. Außerdem haben Medien einen beinahe olympischen Anspruch, dass die Aktivitäten immer „höher, schneller, weiter" sein müssen. Diesem Zwang nach immer größerer Steigerung darf man nicht unterliegen. Trotzdem muss Greenpeace immer wieder neue Ideen und Nachrichten auch zu „alten" Themen haben (Nukleare Abrüstung seit 25 Jahren, Anti-Walfang seit über 20 Jahren, Anti-Gentechnik seit knapp zehn Jahren). Ob sich Organisationen auf diesen Aktualitätsdruck einlassen, ist eine entscheidende strategische Frage.

Zum Vierten gehört zur Arbeit nach Greenpeace-Prinzip die absolute Unabhängigkeit von Politik und Industrie. Greenpeace finanziert sich nur aus Privatspenden, nimmt weder Geld von Regierungen, noch von der EU an und lässt kein Industrie-Sponsoring zu. Nur das macht unabhängig von Regierungs- oder Meinungswechsel bei großen Geldgebern. Nur das verhindert, dass ein Projekt nicht mehr nach den Zielen der NGOs, sondern nach den veränderten Bedingungen des Finanziers ausgerichtet wird.

Greenpeace lässt diese finanzielle Einflussnahme von Interessengruppen nicht zu. Doch die Umweltschützer haben schon damit zu kämpfen, dass im Journalismus die Grenzen zwischen ausgewogener oder kritischer Berichterstattung, im redaktionellen Teil platzierter PR und kaum getarnter Werbung immer weiter verschwimmen. Eine Nichtregierungsorganisation ist darauf angewiesen, dass Journalisten als vierte Gewalt sich der Themen annehmen, weil sie sie für gesellschaftlich relevant halten und nicht, weil sie dadurch an Einnahmen kommen. Die Fördergelder der Umweltorganisation sollen möglichst in Umweltprojekte und nicht in den Kauf redaktionellen Raumes fließen.

Doch da die Redaktionen immer weiter sparen müssen und freie Mitarbeiter jeden Weg nutzen müssen, ihre Kosten zu senken, wird das zu einer Gefahr für die Berichterstattung. Im Zweifel haben Unternehmen und die von ihnen beauftragten PR-Agenturen mehr finanzielle Mittel, um mehr Aufmerksamkeit zu kaufen als spendenfinanzierte Verbände. Greenpeace will die „Erosion des Journalismus" nicht unterstützen. Aber welche „Bodenschutz-Maßnahmen" die Richtigen wären (außer der Widerstand in journalistischen Kreisen), um den Journalismus vorm Abrutschen und Wegschwemmen zu bewahren – da hat Greenpeace noch keine Antworten.

Politik als Kampagne

Kampagnenpolitik

Eine nicht ganz neue Form politischer Mobilisierung*

Claus Leggewie

> „This is more than a political
> campaign. It is a call to arms."
> (Franklin D. Roosevelt nach seiner Nominierung
> als demokrat. Präsidentschaftskandidat 1932)

> „I can't think. I can't act. I can't do anything
> but go to fund raisers and shake hands.
> You want me to issue executive orders;
> I can't focus on a thing but the next fund-raiser.
> Hillary can't, Al can't – we're all getting sick and crazy because of it."
> (Präsident Bill Clinton, zitiert nach Dick Morris 1997)

Kampagnenpolitik ist so alt wie die Politik selbst. Doch erst in letzter Zeit erfährt sie Beachtung durch die professionelle Politik, bei der breiten Öffentlichkeit und in den Sozialwissenschaften (z.B. Greven 1995). Meistens wird sie mit Argwohn betrachtet: „America's Politicians Campaign Too Much and Govern Too Little", kommentierte ein englischer Journalist die amerikanische Wahlkampagne (King 1997). Der darin zum Ausdruck kommende Vorwurf besagt, dass die *Formen* politischer Kommunikation, also *Campaigning, Marketing, Electioneering* und dergleichen, die *Inhalte* der Politik zu überwuchern drohen. Aus dem bloßen Mittel zum Zweck sei ein reiner Selbstzweck geworden, d.h. die Kampagne für eine Sache sei mittlerweile wichtiger als die Sache selbst und habe Regierungshandeln und politische Sachentscheidungen in den Schatten gestellt. Der amerikanische Präsident Bill Clinton hat dies jüngst indirekt bestätigt. Er gab an, die letzten Monate seiner ersten Amtsperiode größtenteils mit der Beschaffung der Mittel für seine Wiederwahl verbracht zu haben (New York Times, 7.3.1997). Da-

---

* Dieser Beitrag wurde 1997 fertig gestellt und unverändert aus der 1. Auflage übernommen.

zu hatte sich sein Stab einiges ausgedacht: „Freunde des Präsidenten" durften in der Abraham Lincoln-Suite des Weißen Hauses übernachten, andere zahlten bar für einen Phototermin, einen Kaffeeplausch mit dem Präsidenten oder, Gipfel an Bedeutung, in der Air Force One Platz zu nehmen.

Ob solcher Mätzchen ist auch an den Formen der politischen Kampagne Kritik laut geworden: Personalisierung, Trivialisierung, Negativierung – in einem Wort: Verflachung der Politik hätten überhand genommen, man solle sich wieder auf das „Eigentliche" der Politik besinnen. *Campaign Reform* war folglich *das* Thema der letzten Phase der amerikanischen Präsidentschaftskampagne 1996, und auch nach der Wahl machten eher die Versuche Schlagzeilen, den Wildwuchs unkontrollierter Wahlkampffinanzierung aus dubiosen in- und ausländischen Quellen zu beschneiden, als die normale Tätigkeit der Clinton-Administration oder des von den Republikanern beherrschten Kongresses.

Die Aussichten auf erfolgreiche Zurechtstutzung, Besserung und Versachlichung politischer Kampagnen sind indes gering. Denn gleichzeitig verfeinern die politischen Apparate ihre Kampagnentechniken und, wichtiger noch, sind auch alle sonstigen sozialen Akteure dazu übergegangen, kollektive Aktion mit Hilfe von Kampagnen zu organisieren. Kampagnen sind ubiquitär geworden. Beinahe jeder kritisiert sie – und fast alle nutzen diese Form öffentlicher Kommunikation. Der folgende Beitrag untersucht Kampagnenpolitik als eine spezielle Form politischer Kommunikation und Mobilisierung in ihren verschiedenen Ausprägungen. Er soll *erstens* zeigen, dass Politik als Kampagne nicht neu ist, sich allerdings Mittel und Medien der Kampagnenpolitik erheblich ausdifferenziert haben – und gleichzeitig eine Entdifferenzierung der sozialen Handlungsebenen erfolgt ist, auf denen Kampagnenpolitik stattfindet. *Zweitens* soll auf eine spezifische Dialektik der Kampagnenpolitik hingewiesen werden, die ihre Ubiquität erklärt, aber auch zur Autoreferentialität und Selbstneutralisierung dieser Form politischer Kommunikation und Mobilisierung geführt hat. Kampagnen werden die Welt kaum besser machen – genauso wenig allerdings pervertieren sie den Politikbetrieb. Das einzige, was angesichts der Unumgänglichkeit der Kampagnenpolitik bleibt, sind bessere Kampagnen.

1 Politik als Kampagne

Der Begriff „Kampagne" hat eine interessante semantische Karriere hinter sich, die sich mit den Transformationsstufen des Politischen überschneidet. Ursprünglich bezeichnete *campagna* die Zeitspanne, die ein Heer im Feld verbrachte, also die Dauer von Feldzügen. Solche militärischen Kampagnen werden immer noch geführt, etwa Einsätze der türkischen Armee gegen „Rebellennester" in den Bergregionen Kurdistans oder der unter amerikanischer Führung stehenden UN-Truppe im „Desert Storm". Doch ist der Begriff, vor allem im englischen Sprachraum, längst in andere Begriffsfelder und Sachgebiete ausgeufert, darunter in die Politik. Im 17. Jahrhundert wurde die Sitzungsperiode des englischen Parlaments *campaign* genannt, d.h. die normale

Arbeitsperiode eines politischen Repräsentativorgans. Mit der Demokratisierung der Politik durch freie, allgemeine und öffentliche Wahlen hat sich der Begriff auf jene Aktivitäten verschoben, die politische Repräsentanten in diese Institution hinein- bzw. zurückbringen sollen. *Campaigning* heißt also, sich um eine Nominierung für ein politisches Amt zu bewerben, oder allgemeiner „an effort to win any kind of election, but most particularly the phase involving open, active electioneering" (Safire 1993:98). Genau wie Militäroperationen erfordern auch die Bemühungen zur „Eroberung" eines Mandats die systematische Konzentration und Mobilisierung von Ressourcen über eine abgeschlossene Kampfperiode auf ein vorher bestimmtes Ziel hin.

Der Gebrauch einer militärischen Metapher in der politischen Arena hat also seinen guten Grund. Wie Klassiker der Wissenschaft von der Politik seit Aristoteles und Machiavelli gezeigt haben, gehören Wettbewerb und Werbung zur Grundausstattung des Politischen. Politik ist ununterbrochenes Konfliktgeschehen und trägt *per se* agonale Züge, und so nimmt sie gelegentlich Formen eines Feld- oder Kreuzzuges zur Gewinnung von Macht an. Die Wahlkampagne ist eine Spezialform politischer Kommunikation, die wiederum ein Modus der öffentlichen Thematisierung sozialer Probleme ist und ein Instrumentarium zielgerichteter Einflussnahme auf den sozialen Wandel darstellt.

Mit der Demokratisierung der Politik in modernen Massengesellschaften änderten sich die Formen dieses Machtkampfes. Seit die Auslese des politischen Vertretungs- und Führungspersonals durch Wahl und Abwahl erfolgt, prägte sich Politik als *permanent campaign* aus, wie das amerikanische politische System treffend charakterisiert worden ist (Blumenfeld 1982). Politische Kampagnen sind eine zivile *levée en masse* und eine logische Folge des allgemeinen Wahlrechts und der Herausbildung organisierter Interessen und Parteien. Moderne, demokratischer Legitimation bedürftige Herrschaftseliten sind mit einer souveränen, zunehmend gebildeten und politisch informierten Bürgerschaft konfrontiert, die sie, nun mit friedlichen Mitteln, „gewinnen" und für sich „einnehmen" müssen. Wer die freie Wahl hat, muss von einer guten Wahl erst überzeugt bzw. dazu überredet werden. Persuasion, diese Mischung aus rationaler Überzeugung und manipulativer Überredung, ist ein Wesensmerkmal politischer Aktivität.

In der Bandbreite zwischen totalitärer Propaganda und politischem Marketing kann man autoritäre, direktive und hochmanipulative Formen der Überredung von offenen, indirekten und stärker deliberativen bzw. interaktiven Formen der Persuasion unterscheiden. Gemeinsam ist beiden die hohe Selektivität der Informationsvermittlung und die strategische Organisation des öffentlichen Kommunikationsprozesses durch Spezialisten, die sich an spezielle Zielgruppen wenden. Totalitäre Regime setzen rhetorische, audio-visuelle und rituelle Propagandamittel ein, um sich die Gesellschaft als Ganze gefügig zu machen und den politischen Körper homogen zu formen – die zivile, deliberierende Öffentlichkeit bleibt dabei auf der Strecke. Politisches Marketing strukturiert diese Öffentlichkeit indirekt als einen Marktplatz und nimmt sich dessen Segmente mit Techniken medialer Aufmerksamkeitserzeugung vor. „Targeting" (die spezielle Zielgruppen- und Adressatenorientierung) ist der Weg, in pluralistischen Gesellschaften an ausdifferenzierte Teilöffentlichkeiten, Milieus und Lebensstile heranzukommen (O'Shaugnessy 1990).

Die Kampagne wurde damit zur vorherrschenden Form *politischer Mobilisierung*, ein Begriff, der seinerseits auf einen militärischen Terminus (Mobilmachung) zurückgeht. In Theorien der Modernisierung und Entwicklung gilt Mobilisierung generell als erwünschte Aufsprengung überkommener, durch Geburt festgefügter Statushierarchien und Machtverteilungen. Mit sozialem Aufstieg (und Abstieg) gingen wachsende politische Mobilität und Partizipation einher, die seither zur Legitimationsbasis demokratischer Systeme geworden sind. Mit Lahusen kann man dabei drei Mobilisierungsmuster unterscheiden: Information, Persuasion und Sozialisierung:

> „...while information assumes a ready-made consensus that can be activated by tapping upon shared interests, grievances and habitus, the persuasive and socializing patterns deal with the construction of issues, purposes, interests and preferences. In the case of persuasion, mobilization is about the explicit, supplementary efforts to convince individuals to become active by giving them good reasons to join a good cause. This pattern opens up the doors for the analysis of moral reasoning, argumentative discourse and rhetoric. Finally socialization is proposed as a process through which mobilization generates and reproduces its own conditions: shared commitments, preferences, interests and identities" (Swanson/Mancini 1996:53)

Urform der demokratischen Kampagne ist der Wahlkampf. Wahlkämpfer vermitteln ihrem Publikum Informationen verschiedener Art: Leistungsbilanzen, programmatische Versprechungen, politische Narrative und Charakterprofile. Damit lenken sie Aufmerksamkeit auf Personen und Programme, um Differenzen zwischen ihnen zu erzeugen und elektorale Prozesse zu steuern. In den repräsentativen Demokratien des Westens herrschen, je nach Wahlmodus, zwei Grundtypen der Persuasion vor: Die Direktwahl von Abgeordneten (insbesondere in Präsidialsystemen mit Vorwahlen) fokussiert auf die Person der Einzelbewerber und damit auf die direkte Interaktion zwischen Bürgern und Volksvertretern, während die indirekte Kandidatenauslese Parteiapparate favorisiert, die eher symbolische Kompetenzen und nicht zuletzt die Interessen der Mitglieder und Stammwähler in den Mittelpunkt rücken (komparativ: Butler/Ranney 1992; Bowler/Farrell 1992; Swanson/Marcini 1996). Personen und Sachen sind jedoch untrennbar miteinander verknüpft, d.h. Bewerber um ein Amt verkörpern eine Sache genau wie *issues* durch Personen repräsentiert bzw. symbolisiert sind. Auch die vielbeschworene „Personalisierung" der Politik ist an sich nicht neu.

Kampagnenpolitik ist eine Begleiterscheinung der Professionalisierung von Politik. Anfangs herrschte ein elitäres Demokratiemodell vor: Politische Eliten versorgen die Wahlbevölkerung mit Informationen und erzeugen damit nachvollziehbare Differenzen, vorrangig in Form der Unterscheidung von Regierung und Opposition. Politik wurde Überzeugungs*arbeit*, insofern sie planvoll, zielführend und von Experten betrieben wurde. Der englisch-amerikanische Neologismus *electioneering* – eine Analogie zur Transformation handwerklicher Fähigkeiten (*crafts*) in spezialisierte und professionelle Ingenieursarbeit (*engineering*) – zeigt, wie sich politische Kampagnen von der okkasionellen Freizeitbeschäftigung von wohlhabenden Müßiggängern und Honoratioren in systematische Arbeit von Berufspolitikern verwandelt haben, die für und von der Politik leben (wollen). Ein großer Teil ihrer Ressourcen und Zeitbudgets wandert folglich nicht in „eigentliche" politische Gestaltungs- und Gesetzgebungstätigkeit, sondern – angesichts des permanent drohenden Ostrazismus – in die Gewinnung, Sicherung und Wiedergewinnung der Machtpositionen selbst. Politiker, die keine guten *campaigner* sind, können in der Regel gar keine werden. Es ist ebenso löblich wie müßig, diese Verschränkung von Form und Inhalt zu kritisieren und die Rückkehr zum „Eigentlichen" der Politik zu reklamieren – also nach Gestaltung, Problemlösung und rationaler Hervorbringung legitimer kollektiv verbindlicher Entscheidungen zu rufen. Machterwerb und -sicherung an sich waren immer Triebfedern politischer Akteure. Das goldene Zeitalter gemeinwohlorientierter Politik ohne Kampagnen hat es nie gegeben.

Im 19. und frühen 20. Jahrhundert zielten europäische Wahlkampagnen darauf ab, eine Koalition zwischen den politischen Eliten und Bevölkerungsgruppen herzustellen, zu festigen oder zu erneuern, die durch gemeinsame Konfession, Herkunft, Klasseninteresse oder Weltanschauung prädisponiert war. Heute haben es Wahlkämpfer mehr mit individualisierten Wechselwählern zu tun, die immer neu von ihrer Wahl überzeugt werden müssen. Der politische Raum ist unüberschaubarer geworden und der ominöse „Wählerwille" schwerer kalkulierbar. Es gilt nicht mehr allein, Herrn Nachbarn zu überzeugen, sondern ein Heer Unbekannter. Beispielsweise beträgt die Wählerschaft der Vereinigten Staaten annähernd 200 Millionen Menschen, die sich nach Herkunft, Weltanschauung, Interesse etc. beträchtlich unterscheiden. Nicht zufällig sind deshalb *campaign craft, electioneering* und politisches *Marketing* jenseits des Atlantiks entstanden und professionalisiert worden. Kampagnen müssen die diversen Lebensstile und sozialmoralischen Milieus einer Gesellschaft oder Nation widerspiegeln, zudem aber sollen sie auch einen diese Vielfalt übergreifenden Konsens anbieten. Kampagnenpolitik ist damit eine permanente Gratwanderung zwischen Differenzerzeugung und Suche nach Verständigung (Glasser/Salmon 1995; Burkart/Probst 1991).

Herkömmlich wurden Kampagnen nach einem simplen Reiz-Reaktions-Schema konzipiert: Der von Tür zu Tür pilgernde Abgeordnete oder der Flugblätter verteilende Mandatsbewerber, genau wie die propagandistische Nutzung der frühen elektronischen Massenmedien, sind Beispiele dieser Einwegkommunikation (*one to many*) zwischen Eliten und Massen. Inzwischen hat sich gezeigt, dass auch politische Kommunikationsprozesse vielfache Rückkoppelungsschleifen (*many to one* und *many to many*) enthalten sowie über Zwischenstufen verlaufen (*two step flow*), also auf Meinungsführer und Medien zurückgreifen. Resultat dieser Mediatisierung und Rückkoppelung ist ein Netz asymmetrischer Wechselwirkungen, die kaum noch im Sinne eines einfachen Reiz-Reaktions-Modells steuerbar sind, wie es *How-to-win-elections*-Handbücher oder auch Checklisten für Bürgerinitiativen suggerieren (Shea 1996; Bruhn/Tilmes 1994). Persuasionsarbeit muss die eigensinnige Verarbeitung der Botschaften und zahllose nicht-intendierte oder konträre Wirkungen einkalkulieren. Mobilisierung wird eine Art autopoietischer, auch zunehmend selbstreferentieller Vorgang, der einem Billardspiel mit (zu) vielen Kugeln gleicht.

Ursprünglich auf relativ kurze und begrenzte Phasen der Bewerbung um Herrschaftspositionen beschränkt, wurde Kampagnenpolitik stilbildend für die politische Aktion und das Regierungshandeln (*governance*) zwischen und jenseits von Wahlkämpfen. Auch Implementation und Verwirklichung politischer Programme selbst werden zunehmend als Kampagnen inszeniert. Beispielsweise wurden mit Mitteln, die aus Werbung, Marketing und *Public Relations* bekannt sind, „Feldzüge" zur Sicherung der Volksgesundheit gestartet, z.B. gegen Trunkenheit am Steuer, zur Mäßigung jugendlichen Drogenkonsums („Keine Macht den Drogen!") oder zur AIDS-Prävention. Auch politische Vorhaben wie der Beitritt zur oder die Erweiterung der Europäischen Union sind kampagnenförmig popularisiert worden (Rust 1993). Die Wirksamkeit solcher Kampagnen ist umstritten (Backer/Rogers 1993; Fejer 1990; Giesen 1983). Dem amerikanischen Präsidenten gelang es 1993 z.B. nicht, die Zustimmung zur angestrebten Gesundheitsreform, die ihm der Kongress verweigerte, über eine Mobilisierung der Öffentlichkeit zu gewinnen. Gleichwohl hat Persuasion als Mittel staatlicher Politik – neben den traditionellen Interventionsmedien Gesetz, Geld und Gewalt – an Bedeutung gewonnen. Dabei stehen *public communication campaigns* seitens der Regierungen und Verwaltungen (Rice/Atkin 1989) oft in Konkurrenz zu gegenläufigen oder unterstützenden Kampagnen Privater, gleich ob sich diese als Sonderinteressen (wie Arzneimittelkonzerne, Tabakindustrie usw.) oder als gemeinwohlorientierte Agenturen (Aktionen gegen Fremdenfeindlichkeit, Aid for Africa usw.) in den politischen Kommunikationsprozess einschalten. Fast jedes Thema ist kampagnenfähig, und fast jeder soziale Akteur kann direkt oder über die Einschaltung von *advocacy groups* Kampagnen starten.

Dieses Phänomen zeigt an, dass sich Bürger, vor allem in Gestalt sozialer Bewegungen, *grass-roots movements* und Bürgerinitiativen selbst zu mobilisieren begonnen haben bzw. per Kampagne in kollektiver Aktion auf die politischen Vertreter und Institutionen Einfluss zu nehmen versuchen. Eine frühe Form dieser Mobilisierung ist die regelmäßige Spendenkampagne (z.B. wohltätiger Organisationen zu gegebenen festlichen Anlässen). Hier kommt neben dem zweckrational-strategischen Element auch der Sozialisationsaspekt von Mobilisierung zum Tragen, d.h. die affektive und identitäre Selbstvergewisserung von Gruppen und Bewegungen. Damit verbunden ist in der Regel eine Moralisierung des politischen Diskurses, sofern diese Bürger-Bewegungen den Anspruch erheben, das Gemeinwohl zu verkörpern und Kollektivgüter hervorbringen zu können (und damit eben jene *common cause* oder *good causes* in Anspruch nehmen), an denen sich das klassische Verständnis von Politik – als Hervorbringung guter, kollektiv verbindlicher Entscheidungen – orientierte. Zugleich richten sich „Kampagnen von unten" zunehmend an den ästhetischen Stilkriterien und Präsentationsformaten der populären Kultur und der audio-visuellen elektronischen Medien aus, wie etwa bei Rockkonzerten oder Streetball-Turnieren, die jenseits ihres Freizeit- und Unterhaltungswerts weiterreichende Ambitionen verfolgen (Lahusen 1996b). In wachsendem Maße übersteigen Kampagnen dabei auch den nationalstaatlichen Rahmen, d.h. sie holen thematisch international oder transnational aus und sprechen transkulturelle Adressaten an. Diese drei Elemente: Ästhetisierung, Moralisierung und Globalisierung sind als Elemente symbolischer Politik neuerdings stark in den Vordergrund getreten.

Des Weiteren treten in beiden Mobilisierungsarenen Experten auf den Plan, die weniger über politischen oder sonstigen Sachverstand verfügen, sondern ein Spezialwissen der Vorbereitung und Führung von Kampagnen selbst mitbringen müssen. Soziale und politische Mobilisierung ähnelt damit dem Format von Werbe- und PR-Kampagnen und benutzt Narrative, die ebenso gut den Verkauf von Waschmitteln oder Videorecordern animieren können. Die politischen Eliten, aber auch die Bewegungen umgeben sich mit einem wachsenden Stab von Beratern, PR-Managern und Meinungsforschern, die sich weniger mit den Inhalten der Politikmaterien befassen (und auch nicht mit ihnen übereinstimmen müssen), sondern einzig ihre Präsentationsform perfektionieren und ihre „Akzeptanz" steigern sollen. Parallel zur Verrechtlichung der Politik, die ihr legale Schranken auferlegt, oktroyieren diese Vermittlungsexperten den Berufspolitikern formal-ästhetische Regeln und Kampagnentechniken, nach deren Logik politische Inhalte zu kommunizieren sind. Neben die legale Schranke politischen Handelns („das geht rechtlich nicht") tritt die kommunikations- und rezeptionsästhetische („das kommt nicht gut an").

Diese Entgrenzung der Sphären und die Ermächtigung der Formvirtuosen wird verkörpert durch parapolitische Agenturen, die von Hause aus unpolitisch sind, aber in ihrem Bestreben, „gesellschaftliche Kommunikation zu erzeugen", auch politische Inhalte einbeziehen bzw. selber originär politische Botschaften aussenden und Funktionen übernehmen. Ein bekanntes Beispiel dafür ist die Benetton-Kampagne (Reichertz 1994), die sich von der originären und konventionellen Zielsetzung von Werbung, ein Produkt anzupreisen und seinen Verkauf zu steigern, weit entfernt hat. „Wir verkaufen mehr als Autos!" lautete diesbezüglich auch ein prägnanter Slogan einer Werbekampagne der Autoindustrie (Reichertz 1995). In auto-mobilisierten Gesellschaften war das gewiss immer schon der Fall – das Auto ist ein kulturelles Modell, das nicht bloß Konsumpräferenzen modelliert, sondern ganze Produktionsweisen (Fordismus – Toyotismus) und Lebenswelten (die automobile Gesellschaft) geprägt hat. Neu ist indessen die forsche Explizitheit dieses Anspruchs, der auch einen der größten Umweltsünder, den Automobilverkehr, zum Protagonisten ökologischer Reform erheben kann. Jenseits von Absatz- und Imageförderung entsteht ein Surplus öffentlicher Kommunikation, die nicht mehr allein von den herkömmlichen Agenturen politischer Meinungs- und Willensbildung und der politischen Elite beherrscht wird.

Ich möchte diesen parallelen Prozess a) der Transformation von Politik in diverse Formen von „Subpolitik" (Beck 1986) und b) der Kolonisierung der politischen Sphäre durch kommerzielle Agenturen mit einer systemischen Interpretation resümieren: Es findet eine weitgehende Verschränkung von Politikinstitutionen (im engeren Sinne) mit den Systemen der Wirtschaft, Medien, populären Kultur und Moral statt. Man kann deshalb von einer *Entdifferenzierung und Interpenetration der Subsysteme Politik, Kultur, Moral und Wirtschaft* sprechen. Kampagnenkommunikation nimmt Elemente dieser Systeme auf – und entwickelt sich zugleich zu einem eigenen Subsystem, das sich zunehmend selbst beobachtet. Mehr und mehr orientieren sich professionelle *campaigner* an den Aktivitäten ihrer Konkurrenten. Diese Betriebsblindheit kann freilich den Effekt von Kampagnen verschleißen, der auf Originalität und Überraschungseffekten beruht. Wenn Formen und Mittel standardisiert werden, kann bei den Adressaten leicht der ungewollte Eindruck entstehen, einer *einzigen* Kampagne ausgesetzt zu sein. Obwohl kommerzielle Werbekampagnen, genau wie *public communication campaigns*, eine immer feinere Zielgruppenorientierung aufweisen, neutralisiert sich der gewünschte Effekt politischer Kommunikation, nämlich Differenzen zu erzeugen.

Gesellschaftliche Akteure, die politische Mobilisierung und kollektive Aktion anstreben, haben gleichwohl den Eindruck, keine andere Wahl zu haben als Kampagnen zu führen. Das zeigt schon ein rascher Überblick über die fast vollständige Liste von Akteuren politischer Kommunikation, die im „Kampagnengeschäft" tätig sind: Mandatsbewerber, Parteien und freie politische Unternehmerfiguren führen ebenso Kampagnen wie private humanitäre und philantropische Vereine, Interessenverbände, nationale und internationale Nicht-Regierungsorganisationen, soziale Bewegungen, Bürgerinitiativen, Regierungen und Verwaltungen. Und überdies gehen auch solche Agenturen, die herkömmlich bloß die Mittel der Kampagnen zur Verfügung stellten und damit als Medien der Kampagnenpolitik dienten, selbst zum Kampagnenstil über. Das gilt für den Kampagnenjournalismus (Bagdikian 1990; Lichter 1995) ebenso wie für Unternehmen, die als Sozialsponsoren auftreten (Kotler 1997). Selbst Werbeagenturen haben eine eigene politische Agenda. Sie alle konkurrieren um die knappe Ressource Aufmerksamkeit und damit als Themensetzer in der politischen Kommunikation. Den Gipfel der Ironie stellte dar, als sogar ein Kampagnenmacher sich nicht mehr als graue Eminenz („power broker behind the throne") abspeisen ließ, sondern sein Geschäft selbst kampagnenförmig promovierte (Morris 1997).

2 Do Campaigns Matter?

Als Verdichtung aller aufgezeigten Tendenzen kann der „Fall" Dick Morris gelten. Der wichtigste politische Berater von Bill Clinton hatte die ursprünglichen Zielsetzungen des demokratischen Präsidenten nach seinem demoskopischen Tief 1994 fast vollständig in Richtung auf Programmaussagen und Personalprofile republikanischer Wählergruppen ausgerichtet und die Präsidentschaftskampagne 1996 auf Basis von aufwendigen Meinungsumfragen und *focus groups* wie am Reißbrett auf die sog. „Clinton Republicans" gepolt – mit Erfolg: Er gilt als der eigentliche Architekt der Wiederwahl des Präsidenten. Nach glaubhaftem Bekunden hat Morris, der im Lauf seiner Karriere vielen Herren aller politischen Lager gedient hat, keinerlei eigene politische Überzeugung, sondern war einzig am Wahlsieg seines Auftraggebers interessiert. Dass kurz vor den Präsidentschafts- und Kongresswahlen eine Affäre mit einer Prostituierten ruchbar wurde, die der von Clinton inszenierten konservativen Moralkampagne völlig zuwiderlief, hat nur Morris persönlich zum Rücktritt von seinem „Amt" gezwungen, seinem Auftraggeber aber nicht erkennbar geschadet. Nicht so glimpflich davonkommen dürfte der Präsident mit zahlreichen Unsauberkeiten und auch Gesetzesverstößen, die sich die demokratische Wahlkampffinanzierung im Jahr 1996 anrechnen lassen muss. Um die Ressourcen für seine Wiederwahlkampagne zusammenzutragen, haben das Ehepaar Clinton und der Vizepräsident unermüdlich gearbeitet und dabei zahllose geschriebene und ungeschriebene Gesetze übertreten, darunter die Schranke zwischen Präsidentenamt und demokratischer Wahlkampfmaschine und das Verbot, Wahlkampfspenden ausländischer Quellen einzuholen. Vor allem die China-Lobby scheint sich mit satten Zuwendungen regelrecht im Weißen Haus eingekauft zu haben. Unterdessen vermarktet Dick Morris seine Story und versucht, zusammen mit anderen professionellen Kampagnenmachern, das ramponierte Image seines Berufstandes zu retten – vermutlich mit Erfolg (Morris 1997; vgl. auch schon Luntz 1988). Die Opposition hat aus Clintons Wahlkampagne bereits ein zweites Watergate gemacht. Sie verschweigt dabei, dass sie mit genau denselben Methoden gearbeitet und noch 200 Millionen US-$ mehr eingeworben hat als der Amtsinhaber. Watergate I war Auslöser eines – wie sich spätestens jetzt gezeigt hat – unzureichenden Gesetzes zur Dämpfung der Wahlkampfkosten. Ob es ein Watergate II geben wird, war im März 1997 noch nicht abzusehen. Doch zu diesem Zeitpunkt war Clintons Popularität ungebrochen hoch, als seien die von der republikanischen Rechten wie der liberalen Presse angeprangerten Kampagnenmissbräuche *peanuts*. Das amerikanische Publikum scheint sie hinzunehmen wie eine Art politische Umweltverschmutzung. Aus all dem wird man kaum einen anderen Schluss ziehen können als die Unumgänglichkeit der Kampagnenpolitik.

Bleibt die Frage nach der Messbarkeit des Erfolgs bzw. Misserfolgs von Kampagnen. Amerikanische Pollster, Berater, Meinungsforschungsinstitute und auch ein Teil der Presse suggerieren, Clintons Wiederwahl sei vor allem ihrer geschickten Wahlkampfführung bzw. der fehlenden Kongenialität des republikanischen Apparats zu verdanken, d.h. einem perfekten politischen Marketing. Aufschlussreich für diese *déformation professionelle* ist die Zeitschrift *Campaign & Elections*, die seit 1980 in Washington D.C. erscheint. Die Ausgabe von Dezember 1997 enthält einen Überblick über Gewinner und Verlierer unter den 1996 angetretenen Kampagnenfirmen und eine imposante Liste von Anzeigen, in denen sie ihre Dienste anpreisen. Die Kampagnenmacher legen ungebrochenes Selbstbewusstsein an den Tag, von Krisenstimmung keine Spur. Die Vorschläge zur Kampagnenreform kommen und gehen, die Kampagnen bleiben.

Die Frage nach den Erfolgskriterien wirft ein gravierendes theoretisches Problem auf: ob der so genannte „politische Markt" überhaupt ein Markt im strikten Sinne ist, und ob sich *public communication campaigns* nicht in ganz anderer Weise an den „Verbraucher" richten sollten als kommerzielle PR-, Marketing und Werbeagenturen und damit stärker die Distinktion bzw. Eigengesetzlichkeit der politischen Sphäre in Rechnung stellen müssten – gerade, um erfolgreich zu sein. Praktiker des Kampagnenbetriebs begehen m. E. denselben Fehler wie Theoretiker kollektiver Aktion, die politische Mobilisierung einzig nach dem Muster individueller Nutzenkalküle berechnen und demgemäss Strategien und Konzepte der „Ressourcenmobilisierung" entwickeln.

Kampagnen zielen nicht allein auf instrumentelle, sondern auch auf moralische und affektive Engagements, und diese drei Bestandteile kollektiver Aktion sind keineswegs gleichläufig und homogen. So wird man, vor allem im Hinblick auf soziale Bewegungen, sagen können, dass solche Kampagnen die höchste Wirkung erzielen, die narrative, rituelle und dramatische Aspekte am besten integrieren (Lahusen 1996a, b).

Campaining wird in vielen theoretischen und publizistischen Arbeiten als Ausdruck der „Amerikanisierung" von Politik gedeutet. Damit sind in der Regel negative Assoziationen verbunden. „Amerikanische" Wahlkämpfe, in den USA wie andernorts, gelten als besonders personalisiert, trivial, korrupt und schmutzig. Auch wird behauptet, dass in den Vereinigten Staaten Kampagnen-Prinzipien besonders stark den politischen Prozess als solchen affizieren. Solche Kritiken waren auch in den USA selbst im Anschluss an die Campaign '96 verbreitet. Vor allem wurde eine Häufung von „negative ads" (Schmutzkampagnen), die Aufblähung der Wahlkampfkosten und im Zusammenhang damit die Verwendung illegaler Wahlkampffonds aufs Korn genommen. Vergleichende Studien und die historische Einordnung der jüngsten Kampagne zeigen indessen, dass diese Kritik teilweise überzogen ist. Es gab weder ein goldenes Zeitalter, in dem die Politik, insbesondere Wahlkämpfe, noch „sauber" waren (dazu schon Ostrogorski 1964/zuerst 1902; Bartels 1992), noch weist die amerikanische Praxis mehr systemische Verzerrungen auf als die anderer politischer Systeme. Die von außen seltsam anmutenden Stilelemente amerikanischer Kampagnen hängen vielmehr mit Eigenheiten des politischen und sozialen Systems zusammen, also vor allem mit der außerordentlichen Bedeutung der *primaries*, der exklusiven Rigidität des Mehrheitswahlrechts oder der in allen gesellschaftlichen Bereichen verbreiteten Praxis des *fund raising*, die nur einen defizitären öffentlichen Sektor ausgleicht (Swanson/Mancini 1996; Johnson-Cartee/Copeland 1997). Andere Auffälligkeiten, wie die herausragende Bedeutung des großen Geldes, wirken in historischer Perspektive weniger dramatisch. So liegen die Wahlkampfkosten, die exorbitant hoch geschnellt zu sein scheinen, pro Kopf der Wähler heute nicht höher als zu Ende des vorigen Jahrhunderts (Bartels 1992: 256), d.h. sie haben schlicht die Entwicklung des gesellschaftlichen Reichtums mitvollzogen.

Es soll damit nicht gesagt werden, dass amerikanische Wahlkämpfe ohne Tadel oder gar vorbildlich seien. Initiativen des Präsidenten und beider Kongressparteien, die schon seit langem versprochene *campaign reform* auf den Weg zu bringen und insbesondere den unkontrollierbaren Einfluss der Political Action Committees und des in die PACs fließenden „soft money" zu beschneiden, sind seit langem überfällig. Im Bermuda-Dreieck zwischen Meinungsumfragen, TV und Großem Geld (Clinton gab 1996 85 Millionen US-$ allein für TV-Werbung aus) droht politische Rationalität tatsächlich unterzugehen. Gleichwohl: Man kann bisher nicht schlüssig belegen, dass Kampagnenpolitik den politischen Stil verdorben und die Qualität der Regierungspraxis insgesamt beeinträchtigt hat. Dazu weiß man viel zu wenig über die tatsächliche Wirkung von Kampagnen.

Die so genannte „Willie-Horton-Kampagne" George Bushs gegen seinen demokratischen Rivalen Michael Dukakis im Präsidentschaftswahlkampf 1988 war ein typisches Beispiel für Negativwerbung: Willie Horton war ein schwarzer Schwerkrimineller, der auf Freigang ein neues schweres Verbrechen begangen hatte. Dieser Vorfall wurde von Bushs Wahlkampfteam in äußerst demagogischer und unfairer Weise gegen die erklärt liberale Strafvollzugspraxis der Demokraten ausgeschlachtet. Es wird häufig behauptet, dass dieser und andere TV-Spots ausschlaggebend für die Niederlage Dukakis' gewesen sei, doch den Beweis dafür sind die Kritiker bis heute schuldig geblieben. Bushs Wahlsieg dürfte ganz anderen Faktoren geschuldet sein, die die *Campaign '88* nur am Rande beeinflussen konnte, vor allem dem strukturellen Niedergang der Demokratischen Partei, die durch Dukakis' mangelhaftes rhetorisches Talent personifiziert wurde. Das Wahlvolk goutiert derartige Schmutz-Kampagnen übrigens nicht, selbst wenn sie von der (ihrer Partei- und Kandidatenpräferenz nach) „richtigen" Seite stammen. Auch die angeblich ausschlaggebende Bedeutung von Big Money (seitens der Großkonzerne, reicher Einzelspender und der Gewerkschaften) und der Vorsprung superreicher Bewerber wird immer wieder durch die Wahl schwächer ausgestatteter Kandidaten widerlegt. Der rechtsgerichtete Republikaner Bob Dornan verlor 1996 seinen Wahlkreis im kalifornischen Orange County an eine völlig unbekannte Amerikanerin hispanischer Herkunft – ethno-politische Stratifizierung durchkreuzte alle Kampagnenplanung. Ähnlich verhielt es sich bei der Niederlage von Oliver („Ollie") North bei seiner Bewerbung um einen Senatorensitz in Virginia, d.h. auch ein wahres Bombardement mit TV-ads machte einen verurteilten Regierungskriminellen und Helden der Christian Right bei den Wählern nicht groß genug.

Zweifel an der Kampagnenpolitik sind angebracht, doch weniger aufgrund ihrer gelegentlich unbestreitbaren Niederträchtigkeit und Manipulation als vielmehr aufgrund ihrer vermutlich geringen Effizienz und hohen Irrationalität. Dies gilt insbesondere für TV-Kampagnen. Ähnlich wie den Unternehmen, die in kommerzielle TV-Werbung investieren, kommen mittlerweile auch den Sponsoren politischer Kandidaten und Parteien Zweifel, ob sie ihr Geld gut angelegt haben: Stell' dir vor, die Parteien produzieren teure TV-Spots und keiner schaut hin ... Die häufig vorgebrachte Entschuldigung für eine Wahlniederlage, man habe diesen oder jenen Staat bzw. Wahlkreis zu wenig „beworben", ist meist nur eine fadenscheinige Ausrede dafür, dass die Mehrheit der Wähler sich aus anderen Gründen gegen eine Partei oder einen Kandidaten entschieden hat. Z.B. ist George Bush 1992 über einen nicht-intendierten Effekt seiner eigenen Kampagne gestolpert, indem er sein berühmtes Versprechen „read my lips, no new taxes" brach, was von seinen Konkurrenten Clinton und Ross Perot gnadenlos ausgenutzt wurde. In diesem Fall wirken Kampagnen wie der berühmte Besen, den der Zauberlehrling nicht mehr los wird.

An dieser Stelle muss man die generelle Wirkung der Kampagnenpolitik auf das politisch-administrative System thematisieren. Es ist schon darauf hingewiesen worden, wie stark sich das „eigentliche" Regierungshandeln an Zeitpunkt und Form der Kampagnen ausrichtet bzw. selber kampagnenförmig gestaltet. Das ist keine bloße Modeerscheinung. Vielmehr liegt dem Vordringen des „persuasiven" Politikstils eine erhebliche Relativierung jener Ressourcen und Medien zugrunde, die bislang als typische und vorrangige Mittel staatlichen Handelns herangezogen wurden: Knappe öffentliche Kassen lassen die Steuerungsressource Geld schrumpfen, das (national)staatliche Gewaltmonopol ist allseits durchlöchert und gesetzliche Sanktionen allein können die vom Gesetzgeber erwünschte Verhaltensänderung meist nicht bewirken. Persuasive Kampagnen treten deswegen als flankierende, kompensatorische oder auch alternative Medien der Politik ein. Der Erfolg derartiger symbolischer Politik ist wiederum umstritten. Ein Beispiel persuasiver Politik in der Bundesrepublik waren staatliche und nicht-staatliche Kampagnen gegen Fremdenfeindlichkeit, die vor allem seit den späten 80er Jahren auf gewalttätige Ausbrüche von Xenophobie und die Erfolge einwanderungs- und asylfeindlicher rechtspopulistischer Parteien reagierten. Ein Ansatz persuasiver Politik von oben war das Frankfurter „Amt für Multikulturelle Angelegenheiten", dessen Dezernent Daniel Cohn-Bendit im Wesentlichen kampagnenförmig, also weniger im Sinne hoheitlich-administrativer Verwaltungstätigkeit vorging (Leggewie 1990), ein anderer waren die „zivilgesellschaftlichen" Aktionen von Lichterketten bis zu Benefizkonzerten, die anti-rassistische oder xenophile Botschaften aussandten (Baringhorst 1995 und 1997). Was diese Versuche bewirkt oder verhindert haben, ist äußerst schwer zu sagen.

Zusätzlich soll hier noch ein formaler Aspekt herausgestrichen werden. Politische Kampagnen traktieren in der Regel *single issues*, d.h. auch Organisationen oder Bewegungen, die globale und übergreifende Themen ansprechen, müssen diese selektiv und symbolisch zuspitzen und damit intrikate Zusammenhänge auf einleuchtende und eingängige Formeln reduzieren, die ihrer Komplexität und Interdependenz nicht angemessen sind. Eben wegen dieser Unterkomplexität können sie das häufig beklagte Gefühl mangelnder Lösungskompetenz des politischen Entscheidungssystems („Politikversagen") noch verstärken. Überdies affizieren sie die traditionellen Steuerungsinstrumente des Staates. Um auf das amerikanische Beispiel zurückzukommen: „Taxes" (d.h. Steuererhöhungen) sind durch Form und Inhalt der Kampagnenpolitik in den Vereinigten Staaten zu einem absoluten Reizwort und Tabu geworden, d.h. Politikern sind in dem einzigen Politikfeld, in dem sie (nämlich mittels Steuererhöhungen) über ein effektives fiskalpolitisches Steuerungsinstrument verfügen, zunehmend die Hände gebunden. Die komplementäre, als „Politikverdrossenheit" beschriebene populistische Kritik an Volksvertretern und Entscheidungsträgern trifft in allen westlichen (und neuen) Demokratien zuallererst die politischen Parteien, die ihr Monopol der politischen Meinungs- und Willensbildung bzw. Interessenbündelung und -artikulation an die (elektronischen) Medien verloren haben und nun durch die Ubiquität des Instruments „campaign" weiter relativiert werden.

Die Kampagnenpolitik ist aufs engste mit diesen elektronischen Medien und ihren spezifischen Präsentationsformaten verwoben. Jeder noch so marginale Politikerauftritt und jede noch so kleine Bürgerinitiative macht sich zum Erfolgskriterium, „in den Medien" präsent zu sein und „ins Fernsehen" zu kommen. Kampagnen sind heute vor allem „*high-tech campaigns*", und die Frage ist wiederum, inwiefern dieser Typus politischer Kommunikation die Wesenszüge der Politik determiniert bzw. modifiziert hat

(Selnow 1994). Veränderungen des Wählerverhaltens, der Presseberichterstattung und der Regierungstätigkeit im „Fernsehzeitalter" lassen sich registrieren, und Skeptiker sehen bereits eine „elektronische Republik" heraufziehen und „elektronischen Populismus" walten. Es wird in diesem Zusammenhang interessant sein, inwiefern das „Internet", ein Sammelbegriff für neue, computervermittelte Kommunikationsnetzwerke mit höherem interaktivem Potential, Wesenszüge der high-tech campaigns nochmals verändern und das Quasi-Monopol des Fernsehens brechen kann, wenn es sich als individualisiertes Massenkommunikationsmittel verallgemeinern und einen neuen Strukturwandel der Öffentlichkeit herbeiführen kann. Wenn dies der Fall ist, wäre eine demokratische Netz-Kultur ein geradezu ideales und intelligentes Medium politischer Kommunikation der Bürgergesellschaft selbst. Wie sie dieses nutzt, ist nicht vom Medium selbst her vorgegeben (wenn auch seine höhere Interaktivität dies nahe legt), sondern von der Partizipationsneigung der Bürger selbst. Diese haben sich im Verlauf der Entwicklung der demokratischen Massengesellschaften auch zunehmend selbst organisiert und „Kampagnen von unten" inszeniert, die humanitäre und gemeinwohlorientierte Ziele verfolgen. Auch über deren Effizienz und Wirkung weiß man bisher recht wenig (Baringhorst 1997; Lahusen 1996a, b). Doch ist anzunehmen, dass sie ebensolche Schwächen haben wie das klassische Campaining. Ihre Stärke, Spektakel-Politik und Gewinnung von Aufmerksamkeit durch moralischen Protest und *celebrity endorsement* (die Instrumentalisierung von Prominenten), dürfte zugleich ihre Achillesferse darstellen. Wer Missstände skandalisiert, ist auch besonders anfällig für die Skandalisierung seiner eigenen Methoden und seiner moralischen Integrität. Die „Brent Spar"-Kampagne von Greenpeace, eine in der öffentlichen Meinung hoch angesehene public interest group, hat sich erwiesenermaßen dubioser Manipulationstechniken bedient, bisher, ohne allzu großen Schaden zu nehmen (v. Beyme 1995; Beck 1995). Allerdings hat die Skandalisierungsspirale damit auch die (selbst-)berufenen Skandalisierer erreicht: Print- und elektronische Medien, Umwelt- und Menschenrechts-Organisationen. Wer Kampagnen gegen andere führt, kann selbst darin untergehen.

3 Die Unvermeidbarkeit der Kampagnenpolitik

Diesen kurzen Durchgang durch Geschichte und Struktur der Kampagnenpolitik kann man folgendermaßen zusammenfassen:
- *Erstens* ist die Form der Kampagne dem Politischen von Beginn an *inhärent*. Wettbewerb und Werbung gehören zur Politik, die sich stets aller erlaubten und vieler nicht erlaubter („unethischer") Methoden der Aufmerksamkeitserzeugung bedient hat – Verführung, Bestechung und Drohung inbegriffen. Wer in heutigen Kampagnen niedrige Instinkte am Werk sieht, entdeckt nur einen Grundzug der Politik seit jeher.
- Kampagnen sind *zweitens* als Mittel politischer Mobilisierung dominant und *ubiquitär* geworden. Sie stechen im politischen Leben mehr als früher hervor, auch weil sie nicht mehr allein „von oben" (also seitens wahlkämpfender Parteien) geführt

werden, sondern ins Repertoire von Nicht-Regierungs-Organisationen, *public-interest-groups*, sozialen Bewegungen und Graswurzelorganisationen aufgenommen worden sind.
- Dabei werden heute *drittens* vornehmlich Mittel eingesetzt, die nicht eo ipso dem politischen Bereich entstammen, sondern den ineinander fließenden Berufszweigen des Marketing, der Public Relations, der Werbung, des Journalismus; d.h. in Wahl- und anderen Kampagnen findet eine *Entdifferenzierung* der Subsysteme Politik, Wirtschaft und Kultur statt.
- So haben sich *viertens* Kampagnen vom bloßen Medium und Mittel zum *Selbstzweck* entwickelt und damit eine beträchtliche Eigendynamik gewonnen, die in die Sphäre der inhaltlichen Politikformulierung bzw. Regierungstätigkeit selbst ausstrahlt. Persuasion ist zur wesentlichen Ressource symbolischer Politik geworden, die elektronischen Medien sind die geläufigsten Transportmittel, aber auch selbst Akteure politischer Hightech-Kommunikation geworden.
- Kampagnen sind *fünftens* Begleiterscheinungen wie Korruption, Manipulation und Kostenexplosion eigen, die das politische Leben *pervertieren* und als „Schmutzkampagnen" bei der Bürgerschaft Verdruss und Abscheu erzeugen, in ihren Wirkungen aber nicht so verheerend sein dürften, wie eine überzogene Kampagnen-Kritik oftmals unterstellt.

So kommt man wohl zu dem nüchternen Schluss, dass Kampagnen die Welt nicht besser machen – aber auch nicht schlechter. Ohnehin ist nicht Weltverbesserung die Herausforderung, sondern höchstens, bessere Kampagnen zu inszenieren, d.h. sie transparenter, interaktiver und deliberativer zu gestalten. Dies betrifft nicht nur den formalen oder ästhetischen Aspekt politischer Persuasion. Mehr Substanz, mehr Sachlichkeit und mehr finanzielle Transparenz – all dies würde auch den vielfältigen Kampagnen zugute kommen und den „reasoning voter" besser erreichen und zufrieden stellen. Ihre Wirkung, über die man mangels empirischer Forschung wenig Aussagen machen kann, soll nicht unterschätzt werden. Oft genug verdunkeln sie das Urteilsvermögen der Bürger. Aber so hilflos, dass sie jedem Unsinn, jeder Schmutzkampagne und jedem faulen Trick auf den Leim gehen, sind diese gewiss nicht. Nicht nur die Anfälligkeit für Manipulation, auch die Informiertheit der Bürger ist seit 1945 gewachsen. Deswegen sollten Kampagnen nicht verdammt oder gar dämonisiert werden. „No electioneering, no elections" lautet die schlichte Konklusion von Butler/Ranney (1992: 286). Allgemeiner kann man sagen, dass Kampagnenpolitik zu offenen Gesellschaften gehört. Wer solche haben will, muss auch ihre Kehrseiten ertragen können.

Literatur

Backer, Thomas E./Everett M. Rogers (1993): Designing Health-Care Campaigns: What Works, Newbury Park
Bagdikian, Ben H. (1990): The Media Monopoly, Boston
Baringhorst, Sigrid (1994): „Protest und Mitleid – Politik als Kampagne". In: Claus Leggewie (Hg.): Wozu Politikwissenschaft? Über das Neue in der Politik, Darmstadt: 179-90

Baringhorst, Sigrid (1995): „Kampagnen gegen Ausländerhaß und Gewalt – zur sozialen Konstruktion von Solidarität im Medienzeitalter". In: Siegfried J. Schmidt/Brigitte Spieß (Hg.): Werbung, Medien und Kultur, Opladen: 65-78

Baringhorst, Sigrid (1996): „Das Spektakel als Politikon". In: Forschungsjournal Neue soziale Bewegungen, 9. Jg., H.1: 15-25

Baringhorst, Sigrid (1997): „Is There a Better Way To Save the World?!" Zur symbolischen Konstruktion von Solidarität in Medienkampagnen. Habilitationsschrift, Gießen

Bartels, Larry M. (1992): „The Impact of Electioneering in the United States" In: David Butler/Austin Ranney (Hg.): Electioneering. A Comparative Study of Continuity and Change, Oxford: 244-277

Beck, Ulrich (1986): Risikogesellschaft. Auf dem Wege in eine andere Moderne, Frankfurt/M.

Beck, Ulrich (1995): „Was Chirac mit Shell verbindet. In der Weltrisikogesellschaft wird der Konsumentenboykott zum demokratischen Machtinstrument". In: Die Zeit, 8.9.1995: 9

Beyme, Klaus von (1995): „Trouble in Paradise. Brent Spar kommt eine neue internationale Politik in Sicht?". In: Vorgänge, 34. Jg., H. 4: 55-67

Blumenfeld, Sidney: (1982): The Permanent Campaign, New York

Bostdorff, Denise M. (1992): „'The decision is yours' Campaign: Planned Parent-hood's Character-Istic Argument of Moral Virtue". In: Elizabeth L. Toth/Robert L. Heath (Hg.): Rhetorical and Critical Approaches to Public Relations, Hove, London: 301-314

Bowler, Shaun/David M. Farrell (Hg.) (1992): Electoral Strategies and Political Marketing, London

Brown Jr., Clifford W. u.a. (1995): Serious Money. Fundraising and Contributing in Presidential Nomination Campaigns, Cambridge/Mass.

Bruhn, Manfred/Jörg Tilmes (1994): Social Marketing: Einsatz des Marketing für nichtkommerzielle Organisationen, Stuttgart

Burkart, Roland/Sabine Probst (1991): Verständigungsorientierte Öffentlichkeitsarbeit: eine kommunikationstheoretisch begründete Perspektive". In: Publizistik, 36. Jg., H.1: 56-76

Butler, David/Austin Ranney (Hg.) (1992): Electioneering. A Comparative Study of Continuity and Change, Oxford

Campaigns & Elections (1996): Special Post-Election Issue, Washington D.C.

Fejer, Susanne (1990): Zur Veränderung von Verbraucherverhalten durch Social Marketing: Eine empirische Analyse am Beispiel des umweltbewußten Konsums, Duisburg

Giesen, Bernhard (1983): „Moralische Unternehmer und öffentliche Diskussion. Überlegungen zur gesellschaftlichen Thematisierung sozialer Probleme". In: Kölner Zeitschrift für Soziologie und Sozialpsychologie. 35. Jg., H. 2: 230-255

Glasser, Theodor/Charles T. Salmon (Hg.) (1995): Public Opinion and the Communication of Consent, New York

Greven, Michael Th. (1995): „Kampagnenpolitik". In: Vorgänge, 34 Jg., H. 4: 40-54

Gusfield, Joseph R. (1981): The Culture of Public Problems. Drunk Driving and the Symbolic Order, Chicago

Huckfeldt, Robert (1995): Citizens, Politics and Social Communication: Information and Influence in an Election Campaign, Cambridge/Mass.

Johnson-Cartee, Karen S./Gary A. Copeland (1997): Inside Political Campaigns: Theory and Practice, Westport

King, Anthony (1997): Running Scared. Why America's Politicians Campaign Too Much and Govern Too Little, New York usw.

Kotler, Philip (1997): Marketing Management. Analysis, Planning, Implementation and Control, Englewood Cliffs/New York

Krzeminski, Michael (Hg.) (1994): Praxis des Social Marketing: Erfolgreiche Kommunikation für öffentliche Einrichtungen, Vereine, Kirchen und Unternehmen, Frankfurt/M.

Lahusen, Christian (1996a): The Rhetoric of Moral Protest. Public Campaigns, Celebrity Endorsement, and Political Mobilization, Berlin, New York

Lahusen, Christian (1996b): „Zur Ikonographie visueller Kommunikation. Eine soziologisch-semiologische Interpretation graphischer Zeichen". In: Sociologia Internationalis, 34 Jg., H. 1: 91-115

Leggewie, Claus (1990): Multikulti. Spielregeln für die Vielvölkerrepublik, Berlin

Leggewie, Claus (1997): America first? Der Fall einer konservativen Revolution, Frankfurt/M.

Leif, Thomas (1993): Social Sponsoring und Social Marketing. Praxisberichte über das neue Produkt Mitgefühl, Köln

Lichter, S. Robert (1995): Good Intentions Make Bad News. Why Americans Hate Campaign journalism, Lanham

Luntz, Frank I. (1988): Candidates, Consultants, and Campaigns. The Style and Substance of American Electioneering, New York

Morris, Dick (1997): Behind the Oval Office: Winning the Presidency in the Nineties, New York

O'Shaughnessy, Nicolas J. (1990): The Phenomenon of Political Marketing, New York

Ostrogorsky, Georg (1964): Studien zur Geschichte des byzantinischen Bilderstreites, Amsterdam (zuerst 1902)

Popkin, Samuel L. (1991): The Reasoning Voter. Communication and Persuasion in Presidential Campaigns, Chicago, London

Reichertz, Jo (1994): „Selbstgefälliges zum Anziehen. Benetton äußert sich zu Zeichen der Zeit". In: Norbert Schröer (Hg.): Interpretative Sozialforschung, Opladen: 253-280

Reichertz, Jo (1995): „'Wir kümmern uns um mehr als Autos': Werbung als moralische Unternehmung". In: Soziale Welt, 46. Jg., H. 4: 469-490

Rice, Ronals E./Charles K. Atkin (Hg.) (1989): Public Communication Campaigns, Beverly Hills, London

Rust, Holger (Hg.) (1993): Europa-Kampagnen: Dynamik öffentlicher Meinungsbildung in Dänemark, Frankreich und der Schweiz, Wien

Safire, William (1993): Safire's New Political Dictionary, New York

Schmitt-Beck, Rüdiger/Barbara Pfetsch (1994): „Politische Akteure und die Medien der Massenkommunikation. Zur Generierung von Öffentlichkeit in Wahlkämpfen". In: Friedhelm Neidhardt (Hg.): Öffentlichkeit, öffentliche Meinung, soziale Bewegungen. Sonderheft 34 der Kölner Zeitschrift für Soziologie und Sozialpsychologie: 106-138

Selnow, Gary W. (1994): High-Tech Campaigns. Computer Technology in Political Communication, Westport/Conn., London

Shea, Daniel (1996): Campaign Craft. The strategies, tactics and art of political campaign management, Westport

Swanson, David L./Paolo Mancini (Hg.) (1996): Politics, Media and Modern Democracy: an international study of innovations in electronical campaigning and their consequences, Westport

Toth, Elisabeth L./Robert L. Heath (Hg.) (1992): Rhetorical and Critical Approaches to Public Relations, Hove, London

Toscani, Oliviero (1996): Die Werbung ist ein lächelndes Aas, Mannheim

Vater, E. u.a. (Hg.) (1997): Vernetzt und Verstrickt. Nicht-Regierungs-Organisationen als gesellschaftliche Produktivkraft, Münster

Young, Michael L. (Hg.) (1987): American Dictionary of Campaigns and Elections, New York

Politische Kampagnen*

Patrick Donges

1   Kampagnen im Forschungsfeld Politische Kommunikation

Der Begriff der Kampagne ist im deutschsprachigen Forschungsfeld Politische Kommunikation nicht sehr gebräuchlich, vergleicht man die Anzahl der Publikationen beispielsweise mit der viel umfassenderen Literatur zur Wahlkampfkommunikation. Der Kampagnenbegriff, so hat es den Anschein, wird der Praxis überlassen, die ihn gerne und mit Ausrufezeichen aufgenommen hat (vgl. Althaus 2002; Althaus/Cicero 2003). In der englischsprachigen Forschungsliteratur sind die Begriffe „campaign" bzw „campaigning" gebräuchlicher, allerdings sind auch damit zumeist Wahlkämpfe gemeint. Im führenden Handbuch zur Politischen Kommunikation im deutschsprachigen Raum findet sich unter dem Stichwort „Kampagnen" eine Definition, die als Ausgangsbasis auch diesem Sammelband zugrunde liegt:

> „Kampagnen sind dramaturgisch angelegte, thematisch begrenzte, zeitlich befristete kommunikative Strategien zur Erzeugung öffentlicher Aufmerksamkeit, die auf ein Set unterschiedlicher kommunikativer Instrumente und Techniken – werbliche und marketingspezifische Mittel und klassische PR-Maßnahmen – zurückgreifen. Ziele von Kampagnen sind: Aufmerksamkeit erzeugen, Vertrauen in die eigene Glaubwürdigkeit schaffen und Zustimmung zu den eigenen Intentionen und/oder Anschlusshandeln erzeugen" (Röttger 1998: 667).

Damit wird deutlich, dass Wahlkämpfe eine besondere Form, gleichsam die „Urform" (ebd.) politischer Kampagnen sind, bei denen die intendierte Anschlusshandlung in einem Wahlakt besteht. Daneben finden sich politische Kampagnen mit nicht-wahlbezogenen Zielen.

In ähnlicher Weise definiert Greven (1995) Kampagnen als „zielgerichtete Mobilisierung einer Öffentlichkeit aufgrund eines Plans, um die gewissermaßen strategische Herbeiführung eines öffentlichen Meinungsklimas" (Greven 1995: 41). Wesentlich an

---

* Dieser Beitrag wurde gegenüber der 2. Auflage des Bandes von 2001 aktualisiert und ergänzt.

Kampagnen sind nach Greven zum einen die besonderen Anstrengungen und Ressourcen, die Akteure in ihre Kampagnen investieren, und die „Ausdruck einer gewissen Priorität und Dringlichkeit" (ebd.: 42) sind, zum anderen der begrenzte Zeitrahmen. Hingegen sehen Blumler/Kavanagh gerade in einem „permanent campaigning" und in „campaigns without candidates" – also nicht auf Wahlen bezogenen Kampagnen – eine wesentliche Veränderung der politischen Kommunikation insgesamt:

> „without letup, routine events such as party conferences, press conferences, policy launches, the annual budget, the speeches are all accompained by massive publicity arrangements" (Blumler/Kavanagh 1999: 214).

Eine endlose Kampagne, wie sie der Begriff des „permanent campaigning" suggeriert, wäre jedoch kaum mehr von „normaler" öffentlicher politischer Kommunikation und der Politik insgesamt zu unterscheiden – der Kampagnenbegriff würde ins Leere laufen (so auch Greven 1995: 42). Denn es sind gerade die thematischen und zeitlichen Begrenzungen, die das Besondere an Kampagnen ausmachen und sie als eine Form der politischen Kommunikation von anderen unterscheiden. Die von Röttger erwähnten Instrumente und Techniken haben längst Eingang in die „normale" politische Kommunikation gefunden; es werden von den politischen Akteuren zunehmend Pseudoereignisse geschaffen, die ausschließlich deshalb herbeigeführt werden, um die Aufmerksamkeit der Medien auf sich zu ziehen und Berichterstattung zu stimulieren (vgl. u.a. Schmitt-Beck/Pfetsch 1994; Kepplinger 1989).

Neben dem Umstand, dass Kampagnen nicht eindeutig definiert und von der „übrigen" politischen Kommunikation abgegrenzt werden können, gibt es auch unterschiedliche (normative) Deutungen des Phänomens. Während Leggewie (in diesem Band) Kampagnen als etwas begreift, was dem Politischen von Beginn an inhärent war und zu dem „nüchternen Schluss" kommt, „dass Kampagnen die Welt nicht besser machen – aber auch nicht schlechter", sieht Greven in ihnen eine Gefahr für die politische Partizipation und damit die Politik insgesamt:

> „So gesehen zeigt sich in dieser Zukunftsperspektive vielleicht andeutungsweise, wie eine immer dominanter werdende Kampagnenpolitik und die mit ihr verbundenen strukturellen Effekte langfristig den gesellschaftlichen Humus bürgerlicher politischer Partizipation austrocknen und die vielfältigen Formen des politischen und sozialen Engagements auch in diesen Bereichen durch professionelles und kommerziell vermarktetes Handeln ersetzen können" (Greven 1995: 54).

Der vorliegende Beitrag knüpft an diese unterschiedlichen Deutungen von Kampagnen an. Zunächst soll danach gefragt werden, wie sich Kampagnen im Prozess der politischen Interessenvermittlung verorten lassen. Denn erst wenn klar wird, ob, wie und ggf. warum Kampagnen diesen Prozess oder die an ihm beteiligten Akteure verändern, können normative Aussagen über ihre demokratietheoretische Relevanz gezogen werden.

2 Kampagnen und Interessenvermittlung

2.1 Interessenvermittlung als Prozess

Der Prozess der politischen Interessenvermittlung vollzieht sich zwischen einzelnen Individuen, die in soziale Gruppen und Milieus eingebunden sind, und dem politischen System, dessen Funktion die Herstellung kollektiv verbindlicher Entscheidungen ist. Man spricht auch von einem intermediären System (vgl. Jarren/Donges 2002: 137-169; Rucht 1993; 1998). Der Begriff der Interessenvermittlung bedeutet dabei mehr als die einfache Weiterleitung von Interessen. Zu differenzieren sind insbesondere die Phase der Artikulation und der Aggregation: In der Phase der Interessenartikulation werden diffuse und partikulare Interessen einzelner Individuen explizit als politisch dargestellt und in konkrete und sachbezogene Problemdefinitionen und Ansprüche transformiert, die erst durch diese Transformation für das politische System überhaupt bearbeitbar werden. Zum Beispiel kann aus einem individuellen Interesse nach sozialer Sicherheit heraus eine konkrete Forderung nach einer einzelnen sozialpolitischen Maßnahme erwachsen. In der anschließenden Phase der Interessenaggregation werden diese Forderungen und Interessen dann gebündelt und in alternativ entscheidbare politische Programme, etwa in Form konkurrierender Wahlprogramme, umgesetzt. Um bei dem Beispiel zu bleiben: Aus einzelnen Forderungen nach sozialpolitischen Maßnahmen entsteht ein sozial-politisches Programm, das dann zur Abstimmung gestellt werden kann.

Kampagnen sind typischerweise ein Instrument der Interessenartikulation, geht es bei ihnen doch darum, Aufmerksamkeit für einzelne Interessen und Anschlusshandeln zu erzeugen. Von besonderer Bedeutung ist dabei, dass auch das Interesse der Massenmedien in der Phase der Interessenartikulation am größten ist, denn in dieser Phase werden wichtige Nachrichtenwerte – wie etwa Neuigkeit und Konflikt – eher erfüllt als in der Phase der Interessenaggregation (vgl. u.a. Jarren/Donges/Weßler 1996: 12ff.). Für die Artikulation von Interessen sind die Medien auch von zentraler Bedeutung, weil sie durch Thematisierung oder eben Nicht-Thematisierung wesentlich darüber entscheiden, ob Interessen oder Probleme allgemein öffentlich werden. Die Medien wirken hier sowohl als Filter wie auch als Verstärker. In späteren Phasen des Interessenvermittlungsprozesses, wenn es darum geht, Interessen zu Programmen zu aggregieren, ist der Medieneinfluss eher gering und abhängig davon, ob die Bearbeitung des Themas kontrovers erfolgt. Dies ist etwa dann der Fall, wenn die Akteure der Interessenartikulation, die das Problem benannt und auf es aufmerksam gemacht haben, wieder aktiv werden.

2.2 Kampagnenfähigkeit als Eigenschaft von Interessen

Für die Analyse des Prozesses der Interessenvermittlung stellt sich seit jeher die Frage, welche Interessen dabei besondere Berücksichtigung finden und welche nur unzureichend vermittelbar sind. Denn wenn es bestimmte Interessen gibt, die politisch nicht oder nur schlecht vermittelbar sind, wirft dies weit reichende demokratietheoretische Fragen auf.

Nach der klassischen Unterscheidung von Offe lassen sich Interessen zunächst nach dem *Grad der Organisationsfähigkeit* unterscheiden. Organisationsfähig sind nach Offe nur solche Interessen, die sich „als Spezialbedürfnisse einer sozialen Gruppe interpretieren lassen", wobei diese den „aktuellen und potentiellen Mitgliedern dieser Gruppe hinreichend deutlich und wichtig sein" müssen (Offe 1969: 168). Allgemeine und nicht an bestimmte Statusgruppen gebundene Interessen gelten als weniger organisierbar als diejenigen Interessen, die konkreter formuliert und von relativ homogenen Statusgruppen vertreten werden. Beispielsweise sind Gruppen wie Seniorinnen und Senioren, oder auch Studierende, zwar zahlenmäßig sehr stark, aber in sich relativ heterogen, so dass ihre Interessen kaum organisationsfähig sind. Nur bei organisationsfähigen Interessen können ausreichende Ressourcen mobilisiert werden, damit sich Akteure der Interessenartikulation gründen, die diese Interessen dann im politischen Prozess vertreten.

Offes zweite Differenzierung betrifft dann den *Grad der Konfliktfähigkeit*, den diese Akteure im politischen Prozess aufweisen. Die Konfliktfähigkeit beruht nach Offe auf der „Fähigkeit einer Organisation bzw. der ihr entsprechenden Funktionsgruppen, kollektiv die Leistung zu verweigern bzw. eine systemrelevante Leistungsverweigerung glaubhaft anzudrohen" (Offe 1969: 169). Konfliktunfähige Interessengruppen hingegen weisen keine „funktionale Bedeutung" für das politische System auf, so dass die von ihnen vertretenen Interessen weniger zur Geltung kommen als die der konfliktfähigen Akteure. Beispiele hierfür sind etwa Gruppen, die staatliche Leistungen empfangen, etwa im Sozialbereich. Auch bei relativ homogener Interessenlage, die diese Gruppen eigentlich organisationsfähig macht, sind sie kaum konfliktfähig.

Als dritte Unterscheidung lässt sich nun der *Grad der Kampagnenfähigkeit* von Interessen ergänzen. Kampagnenfähig sind, nach den Begriffsdefinitionen von Röttger und Greven, jene Interessen, die dramaturgisch angelegt, thematisch und zeitlich begrenzt werden können, und die vor allem dazu geeignet sind, den Selektionskriterien der Massenmedien zu entsprechen, um in der politischen Öffentlichkeit Aufmerksamkeit zu erlangen und Anschlusshandeln zu ermöglichen. Mit dieser Definition lassen sich einzelne Merkmale kampagnenfähiger Interessen nun genauer bestimmen:

Dramaturgische Anlage: Kampagnenfähig sind vor allem jene Interessen, bei denen es Akteure gibt, die andere, entgegengesetzte Interessen vertreten, kurzum: es einen benennbaren politischen Gegner gibt, v.a. dann, wenn es sich um eine prominente Organisation oder Einzelperson handelt. Dies kann beispielsweise dadurch geschehen, dass sich Kampagnen gegen ein konkretes Unternehmen X richten, das als Beispiel für eine Gruppe von Unternehmen („die chemische Industrie") genommen wird.

Thematische und zeitliche Begrenzung: Um kampagnenfähig zu sein, müssen Interessen thematisch zugespitzt werden können, am besten in eine pro-und-contra Position. Die eingeforderten Anschlusshandlungen müssen zudem zeitlich nahe liegen („Stoppt XY jetzt") und sich weniger auf zukünftige Ereignisse beziehen.

Selektionskriterien der Massenmedien: Nach der klassischen Nachrichtenwerttheorie sind vor allem jene Themen für die Medien relevant, die einzelnen Nachrichtenwerten wie Überraschung, Dynamik, Relevanz, Visualität und Prominenz entsprechen. Kampagnenfähig sind Interessen, die diesen Nachrichtenwerten entsprechen, etwa wenn sie neue Probleme benennen oder neue Aspekte zu schon bekannten Themen aufwerfen, wenn sie, wie beschrieben, konfliktreich sind, sie einen prominenten Gegner aufweisen, und es den Akteuren gelingt, sie in emotional geladene Bilder umzusetzen.

2.3 Kampagnenfähigkeit als Eigenschaft von Akteuren

Kampagnenfähigkeit ist nicht nur eine Eigenschaft einzelner Interessen, sondern auch derjenigen Akteure, die diese Interessen vertreten. Als relevante Akteure des intermediären Systems der Interessenvermittlung werden gemeinhin soziale Bewegungen, Verbände (oder synonym: Interessengruppen) und Parteien unterschieden. Soziale Bewegungen und Verbände sind dabei die zentralen Akteure der Interessenartikulation, Parteien stärker der Interessenaggregation.

Die Fähigkeit, erfolgreich Kampagnen zu führen, setzt nicht nur materielle Ressourcen voraus, sondern auch eine bestimmte Form der Organisationsstruktur. Für *Akteure sozialer Bewegungen* war die Fähigkeit, erfolgreich Kampagnen führen zu können, schon immer relevant. Eine soziale Bewegungen kann definiert werden als

> „ein auf gewisse Dauer gestelltes und durch kollektive Identität abgestütztes Handlungssystem mobilisierter Netzwerke von Gruppen und Organisationen, welche sozialen Wandel mittels öffentlicher Proteste herbeiführen, verhindern oder rückgängig machen will" (Rucht 1994: 338-339).

„Protesthandlungen" als zentraler Modus sozialer Bewegungen und die Emphase ihrer Anhängerschaft als ihre zentrale Ressource sind untrennbar mit ihrer Kampagnenfähigkeit verbunden (vgl. Rucht 1991: 15; Schmitt-Beck 1990). Als ansonsten ressourcenschwaches Organisationsnetzwerk bleiben ihnen nur Kampagnen, um ihre Anhänger zu mobilisieren und (massenmediale) öffentliche Aufmerksamkeit und Zustimmung zu erlangen. Mehr noch: Erst durch Kampagnen wird die Herausbildung und Festigung der angesprochenen „kollektiven Identität" ermöglicht, erst durch die Medienberichterstattung über ihre Kampagnen werden soziale Bewegungen überhaupt erst als „Akteure von allgemeiner politischer Bedeutung [...] öffentlich ‚ratifiziert'" (Schmitt-Beck 1998: 476).

Verbände und Interessengruppen hingegen verfügen über unterschiedliche Ressourcen, um die Interessen ihrer Mitgliedschaft im Prozess der Interessenvermittlung zur Geltung bringen zu können. Neben der von Offe aus konflikttheoretischer Sichtweise angesprochenen Fähigkeit der Leistungsverweigerung können je nach Verband der Zugriff auf Ressourcen wie Geld und Wissen sowie die Möglichkeiten des Zugangs zum politischen Entscheidungszentrum (Regierung, Parlament) als zentrale Ressourcen gelten (vgl. Rucht 1991: 15). Verbände, die über diese Ressourcen verfügen, werden sich im Prozess der Interessenvermittlung eher direkter und nicht-öffentlicher Formen der Interessenartikulation (Lobbying) bedienen. Wenn sich Verbände in der Interessenartikulation der Form politischer Kampagnen bedienen, kann dies daher eher als ein Zeichen von Schwäche interpretiert werden, dass sie über die genannten zentralen Ressourcen wie Zugang zum Entscheidungszentrum oder Geld nicht oder nur in geringem Umfang verfügen (vgl. Hackenbroch 1998: 484).

Parteien als vorrangige Akteure der Interessenaggregation verfolgen unterschiedliche Zielsetzungen: Maximierung von Wählerstimmen und das Gewinnen von Wahlen (vote-seeking), Durchsetzung bestimmter politischer Ziele und Gewinnung von Aufmerksamkeit für einzelne politische Inhalte (policy-seeking) und die Übernahme öffentlicher Ämter und Machtpositionen (office-seeking) (vgl. zuerst Strøm 1990: 570; Wolinetz 2002). Parteien stehen dabei vor dem Problem, dass die verschiedenen innerparteilich relevanten Akteursgruppen in ihren Zielpräferenzen deutlich differieren. Sie sind, insbesondere als „Volksparteien", keine homogenen korporativen Akteure mehr, sondern werden in der Literatur häufig als fragmentierte, lose verkoppelte Anarchien beschrieben, die als Ganzes zu strategischen kollektiven Entscheidungen nicht mehr fähig sind (vgl. Lösche 1993; Jun 2004: 63-67; Wiesendahl 2002: 190, 200). Man sollte, so Wiesendahl (1998) Abstand nehmen von „weitreichenden Organisiertheitsvorstellungen und von irgendwelchen Ideen über ein wohldurchdachtes Organisationsdesign". Parteien hätten „nicht einmal entfernt etwas mit jenen Eigenschaften zu tun [...], die gewöhnlich mit durchstrukturierten und –rationalisierten Organisationen assoziiert werden" (Wiesendahl 1998: 242). Auch Mair plädiert – als Ergebnis einer breit angelegten, komparativ vergleichenden Parteienstudie – „to move away from the conception of party as a unitary actor" (Mair 1997: 123).

Fast alle dieser formal organisierten politischen Akteure weisen somit gegenüber ihrer sozialen Basis eine zunehmend nachlassende Bindungsfähigkeit auf. Mitgliedschaftsverhältnisse „verarmen" affektiv und vororganisatorische Quellen formaler Organisierung und organisatorischer Loyalität trocknen aus (Streeck 1987: 474-475). Parteien als Großorganisationen und als Akteure, die eher die Interessen breiter, heterogener Bevölkerungsschichten aggregieren und in ihren internen Verfahren hochgradig formalisiert handeln (müssen), sind von dieser nachlassenden Bindungsfähigkeit besonders betroffen. Sie führt dazu, dass einzelne Individuen ein zunehmend instrumentelles Verhältnis zu politischen Organisationen aufweisen. Die Mitgliedschaft in solchen Organisationen wird immer mehr nach Kosten-Nutzen-Kalkül vollzogen, während früher die Zugehörigkeit zu bestimmten politischen Gruppen durch die soziale Stellung quasi vorgegeben war. Eine langfristige ideologische Festlegung unterbleibt jedoch zunehmend, von politischen (Groß-)Organisationen werden weniger Orientierungs- als vielmehr Dienstleistungen erwartet (vgl. Jarren 1994: 25-26). Punktuelle, einmalige und funktional spezifische Unterstützung von politischen Organisationen, etwa durch die einmalige Zahlung einer Spende für ein bestimmtes Projekt, lösen andere Formen der Unterstützung wie feste, auf Dauer angelegte Mitgliedschaften ab (vgl. Streeck 1987: 479). Kampagnen, die auf eine bestimmte zeitlich fixierte und ohne große Kosten verbundene Anschlusshandlung appellieren (z.B. Boykottaufrufe), erfüllen damit eher diese Bedürfnisse als solche, die ein langfristiges und festes Engagement verlangen.

Dabei ist jedoch zu berücksichtigen, dass Parteien im Prozess der Politikvermittlung eine andere Funktion wahrnehmen als soziale Bewegungen oder nicht-etablierte Verbände oder Interessengruppen. Als Akteure der Interessenaggregation käme ihnen eher die Aufgabe zu, im Rahmen eines „Prozessmanagements" (vgl. Jarren 1997: 106) dauerhafte Informations- und Kommunikationsbeziehungen zu anderen Akteuren der Politikvermittlung zu knüpfen. Der Rückgriff auf kurzfristig angelegte und thematisch reduzierte Formen von Kampagnen mag zunächst hinsichtlich der Medienresonanz erfolgreich sein – langfristig gesehen lösen sie aber die angesprochenen strukturellen Probleme im Prozess der Politikvermittlung (zunehmende Konkurrenz, abnehmende Bindungsfähigkeit etc.) nicht. Zudem zeigt sich, dass nicht alle politischen Akteure „kampagnenfähig" sind – gerade bei großen Volksparteien wird in der Literatur diskutiert, ob sie überhaupt zur Entwicklung einer konsistenten Strategie fähig sind (Raschke 2002; Wiesendahl 2002).

3 „Amerikanisierung" als Ergebnis von Kampagnen?

Mit dem Begriff der Amerikanisierung wurden vor allem in den 1990er Jahren sowohl Veränderungen innerhalb der Wahlkampfführung als auch der politischen Kultur insgesamt bezeichnet. Schulz definiert Amerikanisierung als „einen Vorgang, dessen auffälligstes Merkmal die Übernahme von Wahlkampfmethoden aus den USA ist" (Schulz 1998b: 378; vgl. auch Schulz 1998a; Plasser 2000: 50 mit zahlreichen weiteren Literaturhinweisen). Als Merkmale der „Amerikanisierung" nennt Schulz
- die Personalisierung der Kampagne,
- die Reduktion des Wahlkampfes auf einen Kandidaten-Wettstreit,
- Angriffswahlkampf,
- Professionalisierung,
- Marketing-Ansatz sowie das
- Ereignis- und Themenmanagement (vgl. Schulz 1997: 186f.).

Die genannten Merkmale betreffen die politische Kommunikation auf ganz unterschiedlichen Ebenen: Professionalisierung und Marketing-Ansatz beziehen sich auf die Strukturen und Bedingungen, unter denen politische Kommunikationsaussagen entstehen, während die anderen Merkmale sich auf die Beschaffenheit dieser Aussagen beziehen. Insbesondere die Professionalisierung verweist auf nachhaltige strukturelle Veränderungen innerhalb des politischen Systems, die die Logik des Kampagnengeschäfts insgesamt verändern (vgl. u.a. Holtz-Bacha 1999: 10), denn sie erscheint als Grundbedingung dafür, mit Hilfe eines Marketing-Ansatzes Aussagen produzieren zu können, die den in der Literatur genannten Merkmalen einer „Amerikanisierung" entsprechen.

Neben dem Ansatz der „Amerikanisierung" finden sich in der Literatur zwei weitere Ansätze – Modernisierung und Globalisierung –, die im Prinzip von den gleichen Phänomenen ausgehen. Zwar werden die Begriffe mitunter synonym verwandt, wobei Amerikanisierung dann als Teil eines umfassenden Modernisierungsprozesses oder als alternative Bezeichnung für den gleichen Sachverhalt gilt (Schulz 1998b: 378). Analytisch macht es jedoch Sinn, hier von konträren Ansätzen auszugehen.

Der Ansatz der Modernisierung betrachtet die genannten Veränderungen nicht als Folge eines gerichteten (einseitigen) Konvergenzprozesses, sondern führt sie auf endogene Ursachen zurück und begreift sie als Konsequenzen eines anhaltenden Strukturwandels in den gesellschaftlichen Teilsystemen Politik, Gesellschaft und Medien:

> „Die damit verbundene Labilisierung, Individualisierung, Fragmentierung und Technologisierung traditioneller politischer Öffentlichkeit führt bei den Akteuren der politischen Kommunikation zu einer verstärkten Spezialisierung und Professionalisierung, die eben in der fortgeschrittensten medienzentrierten Demokratie – den USA – deutlicher ausgeprägt ist als in Westeuropa. [...] Was zwischen den USA und Westeuropa stattfindet, ist demnach ein Prozess der ungerichteten Konvergenz, der im Ergebnis zu einer Annäherung der politischen Kommunikationslogik in medienzentrierten Demokratien führt" (Plasser 2000: 51).

Je nach theoretischem Ansatz werden hier die genannten Veränderungen also stärker auf Prozesse der funktionalen Differenzierung oder – in handlungstheoretischer Lesart – auf Prozesse der Individualisierung zurückgeführt, die in den USA aus einer Reihe von Gründen am weitesten fortgeschritten sind (vgl. Fluck 1999: 69f.). Durch diese Prozesse vervielfältigen sich die möglichen Interessenlagen, es kommt zur Herausbildung von mehr und mehr spezialisierten Akteuren, die im Prozess der Interessenvermittlung miteinander konkurrieren. Politische Akteure – und hier insbesondere die Parteien – werden als zunehmend segmentierte „catch-all-confederations with weak or inconsistent ideological bases" (Swanson/Mancini 1996: 253) wahrgenommen. Auch Schulz (1998b: 378) betont den Aspekt der „Entideologisierung" als Ursache der von ihm genannten Veränderungen. Die USA sind im Gegensatz zum Ansatz der „Amerikanisierung" nicht mehr Quelle der Veränderungen, sondern ein mögliches Vorbild, weil sie sich in den Modernisierungsprozessen in einem späteren Stadium befinden als europäische Gesellschaften. Die Vorbildfunktion kann sowohl positiv als auch negativ, im Sinne eines „anti-role model", sein (Scammel 1998: 254).

Der Ansatz der Modernisierung umgeht damit auch die Schwierigkeit der ethnischen Prämisse, die dem Begriff der „Amerikanisierung" zugrunde liegt. Bestimmte Veränderungen lassen sich nur dann sinnvoll als „Amerikanisierung" etikettieren, wenn man nachweisen kann, dass an ihnen etwas spezifisch Amerikanisches ist. Der Begriff der „Amerikanisierung" beruht damit stillschweigend „auf dem Axiom, in den Übernahmen und Verschmelzungen transnationaler Symbolflüsse könne man eindeutig nationalspezifische Kulturen mit scharf gezogenen Grenzen unterscheiden" (Maase 1999: 76). Im Zeitalter einer Globalisierung ist jedoch, so Maase, immer weniger davon auszugehen, dass bestimmte Güter, Handlungen oder Einstellungen spezifisch nationale Charaktermerkmale aufweisen, dass alle Phänomene gleicher Herkunft diesen Charakter teilen und ihre nationale Herkunft ihr hervorstechendstes Merkmal ist. Und gerade das, was an den oben genannten Merkmalen einer „Amerikanisierung" der Wahlkampfkommunikation das spezifisch „amerikanische" sein soll, wurde bislang empirisch nicht validiert, sondern immer nur vorausgesetzt.

Der dritte Ansatz der Globalisierung – oder auch: Standardisierung – lehnt sich stark an den der Modernisierung an. Er geht davon aus, dass ein symmetrischer und freier Austausch von Werten, Normen und Praktiken zwischen verschiedenen Kulturen stattfindet. Demnach orientieren sich Akteure innerhalb eines Landes an den Wahlkampfpraktiken anderer Länder, auch an denen der USA, und übernehmen vereinzelt andere Praktiken. Dabei findet jedoch keine hierarchische Über- bzw. Unterordnung statt, wie sie schon der Begriff der „Amerikanisierung" konnotiert:

> „The notion of ‚Americanization' implies a one-way flow of influence, while processes of globalization could imply, at least conceptually, a two-way flow, a relationship of reciprocity" (Gurevitch 1999: 283).

Dabei sei, so Negrine/Papathanassopoulos (1996: 47), nicht der Transfer von Handlungslogiken im Fokus der Aufmerksamkeit, sondern der der Übernahme dieser Logiken aus verschiedenen Quellen oder gar aus einem „common pool of ressources". Das empirische Argument für eine Standardisierung ist meist, dass nicht allein die USA Vorbildfunktion für die Wahlkampftaktik haben, sondern dass sich beispielsweise viele europäische Parteien und auch amerikanische Politiker jetzt am Wahlkampfstil Tony Blairs orientieren.

Insgesamt scheint der Ansatz der Modernisierung am besten geeignet, um Veränderungen in der Führung von Kampagnen – und in der politischen Kommunikation insgesamt – theoretisch zu deuten, da er den Blick stärker auf endogene und strukturelle Veränderungen innerhalb von Gesellschaften lenkt. Denn die Phänomene, die mit dem Begriff der „Amerikanisierung" umschrieben werden, sind mehr als eine oberflächliche Imitation US-amerikanischer Strategien und Taktiken der Kampagnenführung durch politische Akteure, die damit einen kurzfristigen Wahl- oder Kampagnenerfolg sicherstellen wollen (vgl. dazu Caspi 1996). Ein Ereignis- und Themenmanagement etwa, das politische Issues auf vermittelbare Images reduziert und sich der Selektionslogik der Medien, insbesondere des Fernsehens, soweit wie möglich anpasst, ist sowohl Folge von Prozessen gesellschaftlichen Wandels als auch deren Ursache, da damit Strukturen geschaffen oder verändert werden, die Einfluss auf politische Institutionen, die politische Kultur etc. haben und damit Akteure und Prozesse politischer Kommunikation nachhaltig beeinflussen.

4 Professionalisierung als Ursache von Kampagnen?

Eine Professionalisierung, insbesondere des Wahlkampfes, gilt vielen Autorinnen und Autoren als Begleiterscheinung von Kampagnen. Auch wird sie als Hauptmerkmal der sog. „Amerikanisierung" bezeichnet (vgl. Abschnitt 4). Für Holtz-Bacha ist „Amerikanisierung" sogar gleichzusetzen mit einem „allgemeinen Trend zur Professionalisierung [...], an dessen Spitze die USA stehen" (Holtz-Bacha 1996: 12), und damit nachhaltigen strukturellen Veränderungen innerhalb des politischen Systems, die die Logik des Kampagnengeschäfts insgesamt verändern (vgl. u.a. Holtz-Bacha 1999: 10; vgl. auch Holtz-Bacha 2000). Der Begriff der Professionalisierung wird im Zusammenhang mit politischen Kampagnen in zwei Lesarten gebraucht (vgl. u.a. Donges 2000):

1. Als *Externalisierung*, d.h. als „Verlagerung der Kampagnenorganisation aus den Parteien hin zu den Spezialisten der persuasiven Kommunikation, also Engagement und zunehmender Einfluss von politischen Beratern, die außerhalb des politischen Systems stehen" (Holtz-Bacha 1999: 10). Professionalisierung im Sinne einer Externalisierung bezeichnet einen Prozess, der eine Synthese aus Kommerzialisierung und Spezialisierung bildet: Da sich im Zuge der Spezialisierung Anbieter von Kommunikationstätigkeiten wie Meinungsforscher, Medienberater, Werbe- und PR-Agenturen, wissenschaftliche Politikstrategen etc. herausgebildet haben, greifen die politischen Akteure, v.a. die Parteien, gegen Entgelt auf diese Dienstleistungen zurück.
2. Als *Merkmal* der von Holtz-Bacha angesprochenen „Spezialisten der persuasiven Kommunikation", zu denen die Kampagnenorganisation hin verlagert wird, d.h. einer „intensified professionalization of political advocacy" (Blumler/Kavanagh 1999: 213). Hierbei ist relevant, ob sich „Politikberatung" als ein eigenständiges Berufsfeld ausdifferenziert.

In beiden Lesarten gibt es empirische Argumente gegen eine mögliche Professionalisierung von Kampagnen. Einer Professionalisierung im Sinne einer Externalisierung steht entgegen, dass diese an das Vorhandensein finanzieller Ressourcen gebunden ist und somit nur wenigen politischen Akteuren möglich ist. Und ob „political advocacy" oder „political consultant" sich in Europa zu einem eigenständigen Berufsfeld entwickeln kann, ist fraglich. Zum einen wird das Management von Kampagnen, wie etwa Wahlkämpfen, in Europa nur selten von „outside professionals who are not a part of the party apparatus" (Mancini 1999: 238) durchgeführt, und das Personal für solche Kampagnen eher aus den Parteiapparaten rekrutiert (vgl. Radunski 1996: 49). Aufgrund ihrer strukturellen Stellung im politischen System bleiben die Parteien in Europa vermutlich die wichtigsten Akteure der Kampagnenplanung und -durchführung (vgl. u.a. Kavanagh 1995: 225). Zum anderen gibt es auch für die USA unterschiedliche Interpretationen, ob sich die Politikberatung hier zu einer eigenständigen Profession entwickelt. Scammel etwa beschreibt die Entwicklung in den USA „more properly [...] as commercialisation rather than professionalization" (Scammel 1998: 259), da eine Einstiegskontrolle fehle, professionelle ethischen Normen oder Codes eher eine untergeordnete Rolle spielen und es keinen „systematic body of theory" gebe. Aus einer marketingorientierten Perspektive weisen Butler und Collins (1999) darauf hin, dass „amateurism and volunteers" seit jeher ein strukturelles Merkmal Politischen Marketings sind: „At the core of political marketing, there is the propensity to value the nonexpert" (Butler/Collins 1999: 60-61), Tenscher (2003) zufolge führt auch für die deutsche Politik der Merkmalsansatz zwangsläufig zu dem Ergebnis, dass Politikvermittlung unterprofessionalisiert ist (vgl. Tenscher 2003: 129).

Die Frage, ob eine Professionalisierung von Kampagnen stattfindet oder nicht, ob sie eher die Ursache oder eine Folge der Kampagnenpolitik ist, hängt also entscheidend davon ab, welchen Begriff der Professionalisierung der Fragestellung zugrunde liegt. Neben den zwei unterschiedlichen Lesarten des Begriffs wird die Diskussion dadurch erschwert, dass es keine einheitlichen Merkmalskataloge für Professionen gibt und die einzelnen Merkmale z.T. unterschiedlich gewichtet werden. Auch wird kritisiert, dass im Forschungsfeld Politische Kommunikation alle möglichen Veränderungsprozesse mit dem Begriff der Professionalisierung bezeichnet werden:

> „Professionalization has become a self-defining, catch-all buzzword employed to explain the recent changes in political communication [...] More care should be taken [...], otherwise there is a danger of inferring that the practices of the past were amateurish; a conclusion that does not stand up rigorous research" (Negrine/Lilleker 2002: 305).

Es ist zu befürchten, dass dem Begriff der Professionalisierung ein ähnliches Schicksal wie dem der „Amerikanisierung" beschieden ist – ein nichts sagendes Schlagwort zu werden.

5 Konklusion

Kampagnen und ihre Veränderung sind ein Ausdruck, nicht aber eine Ursache von Prozessen der Modernisierung und funktionaler Differenzierung sowohl innerhalb des politischen Systems, des Mediensystems und des sozio-kulturellen Systems, als auch von daraus resultierenden Veränderungen zwischen diesen Systemen. Politische Akteure des intermediären Systems der Interessenvermittlung durchlaufen einen Strukturwandel, der für sie mit einem relativen Verlust an Macht und Einfluss verbunden ist (vgl. Jarren 1994). Bedingt durch Prozesse der Modernisierung und funktionaler Differenzierung nimmt generell die Anzahl möglicher Interessenlagen zu, neue politische Akteure entstehen und treten in Konkurrenz zu etablierten Organisationen. Die Bedeutung der Medien, insbesondere des Fernsehens, nimmt zu. Indem Medien selbst, ihrer ausdifferenzierten eigenen Handlungslogik folgend (Nachrichtenwerte) auf politische Probleme aufmerksam machen und sie als Themen auf die politische Agenda setzen, sind sie zunehmend in Konkurrenz insbesondere zu Akteuren der Interessenartikulation. Dies als Folge von Differenzierungsprozessen, in dem das Mediensystem in den vergangenen Jahren aus der politischen Bevormundung befreien und losgelöst von Parteibindungen und ideologischen Orientierungen schrittweise Autonomie gewinnen konnte (vgl. Gerhards 1994: 85) – wenn auch um den Preis einer zunehmenden Bedeutung ökonomischer Handlungslogiken. Politische Akteure konkurrieren daher untereinander um Aufmerksamkeit im Mediensystem, und zugleich konkurrieren sie mit dem Mediensystem um die Artikulation von Problemen und ihre Deutung als politische. Im sozio-kulturellen Bereich schließlich geht die Bindungsbereitschaft an politische Akteure zurück, steigt der Wunsch nach eher unverbindlichen und temporären Bindungen.

Diese hier nur grob skizzierten Entwicklungen führen zu einem erhöhten Kommunikationsaufwand für alle politischen Akteure, insbesondere für etablierte Großorganisationen wie etwa Parteien oder Gewerkschaften. Und Kampagnen sind die Form politischer Kommunikation, mit der sich die angesprochenen Probleme zumindest kurzfristig lösen lassen: die Selektionshürden des Mediensystems durch Erfüllung ihrer Nachrichtenwerte überwinden, Aufmerksamkeit beim Publikum vor anderen Akteuren bekommen und die Bürger zu punktuellen Anschlusshandlungen motivieren.

Versuche, das Phänomen der Kampagnen und seiner Veränderungen mit Stichworten wie „Amerikanisierung" zu erklären, laufen meines Erachtens ins Leere. Kampagnen sind Ausdruck von Veränderungen innerhalb einer Gesellschaft, nicht der Übernahme anderer kultureller Werte und Praktiken. Ihr Auftreten lässt sich auch nur bedingt mit einer „Professionalisierung" erklären – dafür ist dieser Begriff zu ungenau und bereits zu sehr von der Praxis „kolonialisiert". Denn wer möchte schon als „unprofessionell" gelten?

Die eingangs dieses Beitrags zitierte Deutung Grevens, dass Kampagnen und die mit ihr verbundenen strukturellen Effekte langfristig den gesellschaftlichen Humus bürgerlicher politischer Partizipation austrocknen, lässt sich also umkehren: Es sind strukturelle Veränderungen, die Kampagnen begünstigen, und übersetzt man das Austrocknen bürgerlicher Partizipation mit einer nachlassenden Bindungsbereitschaft der Individuen, so ist dies die Ursache und nicht die Folge von Kampagnen.

Literatur

Althaus, Marco (2002) (Hrsg.): Kampagne! Neue Strategien für Wahlkampf, PR und Lobbying. Münster u.a.

Althaus, Marco/Vito Cicere (2003) (Hrsg.): Kampagne! 2. Neue Strategien für Wahlkampf, PR und Lobbying. Münster u.a.

Blumler, Jay G./Dennis Kavanagh (1999): The Third Age of Political Communication: Influences and Features. In: Political Communication 16, H. 3: 209-230

Butler, Patrick/Neil Collins (1999): A Conceptual Framework for Political Marketing. In: Bruce I. Newman (Hrsg.): Handbook of Political Marketing. Thousand Oaks, London, New Delhi: 55-72

Caspi, Dan (1996): American-Style Electioneering in Israel: Americanization versus Modernization. In: David L. Swanson/Paolo Mancini (Hrsg.): Politics, Media and Modern Democracy. An International Study of Innovations in Electoral Campaigning and their Consequences. Wesport CT: 173-284

Donges, Patrick (2000): Amerikanisierung, Professionalisierung, Modernisierung? Anmerkungen zu einigen amorphen Begriffen. In: Klaus Kamps (Hrsg.): Trans-Atlantik, Trans-Portabel? Die Amerikanisierungsthese in der politischen Kommunikation. Wiesbaden: 27-40

Fluck, Winfried (1999): Amerikanisierung und Modernisierung. In: Transit, H. 17: 55-71

Gerhards, Jürgen (1994): Politische Öffentlichkeit. Ein system- und akteurstheoretischer Bestimmungsversuch. In: Friedhelm Neidhardt (Hrsg.): Öffentlichkeit, öffentliche Meinung, soziale Bewegungen. (= Kölner Zeitschrift für Soziologie und Sozialpsychologie, Sonderheft 34) Opladen: 77-105

Greven, Michael T. (1995): Kampagnenpolitik. In: Vorgänge 34, H. 4: 40-54

Gurevitch, Michael (1999): Whither the Future? Some Afterthoughts. In: Political Communication 16, H. 3: 281-284

Hackenbroch, Rolf (1998): Verbändekommunikation. In: Otfried Jarren/Ulrich Sarcinelli/Ulrich Saxer (Hrsg.): Politische Kommunikation in der demokratischen Gesellschaft. Ein Handbuch mit Lexikonteil. Opladen, Wiesbaden: 482-488

Holtz-Bacha, Christina (1996): Massenmedien und Wahlen. Zum Stand der deutschen Forschung. Befunde und Desiderata. In: Christina Holtz-Bacha/Lynda Lee Kaid (Hrsg.): Wahlen und Wahlkampf in den Medien. Untersuchungen aus dem Wahljahr 1994. Opladen: 9-44

Holtz-Bacha, Christina (1999): Bundestagswahlkampf 1998 - Modernisierung und Professionalisierung. In: dies. (Hrsg.): Wahlkampf in den Medien - Wahlkampf mit den Medien. Ein Reader zum Wahljahr 1998. Opladen, Wiesbaden: 9-23

Holtz-Bacha, Christina (2000): Wahlkampf in Deutschland. Ein Fall bedingter Amerikanisierung. In: Klaus Kamps (Hrsg.): Trans-Atlantik, Trans-Portabel? Die Amerikanisirungsthese in der politischen Kommunikation. Wiesbaden: 43-55

Jarren, Otfried (1994): Medien-Gewinne und Institutionen-Verluste? Zum Wandel des intermediären Systems in der Mediengesellschaft. Theoretische Anmerkungen zum Bedeutungszuwachs elektronischer Medien in der politischen Kommunikation. In: ders. (Hrsg.): Politische Kommunikation in Hörfunk und Fernsehen. Elektronische Medien in der Bundesrepublik Deutschland. (= Gegenwartskunde, Sonderheft 8) Opladen: 23-34

Jarren, Otfried (1997): Politik und Medien: Einleitende Thesen zu Öffentlichkeitswandel, politischen Prozessen und PR. In: Günter Bentele/Michael Haller (Hrsg.): Aktuelle Entstehung von Öffentlichkeit. Akteure, Strukturen, Veränderungen. Konstanz: 103-110

Jarren, Otfried/Patrick Donges (2002): Politische Kommunikation in der Mediengesellschaft. Eine Einführung. Band 1: Verständnis, Rahmen und Strukturen. Wiesbaden

Jarren, Otfried/Patrick Donges/Hartmut Weßler (1996): Medien und politischer Prozeß. Eine Einleitung In: Otfried Jarren/Heribert Schatz/Hartmut Weßler (Hrsg.): Medien und politischer Prozeß. Politische Öffentlichkeits- und massenmediale Politikvermittlung im Wandel. Opladen: 9-37

Jun, Uwe (2004): Der Wandel von Parteien in der Mediendemokratie. SPD und Labour im Vergleich. Frankfurt/M., New York

Kavanagh, Denis (1995): Election Campaigning. The New Marketing of Politics. Oxford, Cambridge

Kepplinger, Hans Mathias (1989): Theorien der Nachrichtenauswahl als Theorien der Realität. In: Aus Politik und Zeitgeschichte, H. 15: 3-16

Lösche, Peter (1993): „Lose verkoppelte Anarchie". Zur aktuellen Situation von Volksparteien am Beispiel der SPD. In: Aus Politik und Zeitgeschichte, H. 43: 20-28

Maase, Kaspar (1999): Diagnose: Amerikanisierung. Zur Geschichte eines Deutungsmusters. In: Transit, H. 17: 72-89

Mair, Peter (1997): Party System Change. Approaches and Interpretations. Oxford

Mancini, Paolo (1999): New Frontiers in Political Professionalism. In: Political Communication 16, H. 3: 231-245

Negrine, Ralph/Darren G. Lilleker (2002): The Professionalization of Political Communication. Continuities and Change in Media Practices. In: European Journal of Communication 17, H. 3: 305-323

Negrine, Ralph/Stylianos Papathanassopoulos (1996): The „Americanization" of Political Communication. A Critique. In: Press/Politics 1, H. 2: 45-62

Offe, Claus (1969): Politische Herrschaft und Klassenstrukturen. Zur Analyse spätkapitalistischer Gesellschaftssysteme. In: Gisela Kress/Dieter Senghaas (Hrsg.): Politikwissenschaft. Eine Einführung in ihre Probleme, Frankfurt/Main: 155-189

Plasser, Fritz (2000): „Amerikanisierung" der Wahlkommunikation in Westeuropa: Diskussions- und Forschungsstand. In: Hans Bohrmann et. al (Hrsg.): Wahlen und Politikvermittlung durch Massenmedien. Wiesbaden: 49-67

Radunski, Peter (1996): Politisches Kommunikationsmanagement. Die Amerikanisierung der Wahlkämpfe. In: Bertelsmann-Stiftung (Hrsg.): Politik überzeugend vermitteln. Wahlkampfstrategien in Deutschland und den USA. Gütersloh: 33-52

Raschke, Joachim (2002): Politische Strategie. Überlegungen zu einem politischen und politologischen Konzept. In: Frank Nullmeier/Thomas Saretzki (Hrsg.): Jenseits des Regierungsalltags. Strategiefähigkeit politischer Parteien. Frankfurt/M., New York: 207-241

Röttger, Ulrike (1998): Kampagnen. In: Otfried Jarren/Ulrich Sarcinelli/Ulrich Saxer (Hrsg.): Politische Kommunikation in der demokratischen Gesellschaft. Ein Handbuch mit Lexikonteil. Opladen, Wiesbaden: 667

Rucht, Dieter (1991): Parteien, Verbände und Bewegungen als Systeme politischer Interessenvermittlung. (WZB Discussion Paper FS III 91-107) Berlin

Rucht, Dieter (1993): Parteien, Verbände und Bewegungen als Systeme politischer Interessenvermittlung. In: Oskar Niedermayer/Richard Stöss (Hrsg.): Stand und Perspektiven der Parteienforschung in Deutschland. Opladen: 251-275

Rucht, Dieter (1994): Öffentlichkeit als Mobilisierungsfaktor für soziale Bewegungen. In: Friedhelm Neidhardt (Hrsg.): Öffentlichkeit, öffentliche Meinung, soziale Bewegungen. (= Kölner Zeitschrift für Soziologie und Sozialpsychologie, Sonderheft 34) Opladen: 337-358

Rucht, Dieter (1998): Intermediäres System. In: Otfried Jarren/Ulrich Sarcinelli/Ulrich Saxer (Hrsg.): Politische Kommunikation in der demokratischen Gesellschaft. Ein Handbuch mit Lexikonteil.

Opladen, Wiesbaden: 664-665

Scammel, Margaret (1998): The Wisdom of the War Room: US Campaigning and Americanization. In: Media, Culture & Society 20, H. 2: 251-275

Schmitt-Beck, Rüdiger (1990): Über die Bedeutung der Massenmedien für soziale Bewegungen. In: Kölner Zeitschrift für Soziologie und Sozialpsychologie 42, H. 4: 642-662

Schmitt-Beck, Rüdiger (1998): Kommunikation (Neuer) Sozialer Bewegungen. In: Otfried Jarren/Ulrich Sarcinelli/Ulrich Saxer (Hrsg.): Politische Kommunikation in der demokratischen Gesellschaft. Ein Handbuch mit Lexikonteil. Opladen, Wiesbaden: 473-481

Schmitt-Beck, Rüdiger/Barbara Pfetsch (1994): Politische Akteure und die Medien der Massenkommunikation. Zur Generierung von Öffentlichkeit in Wahlkämpfen. In: Friedhelm Neidhardt (Hrsg.): Öffentlichkeit, öffentliche Meinung, soziale Bewegungen. (= Kölner Zeitschrift für Soziologie und Sozialpsychologie, Sonderheft 34) Opladen: 106-138

Schulz, Winfried (1997): Politische Kommunikation. Theoretische Ansätze und Ergebnisse empirischer Forschung. Opladen, Wiesbaden.

Schulz, Winfried (1998a): Media Change and the Political Effects of Television: Americanization of the Political Culture? In: Communications 23, H. 4: 527-543

Schulz, Winfried (1998b): Wahlkampf unter Vielkanalbedingungen. Kampagnenmanagement, Informationsnutzung und Wählerverhalten. In: Media Perspektiven, H. 8: 378-390

Streeck, Wolfgang (1987): Vielfalt und Interdependenz. Überlegungen zur Rolle von intermediären Organisationen in sich ändernden Umwelten. In: Kölner Zeitschrift für Soziologie und Sozialpsychologie 39, H. 4: 471-495

Strøm, Kaare (1990): A Behavioral Theory of Competitive Political Parties. In: American Journal of Political Science 34, H.2: 565-598

Swanson, David L./Paolo Mancini (1996): Patterns of modern electoral campaigning and their consequences. In: dies. (Hrsg.): Politics, media, and modern democracy. An international study of innovations in electoral campaigning and their consequences. Westport/CT: 247-270

Tenscher, Jens (2003): Professionalisierung der Politikvermittlung? Politikvermittlungsexperten im Spannungsfeld von Politik und Massenmedien. Wiesbaden

Wiesendahl, Elmar (1998): Parteien in Perspektive. Theoretische Ansichten der Organisationswirklichkeit politischer Parteien. Opladen

Wiesendahl, Elmar (2002): Die Strategie(un)fähigkeit politischer Parteien. In: Frank Nullmeier/Thomas Saretzki (Hrsg.): Jenseits des Regierungsalltags. Strategiefähigkeit politischer Parteien. Frankfurt/M., New York: 187-206

Wolinetz, Steven B. (2002): Beyond the Catch-All Party: Approaches to the Study of Parties and Party Organization in Contemporary Democracies. In: Richard Gunther/José Ramón-Montero/Juan J. Linz (Hrsg.): Political Parties. Old Concepts and New Challenges. Oxford: 136-165

Abwehrkünstler am Werk

Über die Kampagnenfähigkeit des Deutschen Gewerkschaftsbundes[*]

Hans-Jürgen Arlt / Otfried Jarren

„Ich will die Kampagnenfähigkeit des DGB stärken. Nicht die Zahl der Kampagnen ist entscheidend, sondern ihre Qualität." (DGB 1994: 174) In einem Grundsatzreferat nach seiner Wahl im Juni 1994 machte DGB-Vorsitzender Dieter Schulte diese Ankündigung. Das Protokoll verzeichnet Beifall. Den unmittelbaren historischen Hintergrund dieser Aussage bildete die so genannte Gegenwehr-Kampagne des DGB, die 1993 durch den Tarifvertragsbruch der Metallindustriellen in Ostdeutschland (Bispinck 1994: 143ff.) ausgelöst und innergewerkschaftlich als nicht besonders durchschlagskräftig eingeschätzt worden war.[1]

Im Unterschied dazu galt 1996 als ein Jahr gewerkschaftlicher Kampagnenerfolge. Über das tarifpolitische Kerngeschäft hinaus sorgten für eine permanente öffentliche Präsenz der deutschen Gewerkschaften: das vom IG Metall-Vorsitzenden Klaus Zwickel angestoßene „Bündnis für Arbeit", die vom Deutschen Gewerkschaftsbund unter dem Motto „jetzt contra – mehr Druck von unten" getragene Mobilisierung gegen das Sparpaket der konservativ-liberalen Regierung, gipfelnd in der größten Gewerkschaftskundgebung der Bundesrepublik, sowie die gegen die Arbeitgeber geführte bundesweite Auseinandersetzung um den Erhalt der Lohnfortzahlung im Krankheitsfall. Konnte der DGB-Vorsitzende in weniger als zwei Jahren seinen Willen in die Tat umsetzen?

---

[*] Dieser Beitrag wurde unverändert aus der 2. Auflage von 2001 übernommen. Die Autoren danken Gabriele von Camen und Ina Ritter für kritische Hinweise zum ursprünglichen Manuskript.
[1] „Mit unserer Aktion ‚Gegenwehr' ... hatten wir keinen Erfolg." DGB-Vorsitzender Heinz-Werner Meyer im Spiegelgespräch. In: Der Spiegel vom 17. Januar 1994.

Wie kampagnenfähig ist der Deutsche Gewerkschaftsbund? Um hinter die Bühne aktuell-aufsehenerregender gewerkschaftlicher Auftritte blicken zu können, sollen drei allgemeine Fragen aufgeworfen und diskutiert werden:
- Weshalb braucht der Deutsche Gewerkschaftsbund Kampagnen, was sind ihre Funktionen?
- Welche Kampagnen führen der DGB und seine Einzelgewerkschaften durch?
- Wie führen die Gewerkschaften ihre Kampagnen?

Im Anschluss daran wollen wir uns dann der Eingangsfrage stellen, wie kampagnenfähig der Deutsche Gewerkschaftsbund ist.[2] Dabei verstehen wir Kampagnen sehr allgemein als dramaturgisch angelegte, in der Regel multimedial umgesetzte Veröffentlichungsstrategien, die sich nach innen und nach außen durch die temporäre Konzentration des Akteurs auf eine bestimmte Botschaft auszeichnen. Kampagnen, das impliziert die Fragestellung, können misslingen; nicht nur in dem engeren Sinn, dass das Kampagnenziel nicht erreicht wird. Der Kampagnenerfolg ist von vielen Faktoren abhängig, zunächst einmal von der Wirkung nach innen (Mitgliedschaft), vor allem aber von den Wirkungen auf die äußeren Umwelten: Werden Journalisten und Medien als relevante Vermittler überzeugt, die Themen einer Kampagne aufzugreifen und somit deren Inhalte für eine gewissen Dauer zu transportieren? Können die Adressaten durch die Kampagne erreicht und zu einer Änderung ihrer Haltung oder zu einer neuen Entscheidung bewegt werden? Zweifellos ist Öffentlichkeit ein gewichtiger Resonanzboden: Wie werden die Ziele einer Kampagne öffentlich bewertet und eingeschätzt? Je nach Beurteilung und je nach öffentlichem Engagement anderer Akteure, die sich mit Stellungnahmen zu Wort melden, steigen oder sinken die Chancen, Kampagnenziele durchzusetzen. Kampagnen setzen entsprechende Ressourcen und professionelle Kompetenzen auf Seiten des Akteurs voraus: Kampagnenfähigkeit bedeutet zuerst, dass es überhaupt gelingt, eine Botschaft zum öffentlichen Thema zu machen und über einen längeren Zeitraum hinweg auf der öffentlichen Agenda zu halten.

1 Ziel, Profil, Sinn

Weshalb braucht der Deutsche Gewerkschaftsbund Kampagnen? Im Unterschied zu Organisationen, die nichts anderes als gleichsam ein „Feldzug" für oder gegen irgendetwas sind, für die es nur ein Leben vor und in diesem Feldzug beispielsweise gegen Atomkraftwerke oder gegen Kinderarbeit in der Teppichindustrie gibt, verfügen der DGB und seine Mitgliedsgewerkschaften auch über eine reichhaltige Existenz neben und außerhalb von Kampagnen. Gewerkschaftsarbeit erschöpft sich nicht in Kampagnenarbeit, gewerkschaftliches Handeln ist zuerst und vor allem andauerndes Verhan-

---

[2] Die Bezeichnung „DGB" ist zweideutig. Sie meint entweder nur den „Bund", verstanden als die „Dachorganisation" von gegenwärtig 15 Einzelgewerkschaften oder sie umfasst beides zusammen. Um diese wichtige Unterscheidung deutlich werden zu lassen, sprechen wir vom DGB, wenn nur die Dachorganisation gemeint, und vom Deutschen Gewerkschaftsbund, wenn vom DGB einschließlich seiner Mitgliedsgewerkschaften die Rede ist.

deln in unterschiedlichen ökonomischen und politischen Feldern, auf vielen politischen Ebenen sowie in öffentlichen und nicht-öffentlichen Situationen.

Andererseits kann der Deutsche Gewerkschaftsbund auf die gezielte Produktion öffentlicher Aufmerksamkeit in vielen Fällen nicht verzichten, um sich Gehör zu verschaffen, um auf Verhandlungen einzuwirken, um Themen und Interessen öffentlich zu prüfen. Er braucht Kampagnen im Unterschied etwa zu Arbeitgeberverbänden, die häufiger den Weg des Lobbyismus gehen können: Er muss seine zahlreichen Mitglieder immer wieder für Ziele gewinnen und überzeugen, muss sie auf demonstrative Akte vorbereiten. Allerdings zeichnet sich die „Multioptionsgesellschaft" (Gross 1994) dadurch aus, dass im Grunde in allen gesellschaftlichen Bereichen Veröffentlichungsstrategien erforderlich werden für alles, das als Optionsmöglichkeit in die engere Wahl von Interessenten, Konsumenten, Zuschauern kommen will. Doch für Mitgliederorganisationen, die ihren Mitgliedern auch ökonomische Opfer abverlangen, gilt dies besonders.

Die Entscheidung für eine bestimmte Kampagne signalisiert nach innen und nach außen, dass die Organisation dem Thema außergewöhnliche Bedeutung zuschreibt und dass sie nicht in der Lage ist, das Ziel „im normalen Geschäftsgang" zu erreichen, sondern eine besondere Anstrengung unternehmen muss – so wie eine groß angelegte Werbekampagne immer auch den Verdacht nahe legt, dass sich der Markt für das Angebot nicht interessiert. Gewerkschaftspolitik ist mit solchen „besonderen Anstrengungen" historisch und systematisch deshalb besonders eng verknüpft, weil gewerkschaftliche Macht aus der punktgenauen Organisation freiwilligen kollektiven Handelns erwächst. Sofern und soweit die Gewerkschaft Macht hat, beruht diese nicht auf Geld, auch nicht auf Eigentum an Produktionsmitteln, auch nicht auf politischen Ämtern, gewerkschaftliche Macht beruht auf der aktionsbereiten inhaltlichen Übereinstimmung von Vielen.

Ob es auf der Betriebsebene um das Verhältnis zu dem einzelnen Arbeitgeber geht oder auf der Verbandsebene um die Beziehung zu den Arbeitgeberverbänden – durchsetzungsfähig sind Gewerkschaften nur, wenn sie glaubwürdig damit drohen können, dass ihre Mitglieder notfalls streikbereit sind. Die Möglichkeit des Streiks ist nicht nur die ultima ratio der Gewerkschaftspolitik, sondern gewissermaßen auch die prima potentia. Diese kollektive Handlungsfähigkeit liegt aber nicht wie eine Konserve abholbereit, sondern sie muss, wenn die Drohung alleine nicht wirkt, wenn der praktische Beweis notwendig wird, organisiert und mobilisiert werden. Dies muss regelhaft, kann jedoch auf unterschiedlichen Ebenen (Betrieb, Branche usf.) und insoweit mit unterschiedlichen Öffentlichkeitsgraden (betriebsintern, branchenintern usf.) geschehen.

Auch wenn es auf der politischen Ebene um das Verhältnis zur jeweiligen Regierung geht, ist es für die Gewerkschaft entscheidend, demonstrieren zu können, dass ihre Positionen auf breiter Zustimmung in der Mitgliedschaft basieren, bildet diese doch einen beachtlichen Teil der Wählerschaft. Die deutschen Gewerkschaften haben das Verbot des politischen Streiks, die ständige Friedenspflicht gegenüber dem Staat anerkannt – Ausdruck und Konsequenz ihrer, wenn auch kritischen Integration in die bestehenden gesellschaftlichen Verhältnisse. Daraus resultiert eine – später genauer zu analysierende – unterschiedliche Qualität gewerkschaftlicher Kampagnen je nachdem, ob und inwieweit sie im politischen oder im wirtschaftlichem System angesiedelt sind.

Diese insbesondere in den tarifpolitischen Auseinandersetzungen mit einer erwartbaren Regelmäßigkeit wiederkehrenden Mobilisierungsnotwendigkeiten haben in den Gewerkschaften eine Kampagnenroutine entstehen lassen, deren spezifische Merkmale genauer herausgearbeitet werden unter der Fragestellung, wie Gewerkschaften Kampagnen führen. An dieser Stelle beschränken wir uns auf den Befund: *Die traditionelle Gewerkschaftskampagne hat eine Mobilisierungs- und Durchsetzungsfunktion.* Dass diese Funktion erfüllt wird, darauf ist Gewerkschaftspolitik seit jeher angewiesen, weshalb Gewerkschaftsorganisationen über ein gewachsenes Kampagnen-Know-how verfügen, das journalistische Beobachter und politische Kritiker nicht ohne Bewunderung zu kommentieren pflegen.

Nun sind die Interessenorganisationen der Arbeitnehmerinnen und Arbeitnehmer auch politische Organisationen und deshalb denselben „neuen Notwendigkeiten" der Profilierung und Sinnstiftung ausgesetzt, mit welchen sich politische Öffentlichkeitsarbeit nach der Auflösung der Ideologien und der politischen Lager allgemein konfrontiert sieht (Jarren 1997). Wenn sich Politik nicht mehr innerhalb stabiler Sinnhorizonte vollzieht, wenn die einzelne politische Handlung nicht mehr in übergreifende Ordnungsvorstellungen eingebettet ist, dann ist sie nicht mehr selbstverständlich, dann muss sie sich erklären.

Die großen politischen Ideologien der Neuzeit haben ihre Geltungsansprüche nicht mehr so allumfassend ausgedehnt wie die Religionen, die den Sinn des Lebens und (fast) jedes Ereignisses im Leben des Einzelnen zu definieren beanspruchen. Aber die politischen Ideologien haben auch noch Weltbilder entworfen und den Menschen den Sinn der Geschichte gedeutet: Was Fortschritt und was Rückschritt ist, wofür gestritten und wogegen gekämpft werden muss, was gerecht und was ungerecht ist. Da war dann zwar beispielsweise jeder Tellerwäscher ein potentieller Millionär oder jeder und jede abhängig Beschäftigte ein ausgebeutetes, geknechtetes und erniedrigtes Wesen, aber wer solche politischen Überzeugungen teilte, wusste, woran er war und was er von wem zu halten hatte.

Die verschiedenen politischen Parteien, die aus diesen großen gesellschaftspolitischen Strömungen hervorgingen, sind noch ein Stück bescheidener geworden. Sie versuchen heute in der Regel nicht mehr, geschlossene politische Weltbilder anzubieten; sie sind schon froh, wenn sie ein einigermaßen konsistentes Parteiprogramm entwerfen und beschließen können. Das sichere programmatische Fundament, von dem aus eine politische Organisation ein paar Jahrzehnte lang agieren kann, ist gegenwärtig nur in politischen Sekten formulierbar. Das bekam auch der Deutsche Gewerkschaftsbund bei der Verabschiedung seines neuen Grundsatzprogramms im November 1996 auf dem Dresdner Reformkongress zu spüren.

> „Mit dem traditionellen Namen Grundsatzprogramm wird der Eindruck erweckt, als ob es den Gewerkschaften gegenwärtig möglich sei, ein für mehrere Jahre gültiges, von Grundsätzen bestimmtes Programm zu beschließen",

kritisierte etwa die Gewerkschaft Erziehung und Wissenschaft in einem – abgelehnten – Änderungsantrag (DGB 1996: 36). Wenn die Bedeutung der einzelnen politischen Handlung individuell erschlossen, nicht mehr allgemeingültig interpretiert wird, weil kein übergeordnetes Weltbild vorhanden ist, in das sie sich einordnen lässt – dann muss der Sinn jeder einzelnen politischen Handlung erst gestiftet werden, dann kann keine Partei und keine Gewerkschaft davon ausgehen, dass das, was sie tut und lässt, in ihrem Sinne richtig verstanden wird. Weil es keinen Gott, keinen König und kein Zentralkomitee mehr gibt, die Sinn verbindlich festlegen und sich auf Folgebereitschaft verlassen können, deshalb muss jeder Akteur seine Politik selbst deuten, deshalb wird der politische Prozess von konkurrierenden Deutungen begleitet, deshalb wachsen die Kommunikationsaufgaben (allen Beteiligten über den Kopf). Deshalb haben Kampagnen Konjunktur.

Doch die steigenden Kommunikationsanforderungen sind nicht nur ein quantitatives Problem, ihnen ist nicht einfach mit mehr reden, mehr schreiben, mehr drucken, mehr (ver-)senden beizukommen. Die traditionelle Gewerkschaftskampagne, etwa für Lohn- und Gehaltsforderungen, gegen den Abbau von Arbeitsplätzen oder für Arbeitszeitverkürzungen musste den Sinn dieser Handlungsziele gegenüber den Mitgliedern nicht gesondert begründen. Der traditionelle Herstellungsprozess von Politik sah – arg zugespitzt beschrieben – so aus: Via interner Kommunikation wurden – und zwar möglichst nicht öffentlich – Ziele definiert, die dann öffentlich dargestellt wurden, begleitet von dem Aufruf, sich hinter sie zu scharen.[3] Natürlich gab es unterschiedliche Meinungen über konkrete Details und die Gewerkschaftsführung musste dafür argumentieren, warum gerade jetzt und warum genau dies, aber dass die Sache selbst sinnvoll und nützlich war, stand nicht in Frage. Der Appell, der Aufruf war deshalb der typische Kommunikationsstil. Inzwischen bedarf oftmals die Sache selbst der Begründung, weil sie etwa unter Gesichtspunkten der Ökologie, der Gleichstellungspolitik, der technischen Risiken oder der internationalen Verflechtung problematisch geworden ist. Für den Gewerkschaftsapparat entsteht dadurch die Gefahr, Fahnen zu hissen, denen nur noch (zu) Wenige folgen. Diese Gefahr ist insbesondere dann gegeben, wenn er sich auf die innerorganisatorische Entscheidungsroutine verlässt, statt einen dialogischen Kommunikationsstil zu pflegen, der vor Richtungsentscheidungen eine breite Beteiligung ermöglicht und danach über ständig offene Rückkanäle sich der Akzeptanz vergewissert. Mitglieder, die Handlungsalternativen erwägen, sind mit einfachen Aufrufen eben nicht bzw. immer weniger mobilisierbar. Die gestiegenen Kommunikationsanforderungen implizieren also nicht nur ein Mehr an Information und Kommunikation, sondern auch eine andere Kommunikation.

Die kommunikativen Herausforderungen hängen mit inhaltlichen Zielvorgaben unmittelbar zusammen. Als alte soziale Bewegung stehen die Gewerkschaften nicht nur

---

[3] Ein IG Metall-Funktionär beschreibt dies so: „Die zentrale eingeschworene Arbeitsweise der IG Metall hat sich in der Tarifpolitik entwickelt. Es werden die Kriegsziele erklärt, dann werden die Söldnerhaufen auf die Kriegsziele eingeschworen, und dann werden sie diszipliniert in den Kampf geschickt." (zit. n. Fröhlich 1996: 51)

vor der Aufgabe, ihre Politik anders zu kommunizieren als in der Vergangenheit, sondern auch ihre politischen Inhalte zu verändern, ihren alten politischen Zielen einen neuen Sinn zu geben, der den real existierenden Tendenzen der modernen Gesellschaft, der Individualisierung, Flexibilisierung und Globalisierung Rechnung trägt. Die Gewerkschaften stehen nicht alleine vor diesen Aufgaben, sie befinden sich in der illustren Gesellschaft der etablierten Parteien und vieler anderer Institutionen der Industriegesellschaft bis hin zu den Unternehmerverbänden. Bisher konzentrieren sich die Gewerkschaften weitgehend auf Abwehrverhalten, überlassen die zukunftsfähigen Deutungen dieser Entwicklungen ihren gesellschaftspolitischen Kontrahenten und lassen damit das emanzipatorische Potential „reflexiver Modernisierung" (Beck/Giddens/Lash 1996) unausgeschöpft. „Individualisierung, Flexibilisierung, Deregulierung lassen sich der begrifflichen Substanz dieser drei Postulate nach durchaus zu einem Programm der Rücknahme der Politik in die Gesellschaft, der Entbürokratisierung oder auch der Entkolonialisierung der Lebenswelt von der Landnahme systemischer Zwänge buchstabieren. Und auch der Begriff der Globalisierung atmet nicht nur den ‚Duft der großen weiten Welt', sondern er enthält auch das Versprechen der Überwindung anachronistischer Tendenzen und die Hoffnung, dass es einen Dritten Weltkrieg nicht geben wird." (Kurz-Scherf 1996: 228f.)

Es wäre nun ein unzeitgemäßes Vorgehen, diese Anstrengung der inhaltlichen Neuorientierung als traditionellen Herstellungsprozess von Politik zu vollziehen, und die Erwartung daran zu knüpfen, dass sich mit neuen Inhalten der Status der alten Ziel-Sicherheit wiedergewinnen ließe. Der im Kontext von Kampagnenfähigkeit spannende Aspekt ist gerade das Moment der Unübersichtlichkeit und unaufhebbaren Ungewissheit, das zum nicht mehr abzuschüttelnden, ständigen Begleiter (nicht nur) politischer Arbeit geworden ist. Offenheit, Flexibilität sind nicht zufällig politische Begriffe von höchstem aktuellem Gebrauchswert.

Ist Ungewissheit kampagnenfähig? Brauchen Kampagnen nicht die absolute, oder doch zumindest große Sicherheit des politischen Ziels, die felsenfeste Überzeugung, den heroischen Einsatz? Kampagnen wollen und sollen Ungewissheit reduzieren. Wie sind aber das zweifelsfrei vorhandene Orientierungsbedürfnis und das ebenso wenig bestreitbare Selbstbestimmungsverlangen der Adressaten gleichzeitig zufrieden zu stellen? Gibt es so etwas wie ein postheroisches Politikmanagement, das in der Lage ist, „mit Ungewissheit auf eine Art und Weise umzugehen, die diese bearbeitbar macht, ohne das Ergebnis mit Gewissheit zu verwechseln" (Baecker 1994: 79)? Könnte es sein, dass politische Kampagnen die notwendige Sinnstiftungs- und Profilierungsfunktion nur dann erfüllen, wenn sie neben einem Orientierungsangebot auch die Einladung zur gemeinsamen Suche nach neuer Orientierung umfassen? Ist es so, dass sie diesen Spagat aushalten müssen, um eine Mobilisierungs- und Durchsetzungsfunktion erfolgreich wahrnehmen zu können?

2 Adressaten, Anlässe, Träger

Welche Kampagnen führen der DGB und seine Einzelgewerkschaften durch? Der kritische Hinweis des DGB-Vorsitzenden, es komme nicht auf die Zahl, sondern auf die Qualität der Kampagnen an, signalisiert ein Problembewusstsein, dass der Deutsche Gewerkschaftsbund offenbar zu viele Kampagnen führt. Der Versuch, einen Überblick zu bekommen, kann sich eingangs an den Kriterien Adressat und Anlass festmachen. Generell unterscheidbar als *Adressaten* gewerkschaftlicher „Feldzüge" sind (1) Arbeitgeber, (2) politische Entscheidungsträger und (3) die Mitglieder bzw. die Arbeitnehmerinnen und Arbeitnehmer insgesamt.

(1) Mit Arbeitgebern können Gewerkschaften im Rahmen der Tarifautonomie Verträge abschließen. Sie haben in Fragen des Einkommens und der Arbeitsbedingungen der abhängig Beschäftigten eine eigene kollektivrechtliche Regelungskompetenz, die gültige Vereinbarungen an ihre Zustimmung bindet. Die Anerkennung der Gewerkschaft als Tarifvertragspartei eröffnet ihr die Möglichkeit, die Interessen der abhängig Beschäftigten zur Geltung zu bringen, aber gleichzeitig auch die Notwendigkeit, unterschriebene Vereinbarungen gegenüber den Arbeitnehmerinnen und Arbeitnehmern zu rechtfertigen und im Zweifel gegen deren Willen auf ihrer Einhaltung zu bestehen.

Sofern Tarifverträge nicht im normalen Geschäftsgang routinemäßiger Verhandlungsabläufe geschlossen werden können (was gewöhnlich nur für die so genannten Pilotabschlüsse zutrifft, während alle anderen der rund 7000 jährlich in Deutschland neu zu vereinbarenden Tarifverträge ohne öffentliche Aufregung unterschrieben werden), wird der Prozess des Forderns, Verhandelns, Sich-Bekämpfens und Sich-Einigens von beiden Seiten in eine Kampagne eingebettet. Solche tarifpolitischen Kampagnen bleiben solange eine Angelegenheit nur der betroffenen Gewerkschaft, wie diese nicht in einem als exemplarisch geltenden Konflikt in bedrohliche Bedrängnis gerät. Spätestens wenn die Auseinandersetzung gesellschaftspolitische Dimensionen bekommt und zu einem allgemeinpolitischen Thema wird, organisiert der DGB Unterstützungsaktivitäten; in den zurückliegenden Jahren meist unter dem Slogan „DGB-Solidarität". Tief greifende ökonomische, technische und soziale Strukturveränderungen haben in jüngerer Zeit häufiger die Politisierung der Tarifroutine bewirkt bis hin zur Infragestellung des für die industriellen Beziehungen in Deutschland typischen Flächentarifvertrags selbst. Prominente Beispiele für politisierte Tarifkonflikte waren die 35-Stunden-Woche (in ihrem Umfeld der für alle Beteiligten unkalkulierbar eskalierende Widerstand gegen die Änderung des Paragraphen 116 Arbeitsförderungsgesetz), die Wochenendarbeit, die Einhaltung der Stufentarifverträge in Ostdeutschland, die Lohnfortzahlung im Krankheitsfall.

Generell gilt, dass tarifpolitische Kampagnen in der Regel von der Einzelgewerkschaft, im Ausnahmefall unterstützt vom DGB und im Extremfall getragen vom gesamten Deutschen Gewerkschaftsbund geführt werden.

(2) Auf die Meinungs- und Willensbildungsprozesse politischer Entscheidungsträger können die Gewerkschaften nicht anders Einfluss nehmen als jede andere Interessenor-

ganisation, nämlich entweder mit Lobbying oder mit öffentlicher Artikulation, deren nachhaltigste Form die Kampagne ist. Gewerkschaften können allerdings auch zum Mittel demonstrativer Arbeitsniederlegungen greifen. Der Unterschied zum Erzwingungsstreik wird in der politisch-publizistischen Debatte gerne vernachlässigt, um solche zeitlich von vornherein begrenzten Arbeitsniederlegungen als politischen Streik diskriminieren zu können. Das Ziel, ein staatliches Beschäftigungsprogramm zur Bekämpfung der Massenarbeitslosigkeit durchzusetzen (DGB 1977), war Ende der 70er, Anfang der 80er Jahre einer der letzten großen politischen Kampagnenversuche des Deutschen Gewerkschaftsbundes, der keine reine Abwehraktion war. Eine Mitbestimmungs-Kampagne des Deutschen Gewerkschaftsbundes, gegen Ende seiner Amtszeit zu Beginn der 80er Jahre noch von dem damaligen DGB-Vorsitzenden Heinz Oskar Vetter auf den Weg gebracht, versickerte schon bald nach dem Start im Sand vielseitigen Desinteresses und verschwand dann völlig im Sturm des Neue-Heimat-Skandals. Dominierend, nur kurzfristig unterbrochen vom Problem des Aufbaus in Ostdeutschland (DGB 1991), ist seit eineinhalb Jahrzehnten das Thema Sozialabbau. Beginnend mit der so genannten Steinkühler-Demonstration im November 1981 in Stuttgart gegen den Sparhaushalt der sozialliberalen Koalition bis zum 15. Juni 1996, als 350.000 Menschen in Bonn gegen Sozialabbau demonstrierten, verging kaum ein Jahr ohne einen – letztlich meist erfolglosen – gewerkschaftlichen Feldzug zur Verteidigung des Sozialstaats (DGB 1983).

Kampagnen an die Adresse politischer Entscheidungsträger werden im Normalfall vom Deutschen Gewerkschaftsbund und im Ausnahmefall von einer einzelnen Gewerkschaft, dann gewöhnlich unterstützt vom DGB, gemacht. Herausragende Beispiele für solche Ausnahmefälle lieferten die Deutsche Postgewerkschaft, als sie gegen die Privatisierung der Deutschen Bundespost antrat, die IG Bergbau und Energie mit ihren Aktionen zur Rettung des Steinkohlebergbaus, die IG Bauen-Agrar-Umwelt mit ihrem Kampf für eine Entsenderichtlinie und der Widerstand der Gewerkschaft Handel, Banken und Versicherungen gegen die Verlängerung der Ladenöffnungszeiten.

(3) Unmittelbar an die Adresse der Arbeitnehmerinnen und Arbeitnehmer pflegen sich der DGB und seine Gewerkschaften im Zusammenhang mit drei sehr unterschiedlichen Wahlereignissen zu wenden. Gipfelnd in dem Slogan des Jahres 1953 „Wählt einen besseren Bundestag" hat der Deutsche Gewerkschaftsbund zum einen Bundes- und auch Landtagswahlen immer wieder kampagnenartig zu beeinflussen versucht, indem er so genannte Wahlprüfsteine veröffentlichte und in den einzelnen Wahlkreisen die politischen Kandidatinnen und Kandidaten zu Diskussionsveranstaltungen über die darin formulierten Positionen einlud. Zum anderen führen die Einzelgewerkschaften, flankiert vom DGB, direkt Wahlkampf in den Betrieben und Büros im Rahmen der Betriebs- und Personalratswahlen. Schließlich investiert der Deutsche Gewerkschaftsbund mehrere Millionen Mark, um bei den „Sozialwahlen", bei welchen es um die personelle Zusammensetzung der Selbstverwaltungsorgane der Sozialversicherungsträger geht, für gewerkschaftliche Listen zu werben; zuletzt 1994 unter dem Motto „Sozialpolitik

bestimmt das ganze Leben". Direkt an die abhängig Beschäftigten wenden sich Einzelgewerkschaften immer dann, wenn sie eine Mitgliederwerbekampagne durchführen. Die aufwändigste fand im Rahmen der deutschen Wiedervereinigung statt, als es darum ging, die Mitglieder der DDR-Staatsgewerkschaften zum Eintritt in die unabhängigen Westgewerkschaften zu bewegen. Mit langem Atem und großem Aufwand angelegt war auch die Angestelltenkampagne des DGB (Richert 1992).

Als *Anlässe* gewerkschaftlicher Kampagnen sind die feststehenden und aktuell entstehenden zu unterscheiden. Der Deutsche Gewerkschaftsbund hat den Vorteil, mit dem 1. Mai, dem Internationalen Frauentag am 8. März und dem Antikriegstag am 1. September (Tag des deutschen Überfalls auf Polen, mit dem 1939 der Zweite Weltkrieg begann) alljährlich drei feste Tage zu haben, die einen vorbereiteten, zumindest kampagnenähnlichen Auftritt erlauben würden. Trotz der Schwierigkeiten, solche Traditionen lebendig zu halten, bietet vor allem der 1. Mai von der ARD-Ansprache des DGB-Vorsitzenden bis zu den Hunderten von Demonstrationen, Kundgebungen und Familienfesten eine reiche PR-Palette. Inzwischen lassen sich auch – innergewerkschaftlich, wie noch zu zeigen sein wird, umstrittene – PR-Bemühungen beobachten, diese feststehenden Tage dramaturgisch in längerfristige Gewerkschaftskampagnen einzubauen. Unter den aktuell entstehenden Anlässen überwiegen eindeutig diejenigen, auf die die Gewerkschaften protestierend reagieren. Solche Protestkampagnen können sich als betriebliche Aktion (wegen sozialer Missstände z.B. bei Aldi oder McDonalds) gegen Maßnahmen des Arbeitgebers richten oder als politische Aktion gegen Regierungshandeln bzw. gegen bedrohliche gesellschaftliche Ereignisse wie gewalttätige Ausländerfeindlichkeit.

Seltener sind Versuche, aufgrund intern erkannter Profilierungsnotwendigkeiten „selbstausgelöste" Kampagnen zu fahren. „Öffentliche Dienste – wer nachdenkt, sagt ja", getragen von den Gewerkschaften des öffentlichen Dienstes, und „Frau geht vor", initiiert vom DGB, sind zwei Beispiele für solche PR-Strategien, die auf bewusste Imageänderungen zielten und gleichzeitig einen politischen Gestaltungsanspruch nach innen und außen hatten.

Als *Träger* gewerkschaftlicher Kampagnen haben wir bislang nur zwischen dem DGB und den jeweiligen Einzelgewerkschaften unterschieden. Um wenigstens das Grundmuster der verwirrenden gewerkschaftlichen Kampagnenvielfalt vollständig nachzuzeichnen, darf nicht unerwähnt bleiben, dass im DGB und ebenso in jeder Gewerkschaft sowohl einzelne Abteilungen der Zentralverwaltung, etwa die Abteilungen Jugend, Bildung oder Beamte (siehe die DGB-Kampagne „Verhandeln statt Verordnen"), als auch einzelne regionale Organisationsgliederungen, etwa der IG Metall-Bezirk Nordwürttemberg-Nordbaden, der GEW-Landesbezirk Sachsen, der DGB-Kreis Düsseldorf und viele, viele andere mehr ihre regional oder lokal begrenzten Kampagnen veranstalten.

3 Motivation, Mobilisierung, Medien

Wie führen die Gewerkschaften ihre Kampagnen durch? Greenpeace, als Akteur einer neuen sozialen Bewegung direkt am ökologischen Puls der Zeit, lässt sich von der journalistischen Nachrichtenlogik leiten. Mit spektakulären Praktiken kleiner Gruppen von Aktivisten wird massenmediale Aufmerksamkeit geweckt und genährt, und im Erfolgsfall verwandelt sich die Greenpeace-Kampagne in ein sich selbst tragendes öffentliches Thema. Telekom, Daimler, Henkel und viele andere hingegen kaufen sich Kommunikationsmittel in großem Umfang und lassen sich deren Einsatz als Medienkampagne komponieren. Die Gewerkschaft nimmt verstärkt Elemente aus beiden Beispielen auf, ohne den besonderen Bedingungen entkommen zu können oder auch nur zu wollen, unter denen gewerkschaftliche Kampagnen überhaupt nur stattfinden können: Es bedarf der massenhaften Motivation von Funktionären und Mitgliedern mitzumachen. Wie leicht hat es da doch Greenpeace: Ohne Mitglieder und ohne aufwendige demokratische Mitbestimmungsprozesse kann eine kleine Gruppe schnell entscheiden, was wie zu tun ist. Greenpeace muss lediglich (zahlungswillige) Unterstützer auf Zeit suchen, aber nicht Mitglieder überzeugen.

Ob die Gewerkschaft ein Thema ergreift und besetzt oder ob sie von einem Thema ergriffen wird und ihre Reaktion organisiert, diese Unterscheidung ist folgenreich für die Frage nach der Praxis gewerkschaftlicher Kampagnen. Daran entscheidet sich nämlich, ob die Motivation mitzumachen von der Gewerkschaft erst aus eigener Kraft hergestellt werden muss oder ob sie aufgrund externer Ereignisse „wie von selbst" entsteht. Der klassische Fall der selbst produzierten gewerkschaftlichen Aktion ist die Tarifrunde. Hier sorgt ein institutionalisierter, vergleichsweise breit angelegter – in seiner demokratischen Qualität gleichwohl umstrittener[4] – interner Willensbildungsprozess dafür, dass das anvisierte Ziel mit aktiver Unterstützung rechnen kann. Inhaltlich transportiert wird das Thema dabei zwar auch über Massenmedien, hier vor allem die Mitgliederzeitung und Funktionärspublikationen. Sie sollen jedoch die interpersonale Kommunikation als unverändert zentrales gewerkschaftliches Verständigungsmittel nur begleiten und erleichtern.

> „Unter den gewerkschaftlichen Informationsquellen spielt der direkte persönliche Kontakt zu den Betriebsräten und Vertrauensleuten die herausragende Rolle. Von ihm hängt entscheidend ab, ob der Informationsfluss zwischen der Gewerkschaftsorganisation und der Mitgliederbasis funktioniert." (Das Medienprojekt o.J.: 6)

Dieser interne Willensbildungsprozess vollzieht sich weitgehend als Geheimveranstaltung, weil er zum einen im Betrieb, nach wie vor einem Arkanbereich der modernen Gesellschaft, und zum anderen in Gewerkschaftsgremien stattfindet, die ihre Beratungen nicht immer zu Unrecht vor dem Konfliktgegner schützen zu müssen glauben. Auch in der Durchsetzungsphase bleibt der Betrieb normalerweise der für die Gewerkschaft wesentliche Kommunikationsort. Die restriktiven Bedingungen betrieblicher Öf-

---

[4] Ein Beispiel, das diesbezüglich Schlagzeilen machte, war die ÖTV-Tarifrunde 1992, deren Verlauf die Wiederwahl der Vorsitzenden Monika Wulf-Mathies gefährdete. Zur Kritik vgl. im Einzelnen ÖTV 1992: 118ff.

fentlichkeit (Däubler 1992) prägen die Kommunikationsmittel wie die für das Schwarze Brett vorgesehenen kleinen Plakate, Flug-, Faltblätter und Anstecker, und den – persuasiven – Kommunikationsstil mit seinen Drohungen und Versprechungen. Aber sie können auch die Organisationsphantasie wecken und vielfältige Beispiele subversiver Kommunikations- und Aktionsformen provozieren (Benz/Prott/Saller 1996).

Sobald die Tarifauseinandersetzung zum öffentlichen Ereignis wird oder sich sogar zum Arbeitskampf zuspitzt, muss sich die Gewerkschaft zusätzlich auf die Bedingungen massenmedialer Öffentlichkeit einstellen und dem gängigen Niveau von Journalismus, PR und Werbung anpassen. Nun haben diese tarifpolitischen Kampagnen aber wie die Sache selbst eine repetitive Dramaturgie, weshalb das Publikum, vor allem das zur Beobachtung verpflichtete journalistische, die kollektiven Akteure gerne als phantasiearme Wiederholungstäter abkanzelt. Festzuhalten ist als Entwicklungstendenz, dass über die üblichen Presseerklärungen, Kundgebungen und Demonstrationen hinaus der kommunikative Aufwand der Kontrahenten steigt, dass die eingesetzten Kommunikationsmittel vielfältiger, farbiger und kreativer, ihre Gestaltung und ihre Anwendung professioneller werden. Anzeigenserien, Großflächenplakatierung, Werbespots im Kino und, soweit es das Verbot politischer Werbung überhaupt zulässt, im Hörfunk, gehören inzwischen ebenso dazu wie Postkarten, Videos und Internet-Infos, inszenierte Ereignisse und symbolische Politik. Sowohl die nach innen als auch die nach außen gerichtete PR-Arbeit wird nicht mehr im Falle der Verschärfung des Konflikts aus dem Boden gestampft, sondern jedenfalls von den größeren und finanzstärkeren Gewerkschaften (wie auch von Arbeitgeberverbänden) längerfristig konzeptionell vorausgeplant. Dies alles auch deshalb, weil die Gewerkschaften wissen, dass die massenmediale Kommunikation längst zu einem selbstverständlichen Bestandteil ihrer internen Information geworden ist. Die eigenen Mitglieder werden durch die allgemeinen Massenmedien über Kampagnen und Maßnahmen schnell informiert – und möglicherweise motiviert oder demotiviert.

Die großen politischen Kampagnen deutscher Gewerkschaften wurden und werden seit rund zwanzig Jahren extern verursacht. Die Motivation, sich an gewerkschaftlichen Aktivitäten zu beteiligen, liefert der politische Gegner. Die Gewerkschaft setzt diese Motivation mehr oder weniger eindrucksvoll in Aktion um und baut auf diese Weise den von außen kommenden Motivationsschub weiter auf – oder eben ab. Auch für diese politischen Kampagnen gilt, dass die gewerkschaftliche PR-Arbeit der politischen Kultur der „Erlebnisgesellschaft" (Schulze 1992) zunehmend Rechnung trägt und z.B. dem fragwürdigen Informationswert langer Agitationsreden den Unterhaltungswert von Aktionskunst, multimedialer Präsentation und kommunikativer Feste entgegenzusetzen beginnt.

Eine Schwierigkeit, in der die Gewerkschaften seit längerem stecken, besteht darin: Die potentiellen Anlässe für solche Abwehrkampagnen sind so zahlreich geworden, dass sie die gewerkschaftliche (Re-)Aktionsfähigkeit übersteigen, weil sich die personellen und finanziellen Ressourcen im Wortsinn erschöpfen. Einerseits sehen sich die Gewerkschaftsführungen unter Legitimationsdruck, Verschlechterungen der Lebens-

und Arbeitsbedingungen abhängig Beschäftigter, wie sie durch Massenarbeitslosigkeit, Strukturbrüche und konservativ-liberale Lastenverteilung verursacht werden, nicht widerspruchslos hinnehmen zu können und deshalb Mobilisierungsanstrengungen unternehmen zu müssen. Andererseits wird die Organisation dadurch ständig unter Handlungsdruck und in Atem gehalten, Funktionärinnen und Funktionäre vor allem der exekutiven, also der mittleren und unteren Organisationsebenen, verfallen in operative Hektik und fühlen sich permanent überfordert. Die Kluft zwischen Anspruch und Wirklichkeit wächst, zwischen lautstark verkündeten Kampagnenbeschlüssen, großen Aktionsplänen, aufwendigen Materialien „oben", kleinlauter Resonanz, Scheinaktivitäten, zunächst schlechtem Gewissen, später Gleichgültigkeit „unten". Was unter diesen Bedingungen vor allem unterbleibt, ist eine ernsthafte Erfolgskontrolle. Der Kampagnenbeschluss wird zum politischen Alibi, das sich die Organisation ausstellt: „Oben" kann man sich auf den Kampagnenaufruf berufen, „unten" benennt man Teile der Alltagsarbeit in Kampagnenbeiträge um. So entsteht ein Klima offizieller Zufriedenheit und inoffizieller wechselseitiger Beschuldigung.

Besonders trifft diese Schwierigkeit den DGB. Von ihm wird erwartet, dass er sowohl in den brisanten tarifpolitischen Konflikten den Gewerkschaften mindestens auf der PR-Schiene hilft, als auch – als der politische Bund der Einzelgewerkschaften – die übergreifenden politischen Kampagnen initiiert und koordiniert. Da die Mitgliedsgewerkschaften von bestimmten ökonomischen bzw. politischen Entwicklungen in unterschiedlicher Weise betroffen sind, formulieren sie unterschiedliche Anforderungen an den DGB. Dieser – in jeder Hinsicht von den Gewerkschaften abhängig – kann keine „eigenmächtigen" Prioritäten setzen, sondern muss im Gegenteil bei allen Gewerkschaften den Eindruck hinterlassen, gerade ihre Themen nicht zu vernachlässigen. Für die 13 DGB-Landesbezirke und 150 DGB-Kreise stellt sich die Situation insofern noch angespannter dar, als bei ihnen erstens die zentralen Kampagnen des Deutschen Gewerkschaftsbundes, zweitens die zentralen und dezentralen Kampagnen der verschiedenen Einzelgewerkschaften und drittens die kampagnenähnlichen Einzelaktivitäten der (fünf) Vorstandsbereiche und (16) Abteilungen des DGB zusammentreffen – abgesehen davon, dass sie vielleicht selbst ebenfalls kampagnenwürdige Anliegen haben.

Hinzu kommt, dass die operativen Möglichkeiten des DGB eng begrenzt sind. Ob der DGB unterstützend in eine einzelgewerkschaftliche Aktion eingreift oder ob er originärer Träger einer Kampagne ist, immer steht er vor dem Problem, dass er zwar rund 1500 Beschäftigte, aber nur 15 Mitglieder hat. Sein größter aktionsfähiger Verteiler sind die rund 2000 Adressen der hauptamtlich besetzten Gewerkschaftsbüros zwischen Düsseldorf und Dresden, Rostock und Konstanz. Was in diesen Büros mit seiner Post passiert, gehorcht dem Prinzip Hoffnung; darauf hat der DGB keinen Einfluss. Ein bekanntes einzelgewerkschaftliches Verhaltensmuster besteht darin, in der eigenen Organisation nicht dafür zu sorgen, dass die DGB-Kampagnen „unten" unterstützt werden, und sich „oben" in den Sitzungen des DGB-Bundesvorstandes zu beschweren, dass die Kampagne nicht richtig greift.

Den gewerkschaftlichen Problemhöhepunkt aber stellt der Versuch dar, Thema, Zeitpunkt und Verlauf einer politischen Kampagne selbst zu bestimmen und für die notwendige Motivation und Mobilisierung aus eigener Kraft zu sorgen. In der jüngeren Vergangenheit sind nur wenige solcher Versuche von Mitgliedsgewerkschaften und/oder des DGB so weit gediehen, dass sie die Wahrnehmungsschwelle der allgemeinen Öffentlichkeit überschritten haben. Die Ursachen dafür lassen sich pointiert benennen: Erstens lassen sich Motivation und Mobilisierung nicht mehr über Top-down-Kommunikation, nicht mehr über die agitatorische Präsentation zentral erstellter Kampagnenkonzepte erreichen.

„Wer nachdenkt, sagt ja ...' halte ich für den größten Unsinn, den sie produziert haben zu einem wahnsinnigen Geld. Das ist eine Kampagne, die überhaupt nicht bekannt und abgestimmt war. Die Kreisverwaltungen sind irgendwann überschwemmt worden von diesen Plakaten, die ja noch ganz schön sind zum Aushängen. Aber von den Bildern her, nicht vom Slogan. Und das Informationsmaterial, das wir sonst noch dazu bekommen haben, das wollte keiner, das meiste haben wir weggeschmissen. Wir haben es bei mehreren öffentlichen Veranstaltungen benutzt, weil es ja auch zeitlos war, also 1. Mai oder andere Veranstaltungen."[5]

Das ist eine typische Reaktion von Funktionärinnen und Funktionären exekutiver Organisationsebenen auf solche zentralen Kampagnenvorgaben. Regionale, fach-, geschlechts- und altersspezifische Ansprüche, in die Entwicklung von Kampagnen einbezogen zu werden, sind größer geworden. Fast alle fragen kritisch nach, ob und inwieweit er/sie sich und seine/ihre Interessen im Weg und im Ziel wiederfindet. Für die Öffentlichkeitsarbeiterinnen und Öffentlichkeitsarbeiter bedeutet das, dass sie sich auch in der internen Kommunikation nicht mehr bewegen können wie auf Einbahnstraßen, einzig ausgehend von der Zentrale, sondern Knotenpunkte eines organisationsweiten Kommunikationsnetzes bilden müssen.

Zweitens sind – wegen politisch-inhaltlicher Modernisierungsdefizite – innergewerkschaftlich konsensfertige Ziele in der allgemeinen Öffentlichkeit nicht hinreichend anschlussfähig und umgekehrt die anschlussfähigen Themen innergewerkschaftlich zu umstritten. Prominentestes Beispiel ist die Initiative „Bündnis für Arbeit". Sie wurde vom IG Metall-Vorsitzenden als Coup von oben gestartet. Als Resultat eines innergewerkschaftlichen Willensbildungsprozesses wäre sie jedenfalls kurzfristig nicht möglich gewesen, weil sie mit dem Angebot einer realen Nullrunde und befristeter Einarbeitungsabschläge für Langzeitarbeitslose (IG Metall 1996) tarifpolitische Positionen enthielt, die allem widersprachen, was Gewerkschaften, allen voran die IG Metall, partiell ausgenommen die IG Chemie, als unumstößliches Credo bislang verkündet hatten. Entsprechend massiv und zahlreich fiel der innerorganisatorische Protest aus. Es war aber genau dieses Angebot, das die Anschlussfähigkeit des „Bündnisses für Arbeit" an die öffentliche Debatte herstellte und für die anhaltende politische und publizistische Aufregung sorgte. Weder der Name noch der Vorschlag an sich waren neu; neu war, dass sich die IG Metall politisch handlungs- und verhandlungsfähig zeigte. (Hank 1996)

---

[5] Graf, Hannelore (1996), hier: Anhang B, VIII: Interview Christa Hecht, ÖTV Hessen: 7; aus der Perspektive der Zentrale dazu: Holz 1995.

Im schulmäßigen Verständnis professioneller PR-Arbeit muss „Bündnis für Arbeit" als Alptraum erscheinen, weil die Öffentlichkeitsarbeiterinnen und Öffentlichkeitsarbeiter mit ihrer Arbeit erst beginnen konnten, als bereits alles öffentlich war, die internen Pfiffe und der externe Beifall schon Landeslautstärke erreicht hatten. Und dennoch sagt die zuständige IG Metall-Werbefrau, dass diese Kampagne

> „mit Abstand am professionellsten werblich begleitet und kommuniziert worden ist. Das lag vielleicht auch daran, dass es keine gewöhnliche Kampagne war – von langer Hand vorbereitet und in Funktionärskreisen breit diskutiert, sondern ein Überraschungscoup – von Klaus Zwickel auf dem Gewerkschaftstag präsentiert, der bei den meisten Medien Lobeshymnen und bei den eigenen Funktionären harsche Kritik ausgelöst hat. Eines der Hauptziele der intensiven Werbekampagne ... war deshalb: Akzeptanz zum ‚Bündnis für Arbeit' innerhalb der eigenen Organisation herzustellen. Ein weiteres Ziel: Die externe Öffentlichkeit zu informieren und die IG Metall als innovative, moderne und verantwortungsbewusste Organisation zu präsentieren." (Thomas 1996)

Diese außergewöhnlichen Umstände haben mithin dazu geführt, dass die PR-Leute, sonst meist am politischen Gängelband einer traditionellen Organisationskultur, ungewohnte Gestaltungsspielräume nutzen konnten – anders hätte zum Beispiel der eigens komponierte und getextete „Bündnis-Rap" nicht entstehen können. Dennoch oder gerade deshalb zeigt dieses Beispiel eine scharfe Trennung zwischen der Herstellung und der Darstellung von (Gewerkschafts-) Politik: Botschaft und Zeitpunkt von Kampagnen werden ohne PR-Beratung politisch festgelegt. Erst dann kommen die Öffentlichkeitsarbeiterinnen und Öffentlichkeitsarbeiter ins Spiel, die in der Regel in Zusammenarbeit mit einer Agentur textliche und graphische Umsetzungsvorschläge sowie die Mediaplanung machen, über deren Annahme oder Ablehnung wiederum politisch entschieden wird. Das impliziert, dass auch Geld für Kampagnen nur ad hoc zur Verfügung gestellt wird.

Im DGB hat es zwei Beispiele gegeben, einen anderen Weg zu gehen. „Teilen verbindet" hat als Mai-Motto für gewerkschaftliche Aufregung gesorgt und ist als Kampagne in den Startlöchern stecken geblieben (Arlt/Uellenberg-van Dawen 1993). „Frau geht vor", als Kampagne erfolgreich gestartet und auf halber Strecke im Abseits gelandet, wurde als Mai-Motto unter Anführung von Franz Steinkühler gewerkschaftlich verweigert (von Camen 1993). Beide Kampagnenideen wurden in der Abteilung Öffentlichkeitsarbeit des DGB entwickelt, von der politischen Führung des DGB zunächst aufgegriffen und auch in die Haushaltsplanung aufgenommen, aufgrund der Kritik aus den Mitgliedsgewerkschaften aber nicht konsequent verfolgt und umgesetzt.

4 Tradition, Kommunikation, Revolution

Wie kampagnenfähig ist der Deutsche Gewerkschaftsbund? Die vorangegangenen Beobachtungen erlauben drei summierende Feststellungen:
1. Unübersehbar ergänzt der Deutsche Gewerkschaftsbund seine traditionelle Kompetenz, Folgebereitschaft zu organisieren, zum einen mit der verstärkten Anwendung gekaufter Kommunikation, also den Methoden kommerzieller Werbung, zum anderen mit einer stärker erlebnisorientierten Veranstaltungskultur, zum dritten mit der

intensivierten Bemühung um massenmedial erfolgreiche, vor allem fernsehwirksame Inszenierungen. Ermöglicht und gefördert wird diese Entwicklung von einer häufiger an Fachqualifikationen orientierten Auswahl des PR-Personals und einer vermehrten Zusammenarbeit mit PR-Agenturen. Die Gewerkschaften reagieren damit einerseits auf die wachsenden Schwierigkeiten, Menschen anzusprechen und als Multiplikatoren ihrer Politik zu gewinnen, andererseits auf die gestiegene Bedeutung der massenmedialen Öffentlichkeit für ihre interne und externe Kommunikation.

2. Kampagnenfähig erscheint der Deutsche Gewerkschaftsbund gegenwärtig mit erwartbarer Zuverlässigkeit nur, wenn er auf Angriffe gegen tarifpolitische oder sozialstaatliche Besitzstände reagiert, also dann, wenn die Motivation der abhängig Beschäftigten für die Beteiligung an einer Kampagne extern produziert wird. Diese Aussage wird zusätzlich gestützt von der Beobachtung, dass die Gewerkschaften – beginnend mit dem Konflikt um die Durchsetzung der 35-Stunden-Woche – wiederholt zu einem Paradigmenwechsel gegriffen haben, wenn ihre politisch-sachliche Kampagnenbotschaft an mobilisierender Kraft einzubüßen drohte: Sie haben die Kampagne dann umorientiert zu einem Kampf um den Bestand funktionsfähiger Gewerkschaften überhaupt – für eine Gewerkschaft ein gefährliches, weil nicht mehr steigerungsfähiges Kampagnenziel. Hat eine so weit verzweigte und tief gegliederte Organisation wie der Deutsche Gewerkschaftsbund eine solche Protest- oder Abwehrkampagne angenommen, „lebt" die Kampagne also in der Organisation, kann sie extern nicht ignoriert werden: Ein prominenter Platz auf der öffentlichen Agenda ist ihr sicher. Zu registrieren sind Stresssymptome der Organisation wegen der Überfülle von Abwehraufgaben.

3. Als hervorstechendes Problem erweisen sich die gesellschaftspolitischen Gestaltungs- und Sinnstiftungsaufgaben, die nur mit Kampagnen aus eigener politischer Kraft zu bewältigen wären. Beobachtbar sind einzelne gewerkschaftliche Versuche, Wechselwirkungen zu produzieren zwischen öffentlicher und interner Thematisierung mit dem Ziel, über eine positive externe Resonanz die innerorganisatorische Akzeptanz solcher Kampagnen zu erhöhen; „Bündnis für Arbeit", „Teilen verbindet", „Frau geht vor" waren die einschlägigen – unvollendeten – Beispiele.

Um sich im Rahmen einer gesellschaftspolitischen Strategie zu eigenständigen, selbst definierten Kampagnen zu befähigen, müsste der Deutsche Gewerkschaftsbund nach unserer Analyse[6] vor allem an der im Verlauf seines Reformprozesses zwar thematisierten, aber noch nicht hinreichend realisierten Veränderung seiner Kommunikationskultur arbeiten. Auf diesem Wege könnte und müsste sich dann auch das Verhältnis von Politik und Öffentlichkeitsarbeit hin zu einem gemeinsamen strategischen Prozessmanagement verändern.

---

[6] Ausführlich beschäftigt sich damit das Forschungsprojekt „Gewerkschaftskommunikation", das im Auftrag der Hans Böckler-Stiftung am Institut für Journalistik der Universität Hamburg durchgeführt wird.

Das traditionelle gewerkschaftliche Kommunikationsverständnis folgt dem Motto „Einigkeit macht stark". Zustimmung, Übereinstimmung in der Sache als Bedingung der Möglichkeit kollektiven politischen Handelns, davon lebt die Gewerkschaft – und deshalb stirbt sie, so fürchtet sie, wenn Zweifel, wenn unterschiedliche Meinungen, wenn Kritik und Widerspruch, wenn interne Auseinandersetzungen hör- und sichtbar werden. Aber politische Einigkeit, dieser Rohstoff gewerkschaftlicher Macht, kann in modernen, sozial differenzierten und pluralisierten Gesellschaften nur gewonnen werden durch die kommunikative Bearbeitung der real existierenden Uneinigkeit – eine Arbeit ohne Ende, aber mit Erfolgsaussichten. Auch die gewerkschaftliche Klientel ist eine „wählerische Klientel" geworden, die sich hoch flexibel verhält. Sowohl innerhalb der Organisation als auch zwischen den Organisationsebenen und ihren unterschiedlichen – zudem sich fortlaufend ändernden – sozialen Umwelten steigt damit generell der Bedarf an Information. Kommunikativ hergestellte, punktuelle Bündnisse treten an die Stelle sozial gewachsener dauerhafter Bindungen. Somit erweist sich eine reformierte Kommunikationskultur als Bedingung der gewerkschaftlichen Möglichkeit sowohl erfolgreicher interpersonaler als auch massenmedialer Kommunikation und damit in Summe der gewerkschaftlichen Kampagnenfähigkeit.

Der DGB-Reformkongress im November 1996 im Dresdener Kulturpalast hat erstmals in einer breiteren Öffentlichkeit den Eindruck hervorgerufen, dass der Deutsche Gewerkschaftsbund willens und in der Lage sein könnte, eine solche moderne Kommunikationskultur zu entwickeln. „Wohl nur selten zuvor wurden so offen, konzentriert und anspruchsvoll die eigenen Grundsätze und die praktische Politik diskutiert", schrieb „Die Zeit", „die Tageszeitung" sah „die Hoffnungen von Millionen von Menschen wieder auf die Kraft einer sich revitalisierenden Gewerkschaftsbewegung gerichtet", und die "Süddeutsche Zeitung" kommentierte: „Kulturrevolution im Kulturpalast". Wird sie auch die Gewerkschaftshäuser ergreifen?

Literatur

Arlt, Hans-Jürgen (1994): Kampfkraft kommt aus Kommunikation oder verkümmert. In: Gewerkschaftliche Monatshefte, Jg. 45, H. 5: 281-296

Arlt, Hans-Jürgen/Dietmar Gatzmaga (Hg.) (1997): Mit Megaphon und Megabyte oder Wie die Dinos tanzen lernen. Perspektiven gewerkschaftlicher Öffentlichkeitsarbeit, Marburg

Arlt, Hans-Jürgen/Otfried Jarren (1996): Mehr PR wagen? Über Agitation, Öffentlichkeitswandel und Gewerkschaftsreform. In: Gewerkschaftliche Monatshefte, Jg. 47, H. 5: 298-308

Arlt, Hans-Jürgen/Wolfgang Uellenberg-van Dawen (1993): Verbittert Teilen oder verbindet es? In: Rudolf Hickel/Ernst-Ulrich Huster/Heribert Kohl (Hg.): Umverteilen. Schritte zur sozialen und wirtschaftlichen Einheit Deutschlands, Köln: 290-316

Baecker, Dirk (1994): Postheroisches Management. Ein Vademecum, Berlin

Beck, Ulrich/Anthony Giddens/Scott Lash (1996): Reflexive Modernisierung. Eine Kontroverse, Frankfurt/M.

Benz, Herbert/Jürgen Prott/Christian Saller (1996): Öffentlichkeit durch Beteiligung. Innerbetriebliche Öffentlichkeitsarbeit durch neue Formen gewerkschaftlicher Betriebsarbeit, Marburg

Bispinck, Reinhard (Hg.) (1995): Tarifpolitik der Zukunft. Was wird aus dem Flächentarifvertrag?, Hamburg

Bispinck, Reinhard (1994): Tarifpolitik und Arbeitskämpfe 1993. In: Michael Kittner (Hg.): Gewerkschaf-

ten heute. Jahrbuch für Arbeitnehmerfragen 1994, Köln
Camen, Gabriele von (1997): Mehr als ein Flugblatt. In: Die Mitbestimmung, Jg. 43, H. 2: 39-41
Camen, Gabriele von (1993): Zwei Schritte vor – ein Schritt zurück. Der DGB und seine Frauenpolitik. In: Thomas Leif/Ansgar Klein/Hans-Josef Legrand (Hg.): Reform des DGB, Köln: 280-292
Das Medienprojekt der IG Metall (o.J.): Studien zur Entwicklung eines Gesamtkonzepts der Organisationskommunikation. Abschlußbericht: Peter Zernitz, o.O., o.J. (Frankfurt, 1994)
Däubler, Wolfgang (1992): Gewerkschaftsrechte im Betrieb, Neuwied, Darmstadt
DGB, Bundesvorstand (Hg.) (1996): Beratungsunterlagen. 5. Außerordentlicher Bundeskongreß Dresden 13.-16.11.1996
DGB, Bundesvorstand (Hg.) (1994): Protokoll. 15. Ordentlicher Bundeskongreß, Berlin 13.-17.6.1994
DGB, Bundesvorstand (1991): Sofortprogramm für eine Wirtschafts- und Beschäftigungspolitik in den neuen Bundesländern, Düsseldorf
DGB, Bundesvorstand (1983): Die Haushaltspolitik der Bundesregierung: Sozialabbau, Lohnverzicht, mehr Arbeitslose, Düsseldorf
DGB, Bundesvorstand (1977): Vorschläge des DGB zur Wiederherstellung der Vollbeschäftigung, Düsseldorf
Die Mitbestimmung, (1997): Mit Megaphon und Megabyte, Jg. 43, H. 2, Düsseldorf (ein Schwerpunktheft zu gewerkschaftlicher Öffentlichkeitsarbeit)
Fröhlich, Dieter (1996): Drahtseilakt: Die angestelltenpolitische Initiative der IG Metall zwischen Organisationsreform und Mitgliederwerbung, München
Graf, Hannelore (1996): Das Image der ÖTV in Hessen, Magisterarbeit, Mainz
Gross, Peter (1994): Die Multioptionsgesellschaft, Frankfurt/M.
Hank, Rainer (1996): Der Zauberer. „Bündnis für Arbeit" statt Programmdebatte. In: Gewerkschaftliche Monatshefte, Jg. 47, H. 1: 32-40
Holz, Jürgen (1995): „Öffentliche Dienste – wer nachdenkt, sagt ja!" Zur Reformarbeit der Gewerkschaft ÖTV. In: Volker Grube/Birgit Zoerner (Hg.): Kampagnen, Dialoge, Profile: Öffentlichkeitsarbeit für Reformprojekte, Dortmund: 97-109
IG Metall, Vorstand (1996): Bündnis für Arbeit, Frankfurt/M.
Jarren, Otfried (1997): Medienwandel. Institutionenwandel und gewerkschaftliche Kommunikation. In: Hans-Jürgen Arlt/Dietmar Gatzmaga (Hg.): Mit Megaphon und Megabyte oder Wie die Dinos tanzen lernen. Perspektiven gewerkschaftlicher Öffentlichkeitsarbeit, Marburg: 27-41
Jarren, Otfried (Hg.) (1994): Politische Kommunikation in Hörfunk und Fernsehen, Opladen
Jarren, Otfried (1994): Politik und politische Kommunikation in der modernen Gesellschaft. In: Aus Politik und Zeitgeschichte, B 39/94: 3-10
Kurz-Scherf, Ingrid (1996): Gewerkschaftliche Perspektiven in Zeiten, die nur ein Ende, aber keinen Anfang haben. In: Dieter Schulte (Hg.): Arbeit der Zukunft. Beiträge zur Reformdiskussion im Deutschen Gewerkschaftsbund und seinen Gewerkschaften, Köln: 213-231
ÖTV, Hauptverwaltung (Hg.) (1992): Beschlüsse. 12. Gewerkschaftstag Nürnberg 1992, Stuttgart
Richert, Jochen (1992): DGB-Organisationskampagne Angestellte. (Unveröff.) Bericht, Düsseldorf
Schulze, Gerhard (1992): Die Erlebnisgesellschaft, Frankfurt/M.
Thomas, Christine (1996): Werbeleid und Werbefreud: Gewerkschaftliche Werbung, Imagewerbung, Mitgliederwerbung, Vortrag auf dem Workshop „Gewerkschaft und Öffentlichkeit" der Hans-Böckler-Stiftung am 27./28. 9. 1996 in Köln. Nachgedruckt in: Hans-Jürgen Arlt/Dietmar Gatzmaga (Hg.) (1997): Mit Megaphon und Megabyte oder Wie die Dinos tanzen lernen. Perspektiven gewerkschaftlicher Öffentlichkeitsarbeit, Marburg: 89-92

Die PR-Kampagne der Initiative Neue Soziale Marktwirtschaft und ihr Erfolg in den Medien

Erste Ergebnisse einer Evaluationsstudie[*]

Christian Nuernbergk

Die „Initiative Neue Soziale Marktwirtschaft" (INSM) steht stellvertretend für eine Reihe von selbst ernannten Bewegungen, Konventen und Vereinigungen, die auf der Reformbaustelle Deutschland mit ihren Vorschlägen möglichst spürbare Umbaumaßnahmen einleiten wollen. In ihnen engagieren sich große Teile der Wirtschafts- und Politikeliten des Landes. Dabei reicht das Spektrum von Politikern aller Couleur bis hin zu Vertretern von Verbänden aus Industrie, Wirtschaft, Handwerk und Mittelstand. Oft gestützt durch Sachverstand aus Unternehmensberatungen oder aus der Wissenschaft, versuchen die verschiedenen Initiativen, der Politik bei der Umsetzung von Reformen Ideenskizzen zu liefern und diese durch Öffentlichkeitsarbeit zu unterstützen. Angestrebt wird vor allem eine Reduktion des sozialstaatlichen Überbaus, der sich zunehmend als Hindernis für das wirtschaftliche Wachstum und die Schaffung von Arbeitsplätzen entpuppt hat.

Auf welche Art und Weise speziell die Initiative Neue Soziale Marktwirtschaft „Stimmungsmache" für Reformen betreibt, soll in dem vorliegenden Beitrag anhand einer Darstellung ihrer Kampagne und den zugrunde liegenden PR-Strategien erörtert werden.

---

[*] Dieser Beitrag wurde für die 3. Auflage neu verfasst. Er basiert auf einer empirischen Magisterarbeit über die Öffentlichkeitsarbeit der Initiative Neue Soziale Marktwirtschaft, die der Verfasser am Institut für Kommunikationswissenschaft der Westfälischen Wilhelms-Universität Münster eingereicht hat (Nuernbergk 2005). Die Betreuung der Abschlussarbeit hat Prof. Dr. Christoph Neuberger übernommen. Für seine konstruktive Kritik und seine Anregungen möchte ich ihm an dieser Stelle danken.

1 Agenda Setting für Politik und Medien

Aufgrund ihrer Organisationsstruktur und ihrer finanziellen Möglichkeiten gilt die INSM als am besten ausgestattete und schlagfertigste Organisation unter den Reforminitiativen. Darüber hinaus ist sie mit herausgehobenen Personen besetzt (vgl. Hamann 2005; Speth 2004; Müller 2004). Die INSM ist thematisch und methodisch vielfältig ausgerichtet und in erster Linie darum bemüht, Experten, Politiker und Medien für ihre Ziele zu mobilisieren. Die Geldgeber mit ihren Einzelinteressen bleiben dagegen eher im Hintergrund. Die Kampagne der INSM setzt darauf, die Zustimmung der Bevölkerung zu ihren Zielen zu erlangen, um mehr Spielraum für ihren Einfluss auf politische Entscheidungen zu gewinnen. Hierbei geht es der INSM vor allem um die grundsätzliche Akzeptanz der Lageeinschätzung, dass marktwirtschaftliche Reformen zur Verbesserung der desolaten Lage des Landes unumgänglich sind und dass sich die Politik deshalb mit Nachdruck damit befassen müsse.

Die INSM ist teilweise sehr erfolgreich: Ihr langjähriger Botschafter Paul Kirchhof wurde in das Kompetenzteam der Union für die Bundestagswahl 2005 berufen. Bei der Vorstellung ihres Experten für Steuern und Finanzen betonte Angela Merkel auch das Engagement Kirchhofs für die INSM. Wäre Kirchhof nach einem schwarz-gelben Wahlsieg Finanzminister geworden, hätte er seine Ideen einer radikalen Vereinfachung des Steuerrechts, die insbesondere durch die PR-Aktivitäten und durch Werbung der INSM vor einiger Zeit öffentlichkeitswirksam befördert wurden, leichter realisieren können. Im Dezember 2003 ist Kirchhof als „Reformer des Jahres" durch die INSM und die Frankfurter Allgemeine Sonntagszeitung (FAS) ausgezeichnet worden. Kirchhof war mit Hilfe seiner Auszeichnung während entscheidender Verhandlungen im Vermittlungsausschuss über die Steuerreform in den Medien präsent. Schon im Jahr 2002 hat die INSM Kirchhof ein Forum auf der Bundespressekonferenz ermöglicht und mit ihm in Anzeigen in SZ, FAZ und SPIEGEL geworben.

Die von der Initiative präsentierten Vorschläge und Themenangebote entsprechen aufgrund ihres marktwirtschaftlichen Plädoyers für Freiheit und Wettbewerb in erster Linie einer unternehmerfreundlichen Verbandspolitik, die gesellschaftlich keineswegs unumstritten ist. Das interessengeleitete Einbringen und der Versuch, Themen innerhalb spezifischer Diskurse durchzusetzen, die sich in Arenen der Öffentlichkeit bilden, wirft die Frage nach der Ressourcenmobilisierung der jeweiligen Akteure auf. Für den Aufmerksamkeitsgewinn spielen Geld, Macht und Wissen eine wichtige Rolle (vgl. Gerhards/Neidhardt 1991: 58). Die gute finanzielle Ressourcenausstattung und ihr weitreichendes Reservoir an wichtigen Persönlichkeiten aus Wissenschaft und Politik bedingen die Effektivität der Initiative in besonderer Weise. Ihr anhaltender Erfolg (vgl. Hamann 2005) ruft jedoch zunehmend mehr Kritiker auf den Plan, die hauptsächlich die mangelnde Transparenz und Unklarheiten in der Selbstdarstellung der INSM beklagen. Bei einer näheren Betrachtung lassen sich bisweilen auch Schwächen auf Seiten der Politikberichterstattung und damit in einem Kernbereich des Journalismus ausfindig machen. So zeigen die in diesem Beitrag noch vorzustellenden Ergebnisse einer Inhaltsanalyse, dass nur die wenigsten Medienberichte differenzierte Angaben über die enge Verbindung zwischen der INSM und den Arbeitgeberverbänden enthalten.

Eine grundsätzliche Auseinandersetzung mit dem Einfluss, den die INSM auf die politischen Entscheidungen indirekt oder direkt auszuüben versucht, hat sich im Rahmen einer Gegenöffentlichkeit bisher nur wenig formiert. Vor allem in den ersten drei Jahren seit ihrer Gründung im Jahre 2000 konnte die INSM weitgehend unbehelligt ihre Reformagenda verbreiten. Eine Studie der Hans-Böckler-Stiftung über die politischen Strategien der INSM betrachtet die Initiative so auch als einen „wichtigen Akteur und Themensetzer" (Speth 2004: 46). Die INSM produziere „einen Coup nach dem anderen" (Wieking 2003: 33). Mittlerweile gibt es jedoch nicht nur eine wachsende Zahl von Veröffentlichungen und differenzierten Medienberichten über die Initiative, sondern auch einen Verein namens „LobbyControl", der sich unter anderem mit dem täglichen Geschäft der INSM kritisch auseinander setzt.[1]

2 Eine interessenorientierte PR-Kampagne für Reformen

Die Initiative Neue Soziale Marktwirtschaft bezeichnet sich selbst in ihren Pressemitteilungen als „überparteiliche Reformbewegung von Bürgern, Unternehmen und Verbänden für mehr Wettbewerb und Arbeitsplätze in Deutschland". Dies lässt vermuten, dass es sich bei diesem Typus der Reforminitiative tatsächlich um eine Art „bürgerliche APO" handeln könnte, so wie der Geschäftsführer der INSM, Tasso Enzweiler, die Initiative schlagwortartig charakterisiert hat. Eine nähere Analyse der Organisationsstrukturen und des öffentlichen Auftritts der INSM zeigt jedoch, dass die Gemeinsamkeiten mit den traditionellen sozialen Bewegungen allenfalls auf einzelne Elemente ihrer Kommunikationsstrategie und der angewandten Methoden beschränkt sind (vgl. Nuernbergk 2005: 55ff.). Bei der INSM handelt es sich in erster Linie um eine umfassende PR-Kampagne der Arbeitgeber für marktwirtschaftliche Reformen und weniger um eine überparteiliche Reformbewegung.

Die Arbeitgeberverbände der Metall- und Elektroindustrie gründeten Anfang 2000 auf Initiative von Gesamtmetall die ‚berolino.pr gmbh', eine Agentur für strategische Öffentlichkeitsarbeit. Von den Verbänden wurde dies mit dem Auftrag verbunden, für die Erneuerung der sozialen Marktwirtschaft zu sorgen, indem zunächst ein wirtschafts- und reformfreundlicherer Wandel des politischen Klimas über die Beeinflussung der öffentlichen Meinung herbeigeführt wird (vgl. Nuernbergk 2005: 78; Speth 2004: 7f.). Die Skepsis gegenüber umfassenden Sozialreformen in den Medien und die ablehnende Einstellung der Bevölkerung erforderten verstärkte kommunikative Maßnahmen. Auf diesem Weg erhoffte sich die Wirtschaft wieder mehr Freiheit bei der politischen Durchsetzung ihrer Interessen. Die gezielte Einflussnahme auf die massenmediale Agenda stellt für einen Verband ein wichtiges Instrumentarium dar, mit dessen Hilfe auf Entwicklungen reagiert werden kann, die der eigenen Interessenrealisierung

---

[1] Hauptinitiator der Internetseite www.lobbycontrol.de ist Ulrich Müller, der sich unter anderem schon auf dem Kongress „Gesteuerte Demokratie" mit der INSM befasst hat (vgl. Müller 2004; Leif 2004).

entgegenwirken (vgl. Hackenbroch 1998: 12). Der Strategiezentrale mit Sitz in Köln wurde hierfür von den Verbänden der Metall- und Elektroindustrie über eine Laufzeit von zunächst fünf Jahren ein jährliches Budget von über 20 Millionen DM bereitgestellt. Nach einer Verlängerung Ende 2004 stehen jährliche Finanzmittel von 8,8 Millionen Euro bis 2009 zur Verfügung. Der angestrebte Mentalitätswandel innerhalb der Bevölkerung konnte jedoch nicht allein durch die Kölner Zentrale bewerkstelligt werden. Die folgende Ausschreibung einer umfassenden Kommunikationskampagne gewann die Agentur Scholz & Friends, die im Rahmen ihrer Präsentation die Initiative Neue Soziale Marktwirtschaft erfunden hat.

Das Konzept von Scholz & Friends umfasste neben dem Grundgedanken einer als überparteilichen Reformbewegung konzipierten Initiative die konkrete Einbeziehung prominenter Multiplikatoren aus Politik und Gesellschaft, die als Fürsprecher den Weg in die Medien ebnen sollten. Hierfür wurde ein der Initiative zur Seite stehendes Kuratorium eingerichtet sowie ein unterstützender Botschafterkreis ins Leben gerufen. Konkret haben die unterstützenden Verbände und die Geschäftsführung der berolino.pr über ihr Netzwerk verschiedene Prominente angesprochen, die sie dann als Botschafter für ihre marktwirtschaftliche Idee begeistern konnten. Für die Leitung des Kuratoriums konnte der ehemalige Bundesbankpräsident Hans Tietmeyer gewonnen werden. Um die überparteiliche Ausrichtung der Initiative zu unterstreichen, sind Politiker aller Fraktionen angesprochen worden, so dass sich für das Projekt sowohl bekannte Unions- und FDP-Politiker wie auch Grüne und SPD-Politiker engagieren und engagiert haben.[2] Die Seriosität und Überzeugungskraft der Initiative wird auch dadurch befördert, dass viele Botschafter aus der Wissenschaft kommen. Dies ist zur Erzeugung medialer Solidarität eine nicht unwesentliche Komponente (vgl. Bahringhorst 1998: 18). Von Seiten der INSM vermittelte Beiträge einzelner Botschafter in Zeitungen und Zeitschriften, TV und Radio sind dabei in die übergreifende Kampagne eingebunden. Die eigentliche Sprechrollenbesetzung wird zusammen mit einer inhaltlichen Zuspitzung durch die Initiative vorgenommen. Die von Rudolf Speth (2004: 29) vorgebrachte Kritik, dass dies nicht immer aus den einzelnen Beiträgen hervorgehe, ist durchaus berechtigt.

Anders als vergleichbare Initiativen wie der BürgerKonvent oder der Konvent für Deutschland ist die Initiative Neue Soziale Marktwirtschaft nicht aus einer Vereinsgründung hervorgegangen. Sie ist somit nicht durch die Schaffenskraft ihrer Botschafter und aus der politischen Aktivität ihrer Mitglieder entstanden, sondern vielmehr das Resultat einer exzellenten Strategie, auf deren Basis der Kommunikationsauftrag der berolino.pr realisiert werden soll. berolino.pr selbst tritt nur intern in Erscheinung, nach außen vertreten die beiden Geschäftsführer fast immer die Initiative Neue Soziale Marktwirtschaft.

---

[2] Neben den heute noch für die INSM aktiven Politikern engagierten sich in früheren Jahren auch Wolfgang Clement (SPD), Edmund Stoiber (CSU), Rainer Wend (SPD), Peter Glotz (SPD,†) und Christine Scheel (B90/Die Grünen) für die INSM.

Das Konstrukt der Initiative als ein extern finanziertes Agenturprodukt sieht keine direkte Mitgliedschaft vor, die die Ziele oder die programmatische Ausrichtung beeinflussen könnte, sondern ist auf eine straffe Organisation ausgerichtet. Die strukturelle Anbindung der Initiative an ihre Geldgeber, die sich auch in der fehlenden Mitbestimmung einer Basis manifestiert, eröffnet Kritikern die Schlussfolgerung, dass es sich bei der INSM um eine reine „Un-dercover-Aktion der Arbeitgeber" handele. Wer nicht hinter die Fassade der Initiative blickt, könnte in der Tat leicht übersehen, dass die INSM auch ein geschicktes Kommunikationsinstrument zur Vertretung von grundsätzlichen Anliegen und Interessen der Wirtschaft darstellt. Je mehr dieser Umstand an der Initiative öffentlich kritisiert wird, desto mehr droht ihr überparteilicher Anspruch in Gefahr zu geraten. Damit würde jedoch eine wichtige Voraussetzung für die Arbeit der INSM verspielt werden, die ihr bei der Ideen- und Themenproduktion für den politischen Prozess eine einflussreiche Stimme verleiht.

3 Die Strategie: Think Tank-Arbeit kombiniert mit Marketing und PR

Mit dem bisher zur Verfügung stehenden Budget in Höhe von 8,8 Millionen Euro kann die Initiative gezielte Aktionen breit bewerben und auf eine Vielzahl von Kommunikationsinstrumenten zurückgreifen, die nach dem Muster der integrierten Kommunikation strategisch und einer Leitidee folgend aufeinander abgestimmt und eingesetzt werden. Scholz & Friends nennt dies „Orchestrierung". Die thematisch begrenzte Strategie setzte die umfassende Bündelung von Kommunikationsmaßnahmen von Anfang an voraus. Auf allen Kommunikationskanälen sollen Reformen beworben und befördert werden. Dieter Rath, Geschäftsführer der INSM, beschreibt das Vorgehen in einem Experteninterview mit dem Verfasser wie folgt:

„Uns ging es von Anfang an um ein komplettes Kommunikationspaket mit Elementen aus den Bereichen Werbung, PR, Pressearbeit, Medienkooperationen, Fernsehen, Internet, PR-Veranstaltungen und Publikationen [...] Wir machen zwar keine ausformulierten Gesetzesentwürfe – das ist Sache der Politik. Aber wir versuchen [...] sehr konkret in die politische Debatte einzugreifen. Diese Konkretisierung ist nötig, denn allein mit dicken wissenschaftlichen Konvoluten wird man die öffentliche Debatte nicht nachhaltig beeinflussen können. [...] Wir arbeiten mit knapperen und konkreteren Inhalten, jedoch betreiben wir keine klassische Lobbyarbeit, die detailliert auf Gesetzesentwürfe Einfluss nehmen will. Wir versuchen vielmehr, das wissenschaftliche Know-how – das wir teilweise auch gezielt neu durch Studien erstellen lassen – in eine auch für den Bürger verständliche Sprache zu übersetzen. [...] Auf diese Weise wollen wir in der Bevölkerung Reformmehrheiten gewinnen und so Erneuerungsdruck auf die Politik aufbauen" (Dieter Rath zit. n. Nuernbergk 2005: 79).

Neben ihrer Arbeit auf den Feldern Arbeitsmarkt, Soziales und Steuern setzt sich die Initiative für Reformen im Bildungsbereich ein. Auch eine Föderalismusreform, die die Umsetzung weiterer Reformprojekte beschleunigen könnte, wird thematisch bearbeitet. Zudem soll die INSM mit ihrer Öffentlichkeitsarbeit ein positiv besetztes Unternehmerleitbild fördern. Nur mit einer langfristigen Anlage des Projekts könne man Images und Vorstellungen in der Bevölkerung verändern, meint Rath (vgl. ebd.).

Ein weiteres wichtiges Element der Kommunikationsstrategie der INSM ist das Einkaufen von exklusiven wissenschaftlichen Expertisen, die zusammen mit ausgewählten Medienpartnern im Rahmen von Kooperationen an die Öffentlichkeit gebracht werden. Das ebenfalls durch die Arbeitgeberverbände mitfinanzierte Institut der Deutschen Wirtschaft (IW Köln) arbeitet dabei besonders häufig mit der INSM zusammen. Das wissenschaftliche Material wird so aufbereitet, dass es für die Medien Nachrichtenwerte erfüllt und einer breiten Öffentlichkeit wie auch für die Politik verständlich ist. Es verwundert daher nicht, dass sich die INSM auch selbst als Think Tank betrachtet – also als Denkfabrik, die als Berater der Politik fungiert. Passend beschreibt Thunert (2003: 31) mit dem Begriff „advokatische Think Tanks" Organisationen, die

> „ihre Aufgabe nicht primär in der wissenschaftlichen Analyse, sondern verstärkt in der politischen Anwaltschaft für bestimmte Themen, sachpolitische Lösungsansätze oder für die von ihnen vertretenen wissenschaftlich-weltanschaulichen Paradigmen [...] sehen."

Diese Organisationen unterhalten Netzwerke externer Experten, mit deren Hilfe sie als „Wissens- und Ideenmakler" (ebd.) agieren. Zu der Gruppe der advokatschen Think Tanks zählen Einrichtungen, die fest an Interessenvertretungen wie Verbände gebunden sind. Als advokatischer Think Tank ist auch das mit der INSM organisatorisch verbundene Institut der deutschen Wirtschaft zu betrachten (vgl. Nuernbergk 2005: 84). Das IW Köln ist bei der Vermarktung der eigenen Ideen bereits Vorreiter und nimmt eine Sonderstellung unter den deutschen Forschungsinstituten ein (vgl. Braml 2004: 589). Die Zusammenarbeit mit der Initiative hilft dem IW, auf dem Markt der Ideen zusätzliche Aufmerksamkeit zu verbuchen.

Die INSM bedient die Medien gern mit wissenschaftlichen Expertisen, die bei ihrer speziellen Mission nützlich sind. Sie versucht, ihren eigenen Stempel der Überparteilichkeit und Offenheit auch auf die von ihr kommunizierten Ergebnisse zu übertragen. Das Konstrukt einer überparteilichen Initiative dient dazu, die Glaubwürdigkeit der eigenen Kampagnenaussagen zu erhöhen. Dabei macht sich die INSM die Grundregel zunutze, dass Themen besonders erfolgreich transportiert werden, wenn mit anderen renommierten Institutionen oder Personen, die per se Aufmerksamkeit haben und selber in ihren Netzwerken und über ihre Kanäle kommunizieren, Kooperationen und strategische Allianzen geschlossen werden.

Die Themen der INSM werden nicht über einen einzigen Weg, sondern nur durch einen kombinatorischen Mix aus unterschiedlichsten Medien, Medienarbeit, Veranstaltungen und unter Einbeziehung von Lobbying und Networking vermittelt. Die Thematisierung erfolgt zielgruppengerecht über spezifische Foren und Kanäle. Meist sind die von der Initiative kommunizierten Themen durch wenige Botschaften erschließbar und praxisnah. Dabei muss eine nachhaltig und strategisch angelegte Ereigniskette beachtet werden. Das richtige Timing hält INSM-Geschäftsführer Dieter Rath für „sehr wichtig" und sieht darin ein wesentliches Merkmal der Kampagne:

> „Sie müssen zum Beispiel mit einer wissenschaftlichen Untersuchung auf dem Markt sein, wenn das entsprechende Thema gerade auf der politischen Agenda steht. [...] Dieses Timing klappt nicht immer, aber wir versuchen, es so weit wie möglich zu optimieren. Wichtig ist auch, dass man Munition zum Nachlegen hat, damit ein Thema über eine gewisse Zeit läuft. Eine Kommunikationsmaßnahme kann nicht nur über ein paar Tage gefahren werden. Son-

dern eine Kampagne muss immer wieder über Wochen und Monate begleitet werden. Damit hat man viel größere Chancen, wahrgenommen zu werden." (Dieter Rath zit. n. Nuernbergk 2005: 80)

Hierin unterscheide sich die Initiative ausdrücklich von vielen Verbänden. Diese äußerten sich „auf jeden politischen Wellenschlag", ergänzt Rath. In der Praxis betreibt die INSM für ihr Themenmanagement vor allem eine tägliche Medienauswertung der meinungsbildenden Presse. Darüber hinaus versuchen die INSM-Strategen in Köln und bei Scholz & Friends in Berlin feste Termine in der politischen Landschaft bei ihrer Planung zu berücksichtigen, so dass sich die Initiative auf bestimmte Anlässe hin melden kann. Bestehende Themen auf der Agenda können so fallweise verstärkt werden. Die Initiative berücksichtigt bei der strategischen Planung spezielle Informationskanäle, auf die sie wegen ihrer besonderen Nähe zu den Verbänden zurückgreifen kann. Hier bekommt sie nach eigener Aussage häufiger Informationen zugespielt, die sie bei ihrer Maßnahmenplanung einsetzen kann. Im Vergleich zu anderen Interessengruppen gelten gerade die Unternehmerverbände als besonders einflussreich (vgl. Schroeder 2003; Hackenbroch 1998).

Bei ungünstigen Issues wird der Versuch der Kontrastierung unternommen oder es werden Dethematisierungsstrategien angewandt. Gelegentlich versucht die Initiative aber auch, aktives Agenda Building zu betreiben, indem sie selbst ein vorbereitetes Thema in einer günstigen Situation auf der Agenda platziert. Im Falle das Themas „Brain Drain" im Frühsommer 2004 hätte die INSM dies nach Aussage von Dieter Rath vor allem mit „provozierenden Anzeigen" mit wissenschaftlicher Untermauerung durch Umfragen, mit Veranstaltungen und mit Pressearbeit geschafft. Zwar verfügt die INSM mit ca. 1,5 Millionen Euro im Jahr über kein großes Anzeigen-Schaltvolumen – aber mit entsprechend zugespitzten Motiven gelingt es ihr, wahrgenommen zu werden.

Zwei Beispiele für solche provokanten „Paukenschlag"-Anzeigen sind in Abbildung 1 dargestellt. Die Anzeige zum Subventionsabbau provozierte heftige Reaktionen des Deutschen Bauernverbandes und den Austritt von Edmund Stoiber aus der INSM. Gemessen an ihrem Kommunikationsetat stellt die Initiative etwa 30 Prozent für Werbung und Anzeigen bereit. Mit bis zu 70 Prozent der Mittel wird nach Aussagen der Geschäftsführung deutlich mehr in die vielfältigen PR-Maßnahmen im Print-, Online- und Rundfunkbereich investiert. Die INSM-Kampagne hat vor allem Multiplikatoren als Zielgruppe, da die finanziellen Mittel nicht ausreichen, um die gesamte Bevölkerung mit Werbung anzusprechen. Zu dieser Gruppe rechnet die Initiative Politiker, Journalisten, Führungskräfte aus der Wirtschaft und Wissenschaft sowie auch Geistliche. Anzeigen werden deshalb vor allem in meinungsbildenden Zeitungen platziert. Hierzu zählen aus Sicht der Initiative überregionale Tages- und Sonntagszeitungen, die BILD-Zeitung sowie die Wochenmagazine SPIEGEL und STERN, die ZEIT und die Wirtschaftswoche. Mit diesem Vorgehen verbindet Dieter Rath die Hoffnung, dass die Multiplikatoren die „Botschaften mit einem gewissen Time Lag an die breite Öffentlichkeit weitergeben", so dass es zu einem „Triple Down"-Effekt kommt (vgl. Hamann 2005: 24).

Abb. 1: Anzeigen der Initiative Neue Soziale Marktwirtschaft zu den Themen „Brain Drain" und Agrarsubventionen

4 Imitation von „Protest-Strategien" sozialer Bewegungen

Interessant erscheint die These von Kurt Imhof und Manfred Eisenegger (1999: 218), die davon ausgeht, dass „künftig auch die etablierten politischen Akteure im Wettbewerb um Aufmerksamkeit in steigendem Maße zur Event-Produktion greifen". *Die Imitation von Kampagnenmerkmalen sozialer Bewegungen* durch die INSM scheint dies zu bestätigen. Soziale Bewegungen versuchen, über die gezielte Herstellung von Nachrichtenfaktoren das Bedürfnis der Medien nach Nachrichtenwerten zu befriedigen (vgl. Schmitt-Beck 2001: 24). Insofern werden Pseudoereignisse mit expressiven Charakter herbeigeführt, die das Bedürfnis der Medien nach „Neuem, Aufregendem, Ungewöhnlichem, konflikthaft Aufgeladenem" und nach eindrucksvollen Bildern befriedigen (ebd.: 25). So „verschleuderte" die Initiative in einer Aktion vor dem Bundesrat mit Aale-Dieter – einem bekannten Marktschreier auf dem Hamburger Fischmarkt – Plastikgehirne, um symbolisch auf das Abwandern wissenschaftlicher Spitzenkräfte aus Deutschland hinzuweisen. An anderer Stelle ließ die INSM Politiker vor dem Bundestag Wartemarken wie auf dem Arbeitsamt ziehen, um auf die hohe Arbeitslosigkeit aufmerksam zu machen. Zum Tag der Arbeit im Jahr 2003 wurden in Berlin-Mitte mehrere hundert Plakate mit dem Slogan „Weniger Sozialstaat bringt mehr Jobs" geklebt. Ein weiteres Beispiel wäre die INSM-Installation „Höchste Zeit für Reformen - Deutschland steht das Wasser bis zum Hals" am Ufer des Bundespressestrandes im Regierungsviertel, die es als Aufmacher immerhin auf einen SPIEGEL-Artikel schaffte. Bei der Übernahme bestimmter Muster sozialer Bewegungen scheint es sich um ein Merkmal der INSM-Kampagne zu handeln, welches bei besonderen Aktionen im Verbund mit weiteren Maßnahmen Anwendung findet (vgl. hierzu Leif 2004: 86f.).

Die INSM versucht als Think Tank der Arbeitgeberverbände professionell nach den Erfordernissen der Mediengesellschaft zu operieren. Im Einzelfall werden deshalb Elemente von sozialen Bewegungen durch die Initiative kopiert, um bei bestimmten Anlassen von unserer Aufmerksamkeitsökonomie leichter wahrgenommen zu werden. Martin Gehlen (2005: 41) mahnt bei seinem Blick auf die Politikberatung in den USA, dass durch die wachsende Versuchung von Think Tanks, „billige Effekte zu produzieren" und die „öffentliche Aufmerksamkeit durch spektakuläre, aber substanzlose Aktionen" auf sich zu ziehen, Medienpräsenz zum „Selbstzweck" wird und „Neuigkeit zur hohlen Kardinaltugend". Dies zeigt nicht nur, dass es gerade in den Vereinigten Staaten ein weites Repertoire von Inszenierungsstrategien durch Think Tanks gibt, sondern auch, dass Aktionen dieser Art wohl überlegt sein müssen, wenn sie öffentliche Wirkung auf Dauer entfalten sollen.

5 Die Bedeutung exklusiver Medienkooperationen

Der Netzwerkcharakter der INSM und ihre finanziellen Ressourcen helfen ihr, „Produktionsgemeinschaften" einzugehen und exklusives Material im Rahmen von Medienkooperationen zu liefern. Aufgrund der personellen, zeitlichen und materiellen Ressourcenknappheit in vielen Medienbetrieben können sich Redaktionen kosten- und zeitintensive Eigenrecherchen nur vermindert leisten, was die Erfolgschancen des Zustandekommens einer Medienpartnerschaft im Sinne der INSM erhöht.

Produktionsgemeinschaften ermöglichen den PR-Akteuren wie auch den politischen Journalisten eine Zusammenarbeit zum wechselseitigen Vorteil. Die Produktionsgemeinschaft dient der Erzeugung von politischen Themen und von Deutungen zu politischen Vorgängen. Relevanz kann ein von Seiten der PR initiiertes Thema erst mit seiner Veröffentlichung gewinnen, was allerdings nicht immer im beabsichtigten Sinne der Akteure geschehen muss. Selbst wenn es zu einer Übernahme von Themen und Botschaften kommt, findet in der Regel ein Transformationsprozess statt, in dem das Thema Änderungen erfährt: Es erfolgt eine den Publikums- und Akteursinteressen dienende Adaption des Themas an die bisherige Berichterstattungspraxis. Zudem können alternative Positionen und Deutungen weiterer Akteure integriert werden (vgl. Jarren/Röttger 1999: 205f.). Hierfür sind von den Journalisten allerdings eigene Bearbeitungs- und weitergehende Rechercheleistungen zu erbringen. Die Themenangebote der PR-Akteure bedürfen ebenfalls einer differenzierten Betrachtung, da Organisationen neben ihrer Selbstdarstellung „auch am Schutz ihrer ‚Privatsphäre', ihrer ‚back stage' interessiert" sind (Theis 1992: 31, H.i.O.). PR-Akteure wie die INSM erfüllen eine Doppelrolle, in der sie sowohl Aspekte sichtbar machen als auch verheimlichen. Öffentlichkeit dürften z.B. in erster Linie diejenigen Studienergebnisse der INSM erfahren, die der Zielerreichung der eigenen Kampagne nicht zuwiderlaufen. Zurückhaltend zeigt sich die INSM auch bei der Kommunikation von PR-Inhalten über ihre Organisations- und Finanzierungsstruktur. Hier sind vor allem aktive Journalisten gefordert, die sich um diese Informationen bemühen.

Die Tauschware der PR-Akteure sind exklusive Informationen, weshalb sie sich den Zugang zu selbigen innerhalb ihrer Organisation und die Kontrolle über Informations-

und Kommunikationskanäle beschaffen müssen. Die Interessen der Akteure sind in ihrem übergeordneten Ziel der „Ressourcenschonung" weitgehend kongruent:

> „Politische Akteure möchten mit einem möglichst geringen Ressourcenaufwand [...] erreichen, dass sie möglichst andauernd und ihren Zielen entsprechend ihre Themen in den Medien unterbringen können. Auf der anderen Seite wollen sie durch die Beziehungspflege [...] sicherstellen, dass sie bei Thematisierungen durch die politische Konkurrenz von den Journalisten auch angehört werden [...] Aber auch die Journalisten haben aufgrund ihrer beschränkten Personal- und Geldressourcen ein Interesse an einem hohen Maß an Überschaubarkeit und sozialer Stabilität: Sie wollen im Routinefall möglichst kostengünstig, rasch und zuverlässig – und nach Möglichkeit auch exklusiv – die notwendigen Informationen erhalten" (Jarren/Röttger 1999: 206).

Die Bildung von Produktionsgemeinschaften funktioniert ohne größere Komplikationen, da PR-Akteure wie auch publizistische Akteure aus ihrer Sicht rational handeln. In spieltheoretischer Sicht ist das politisch-mediale Beziehungsgeflecht als eine situationsübergreifende Win-Win-Konstellation modellierbar, in der es für die beteiligten Akteure zielführend ist, miteinander zu kooperieren (vgl. Tenscher 2003: 135). Das konkrete Verhalten der Akteure wird durch ihre eigenen Interessenkonstellationen, ihren Zugang zu Machtressourcen und von ihrer Durchsetzungsfähigkeit beeinflusst. Die Beziehung zwischen den Kooperationspartnern ist gleichwohl nicht völlig frei von Interessenkonflikten und kann vielmehr als dynamisch beschrieben werden (vgl. Brosda/Schicha 2002: 57). So sind situationsspezifische Differenzen über die Veröffentlichungswürdigkeit oder Aufmachung eines Themas denkbar. Zu beachten ist, dass die Akteure insbesondere dann nutzbringend füreinander sein können, wenn sie innerhalb ihres jeweiligen Systems bereits eine autonome und einflussreiche Stellung erreicht haben (vgl. Jarren/Röttger 1999: 216). Ressourcenstarke und organisierte PR-Akteure sind somit im Vorteil.

Über ihr ausgeprägtes Netzwerk kann die Initiative mit verhältnismäßig geringem Aufwand hochkarätige Experten organisieren. Diese bietet sie beispielsweise zusammen mit der Ausrichtung eines exklusiven Diskussionsforums einer Regionalzeitung an, die meist weder über entsprechende Kontakte noch über die finanziellen Möglichkeiten hierzu verfügt. Für die Zeitung ist dies zugleich eine attraktive „Leser-Blatt-Bindungsveranstaltung". Im Gegenzug erwartet die INSM eine entsprechende Berichterstattung über dieses Ereignis. Über die Vorauswahl der Personen für solche Veranstaltungen ist zumindest sichergestellt, dass bestimmte Botschaften der INSM einfließen können. Die Organisation solcher Kooperationsveranstaltungen mit regionalen und überregionalen Printmedien gehört zu den regelmäßigen Bestandteilen der PR-Kampagne der Initiative Neue Soziale Marktwirtschaft.

Auch bei der Organisation von Leserwahlen ist die INSM ein hilfreicher Partner. So kooperierte die Frankfurter Allgemeine Sonntagszeitung mehrfach mit der INSM bei der Wahl zum „Reformer des Jahres", die die Auswertung und Konzeption der Leserwahl mitübernahm, die Preisverleihung ausrichtete und eine Reihe ihrer Botschafter und Kuratoren als Juroren zur Verfügung stellte. Mit der Bild am Sonntag hatte die INSM an zwei Sonntagen im Februar 2003 eine Zeugnisaktion durchgeführt. Bei der Auswertung der 37.230 Zeugnisvordrucke dürfte die BamS-Redaktion sicherlich auf die personellen Ressourcen der INSM und ihrer beteiligten Agenturen zurückgegriffen haben. Im Umfeld der Berichterstattung konnte die INSM ihre Botschafter Roland Berger und Juergen Donges platzieren. In den entscheidenden Politikfeldern lautete das Ergebnis der Leserbewertung „mangelhaft". Die Bundesregierung wurde zum sofortigen Handeln und zu Reformen aufgefordert. Drei Wochen später beschrieb Bundeskanzler Gerhard Schröder erstmalig das Programm der Agenda 2010 im Deutschen Bundestag.

Eine wichtige Rolle für das Zustandekommen von Kooperationen spielen die zahlreichen wissenschaftlichen Studien, Rankings und Umfragen. Die Vorgehensweise der Initiative eignet sich zur Beeinflussung der Medien, weil diese speziellen Angebote für die Medienmacher einen Mehrwert haben. Im Rahmen solcher Studien hat die INSM neben dem IW Köln auch das Institut für Weltwirtschaft in Kiel beauftragt. Insbesondere mit den erstellten Rankings lässt sich offenbar eine breitere Streuung in den Medien erzielen. So haben die Regionalzeitungen beispielsweise die Länder- und Kommunenvergleiche in der Wirtschaftswoche („Ministerpräsident des Jahres", „Bürgermeister des Jahres") vielfältig aufgegriffen, da dort hauptsächlich Aussagen mit regionalem Bezug getroffen werden, was diese Medien besonders interessiert. Bei Meinungsumfragen wurde unter anderem Zahlenmaterial von Allensbach und Forsa eingekauft. Mit der Financial Times Deutschland zusammen konnte die INSM ein mehrseitiges, durch Umfragen unter Studierenden fundiertes Dossier zur Hochschulreform realisieren. Im Handelsblatt wurde eine exklusiv vermittelte Umfrage der INSM zum Thema Kündigungsschutz zur Titelgeschichte, über die anschließend noch in der BILD-Zeitung und in diversen Medien berichtet wurde. Zwar sind diese Untersuchungen kostspielig, aber genau darin liegt laut Dieter Rath ein entscheidender Vorteil bei der Anbahnung einer exklusiven Medienkooperation:

> „Wir beeinflussen Medien nicht, wir bieten ihnen Stoffe und Inhalte an, die sie nehmen können [...] Das können wissenschaftliche Untersuchungen sein oder auch Umfragen. Umfragen sind nicht billig – deshalb verzichten Medien oft darauf [...] weil sie sie selbst vielleicht aus finanziellen Gründen nicht durchführen wollen oder weil sie den wissenschaftlichen Background unseres Angebotes schätzen" (Dieter Rath zit. n. Nuernbergk 2005: 83).

Bei der Zusammenarbeit sollte nicht übersehen werden, dass es die INSM selbst ist, die eine inhaltliche Vorabfestlegung der von ihr vermittelten Untersuchung im Rahmen der Planung und Auftragserteilung trifft, an der sich die Studie bei ihrer Durchführung orientiert. Selbst wenn es aus Sicht der Initiative kritische Teilergebnisse geben sollte, besteht kein Anlass dies in besonderer Weise zu kommunizieren. Sofern die Redaktion keine alternativen Aspekte oder Untersuchungen hinzuzieht, gehen die von der INSM weitergegebenen Informationen bis auf Kürzungsleistungen ungefiltert in das jeweilige Medium ein. In solchen Fällen erscheint es deshalb angebracht, dass die Redaktionen wenigstens die initiierende Quelle differenzierter beschreiben.

6 Ausgewählte Ergebnisse der Evaluationsstudie

Da es bisher keine empirischen Analysen über die Arbeit der INSM gibt und damit keine aussagekräftigen Kennzahlen über ihren öffentlichen Erfolg, hat der Autor versucht, mit seiner Evaluationsstudie hierfür einen ersten Beitrag zu leisten (vgl. Nuernbergk 2005). Den Kern der Studie bildete eine Input-Output-Analyse, anhand derer die Öffentlichkeitsarbeit der Initiative über einen Zeitraum von acht Monaten zwischen September 2003 und April 2004 bewertet werden sollte. Hierfür wurden die Pressemitteilungen der Initiative Neue Soziale Marktwirtschaft und die Berichterstattung in elf Meinungsführermedien im Rahmen einer vergleichenden Inhaltsanalyse ausgewertet.[3] Gegenstand war die Berichterstattung in drei Gruppen von Pressemedien (konservativ, linksliberal, Wirtschaftstitel). Mit dieser Einteilung konnte der Einfluss der inhaltlichen Orientierung der jeweiligen Mediengruppen auf den Erfolg der Initiative überprüft werden. Für die Input-Output-Analyse wurden insgesamt 23 Pressemitteilungen und 137 Presseartikel getrennt und gemeinsam (im Hinblick auf Übernahme und Überarbeitung der Artikel) ausgewertet. Der Umgang der Journalisten mit dem PR-Material der Initiative fand bei der Analyse eine besondere Berücksichtigung. Die Inhaltsanalyse der Medienberichterstattung zeigt, dass diese im Untersuchungszeitraum über die INSM wenig differenziert war und sich in der großen Mehrzahl der Fälle als völlig unkritisch erwies. Insgesamt zeigen sich aber größere Unterschiede zwischen den Vergleichsgruppen. Während die Initiative in der konservativen Presse und in der Wirtschaftspresse mit 117 Beiträgen häufiger Berichterstattungsanlässe bot, war dies in der linksliberalen Presse mit nur 20 Beiträgen deutlich seltener der Fall. Überdies waren keine Medienkooperationen zwischen der linksliberalen Presse und der INSM ermittelbar. Kam es dagegen in den übrigen Medien zu exklusiven Kooperationen mit der INSM, waren die Artikel umfangreicher, besser platziert und typographisch auffälliger hervorgehoben. Im Ganzen zeigt sich, dass die linksliberalen Medien differenzierter und kritischer berichteten als die übrigen Medien (vgl. Nuernbergk 2005: 109ff.). Die Ergebnisse lassen aber dennoch erkennen, dass die Initiative insgesamt nur sehr selten als Initiative der Arbeitgeber beschrieben wird. Lediglich neun von 137 Beiträgen (6,6%) machten hier eine korrekte Angabe. Entsprechend selten waren Angaben über ihre Finanzierung bzw. ihre Organisation im weitesten Sinne. Vergleichsweise wenig Beiträge in der Berichterstattung thematisierten die Initiative selbst (13,1%) und beschäftigten sich etwa eingehender mit ihrer Organisation. Nur in einem Fall wurden spezifische Angaben über die finanziellen Mittel, die der INSM zur Verfügung stehen, gemacht und eine Summe von über acht Millionen Euro im Jahr angegeben. Hierbei handelte es sich um einen Bericht im SPIEGEL.

Sofern es Wertungen in der Berichterstattung gab, wurde die Initiative selbst insgesamt neutral bewertet. In der weit überwiegenden Zahl der Fälle (87,6%) sind allerdings überhaupt keine wertenden Aussagen über die INSM gemacht worden. Die

---

[3] Die Inhaltsanalyse bezog sich auf die Ausgaben von FTD, Handelsblatt, WiWo, WELT, SZ, FAZ, TAZ, FAS, SPIEGEL, FOCUS und BILD.

INSM schaffte es dagegen im Untersuchungszeitraum, solche Anlässe und Ereignisse anzubieten, die in den Medien eine insgesamt positive Auseinandersetzung mit ihren inhaltlichen Kernforderungen bewirkten. Insbesondere in den durch die INSM vermittelten Gastbeiträgen und Interviews (n=23) waren die Bewertungen der eigenen Kernforderungen ausschließlich positiv. Die dominierenden Themen der Berichterstattung stellten die Politikfelder Finanzen, Arbeit und Soziales.

Die Initiative schaffte es überdies, in über der Hälfte der Beiträge ihre Botschafter und Kuratoren zu platzieren, die sehr häufig mit direkten Aussagen zitiert wurden. Dabei war in nicht einmal jedem sechsten Beitrag die Botschaftertätigkeit der betreffenden Personen für die Initiative erkennbar. Die besondere Funktion der Mitglieder des INSM-Kuratoriums wurde dagegen öfter genannt.

Die Ergebnisse der Inhaltsanalyse bestätigen die Annahme, dass die Initiative mit ihren wissenschaftlichen Expertisen eine vergleichsweise höhere Resonanz erzielt als mit ihren übrigen Themenangeboten. Unabhängig von jeweils verschiedenen Anlässen thematisierten 59 von 137 Beiträgen wissenschaftliche Expertisen der INSM (43,1%). Ein gutes Fünftel der Berichterstattung ließ sich auf Veranstaltungen bzw. Aktivitäten der Initiative zurückführen, bei denen ein Wettbewerb stattfand oder ein Preis verliehen wurde. Weniger attraktiv für die Medien schienen die übrigen Veranstaltungsformate der INSM zu sein. Hier gilt es aber zu beachten, dass beispielsweise Studien und Wettbewerbe längerfristig Medienberichte initiieren können, wogegen etwa eine Vorlesung oder eine Rede auf einer Veranstaltung eher selten über Wochen in einer Vielzahl von Berichten thematisiert werden. Studien und Umfragen erleichterten der Initiative offenbar auch das Eingehen exklusiver Kooperationen mit Medienpartnern: Mehr als Zwei Drittel aller Exklusivbeiträge (n=31) behandelten von der INSM vermittelte Untersuchungs- und Umfrageergebnisse (67,7%). Wenn man in diesen Fällen berücksichtigt, dass die Berichterstattung überwiegend undifferenziert war und keine alternativen Bewertungen beinhaltete, dann entbehrt der Schluss nicht der Plausibilität, dass eine Vielzahl der von der Initiative bereitgestellten Studien- bzw. Umfrageergebnisse über die Redaktionen ohne eine zuverlässige inhaltliche Auseinandersetzung an die Rezipienten gelangt ist.

Abb. 2: Graphische Darstellung der Initiative, auf die sich die Beiträge zurückführen ließen (n=133; ohne Leserbriefe)

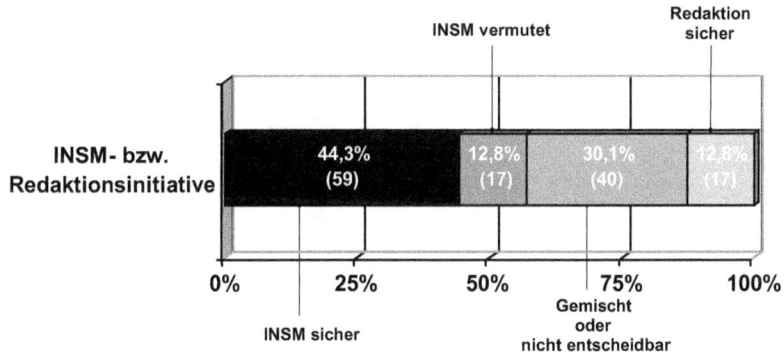

Mehr als zwei Fünftel der Beiträge über die Initiative Neue Soziale Marktwirtschaft, so ergab der Input-Output-Vergleich, waren durch PR-Aktivitäten inhaltlich und zeitlich induziert. Als mögliche Quellen der Medienberichterstattung kamen die eigene Recherche der Redaktion infrage oder aber der Rückgriff der Redaktion auf PR- Angebote der INSM.[4] Die graphische Darstellung in Abbildung 2 macht deutlich, dass die Initiative für einen Beitrag eher bei der INSM als bei den Redaktionen gelegen hat. In nur siebzehn Beiträgen (12,8%) der untersuchten Berichterstattung im Zusammenhang mit der INSM basierten die Artikel ausschließlich auf eigenen redaktionellen Recherchen.

Insgesamt wurden 59 Beiträge (44,3%) sicher durch gezielte PR-Aktivitäten der INSM inhaltlich und zeitlich induziert. Zusätzliche Recherchen der Redaktion waren in diesen Fällen nicht erkennbar. In siebzehn weiteren Fällen war es wahrscheinlich, dass die Berichterstattung allein auf Aktivitäten der INSM zurückzuführen war. Dies betraf vor allem Gastbeiträge der Botschafter und Kuratoren, deren Verfasser nicht immer explizit als Vertreter der Initiative kenntlich gemacht worden waren. Aufgrund einer dennoch bestehenden thematischen Nähe in diesen Beiträgen zu den Pressemitteilungen bzw. den übrigen PR-Aktivitäten der Initiative ist vermutet worden, dass diese über die INSM in den Medien platziert wurden. In zusammengenommen 76 Fällen wurden neben den Angeboten der Initiative keine weiteren Quellen herangezogen. Dies entspricht einer Induktionsquote von 57,1 Prozent.

Die INSM war im Untersuchungszeitraum folglich überwiegend Gegenstand einer durch sie gesteuerten Medienberichterstattung. Die Beiträge, die inhaltsanalytisch erkennbar auf einer gemischten Initiative basierten, wurden zumindest partiell zeitlich und thematisch durch die Öffentlichkeitsarbeit der INSM induziert. Betrachtet man die Ergebnisse zur Themeninduktion insgesamt, belegen die erhobenen Daten, dass die von Seiten der Öffentlichkeitsarbeit auf die journalistische Berichterstattung wirkende Induktionsleistung quantitativ erheblich gewesen ist.

Überdies wurde im Rahmen der Untersuchung das Ausmaß der Übernahme und der Überarbeitung von Pressemitteilungen der INSM qualitativ und quantitativ bewertet. Die meisten Presseinformationen wurden im Falle ihrer Verwendung mit großen inhaltlichen Veränderungen übernommen beziehungsweise nur unter Streichung ganzer Passagen. Hierbei muss allerdings berücksichtigt werden, dass die Pressemitteilungen in der integrierten Kommunikation der INSM nur eine untergeordnete Rolle spielen und nicht deren einzige PR-Aktivität darstellen (vgl. Nuernbergk 2005: 86). In mehr

---

[4] Wenn Pressemitteilungen eine erkennbare Quelle der Berichterstattung gewesen waren und zugleich keine ergänzenden Aspekte, neue Personen oder fremde Zitate aufgeführt wurden, ist nicht von einer eigenen Rechercheleistung der Journalisten ausgegangen worden. In diesen Fällen sowie bei Exklusivbeiträgen wurde eine von der INSM ausgehende Themeninduktion bzw. PR-Initiative angenommen. Als weiteres Indiz für eine PR-Initiative durch die INSM wurde gewertet, wenn im Beitrag der Besuch einer Veranstaltung der INSM erkennbar war und sich der Medienbericht hauptsächlich auf den geschilderten Anlass bezog. Waren ergänzend zur sichtbaren Verwendung bzw. konkreten Übernahme einer Pressemitteilung Hinweise auf eigene Recherchen der Redaktion vorhanden, ist von einer gemischten Initiative zwischen Redaktion und INSM ausgegangen worden. Sofern der Beitrag überwiegend auf eigener journalistischer Recherche basierte, wurde von einer Redaktionsinitiative ausgegangen.

als der Hälfte der Beiträge (61,1%), die auf einer verwendeten Pressemitteilung als Quelle basierten, wurden zusätzliche Rechercheleistungen durch die Journalisten erbracht. Gleichwohl sind in weniger als der Hälfte der Beiträge mit eigenen journalistischen Rechercheleistungen alternative Sichtweisen dargestellt worden, so dass die Informationen der INSM insgesamt in der überwiegenden Zahl der Fälle nur wenig differenziert bewertet wurden.

7 Fazit: Transparenz und Orientierung sind erforderlich

Die Ergebnisse der empirischen Studie zeigen, dass es der INSM gelungen ist, die Interaktionsbedingungen mit mehreren Medienorganisationen strategisch und effizient zu nutzen und eine Berichterstattung zu ihrem überwiegenden Vorteil zu generieren. Die Initiative profitiert bei der Verwirklichung ihrer Kommunikationsstrategie vor allem von der zunehmenden Marktorientierung vieler Medienunternehmen, die sich einhergehend mit dem fortschreitenden Medienwandel zu Lasten der Qualitätsorientierung auszuwirken scheint. So findet kritischer Wirtschaftsjournalismus nur noch in wenigen Nischen statt (vgl. Leif 2004: 85). Der legitime Wunsch der Redaktionen nach exklusiver Berichterstattung bekommt angesichts der Dominanz ökonomischer Rationalitäten eine neue Dimension. Wachsender Kostendruck sowie Ressourcen- und Zeitmangel führen dazu, dass ein differenzierter und vielfältiger Journalismus immer öfter ins Hintertreffen gerät.

Die Berichterstattung verbleibt daher überwiegend in der durch die INSM vorgegebenen Perspektive. Dies gilt insbesondere für die aus Medienkooperationen oder Produktionsgemeinschaften resultierenden Medienberichte. Es überrascht angesichts der professionellen Aufbereitung des PR-Materials und der intensiven Beziehungspflege nicht, dass viele Journalisten die wirkliche Organisation der Initiative und ihre Funktion als ein strategisches Element in der Interessenvertretung von Arbeitgeberverbänden nicht erkennen wollen oder angesichts der Umfeldbedingungen gelegentlich übersehen. Betrachtet man die Berichterstattung unter diesem Gesichtspunkt, so zeigt sich, dass in der weit überwiegenden Zahl der Medienberichte nähere Angaben zur Initiative und zu ihren Finanziers einfach unter den Tisch fallen.

Mit Hilfe der ausgewählten und zeitlich abgestimmten Studien, der Inszenierung von Ereignissen und den hierzu wohl dosierten Äußerungen ihrer Botschafter belegt die Initiative ihren Anspruch, Themen für den öffentlichen Diskurs zu setzen. Insgesamt ist zu konstatieren, dass der Initiative das Agenda Building im kleinen Rahmen auch gelingt. Mit etwa 120 Beiträgen war das Ausmaß der Berichterstattung im Zusammenhang mit der INSM in den untersuchten elf Meinungsführermedien allerdings nicht so groß, dass hiermit bereits eine wesentliche Veränderung von Sinndispositionen der Rezipienten gegenüber einem Mehr an marktwirtschaftlichen Reformen zu erwarten wäre. Allerdings kann die INSM dank ihrer guten finanziellen Ressourcenausstattung und ihrer profunden Unterstützung durch zahlreiche Experten weitere kommunikative Maßnahmen über die untersuchten PR-Aktivitäten hinaus im Sinne einer „Orchestrierung" organisieren, so dass insgesamt nachhaltigere Effekte nicht auszuschließen sind. Insbesondere die Kombination aus wissenschaftlichem Anspruch und dem Gespür für ein effektives Marketing führt dazu, dass gerade Redaktionen mit politischer Nähe die aufwendigen Themenangebote der INSM aufgreifen.

Das Beispiel der in diesem Beitrag dargestellten Kampagne der INSM macht auch deutlich, dass den Rezipienten notwendige Rahmungen und orientierende Informationen zur Einordnung der Berichterstattung vorenthalten werden. Der Journalismus ist gefordert, hier mehr Transparenz zu ermöglichen. Insbesondere das Zustandekommen der Medienkooperationen erfordert eine schlüssigere redaktionelle Begründung und Darlegung. Der Journalismus droht ansonsten durch ein dauerhaft einseitiges und prädisponiertes Handeln in Glaubwürdigkeits- und Legitimationsprobleme zu geraten. Es ist mit erheblichen Vertrauens- und Imageverlusten zu rechnen, wenn die Bürger den Eindruck gewinnen, dass sie von einer unheimlichen Allianz aus Medien und einflussreichen Interessengruppen instrumentalisiert werden. Vor diesem Hintergrund ist ein seine Unabhängigkeit bewahrendes Mediensystem auch im Interesse einer erfolgreich zu betreibenden PR.

Literatur

Baringhorst, Sigrid (1998): Politik als Kampagne. Zur medialen Erzeugung von Solidarität, Opladen
Braml, Josef (2004): Think Tanks versus „Denkfabriken"? U.S. and German Policy Research Institutes' Coping with and Influencing Their Environments. Strategien, Management und Organisation politikorientierter Forschungsinstitute (deutsche Zusammenfassung). Aktuelle Materialien zur Internationalen Politik 68, Stiftung Wissenschaft und Politik, Baden-Baden
Brosda, Carsten/Christian Schicha (2002): Interaktion von Politik, Public Relations und Journalismus. In: Heribert Schatz/Patrick Rössler/Jörg-Uwe Nieland (Hg.): Politische Akteure in der Mediendemokratie. Politiker in den Fesseln der Medien?, Wiesbaden: 41-64
FINSM (2005): Satzung des Fördervereins Initiative Neue Soziale Marktwirtschaft e.V., http://www.chancenfueralle.de/Foerderverein/Satzung.html (22.8.05)
Gehlen, Martin (2005): Politikberatung in den USA. Der Einfluss von Think Tanks auf die amerikanische Sozialpolitik, Frankfurt a. M./New York
Gerhards, Jürgen/Friedhelm Neidhardt (1991): Strukturen und Funktionen moderner Öffentlichkeit. Fragestellungen und Ansätze. In: Stefan Müller-Doohm/Klaus Neumann-Braun (Hg.): Öffentlichkeit, Kultur, Massenkommunikation. Beiträge zur Medien- und Kommunikationssoziologie, Oldenburg: 31-89
Hackenbroch, Rolf (1998): Verbände und Massenmedien. Öffentlichkeitsarbeit und ihre Resonanz in den Medien, Wiesbaden
Hamann, Götz (2005): Lautsprecher des Kapitals. In: Die Zeit, Nr. 19, 4. Mai 2005: 23-24
Imhof, Kurt/Mark Eisenegger (1999): Politische Öffentlichkeit als Inszenierung. Resonanz von „Events" in den Medien. In: Peter Szyszka (Hg.): Öffentlichkeit. Diskurs zu einem Schlüsselbegriff, Opladen/Wiesbaden: 195-218
Jarren, Otfried/Ulrike Röttger (1999): Politiker, politische Öffentlichkeitsarbeiter und Journalisten als Handlungssystem. Ein Ansatz zum Verständnis politischer PR. In: Lothar Rolke/Volker Wolff (Hg.): Wie die Medien die Wirklichkeit steuern und selber gesteuert werden, Opladen/Wiesbaden: 199-222
Leif, Thomas (2004): Wer bewegt welche Ideen? Medien und Lobbyismus in Deutschland. In: Ulrich Müller/Sven Giegold/Malte Arhelger (Hg.): Gesteuerte Demokratie? Wie neoliberale Eliten Politik und Öffentlichkeit beeinflussen, Hamburg: 84-89
Müller, Ulrich (2004): «Reform»initiativen. In: Ulrich Müller/Sven Giegold/Malte Arhelger (Hg.): Gesteu-

erte Demokratie? Wie neoliberale Eliten Politik und Öffentlichkeit beeinflussen, Hamburg: 41-51.
Nuernbergk, Christian (2005): Die Mutmacher. Eine explorative Studie über die Öffentlichkeitsarbeit der Initiative Neue Soziale Marktwirtschaft. Magisterarbeit, Münster
Reuter, Norbert (2001): Aufbruch in die Vergangenheit. Die Initiative „Neue Soziale Marktwirtschaft" missachtet Traditionen, auf die sie sich beruft. In: Die Zeit, Nr. 42, 11.10.2001: 31-32
Schroeder, Wolfgang (2003): Lobby pur. Unternehmerverbände als klassische Interessenvertreter. In: Thomas Leif/Rudolf Speth (Hg.): Die stille Macht. Lobbyismus in Deutschland, Wiesbaden: 281-299
Speth, Rudolf (2004): Die politischen Strategien der Initiative Neue Soziale Marktwirtschaft. Arbeitspapier Nr. 96 der Hans-Böckler-Stiftung, Düsseldorf
Tenscher, Jens (2003): Professionalisierung der Politikvermittlung. Politikvermittlung im Spannungsfeld zwischen Politik und Massenmedien, Wiesbaden
Theis, Anna-Maria (1992): Inter Organisations-Beziehungen im Mediensystem: Public Relations aus organisationssoziologischer Perspektive. In: Publizistik, 37. Jg., Heft 1: 25-35
Thunert, Martin (2003): Think Tanks in Deutschland – Berater der Politik? In: Aus Politik und Zeitgeschichte, Heft B51/2003: 30-38
Wieking, Klaus (2003): Mit viel PR durchs deutsche Jammertal. In: werben & verkaufen, Heft 33 vom 14.08.2003: 32f.

Politisches Parfüm

Die visuelle Vermarktung des Immateriellen*

Marion G. Müller

Politik ist wie Parfüm – es gibt gute und schlechte Marken, wohlriechende und penetrante, den Duft des Alltags und den für besondere Gelegenheiten. Gute Politik ist wie gutes Parfüm. Beide richten sich an bestimmte Zielgruppen und werden trotz ihrer Immaterialität als Ware vermarktet. Warencharakter und sinnliches Moment fallen zusammen. Der Vergleich trägt jedoch nur an der Oberfläche, denn der Markenwechsel der Politik fällt nicht so leicht wie der der Geruchsstoffe. Auch die Auswahl ist bei Ersterer begrenzter, wenn auch die „Schadensfahne" vergleichbar intensiv ausfallen kann.

Sowohl die Politik wie auch das Parfüm sind ephemere Produkte, die sich als solche nur schwer im Bild darstellen lassen. Ihre Verpackung – im Falle des Parfüms der Flacon – in der Politik meist die Person, die ein politisches Amt verkörpert – ist nur ein optisches Zeichen, das auf das beworbene Produkt verweist, ohne es jedoch selbst darstellen zu können. Diese Immaterialität lässt sich nur insofern vermarkten, als ihre Zeichen auf etwas anderes verweisen, das im Falle von Parfüm meist erotische Assoziationen im Sinn hat (Abb. 1)[1]. Junge Männer mit entblößtem Oberkörper stellen ihre heroische Nacktheit zur Schau und bedienen damit ein Idealbild männlicher Potenz. Der kalte, blaue Hintergrund in der Kouros-Anzeige unterstützt das im Titel suggerierte Erfolgsmotiv: Auf Erfolg setzen, wofür man einen klaren Kopf und natürlich den starken Duft für starke Männer braucht. Diese Formen der Soft-sell-Werbung sind den Konsumenten seit langem vertraut. Das werbeliterate Publikum liest und versteht die Anzeigen. Eben diese eingeschliffenen Sehgewohnheiten werden von der Markenartikel-PR aufgegriffen. Um ihren Aufmerksamkeitswert zu erhöhen, werden die Bildstereotypen jedoch nicht nur reproduziert. Sie werden verfremdet und durch einen neuen Kon-

---

* Dieser Beitrag wurde unverändert aus der 2. Auflage von 2001 übernommen.
[1] Werbeanzeige für ein Eau de Toilette von Yves Saint Laurent „Kouros", in: STERN, Nr. 17, 15.4.1992

text gebrochen (vgl. Abb.2)[2]. Benetton hat diese Form der moralischen Provokation zu seinem Markenzeichen gemacht.

Das Werbefoto von Oliviero Toscani[3] kehrt das Motiv des starken Mannes um und spielt auf die Gefahren der fleischlichen Lust im Zeitalter von AIDS an, symbolisiert durch den in der Armbeuge platzierten Stempel H.I.V. POSITIVE. Die Kampagne wurde in Deutschland per Gerichtsentscheid verboten, weil sich Benetton mit dieser Form der Produktwerbung sittenwidrig verhalte. Denn beim Verbraucher würden Gefühle des Mitleids und der Ohnmacht erweckt, die eine Solidarisierung mit dem Benetton-Konzern bewirkten.[4] Im Revisionsverfahren hatte Benetton das Argument vorgebracht, dass sich der Konzern gerade bei der H.I.V. POSITIVE-Kampagne jeglicher Werbung enthalte.[5] Und tatsächlich sind die Produkte des Textilherstellers schon lange nicht mehr im Bild dargestellt. Nur das abstrakte Logo, weiße Schrift auf grünem Grund, verweist auf den Urheber der Bildkampagnen.

Die Sehnsucht nach internationaler Nobilitierung lässt den Textilproduzenten nicht nur durch gezielte Tabuverstöße an die Tradition der künstlerischen Avantgarde anknüpfen (vgl. Rutschky 1994: 17)[6], sondern auch die Grenzen zur Politik durchbrechen. Die Benetton-Werbung mit dem HIV-Stempel, die auch in weiteren Varianten mit anderen abgestempelten Körperteilen verbreitet wurde, stand im unmittelbaren Kontext des ersten AIDS-Blutskandals, der im Herbst 1993 zunächst in Frankreich für Aufsehen sorgte und über den gerade auch in den USA im Oktober – zum Zeitpunkt der Anzeigenschaltung – ausführlich

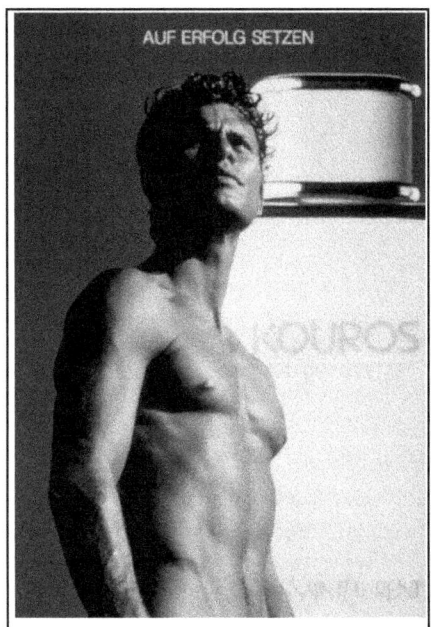

Abb. 1: Anzeige für ein Eau de Toilette (Stern, Nr. 17 vom 15.4.1992)

---

[2] Doppelseitige Werbeanzeige in der amerikanischen politischen Wochenzeitschrift THE NEW REPUBLIC, 4.10.1993: 24/25
[3] Dieser betätigt sich mittlerweile als Werbekritiker: Toscani (1996)
[4] Die Urteilsbegründung des Bundesgerichtshofes vom 6. Juli 1995 lautet: „Der Vorwurf des sittenwidrigen Werbeverhaltens der werbenden Firma liegt im Kern darin begründet, dass diese mit der lediglich auf sie als publizierendes Unternehmen hinweisenden Darstellung (...) bei einem nicht unerheblichen Teil der Verbraucher Gefühle des Mitleids und der Ohnmacht weckt, sich dabei als gleichermaßen betroffen darstellt und damit eine Solidarisierung der Einstellung solchermaßen berührter Verbraucher mit dem Namen und zugleich mit der Geschäftstätigkeit ihres Unternehmens herbeiführt." BGH-Entscheidung I ZR 110/ 93: 8
[5] BGH-Entscheidung I ZR 180/94: 4
[6] „Wer als Kulturträger Anerkennung finden will, beginnt mit moralischer Provokation." (Rutschky 1994: 17). Zur Bezugnahme von Werbung auf Kunst vgl. Mittig 1975; Geese/ Kimpel 1986.

berichtet wurde (vgl. Kramer 1993). Besonders in Frankreich stieß die Indienstnahme eines todernsten Themas für lapidare Werbezwecke auf Widerstand und provozierte eine Gegenkampagne.

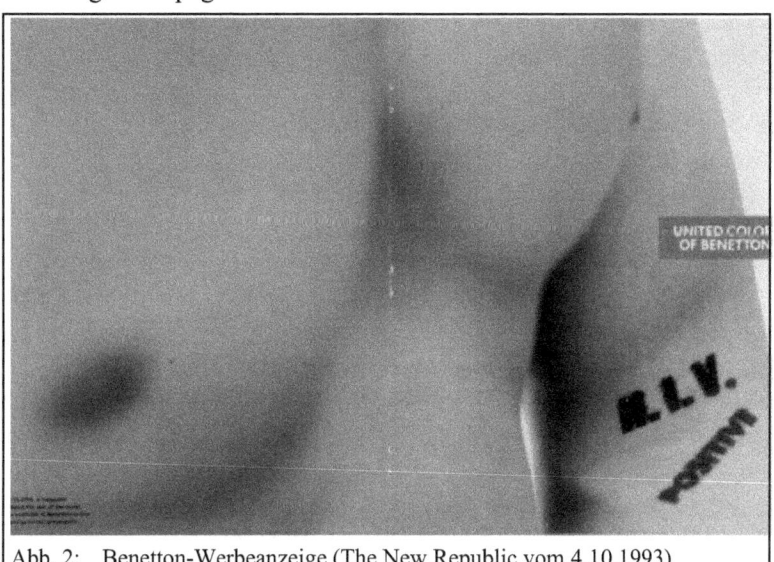

Abb. 2: Benetton-Werbeanzeige (The New Republic vom 4.10.1993)

Am Beispiel der HIV-Werbung wird deutlich, dass die Globalisierung politischer Entscheidungsfindung weit hinter der bereits realisierten Globalisierung politischer Kommunikationssphären zurückgeblieben ist. Während die politische Handlungsebene im Bereich der Gesundheitspolitik noch immer an nationale Grenzen gebunden bleibt und dieselbe lasche Kontrollhaltung parallel in französischen und deutschen Gesundheitsämtern vorherrscht, vollzieht sich die politische Problemkommunikation bereits transnational.

Das Unwohlsein, das in der Regel die Rezeption von Benetton-Kampagnen begleitet, liegt in der meist unausgesprochenen Tatsache begründet, dass der Konzern mit seinen Bildkampagnen das schlechte Gewissen und die Betroffenheit der Betrachter mobilisiert, ohne selbst auch nur das Mindeste zur Lösung der angesprochenen Probleme beizutragen. Moralisch gesehen betätigt sich der Textilkonzern als Trittbrettfahrer, der sich auf Kosten der abgebildeten Opfer profiliert, als kommerzielles Unternehmen keinem Rechenschaft schuldet und auch keiner politischen Legitimierung bedarf. Letzteres ist aus der Perspektive der Politischen Wissenschaft ambivalent, denn einerseits erscheint die fehlende Legitimationsgrundlage im Bereich politischer Kommunikation suspekt, andererseits ist in einer pluralistischen Demokratie die freie Meinungsäußerung ein hohes Gut, das nicht einfach auf der Basis vordergründiger Moralismen eingeschränkt werden darf.

Legitimation wird verstanden als „kommunikative Rechtfertigung politischer Akteure" (Sarcinelli 1987: 10), im Unterschied zum Begriff der Legitimierung als „Zustimmungsverhalten des Bürgers" (ebd.). Definiert man den Legitimationskontext in diesem Sinne, so stehen allerdings nicht nur politische, sondern alle öffentlich kommunizierenden Akteure unter Legitimierungszwang. Die Form des Zustimmungsverhaltens der Bürger ist zwar im Falle der Benetton-Kampagnen keine typisch politische, sondern eine kaum minder effektive ökonomische Handlung oder Unterlassung. Das Konsumentenverhalten kann so durchaus politische Züge annehmen und, wie der Fall „Brent Spar" gezeigt hat, auch mächtige multinationale Konzerne zur Revision ihrer PR-Strategien und das heißt zu Verhaltensänderungen zwingen. Die Legitimität von bewusst im öffentlichen Raum agierenden oder plötzlich dem Licht der Öffentlichkeit ausgesetzten Akteuren ist bestimmt durch einen rituell herbeigeführten Konsens, dessen Funktionsprinzipien sich unter den globalisierten Kommunikationsbedingungen in den unterschiedlichen öffentlichen Bereichen immer stärker aneinander annähern.

Fakt ist: Die Logik der Produktwerbung dringt in sämtliche gesellschaftliche Bereiche ein und macht auch vor der Politik nicht halt. Der Skandal ist noch immer der sicherste Weg zur Aufmerksamkeitserzeugung, deren oberstes Ziel die Kontroverse um eine mögliche Zensur des Produktes oder der PR-Kampagne ist. Denn nichts ist spannender als ein mit dem Hauch des Verbotes umworbenes Produkt. Ob Produkt- oder politische Kampagne, beiden ist ihr Ziel gemein, Aufmerksamkeit zu erzeugen.

Die von Niklas Luhmann und der Systemtheorie in den 80er Jahren konzedierte zunehmende Ausdifferenzierung von Gesellschaft in Subsysteme, die sich autopoietisch perpetuierten und sich zugleich kommunikativ gegeneinander abschotteten, wird durch PR-Kampagnen à la Benetton punktuell perforiert.[7] Benettons Pseudo-Solidaritätskampagnen kann die fehlende Moral zum Vorwurf gemacht werden, die enorme Wirkung seiner Kampagnen im Sinne von öffentlicher Aufmerksamkeitserzeugung ist jedoch unbestritten. Zudem hat Benettons Crossover-Campaigning auch den Darstellungsspielraum für ernsthafte Nonprofit-Kampagnen erweitert (vgl. Abb. 3)[8]. Diese Anzeige der Aktion Sorgenkind vom Oktober 1995, die unter anderem im Nachrichtenmagazin DER SPIEGEL und in der Fernsehzeitschrift TV-MOVIE geschaltet wurde, geht mit körperlicher Behinderung visuell offensiv um. Sie steht im Kontext einer Anzeigenserie, die einer Randgruppe in Printmedien mit Massenauflage öffentliche Wahrnehmung verschafft.

Auf einem ähnlichen „Schockeffekt" beruhte auch die Hamburger Kampagne „Zwei Profis wollen Integration" (Abb. 4). Diese großen Außenwerbungsplakate zeigten auf gleicher Höhe links das Frontalporträt eines geistig behinderten Mannes, der im Plakat selbst anonym vom SPIEGEL als Thorsten Schnell identifiziert wurde[9], und

---

[7] Dies hat bereits Sigrid Baringhorst (1995: 63) detailliert analysiert: „Die massenmedial geschalteten Sozialkampagnen haben klassische Systemdifferenzen aufgebrochen und damit – politisch äußerst folgenreich – zugleich eine Reihe anderer für zivile Gesellschaften unabdingbare Binärkodierungen weitgehend bedeutungslos werden lassen: In der Unterwerfung der öffentlichen Kommunikation unter das Prinzip des Marketings werden auf der empirischen Ebene die Gegensätze zwischen Privatheit und Öffentlichkeit und zwischen Öffentlichkeit und Gegenöffentlichkeit hinfällig."

[8] Aktion Sorgenkind „Er steht mit beiden Beinen fest im Leben", TV-Movie Nr. 20, 13.10.1995: 98

[9] „Schwerbehinderte in der Wirtschaft", Der Spiegel, Nr. 18, 29.4.1996: 129

rechts das Porträt von Hamburgs ehemaligem Bürgermeister Dr. Klaus von Dohnanyi, der mit Krawatte und Karosakko vor einer Bücherwand posiert.

Abb. 3: Werbeanzeige (TV-Movie, Nr. 20, 13.10. 1995

Abb. 4: Hamburger Arbeitsassistenz Straßenplakat Hamburg 1996

Der Slogan wirbt für die Eingliederung von Behinderten in das Arbeitsleben und ist eine Initiative der Hamburger Arbeitsassistenz, die mit ihrem Logo auch in der linken unteren Ecke des Plakates präsent ist. Diese Form der PR hat bereits mindestens einen ihrer intendierten Adressaten nachweislich erreicht. Die Plakataktion führte zu einem SPIEGEL-Artikel, der sowohl die Erfolge der Arbeitsassistenz aufführte, als auch die Verfehlungen des Systems anprangerte, denn

„(o)bwohl die Unternehmen sechs Prozent ihrer Arbeitsplätze in Deutschland mit Schwerbehinderten besetzen müssen, erfüllt nur etwa jeder fünfte Betrieb diese Pflicht. Die Masse entzieht sich mit monatlich 200 Mark Fehlabgabe für jeden nicht beschäftigten Behinderten." (ebd.)

Eine PR-Kampagne kommt selten allein – Werbung und PR sind stark kontextbezogen. Die zunehmende Durchlässigkeit gesellschaftlicher Subsysteme führt so auch zu Wechselbezügen zwischen kommerziellen, sozialen und politischen Themenfeldern. Für die kommerzielle Werbung kann ein Ausflug in die Politik ein taktisches Mittel sein, um in politisierten Zeiten, wie etwa während eines Wahlkampfes, ihr Produkt durch die politische Bezugnahme zu aktualisieren. Die Durchdringung von Politik und PR erfolgt wechselseitig.

So wurde beispielsweise für die Zigarettenmarke Lucky Strike über Jahre hinweg mit demselben Motiv, der Zigarettenpackung, vor demselben schwarzblauen Hintergrund geworben. In der Werbekampagne 91/92 konnte schließlich die Packung weggelassen und nur noch der Hintergrund mit dem Kommentar gezeigt werden: „Das Wichtigste steht heute nicht in der Anzeige, sondern sitzt davor. Guten Tag. Sie. Sonst niemand." Die bekannte Hintergrundgestaltung reichte aus, um beim Betrachter das Produkt zu evozieren. Diese neue Werbestrategie wurde wenige Zeit später auf die Konkurrenzmarke Camel angewandt: Weder Verpackung noch Kamel erschienen in der Zeitschriftenwerbung, lediglich drei Palmen auf weißem Grund, dazu der Schriftzug: „Den Rest kennen Sie ja. Reine Geschmackssache." In beiden Fällen liegt die Interpretationsleistung beim Rezipienten, der in der Wahrnehmung der Werbeanzeige das immaterialisierte Produkt ergänzt und den Sinn des Bildes interpretiert.

Die Politik ist in der Regel kein Experimentierfeld für neue PR-Ideen. Erfolgreiche Kampagnen werden aber mit zeitlicher Verzögerung auch in der Politik eingesetzt, wie die PR-Strategie der CDU im Wahljahr 94 gezeigt hat (s. Abb.5; vgl. Guggenberger 1994). *Erschien bei den Zigarettenmarken der Kommentar ohne Produkt, so wurde hier das Produkt ohne Kommentar dargestellt.*

Helmut Kohls Wiedererkennungswert ist so groß, dass ein querformatiges Straßenplakat den Kanzler in einer Menschenmenge zeigen konnte, ohne jeglichen Kommentar dazu zu liefern (vgl. Müller 1996: 247). Weder die Person des Kanzlers noch die Aussage des Bildes wurden durch Slogans oder Untertitel benannt. Die Bedeutungs- und Sinnzuweisung oblag allein den Betrachtern, die auch zu unterschiedlichen Beurteilungen kommen konnten. Das Bild war tendenziell offen angelegt und entfaltete seine subtile Wirkung durch eben diese interpretatorische Offenheit, die den Rezipienten zur eigenständigen Bedeutungsergänzung anregte, statt ihn mit platten Versprechungen abzuservieren. Eine Verfremdung des Plakates, das auf dem Berliner Ernst-Reuter-Platz stand, führte schließlich zur Symbiose von Politik und Kommerz: Ein besonders aufmerksamer Zeitgenosse hatte dem Plakat einfach das Label „United Colors of Benetton" aufgeklebt.[10] Der Konzern als Sponsor der CDU? Die Namen der Parteispender für die kommende Bundestagswahl 1998 sollte man zumindest im Auge behalten.

1994 hielt sogar die Körperpflege Einzug in die Politik (vgl. Abb. 6). Zum Auftakt des Wahljahres[11] produziert und zum ersten Mal anlässlich des Hamburger CDU-Bundesparteitages Ende Februar[12] verteilt, zeigt das querformatige Poster (Abb. 6) den verschmitzten Kanzler, der, ohne charakteristische Brille, sicher in die Zukunft blickt und den Bart seines Kontrahenten thematisiert. Die dem Plakat zugrunde liegende Fotografie war zu diesem Zeitpunkt bereits fünf Jahre alt und stammte von dem Kanzlerfotografen Konrad R. Müller, der Helmut Kohl in einer Speyrer Weinschänke aufgenommen hatte (Grosser/ Müller 1992: 172; Dreher 1994). Das existentialistisch in Schwarz-Weiß gehaltene Plakat zeigt Kohl in Denkerpose, sympathisch lächelnd, – ein Counter-Image, das Kohls öffentlichem Bild als plump-behäbigem Pfälzer alias „Birne" widerspricht.

---

[10] Fotografie von Birgit Kleber, abgebildet in: Der Tagesspiegel, 15.9.1994: 2
[11] Europawahl am 9.6.1994, Bundestagswahl am 15.10.1994
[12] Der Bundesparteitag fand vom 20.-23.02.1994 statt.

Der Erfolg des Plakates führte zu seiner Reproduktion im Postkartenformat, bereichert um ein kleines Detail, den so genannten „Sharp-Shaver", der durch die phonetische Verwandtschaft von „Scharp" mit „Scharping" einen zweiten Verweis auf den Kanzlergegenkandidaten enthielt. Der blaue Einwegrasierer ist mit einem als Pflaster gekennzeichneten Plastikstreifen auf die Postkarte geheftet. Der rote Hintergrund ist gleich in zweifacher Hinsicht symbolisch bedeutsam, zum einen als Hinweis auf die Parteifarbe der Sozialdemokraten, zum anderen als blutige Assoziation zum Pflasterspruch: „Da haben Sie sich geschnitten, Herr Scharping". Politik bekommt im Zuge dieser Werbekampagnen den verführerischen Duft des materiell Greifbaren. Das Immaterielle materialisiert sich als Bart, Rasierer oder rote Socke. Die politische Komplexität wird auf eine einfache und unterhaltsame Formel gebracht, die den öffentlichen Diskurs bestimmt und – entsprechend der politischen Perspektive – entweder als geschicktes Agenda-Setting oder als Ablenkungsstrategie bezeichnet werden kann.

Abb. 5: CDU-Bundesgeschäftstelle, Straßenplakat Bundestagswahl 1994

Abb. 6: CDU-Bundesgeschäftstelle, Innenraumplakat Europa-/Bundestagswahl 1994

Die Zielgruppe der CDU-Plakatkampagnen 1994 war primär die Presse als Multiplikator und Verstärker der Wahlkampfbotschaft. Im Unterschied zu dem bundesweit plakatierten kommentarlosen Kohl-Plakat (Abb. 5) wurde „Politik ohne Bart" sowie „Auf in die Zukunft... aber nicht auf roten Socken!", das eine rote Socke zeigt, die mit einer grünen Wäscheklammer an einer naturfasernen Wäscheleine aufgehängt ist, nur selten öffentlich plakatiert. Das Rote-Sockenplakat wurde zunächst von den Landesverbänden der CDU-Ost abgelehnt und schließlich nicht großflächig plakatiert, nachdem auch andere Landesverbände sich weigerten, mit dem Plakat Wahlkampf zu machen.[13] Die öffentlich ausgetragene Debatte um die Plakate erfüllte den eigentlichen Werbezweck, von den Themen der SPD abzulenken, ohne dass die

---

[13] Die Hamburger CDU beschloss beispielsweise, das Plakat nicht aufzustellen (Hamburger Morgenpost, 27.7.1994). Das Rote-Sockenplakat war Teil der CDU-Kampagne gegen die so genannte „Linksfront", gegen einen Zusammenschluss von SPD und PDS. Statt der „roten Socken" wurde im Osten ein Plakat eingesetzt, das den historischen Handschlag Piecks und Grotewohls zeigte (vgl. FAZ, 3.8.1994: 4).

teure Plakataktion praktisch umgesetzt werden musste. Die Frage, ob die CDU-Kampagne von vornherein als Pseudo-Ereignis konzipiert wurde, kann hier leider nicht beantwortet werden. Denn für die deutsche Politische Wissenschaft ist das Thema PR noch Neuland. Die politischen Implikationen kommunikativer Akteure, die außerhalb des traditionellen Politikgefüges stehen, sind erst mit dem Greenpeace-Brent-Spar-Spektakel 1995 ins wissenschaftliche Bewusstsein gerückt und noch nicht hinreichend untersucht, um eine fundierte Analyse zu erstellen.[14]

Politische PR und die in ihrem Kontext eingesetzten visuellen Kommunikationsmittel gehören zum „irrationalen Spielraum" (Karl Mannheim 1985) von Politik, der bislang als Forschungsbereich in der Politischen Wissenschaft kaum Fuß gefasst hat. Über die Funktion der Bildwerbemittel in Wahlkämpfen lässt sich jedoch ausgehend von amerikanischen Untersuchungen (Rosenstiel 1993: 274) sagen, dass sie den Kontext von Wahlkampf definieren und diejenigen Positionen ins Bild setzen, die die beworbene Partei für ihre besten hält. Als solche sind auch banal erscheinende Plakate und Werbespots von wissenschaftlichem Interesse und verdienen dieselbe Aufmerksamkeit wie andere politische Informationsquellen auch. Was die Sozialwissenschaft im Umgang mit dem ihr noch neuen Bereich visueller politischer Kommunikation lernen muss, ist die Beherzigung eines Ratschlages, der von Walter Lippmann (1922: 81), einem Begründer politischer Kommunikationsforschung, stammt: *See first, and then define*.

Fazit

Die Globalisierung von Kommunikation führt zu einer wechselseitigen Durchdringung von Politik und PR. In dem Maße, in dem die kommerzielle Vermarktung von Produkten politische Themen vereinnahmt, muss sich auch die Kommunikation von Politik an professionellen Marketingstrategien messen lassen. Traditionelle Institutionen der Politikvermittlung, wie das Bundespresseamt, die Parteizentralen und die Bundes- und Landeszentralen für politische Bildung haben Konkurrenz bekommen. Die Darstellungs- und Argumentationskompetenz für den Gegenstandsbereich „Politik" muss von diesen traditionellen Organen der Politikvermittlung unter den neuen konkurrierenden Kommunikationsbedingungen erneut begründet werden. Die Grenzüberschreitungen zwischen Kommerz, Kultur und Politik bringen mehrdeutige Kampagnen mit verschiedenen Leseebenen hervor. Diese tendenziell offen angelegten Bildprogramme gewinnen ihre unterschiedlichen Bedeutungen erst durch die Interpretation der Rezipienten. *Das Produkt, ob Markenartikel oder Parteipolitik, entsteht erst im Kopf der Betrachter*.

---

[14] Vgl. das Vorgänge-Themenheft „Inszenierung politischer Kampagnen", 34. Jg., Nr. 4, 1995, s. darin: Greven: 40-54; Baringhorst: 55-67; von Beyme: 68-71. Grundlegend zum Thema „Kampagnenpolitik" vgl. Baringhorst (1994). Wegbereiter für die Beschäftigung mit Themen aus dem Bereich des irrationalen politischen Spielraums ist Sarcinelli (1987) und (1992).

Literatur

Baringhorst, Sigrid (1994): Protest und Mitleid – Politik als Kampagne. In: Claus Leggewie (Hg.): Wozu Politikwissenschaft? Über das Neue in der Politik. Darmstadt: 179-190

Baringhorst, Sigrid (1995): Öffentlichkeit als Marktplatz – Solidarität durch Marketing? In: Vorgänge, 34. Jg., Nr. 4: 55-67

Beyme, Klaus von (1995): Trouble in Paradise. Brent Spar – kommt eine neue internationale Politik in Sicht? In: Vorgänge, 34. Jg., Nr. 4: 68-71

Dreher, Klaus (1994): Kohls erstes ‚Werbe-Poster'. Neidische Blicke der Konkurrenz. In: Süddeutsche Zeitung, 5./6.3: 6

Geese, Uwe/Harald Kimpel (Hg.) (1986): Kunst im Rahmen der Werbung, Marburg

Greven, Michael Th. (1995): Kampagnenpolitik. In: Vorgänge, 34. Jg., Nr. 4: 40-54

Grosser, Alfred/Konrad R. Müller (1992): Die Kanzler, Bergisch Gladbach

Guggenberger, Bernd (1994): Das Verschwinden der Politik. In: Die Zeit, 7.10: 65

Jarren, Otfried/Heribert Schatz/Hartmut Weßler (Hg.) (1996): Medien und politischer Prozeß. Politische Öffentlichkeit und massenmediale Politikvermittlung im Wandel, Opladen

Kramer, Jane (1993): Letter From Europe. Bad Blood. In: The New Yorker, 11.10.: 74-95

Leggewie, Claus (Hg.) (1994): Wozu Politikwissenschaft? Über das Neue in der Politik, Darmstadt

Lippmann, Walter (1922): Public Opinion, New York

Mannheim, Karl (1985): Ideologie und Utopie, Frankfurt/Main

Mittig, Hans-Ernst (1975): Historisierende Reklame. In: Kritische Berichte, Nr. 2/3: 68-88

Müller, Marion G. (1996): Das visuelle Votum. Politische Bildstrategien im amerikanischen Präsidentschaftswahlkampf. In: Otfried Jarren/Heribert Schatz/Hartmut Weßler (Hg.): Medien und politischer Prozeß. Politische Öffentlichkeit und massenmediale Politikvermittlung im Wandel, Opladen: 231-250

Rosenstiel, Tom (1993): Strange Bedfellows. How Television and the Presidential Candidates Changed American Politics, 1992, New York

Rutschky, Michael (1994): Nichts als Helden. Der Mann hat die Werbung erobert – heroisch, martialisch, nackt. Mehr als nur ein Zufall? In: Zeitmagazin, Nr. 10, 4.3.: 12-17

Sarcinelli, Ulrich (1987): Symbolische Politik. Zur Bedeutung symbolischen Handelns in der Wahlkampfkommunikation der Bundesrepublik Deutschland, Opladen

Sarcinelli, Ulrich (1992): Massenmedien und Politikvermittlung – Eine Problem- und Forschungsskizze. In: Gerhard W. Wittkämper (Hg.): Medien und Politik. Darmstadt: 37-62

Toscani, Oliviero (1996): Die Werbung ist ein lächelndes Aas, Mannheim

Wittkämper, Gerhard W. (Hg.) (1992): Medien und Politik, Darmstadt

Soziales als Kampagne

Chancen und Hindernisse internationaler Gesundheitskampagnen

Die Anti-Rauchen-Kampagne „Help – für ein rauchfreies Leben" der EU[*]

Sarah Zielmann

1 Einleitung

Kommunikation über nationalstaatliche und damit verbunden über kulturelle Grenzen hinweg ist nicht zuletzt im Zuge der Globalisierung für viele gesellschaftliche Akteure von hoher Bedeutung. So stehen international agierende Wirtschaftsunternehmen ebenso vor neuen kommunikativen Herausforderungen wie politische Institutionen, deren Entscheidungen und Maßnahmen sich nicht allein im eigenen Land auswirken. Sie sind beispielsweise mit Gruppen konfrontiert, die sich über das Internet vernetzen, mit der Schwierigkeit, einzelne Zielgruppen auch offline über adäquate Kommunikationskanäle zu erreichen oder mit der intensiven Beobachtung durch die zahlreichen Medien.

Im Mittelpunkt der folgenden Betrachtung soll eine international ausgerichtete Gesundheitskampagne der Europäischen Union (EU) stehen, und zwar ihre aktuelle Anti-Rauchen-Kampagne. Die Auswahl erfolgt vor dem Hintergrund, dass Gesundheitskampagnen einerseits eine lange Tradition haben[1], andererseits Regierungen und Behörden zu ihren wichtigsten Auftraggebern gehören (Snyder/Cistulli 2005: 297; Bonfadelli 2004a: 103). So scheint mit dem Fallbeispiel eine prototypische Kampagne in das Blickfeld zu rücken, was Bezüge auf vorliegende Überlegungen und Forschungsergebnisse erlaubt. Gleichzeitig kann und muss auf spezifische Aspekte internationaler Kommunikation eingegangen werden, zählt doch die Betrachtung länderübergreifender

---

[*] Dieser Beitrag wurde für die 3. Auflage neu verfasst.
[1] Für die USA sind Gesundheitskampagnen seit Anfang des 18. Jahrhunderts dokumentiert.

Kampagnen in der Kommunikationswissenschaft zu den eher vernachlässigten Gegenständen.

Tabakkonsum – ein (kommunikatives) Problem für die EU?
Während Zigaretten in Europa Anfang des 20. Jahrhunderts noch nicht als salonfähig galten, wurde Rauchen in der zweiten Hälfte des Jahrhunderts ein weitestgehend allgemein akzeptiertes Verhalten. Die negativen gesundheitlichen Folgen des Rauchens wurden von Forschern erstmals Anfang der 1970er Jahre einer breiten Öffentlichkeit gegenüber thematisiert.

Der Beginn des Rauchens liegt europaweit meist vor dem 20. Lebensjahr; das Durchschnittsalter beträgt 13 Jahre. Seit 1990 hat sich der Zigarettenkonsum der 12- bis 17-Jährigen wieder erhöht (vgl. Pumpe 2002: 247; DHS o.J.: 4). Das niedrige Einstiegsalter und der hohe Anteil rauchender junger Erwachsener erklärt die intensiven Bemühungen um diese Alterskohorten auch von Wissenschaftlern, die sich mit Gesundheitsthemen befassen. Schließlich gehört Tabakkonsum weltweit zu den Hauptursachen von vermeidbaren Erkrankungen und Todesfällen. Dadurch entstehen den einzelnen Staaten zum Teil enorme Gesundheitsausgaben. So überrascht es nicht, dass auch einige EU-Politiker sich dem Thema Rauchen bzw. Tabakprävention angenommen haben und inzwischen – zum zweiten Mal – eine Anti-Rauchen-Kampagne initiiert wurde.

Es muss an dieser Stelle darauf hingewiesen werden, dass der hohe Raucheranteil den EU-Staaten nicht nur erhebliche Gesundheitsausgaben, sondern auch beträchtliche Tabaksteuereinnahmen verschafft. Kritische Stimmen nehmen dies als Erklärung, warum parallel zu staatlichen Kommunikationsmaßnahmen nicht auch härtere rechtliche Schritte etwa in Bezug auf Tabakwerbeverbote eingeleitet werden, da der Wegfall dieser Steuerquelle schmerzlich wäre (vgl. Beispiele bei Lee 2003: 3 und Kefer 2001: 30f.). Diesbezüglich ist anzumerken, dass nach verschiedenen Studienergebnissen ein *umfassendes* Werbeverbot dazu beiträgt, den Tabakkonsum zu senken. Partielle Werbeverbote sind hingegen unwirksam, da die Tabakhersteller ihre Werbe- und Marketingaktivitäten auf diejenigen Medien und Bereiche verlagern, in denen dies weiterhin erlaubt ist (vgl. Überblick bei Bornhäuser 2001: 3f.).

Hier soll nicht die normative Frage aufgeworfen werden, ob der Staat den Rauchern überhaupt Vorschriften machen sollte. Allerdings muss betont werden, dass Tabakpräventionskampagnen weniger effizient sind, wenn die damit verbundenen Kommunikationsaktivitäten nicht durch rechtliche Maßnahmen unterstützt werden (o.V. 2003: 94).

Vorgehensweise und Zielsetzung des Beitrags
In Bezug auf die für alle EU-Mitgliedstaaten konzipierte und bereits angelaufene zweite Anti-Rauchen-Kampagne der EU, „Help – für ein rauchfreies Leben", wird im Folgenden insbesondere der Frage nachgegangen, ob die gewählte Kommunikationsstrategie zur Verwirklichung der formulierten Ziele geeignet ist. Die im Mai 2005 gestartete EU-Kampagne „Help – für ein rauchfreies Leben" soll bis 2008 laufen und ist mit 72 Millionen Euro budgetiert. Die Zielgruppen sind Jugendliche im Alter von 15 bis 18

Jahren und junge Erwachsene zwischen 18 und 30 Jahren. Die Ziele der Kampagne sind:
- Prävention des Rauchens,
- die Abkehr vom Rauchen und
- Hinweise auf die Gefahren des Passivrauchens.

Es ist wichtig, bei internationalen Kommunikationsaktivitäten wie dieser zwischen einer *global einheitlichen* oder *national differenzierten* Planung und Umsetzung bzw. einem Mischtyp zu unterscheiden. Dabei stellt sich die Frage, ob es Anhaltspunkte für den Idealweg gibt und wie dabei Entscheidungen gefällt und Aufgaben delegiert werden (sollten). Sprache, Kultur und Kommunikationsstil in den EU Staaten sind zur Beantwortung der Frage ebenso zu berücksichtigen wie die unterschiedlichen Mediensysteme und die damit zusammenhängende jeweils spezifische Mediennutzung. In Anbetracht der Beobachtung, dass die EU selbst kein breit akzeptierter Akteur ist (vgl. Barth 2005: 32), ist zusätzlich danach zu fragen, welche Vor- und Nachteile sich daraus ergeben, dass es sich hier nicht um eine nationale, sondern eine internationale Kampagne einer supranationalen Organisation, eben der EU, handelt.

Zunächst wird ein kurzer Überblick über den Forschungsstand zu PR-Kampagnen im Gesundheitsbereich und zur internationalen Kommunikation gegeben, bevor die Anti-Rauchen-Kampagne der EU beschrieben wird. Schwerpunktmäßig werden hier die Konzeption und die Umsetzung unter Berücksichtigung der daran beteiligten Akteure betrachtet. Es wird erstens auf die im Netz bereitgestellten Informationen seitens der EU und ihrer Partner zurückgegriffen (vgl. www.help-eu.com). Zweitens wird der Evaluationsbericht der Vorgängerkampagne berücksichtigt (vgl. Lefebvre-Naré et al. 2003). Dies geschieht, um zu betrachten, ob und welche Lerneffekte seitens der Kampagnen-Organisatoren eingetreten sind. In die Darstellung fließen außerdem drittens die schriftlich eingeholten Aussagen der Kampagnen-Verantwortlichen auf nationaler Ebene ein. Zu den Gesamtverantwortlichen zählen neben dem Auftraggeber, der EU-Kommission, ein übergeordnetes Gremium, das so genannte Konsortium (vgl. Kap. 3.2.1), dem in jedem Land eine nationale PR-Partneragentur unterstellt ist. Es wurden alle Verantwortlichen der 25 nationalen PR-Agenturen per Mail kontaktiert und in einem kurzen Fragebogen um Auskunft zu ihrer Beteiligung an der Kampagne und der Koordination mit dem ihnen übergeordneten Konsortium gebeten. Die Ansprechpartner des Konsortiums wurden ebenfalls angefragt. Geantwortet haben lediglich acht Verantwortliche der nationalen PR-Partneragenturen. Schließlich wird die aufgeworfene Frage beantwortet, ob es sich um eine standardisierte oder national differenzierte Kampagne handelt und wie das Ergebnis zu bewerten ist. Im Fazit werden nicht nur die Stärken und die Schwächen der vorgestellten Kampagne aufgezeigt, sondern auch zukünftige Handlungsvorschläge gemacht.

2 Internationale PR-Kampagnen im Gesundheitsbereich

2.1 Forschungsstand Internationale (Gesundheits-)Kommunikation

Das interdisziplinäre Forschungsfeld Gesundheitskommunikation (vgl. Haider 2005; Bleicher/Lampert 2003; Kreps 2003; Hurrelmann/Leppin 2001; Jazbinsek 2000) befasst sich damit, wie Informations- und Kommunikationsprozesse individueller und korporativer Akteure hinsichtlich von Gesundheitsthemen gestaltet werden (können). Zielsetzung ist es, zu informieren und gesundheitsfördernde Verhaltensweisen beizubehalten oder anzuregen. Der Schwerpunkt der kommunikationswissenschaftlichen Betrachtung liegt zum einen auf interpersonaler Kommunikation und zum anderen auf der Vermittlung von Gesundheitsinformationen über die Massenmedien. In den USA seit den 1970er Jahren von zunehmender Bedeutung, erfährt der Forschungsbereich im deutschsprachigen bzw. europäischen Raum erst seit den 1990er Jahren verstärkt kommunikationswissenschaftliche Aufmerksamkeit.

Unter internationaler Kommunikation wird Kommunikation über Ländergrenzen hinweg verstanden, wobei der integrative Planungs- und Steuerungsprozess aus der Summe der nationalen Kommunikationsaktivitäten ein internationales Ganzes werden lässt (Huck 2005: 15). Die wissenschaftliche Beobachtung internationaler Kommunikation ist eng gekoppelt mit dem Bereich der interkulturellen Kommunikation. Zu dem Gebiet der interkulturellen Kommunikation liegen relativ umfassende theoretische Überlegungen, empirische Befunde und praktische Handlungsanleitungen vor (vgl. Podsiadlowski 2004; Hofstede 2001; Thieme 2000; Maletzke 1996). Eine konkrete Ausarbeitung der Erkenntnisse in Bezug auf länderübergreifende Kommunikationsmaßnahmen existiert noch nicht, geht es in den vorliegenden Arbeiten doch meist um die interkulturelle Kompetenz von Managern und die Möglichkeiten der Überwindung von kulturellen Unterschieden in zwischenmenschlichen Arbeitsbeziehungen.

Anfang der 1990er Jahre wurde noch moniert, „internationale PR ist einer der am stärksten wachsenden Bereiche der Profession und einer der am wenigsten verstandenen" (Pavlik 1987: 64; Übers. SZ); die Literaturrecherche fiel eher marginal aus (Botan 1992: 154). In den folgenden fünfzehn Jahren wurden zunehmend Seminare zu dem Thema angeboten und es folgten Buch- und Aufsatzpublikationen (vgl. Wakefield 2001: 181). Trotzdem ist internationale Kommunikation im Vergleich zu anderen Forschungsgegenständen weiterhin ein eher vernachlässigtes Thema (vgl. Huck 2005: 7) und somit ebenso internationale Gesundheitskommunikation.

Allerdings existiert zu dem Themenbereich Tabakkonsum und seinen Folgen inzwischen eine nahezu unüberschaubare Anzahl deutsch- und englischsprachiger Publikationen unterschiedlicher Fachdisziplinen. Diese beschäftigen sich meist mit dem Tabakkonsum in einem bestimmten Land, einer spezifischen Region, unterschiedlicher Einkommensschichten, Altersgruppen oder etwa Männern und Frauen im Vergleich (vgl. u.a. Übersicht bei DiFranza et al. 2002; Fuchs/Schwarzer 1997). Damit gibt es mindestens für einzelne potentielle Zielgruppen von Anti-Rauchen-Kampagnen *in unterschiedlichen Ländern* (v.a. den USA) eine Grundlage, auf der Kommunikationsmaßnahmen aufgebaut werden können. In den USA werden zur Reduktion des Tabakkonsums bei Jugendlichen und jungen Erwachsenen seit rund 35 Jahren Kampagnen eingesetzt (vgl. Farrelly/Nierderdeppe/Yarsevich 2003: 46). Es wird dort konstatiert, dass das (Gesundheits-)Verhalten Jugendlicher durch Kampagnen positiv beeinflusst werden könne, und zwar derart, dass zwischen zwei bis 17 Prozent der Zielgruppe zu einer Verhaltensänderung bewegt wird (vgl. Snyder/Cistulli 2005: 293).

Allgemein wird hervorgehoben, dass Massenmedien im Rahmen der Gesundheitskommunikation insbesondere dann eine Rolle spielen, wenn es um die Primärprävention geht (Göpfert 2001: 131). Im diesem Zusammenhang wird darauf hingewiesen, dass aufgrund der zurzeit noch erlaubten massenmedialen Tabakwerbung massenmedial vermittelte Kommunikationskampagnen Gegengewichte setzen müssten (Bonfadelli 2004b: 4). Darüber hinaus müssen die

- Einzelmaßnahmen Bestandteil eines umfassenderen Konzepts sein.
- Die Kampagne muss intensiv sein und über einen längeren Zeitraum wirken.
- Die Botschaften müssen zielgruppengerecht zugeschnitten werden.
- Bei den Jüngeren sind emotionale Aspekte besonders wichtig.
- Die Botschaften sollten positiv besetzt sein und realistische Alternativen aufzeigen und
- es müssen Medien eingesetzt werden, die die entsprechende Zielgruppe erreichen (vgl. ebd.).

Die aufgelisteten Punkte beziehen sich leider fast ausschließlich auf die Umsetzung einer Kampagne, nur der erste geht auch auf die Konzeptionsphase ein. Es ist erforderlich, vor der konkreten Planung der Kommunikationsstrategien Informationen über die (potentiellen) Zielgruppen zusammenzutragen, etwa über Sekundäranalysen, Expertenbefragungen oder die Arbeit mit Fokusgruppen. Im Anschluss könnte dann überlegt werden, die jeweiligen Gegebenheiten in die Kampagnenplanung einzubeziehen und die Kampagne entsprechend den heterogenen Zielgruppen anzupassen.

In den USA hat es etwa Jahrzehnte gedauert, bis sich auf breiter Basis die Einsicht durchsetzte, dass Rauchen gesundheitsgefährdend ist (Ahmad 2005: 47; Rust 1993: 179). Dies könnte darauf hindeuten, dass in den verschiedenen EU-Ländern je nach der dortigen Entwicklung eine sehr unterschiedliche Grundhaltung gegenüber dem Tabakkonsum eingenommen wird. Dies müsste natürlich bei der Konzeption der EU-weiten Kampagne ebenfalls berücksichtigt werden. In einer Forschungsarbeit wird zu den Bausteinen eines internationalen PR-Managements resümiert,

> „die jeweils relevante Umwelt, mit ihren ökonomischen, sozialen, rechtlichen, politischen und medialen Subsystemen, beeinflusst nicht nur die Art und die Bandbreite der jeweils angestrebten Ziele, sondern auch die Zusammensetzung des PR-Mix in Bezug auf Themen, anzusprechende Teil-Öffentlichkeiten und Kommunikationsansätze." (Kleebinder 1995: 229)

Daher sei eine jeweils maßgeschneiderte länderspezifische Kommunikationsarbeit notwendig (ebd.: 253).

2.2 PR-Kampagnen: Begriffsbestimmung

In Anlehnung an Ulrike Röttger wird eine PR-Kampagne definiert als

„dramaturgisch angelegte, thematisch begrenzte, zeitlich befristete kommunikative Strategie zur Erzeugung öffentlicher Aufmerksamkeit, die auf ein Set unterschiedlicher kommunikativer Instrumente und Techniken […] zurückgreifen." (vgl. Röttger 2009, in diesem Band).

Diese Definition trifft auf die Anti-Rauchen-Kampagne der EU zu: Es gibt sozusagen Regieanweisungen für den genauen Ablauf der Kampagne, thematisch ist sie auf das Aufhören bzw. Nicht-Anfangen mit dem Rauchen begrenzt und Anfangs- und Endzeitpunkt sind genau festgelegt. Darüber hinaus werden unterschiedliche kommunikative Instrumente eingesetzt, u.a. das Internet und TV-Spots, es werden Diskussionsrunden mit Jugendlichen online und offline gestaltet und Telefonhotlines angegeben, damit Interessierte bzw. Betroffene sich beraten lassen können. Die Anti-Rauchen-Kampagne kann weiter differenziert als eine *öffentliche Informationskampagne* charakterisiert werden. Dieser Begriff umfasst die Konzeption, Durchführung und Kontrolle von systematischen und zielgerichteten Kommunikationsaktivitäten zur Beeinflussung von Problembewusstsein, Einstellungen und Verhaltensweisen gewisser Zielgruppen in Bezug auf soziale Ideen, Aufgaben, Praktiken, und zwar im positiven, d.h. gesellschaftlich erwünschten Sinn (Bonfadelli 2004a: 104).

Da es sich bei der betrachteten Kampagne um eine internationale öffentliche Informationskampagne handelt, wird im Folgenden vor allem auch auf den internationalen Aspekt Bezug genommen. Trotz der bereits angesprochenen Globalisierung muss hervorgehoben werden, dass länderspezifische Bedingungen bestehen, die der internationalen Kommunikation allgemein und damit auch international angelegten Kampagnen Grenzen setzen. Hierzu zählen (vgl. Krishnamurthy/Vercic 2003: 2; Taylor 2001: 77f.; Zaharna 2001: 137ff.):

- Politisch-rechtliche Rahmenbedingungen, so etwa das Tabakwerbeverbot in bestimmten Medien, die aber nicht überall die gleichen Auswirkungen haben müssen. Wenn beispielsweise Tabakwerbung im Fernsehen verboten wird, dürfte das in solchen Ländern mehr Einfluss haben, in denen mehr Fernsehen konsumiert wird.
- Technologische Voraussetzungen, zum Beispiel die Verbreitung und Nutzung des Internets. Je nach Stand kann so über die Neuen Medien von den Initiatoren der Anti-Rauchen-Kampagne ihre Zielgruppe sehr einfach oder sehr schwierig erreicht werden.
- Die Nutzung der Massenmedien muss in Europa differenziert betrachtet werden. So sind etwa Nordeuropäer stärker auf Printmedien hin orientiert, während Südeuropäer eher Fernsehen schauen.
- In Bezug auf die Massenmedien ist festzuhalten, dass sich Journalisten weltweit in ihrem Selbstverständnis, ihrer Arbeitsweise und ihren Erwartungen an Kommunikationsangebote von PR-Verantwortlichen unterscheiden. Während die einen nichts Schlechtes über staatliche Institutionen schreiben, interessieren sich andere gerade in diesem Bereich für die Aufdeckung von Missständen.

- Sozio-kulturelle Aspekte spielen ebenso eine Rolle. Hierzu zählen zum Beispiel Sprachbarrieren von Minderheiten in einem Land oder unterschiedliche Farbwahrnehmungen im Vergleich verschiedener Nationen. Letzteres ist etwa bei der Logo-Gestaltung oder bei Broschüren zu bedenken.
- Schließlich kann auf die Beziehung zwischen Staat und Wirtschaft eingegangen werden. So ist bei dem gewählten Fallbeispiel daran zu denken, auf welche Haltung Lobbyisten von Tabakkonzernen bei Politikern stoßen, wenn sie sich bei diesen für die Belange ihrer Auftraggeber einsetzen.

Im Folgenden soll nun dargestellt werden, wie genau die Anti-Rauchen-Kampagne der EU konzipiert und umgesetzt wird.

3 Die Anti-Rauchen-Kampagnen der EU

3.1 Die erste Kampagne „Feel Free to Say No"

Die erste EU-weite Anti-Rauchen-Kampagne der EU-Kommission, „Feel Free to Say No", lief von 2002 bis 2004 in 15 Ländern. Zielgruppe waren die 12- bis 18-Jährigen. Ein Unternehmen wurde mit der Zwischenevaluation der Anti-Rauchen-Kampagne beauftragt und hat im Dezember 2003 der Kommission ihren rund 100-seitigen Bericht zum ersten Jahr der Kampagne vorgelegt (siehe Lefebvre-Naré et al. 2003). Er basiert auf einer Literaturauswertung, Expertengesprächen, einem Expertenworkshop, der Arbeit mit Fokusgruppen mit 13- bis 14-Jährigen in allen Mitgliedstaaten und der Auswertung von Zuschauerdaten. Der Bericht bezieht sich aufgrund des Evaluationszeitpunktes hauptsächlich auf die Analyse der damals ausgestrahlten TV-Spots.

Dem Bericht ist vorangestellt, dass allgemein angezweifelt wird, ob Medienkampagnen für Jugendliche auf europäischer Ebene geeignet seien. Wenn die Jugendlichen auf der Mikro-Ebene beeinflusst werden sollen, wäre nach Meinung der Berichterstatter nicht nur ein weitaus größeres Budget nötig, sondern eine stärkere Berücksichtigung der unterschiedlichen Sprachen und Kulturen. Empfohlen werden daher mehr sprachliche und weitere nationale Anpassungsleistungen unter Einbezug von Experten ebenso wie von den Zielgruppen, ein stärkerer Einbezug vorhandener Studien sowie mehr praktische Lebenshilfen, mit dem Rauchen aufzuhören.

Zudem wird angeführt, dass die Menschen in den einzelnen Ländern die EU als Auftraggeber nicht wahrnahmen. Dies ist insofern negativ zu werten, als dass zum einen offensichtlich ein Wir-Gefühl der „europäischen Nicht-Raucher" nicht erzeugt werden kann, zum anderen wird damit der Mehrwert einer EU-weiten anstelle einer nationalen Kampagne nicht erkennbar. Die EU-Kommission kann laut dem Evaluationsbericht nicht unbedingt bessere TV-Kampagnen und lokale Präventionsaktivitäten kreieren (Lefebvre-Naré et al. 2003: 15; 79). Außerdem hätten manche EU-Mitgliedstaaten gar kein Interesse an einer Teilnahme bei einer EU-weiten Anti-Rauchen-Kampagne, da sie selbst auf dem Gebiet sehr aktiv seien und Vorteile der *nationalen* Durchführung sehen (etwa Großbritannien, vgl. ebd.: 102). Moniert wird in dem Bericht auch, dass nationale Partner europäischen Kampagnen nur wenig Aufmerksamkeit schenkten, sofern sie nicht persönlich von der Kommission kontaktiert und mit klaren Aufgaben versehen würden (ebd.: 100).

Darüber hinaus konnten Länderunterschiede in der Perzeption ausgemacht werden. So haben sich Jugendliche in Spanien etwa stärker auf die Bilder konzentriert als auf die Musik, während der Text so gut wie gar nicht beachtet wurde (vgl. ebd.: 78). Wie bereits angesprochen, spielen Farbeinsatz und Design eine wichtige Rolle, ob eine bestimmte Zielgruppe sich angesprochen fühlt. Dies variiert zum einen zwischen unterschiedlichen Altersgruppen, zum anderen lassen sich kulturelle Unterschiede ausmachen (vgl. Springston/Champion 2004: 487). Kritisiert wurden in dem Evaluationsbericht länderübergreifend die Farben des Logos (Blau, Hellgrün, Orange). Es sollte ein Rauchverbot bzw. eine rauchfreie Zone darstellen; Jugendliche achten auf ein solches Warnsignal jedoch eher bei den Farben Schwarz und Rot; die weiter oben erfolgte Betonung, dass bei den Jüngeren emotionale Aspekte besonders wichtig sind, konnte über das Logo nicht erfüllt werden (ebd.: 79).

3.2 Die aktuelle Kampagne

3.2.1 Konzeption und Umsetzung unter Berücksichtigung der Beteiligten

An der Ausarbeitung der Kampagne waren zunächst Gesundheits- und Kommunikationsexperten beteiligt, um Strategien und daraus abgeleitet Botschaften zu erarbeiten, die in den EU-Staaten die jungen Menschen erreichen sollen. Dieser erste Schritt wurde *zentral* von Brüssel aus geleitet. In jedem Land wurde mit Gesundheitsbehörden, Tabakkontroll- und Medienexperten zusammen gearbeitet, um die nationale Anpassung zu gewährleisten und an nationale und lokale Aktionen anzuschließen, etwa an Telefonhotlines zur Beratung. Es wurde die Entwicklung eines Pre-Tests in Auftrag gegeben, welcher an 38 Fokusgruppen mit jeweils um die zehn Personen in 20 von den 25 Ländern der EU durchgeführt wurde. Hierüber sollten die Rauchgewohnheiten von und die Wirkung geplanter Kampagnenmaßnahmen auf Raucher und Nicht-Raucher unterschiedlicher Altersgruppen und sozialer Klassen in den unterschiedlichen Ländern erfasst werden.

Übertragung der Verantwortung an ein Konsortium

Die EU übergab alle relevanten Aufgaben an ein Konsortium, das von Ligaris, einer Beratungsagentur für integrierte institutionelle, öffentliche und soziale Kommunikation mit Sitz in Paris geleitet und koordiniert wird. Diesem Konsortium gehören die Public Relations- und Event-Agentur B&S (mit Sitz in Brüssel) und ihr Netzwerk an, die Worldcom PR Group. In jedem Land ist damit eine PR-Agentur als auszuführender Partner dabei. Darüber hinaus gehört zu dem Konsortium Carat International, Beratung und Zentrale für Strategie und Werbeschaltungen mit Sitz in London und Paris und ihr in den 25 Ländern vertretenes Netzwerk. Privilegierte Partnerschaften bestehen darüber hinaus mit dem Centre for Tobacco Control Research (CRUK) und mit dem European

Network for Smoking Prevention (ENSP)². Das Konsortium zieht zudem Exklusivsubunternehmer heran. Für Studien, Umfragen und Messungen Ipsos Paris, für die Web-Auftraggeberschaft Mac Luhan's und für das Monitoring und die Analyse des Niederschlags in den Medien Euro Argus. Die umsetzenden PR-Agenturen arbeiten eng mit Nonprofit-Organisationen und öffentlichen Gesundheitsinstitutionen zusammen, die von dem ENSP koordiniert werden. Es wird deutlich, dass eine Vielzahl von Organisationen und Personen involviert ist, die es zu koordinieren gilt.

Die Rolle der nationalen PR-Agenturen und anderer lokaler Organisationen
Nach Rückmeldung der nationalen PR-Kommunikationsverantwortlichen zu urteilen wurden die nationalen PR-Agenturen nicht in die Planung der Kampagne einbezogen. Sie setzten vielmehr die Überlegungen der EU-Kommission und des Konsortiums um. Die ganze Kampagne ist also zentral geplant. Dies von wird von einem Verantwortlichen einer nationaler PR-Agentur mit den Worten kommentiert, „wir adaptieren einfach die Arbeit aus Brüssel und sorgen dafür, dass das Thema in die nationalen Medien gelangt."

Während nach Auskunft der nationalen PR-Verantwortlichen mit den lokalen ENSPs reger persönlicher Kontakt und Austausch besteht, findet dieser mit dem Konsortium hautpsächlich per Mail oder über das Telefon und weniger häufig als mit den ENSP-Vertretern statt. Die Befragten weisen darauf hin, dass der Austausch von Daten, Erfahrungen und Meinungen insgesamt besser organisiert werden könnte. Die Kontakthäufigkeit zwischen den nationalen PR-Agenturen scheint insgesamt unterschiedlich zu sein: Die einen Kommunikationsverantwortlichen geben an, Kontakt zwischen den nationalen PR-Agenturen bestehe nicht, ein anderer antwortete, es gebe eine allgemeine Mail-Liste, worüber man sich einfach erreichen könnte und ein befragter Verantwortlicher teilte mit, es finde zum Teil zwischen zwei Ländern sehr enger Kontakt statt – um Kosten für bestimmte Dienstleistungen (z.B. Übersetzungen) zu sparen.

Hervorzuheben ist, dass die Themen für die Pressemitteilungen von dem Konsortium vorgegeben werden und die geschriebenen Mitteilungen häufig von den lokalen ENSP-Verantwortlichen durchgesehen werden. Es wird in den Antworten der Kommunikationsverantwortlichen deutlich, dass die zentrale Planung der Anti-Rauchen-Kampagne wenig Raum für weitere Debatten lässt und damit mögliche nationale Verbesserungsmaßnahmen eher verhindert. Allerdings loben mehrere nationale PR-Agenturvertreter die lokale staatliche Unterstützung etwa durch die ENSP beziehungsweise durch staatliche Behörden. Nichtsdestoweniger wird gerade seitens der kritischen Befragten hervorgehoben, dass das Konsortium sehr gute Arbeit geleistet habe und es sehr schwierig sei, eine einheitliche Kampagne für so viele so unterschiedliche Länder zu machen. Kritik soll konstruktiv verstanden werden, die PR-Verantwortlichen wün-

---
[2] Die internationale Nonprofit-Organisation vereint über 530 Mitgliedsorganisationen aus dem Tabakkontrollbereich. Sie wurde von der Europäischen Kommission mitbegründet und wird jährlich von ihr unterstützt. Ihre Aufgabe ist es, eine Strategie für das koordinierte Vorgehen der verschiedenen mit Tabakkontrollinitiativen befassten Organisationen in Europa zu erarbeiten.

schen sich, dass die Erfahrungen in mögliche Folgeprojekte einfließen. Wiederholt wird das geringe Budget kritisiert. Wenngleich hier wohl auch unterstellt werden kann, dass die nationalen PR-Agenturen natürlich aus Eigeninteresse einen Folgeauftrag begrüßen würden und sich sicherlich grundsätzlich mehr finanzielle Ressourcen wünschen, so wurden die Punkte der nicht ausreichenden finanziellen Mittel und die insgesamt hoch komplexe und damit schwierige Koordination bereits im Evaluationsbericht angesprochen. Die Probleme scheinen damit auf jeden Fall nicht vollständig überwunden zu sein.

Zusammenfassend lässt sich die Rolle der nationalen PR-Agenturen mit den Worten eines Befragten als „localizing-executive" beschreiben: Die von dem Konsortium aufgestellten Pläne werden umgesetzt. Gleichzeitig sind die nationalen PR-Agenturen in Kollaboration mit den lokalen ENSP-Repräsentanten dazu aufgerufen, lokale Elemente in das Pressematerial zu integrieren. Darüber hinaus sind sie es, die mit lokalen Organisationen zusammenarbeiten.

3.2.2 Die Instrumente der Kampagne
Roadshow

In den Hauptstädten der 25 EU-Staaten war von März bis Ende Juni 2005 eine Roadshow zu sehen. Es sollten erste Kontakte zu den Bürgern geknüpft werden, die durch die Thematisierung der Roadshow in den Massenmedien intensiviert werden sollten. Es ging in erster Linie darum, Basisinformationen zu den gesundheitsschädigenden Folgen des Rauchens zu verbreiten. An den anschließenden nationalen Pressekonferenzen beteiligten sich neben PR-Verantwortlichen als Ansprechpartner für die Medien auch Nichtregierungsorganisationen und Vertreter der Organisationen, die sich für Tabakkontrolle einsetzen.

Die Konzeption der Roadshow lag nicht bei den PR-Agenturen, nur die konkrete Auswahl der Location vor Ort und die Durchführung. Dabei war die Zeit für die Umsetzung aus Sicht der nationalen PR-Agenturen knapp bemessen. Ein Kommunikationsverantwortlicher führt an, dass die vorbestimmte Roadshow unpassend für sein Land gewesen sei. Dies begründet er damit, dass man in seinem Land schon seit rund zehn Jahren Tabakpräventionsmaßnahmen lanciert. Das zeigt deutlich die Wichtigkeit, im Vorfeld genau zu evaluieren, ob sich die Menschen vor Ort von der Kampagne angesprochen fühlen werden. In dem betreffenden Land hat die nationale PR-Agentur die Roadshow in Teilen abgewandelt: Ein Teil des Budgets wurde aufgewendet, um staatlich gesponserte Anti-Rauchen-Kurse zu promoten. Außerdem wurde medizinisches Gerät und entsprechendes Personal bereitgestellt, um Tests etwa in Bezug auf die Venen- und Lungenfunktion von Rauchern anzubieten. Die sofortige Verfügbarkeit der Resultate und die professionelle Beratung vor Ort führten dazu, dass innerhalb einer Woche mehr staatliche Entwöhnungskurse gebucht wurden als während der ersten Monate zu Jahresanfang.

TV- und Kino-Spots
Seit Juni 2005 sind in den meisten europäischen Ländern TV-Spots zu der Kampagne zu sehen. In wenigen Ländern ist die Kampagne erst im August gestartet, da dadurch die Kosten für die Schaltung bei den Sendern deutlich gesenkt werden konnten. Es sind insgesamt drei Spots ausgearbeitet worden, die jeweils ein Ziel der Kampagne (Prävention, Abkehr, Gefahren des Passivrauchens) thematisieren. Am Ende wird jeweils auf die Website der Kampagne verwiesen und eine nationale Telefonnummer einer Beratungshotline eingeblendet. Die nationalen PR-Agenturen sind auf unterschiedliche Art und Weise in die Verbesserungsmaßnahmen der TV-Spots einbezogen worden. Überwiegend haben sie Übersetzungsvorschläge und Vorschläge für die Auswahl der Sprecherstimmen gemacht, zum Teil auch Kritik an der Art der Darstellung geübt, die dann auch einfloss. Gleichzeitig kritisieren die Befragten zum Teil die Entscheidung, in derart starkem Ausmaß TV-Spots einzusetzen. Ein Kommunikationsverantwortlicher gibt an, in seinem Land wären stattdessen etwa Plakate besser geeignet gewesen.

Interneteinsatz
Gesundheitsinformationen stehen weit oben auf der Skala der Informationen, nach denen im Internet gesucht wird. In den USA suchen 91 Prozent derjenigen, die im Netz nach Gesundheitsinformationen suchen, nach Informationen zu unmittelbaren Gesundheitsproblemen, während 13 Prozent danach schauen, wie Gesundheitsprobleme vermieden werden können (Neuhauser/Kreps 2003: 549). Dies zeigt, dass Informationen zur Anti-Rauchen-Kampagne im Internet allein wenig Wirkung zeigen dürften, als ergänzende Angebote jedoch sicherlich nützlich sind – sofern die Angaben sich überhaupt auf Europa übertragen lassen. Zeitgleich zu den TV-Spots ist die Website (www.help-eu.com) in allen EU-Sprachen eröffnet worden. Hier sollen sich alle Partner der Kampagne finden lassen und alle Organisationen, die Hilfe bei der Abkehr vom Rauchen bieten. Es ist geplant, dass, neben den bereits umfassenden Informationen rund um das Thema, Jugendliche selbst zu Wort kommen. Vorgesehen ist ebenfalls ein Jugend-Parlament der EU, wo Jugendliche aus allen Mitgliedsländern in Anwesenheit von Sachverständigen und politischen Entscheidungsträgern das Thema der Kampagne erörtern und Empfehlungen aussprechen sollen. An der Gestaltung der Website sind die nationalen PR-Agenturen nur insofern beteiligt, als dass sie auf Anfrage Texte übersetzen. Erfahrungen, die vor Ort gemacht werden, fließen so eher nicht in die Netz-Informationen ein.

3.2.3 Möglichkeiten und Grenzen der Kampagne
Parallele Kampagnen und alternative Tabakpräventionsangebote
Neben der Anti-Rauchen Kampagne der EU finden sich in vielen EU-Staaten alternative Hinweise auf die gesundheitlichen Risiken des Rauchens und parallele Hilfsangebote zum Aufhören. In Deutschland bieten etwa das Deutsche Krebsforschungszentrum (www.dkfz.de), die Bundeszentrale für gesundheitliche Aufklärung (www.bzga.de) oder das Institut für Raucherberatung und Tabakentwöhnung (vgl. www.irt-rauch-

freiwerden.de) verschiedene Hilfen (u.a. Rauchertelefon, Informationsbroschüren, Kurse) an, um mit dem Rauchen aufzuhören.

In Frankreich lief im Sommer 2005 eine Anti-Rauchen-Kampagne von dem „Institut national de prévention et d'éducation pour la santé" (INPES). Das Institut hat anlässlich des Weltnichtrauchertages am 31. Mai 2005 eine Internetseite „*pour soutenir les fumeurs dans leur démarche d'arrêt*" eingerichtet und in Zusammenarbeit mit dem Französichen Gesundheits- und Familienministerium eine TV-Kampagne entwickelt, in der das Passivrauchen thematisiert wird. Zwischen dem 31. Mai und dem 19. Juni wurden Spots gezeigt, die das Passivrauchen zu Hause und am Arbeitsplatz zum Inhalt haben. Anschließend werden Anzeigen in Printmedien geschaltet, die auf das schädliche Passivrauchen in Kneipen hinweisen (vgl. www.inpes.sante.fr).

In Großbritannien lief ebenfalls parallel eine nationale Anti-Rauchen-Kampagne, die sich auch auf die Zielgruppe der Jugendlichen und jungen Erwachsenen konzentrierte.[3] Beim Betrachten der national entworfenen Plakate sticht die anders verpackte Botschaft hervor: Männer werden darauf angesprochen, dass sie mit dem Rauchen ihre Potenz aufs Spiel setzen. Frauen hingegen werden darauf aufmerksam gemacht, dass sie mit dem Rauchen ihr Aussehen und damit ihre Attraktivität ruinieren würden. Die Kampagne umfasste TV-, Kino- und Presse- und Onlineanzeigen, Radiospots sowie Plakate. Darüber hinaus wurden die Botschaften auf Bierdeckeln und Toilettenspiegeln platziert und Aufkleber auf Urinierbecken geklebt. Die Zeitungsanzeigen für die Frauen beinhalteten auch einen innovativen Gebrauch von Geruch, bei dem ein Duft gewählt wurde, der einem vollen Aschenbecher nachempfunden war (vgl. www.givingupsmoking.co.uk). Im Gegensatz dazu wirken die Botschaften der europäischen Anti-Rauchen-Kampagne allgemein und langweilig.

Nationale Besonderheiten aus Sicht der befragten PR-Agenturmitarbeiter

Die Kampagne könnte laut der befragten PR-Verantwortlichen unterschiedlichen Einfluss auf die Zielgruppen je nach EU-Staat haben, je nach sozialem, politischem und ökonomischen Entwicklungsstand und der Stabilität des Landes. Aus den neuen Mitgliedstaaten wird diesbezüglich die Prognose geäußert, dass die Kampagne in den alten Mitgliederstaaten erfolgreicher sein werde. Dass die Anti-Rauchen-Kampagne auf unterschiedliche kulturelle Gegebenheiten stößt, ist in jedem Fall selbstverständlich, schließlich haben sich in den Mitgliedstaaten kulturelle Identitäten, Verhaltensmuster und Werte nicht vereinheitlicht (vgl. Johanssen 2001: 57).

Weitere Schwierigkeiten für den Erfolg der zentral gesteuerten EU-Kampagne zeigen sich bei der Divergierung nationaler Mediensysteme und Medienkonsumgewohnheiten der Bürger. In Ungarn sind laut Aussage des befragten nationalen PR-Verantwortlichen, Andras R. Nagy, Head of PR & Strategy, Probako Communications, zum Beispiel nationale Stars wichtiger als internationale, so dass die Kampagne so weit

---

[3]   Die Kampagne „Don't give up giving up" wurde im Dezember 1999 von der Regierung gestartet. Sie soll bis zum Jahre 2010 laufen. Ziel ist es, bis dahin 1,5 Millionen Raucher vom Aufhören überzeugt zu haben. Zielgruppen sind Raucher zwischen 11 und 16 sowie zwischen 25 und 45 Jahren, schwangere Frauen und ethnische Minderheiten.

wie möglich lokalisiert werden musste. Außerdem ist dort ein großer Unterschied zwischen der westlich orientierten Hauptstadt und dem Rest des Landes, so dass die Wirkung der Roadshow in der Hauptstadt sich nicht so ohne Weiteres auf das ganze Land übertragen dürfte.

4 Fazit

Eigentlich werden alle Regeln zur Wirksamkeit einer Kampagne, die im zweiten Kapitel aufgeführt wurden, befolgt: Es haben Vorerhebungen stattgefunden, es gab eine Expertenrunde und Pretests. Der Einsatz eines Medienmixes ist gegeben, die Sujets werden repetitiv geschaltet und Diskussionen werden (online und offline) angeregt. Zudem erhalten Interessierte praktische Hilfe etwa durch die Einblendung nationaler Beratungshotlines in den TV-Spots. Außerdem erfolgt eine intensive Pressearbeit. Dass zum Teil alternative Hilfsangebote bestehen, kann durchaus positiv gewertet werden, so wird auf vielen Kanälen Unterstützung in Bezug auf *ein* Ziel (Aufhören bzw. Nicht-Anfangen mit dem Rauchen) geboten.

Dennoch lesen sich die Antworten der befragten nationalen Kommunikationsverantwortlichen nicht so, dass über die Kampagne die größtmögliche Wirkung erreicht wird. Auffällig ist, dass eine einheitlich gestaltete paneuropäische Kampagne relevante nationale Aspekte zwangsläufig aus den Augen verliert und dass die unterschiedlichen Ausgangsbedingungen in den EU-Mitgliedstaaten eigentlich verschiedene Herangehensweisen erfordern. Es ist zu vermuten, dass die beiden parallel laufenden Kampagnen in Frankreich und in Großbritannien stärkere Aufmerksamkeit finden, da hier nationale Besonderheiten eher berücksichtigt werden.

Zu der Strategie einer zentral organisierten, weitestgehend standardisierten Kampagne gehört die hierarchische Struktur: Es handelt sich bei den vielen „Partner"organisationen weniger um gleich berechtigte Akteure eines Netzwerks als um eine hierarchische Anordnung von Verantwortlichen und Ausführenden. Es sollte deutlich geworden sein, dass dadurch die multinationale Flexibilität begrenzt wird, wenngleich festgehalten werden kann, dass an einzelnen Stellen nationale Adaption funktioniert. So wurde darauf hingewiesen, dass Vertreter der PR-Agenturen Verbesserungsvorschläge für die TV-Spots machen konnten und die Roadshow wurde mindestens in einem Land abgewandelt.

Eine permanente Interaktion aller Beteiligten schon in der Konzeptionsphase hätte zur Erreichung der – recht allgemein formulierten – Kampagnenziele beitragen können. So scheinen die befragten nationalen PR-Agenturvertreter zumindest Vorschläge machen zu können, die von den vorab einbezogenen Experten nicht berücksichtigt worden sind. Darüber hinaus wären ein kontinuierlicher Austausch und eine für alle transparente Auswertung der gemachten Erfahrungen sicherlich hilfreich. Letzteres steht ja eventuell noch aus. Doch scheinen die einzelnen Maßnahmen – wenn überhaupt – erst nach deren Abschluss evaluiert zu werden. Wenn hingegen die laufenden Aktivitäten aus Sicht der nationalen PR-Agenturen für *alle* transparent gemacht würden, könnten Planungs- und Umsetzungsfehler identifiziert und das Programm zwar insgesamt, jedoch gleichzeitig je nach Land angepasst werden.

Positiv bewertet werden kann das Agenturnetzwerk dahingehend, als dass das Konsortium über internationale Erfahrung und Expertise verfügt. Zentrale Vorgaben können so entwickelt werden, was die Steuerung und Koordination der internationalen Kampagne erleichtert. Dieser Vorteil birgt jedoch auch einen entscheidenden Nachteil: Das Führungsverständnis geht hier einher mit Inhaltsvorgaben und Weisungen und nur nachgeordnet mit Moderation und Koordination für die nur noch ausführenden nationalen Agenturen, die wie erwähnt jedoch teilweise so gut mit staatlichen Gesundheitseinrichtungen vernetzt sind bzw. die Medienlandschaft und die Begebenheiten vor Ort kennen, dass es sich gelohnt hätte bzw. immer noch lohnen würde, von ihnen eine Zwischenevaluation einzuholen und die Kampagne immer wieder anzupassen.

Da die EU-Kampagne über mehrere Jahre läuft, hat sie die Chance nicht nur kurzfristig zu wirken. Doch bleibt unklar, worin der Mehrwert liegt, eine Anti-Rauchen-Kampagne Staaten übergreifend durchzuführen. Dies ist bereits in dem Evaluationsbericht der ersten Kampagne deutlich gesagt worden:

"It's hard to imagine that the same size will fit all countries, given the diversity of anti-smoking activities across EU countries. It should not have the same ad everywhere: not even Coke does this. The EU could be like the WHO and try to come up with a central idea, that each country can then develop on its own." (Lefebvre-Naré et al. 2003: 104).

Zukünftig wäre zu überlegen, statt einer EU-weiten Anti-Rauchen-Kampagne entsprechende nationale PR-Aktivitäten mit EU-Mitteln zu fördern.

Literatur

Ahmad, Javed S. (2005): Push and Pull Factors in Changing Health Behavior: A Theoretical Framework. In: Muhiuddin Haider (Ed.): Global Public Health Communication. Challenges, Perspectives, and Strategies. Boston amongst others: 39-58

Barth, Ulrike (2005): Daneben verfasst. In: Pressesprecher, 6: 31-33

Bleicher, Joan/Claudia Lampert (2003): Gesundheit und Krankheit als Themen der Medien- und Kommunikationswissenschaft. Eine Einleitung. In: M&K, 3-4: 347-352

Bonfadelli, Heinz (2004a): Medienwirkungsforschung II. Anwendungen in Politik, Wirtschaft und Kultur. 2., überarb. Aufl. Konstanz

Bonfadelli, Heinz (2004b): Leisten Kommunikationskampagnen einen Beitrag zur Gesundheitsprävention? In: spectra – Gesundheitsförderung und Prävention, Nr. 45: 4

Bornhäuser, Annette (2001): Factsheet Tabakwerbeverbot. In: Deutsches Krebsforschungszentrum. Heidelberg

Botan, Carl (1992): International Public Relations: Critique and Reformulation. In: Public Relations Review, 18 (2): 149-159

DHS (o.J.): Tabak. Basisinformation. Hamm. (zu bestellen unter www.dhs.de)

DiFranza, Joseph R. et al. (2002): The Development of symptoms of tobacco dependence in youth: 30 month follow up data from the DANDY study. In: Tobacco Control, 11: 228-235, abgerufen unter: www.bmjjournals.com

Farelly, M.C./J. Niederdeppe/J. Yarsevich (2003): Youth tobacco prevention mass media campaigns: past, present, and future directions. In: Tobacco Control, 12: 35-47

Fuchs, Reinhard/Ralf Schwarzer (1997): Tabakkonsum: Erklärungsmodelle und Interventionsansätze. In: Ralf Schwarzer (Hg.): Gesundheitspsychologie, 2. erw. Aufl., Göttingen: 209-244

Göpfert, Winfried (2001): Möglichkeiten und Grenzen der Gesundheitsaufklärung über Massenmedien. In:

Klaus Hurrelmann/Anja Leppin (Hg.) (2001): Moderne Gesundheitskommunikation. Vom Aufklärungsgespräch zur E-Health. Bern u.a.: 131-141

Haider, Muhiuddin (Ed.) (2005): Global Public Relations Health Communication. Challenges, Perspectives, and Strategies. Boston

Hofstede, Geert (2001): Lokales Denken, globales Handeln: interkulturelle Zusammenarbeit und globales Management. 2., durchges. Aufl., München

Huck, Simone (2005): Internationale Unternehmenskommunikation. Ergebnisse einer qualitativen Befragung von Kommunikationsverantwortlichen in 20 multinationalen Großunternehmen. Stuttgart

Hurrelmann, Klaus/Anja Leppin (Hg.) (2001): Moderne Gesundheitskommunikation. Vom Aufklärungsgespräch zur E-Health. Bern u.a

Jazbinsek, Dietmar (Hg.) (2000): Gesundheitskommunikation. Wiesbaden

Johanssen, Klaus-Peter (2001): Lokal oder global – ist das die Frage? In: Klaus-Peter Johanssen/Ulrich Steger (Hg.) (2001). Lokal oder global? Strategien und Konzepte von Kommunikationsprofis für internationale Märkte. Frankfurt a.M: 42-75

Kefer, Martina (2001): Rauchsignale. In: prmagazin, 10: 30-34

Kleebinder, Hans-Peter (1995): Öffentliche Meinungsbildungsprozesse in Europa als Determinanten internationaler Public Relations. Wiesbaden.

Kreps, Gary L. (2003): Trends and Directions in Health Communication Research. In: M&K, 3-4: 353-365.

Krisnamurthy, Sriramesh/Dejan Vercic (2003): A Theoretical Framework for Global Public Relations Research and Practice. In: Dies. (Eds.): The Global Public Relations Handbook. Theory, Research, and Practice. Mahwah; New Jersey; London: 1-19

Lee, Chung-Yol (2003): o.T. In: spectra – Gesundheitsförderung und Prävention, Nr. 38: 3

Lefebvre-Naré, Frédéric et al. (2003): Evaluation process fort he Commission tobacco prevention media campaign. (Evaluationsbericht der ersten Anti-Rauchen-Kampagne der EU), abgerufen unter http://europa.eu.int/comm/health/ph_determinants/life_style/Tobacco/feel_free_evaluation_en.htm

Maletzke, Gerhard (1996): Interkulturelle Kommunikation. Zur Interaktion zwischen Menschen verschiedener Kulturen. Opladen

Neuhauser, Linda/Gary L. Kreps (2003) The Advent of E-Health. How Interactive Media Are Transforming Health Communication. In: M&K, 3-4: 541-556

o.V.(2003): Tabakkonsum reduzieren. Forum Gesundheitsziele Deutschland, Auszug der Ergebnisse von AG 6 vom 14. Februar 2003, abgerufen unter www.gesundheitsziele.de

Pavlik, John V. (1987): Public Relations. What Research Tells Us, Newbury Park u.a.

Podsiadlowski, Astrid (2004): Interkulturelle Kommunikation und Zusammenarbeit. Interkulturelle Kompetenz trainieren. Mit Übungen und Fallbeispielen. München

Pumpe, K. (2002): Kinderspezifische Tabakwerbung in Deutschland. In: Pneumologie 56: 247-254

Rust, Holger (1993): Gefühle, Stimmungen, Konventionen und Erwartungen: Die komplizierten Hintergründe der politischen Überzeugungsarbeit. In: Ders. (Hg.): Europakampagnen. Dynamik öffentlicher Meinungsbildung in Dänemark, Frankreich und der Schweiz. Wien: 175-225

Snyder, Leslie B./Mark Cistulli (2005): Communication Campaigns for Chronic and Emergency Health Problems. In: Muhiuddin Haider (Ed.): Global Public Health Communication. Challenges, Perspectives, and Strategies. Boston amongst others: 291-304

Springston, Jeffrey K./Victoria L. Champion (2004): Public Relations and cultural aesthetics: designing health brochures. In: Public Relations Review, 30: 483-491

Taylor, Maureen (2001): Internationalizing the public relations curriculum. In: Public Relations Review, 27: 73-88

Thieme, Werner Maximilian (2000): Interkulturelle Kommunikation und Internationales Marketing. Theoretische Grundlagen als Anknüpfungspunkt für ein Management kultureller Unterschiede. Frankfurt a.M.

Wakefield, Robert I. (2001): Preliminary Delphi research on international public relations programming. Initial data supports application of certain generic/specific concepts. In: Moss, Danny/Dejan Vercic/Gary Warnaby (Eds.): Perspective on Public Relations Research. London; New York: 179-208

Zaharna, Randa S. (2001): „In-awarness" approach to international public relations. In: Public Relations Review, 27: 135-148

Vorne ansetzen, um hinten zu sparen

Konzeption und Evaluation einer Informationskampagne im Sucht- und Gesundheitsbereich[*]

Martina Leonarz

Die öffentliche Suchtkampagne der Gesundheitsförderung des Kantons Zürich versucht seit Jahren mit verschiedenen Maßnahmen und Umsetzungsstrategien die Öffentlichkeit für die Suchtproblematik zu sensibilisieren und gesundheitsfördernde Strategien zu verbreiten. Der vorliegende Beitrag zeigt auf, anhand welcher Kriterien ein Präventionsprojekt langfristig geplant und umgesetzt wird. Zentral ist dabei die große Bedeutung einer kontinuierlichen Evaluation von Kampagnen. Dass deren Resultate jedoch nicht immer umgesetzt werden können und eine solche Umsetzung nicht immer die erwarteten Früchte trägt, soll hier dargestellt werden.[1]

1 Gesundheit als höchst dotierter Wert unserer Gesellschaft

In den 1980er und 1990er Jahren hat der Einsatz von öffentlichen Informationskampagnen zur Lösung gesellschaftlicher Probleme in den westlichen Ländern zugenommen. Insbesondere im Gesundheitsbereich haben Regierungen und Behörden immer mehr Geld in kommunikative Erziehungs- und Problemlösungsprogramme investiert (Bonfadelli 2004: 101). Auch wenn in den letzten Jahren insbesondere staatliche Stellen unter Spardruck stehen und Budgetkürzungen hinnehmen müssen, besitzt die Präventionsarbeit weiterhin ein hohes Prestige. Ihre Attraktivität begründet sich nicht zuletzt durch eine generelle Wertverschiebung in westlichen Gesellschaften. Gesundheit,

---

[*] Dieser Beitrag wurde gegenüber der 2. Auflage des Bandes von 2001 vollständig überarbeitet.
[1] Wird im laufenden Text von Kampagnen gesprochen, so sind damit ausschließlich sozialpolitische Informationskampagnen im Gesundheitsbereich gemeint.

Fitness, Wohlbefinden und eine körperliche sowie geistige Ausgeglichenheit sind zu Werten mit hoher Priorität geworden. Sie bedeuten Lebensqualität. Unterstrichen wird zudem immer mehr, dass Prävention nicht nur Sache der Regierung und Behörde ist, sondern in Zusammenarbeit – auch in finanzieller Hinsicht – mit der Privatwirtschaft konzipiert werden sollte (Whitfield/Munro 2002: 152).

Gesundheitsinformationskampagnen sind eine Reaktion auf eine allgemeine Erhöhung des Gefährdungs- und Suchtpotenzials durch Stress, Überfluss und hohe Arbeitsbelastung im täglichen Leben (Hurrelmann 2002: 10). Öffentliche Stellen sind offenbar bereit, auf diese Entwicklung kommunikativ zu reagieren.

Betrachtet man die historische Entwicklung von Kampagnen im Sucht- und Gesundheitsbereich, zeigt sich, dass Sucht und Krankheit gegenwärtig neu diskutiert und definiert werden. Was lange Zeit Ausdruck von Luxus und Wohlstand war, wird heute mit kritischen Augen betrachtet und mit weniger Wohlwollen goutiert. Oder anders formuliert: Wohlstand bedeutet heute weniger Zigarre und teuren Wein, sondern Gesundheit, Fitness und Wohlbefinden. Der Begriff Genussmittel ist veraltet und längst durch Suchtmittel ersetzt worden. Insbesondere dem Rauchen wird mit allen Mitteln versucht, Herr zu werden. In verschiedenen EU-Ländern lassen sich in den letzten Jahren rigide gesetzliche Maßnahmen finden, welche unter anderem das Rauchen in öffentlichen Räumen verbieten. Auch die Schweiz reagiert auf diese Verbote und schränkt die Möglichkeiten des Rauchens etwa an Bahnhöfen und in Zügen kontinuierlich ein. Umso mehr erstaunt die Tatsache, dass Suchtmittel legal in den Regalen unserer Läden angeboten werden und in der Werbung – wenn auch zunehmend mit Einschränkungen – berücksichtig werden. Über die Frage, inwiefern ein Werbeverbot den Umgang mit (legalen) Suchtmitteln Einhalt bieten kann, scheiden sich die Geister. Hingegen werden psychologische Effekte ins Feld geführt, um zu beweisen, dass die Werbung den Konsum von Suchtmitteln – etwa das Rauchen – unterstützt (Felser 2005: 69).

Des Weiteren fällt auf, dass längst nicht mehr illegale Drogen im Mittelpunkt der Suchtdebatte stehen, sondern Alkohol-, Nikotin- und Tablettensucht. Als Suffix lässt sich Sucht beliebig kombinieren, zuweilen strapazieren. Wir sprechen von Fernsehsucht, Magersucht, Konsumsucht, Fresssucht, Spielsucht, Internetsucht, Erfolgssucht usw. Es ist einerseits das Ausmaß des Konsums, welches über Normalität und Suchtverhalten entscheidet, zusätzlich sind es auch die uns unter anderem durch die Medien vermittelten Werte und Normen, welche unser Verhalten als gut oder schlecht definieren. Informationskampagnen sind Reaktionen der Gesellschaft auf soziale Probleme (Bonfadelli 2004: 101), gleichzeitig aber auch Gradmesser gesellschaftlicher Wertvorstellungen und deren Wandel. Informationskampagnen können so auch als Ausdruck einer Gesellschaft verstanden werden, in der gesetzliche Gebote und Verbote als Steuerungsmittel nicht mehr greifen.

Das Prinzip des „Vorne ansetzen um hinten zu sparen", etwa durch effektive Aufklärung und Prävention, zeigt, dass die Verantwortlichen an eine gewisse Wirkung solcher Projekte glauben. Problematisch ist indes, dass diese schlecht messbar ist und deshalb Gesundheitskampagnen – vor allem im Zuge allgemeiner Sparmaßnahmen – immer mehr unter Legitimationszwang geraten.

Gesundheitskampagnen können als erzieherische Maßnahmen betrachtet werden, die durch Kommunikationstechniken wirksam werden. Erziehung „von oben" verträgt sich aber schlecht mit dem Individualismus und Pluralismus der westlichen Gesellschaften. Gesundheitskampagnen können darum als Eingriffe und Störfaktoren in unsere Privatsphäre, als lästige oder unnötige Ratschläge wahrgenommen werden. Dass sie dennoch auf große Akzeptanz stoßen, liegt an ihren kaum kontroversen Zielsetzungen. Sie argumentieren mit den höchst dotierten Werten unserer Gesellschaft: Gesundheit, Wohlbefinden, Lebensqualität und Zufriedenheit. Gesellschaftskonforme Gedanken stehen demnach bei Gesundheitskampagnen als zielgerichtete und systematische Kommunikationsaktivitäten im Vordergrund und zwar mit dem Zweck, auf Probleme aufmerksam zu machen, Einstellungen und Verhaltensweisen gewisser Zielgruppen zu beeinflussen und zu ändern (McGuire 2001: 23). Soziale Ideen, Handlungsweisen und Lebensgestaltung sollen in einem positiven Sinn verändert werden. Somit sind Informationskampagnen immer auch Zeugnisse gesellschaftlich erwünschter Einstellungen und Verhaltensweisen und vermitteln implizit durch ihre Botschaften generell akzeptierte Normen.

Informationskampagnen bedienen sich der Techniken und Strategien der PR und der Werbung. Nur gut konzipierte und gestalterisch überzeugende Kampagnen vermögen in der täglichen Flut von Text, Bild und Ton Aufmerksamkeit zu erlangen. Zuweilen sind sich Produktwerbung und Informationskampagnen in der Aufmachung so ähnlich und die Grenzen zwischen Werbung und sozial-gesundheitlichem Engagement unscharf, dass nur der Absender Aufschluss über den Zweck des Plakates geben kann. Diese Tatsache kalkulieren Werbe- wie auch Kampagnen-Planer mehr oder weniger erfolgreich ein. Nicht selten wird der Kauf eines Produktes mit den Werten Wohlbefinden und Gesundheit angepriesen. Andererseits lassen sich Kampagnen-Verantwortliche von den Trends der Werbung beeinflussen und erhoffen sich somit erhöhte Aufmerksamkeit „ihres Produktes". Kampagnen-Designer erreichen größere Effektivität, wenn sie die in der Werbung und PR erfolgreich angewendet Prinzipien einberechnen (Atkin 2001: 50).

Informationskampagnen können nicht mit Massenkommunikation gleichgesetzt werden, da sie periodisch eingeschränkt sind, problemzentriert konzipiert sind (keine Universalität) und in der Regel nur eine homogene Zielgruppe ansprechen wollen (Bonfadelli 2004: 104). Sie benutzen allerdings massenkommunikative Kanäle und unterliegen massenmedialen Gesetzmäßigkeiten und Paradigmen. In den 1950er und 1960er Jahren waren Medienwissenschaftlerinnen der Ansicht, dass die Medieneffekte gering seien, da psychologische und soziale Mechanismen eine vorwiegend selektive Medienzuwendung bewirken würden, die auf eine Bestätigung oder Verstärkung schon bestehender Meinungen und Einstellungen abzielen. Ganz in der Tradition dieses Wirkungsparadigmas „Medienohnmacht" denkend, wurde den Kampagnen lange Zeit kaum Wirkung zugesprochen (Hyman/Sheatsley 1947). Die Evaluation erfolgreicher

Informationskampagnen wie die Standford Heart Disease Prevention Campaign[2] haben aber zu einem Umdenken geführt (Backer et al. 1992: 56). Heute wird daher die Meinung vertreten, dass Informationskampagnen durchaus wirksam sein können, wenn sie zielorientiert konzipiert sind und sich effektiver Mitteln bedienen. Eine konkrete Einstellungs- oder Verhaltensänderung kann allerdings nicht alleine durch die Kampagne erwartet werden. Dazu bedarf es in erster Linie Gespräche innerhalb der Familie, der Schule, den Freundeskreisen (Atkin 2001: 53). Als Input solcher Gespräche dürften indes wahrgenommene Sujets von Kampagnen eine entscheidende Rolle spielen. Neueste Erkenntnisse weisen darauf hin, dass insbesondere Neueinsteiger – etwa junge Raucher – auf Präventivmaßnahmen positiv reagieren (Felser 2005: 69).

2 „Catchy slogan" oder Mahnfinger?

Parallel zur Zunahme von Informationskampagnen in den 1980er und 1990er Jahren ist eine intensivere kommunikationswissenschaftliche Beschäftigung mit dem Gegenstand zu beobachten. Informationskampagnen werden aufmerksam evaluiert und kommunikationswissenschaftliche Erkenntnisse in die Planung und Ausführung der Kampagnen miteinbezogen. Eine Informationskampagne ist nicht nur das bloße medial vermittelte Produkt, sondern umfasst Konzeption, Planung, Durchführung und Evaluation. Insbesondere die Evaluation nimmt als Kontrollfunktion einen wichtigen Stellenwert ein. Sie gibt Auskunft über Erfolg oder Misserfolg und liefert Hinweise für Verbesserungsvorschläge. Die Evaluation ist fester Bestandteil jeder Kampagne und sollte dementsprechend budgetiert werden. Je nach finanziellen Möglichkeiten wird die Evaluation unterschiedlich eingesetzt. Im idealen Fall findet vor der Schaltung der Kampagne eine Umfrage statt, die Auskunft über Wissensstand und Einstellungen der Bevölkerung bzw. der anzusprechenden Zielgruppen zum Kampagnen-Thema liefert. Der Vergleich mit der Umfrage nach der Schaltung lässt konkrete Aussagen bezüglich Reichweite, Akzeptanz und Einstellungs- sowie Handlungsänderungen zu. Oft scheitert jedoch eine Vor- und Nachhermessung an finanziellen Hürden. Eine einmalige Evaluation nach der Kampagne gibt einen Einblick darüber, ob die Zielgruppen tatsächlich erreicht worden sind, wie die Bevölkerung die Sujets wahrgenommen hat und über das Thema denkt. Aussagen über allfällige Einstellungsänderungen lassen sich jedoch nur bedingt machen, da einflussnehmende Drittfaktoren unberücksichtigt bleiben.

Für das Gelingen einer Kampagne sind viele Faktoren verantwortlich. Kommunikationswissenschaftliche Erkenntnisse zeigen, dass eine repetitive, gezielte sowie eine abwechslungsreiche Schaltung der Sujets wichtig ist (Worden/Flynn 2002: 30). Dabei sollen die Bedürfnisse der Zielgruppen berücksichtigt werden. Insbesondere bei Jugendlichen sind Fragen über Kommunikationsstil und -kanäle, Interessen, Freizeitver-

---

[2] 1981 wurde in drei amerikanischen Städten eine Gesundheitskampagne zu Herz-Kreislauf-Krankheiten gestartet. Sie basierte auf wissenschaftlich konzipierten Untersuchungsanlagen und getesteten Kampagnen-Botschaften und wurde durch erfolgreiche interpersonale Kommunikation ergänzt (Bonfadelli 2004: 108; Backer et al. 1992: 56).

halten, bevorzugte Örtlichkeiten usw. essenziell für den Erfolg einer Kampagne. Es gilt abzuschätzen, inwieweit eine Kampagne normative Gesichtspunkte propagieren darf. Je nach Zielgruppe wird die individuelle Freiheit hochgehalten, und die soziale Verantwortung spielt nur eine geringe Rolle (Weintraub Austin 1995: 132).

Eine weitere wichtige Erkenntnis bezieht sich auf die Formulierung und Präsentation der Informationen. Hierzu lassen sich grob zwei gegensätzliche Ansätze festhalten, die Strategie der Angst sowie ein Vorgehen, das vorwiegend positiv formulierte Botschaften ins Zentrum setzt. Galten lange Zeit Angst erzeugende und mahnende Botschaften als probates Mittel, gelangte man insbesondere in den 1990er Jahren zur Überzeugung, dass Sanktionen und Furchtargumente beim Publikum Dissonanzen und damit auch Abwehrreaktionen auslösen (Hale/Dillard 1995: 78). Die Verantwortlichen von Informationskampagnen legten daher Wert auf positiv formulierte Botschaften, die vorzugsweise kurz, klar und bestimmt sein sollten. Im Zentrum standen demnach vor allem „*gain-framed* messages" (Stephenson/Witte 2001: 91/k.i.O.) und so genannte „catchy slogans" (Wallack 1990: 41). Zielgerichtete, deutliche Botschaften sollten zum Nachdenken anregen, zum Umdenken animieren, sollten positive Handlungsspielräume und Gratifikationen aufzeichnen und kurz- und mittelfristige Ziele attraktiv darstellen. In letzter Zeit kann einerseits eine Diversifizierung der Strategien, andererseits ein Rückgriff auf die Mahnfinger-Strategie festgestellt werden. Insbesondere wird versucht, Kinder und Jugendliche über verschiedene Kanäle und vor allem über den Kanal Musik, über Videos und interaktive Computerspiele auf bestimmte Probleme aufmerksam zu machen (Lieberman 2001: 373). Andererseits zeigen sich im Zuge von verschärften Regulierungen und gesetzlichen Bestimmungen wieder vermehrt deutliche Botschaften, welche tendenziell eine plakative abschreckende Strategie verfolgen. Vereinzelte Fachpersonen sind der Meinung, dass ein sanftes Vorgehen fehl am Platz sei (Felser 2005: 69), dass klare Worte und klare Bilder abschreckend wirken – wie etwa die Warnungen auf den Zigarettenschachteln, welche mit raucherbedingten Todesursachen argumentieren.

Welche Strategie auch immer gewählt wird, Zweck einer Kampagne ist, nicht nur kognitive Ziele wie Sensibilisierung, Vermittlung von Wissen, Aufklärung und Abbau von Vorurteilen zu vermitteln, sondern den Menschen auch affektiv als emotionales, bedürfnisorientiertes Wesen in seiner sozialen Verankerung anzusprechen. Aufgrund dessen sollen die Beeinflussung von Einstellungen und die Förderung der Motivationen stattfinden.

Nebst der Gestaltung der Botschaft ist auch die Wahl der Medien als Träger der Botschaft wichtig. Ein Medienmix, die Verwendung möglichst vieler und unterschiedlicher Medien, hat sich als effektiv erwiesen (McGuire 2001: 28). Zeitungsinserate und Großplakate haben sich als klassische Träger bewährt. Kleinplakate in öffentlichen Verkehrsmitteln erreichen eine beachtliche Reichweite und sind zudem kostengünstig. Das Radio wird oft in seiner Effektivität unterschätzt und vernachlässigt. TV-Spots erweisen sich als gutes Medium, wenn sie in der Primetime gesendet werden. Oft übersteigen allerdings die finanziellen Kosten für die Herstellung des Produktes und die

Sendegebühren das Budget der Kampagnen. Außerdem gilt es, die Medienagenda zu berücksichtigen. Es ist von Vorteil, wenn ein Thema in den Medien präsent ist und davon ausgegangen werden kann, dass das Thema der Öffentlichkeit bekannt und ein Basiswissen vorhanden ist. „What media can do is to prepare the soil for someone else to seed" (Backer et al. 1992: 42). In diesem Sinn sollen Kampagnen wenn immer möglich so geplant werden, dass die Medieninhalte miteinbezogen werden können. Abstimmungen über gesundheitspolitische Belange, langfristige Ereignisse (Beispiel Aids) und saisonal bedingte Ereignisse (Beispiel Weihnachtszeit, Reisezeit) können mithelfen, die Wirksamkeit einer Kampagne zu gewährleisten. Oft wird zudem moniert, dass Kampagnen die Pressearbeit vernachlässigen. Die Verantwortlichen einer Kampagne sollten aktiv Medienarbeit leisten und die Aufmerksamkeit der Medien auf sich ziehen. Dies kann durch Pressekonferenzen, Presseberichte oder inszenierte Happenings geschehen.

3 Zur Konstruktion der Kampagne

„Sucht beginnt im Alltag. Prävention auch." ist eine „von oben" (Bonfadelli 2004: 103) geplante, finanzierte und durchgeführte Kampagne. Auftraggeber sind die Kantonale Gesundheitsdirektion des Kantons Zürich und das Stadt-zürcherische Sozialamt. Die Kampagne wurde 1994 von der Suchtpräventionsstelle der Stadt Zürich und dem Institut für Sozial- und Präventivmedizin der Universität Zürich als Langzeitkampagne konzipiert und im September 1995 erstmals geschaltet. 1996 erfolgte die erste Evaluation, die durch das Institut für Publizistikwissenschaft und Medienforschung der Universität Zürich – IPMZ (vormals Seminar für Publizistikwissenschaft) durchgeführt wurde (Bonfadelli et al. 1996). Die Kampagne wurde in den folgenden Jahren regelmäßig geschaltet. Während sich die Sujets und die Fokussierung während den Jahren graduell veränderten, wurde der Slogan „Sucht beginnt im Alltag. Prävention auch." bis zur Kampagne 2001 beibehalten. Die letzte Evaluierung der Kampagne unter diesem Namen fand im August 2001 statt. Als Nachfolgeprojekt wurde die Kampagne „Der Alltag prägt Ihre Gesundheit. Mit Bewegung, Ernährung, Entspannung." lanciert. Zentral ist hier der Gedanke der Gesundheitsförderung und weniger die Suchtprävention. Die Kampagne wurde im Dezember 2003 und im Frühherbst 2004 geschaltet. In beiden Fällen fand nach dem möglichen Kontakt mit den Werbeträgern eine Evaluation statt.

Im Folgenden sollen das grobe Planungskonzept und die einzelnen Phasen der Kampagne beschrieben werden. Besondere Aufmerksamkeit liegt dabei auf den Evaluationen, die maßgeblich die Weiterführung der Kampagne beeinflussten. Dass die Umsetzung der Evaluationsresultate nur bedingt zur Optimierung einer Kampagne führen kann, soll an diesem konkreten Beispiel illustriert werden.

3.1 Über den Verlauf der Kampagne
„Sucht beginnt im Alltag. Prävention auch."

Bis zum Sommer 2001 wurde die Kampagne insgesamt zehn Mal geschaltet. Die Verantwortlichen veränderten in dieser Zeitspanne die Inhalte, Slogans und Darstellungsmittel vier Mal. Jede neue Konzeption wurde in Form einer repräsentativen Umfrage von je ca. 500 Einwohner des Einzuggebiets durch das IPMZ evaluiert. Für die erste Periode von September 1995 bis Ende 1996 standen gut 1 Mio. Schweizer Franken (ca. 660.000 Euro) zur Verfügung. Bis zum Sommer 2000 wurde die Informationskampagne von den gleichen Stellen mit vergleichbaren Mitteln finanziert. Das Budget für die zwei Kampagnen 2001 war etwas kleiner und lag bei 890.000 Schweizer Franken. Für die Evaluation standen jeweils ca. 10% des Budgets zur Verfügung.

Die Kampagne stützte sich seit Beginn schwerpunktmäßig auf die bewährten Träger Zeitungsinserate, sowie Groß- und Kleinplakate ab und wurde je nach Konzeption und finanziellen Mitteln, die pro Phase zur Verfügung standen, von Broschüren, Radio-Beiträgen, TV- und Kinowerbung, Internetauftritten sowie lokalen Aktionen, zielpublikumsnahen Veranstaltungen, Wettbewerben und Ähnlichem flankiert. Die Gestaltung und die konkrete Realisierung fanden in Zusammenarbeit mit einer Werbeagentur aus der Region Zürich statt.

Die Kampagne wurde von Beginn an langfristig konzipiert und fokussierte in den ersten zwei Jahren strukturorientierte Informationen. D.h. es sollte das Bewusstsein für die gesellschaftliche Bedingtheit von Sucht geschaffen werden. Aufklärung und Informationsvermittlung, sowie die kollektive Verantwortung standen im Mittelpunkt dieser ersten Phase. Diese Kernbotschaft wurde zuerst nur textlich umgesetzt, in der revidierten Fassung zusätzlich mit je einem Bild komplettiert und konkretisiert. Die zweite Phase bestand aus personenorientierten Geschichten, die zum Nachdenken und Verändern gewohnheitsmäßigen ungesunden Verhaltens animieren sollten und die Stärkung des Selbsthilfepotenzials fokussierten – das persönliche Verhalten wurde dabei zentral mit der Suchtproblematik verbunden. Die letzte Phase der Suchtprävention baute ganz auf Großplakate, auf welchen Alltagssüchte wie Tabletten, Alkohol und Zigarettenkonsum fotografisch umgesetzt wurden. Ausgenommen des Slogans „Sucht beginnt im Alltag. Prävention auch." und dem Absender „Die Stellen für Suchtprävention im Kanton Zürich" verzichteten die Verantwortlichen dieses Mal auf sämtlichen Text.

3.2 Analyse des Ist-Zustandes und Erstellen einer Maßnahmenliste

Die sorgfältige Planung einer Kampagne ist wesentlich für den Erfolg. Die Verantwortlichen müssen sich bewusst sein, wer durch welche Kommunikationskanäle erreicht werden soll und welche konkreten Ziele die Kampagne anstrebt. Die Kampagne „Sucht beginnt im Alltag. Prävention auch." wurde aufgrund eines kantonalen Suchtpräventionsberichtes der Gesundheitsdirektion des Kantons Zürich und des Institutes für Sozial- und Präventivmedizin konzipiert. Der Bericht versuchte, Vorarbeiten für eine umfassende Gesundheitsförderung zu leisten, analysierte dazu den Ist-Zustand und erstellte eine konkrete Maßnahmenliste. Er hält fest, dass süchtiges Verhalten von verschiedenen Faktoren beeinflusst wird. Persönlichkeitsmerkmale, Umwelt, Lebensbedingungen, die pharmakologische Wirkungsweise der Drogen, die Zugänglichkeit und Preise von Suchtmitteln, die Lebenssituation eines Individuums und das soziale Umfeld sind ausschlaggebende Risikofaktoren. Sucht, so der Bericht, kann nicht auf eine einfache Ursache zurückgeführt werden, sondern muss als System komplexer Wechselwirkungen betrachtet und verstanden werden (Bonfadelli et al. 1996: 8). Auf diesem Bericht basierend wurde die Kampagne sorgfältig vorbereitet und konzipiert. Es galt, diese Erkenntnisse in Zielsetzungen umzuformulieren und sie inhaltlich wie auch gestalterisch möglichst effektiv umzusetzen. Der Komplexität der Suchtproblematik versuchte man Rechnung zu tragen, indem die Kampagne in Phasen mit unterschiedlichen Inhalten und Etappenzielen aufgeteilt wurde.

In der ersten Phase der Kampagne formulierten die Verantwortlichen das Ziel, Aufmerksamkeit zu erlangen, über Suchtursachen aufzuklären und zu informieren. Die „klassischen illegalen" Suchtmittel sollten nicht im Mittelpunkt stehen, vielmehr wollte man Süchte im Alltag thematisieren und die Hemmschwelle senken, über eigenes Suchtverhalten und suchtbegünstigende Bedingungen zu sprechen. Im Mittelpunkt standen entsprechend strukturelle Suchtursachen, d.h. gesellschaftliche und umweltbedingte Faktoren. Die Bevölkerung sollte für das unterschätzte Suchtpotenzial im Alltag sensibilisiert werden und zwar in neutraler, informativer Weise, basierend auf den wissenschaftlich belegbaren Fakten, welche der Bericht generierte. Zusätzlich galt es, die richtige Zielgruppe festzulegen. Die hier betrachtete Kampagne setzte sich zum Ziel, eine möglichst breite Bevölkerung anzusprechen, da es den Verantwortlichen schließlich auch darum ging, das Suchtverhalten zu entmarginalisieren und in einer breiten Öffentlichkeit zum Thema zu machen.

Kampagnen scheitern oft schon daran, dass das Zielpublikum durch den Einsatz falscher Medien sowie durch Schaltungen zur falschen Zeit kaum erreicht wird oder die Umsetzung der Botschaft ineffektiv ist, da die verwendete Sprache kulturell zu weit entfernt ist und nicht derjenigen des Zielpublikums entspricht (Backer et al. 1992: 82). Je enger und homogener das Zielpublikum definiert werden kann, desto einfacher ist es, dessen Ansprüche, kulturellen Codes und Sprache in die Konzeption einzuarbeiten und zu verwenden. Ein Zielpublikum von unüberschaubarer Größe und Heterogenität, wie im beschriebenen Falle, fordert die Zuständigen der Kampagne heraus. Slogans, die sich an eine große Zielgemeinschaft richten, werden oft zu stark generalisiert und finden in ihrer Beliebigkeit kaum noch Beachtung. Um dies hier zu verhindern, setzte man auf eine große Anzahl Sujets, welche Personen in unterschiedlichen Lebensbedingungen ansprechen sollten. So hoffte man der heterogenen Zielgruppe gerecht zu werden.

3.3 Erste Phase: Fokus auf strukturorientierter Information

Kernstück der ersten Phase waren 8 Sujets in Form von Zeitungsinseraten und Klein- und Großplakaten. Die Sujets bestanden lediglich aus einem Satz, welcher in neutraler Manier wissenschaftlich begründete Fakten präsentierte und gesellschaftliche wie umfeldbedingte Faktoren mit Suchtverhalten in Verbindung brachten. „Arbeitslosigkeit erhöht die Suchtgefahr um das 2-3fache". „Jede zweite heroinabhängige Frau musste als Kind sexuelle Gewalt erleiden". „Übertriebene Schönheitsideale tragen dazu bei, dass sich zwei von drei Frauen unter 20 Jahren zu dick fühlen". Diese drei Beispiele spiegeln den neutralen Ton wider, in welchen die Slogans präsentiert wurden. Die Plakate und Inserate waren schwarz, die Schrift weiß, einziger Farbtupfer stellte der kleine rote Stempel „Sucht beginnt im Alltag. Prävention auch." dar. Die Aufmachung der Plakate war vergleichbar klar und neutral wie die geschriebene Botschaft. Ergänzt wurde die Kampagne mit einem TV-Kino-Spot und einer Broschüre. Die gleichartige Gestaltung der Plakate, Inserate, Broschüre und des AV-Spots sollte die Vielzahl an unterschiedlichen Botschaften vereinheitlichen und den Wiedererkennungseffekt der Kampagne erhöhen.

3.4 Optimierung der Kampagne durch Evaluation

Ziel der Evaluation war es, Reichweite, Resonanz und Leistungsfähigkeit der Kampagne zu erfassen und nötige Korrekturen herauszuarbeiten, die für die Sicherung oder Steigerung der Qualität bei der Weiterführung der Kampagne angewendet werden konnten. Zusätzlich nahm man die Gelegenheit wahr, den Stellenwert der Suchtproblematik und Vorstellungen über die Entstehung von Süchten in der Bevölkerung herauszufinden, sowie die generelle Haltung gegenüber solchen Sensibilisierungskampagnen zu erheben.

Die Umfrage brachte zutage, dass die befragten Personen die Suchtproblematik in der Schweiz als relevant einschätzen, wenn auch weiterhin das klassische Suchtbild von harten Drogen, Alkohol und Nikotin verbreitetet ist. Die Kampagne erreichte den sehr hohen Beachtungsgrad von 51% (spontan und gestützt[3]) und erhielt insgesamt eine zufriedenstellende Note. Insbesondere die Sujets mit den klassischen Süchten wurden erinnert (drogenabhängige Frau). Das Plakat, welches die Arbeitslosigkeit mit einem erhöhten Suchtpotenzial in Verbindung bringt, profitierte von der damals aktuellen schlechten Situation des Arbeitsmarktes und erlangte ebenfalls hohe Beachtung. Dies zeigt, wie wichtig die Integration politischer und öffentlicher Themen in die Kampagne ist. Themen, welche die Öffentlichkeit aus aktuellen Gründen berührt, welche in der politischen oder Medienagenda präsent sind, haben mehr Potenzial, da die Bevölkerung sensibilisiert ist.

Die konkrete Zielsetzung der Kampagne wurde allerdings noch nicht erreicht und erwies sich als ein zu ehrgeiziges Ziel. Die Ursachen der Sucht wurden von der Mehrheit der Befragten nämlich weniger in strukturellen Bedingungen als vielmehr bei den Süchtigen selbst gesehen. Im Einzelnen befanden die Befragten die faktische Aufklärung und die neutrale Informationsvermittlung als positiv. Sie erlebten die Sujets als realitätsnah und wahrheitsgetreu. Kritikpunkte bezogen sich mehrheitlich auf die Ges-

---

[3] Personen, die ohne konkrete Hinweise des Interviewers die laufende Kampagne eindeutig identifizieren können, antworteten spontan. Personen, welche sich erst nach Vorlegen eines Sujets daran erinnern können, antworteten gestützt.

taltung. Die Befragten beanstandeten die düstere Aufmachung der Plakate; es fehle an Bildern und Farben. Zudem sei die Kampagne zu textlastig, was allenfalls die Lesehemmschwelle erhöhe.

Die inhaltliche Kritik bezog sich ausschließlich auf das Fehlen von Änderungsvorschlägen und konkreten Handlungsalternativen. Man werde informiert, dann aber mit dem Problem alleine gelassen. Zudem, so eine häufige Reaktion, würde die Schuldzuweisung an die Außenwelt abgeschoben und damit die Eigenverantwortung nicht thematisiert. Viele der Befragten hätten sich Tipps und Anregungen gewünscht, um dem Suchtverhalten Einhalt zu gebieten. Hier würde man hingegen nur mit einem Ohnmachtgefühl zurückgelassen.

Die zusätzliche Analyse der Kampagnenunterlagen und Kampagnenkonzeption brachte ein Defizit zutage, das sehr oft beanstandet wird, nämlich die Vernachlässigung der Pressearbeit. Eine aktive Medienarbeit war nicht vorgesehen, und dementsprechend schwach fiel die Medienreaktion aus: Die Durchsicht der Printmedien im Einzugsgebiet zeigte, dass kaum über die Kampagne berichtet wurde. Angesichts der engen Verknüpfung von Medienagenda und öffentlicher Agenda ist eine engagierte Medienarbeit essenziell und erfolgversprechend. Jeder redaktionelle Beitrag über eine Kampagne erhält mehr Aufmerksamkeit als die Präsentation der Botschaften auf anderen Trägern.

3.5 Bewahrung der Kampagnen-Identität, aber mehr Emotionen

Aufgrund der Evaluation wurden Empfehlungen erarbeitet, mit dem Ziel, die Kampagne zu optimieren. Zugleich war man darauf bedacht, ihre Identität zu bewahren. Die Sujets, welche nur wenig Beachtung fanden, wurden ersatzlos gestrichen. Mit der Konzentration auf weniger Sujets erhoffte man sich eine Reduktion der verwirrenden Vielfalt und eine verstärkte Kampagnen-Identität. Der Textlastigkeit und düsteren Aufmachung der Großplakate wirkte man mit dem Beifügen einer themenbezogenen Fotografie entgegen. Damit wurde zugleich dem Wunsch nach Emotionen, nach konkreten Menschen, die sich hinter den Süchten verbergen, Rechnung getragen. Die neugestalteten Groß- und Kleinplakate erhielten je eine Fotografie, die zirka die Hälfte des Plakates einnahm. Die monochrom gehaltenen Bilder zeigten in allen Fällen Personen und sollten als Blickfang, gleichzeitig auch als Konkretisierung der in den Texten angesprochenen Sachverhalte dienen. Um die Identität der Kampagne zu festigen, wurden die Slogans beibehalten und das kognitiv-aufklärende Element weiterhin ins Zentrum der Kampagne gestellt (siehe Abb. 1).

Man entschloss sich, in der zweiten Schaltung schwerpunktmäßig auf Plakate zu setzen, da sich ihre Reichweite als sehr effektiv erwiesen hatte. Auf die kostenaufwändigen Broschüren wie auch auf die weniger beachteten Zeitungsinserate wurde verzichtet. Die Schaltung der neu gestalteten Plakate im Sommer 1997 zeigte erfreuliche Resultate, dies der Befund der zweiten Evaluation. Die Suchtproblematik und die Relevanz der Suchtprävention wurden vergleichbar zur letzten Evaluation als schwerwiegend und wichtig wahrgenommen. Die Kampagne erreichte erneut einen hohen Beachtungsgrad (51% spontan/gestützt). Sie wurde qualitativ besser als ihre Vorgängerin eingeschätzt – die Bilder fungierten offenbar als effektvolle Blickfänger. Die Umfrage zeigte zudem einen markanten Wandel seit 1996 bezüglich der Zuweisung süchtigen Verhaltens. Die Befragten in der ersten Evaluation waren noch mehrheitlich der Überzeugung, dass die Suchtursache bei der Person zu suchen sei. Nun gab die Mehrheit an, dass gesellschaftliche Strukturen als Ursache Nummer eins angesehen werden müssten. Das nähere Umfeld wurde als zweitwichtigster Faktor eingestuft, erst an dritter Stelle folgte die eigene Person.

Abb. 1: Sujet zum Thema Magersucht

Ob der Wandel auf die Kampagne zurückzuführen ist, bleibt allerdings offen. Obwohl nun vergleichende Daten vorlagen, ist unklar, welche anderen Faktoren Einfluss auf die Einstellungen und den Wissensstand der Befragten genommen hatten. Die nationale Volksinitiative „Jugend ohne Drogen", welche eine restriktive Drogenpolitik befürwortete, war zu jener Zeit Anlass für eine ausführliche Medienberichterstattung und zu öffentlichen Debatten. Suchtursachen und Suchtprävention wurden in diesem Zusammenhang eingehend thematisiert. Die politische sowie mediale Agenda dürfte auf die Einstellungsveränderung sowie auch auf die übrigen Resultate der Evaluation eine Rolle gespielt haben. Mangelhaft, so der Evaluationsbericht, war wiederum die Medienarbeit. Die Kampagnen-Verantwortlichen sollten in Zukunft kontinuierlicher und intensiver ihre Aktivitäten in den redaktionellen Teil der Medien einbringen.

3.6 Vom struktur- zum personenorientierten Ansatz

1998 erhielt die Kampagne ein neues Gesicht sowie eine neue Zielsetzung. Anstelle von strukturellen Suchtursachen sollten in dieser Phase nun affektiv-soziale Argumente im Mittelpunkt stehen. Man nahm die Kritik ernst, dass bislang keine Änderungsvorschläge gegen Suchtverhalten unterbreitet wurden, und zog die Sujets handlungsorientiert auf. Der Fokus lag weniger auf suchtbedingten Strukturen, sondern mehr auf dem persönlichen Suchtverhalten und der Möglichkeit, durch Eigeninitiative Veränderungen zu erreichen. Aktiv werden und kleine Schritte tun, war die neu zu vermittelnde zentrale Botschaft.

Ganzseitige Zeitungsinserate und Großplakate waren Träger der Botschaft. Für die Zeitungsinserate entschied man sich, personenorientierte Fallgeschichten zu inszenieren, die auf tatsächlich Erlebtem basierten. Aus einer Vielzahl authentischer Beispiele wurden fünf Geschichten ausgewählt, in welchen Betroffene ein Stück Lebensgeschichte erzählten. Im persönlichen Stil verfasst, berichteten die Personen über ihr suchtartiges Verhalten, über ein einschneidendes Erlebnis, das sie zum Überdenken ihrer Situation brachte und über erfolgreiche, selbstinitiierte Schritte, welche ihnen zu neuen Lebensqualitäten verhalfen. Formal wurde dies textlich wie auch fotografisch umgesetzt. Eine halbseitige S/W-Fotografie zeigte die Person in Großaufnahme; darunter befand sich der schreibmaschinengeschriebene, kleingedruckte Text. So berichtet zum Beispiel der Workaholic, wie er zum Pferdezüchter geworden ist und wieder den tatsächlichen Sinn des Lebens entdeckt hat.

Eingeleitet wurden die Texte mit einem in größeren Buchstaben gedruckten Begriff, der die vergangene, suchtgeprägte Lebenssituation umschrieb und abgeschlossen mit einem Begriff, der die hoffnungsvolle, aktuelle Situation auf den Punkt zu bringen versuchte: Mode-Fanatikerin/Delphin-Retterin; Workaholic/Pferdezüchter; Jähzorniger/Nachdenker; Magersüchtige/Ernährungsberater-in; Fernsehjunkie/Tour-Organisator. Die Beispiele zeigen, dass abgesehen von der Magersucht, eher untypisches Suchtverhalten thematisiert wurde. Man verzichtete gänzlich auf die klassischen, weitverbreiteten Süchte wie Alkohol und Nikotin. (Sucht)-Verhalten, das gesellschaftlich durchwegs auf Akzeptanz stößt, kann die Lebensqualität einschränken, dies sollte durch die Auswahl untypischer Süchte vermittelt werden.

Die Lebensgeschichten wurden wegen der schlechten Lesbarkeit (viel Text) nur als Inserate in Zeitungen und Zeitschriften geschaltet, nicht aber auf die Großplakate übernommen. Die Großplakate erschienen mit zwei prägnanten Slogans, die zum Nachdenken anregen sollten: „Noch nie waren Sie so alt und weise wie heute, um etwas zu verändern." „Noch haben Sie das ganze nächste Jahr Zeit, um in diesem Jahrhundert bei sich etwas zu verändern.". Braun-blass-goldige Schrift auf weißem Hintergrund – die Plakate erschienen zurückhaltend. Das Logo „Sucht beginnt im Alltag. Prävention auch." wurde gut lesbar, aber unaufdringlich am unteren Plakatrand angebracht. Eine Pressekonferenz startete die neue Kampagne.

Die Evaluation nach der Schaltung zeigte, dass die Suchtursachen weiterhin in der Gesellschaft und im Umfeld wahrgenommen werden. Sie generierte aber, verglichen mit der letzten Schaltung, ernüchternde Resultate. Die Kampagne wurde nur noch von 37% (gegenüber 51% der 1. und 2. Welle) der Befragten wahrgenommen. Vor allem die Zeitungsinserate schnitten schlecht ab. Falls überhaupt, so wurden sie nur flüchtig gelesen. Bessere Beachtung fanden die Plakate, blieben jedoch klar hinter der Reichweite der letzten Kampagnenwelle zurück. Den Befragten war die Botschaft nicht immer klar. Die Umfrage brachte drastische Unterschiede bezüglich der verschiedenen Zeitungsinserate zutage. Insbesondere das Beispiel des Jähzornigen, welcher seine Tobsuchtsanfälle mit Hilfe seiner Kollegen und einer selbstgewählten Therapie unter Kontrolle brachte, und die Modefanatikerin, die zur überzeugten Delfinretterin wurde, litten an Glaubwürdigkeit und Relevanz. Offensichtlich wurde der Begriff Sucht in diesen Fällen überstrapaziert. Am besten blieb das Sujet der Magersüchtigen im Gedächtnis der Befragten. Grund dafür ist die ununterbrochene Thematisierung seit Kampagnenbeginn 1996 und die Beachtung, Relevanz und Enttabuisierung der Problematik in der Öffentlichkeit. Das Sujet der Magersüchtigen, die laut Text im Zeitungsinserat nach einem Kollaps Schritt für Schritt den Ursachen ihrer Sucht nachging und heute so weit ist, dass sie ihr Wissen um Ernährung in der Freizeit weitergeben kann, wurde allerdings auch am kontroversesten eingeschätzt. Vereinzelte Stimmen äußerten ernst zu nehmende Bedenken, dass eine mit Essstörungen geplagte Person in ihrer Freizeit Ernährungstipps abgibt (siehe Abb. 2).

Abb. 2: Beispiel für personenorientiertes Plakate der 2. Phase

Die eher schlechte Resonanz der Kampagne kann darauf zurückgeführt werden, dass die Botschaft, Eigenverantwortung zu übernehmen, schwierig war. Die textlastigen Inserate waren mit dem Risiko verbunden, nicht gelesen zu werden. Die in die Tiefe reichenden Informationen verlangten mehr Aufmerksamkeit als die kurzen Slogans der letzten Schaltung. Dass die Plakate vergleichsweise schlecht rezipiert wurden, lag allenfalls auch an ihrer Unauffälligkeit und an der ungenügenden Frequenz ihrer Erscheinungsweise. Die eher dezenten Plakate fielen kaum auf und wurden in der Dämmerung – die Schaltung fand im Dezember statt – als schlecht lesbar eingestuft.

3.7 Kurz und prägnant: Wenig Text – Bilder, die für sich sprechen

Die Empfehlungen waren klar: weniger Text, relevantere Themen, Schwerpunkt auf Plakate. Für die kommende Kampagnenwelle entwarf die Werbeagentur zu den „klassischen" Alltagssüchten Alkohol, Nikotin, Fernsehen und Tabletten verschiedene Sujets. Der Fokus lag dieses Mal ganz auf dem Bild. Ausgenommen des Slogans „Sucht beginnt im Alltag. Prävention auch." und dem Absender „Die Stellen für Suchtprävention im Kanton Zürich" wurde auf jeglichen Text verzichtet. Die Plakate zeigten die Suchtmittel, respektive deren Spuren im Alltagsleben. Die Kampagne dramatisierte nicht, die gezeigten Alltagssituationen sollten aber Impulse zum Nachdenken über eigene Gewohnheiten geben. Anhand eines Pretests wurde eine Auswahl solcher Plakate auf ihre Verständlichkeit und Eindeutigkeit geprüft und im Sommer 2000 drei Plakatsujets zu Alkohol-, Nikotin- und Tablettensucht in zwei Wellen geschaltet: ein Vorratsglas mit Tabletten inmitten anderer Nahrungsmittel, eine Zigarette auf dem Lavaborand, ein Rotweinglas und Rotweinringe auf dem Arbeitstisch.

Die Evaluation nach der ersten Kampagnenwelle 2000 zeigte überraschende Resultate: Die absichtlich einfache Gestaltung, welche effekthaschend wirken sollte, erhielt einerseits nur geringe Beachtung von 23% (spontan und gestützt) und wurde andererseits nicht als sonderlich originell, zu sehr bildbezogen und als tendenziell verharmlosend eingestuft. Markant besser wahrgenommen und eingeschätzt wurde die Kampagne 2000 mit denselben Sujets nach der zweiten Welle. Die Befragten beurteilten mehrheitlich, dass die Sujets alltagsnah, gut verständlich und aussagekräftig seien. Etwas tiefere Werte generierten die Fragen nach Originalität und Informationsgehalt. Die Verantwortlichen zeigten sich trotzdem zufrieden und sahen ihr Ziel erreicht, durch visualisierte Alltagssituationen einen Denkanstoß zu geben. Insbesondere das Zigaretten-Sujet wurde mit 64 Prozent (42% spontan, 22% gestützt) sehr gut erinnert (Abb. 3).

Die Kampagne wurde 2001 – ergänzt durch zwei weitere Sujets zur Spielsucht und zu Cannabiskonsum – erneut geschaltet. Die Evaluation der Kampagne 2001 zeigte bereits nach der ersten Befragungswelle eine Reichweite von 39 Prozent (23% spontan, 16% gestützt) und lag somit deutlich über der Reichweite der ersten Welle 2000. Dass hier der „Effekt des ‚Anknüpfen (sic) an bereits Gelerntes'" (Bonfadelli/Hänsli 2001: 18) zum Tragen kommt, verdeutlichen die Resultate der einzelnen Sujets: Am besten erinnert wurden die Sujets, welche bereits das Jahr zuvor geschaltet wurden. Die neuen Sujets mit dem Joint und dem Spielautomaten wurden indes schlechter erinnert. Insbesondere Letzteres erkannten nur gerade 7 Prozent der Befragten spontan (24% gestützt). Nebst der schlechten Verankerung kamen zusätzlich die schwierige Umsetzungsleistung des Bildes zum Tragen sowie die Tatsache, dass Geldspiele nicht per se als Sucht wahrgenommen werden.

Im Weiteren zeigt sich, dass der klassische Werbeträger Plakat nach wie vor sehr gut wahrgenommen wird. 88 Prozent der Befragten gaben an, sie hätten Großplakate gesehen. Kleinplakate in öffentlichen Verkehrsmitteln wurden nur von 23 Prozent beachtet. Da jedoch deren die Kosten markant kleiner waren, dürfte sich der Aufwand trotzdem gelohnt haben.

3.8 Von der Suchtprävention zur Gesundheitsförderung

Die von 1995 bis 2001 unter dem Label „Sucht beginnt im Alltag. Prävention auch." durchgeführte Kampagne legte klar ihr Schwergewicht auf die Suchtprävention. Der im Jahre 2003 von der Gesundheitsdirektion des Kanton Zürich neu erteilte Auftrag an das ausführende Institut für Sozial- und Präventivmedizin fokussierte nun die aktive Gesundheitsförderung. Triebfeder für diese neue Kampagne war wiederum die Analyse des Ist-Zustandes. Dass die breite Bevölkerung dringend auf bestimmtes gesundheitsrelevantes Verhalten hingewiesen werden sollte, zeigte sich für die Verantwortlichen unter anderem in den weit verbreiteten Herz-, Kreislauf- und Krebserkrankungen. Das neu formulierte Ziel der Gesundheitskampagne war, die Themen Bewegung, Ernährung, Entspannung in die breite Bevölkerungsschicht zu bringen und zu zeigen, dass ein gesunder Lebensstil im Alltag einfach zu integrieren ist. Die Verantwortlichen wollten indes nicht nur informieren. Sie formulierten klar als Ziel, bei der Bevölkerung eine gesundheitsrelevante Änderung von Gewohnheiten zu erreichen.

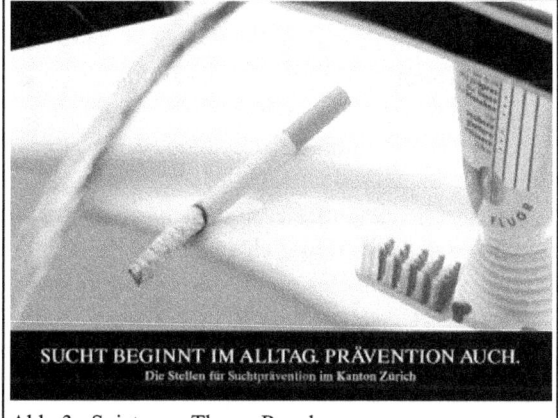

Abb. 3: Sujet zum Thema Rauchen

Ausgearbeitet wurden dazu spielerische und humorvolle Tipps, welche ohne viel Aufwand im Alltag integriert werden können. In einer handlichen Broschüre wurden diese zu den drei Themenbereichen Bewegung, Ernährung und Entspannung zusammengestellt. Dabei war es den zuständigen Personen ein Anliegen, die Botschaften möglichst einfach zu gestalten, um somit auch bildungsschwache Bevölkerungssegmente zu erreichen. Zur Bewegung animieren sollten etwa die Hinweise: „Gehen Sie. Einkäufe in der Nähe können zu Fuß erledigt werden.", „Schalten Sie mal ab. Ihren Fernseher. Und gehen Sie Gassi, mit oder ohne Fido." Als Ernährungstipp wird etwa vorschlagen: „Sparen Sie. Mit Salz, aber nicht mit frischen Kräutern.", „Seien Sie maßlos. Beim Trinken von ungesüßten, nicht-alkoholischen Getränken. Mindestens zwei Liter pro Tag." Die Broschüre mit dem Titel „Weiterlesen fördert Ihre Gesundheit." gelangte als Beilage in Tages- und Gratiszeitungen in die Haushalte im Großraum Zürich und wurde zudem an verschiedenen Stellen aufgelegt.

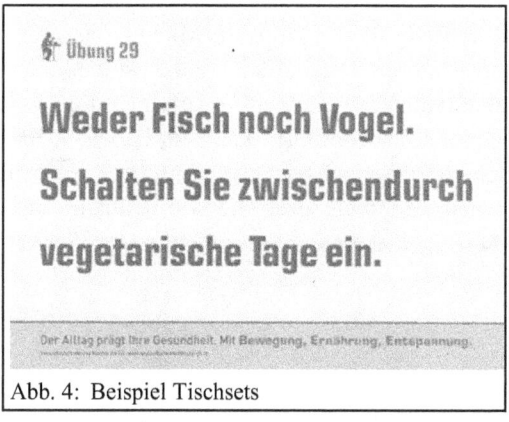

Abb. 4: Beispiel Tischsets

Vor dem Hintergrund, dass dann am ehesten neue Verhaltensweisen initiiert oder bestehende verändert werden können, wenn die Kommunikation möglichst situationsspezifisch erfolgt, entschlossen sich die Verantwortlichen zusätzlich die Werbemittel an so genannten „points of decicions" zu platzieren. Als Werbeträger wurden hier unter anderem Groß- und Kleinplakate, Kleber, Hängekartons, Bildschirm, Tischsets in Restaurants (Abb. 4) gewählt. So säumte etwa ein Großplakat mit der Aufschrift „Suchen Sie das Weite. Gehen Sie in den Wald spazieren." eine Ausfallstraße. Ein Kleber an der Lifttür rief: „Steigen Sie auf. Aber auf der Treppe und nicht mit dem Lift.", auf Toilettenspiegel in Restaurants konnte man lesen: „Schneiden Sie Grimassen. Das entspannt die Gesichtsmuskulatur." Alle diese Tipps transportierten die Grundbotschaft, dass gesundes Verhalten Spaß machen kann. Die Kampagne wählte demnach klar die Strategie der Gratifikation. Beide Teile der neu lancierten Gesundheitskampagne wurden evaluiert. Die Evaluation der Broschüre (Dezember 2003/ Januar 2004) basierte auf 401 Einzelinterviews und zeigte, dass 45% der Bevölkerung im Raum Zürich die Broschüre wahr-genommen hatten. Noch eindrücklicher als die hohe Reichweite ist die Tatsache, dass davon 81% angaben, die Broschüre ganz durchgelesen zu haben. Lediglich 7% blätterten sie nur kurz durch. Auch hinsichtlich Gestaltung und Inhalt wurde die Broschüre gut beurteilt. Als verständlich, informativ und alltagstauglich schätzten die Befragten die Tipps ein. Vor allem die Hinweise, welche sich auf den Bereich Haus und (Haus)-Arbeit bezogen, wurden als sinnvoll erachtet. Weniger Anklang fanden die Gesundheitstipps im Bereich Ausgang. Dies steht allerdings weniger mit der Qualität der Broschüre im Zusammenhang, sondern vielmehr mit der Tatsache, dass gesundheitsförderndes Verhalten im Ausgang nicht zentral ist, sondern sogar oft bewusst übergangen wird. Die Evaluation brachte zutage, dass offenbar für viele der Befragten die Broschüre in erster Linie als Erinnerungsstütze fungierte. So gaben 93% der Befragten an, bereits vorher solche gesundheitsfördernde Maßnahmen im Alltag integriert zu haben. Immerhin 68% probierten bereits einige Tipps aus oder fassten dies ins Auge. Offen bleibt allerdings, ob die Personen auch längerfristig solche Tipps im Alltag integrieren.

Die Evaluation der situationsbezogenen Aktionen brachte ähnliche Resultate zutage. Personen im Umfeld solcher Werbeträger nahmen diese wahr, beurteilten die Tipps vornehmlich positiv und gaben zudem an, solche schon ausprobiert zu haben. Insbesondere die Hängekartons in den öffentlichen Verkehrsbetrieben sowie die Kleber an Lifttüren wurden sehr gut erinnert. Dies zeigt deutlich, dass die Verweildauer ausschlaggebend sein kann und somit Wartezeit für Kampagnebotschaften wertvolle Zeit bedeutet.

4 Fazit

Die hier vorgestellte Suchtprävention des Kantons Zürich präsentiert sich als gut konzipierte Kampagne mit unterschiedlichen Strukturen und Etappenzielen. Sie weist zu Beginn eine außergewöhnlich hohe Beachtung auf, welche allerdings im Zeitverlauf etwas abnimmt und trotz Modifikationen in Gestaltung und Inhalt nicht mehr erreicht werden kann. Mit einer Reichweite zum Schluss der Kampagne von gut einem Drittel darf allerdings von einem beachtlichen Erfolg gesprochen werden. Die Darstellung über den Verlauf der Kampagne zeigt, dass die aufgrund der Evaluationsresultate vorgenommenen Änderungen hilfreich und qualitätserhaltend sein können, jedoch nicht zwingend sein müssen. Konnte etwa die Kernbotschaft klarer und erfolgreicher verbreitet werden, reagierte die Bevölkerung nur zögerlich auf die textarme, vorab auf das Visuelle abzielende Neulancierung im Jahr 2000. Erst nach mehrmaliger Schaltung erreichte die Kampagne wieder vergleichbar hohe Reichweiten.

Die Umsetzung der Evaluationsresultate ist demnach nicht zwingend Garant für den Erfolg sowie für die nachhaltige Wirkung der Kampagne. Andere Faktoren, die oft außerhalb des Einflussbereiches der Verantwortlichen liegen, tragen viel zum Gelingen oder zum Scheitern einer Kampagne bei. Die politische Situation, die Möglichkeit bei einem aktuellen Thema anzuknüpfen, allfällige Konkurrenz-Kampagnen wie auch wechselnde dominante Werte in der Bevölkerung können den Erfolg einer Kampagne maßgeblich beeinflussen.

Im vorliegenden Fall entschieden sich die Verantwortlichen, ihren Fokus nach knapp sieben Jahren von der Suchtprävention auf die Gesundheitsförderung zu verlegen. Dies kann nicht nur als Reaktion auf statistische Zahlen über Todesursachen (Herzkreislauf- und Krebserkrankungen) betrachtet werden, sondern allenfalls auch auf den zunehmend hohen Stellenwert von Gesundheit in der Bevölkerung. Zudem gab der positiv konnotierte Wert „Gesundheit" die Möglichkeit, spielerisch und humorvoll und ohne zu moralisieren eine neue Kampagne erfolgreich zu lancieren.

Das hier ausgewählte Beispiel zeigt deutlich die Gratwanderung zwischen Erhaltung der Kontinuität und dem Einsetzen von Neuem als Überraschungseffekt. Grundsätzlich schätzt man die Kampagnenidentität durch Konsistenz und Wiedererkennungseffekt als wichtig ein. Die Evaluationen zeigen, dass der Erfolg der Kampagne stark auf dem Wiedererkennungseffekt beruhte. Quasi als „Brand" stieß die Suchtkampagne „Sucht beginnt im Alltag. Prävention auch." nicht nur auf größere Akzeptanz, sondern auch auf Glaubwürdigkeit. Andererseits zeigte sich aber auch, dass nach einigen Jahren Abwechslung und Überraschungen nötig wurden, um die gleiche Aufmerksamkeit zu halten.

Unbestimmt bleibt – das als kritische Schlussbemerkung – inwiefern eine erfolgreich lancierte und etablierte Kampagne tatsächlich die Bevölkerung dazu bewegt, Gewohnheiten in die gewollte Richtung zu verändern. Das in der Befragung abgegebene Versprechen, in Zukunft gesundheitsfördernde Strategien im Alltag zu integrieren, ist schnell gemacht, die Umsetzung allerdings benötigt etwas Disziplin und Durchhaltevermögen. Eine Befragung derselben Personen nach einem gewissen Zeitabschnitt über tatsächliches Handeln gäbe Aufschluss über den Erfolg der Kampagne.

Literatur

Atkin, Charles K. (2001): Theory and Principles of Media Health Campaigns. In: Ronald E. Rice/Charles K. Atkin (Eds.): Public Communication Campaigns. Third Edition. Thousand Oaks: 49-68

Backer, Thomas E./Everett M. Rogers/Pradeep Sopory (1992): Designing Health Communication Campaigns: What Works? Newbury Park, London, Dew Delhi

Bonfadelli, Heinz (2004): Medienwirkungsforschung II. Anwendungen. 2. Auflage. Konstanz

Bonfadelli, Heinz/Barbara Hänsli (2001): Evaluation der Präventionskampagne 2001: „Sucht beginnt im Alltag, Prävention auch." Im Auftrag des Instituts für Sozial- und Präventivmedizin der Universität Zürich. Institut für Publizistikwissenschaft und Medienforschung der Universität Zürich. Zürich

Bonfadelli, Heinz/Martina Leonarz (1999): Evaluation der Präventionskampagne 98/99: „Sucht beginnt im Alltag, Prävention auch." Im Auftrag des Instituts für Sozial- und Präventivmedizin der Universität Zürich. Institut für Publizistikwissenschaft und Medienforschung der Universität Zürich. Zürich

Bonfadelli, Heinz/Cosima Tschopp (1997): Evaluation der Präventionskampagne 97: „Sucht beginnt im Alltag, Prävention auch." Im Auftrag des Instituts für Sozial- und Präventivmedizin der Universität Zürich. Seminar für Publizistikwissenschaft der Universität Zürich. Zürich

Bonfadelli, Heinz/Christina Gnädinger/Cosima Tschopp (1996): Evaluation der Präventionskampagne November 1996: „Sucht beginnt im Alltag, Prävention auch." Im Auftrag des Instituts für Sozial- und Präventivmedizin der Universität Zürich. Seminar für Publizistikwissenschaft der Universität Zürich. Zürich

Felser, Georg (2005): „Rauchen lässt die Haut altern". Plakative Warnungen sind sinnvoller als Werbeverbote. In: Neue Zürcher Zeitung Nr. 187, Zeitfragen, 13./14. August 2005: 69

Hale, Jerold L./James Price Dillard (1995): Fear Appeals in Health Promotion Campaigns: Too Much, Too Little, or Just Right? In: Edward Maibach/Roxanne Louiselle Parrotte (Hg.): Designing Health Messages. Approaches from Communication Theory and Public Health Practice. Thousand Oaks, London, New Delhi: 65-80

Hänsli, Barbara/Heinz Bonfadelli (2005): Evaluation II: Situationsspezifische Gesundheitstipps im öffentlichen Raum. Im Auftrag des Instituts für Sozial- und Präventivmedizin der Universität Zürich. Institut für Publizistikwissenschaft der Universität Zürich. Zürich

Hänsli, Barbara/Heinz Bonfadelli (2004): Evaluation I: Broschüre „Weiterlesen fördert Ihre Gesundheit." Im Auftrag des Instituts für Sozial- und Präventivmedizin der Universität Zürich. Institut für Publizistikwissenschaft der Universität Zürich. Zürich

Hurrelmann, Klaus (2002): Legale und illegale Drogen – Wie kann ihr Missbrauch verhindert werden? In: Harald Petermann/ Marcus Roth (Hg.): Sucht und Suchtprävention. Berlin: 9-21

Hyman, Herbert H./Paul B. Sheatsley (1947): Some Reasons Why Information Campaigns Fail. In: Public Opinion Quarterly 11: 412-423

Lieberman, Debra A. (2001): Using Interactive Media in Communication Campaigns for Children and Adolescents. In: Ronald E. Rice/Charles K. Atkin (Eds.): Public Communication Campaigns. Third Edition. Thousand Oaks: 373-401

McGuire, William J. (2001): Input and Output Variables Currently Promising for Constructing Persuasive Communications. In: Rice, Ronald E./Atkin, Charles K. (Eds.): Public Communication Campaigns. Third Edition. Thousand Oaks: 22-48

Stephenson, Michael T./Kim Witte (2001): Creating Fear in a Risky World. In: Ronald E. Rice/ Charles K. Atkin (Eds.): Public Communication Campaigns. Third Edition. Thousand Oaks: 88-102

Wallack, Lawrence (1990): Mass Media and Health Promotion: Promise, Problem, and Challenge. In: Atkin, Charles K./Lawrence Wallack (Hg.) (1990): Mass Communication and Public Health. Complexities and Conflicts. Newbury Park, London, New Delhi: 41-51

Weintraub Austin, Erica (1995): Reaching Young Audience: Developmental Considerations in Designing Health Messages. In: Edward Maibach/Roxanne Louiselle Parrotte (Hg.): Designing Health Messages. Approaches from Communication Theory and Public Health Practice. Thousand Oaks, London, New Delhi: 114-144

Whitfield, Dexter/James Munro (2002): Public Services and Health. In: Lee Adams/ Mary Amos/James Munro (Eds.): Promoting Health. Politics & Practice. London: 149-156

Worden, John K./Brian S. Flynn (2002): Using Mass Media to Prevent Cigarette Smoking. In: Robert C. Hornik (Eds.): Public Health Communication. Evidence for behaviour Change. Mahwah: 23-33

Moralisierung der Kampagnenkommunikation

Öffentlichkeitsarbeit zwischen Ideal und Ideologie

Wie viel Moral verträgt PR und wie viel PR verträgt Moral?*

Ulrich Sarcinelli / Jochen Hoffmann

1 Einleitung und Problemstellung

Der Sammelband „*PR-Kampagnen*" reflektiert die zunehmenden Bemühungen von Unternehmen und Organisationen, durch PR-Kampagnen soziale Verantwortung zu demonstrieren. Solche Bemühungen können grundsätzlich unterschiedlich bewertet werden. Infragestellungen sind möglich, die Öffentlichkeitsarbeit schon immer begleitet haben: Ist der Gemeinwohlbezug nur Füllmaterial für Sonntagsreden, um eine „Politik" – seitens politischer Akteure und Institutionen, seitens kommerzieller Unternehmen oder etwa auch seitens der Wohlfahrtsorganisationen – zu legitimieren, die in Wirklichkeit eher oder gar ausschließlich partielle Interessendurchsetzung verfolgt? Oder ist es doch ein ernsthaftes Anliegen, verkündete hoch gesteckte Ansprüche einzulösen, um einen in der *Risikogesellschaft* erlittenen Vertrauensverlust zu kompensieren?

Wer diese Fragen schon auf der theoretischen Ebene entscheiden will, arbeitet letztlich mit Unterstellungen. Ob zwischen Moralisierung durch PR und dem Handeln von Akteuren und Institutionen eine Kluft besteht, ist ein empirisches Problem. Überspitzt formuliert: Wenn sich etwa ein Tablettenkonzern in Werbung und PR für *etwas weniger Schmerz in dieser Welt* einsetzt, ist damit ein Anspruch verbunden, dem man zunächst und ganz naiv mit Hochachtung begegnen kann. Weniger naiv sollte man dann aber auch zu *messen* versuchen, d.h. empirisch überprüfen, wie stark der *Schmerz in*

---

* Dieser Beitrag wurde unverändert aus der 2. Auflage von 2001 übernommen.

dieser Welt durch den vermeintlich selbstlosen Einsatz dieses Unternehmens tatsächlich nachgelassen hat.

Die folgenden Überlegungen befassen sich mit drei grundsätzlichen Indikatoren, mit denen vielleicht untersucht werden kann, ob es PR nur um eine „Instrumentalisierung allgemeiner gesellschaftlicher Wertvorstellungen für partikuläre Zwecke" (Saxer 1994: 218) oder doch um mehr geht. Diese Indikatoren beziehen sich auf:
- die Verortung der PR im Organisationsgefüge, betreffen also ihren Institutionalisierungsgrad;
- den Grad der Diskursivität von Kampagnen und auf
- die Beteiligungsoffenheit, also die Qualität der Partizipationsangebote von Kampagnen.

Vorab ist die Frage zu klären, ob die Ansprüche, die sich Akteure selbst auferlegen, in demokratietheoretischer Perspektive überhaupt zu begrüßen sind. Ist es zwangsläufig und/oder wünschenswert, dass PR-Betreiber, welcher Couleur auch immer, mit dem Anspruch auftreten, in gesamtgesellschaftlicher Verantwortung – und damit politisch – zu handeln? Geht es hier um eine Art legitimatorischer Selbststilisierung oder gibt es möglicherweise auch demokratietheoretische Begründungen für den „*Better-world-Anspruch*"?

2 PR als politisches Handeln

In einer pluralistischen Gesellschaft ist es nicht zwingend, im Prinzip staatsfernen Unternehmen und Organisationen gesellschaftliche Verantwortung zuzuweisen. Die Beobachtung, dass zunehmend Akteure diese Ansprüche erheben, könnte man unter Umständen bequem als Aspekt der Nützlichkeit auf ein betriebswirtschaftliches Problem reduzieren. Nur wenn diese Ansprüche auch als gesamtgesellschaftliche Forderungen an nicht-staatliche Akteure formuliert werden können, sollten sich Sozialwissenschaftler dafür interessieren.

Die demokratietheoretischen und staatsrechtlichen Diskussionen der letzten Jahre zeigen, dass ein solches Interesse durchaus angebracht ist. So ist zwar in der politischen Kultur Deutschlands und der Verwaltungskultur im besonderen noch immer „die Vorstellung von einer hierarchischen Beziehung zwischen Staat und Gesellschaft dominant" (Fietkau/Weidner 1992: 24). Dieses Selbstverständnis einer Regelungskultur bei einem vermeintlich allzuständigen Staat ist freilich von der Realität überholt worden. Sozial- und Verwaltungswissenschaftler versuchen diesen Wandel mit Begriffen wie „Entzauberung des Staates" (Willke 1983), „Kooperativer Staat" (Ritter 1979), „Informaler Verfassungsstaat" (Schulze-Felitz 1984), „Entgrenzung", „Strukturdemokratisierung" oder „Verflüssigung von Politik" (Beck 1986) zu beschreiben. Angesichts gesellschaftlicher Komplexitätssteigerungen hat der Staat seine Funktion als zentrale Steuerungsinstanz verloren. In komplexen Aushandlungssystemen übernimmt er zunehmend die Aufgabe der Koordination und Moderation (Scharpf 1991; Mayntz 1993).

Eine solche „Fortsetzung und Verallgemeinerung neokorporatistischer Formen der Interessenvertretung in neuen Netzwerkstrukturen mit organisierten gesellschaftlichen Akteuren" (van den Daele/Neidhardt 1996: 14-15) wertet die politische Bedeutung gesellschaftlicher Teilsysteme im Verhältnis zum Staat auf, so dass ihnen auch von außen eine gesellschaftliche Verantwortung zuzuweisen ist, welche den Inhalt ihrer Kampagnen ausmacht. Mit der zunehmenden *Vergesellschaftung des Staates* müsste sich demnach mit einem gewissen Recht auch PR an genuin politischen Maßstäben messen lassen. Das tendenzielle Verschmelzen von Staat und Gesellschaft bedeutet im Weiteren aber auch, dass eine exklusiv zivilgesellschaftliche Herleitung von PR-Funktionen als Qualitätskriterium für PR Handeln nicht ganz überzeugen kann. So gesehen wird man nicht ohne weiteres Thomas Meyer (1992) folgen können, wenn er *symbolische Politik von oben* verurteilt und *dieselbe von unten* mehr oder weniger feiert. Statt dessen ist festzustellen, dass international operierende Moralproduzenten wie Greenpeace zwar in ihrer Entstehung als bürgergesellschaftliche Erscheinungen zu begreifen sind. Problematisch wird dieses Selbstverständnis aber immer dann, wenn mit dem Erfolg ein Professionalisierungsdruck entsteht, der sich gegen das Verständnis einer politischen Beteiligung von unten wendet. Himmelmann (1996: 86-92) unterscheidet drei Phasen der Entwicklungsgeschichte Sozialer Bewegungen:
- Moral, Betroffenheit und Engagement,
- Differenzierung, Professionalisierung und Repräsentation,
- Politische Schließung, Zentralisierung und Institutionenbildung.

Dieses Phasenkonzept bestätigt Annahmen aus Institutionentheorien, dass Institutionen langfristig unausweichlich und zweckmäßig sind, weil sie für den Bürger notwendige Komplexitätsreduktionen erbringen (Göhler 1987 und 1990). Greenpeace ist auf diese Weise der Zivilgesellschaft ebenso entwachsen wie andere Institutionalisierungen mit professioneller Öffentlichkeitsarbeit. Im dritten und letzten Entwicklungsstadium finden sich die Umweltprofis auf derselben horizontalen Ebene wieder, wo die Verhandlungsdemokratie weitgehend selbstreferentiell und in hohem Maße auch beteiligungsimmun funktioniert. Insofern gibt es – zumindest aus organisationssoziologischer und kommunikationswissenschaftlicher Sicht – durchaus eine strukturelle Verwandtschaft zwischen Solidaritätskampagnen gemeinnütziger Organisationen und moralisch argumentierenden Kampagnen kommerzieller Unternehmen. Wesentlich erklärungskräftiger als die Verortung der Organisation innerhalb der Gesellschaft ist dagegen die Verortung der PR innerhalb der Organisation.

3 Nähe und Distanz zum Entscheidungsbereich: Zur organisatorischen Verortung der PR

Akteure nehmen spezifische Erwartungen des Publikums wahr und strukturieren darauf aufbauend verkaufsfördernde bzw. legitimationssichernde PR-Angebote, die in keinem Zusammenhang zu ihrer Entscheidungspolitik stehen. Diese These könnte man als kulturkritische Antwort auf die Frage nach der Dimension des Gemeinwohlbezugs in PR-

Kampagnen sehen. Im Grunde handelt es sich dabei um die Variante einer Vorstellung, die im Kontext der wissenschaftlichen Diskussion zur Politikvermittlung in der Mediengesellschaft prominent geworden ist. Begriffe wie „Symbolische Politik" (Sarcinelli 1987), „Mediatisierte Politik" (Oberreuter 1989), „Darstellungspolitik" (Sarcinelli 1994), „Schaupolitik" (Käsler 1991) oder „Placebo-Politik" (Meyer 1992) legen die so genannte Scherenthese nahe, eine „Diskrepanz zwischen dem publizistisch vermittelten, tatsächlichen oder vermeintlichen Vereinfachungszwängen unterliegenden Legitimationsgewerbe und den eher durch komplexe Analyse und unspektakuläre Problembewältigung gekennzeichneten politischen Entscheidungsprozessen" (Sarcinelli 1992: 56).

Politikvermittlung wird in diesem Zusammenhang vor allem als Inszenierung von Politik verstanden. Dem Bürger werde gemeinsam von Politik und Medien ein an Nachrichtenfaktoren orientiertes Schauspiel vorgeführt, das mit der politischen Realität nur begrenzt zu tun habe. Diese in der Tradition Edelmans (1976) stehende Sichtweise versteht inszenierte Politik eher als vorgebliche Kommunikation, die sich dem Diskurs entziehe, indem sie auf die Beweiskraft der Sinne setze statt zu argumentieren. In demokratietheoretischer und -praktischer Hinsicht wird ihr tendenziell Dysfunktionalität unterstellt. Inszenierte Politik könne für das demokratische System zur Legitimationsfalle werden, indem Erwartungen geweckt würden, die die Politik nicht einlösen könne (Sarcinelli 1994: 36).

Einen wichtigen Hinweis, ob die *Scherenthese* auch eine mögliche Beschreibung des Verhältnisses von PR-Realität zu Unternehmensrealität darstellt, kann die Verortung der Öffentlichkeitsarbeit innerhalb der Organisation bieten. Diesbezüglich wird in der Literatur ein Institutionalisierungs- und Professionalisierungsdefizit beobachtet (Jarren 1994; Saxer 1994). Meist in Stabsfunktionen direkt dem Management zugeordnet ist die PR-Handlungsautonomie eher bescheiden. Hieraus lassen sich unterschiedliche Schlussfolgerungen ziehen. So glaubt Saxer (1994), dass nur ein professionalisiertes und ausdifferenziertes System PR zu einer normativen Dauerreflexion in der Lage sei. Doch ist tatsächlich davon auszugehen, dass sich über eine Institutionalisierung von Öffentlichkeitsarbeit Normativität als handlungsleitendes Äquivalent moralisch aufgepeppter Kampagneninhalte entwickeln könnte?

Selbst systemtheoretisch ist eine andere Argumentation plausibler. Unsere These ist deshalb: Nur solange PR nicht zum Subsystem ausdifferenziert, sondern integrierte Managementfunktion bleibt, können ihre normativen Bezüge im Sinne einer Leistungsangleichung an *Images* auch für die *Gesamtorganisation* handlungsleitend werden und somit die Berechenbarkeit der Unternehmenspolitik durch eine Überwindung der von der *Scherenthese* beschriebenen Doppelbödigkeit erhöhen. In dem Moment aber, wo die Erzeugung von Legitimität als *Darstellung*spolitik zu einer von der *Entscheidung*spolitik unabhängigen eigenständigen Funktion wird, erweist sich die Reduzierung von Komplexität als langfristig dysfunktionale Dissimulierung. Eine institutionalisierte PR wäre somit Differenzierung an der falschen Stelle. In gewisser Weise gestützt wird diese These durch die explorative Studie von Pfetsch und Dahlke (1996).

Für den politischen Bereich verweisen die Autorinnen auf den Befund, dass sich Öffentlichkeitsarbeit mit zunehmender Entfernung vom Entscheidungszentrum auf eine „instrumentelle Sprachrohrfunktion" reduziere und „eher als technische Funktion der Darstellung von Politik in den Medien" (Pfetsch/Dahlke 1996: 146) begreife. Nimmt man die Aussagen von Pfetsch und Dahlke ernst, so kann dies zweierlei bedeuten. System- und institutionentheoretisch wäre zu folgern, dass eine Ausdifferenzierung von PR nur dann zu einer höheren normativen Kompetenz führt, wenn sie nicht zugleich die Distanz zum Organisationskern bzw. Entscheidungszentrum erhöht. Aus akteurs-, handlungs- oder rollentheoretischer Perspektive ergäbe sich die Konsequenz, dass es mehr auf „Doppelprofile" – Entscheider und Darsteller gleichsam in Personalunion – ankäme. Träfen diese Annahmen zu, so hätte dies erhebliche Konsequenzen nicht nur für betriebliche und politisch-institutionelle Organisationsstrukturen, sondern auch für die Rekrutierung und Professionalisierung von Führungspersonal bzw. von politischen Führungseliten.

4 Zur Dialogisierung von Öffentlichkeitsarbeit: PR als Diskurs?

Ganz andere Sichtweisen vermitteln demgegenüber eher deliberative Demokratiekonzepte, die über zivilgesellschaftliche Entdifferenzierungsprozesse die Möglichkeit einer politischen Aktivierung lebensweltlicher Ressourcen sehen (Schmalz-Bruns 1994). Aus dieser Perspektive ließe sich *Lean Management* gleichsam als organisationstheoretische Variante dieser Demokratievorstellung bewerten. Zugespitzt könnte man daraus schlussfolgern: Wenn in einer Organisation ein ausdifferenziertes Subsystem PR identifiziert werden kann, spricht wenig dafür, dass diese Organisation ihren gesamtgesellschaftlichen Ansprüchen besser gerecht werden und sie glaubwürdiger vertreten kann.

Schlagwörter wie *Interessenausgleich*, *Verständigung* und *Konsens* gehören nicht nur zum Standardrepertoire von PR-Lehrbüchern (vgl. Burkart 1993: 15; Kunczik 1994: 226) und PR-Berufsverbänden (vgl. Ronneberger/Rühl 1992: 32); sie spielen auch zunehmend in Kampagnen eine Rolle (*„Chemie im Dialog"*). Ebenso ist die Werbung als kleine Schwester der PR davon durchsetzt: *„Reden wir darüber"*. Nach einer ersten organisationstheoretischen Annäherung stellt sich daher auch in kommunikationstheoretischer Hinsicht die Frage, ob es hier nur um die Dissimulierung propagandistischer Absichten geht, oder ob es PR mit ihrem Diskursanspruch ernst meint. Als analytische Hilfe bietet sich die von Verhandlungstheoretikern entwickelte Unterscheidung in *bargaining* und *arguing* an, die Ähnlichkeiten mit der Habermas'schen Differenzierung in *strategisches* und *kommunikatives Handeln* aufweist. *Bargaining* ist „die Sprache von Tausch und Macht" und *arguing* „die Sprache der vernünftig begründeten Wahrheitssuche" (Saretzki 1996: 20).

Der Kommunikationsprozess des *bargaining* ist einem Kampf vergleichbar, der mit Sieg, Niederlage oder Kompromissen endet. Symmetrische Kommunikation ist hier nur denkbar, wenn annähernd ein Machtgleichgewicht besteht. Dann ist ein für alle Beteiligten akzeptabler Kompromiss möglich. *Arguing* ist dagegen ausschließlich als symmetrische Kommunikation denkbar. Weder Nullsummenspiele noch Kompromisse sind möglich. Gemeinsam geteilte Geltungsgründe von Behauptungen erzwingen am Ende einen Konsens. Problematisch gewordene Geltungsgründe lassen sich nach Habermas (1981) mit Hilfe von Diskursen wiederherstellen:

- *Wahrheit* wird problematisch, wenn sich widersprechende Tatsachenbehauptungen aufgestellt werden (theoretischer Diskurs).
- *Richtigkeit* wird problematisch, wenn der Bezug zu anerkannten Werten nicht nachvollziehbar ist (praktischer Diskurs).
- *Verständlichkeit* wird problematisch, wenn man unter denselben Begriffen nicht dasselbe versteht (explikativer Diskurs).
- *Wahrhaftigkeit* wird problematisch, wenn die Aufrichtigkeit der Kommunikationspartner angezweifelt wird (Wahrhaftigkeit sei als einziger Geltungsanspruch diskursunfähig, weil man sie nur zeigen, aber nicht begründen könne).

Saretzki sieht in der diskurstheoretischen Perspektive den grundsätzlicheren Kommunikationsmodus. *Arguing* kann *bargaining* ersetzen, aber nicht umgekehrt: „Im Modus des Argumentierens lassen sich kognitive und distributive Probleme bewältigen. Der Modus des Verhandelns bleibt hingegen funktional auf die Bewältigung von Verteilungsproblemen beschränkt." (Saretzki 1996: 36) Das heißt mit Bezug auf Öffentlichkeitsarbeit, dass die Einlösung ihres Diskursanspruchs wünschenswert ist, weil sie zur Rationalisierung politischer Prozesse beitragen würde.

Es gibt bereits beachtenswerte Versuche, die *Theorie des kommunikativen Handelns* von Habermas zu operationalisieren (Burkart 1993; Renn 1993), so dass auch die Messung der Diskursivität von PR-Kampagnen grundsätzlich möglich ist. Zu prüfen wäre, inwieweit Kommunikationsangebote der Öffentlichkeitsarbeit im Modus des *arguing* geführt werden. Bei der viel iskutierten *Brent Spar*-Kampagne war das augenscheinlich nicht der Fall. Versprechungen (*promises*), Drohungen (*threats*) und Hinweise auf Abwanderungsoptionen (*outside options*) als Grundlagen der Verhandlungsmacht beim *bargaining* (Elster 1986 und 1993) standen im Zentrum. Die Konsumentenmacht stützte sich etwa auf die *outside option* der Tankstelle zwei Straßen weiter.

Das Beispiel zeigt, dass auf massenmediale Präsenz zielende PR diskursive Ansprüche am wenigsten einlösen kann. Van den Daele und Neidhardt fassen denn auch den eigentümlichen Charakter der Medienkommunikation wie folgt zusammen:

> „Es handelt sich um einen Fall dezentrierter Kommunikation, deren Sprecher füreinander nicht die Adressaten ihrer Beiträge sind. Sie kommunizieren gewissermaßen ‚zum Fenster hinaus'. Unter diesen Bedingungen lässt sich nicht erwarten, dass diskursive Elemente (also etwa die Verarbeitung von Einwänden oder die Prüfung konkurrierender Ansprüche) in der Auseinandersetzung zwischen den Sprechern stark ausgeprägt sind. Hinzu kommt die Intervention der ‚Nachrichtenwert'interessen der Medien, die über die Vermittlung von Sprecherbeiträgen an das Publikum entscheiden" (van den Daele/Neidhardt 1996: 19).

Zwar meinen realistische Verhandlungstheoretiker, dass *arguing* ein der Öffentlichkeit geschuldeter Kommunikationsmodus sei, während das eigentlich entscheidende *bargaining* im Verborgenen stattfinde (Saretzki 1996: 29-30). Richtig daran ist nur, dass *bargaining* in der Öffentlichkeit nicht legitimierbar ist, so dass es sich dort nur als

Vorwurf manifestiert (Hoffmann 1994). Das vermeintliche *arguing* der Medienkommunikation wiederum erweist sich bei genauerem Hinsehen als Schein-Diskurs: „Sprecher, die mit Argumenten in erster Linie ein diffuses Publikum beeindrucken wollen, ‚argumentieren' häufig strategisch aneinander vorbei." (van den Daele/Neidhardt 1996: 38) Die Kommunikation beschränkt sich auf reine Rhetorik.

Freilich ist es keine Rhetorik der Inkommensurabilität, wie van den Daele und Neidhardt (1996: 38) vermuten. Der strategische Bezug auf den Geltungsgrund Wahrheit spielt eine zentrale Rolle, so dass sich Medienkommunikation in erster Linie als inszenierter theoretischer Diskurs darstellt. Inszeniert deshalb, weil der Bezug auf Wahrheit nicht reflexiv ist. Strategisch selektierte Tatsachen festigen einen axiomatischen Gewissheitsanspruch der Konfliktparteien (Sarcinelli 1987: 229-234; Kepplinger 1989). Es kommt zu „Formen der Verschmelzung von Thema und Meinung, die Kommunikationen unbeantwortbar machen." (Luhmann 1970: 8) Der Binärcode Richtig-Falsch beansprucht hermetische Gültigkeit. Das erschwert Kompromisse, und Konsens wird unmöglich. Medienvermittelte Kommunikation ist somit das Paradebeispiel einer Pseudo-Argumentation. PR-Kampagnen, die diesen Bedingungen gehorchen, können ihren diskursiven Ansprüchen nicht gerecht werden.

Als Alternative bleibt die interpersonale Kommunikation. In direkten Interaktionen können sich gruppendynamische Prozesse vollziehen, die prinzipiell geeignet sind, Diskursivität zu fördern. Persönliche Kontakte sind eher geeignet, Vorurteile abzubauen und Vertrauen zu schaffen als Medienkommunikation. Insofern ist die Zunahme von PR-Kampagnen, über die inter-personale Kommunikation angestoßen werden soll, eine durchaus begrüßenswerte Entwicklung (Dorer/Marschik 1995: 33-34). Es wäre zum Beispiel eine reizvolle (und vielleicht sogar mit einem gewissen Unterhaltungswert verbundene) Forschungsaufgabe, die Diskursivität von Kommunikationen zu prüfen, die PR etwa als Hotlines dem Publikum anbietet. Hier ergäbe sich sogar die in den Sozialwissenschaften seltene Möglichkeit der Herstellung einer quasi-experimentellen Situation. Der Forscher wäre Nutzer des Kommunikationsangebotes und könnte als verdeckter teilnehmender Beobachter die Rahmenbedingungen weitgehend kontrollieren. Eine verstärkte kommunikationswissenschaftliche Erforschung von PR-Kampagnen ist ohne Zweifel notwendig. Als gesichert kann nur gelten, dass Unternehmen und Organisationen ihrem selbst gewählten Anspruch auf Diskursivität nur gerecht werden können, wenn durch entsprechende PR-Angebote interpersonale Kommunikation initiiert wird.

5 Zur partizipatorischen Dynamisierung von Öffentlichkeitsarbeit: PR als Partizipation

Diskursivität steht mit Partizipation als der dritten zentralen Forderung an PR-Kampagnen in einem engen Zusammenhang. Symmetrische Kommunikation ist nur denkbar, wenn dem Beitrag jedes Kommunikanten eine mögliche Wirkung zugebilligt wird. Und das ist auf gesellschaftlicher Ebene nichts anderes als politische Partizipation. In letzter Konsequenz kann damit der Verzicht auf persuasive Kommunikationsabsichten und die völlige Umkehrung der Rollenverteilung verbunden sein: „*Wir haben verstanden*" – wieder ein Beispiel aus der Werbung, das zeigt, was sich Unternehmen auf die Fahnen schreiben.

Die Forderung nach gesellschaftlicher Verantwortung als Bereitschaft, neue Freiräume für bürgerschaftliche Beteiligung zu schaffen, ist auch in den Sozialwissenschaften wieder populär (Fietkau/Weidner 1992: 24ff.; Zilleßen/Barbian 1992: 14f.). Man kann dies zunächst demokratietheoretisch begründen: In einer neokorporatistisch ausgereiften Demokratie mit zahlreichen kommunikativen Aushandlungsarenen wird die Zuordnung politischer Verantwortung schwerer, so dass auch die politische Wahl als zentrale Beteiligungsform der repräsentativen Demokratie unter Druck gerät. Der legitimatorisch exklusive Anspruch der Wahl als Akt zeitlich befristeter Machtzuteilung und Verantwortungszumessung wird relativiert. Neue Formen politischer Beteiligung könnten geeignet sein, das entstandene Vakuum im Sinne einer partizipatorischen Dynamisierung der Demokratie zu füllen.

Neben dieser Input-Dimension von Partizipation gibt es jedoch auch eine Output-Dimension. So lassen sich Partizipations- und Legitimitätsansprüche auch unter Effizienz- bzw. Effektivitätsgesichtspunkten thematisieren. Die Akzeptanzprobleme insbesondere bei größeren Planungs- und Standortentscheidungen nehmen zu. Der Widerstand von Bürgern kann Implementationen von auf der horizontalen Ebene der Verhandlungsdemokratie durchgesetzten Entscheidungen verhindern und erhöht vielfach die Entscheidungskosten im herkömmlichen Politikprozess (Burkart 1995).

Auf diesem Hintergrund sind in den letzten Jahren neue Modelle politischer Bürgerbeteiligung entwickelt und erprobt worden. Im Folgenden seien die wichtigsten vorgestellt. Als Elemente von PR-Kampagnen könnten sie dazu beitragen, dass Öffentlichkeitsarbeit ihrem partizipativen Anspruch gerecht wird.

Verständigungsorientierte Öffentlichkeitsarbeit

Das bisher einzige Beteiligungsmodell, das explizit den Kontext der Öffentlichkeitsarbeit vorsieht, hat Roland Burkart (1993) vorgelegt. Ziel verständigungsorientierter Öffentlichkeitsarbeit ist es, „ein rational motiviertes (also argumentativ begründbares) Einverständnis zwischen PR-Betreiber und Betroffenen herzustellen und zwar über die Wahrheit der aufgestellten Behauptungen, die Wahrhaftigkeit der geäußerten Absichten und über die Legitimität des intendierten Vorhabens" (Burkart 1993: 35). Es geht also darum, die bereits beschriebenen diskurstheoretischen Annahmen von Habermas für die Öffentlichkeitsarbeit zu operationalisieren. Nach einer Informations- und Diskussionsphase ist in einer Diskursphase die Anerkennung der Geltungsgründe für Urteile anzustreben, um schließlich in einer abschließenden Situationsdefinition Verständigung über die Urteile selbst zu erreichen. Burkart hat sich nur wenig Gedanken über notwendige organisationelle Rahmenbedingungen eines solchen Verfahrens gemacht. Diesbezüglich legen die folgenden Modelle zum Teil recht detaillierte Vorschläge vor.

Mediation

Bei der Mediation handelt es sich um Verhandlungsprozesse, „mit deren Hilfe Interessenkonflikte zwischen zwei oder mehr Parteien unter Hinzuziehung einer neutralen, vermittelnden Person (Mediator) beigelegt werden sollen" (Fietkau/Weidner 1992: 27). Ähnlich wie verständigungsorientierte Öffentlichkeitsarbeit will Mediation eine gleichberechtigte Beteiligung aller an einem Konflikt Interessierten erreichen. Das Verfahren soll sich durch Diskursivität auszeichnen, und es ist eine Lösung im Konsens zu suchen. Um dies zu erreichen, ist vor allem der Mediator gefordert, dessen Position nur legitimierbar ist, wenn er von allen Verfahrensbeteiligten akzeptiert wird. Es ist seine Aufgabe, für eine systematische Organisation der Verhandlungsprozesse und einen fairen Verfahrensablauf Sorge zu tragen. Aus diesem Grund muss er hinsichtlich des Konflikts neutral sein, über fachliche und soziale Kompetenz sowie politische Erfahrung und allgemeine Reputation verfügen (Breidenbach 1995; Dally/Weidner/Fietkau 1995).

Bisher waren nur wenige Mediationen erfolgreich. Meist werden sie zu spät initiiert, der Konflikt ist bereits festgefahren, und es bleibt kaum Raum für eine frühzeitige, effektive und kreative Problemlösung. Ebenso zeigen Praxisberichte, dass es in der Regel nur zu einer Partizipation bereits organisierter Interessen kommt. (Claus/Wiedemann 1994; MEDIATOR 1996) Gleichwohl ist als wichtiges begrüßenswertes Element die Rolle des Mediators als Konfliktmittler hervorzuheben.

Planungszelle

> „Die Planungszelle ist eine Gruppe von Bürgern, die nach einem Zufallsverfahren ausgewählt und für begrenzte Zeit von ihren arbeitstäglichen Verpflichtungen vergütet freigestellt worden sind, um, assistiert von Prozessbegleitern, Lösungen für vorgegebene, lösbare Planungsprobleme zu erarbeiten." (Dienel 1992: 74)

Schon vor über 20 Jahren hat Dienel das Modell Planungszelle in Anlehnung an das Prinzip der Schöffengerichte entwickelt. Zu einer breiteren Anwendung ist es jedoch erst in den letzten Jahren gekommen. Inzwischen ist das Konzept vor allem unter dem Stichwort *Bürgergutachten* bekannt. Die wichtigste Besonderheit ist die explizite Laienbeteiligung durch Zufallsauswahl. Entsprechend spielt der Bildungseffekt eine zentrale Rolle. Die Planungszelle lässt sich im Sinne einer Expertisierung von Laien als handlungsorientiertes Lernen didaktisch konzeptualisieren (Dienel 1996). Bedenklich ist allerdings der Zeitraum, in dem dies möglich sein soll. Planungszellen dauern in der Regel nur noch vier Tage. Insofern überrascht es wenig, wenn sie in der Anwendung meist zu einem verfeinerten Marktforschungsinstrument (z.B. Stiftung MITARBEIT 1996) oder zu einem Mittel der Akzeptanzbeschaffung (z.B. IGEP-Systeme 1991) degenerieren. Gleichwohl bietet die Planungszelle als ein Modell, das eindeutig der Lebenswelt zuzurechnen ist, wichtige strukturelle Voraussetzungen, um ein substantielles demokratisches und innovatives Potential zu entfalten.

Zukunftswerkstatt

Wie die Planungszelle ist die Zukunftswerkstatt (Jungk/Müllert 1989) als Laienbeteiligung denkbar, wobei der Frage der Auswahl und Repräsentativität nur eine geringe Aufmerksamkeit geschenkt wird. Für einen Zeitraum von drei Tagen werden Sozialaktive eingeladen, die sich für ein zu thematisierendes gesellschaftliches Problem interessieren. Grundsätzlich unterscheidet das Modell drei Phasen: *Kritikphase* (Sammeln negativer Erfahrungen), *Phantasiephase* (Entwickeln von Ideen und Utopien) und *Verwirklichungsphase* (Prüfung realer Ansatzpunkte zur Umsetzung von Ideen).

Die Zukunftswerkstatt ist ein wichtiges Modell, weil mit der *Phantasiephase* ein Schwerpunkt gesetzt ist, der von den anderen innovativen Modellen vernachlässigt wird. Bisher beruhte der Diskurs stets auf Problemdefinitionen und Optionen, die aufgrund damit verbundener Informationen auf eine Weise vorstrukturiert waren, die möglicherweise den Blick für Alternativen verstellte. In der Zukunftswerkstatt dagegen können unabhängig von Informationen und damit konnotierten echten oder vermeintlichen Sachzwängen Ideen entstehen. Insofern entspricht sie der Forderung nach einem Beteiligungsmodell, das gleichsam als gesellschaftliches Biotop zu strukturieren sei: „künstlich initiiert und geschaffen mit der Absicht, dem Naturwüchsigen – geschützt auch vor der behütenden Hand des Gärtners – neue Entfaltungsmöglichkeiten zu gewähren." (Müller-Schöll 1995: 46)

Spätestens an dieser Stelle drängt sich aber wieder die Frage auf, ob PR-Realität mit einer solchen gleichsam unbedrängten symmetrischen Kommunikation vereinbar sein kann. – Wenn PR ist, was sie behauptet, besteht kein Zweifel, dass Elemente neuerer Beteiligungsmodelle funktionaler Bestandteil von Kampagnen sein können. Wenn PR aber nicht ist, was sie behauptet, steht der Vorwurf im Raum, dass solche Entwürfe letztlich Öl ins Feuer der PR-Ideologen gießen. Auf dieses Problem soll abschließend eingegangen werden.

6 PR als Ideologie?

Es ist keine größere intellektuelle Herausforderung, Öffentlichkeitsarbeit machttheoretisch zu deuten. In diesem Sinne ist PR „dem Ansatz nach interessengeleitet. Das Interesse hinter dem Handeln besteht in der Regel darin, Handlungsspielräume des Auftraggebers zu sichern, zu erweitern oder zu erneuern." (Brauer 1995: 28) Theoretische Konzepte symmetrischer PR wären in diesem Fall nur noch Ideologie – ein Vorwurf, der vor allem Burkart gemacht wird: „Die PR-Praxis bekommt mit diesem Modell genau das, was sie seit ihren Anfängen predigt: Eine wissenschaftliche Fundierung der Idee, dass Öffentlichkeitsarbeit im Idealfall moralisches Handeln sei" (Dorer/Marschik 1995: 31). Burkart (1995) wehrt sich dagegen, indem er sich als Ausgangsthese die Vorstellung von der partikularen Interessendurchsetzung als PR-Handlungsmaxime zu eigen macht. Gleichzeitig betont er aber, dass genau diese Interessendurchsetzung aufgrund vielfältiger Widerstände nur noch mit verständigungsorientierter Öffentlichkeitsarbeit möglich sei. Das heißt, das Modell selbst bleibt mit normativ-ethischem Vokabular geschmückt, in seiner Legitimierung verzichtet Burkart freilich auf diesbezügliche Implikationen und marginalisiert sie als „willkommene Begleiterscheinung" (Burkart 1995: 73). Eigentlich macht erst diese Marginalisierung des normativen Anspruchs den Ansatz ‚verdächtig'. Eine solche Argumentation erschwert es tatsächlich, im Konzept verständigungsorientierter Öffentlichkeitsarbeit mehr als eine wissenschaftliche Dienstleistung für berufsständische PR-Ideologen zu sehen.

Doch sollte man das Kind nicht mit dem Bade ausschütten. Wer Theorien symmetrischer PR grundsätzlich unter einen Ideologieverdacht stellt, zielt natürlich auch auf Habermas: „Das Modell des Diskurses wird zu einem Aspekt des falschen Bewusstseins, was nicht einer gewissen Pikanterie entbehrt, da nunmehr Habermas zum Produzenten einer Ideologie wird, welche die Entwicklung der emanzipierten Gesellschaft behindert." (Kunczik 1994: 257)

Habermas, der sich in seinem *Strukturwandel der Öffentlichkeit* (1990) eindeutig zu PR äußerte, hat sich vermutlich nie träumen lassen, eines Tages als theoretischer Vorreiter für neue Konzepte von Öffentlichkeitsarbeit, gewissermaßen als PR-Ideologe, in Anspruch genommen zu werden. Muss man ihm tatsächlich Förderung des *falschen Bewusstseins* vorwerfen, wie Kunczik es tut? Hat er womöglich mit seiner *Theorie des kommunikativen Handelns* den PR-Profis in der Politikvermittlung ebenso wie in den Konzernen geeignetes Vokabular zur demokratischen Kaschierung ihres im Grunde strategischen Handelns geliefert?

Es ist ohne Zweifel das Verdienst Kuncziks, die These von symmetrischer PR als Ideologie auf die Spitze getrieben und versucht zu haben, die Fragwürdigkeit der Diskursivitätsnorm im Zusammenhang mit Öffentlichkeitsarbeit offen zu legen. Sicherlich benötigt jede Berufsgruppe eine gewisse Stilisierung des eigenen Selbstverständnisses. Und das Bemühen um auch demokratische Begründungen bzw. Konzeptualisierungen von PR verdient umso mehr Interesse, als sich der Kampf um das knapper werdende Gut Aufmerksamkeit verschärfen wird. Zudem operiert jede realistische Beschreibung von PR im luftleeren Raum, wenn nicht normative Bezugspunkte entwickelt sind, die eine Einordnung und Beurteilung des Beobachteten ermöglichen. Die Gefahr des Missbrauchs, d.h. einer ideologischen Instrumentalisierung entwickelter, im demokratischen Sinne anspruchsvoller PR-Konzepte muss in Kauf genommen werden. Wer nicht beschreibt, wie PR sein sollte, kann auch nicht kritisieren, wie PR ist.

PR will gesellschaftliche Verantwortung übernehmen. Wir haben diesen Anspruch beim Wort genommen. Es wurde dargelegt, warum es wünschenswert ist, dass Öffentlichkeitsarbeit dieser Verantwortung gerecht wird. Und es wurde gezeigt, was sie tun müsste, um ihr gerecht zu werden. Nicht geklärt wurde, ob sie ihr gerecht wird. Das bleibt eine offene empirische Frage.

Literatur

Beck, Ulrich (1986): Risikogesellschaft. Auf dem Weg in eine andere Moderne, Frankfurt/M.
Brauer, Gernot (1995): Aus der Sicht eines Anwenders. Anmerkungen zu Roland Burkarts Modell verständigungsorientierter Öffentlichkeitsarbeit. In: Günter Bentele/Tobias Liebert (Hg.): Verständigungs-

orientierte Öffentlichkeitsarbeit. Darstellung und Diskussion des Ansatzes von Roland Burkart, Leipzig: 28-30

Breidenbach, Stephan (1995): Mediation. Struktur, Chancen und Risiken von Vermittlung im Konflikt, Köln

Burkart, Roland (1993): Public Relations als Konfliktmanagement. Ein Konzept für verständigungsorientierte Öffentlichkeitsarbeit. Untersucht am Beispiel der Planung von Sonderabfalldeponien in Niederösterreich, Wien

Burkart, Roland (1995): Das VÖA-Konzept: Eine Replik. In: Günter Bentele/Tobias Liebert (Hg.): Verständigungsorientierte Öffentlichkeitsarbeit, Darstellung und Diskussion des Ansatzes von Roland Burkart, Leipzig: 65-80

Claus, Frank/Peter M. Wiedemann, (Hg.) (1994): Umweltkonflikte. Vermittlungsverfahren zu ihrer Lösung, Praxisberichte, Taunusstein

Daele, Wolfgang van den/Friedhelm Neidhardt (1996): Regierung durch Diskussion. Über Versuche, mit Argumenten Politik zu machen. In: Wolfgang van den Daele/Friedhelm Neidhardt (Hg.): Kommunikation und Entscheidung. Politische Funktionen öffentlicher Meinungsbildung und diskursiver Verfahren, Berlin: 9-50

Dally, Andreas/Helmut Weidner/Hans-Joachim Fietkau (Hg.) (1995): Mediation als politischer und sozialer Prozeß, 2. Aufl., Rehburg-Loccum

Dienel, Peter C. (1992): Die Planungszelle. Der Bürger plant seine Umwelt. Eine Alternative zur Establishment-Demokratie, 3. Aufl., Opladen

Dienel, Peter C. (1996): Das Modell „Bürgergutachten" als Organ politischen Lernens. In: Bernhard Claußen/Rainer Geißler (Hg.): Die Politisierung des Menschen. Instanzen der politischen Sozialisation. Ein Handbuch, Opladen: 425-442

Dorer, Johanna/Matthias Marschik (1995): Whose Side are You on? Anmerkungen zu Roland Burkarts Konzept einer verständigungsorientierten Öffentlichkeitsarbeit. In: Günter Bentele/Tobias Liebert (Hg.): Verständigungsorientierte Öffentlichkeitsarbeit, Leipzig: 31-37

Edelman, Murray (1976): Politik als Ritual. Die symbolische Funktion staatlicher Institutionen und politischen Handelns, Frankfurt/M.

Elster, Jon (1986): The Market and the Forum: three Varieties of Political Theory. In: Jon Elster/Aanund Hylland (Hg.): Foundations of Social Choice Theory, Cambridge: 103-132

Elster, Jon (1993): Constitution Making in Eastern Europe: Rebuilding the Boat in the Open Sea. In: Public Administration 71: 169-218

Fietkau, Hans-Joachim/Helmut Weidner (1992): Mediationsverfahren in der Umweltpolitik. Erfahrungen in der Bundesrepublik Deutschland. In: Aus Politik und Zeitgeschichte, B 39-40: 24-34

Göhler, Gerhard (Hg.) (1987): Grundfragen politischer Institutionen, Opladen

Göhler, Gerhard e.a. (Hg.) (1990): Die Rationalität politischer Institutionen, Baden-Baden

Habermas, Jürgen (1981): Theorie des kommunikativen Handelns, 2 Bde, Frankfurt/M.

Habermas, Jürgen (1990): Strukturwandel der Öffentlichkeit. Untersuchungen zu einer Kategorie der bürgerlichen Gesellschaft, Neudruck der Erstauflage von 1962, Frankfurt/M.

Himmelmann, Gerhard (1996): Chancen und Grenzen politischer Beteiligung und „Handlungsorientierung" in der Politischen Bildung. In: Politische Bildung. 29, 2: 81-96

Hoffmann, Jochen (1994): Das Politikbild in der Presse am Beispiel der Diskussion um die Pflegeversicherung, Unveröffentl. Magisterarbeit, Münster

IGEP-Systeme (Hg.) (1991): Bürgervotum zur Neuordnung des Sanierungsgebietes Innenstadt Gevelsberg, Solingen

Jarren, Otfried (1994): Politik und politische Kommunikation in der modernen Gesellschaft. In: Aus Politik und Zeitgeschichte, B 39: 3-10

Jungk, Robert /Norbert R. Müllert (1989): Zukunftswerkstätten. Mit Phantasie gegen Routine und Resignation, 5. Aufl., München

Käsler, Dirk (1991): Der Skandal als Politisches Theater. In: Dirk Käsler e.a.: Der politische Skandal. Zur symbolischen und dramaturgischen Qualität von Politik, Opladen: 9-68

Kepplinger, Hans Mathias (1989): Instrumentelle Aktualisierung. Grundlagen einer Theorie publizistischer Konflikte. In: Max Kaase/Winfried Schulz (Hg.): Massenkommunikation: Theorien, Methoden, Befunde, Opladen: 199-220

Kunczik, Michael (1994): Public Relations: Angewandte Sozialwissenschaft oder Ideologie? Ein Beitrag zur Ethik der Öffentlichkeitsarbeit. In: Wolfgang Armbrecht/Ulf Zabel (Hg.): Normative Aspekte der Public Relations. Grundlegende Fragen und Perspektiven. Eine Einführung, Opladen: 225-264

Luhmann, Niklas (1970): Öffentliche Meinung. In: Politische Vierteljahresschrift, 11: 2-28

Mayntz, Renate (1993): Policy-Netzwerke und die Logik von Verhandlungssystemen. In: Adrienne Héritier (Hg.): Policy-Analyse. Kritik und Neuorientierung, Opladen: 39-56

MEDIATOR (Hg.) (1996): Mediation in Umweltkonflikten. Verfahren kooperativer Problemlösung in der BRD. Projektbericht, Oldenburg

Meyer, Thomas (1992): Die Inszenierung des Scheins. Voraussetzungen und Folgen symbolischer Politik. Essay-Montage, Frankfurt/M.

Müller-Schöll, Ulrich (1995): Erfolgs- vs. Verständigungsorientierung. Kritisches Statement zu Roland Burkarts Konzept einer verständigungsorientierten Öffentlichkeitsarbeit. In: Günter Bentele/Tobias Liebert (Hg.). Verständigungsorientierte Öffentlichkeitsarbeit. Darstellung und Diskussion des Ansatzes von Roland Burkart, Leipzig: 43-46

Oberreuter, Heinrich (1989): Mediatisierte Politik und politischer Wertwandel. In: Frank E. Böckelmann (Hg.): Medienmacht und Politik. Mediatisierte Politik und politischer Wertewandel, Berlin: 31-41

Pfetsch, Barbara/Kerstin Dahlke (1996): Politische Öffentlichkeitsarbeit zwischen Zustimmungsmanagement und Politikvermittlung. Zur Selbstwahrnehmung politischer Sprecher in Berlin und Bonn. In: Otfried Jarren/Heribert Schatz/Hartmut Weßler (Hg.): Medien und politischer Prozeß. Politische Öffentlichkeit und massenmediale Politikvermittlung im Wandel, Opladen: 137-154

Renn, Ortwin et. al. (1993): Public Participation in Decision Making: A Three-Step Procedure In: Policy Sciences 26: 189-214

Ritter, Ernst-Hasso (1979): Der kooperative Staat. Bemerkungen zum Verhältnis von Staat und Wirtschaft. In: Archiv des öffentlichen Rechts, 104: 389-413

Ronneberger, Franz/Manfred Rühl (1992): Theorie der Public Relations. Ein Entwurf, Opladen

Sarcinelli, Ulrich (1987): Symbolische Politik. Zur Bedeutung symbolischen Handelns in der Wahlkampfkommunikation der Bundesrepublik Deutschland, Opladen

Sarcinelli, Ulrich (1992): Massenmedien und Politikvermittlung. Eine Problem- und Forschungsskizze. In: Gerhard W. Wittkämper (Hg.): Medien und Politik, Darmstadt: 37-62

Sarcinelli, Ulrich (1994): Mediale Politikdarstellung und politisches Handeln: analytische Anmerkungen zu einer notwendigerweise spannungsreichen Beziehung. In: Otfried Jarren (Hg.): Politische Kommunikation in Hörfunk und Fernsehen, Opladen: 35-50

Saretzki, Thomas (1996): Wie unterscheiden sich Argumentieren und Verhandeln? Definitionsprobleme, funktionale Bezüge und strukturelle Differenzen von zwei verschiedenen Kommunikationsmodi. In: Volker von Prittwitz (Hg.): Verhandeln und Argumentieren. Dialog, Interessen und Macht in der Umweltpolitik, Opladen: 19-39

Saxer, Ulrich (1994): Norm und Gegennorm: Probleme von Normenverträglichkeit in der PR-Arbeit. In: Wolfgang Armbrecht/Ulf Zabel (Hg.): Normative Aspekte der Public Relations. Grundlegende Fragen und Perspektiven. Eine Einführung, Opladen: 195-224

Scharpf, Fritz W. (1991): Die Handlungsfähigkeit des Staates am Ende des zwanzigsten Jahrhunderts. In: Politische Vierteljahresschrift, 32: 621-634

Schmalz-Bruns, Rainer (1994): Reflexive Demokratie. Die partizipatorische Transformation moderner Politik, Hamburg

Schulze-Felitz, Helmuth (1984): Der informale Verfassungsstaat. Aktuelle Beobachtungen des Verfassungslebens der Bundesrepublik Deutschland im Lichte der Verfassungstheorie, Berlin

Stiftung MITARBEIT (Hg.) (1996): Bürgergutachten ÜSTRA. Attraktiver Öffentlicher Personennahverkehr in Hannover, Bonn

Willke, Helmut (1983): Entzauberung des Staates. Überlegungen zu einer sozietalen Steuerungstheorie, Königstein

Zilleßen, Horst/Thomas Barbian (1992): Neue Formen der Konfliktregelung in der Umweltpolitik. In: Aus Politik und Zeitgeschichte, B 39-40: 14-23

Sweet Charity

Zum moralischen Ethos zeitgenössischer Sozialkampagnen[*]

Sigrid Baringhorst

1   Social Marketing – Solidarität als Kampagne

Nicht erst die Debatten um Sozialabbau und Erosion des Wohlfahrtsstaates haben seit Mitte der 90er Jahre das Bewusstsein einer breiten Öffentlichkeit für das Schwinden der knappen Ressource Solidarität sensibilisiert. Schon seit geraumer Zeit werden abnehmende Mitgliederzahlen in nahezu allen sozialen und politischen Großorganisationen, den politischen Parteien, den Gewerkschaften wie den Kirchen als Indikatoren für ein abnehmendes ziviles Engagement und für eine sinkende Solidarbereitschaft der Bevölkerung gewertet. Beschleunigte Prozesse ökonomischer und sozialer Modernisierung erzeugen, so eine verbreitete Erklärung der Sozialwissenschaftler, nicht nur individuelle Autonomiegewinne und vermehrte Handlungsoptionen, sondern zugleich die Auflösung tradierter Solidargemeinschaften, Furcht vor neugewonnener Freiheit und wachsende Orientierungslosigkeit angesichts einer zunehmenden Unübersichtlichkeit sozialer Verhältnisse.

Künden Wissenschaft und Feuilleton in konservativen wie linksliberalen Variationen von der fortschreitenden Krise der Moral, von der Erosion nicht erneuerbarer Solidarbindungen oder, wie der amerikanische Politologe Robert Putnam es formulierte, von der „strange disappearance of social capital" (Putnam 1995), so kann ein genauerer Blick auf die bunte Anzeigenwelt der deutschen Presselandschaft nur verwundern: Moralische Botschaften, wie vor allem Spendenaufrufe, Appelle zu politisch korrektem Konsum, Menschenrechts- und Toleranzkampagnen erleben in den Marketingstrategien gemeinnütziger wie kommerzieller Unternehmen im Widerspruch zu den allgemeinen

---

[*]   Dieser Beitrag wurde unverändert aus der 2. Auflage von 2001 übernommen.

Zeitdiagnosen eine erstaunliche Konjunktur. Zwar wird der Gesamteindruck der Werbewelt noch immer von einer Ikonographie der Schönen und Erfolgreichen, der Jungen und stets Dynamischen bestimmt. Doch haben sich in den letzten Jahren unter die Heile-Welt-Bilder der kommerziellen Kaufappelle zunehmend professionell gestaltete moralische Appelle gemischt, die die Solidaritätsbereitschaft der Leser mobilisieren wollen.

Social Marketing, verstanden als strategische Beeinflussung der Akzeptanz sozialer Vorstellungen, scheint, so die aus der Vielzahl kampagnenförmiger Solidaritätsappelle abzuleitende Folgerung, zu einer zentralen Handlungsmaxime von um die Aufmerksamkeit und Gunst von Konsumenten und wohltätigen Spendern buhlenden Organisationen geworden zu sein. Ganz entgegen den diskursethischen Idealen einer nicht strategischen, auf Verständigung ausgerichteten Kommunikation werden auch soziale Ideen marketingförmig, d.h. analog dem kommerziellen Absatzmarketing in markt- und vor allem zielgruppengerechten Persuasionsstrategien feilgeboten.

Dabei bezieht sich die zu konstatierende Vermarktung von Solidarität nicht nur auf die Sozial- und Ökowerbung so genannter Nonprofit-Organisationen und wohltätiger Initiativen. Auch kommerzielle Unternehmen überhöhen ihre Waren und Dienstleistungen seit einigen Jahren mit moralischen Gütekriterien sozialer und ökologischer Verträglichkeit. Im Rahmen der Koordination von Produkt-, Preis-, Distributions- und Kommunikationspolitik, den zentralen Dimensionen unternehmerischen Marketings (vgl. Kotler/Zaltman 1971; Krzeminski/Neck 1994), haben soziale und ökologische Aspekte signifikant an Bedeutung gewonnen. Dies belegen nicht nur die tabubrechenden Anzeigen bekannter Textilhersteller wie Benetton, Esprit, Moschino oder Otto Kern, sondern ebenso die Imagekampagnen großer deutscher Industriekonzerne und Banken: So ruft die Dresdner Bank zur Hilfe beim Wiederaufbau der Dresdner Frauenkirche auf, die Deutsche Bank räsonniert über die „Zukunft der Arbeit", ein Chemiegigant verkündet im entwicklungspolitischen Expertenjargon „Wir von Hoechst fühlen uns der Zielsetzung Sustainable Development verpflichtet", und der Bayer-Konzern postuliert in einer Kampagne aus dem Februar 1995, einen Monat vor der Nachfolgekonferenz zum Klimagipfel von Rio in Berlin „Wir nehmen die Forderungen von Rio ernst". Vor allem im Rekurs auf ökologische Verantwortlichkeit zeigen gegenwärtige Marketingstrategien geradezu inflationäre Tendenzen.

> „Nichts, aber auch gar nichts" kann, so die Kritik Richard Münchs an der Inflation moralischer Diskurse, „mehr ohne die moralisch prämierten Etiketten der Umweltfreundlichkeit, der Umweltverträglichkeit oder der ökologischen Rücksichtnahme in die Öffentlichkeit gebracht werden (...), auch dann, wenn gerade das Gegenteil der Fall ist. Keine Ware wird noch ohne die entsprechende Ökoetikette verkauft, kein Werbespruch kann darauf verzichten. Unternehmen müssen sich in der Öffentlichkeit als sicherster Hort des ökologischen Bewusstseins darstellen. Ihre Public-Relations-Abteilungen hören sich wie die Predigerschulen des ökologischen Bewusstseins an." (Münch 1995: 239)

Der mit systemischen Komplexitätssteigerungen einhergehende allgemeine Prozess der zunehmenden intersystemischen Durchdringung betrifft auch die Veränderung des Verhältnisses von Moral und Ökonomie. Die Trennung der Sphären von Markt und Moral wird vor allem auf der symbolischen Vermittlungsebene zunehmend aufgehoben. Der ethischen Aufladung kommerzieller Imagekampagnen entspricht eine zunehmende Kommerzialisierung im Bereich der Kampagnenarbeit nicht-kommerzieller Organisationen. Auch deren Kommunikationsmittel weisen zunehmend Produktcharakter auf: sei es in Form moralisch aufgeladener T-Shirts oder von Produkten, die, wie die wachsende Zahl von Fair-Trade-Kampagnen dokumentiert, als sozial gerecht etikettiert werden, da sie besonderen Produktions- und Distributionsbedingungen unterliegen.

Gegenstand der folgenden Überlegungen soll jedoch nicht diese an anderer Stelle näher ausgeführte gegenseitige Durchdringung von Solidarität und Markt mit ihren ambivalenten Folgen sein (vgl. Baringhorst 1995b). Gefragt wird vielmehr nach dem spezifischen moralischen Ethos der Kampagnenaufrufe, nach der spezifischen Vorstellung von Solidarität, die die ethischen Handlungsappelle der Werbung gemeinnütziger, aber zum Teil auch kommerzieller Unternehmen wachrufen. Die Überlegungen basieren dabei auf einer Auswertung von sozialen und ökologischen Werbeanzeigen, die im Zeitraum von 1992 und 1995 in ausgewählten deutschen überregionalen Zeitungen, politischen Wochen- und Monatsmagazinen, Zeitgeistmagazinen sowie Modezeitschriften erschienen.[1]

2 Politics of survival: Überlebensethik als neue Minimalmoral

Nicht zuletzt aufgrund der Filter massenmedialer Vermittlung, die vor allem nach dem Kriterium konsensualer Zustimmung selektieren, betreiben die auf Publikumsakzeptanz gerichteten Kampagnenbotschaften im Allgemeinen konsensuale Sinnstiftung statt kritischer Konfrontation und konfliktorientierter Durchsetzung emanzipatorischer Handlungsziele. Gemeinnützige Organisationen aber auch Medien- und andere kommerzielle Unternehmen sowie einzelne prominente Initiatoren thematisieren Solidaritätsdefizite und rufen in öffentlichen Anzeigen zur individuellen und kollektiven Hilfe auf, um konkrete Notsituationen wie Krieg, Hungersnot und andere Katastrophen abzumildern, um das Überleben akut bedrohter Gattungen zu sichern oder die Diskriminierung gesellschaftlicher Randgruppen wie die politische Verfolgung einzelner zu verhindern. Statt politischer Kampfparolen finden sich auffallend häufig sakrale Motive: Kreuze, wie z.B. in der Tibet-Kampagne der Agentur AEBI/BBDO, gestaltet im Auftrag der Gesellschaft Schweizerisch-Tibetische Freundschaft, oder auf dem von O. Toscani für Benetton ins Bild gesetzten Soldatenfriedhof; Jesus-Analogien, wie etwa in einem Aufruf der „Act Up"-Gruppe zum Festival „Aids Culture – Culture Aids" in Berlin oder wie im Beispiel des sterbenden David Kirby in der viel skandalisierten Benetton-Kampagne; oder himmlische Boten, wie in der Inszenierung von Monika Griefhahn als Friedensengel in einer Werbung für Otto Kern oder in der ähnlichen Inszenierung des Top-Models Iman in einem Spendenaufruf für die UNESCO.

---

[1] Ausgewählt wurden Die Zeit, Die Süddeutsche Zeitung mit ihren jeweiligen Magazinbeilagen, Der Spiegel, Max, Tempo, Prinz, Marie Claire, Elle, das Greenpeace Magazin sowie die vom Benetton-Konzern herausgegebene Zeitschrift Benetton.

Die inhaltliche Ausrichtung der Anzeigen ist ähnlich den von Lofland (1989) analysierten Konsensbewegungen primär zustimmungsorientiert: Ihre moralische Aufladung schließt nicht an partikulare Interessen, sondern an basale, allgemein geteilte Werte an. Gefordert wird keine grundlegende Veränderung politischer oder gesellschaftlicher Machtverhältnisse. Falls die Notwendigkeit solidarischer Unterstützungsleistung nicht auf das Einwirken von Naturgewalten – auch Hungerkatastrophen werden als quasi schicksalhafte Ereignisse dargestellt – zurückgeführt wird, geht es primär darum, konkrete Normverletzungen zu skandalisieren: ob Shell, Rechtsradikale oder Folterregime – die skandalisierten Täter werden entweder außerhalb oder am äußersten Rand der angesprochenen Wir-Gemeinschaft verortet. Werden, wie vor allem in den Kampagnen von Greenpeace, Repräsentanten innergesellschaftlicher Eliten öffentlich angegriffen, richtet sich die Kritik gegen konkret identifizierbare einzelne Akteure, einzelne Politiker oder Unternehmensleiter, nicht aber gegen strukturelle, ökonomische Rahmenbedingungen und politische Machtverhältnisse.

Die verbreiteten Mitleidsappelle setzen an die Stelle einer modernen Solidarität, die vor allem auf Status- und daraus abgeleiteter Interessengleichheit gründet, eine Transformation kollektiver sozialer Moralisierung hin zu neuen Formen postemanzipatorischer, humanitär-biophiler Ziele. In ihrer ausgeprägten moralischen Wertorientierung widersprechen sie der von Gerhard Schulze als zeittypisch diagnostizierten Handlungsorientierung allein nach Kriterien innengeleiteter Erlebnissuche. Schulze spricht in seiner „Kultursoziologie der Gegenwart" den Mitgliedern der „Erlebnisgesellschaft" nur noch expressiv-hedonistische Motive zu:

„Der Handelnde", so Schulze, „erfährt sich nicht als moralisches Wesen, als Kämpfer für ein weit entferntes Ziel, als Unterdrückter mit der Vision einer besseren Welt, als Überlebenskünstler, als Träger von Pflichten. Wissen, was man will, bedeutet wissen, was einem gefällt. ‚Erlebe dein Leben!' ist der kategorische Imperativ unserer Zeit. (...) Die Psyche wird nicht mehr gemessen mit Begriffen wie Tugend, Standhaftigkeit, Charisma oder edle Größe, sondern mit Kriterien wie Spontaneität, Empfindungsreichtum und Gefühlsintensität. Diese Maßstäbe gelten auch für den Kontakt mit anderen." (Schulze 1992: 58f.)

Sieht Schulze eine lineare Entwicklung weg von der Überlebensorientierung hin zur Erlebnisorientierung, so ist angesichts der Solidaritätskampagnen dagegenzuhalten, dass sich Überlebensorientierung und Postmaterialismus keineswegs, wie unterstellt, ausschließen müssen.[2] Die Sicherung des Überlebens ist ganz im Gegenteil in den letzten zehn Jahren, angefangen mit den globalen, von Bob Geldorf initiierten Live-Aid-Konzerten des Jahres 1985, zu einem zentralen Fokus globaler Weltkollekten und Solidaritätsappelle geworden.

Die Kampagnenaufrufe rekurrieren auf einen von den neuen sozialen Bewegungen vorgeformten „master frame" (Snow/Benford 1988: 209) post-materialistischer Weltdeutungen. Sie reduzieren dabei die normativen Vorgaben auf einen moralischen Minimalstandard, der sich vor allem in der Konzentration auf humane, biologische und ökologische Überlebensfragen ausdrückt. Dominierende Themen sind: gewaltförmige

---

[2] „Der Weg von der Pauperismuskrise zur Sinnkrise läßt sich auch als Weg von der Überlebensorientierung zur Erlebnisorientierung beschreiben." (Schulze 1992: 55)

Übergriffe gegen Ausländer, Diskriminierung von Aidskranken und Behinderten, Kindesmisshandlungen, Kinderarbeit, Folter und Menschenrechtsverletzungen, Hunger in der Dritten Welt, die Bedrohung von Tierarten wie die Abholzung der Regenwälder sowie die drohende Klimakatastrophe. Auffallend ist dabei eine allgemeine Aufwertung des Leiblichen. Thematisiert und bildlich höchst eindringlich dargestellt werden vor allem körperliche Grausamkeiten, Gewalt und Folter, unheilbare Krankheiten und Hunger.

Die modernen Emanzipationsbestrebungen sind in den Kampagneninszenierungen einer humanitären Ethik gewichen, die ganz im Sinne der von Richard Rorty formulierten gefühlsethischen Fundierung von Solidarität die Verhinderung von Schmerzen, Not und Grausamkeit (vgl. Rorty 1992) zur nahezu einzig verbliebenen, kollektiv verbindlich zu machenden Quelle sozialer Verpflichtungen erhebt. Jenseits der Vielfalt regionaler und nationaler Kulturen und der fortschreitenden Pluralisierung religiöser Überzeugungen und Lebensstile kristallisiert sich in den Kampagnenbotschaften eine nicht hintergehbare Grenze der Toleranz heraus, die vieles gemeinsam hat mit der von Albert Schweitzer geforderten „Ehrfurcht vor dem Leben" oder der von Umberto Eco postulierten „Achtung vor dem Körper".[3]

Die Erosion traditionaler Normbestände hat die Pluralität von Werten auf einen minimalen Kern, einen kleinsten gemeinsamen Nenner verbindlicher Normen eingeschmolzen, indem vor allem die Sicherung des Überlebens zum moralischen Fundament einer posttraditionalen Ethik geworden ist. Im Gegensatz zum Humanismus der Aufklärung ist die gegenwärtige Kampagnenethik nicht primär auf den Menschen als freiheitssuchendes, autonomes Individuum gerichtet. Im Zentrum der mobilisierten Mitleidsmoral steht weniger die politische Emanzipation als das Überleben des Einzelnen und des Menschen als Gattungswesen.

In der sprachlichen wie bildlichen Semantik der Hilfsaufrufe wird der thematische Schwerpunkt gattungsbezogener Überlebensprobleme in vieler Hinsicht deutlich: Solidarische Hilfe wird eingefordert für Gruppen, die vor allem in ihrer existentiellen Not dargestellt werden. Die als Opfer inszenierten Gruppen und Einzelnen werden durchgängig unabhängig von ihrem beruflichen Status oder ihrer gesellschaftlichen Funktion präsentiert. Die Inszenierung ist ikonographisch. Visualisiert wird nicht das Leiden konkret benannter, sondern abstrakt bleibender Gruppen- oder Gattungsrepräsentanten.

Entsprechend der Devise „Menschen für Menschen", einer von dem Schauspieler Karl-Heinz Böhm initiierten und von der Frankfurter Agentur Conrad und Burnett werblich gestalteten Hungerhilfskampagne für Äthiopien, steht im Mittelpunkt der

---

[3] Eco charakterisiert Letztere folgendermaßen: „Man kann eine Ethik auf die Achtung vor dem Körper gründen: Essen, Trinken, Pinkeln, Scheißen, Schlafen, Lieben, Sprechen, Hören und so weiter. Jemanden daran zu hindern, sich nachts schlafen zu legen, oder ihn zu zwingen, mit dem Kopf nach unten zu leben, ist eine Form nicht zu duldender Folter. Andere daran zu hindern, sich zu bewegen oder zu sprechen, ist ebenfalls nicht zu dulden. Bei der Vergewaltigung wird der Körper des anderen missachtet. Alle Formen des Rassismus und des Ausschließens sind letzten Endes Arten, den Körper des anderen zu negieren. Man könnte die ganze Geschichte der Ethik unter dem Aspekt der Rechte des Körpers und der Beziehungen unserer Körper zur Welt neu lesen." (Eco 1993)

Kampagnen der leidende Mensch als Gattungswesen. Die sterbenden AIDS-Kranken, die Opfer rassistischer Übergriffe oder die Hungernden Afrikas gerinnen zu Kultbildern, zu stilisierten Mustern der visuellen Verkörperung von Schmerzempfindungen und Demütigungen. Folgt das Leben nicht den von Werbung und Fernsehen vermittelten ästhetischen Schemata, schaut das Leiden anders aus als auf den gewohnten Bildern katastrophengeschulter Medien-Voyeure, so wird, wie im Fall des Kirby-Bildes im Rahmen der AIDS-Kampagne von Benetton, gegebenenfalls sogar durch kalkulierte Arrangements und zur Not auch Retouchierung – Letzteres jedoch bisher nur von kommerziellen Imagekampagnen bekannt – etwas nachgeholfen.

Indem die Einstellungen der magischen Augen der Werbefotographen und Tele-Dokumentatoren den konkret Leidenden nur als Opfer und losgelöst von seiner Position und Rolle im funktional differenzierten Gesellschaftsgefüge zeigen, wird alles, was auf Feindseligkeiten, Neid und Statusangst deuten könnte, ausgeblendet. Die Kampagnen funktionieren, d.h. sie erregen die gewollte moralische Empörung, vor allem, weil sie die Akteure, dargestellte Opfer wie adressierte Zielgruppe, dem für moderne Eigentumsmarktgesellschaften typischen Konkurrenzmechanismus entziehen. Sie folgen darin in gewisser Hinsicht einer Einsicht aus der Moraltheorie Humes, nach der nichts der umfassenden Anteilnahme und dem Zusammenwirken mehr schadet als das dem Prinzip der Sympathie entgegengesetzte Prinzip des konkurrierenden „Vergleichens" (vgl. Baier 1993: 127). Zwar werden in den Aufrufen zuweilen auch Vergleiche nahe gelegt, doch keineswegs in konkurrierender Perspektive, sondern im mitleidigen Blick der wohlgestellten Gönner auf die hilflosen Opfer.

Auffällig sind die mit der Überlebensethik der Kampagnen korrespondierenden häufigen Bilder vom Tode bedrohter Menschen, seien es AIDS-Kranke, Opfer von Hungerkatastrophen oder Kriegsopfer. Die öffentliche Skandalisierung des Todes als Zeichen menschlicher Schwäche und Sterblichkeit ist kein Novum. Auch in der Vergangenheit waren Todesfälle, vor allem wenn es sich um „nicht natürliche" Fälle handelte, häufig Auslöser sozialen Engagements. Doch wurden die Toten oft als Märtyrer verehrt, die ihr Leben dem oppositionellen Protest und Kampf für ein emanzipatorisches oder auch reaktionär-nationalistisches Bewegungsziel opferten. In den Solidaritätsaufrufen der 90er Jahre wird der Tod jedoch abgelöst von politischen Bewegungskontexten und repräsentativ für das menschliche Schicksal schlechthin. Der Tod zeugt nicht mehr von der natürlichen Sterblichkeit der Gattung, sondern wird zum Skandal und Objekt moralischer Empörung.

Der Soziologe Zygmunt Bauman deutet die von ihm analysierte gegenwärtige Überlebensfixierung ausschließlich als egozentrierte Körperpolitik, die nur auf dem Top Level des Zwei-Ebenen-Habitats der Postmoderne beansprucht und realisiert werden kann.

„[...] deconstruction of immortality is reserved for the top layer, with the old quandary of coping with the horrors of mortality remaining the fate of the bottom tier; but this is a fate they must now bear alone, on their own, with the resources, contracted out, together with their owners." (Bauman 1992: 31)

Baumans pessimistische Weltsicht interpretiert die dekonstruierte Unsterblichkeit ausschließlich als hedonistisch gelebte Sterblichkeit und ignoriert dabei die sich in gegenwärtigen Sozialkampagnen wie schon in den sozialen Bewegungen der 70er und 80er Jahre manifestierende Globalisierung von Überlebensforderungen, die zunehmend weltweite Ausweitung solidarischer Inklusion im Kampf gegen die Sterblichkeit des Leibes. Individueller Körperkult und kollektive Überlebenssicherung schließen sich nicht aus, sondern sind, wie z.B. ein Motiv aus der Anzeigenserie des Jeans-Herstellers Diesel zum Thema „Guides to Successful Living" veranschaulicht, in der werblichen Kampagnenpolitik eng miteinander verknüpft. In der unternehmerischen Imagewerbung wird die Ozonverminderung in der Erdatmosphäre mit einem Bild lifestylegerechter, jugendlicher Selbstinszenierung skandalisiert. Der bildlich dargestellte narzisstische Körperkult um Sonnenbad und Freizeitgenuss wird unterlegt mit einem ironischen Kommentar zur Frage „How to get an eight minute suntan & more...":

> „The OZONE HOLE is a real ‚must' for the modern career-minded person. By simply e-x-p-a-n-d-i-n-g the Hole you'll save VALUABLE earning time SPEND LESS on costly vacation! [...] It's the Sensation of the Century!!! And remember less wasted time also means more productivity from us all: IS THERE A BETTER WAY TO SAVE THE WORLD?!!!" (Prinz 7/1994: 12)

Todesikonen und ironisch verzerrte oder als eindeutige Katastrophenszenarios inszenierte Appelle zur Rettung der Umwelt symbolisieren eine tief unter der Oberfläche eines optimistischen, modernen Menschheitsideals gelagerte, skeptische Weltdeutung. Sie visualisieren einen von Mary Douglas und Aaron Wildavsky schon Anfang der 1980er Jahre am Beispiel amerikanischer Umweltorganisationen analysierten wachsenden Fortschrittspessimismus: Der moderne, mythenähnliche Glaube an die Segnungen des menschlichen Erfindungsgeistes und die Möglichkeiten einer den Tod opponierenden Naturbeherrschung wurde von den Umweltbewegungen der 1980er Jahre radikal angezweifelt (vgl. Douglas/Wildavsky 1983: 190). Die Solidaritätskampagnen der 1990er Jahre greifen mit ihren Ikonen von Schmerz und Elend, Katastrophe und Schiffbruch die Fortschrittskritik der neuen sozialen Bewegungen auf. Doch lassen die Bildaussagen insgesamt ambivalente Deutungen zu: Einerseits künden sie in ihrem Engagement gegen Gewalt, Hunger und Krankheit von der neuzeitlichen Hoffnung auf den finalen Sieg des Menschen über Schmerz und Leid. Andererseits halten sie zugleich dem naiven, modernen Zukunftsoptimismus die existentielle Gefährdung, die permanent gewordene Katastrophe entgegen.

Die Ikonographie schwankt zwischen Katastrophe und Erlösung. Die Anlehnung an Christus-Darstellungen in den AIDS-Kampagnen verdeutlicht die Ambivalenz von Zukunftspessimismus und Hoffnung. Die Gekreuzigten-Bilder künden nicht nur vom Tod, sondern auch von der mit dem Tod prinzipiell gegebenen Möglichkeit der Erlösung. Auch der beobachtete Schiffbruch – dargestellt etwa in Imagekampagnen der Umweltorganisationen Greenpeace und WWF – ist vor allem ein Symbol der Warnung für den Betrachter, die Zeichen der Zeit rechtzeitig zu erkennen und umzukehren.

3 Zur doppelten Entgrenzung solidarischer Gemeinschaften

Die normative Ausdünnung der Solidarität in der werblichen Minimalmoral des Social Marketing geht einher mit einer auffälligen Ausweitung der Solidargemeinschaft. In der humanitären Überlebenspolitik der Solidaritätskampagnen werden familiale, lokale und nationale Grenzen der sozialen und politischen Welt dekonstruiert und die menschliche Unterstützungspflicht global ausgedehnt. Sozialwissenschaftliche Solidaritätstheorien gehen gemeinhin davon aus, dass die Solidarbereitschaft mit der phänotypischen oder ideologischen Ähnlichkeit und der räumlichen Nähe zu den Unterstützungsbedürftigen zunehme (vgl. z.B. Hondrich/Koch-Arzberger 1992). Demgegenüber ruft die Mehrheit der Werbekampagnen jedoch keineswegs zu einer Solidarität mit Mitgliedern einer engeren Wir-Gemeinschaft auf. Im Zentrum der Solidaritätsappelle steht die Solidarität mit Fremden, seien es aus der Wir-Gruppe ausgestoßene Kranke und Behinderte, seien es politisch ausgeschlossene Fremde wie Ausländer und Asylbewerber oder wie im Fall der Hungerhilfskampagnen die hungernden Fremden in der Dritten Welt.

Eingefordert wird eine Solidarität ohne Grenzen. Die Globalität der Unterstützungsleistung entspricht einer zunehmenden Globalität der aufrufenden moralischen Unternehmen. Initiatoren sind weltweit operierende, mobile Einsatztruppen direkt oder indirekt helfender professioneller Akteure: „Ärzte ohne Grenzen", „Apotheker ohne Grenzen", „Journalisten ohne Grenzen", institutionalisierte Hilfsorganisationen wie Oxfam, weltweite Umweltorganisationen wie Greenpeace oder international agierende kommerzielle Unternehmen wie Benetton[4], international bekannte Medienstars oder weltweit zu empfangende Sendeanstalten.

Wesentlicher Motor der fortschreitenden Globalisierung von Solidaritätsappellen ist die zunehmende Entgrenzung objektiv vorhandener Risiken. Dabei geht es nicht nur um ökologische Risiken, wie die Auswirkungen der Abholzung entfernter Regenwälder auf das heimische Klima. Auch soziale, politische und medizinische Gefahrenpotentiale, wie die Rückkopplungseffekte entfernter Bürgerkriege auf die Migration nach Westeuropa oder nicht lokal begrenzbare Krankheiten wie AIDS, entfalten weltweite Dimensionen.

Wie Douglas und Wildavsky überzeugend argumentieren, werden objektiv vorhandene Risiken erst durch eine entsprechende Risikokommunikation und ihre Problematisierung in öffentlichen Diskursen zu sozial und politisch relevanten Phänomenen. Die Selektion von Risiken und damit auch die Bestimmung der geographischen Reichweite als relevant wahrgenommener Probleme geht in modernen Kommunikationsgesellschaften mit der Abnahme von Erfahrungen erster Hand einher und wird zunehmend abhängig von den Nachrichtenfiltern massenmedial vermittelter Kommunikation. Die

---

[4] Eine eigene Hilfskampagne hatte Benetton in Reaktion auf wachsende Kritik an der tabuverletzenden Realitywerbung 1993 gestartet. Unter der Headline „Gebt mir meine Kleider zurück!" forderte Unternehmenschef Luciano Benetton zur globalen Kleiderspende auf. Im März 1996 stellte Benetton sein neues Kommunikationszentrum „Fabrica" imageträchtig und medienwirksam zu einem internationalen Treffen von SOS-Racisme-Gruppen zur Verfügung.

Massenmedien liefern uns tagtäglich Modelle sozialer Wirklichkeit, die aufgrund der inszenierten Authentizität der vermittelten Symbolwelt die Unterscheidung zwischen Erfahrungen erster und zweiter Hand zunehmend erschweren.

> Sie haben, so Siegfried J. Schmidt, „in zunehmendem Maße die Funktion übernommen, ein angeblich allen gemeinsames Wirklichkeitsmodell durch das Gefühl des authentischen Dabeiseins zu unterstellen. Das geschieht nicht etwa im Modus der Abbildung von Realität, sondern im Modus der Inszenierung von Wirklichkeiten, wobei zunehmend die technischen Möglichkeiten genutzt werden, um den Unterschied zwischen Abbildung und Inszenierung aufzuheben." (Schmidt 1992: 441)

Die räumliche Ausdehnung der Kommunikationsgesellschaft hat zugleich die Dimensionen der Öffentlichkeit ins Globale gesteigert und damit die medientechnologische Basis für die Verbreitung einer nationale Wir-Gemeinschaften transzendierenden, universalen Solidarität gelegt. Mit der telegenen Ausweitung des Raumes von Erfahrungen zweiter Hand erhält die „gesellschaftliche Gemeinschaft" (Giesen 1983: 236) zunehmend planetarische Dimensionen. Das Spektrum in Echtzeit wahrnehmbarer sozialer Ungerechtigkeiten, politischer Benachteiligungen oder kriegerischer Auseinandersetzungen wird tendenziell nur noch durch die individuell knappe Ressource Aufmerksamkeit begrenzt. Schon Arnold Gehlen hat die Konjunktur des humanitären Ethos in hohem Maße auf die Verbreitung audiovisueller Kommunikationsmedien zurückgeführt:

> „Der elektromagnetische Weltverkehr schickt uns Umrissskizzen von allen denkbaren Ereignissen bis zu den Antipoden zu, diese Skizzen verhalten sich zu den Tatsachen selbst wie der Schatten zum Körper – farblos und dimensionsarm. Diesem weltweiten Versand von Hohlformen soll nun unser moralisches Empfinden entsprechen, das von Natur her auf Nah-Optik eingestellt ist; daher haben wir als Ersatz der nicht vorhandenen Fernmoral nur die humanitäreudaimonistische, deren Ansprüche man nicht einlösen kann." (Gehlen 1969: 155)

Ähnlich sieht auch Richard Münch in der Telekommunikation und ihrer gesteigerten Möglichkeit, durch Bilder Aufmerksamkeit zu erzeugen und weltweit zu berichten, eine entscheidende Ursache der geographischen Extension von Solidaritäten wie aber auch deren Kehrseite, der Konstruktion und Mobilisierung von Ressentiments und Hassgefühlen[5]. Die infolge steigender gesellschaftlicher Komplexität sich vervielfältigenden gesellschaftlichen Kommunikationsprozesse sieht Münch durch vier parallele Entwicklungstendenzen gekennzeichnet: durch eine Expansion, Verdichtung, Beschleunigung wie auch Globalisierung von Kommunikation (vgl. Münch 1991: 116). Dies betrifft nicht nur ökonomische und politisch-staatliche Kommunikation, sondern auch moralische und kulturelle Verständigungsprozesse.

> „Auch die moralische Kommunikation ist inzwischen in ein globales Netzwerk konkurrierender moralischer Unternehmungen eingeflochten. Es werden per Satellit ausgestrahlte Popkonzerte für die Hungernden der Welt und gegen die Apartheid in Südafrika veranstaltet. Amnesty International und Greenpeace sind moralische Großkonzerne mit Unternehmen in nahezu allen Ländern der Welt. [...] Es gibt inzwischen einen Weltmarkt der moralischen Empörung,

---

[5] „So hat die Telekommunikation einen maßgeblichen Anteil an der weltweiten Erregung von Emotionen, der Herstellung von Solidaritäten, aber auch an dem Schüren von Hass. [...] Die Revolutionen in Osteuropa im Herbst 1989 waren die ersten der Weltgeschichte, an denen die Telekommunikation einen maßgeblichen Anteil hatte." (Münch 1991: 113)

auf dem moralische Unternehmer um Marktanteile der öffentlichen Aufmerksamkeit konkurrieren." (Münch 1991: 116)[6]

Die Elargierung sozialer und geographischer Leistungsgrenzen helfender Unterstützung korrespondiert mit einer artenspezifischen Entgrenzung der Solidarität. Die Distinktion zwischen Kultur und Natur, sozialem und natürlichem Raum wird transformiert im Sinne einer allgemeinen Subjektivierung der belebten Natur. Die Kampagnen artikulieren eine Bioethik, eine Doktrin der Heiligkeit allen Lebens, die die Legitimität ihrer Tier- und Naturschutzforderungen zumeist aus der Schmerzempfindlichkeit der gesamten belebten Kreatur bezieht.

„Arten- und Biotopschutz steigert", wie Karger und Wiedemann betonen, „weder die Lebensqualität, noch sichert er die Lebensgrundlagen des Menschen." (Karger/Wiedemann 1994: 18) In der kampagnenförmigen Ausweitung der Solidarität auf „entfernte" Naturgüter, vor allem in den Tierschutzkampagnen, wird die sozial konstruierte Mensch-Natur- und Natur-Kultur-Distinktion aufgebrochen und ein generalisiertes Mitgefühl gegenüber der gesamten belebten Natur eingefordert. Doch belegen die Anzeigenbilder, dass die Elargierung von Auslösereizen menschlicher Schutzimpulse nicht beliebig erfolgt. Nicht alle lebenden Mitgeschöpfe eignen sich gleichermaßen als Fokus anthropologisch entgrenzter, bioethischer Solidarität. Dargestellt werden primär die Arten, die einen hohen Signalwert hinsichtlich der Indikation genereller Umweltprobleme besitzen oder deren Symbolwert aufgrund ihrer äußeren Gestalt hoch ist. Entscheidend für die Wertschätzung „entfernter" Naturgüter, seien es Insekten oder Wale, ist ihr ideeller Wert, nicht ihr praktischer Nutzen.

Nicht alle Tiere sind gleich; psychologische Faktoren spielen bei der Mobilisierung von Solidarität mit der stummen Kreatur eine wichtige Rolle. Wichtig ist zum einen die auch von Gehlen betonte Anknüpfung an ursprüngliche Auslösereize, wie runde Formen, weiches Fell und täppische Bewegungen, zum anderen der Bezug zu archetypischen Vorstellungen von Wildheit.

„Auch wenn unser Naturverständnis sich weitgehend vom Ethos der Achtung der Natur und ihrer Integrität in ein Bild von der Natur als Ressource gewandelt hat, zeigen sich Reste dieses Naturkonzeptes gerade in der Empathie für bestimmte Geschöpfe oder Landschaften, die das Urtümliche, Ursprüngliche und ‚Natürliche' unserer Vorstellungen von der Natur ansprechen können. [...] Die Möglichkeit einer Identifikation mit dem archetypischen Bild von Wildheit und Natur scheint einen stärkeren Einfluss auf die Bewertung zu haben als die Tatsache, dass eine Tierart vom Aussterben bedroht ist. Diese Identifikation gelingt kaum mit dem abstrakten Begriff der Tierart, bei dem nicht konkrete Lebewesen mit ihren Namen genannt werden, oder mit Naturschutzreservaten oder -gebieten, die als bloße Wiederherstellung bereits zerstörter Natur wahrgenommen werden." (Karger/Wiedemann 1994: 18f.)

---

[6] Zur Ableitung einer Fernethik aus der massenmedialen Kommunikation vgl. auch Ulrich Beck: „Mit der Enttraditionalisierung und der Schaffung weltweiter Mediennetzwerke wird die Biographie mehr und mehr aus ihren unmittelbaren Lebenskreisen herausgelöst und über Länder- und Expertengrenzen hinweg für eine Fernmoral geöffnet, die den einzelnen in den Zustand der potentiellen Dauerstellungnahme versetzt. Bei gleichzeitiger Versenkung in die Unbedeutendheit wird er auf den scheinbaren Thron eines Weltgestalters gehoben." (Beck 1986: 219)

4 Hilfe als (Non-)Politikon

Da unterschiedliche Präsentations- und Deutungsschemata unterschiedliche Problemkonzeptionen und -evaluationen indizieren, ist der Modus der massenmedialen Problemkonstruktion von entscheidender Bedeutung für die daraus abgeleiteten Problemlösungsstrategien. Dabei ist die symbolische Konstruktion von Verantwortlichkeit auf zwei Ebenen zu analysieren, zum einen auf einer allgemeinen kulturellen Ebene, wobei die Frage, ob ein öffentliches Problem als politisches, medizinisches oder humanitäres erscheint, im Vordergrund steht, und zum anderen auf einer strukturellen Ebene, bei der es um die konkrete Zuweisung von Verantwortlichkeiten auf bestimmte Institutionen oder Personen und Gruppen geht (vgl. Gusfield 1981: 6).

Die Empörung über den Hunger in der Dritten Welt oder der Ruf nach ökologischer Überlebenssicherung wird je nach Deutungsschema und Ursachenzuweisung unterschiedliche Handlungsaufforderungen nahe legen. Wird rassistische Gewalt kausal mit dem Versagen staatlicher Ordnungskräfte oder einer diskriminierenden Asylpolitik in Verbindung gebracht, sind die aus der Kausal-attribuierung folgenden Handlungsappelle anders zu formulieren, als wenn die rassistische Bedrohung als außerhalb staatlicher Verantwortung stehend interpretiert wird.

Murray Edelman hat die zentrale Bedeutung von Deutungsrahmen für die symbolische Konstruktion sozialer Probleme am Beispiel der Bedeutungsunterschiede verschiedener Bezeichnungen für staatliche Hilfen erläutert. So gilt z.B. in US-amerikanischen Diskursen Hilfe für Farmer als „parity", Unternehmenssubventionen in Form von Steuerkürzungen werden als allgemeine Wirtschaftsförderung deklariert und Unterstützungen für Menschen unter der Armutsgrenze „welfare" oder „help" genannt (vgl. Edelman 1977). Die sprachlichen Problemkonstruktionen sind von zentraler Bedeutung für die aus ihnen abgeleiteten Problemlösungen. So werden sozio-ökonomische Unterstützungsleistungen entweder als Ausdruck staatlicher oder gesellschaftlicher Pflichtaufgaben oder aber, und dies gilt insbesondere für den US-amerikanischen Kontext, bei der Etikettierung mit „Hilfe" oder „Wohlfahrt" als Aufgabe privater Wohltätigkeit erscheinen. Wird ein Problem als Problem der „Hilfe" oder der „Wohlfahrt" konstruiert, so wird damit betont, dass es sich bei den geforderten staatlichen Leistungen nicht um die Erfüllung legitimer Rechtsansprüche handelt, sondern um einen nicht einklagbaren, zeitlich terminierten Akt der Benevolenz. Zugleich wird, wie Joseph R. Gusfield am Beispiel amerikanischer Kampagnen gegen Alkohol am Steuer herausgestellt hat, die Problemursache in die als „hilfsbedürftig" titulierten Individuen hineinverlegt. Und dies um so häufiger, je schwächer der soziale Status der Betroffenen ist:

> „To use the language of ‚social problem' is to portray its subjects as ‚sick' or as ‚troublesome'. We do not use a language of personal deficiencies to talk about economic concerns or to describe recession as the problem of sick businessmen, nor do we describe investment counsellors as ‚market therapists'. The income of the client affects the language of the profession. Subsidies to the auto industry are not called 'aid to dependent factories'." (Gusfield 1989: 435)

"Hilfe" scheint auch in zahlreichen Sozialkampagnen zum Zauberwort sozialer Problemlösung avanciert zu sein. Nicht der Staat oder einzelne politische Akteure, sondern der von seinen politischen und sozialen Funktionen losgelöste „Mitmensch" ist der bevorzugte Adressat kampagnenförmiger Hilfsappelle. Während die Solidaritätsaufrufe der alten wie der neuen sozialen Bewegungen staatskritische Postulate entwickelten, zeigt sich in den gegenwärtigen Medienappellen ein Rückzug aus der politischen in die moralische Sphäre und damit verbunden eine signifikante Retraditionalisierung gesellschaftlicher Solidarität.

In vieler Hinsicht unterscheiden sich die gegenwärtigen Solidaritätsaufrufe von den Hilfsappellen vormoderner Almosengesellschaften, so vor allem im Eschatologieverzicht und der vor allem bei privatwirtschaftlichen Initiatoren gegebenen Verknüpfung von kommerzieller Profitorientierung mit moralischer Kommunikation. In dem zentralen Glauben an die sozialreformerische Kraft privater Wohltätigkeit konvergieren die Solidaritätsappelle jedoch deutlich mit mittelalterlichen Vorstellungen christlicher Barmherzigkeit. Während Armut in der christlichen Ethik des Mittelalters als gottgefällig galt, hatten die Wohlhabenden durchaus größere Schwierigkeiten, das enge Nadelöhr zum Himmelreich zu passieren. Nicht der Arme, sondern der Reiche galt im religiösen Sinne als hilfsbedürftig. Insofern verwundert es nicht, dass in Klöstern und an den Höfen der Feudalherren stets auch eine große Zahl von Bettlern verköstigt und untergebracht wurde.

Recht verstandene Unterstützung Bedürftiger galt, so Marianne Gronemeyer, als „bedingungsloser Beistand in Not ohne Ansehen der Person, der Situation, des Erfolgs und des möglichen Schadens" (Gronemeyer 1991: 39). Hilfe war eine spontane, dem Einzelfall dienende Unterstützung, die durch emotionale Anteilnahme am Leiden des anderen motiviert sein sollte.

„Misericordia, die ans Herz gehende ‚wehmüthige Theilnahme', das Erbarmen angesichts der Not des Anderen oder der leidenden Kreatur blieb einst Gott und dem überraschenden, nicht planbaren, regellosen, augenblicklichen Einzelfall vorbehalten." (Gronemeyer 1991: 39)

Die postemanzipatorischen Solidaritätskampagnen revitalisieren die mittelalterliche Idee der Sozialhilfe als „charity", als Akt der freiwilligen Wohltätigkeit. Sie bauen nicht mehr auf die politisch durchschlagende, geschichtsmächtige Kraft der Mächte von unten. Weder die Arbeiterklasse, die Befreiungsbewegungen der Dritten Welt oder andere Sozialbewegungen werden als spezifische Adressaten der öffentlichen Mobilisierung angesprochen. Angesprochen ist statt dessen die Allgemeinheit der Wohlstandsbürger und Demokraten, die sich im Bewusstsein ihrer privilegierten Position für die Opfer politischer Gewalt, Bürgerkriege, Hungersnöte und Umweltkatastrophen einsetzen soll.

Die Philanthropie als Motor der Sozialreform stand seit Marx' Streitschrift gegen die „utopischen Sozialisten" immer wieder unter harscher Sozialkritik. Einige der Kritiker, obwohl nach 1989 tendenziell weniger werdend, sehen in den karitativen Aktionen unbedeutende Relikte einer Almosengesellschaft, „irrelevant remnants of a tribal paternalism, incompatible with egalitarianism and the welfare state" (Prochaska

1995).⁷ Nicht nur in linken Kreisen wurde „charity" als Trick und Sedativ zur Ruhigstellung der Armen kritisiert (vgl. ebd.). Auch in Teilen konservativer Sozialkritik erhoben sich in der Geschichte skeptische Stimmen gegen eine humanitäre Hilfsgesinnung. So monierte Arnold Gehlen, dass die Sprache des Humanitarismus im Gewande der allgemeinen Menschenliebe durchaus ideologischen Interessen folge und den weltgesellschaftlichen Dominanzanspruch derjenigen verschleiere, die ihr partikulares als weltweites Anliegen ausgäben (vgl. Gehlen 1969). Schon Friedrich Nietzsche gab gegen die karitative Hilfsgesinnung kritisch zu bedenken, dass unsere „Wohltäter" mehr „als unsere Feinde Verkleinerer unseres Wertes und Willens" seien. „Bei den meisten Wohltaten, die Unglücklichen erwiesen werden, liegt etwas Empörendes in der intellektuellen Leichtfertigkeit, mit der da der Mitleidige Schicksal spielt. (zit. nach Gronemeyer 1991: 38)

Hilfe setzt logisch das Wohlstandsgefälle, das sie zu reformieren vorgibt, voraus: Nomadengesellschaften ohne institutionalisierte Eigentumsrechte sind hilflose Gesellschaften, in denen die Überschaubarkeit der sozialen Verhältnisse eine Selbstverständlichkeit des Teilens fördert. Deshalb ist, so die Fundamentalkritik von Marianne Gronemeyer, die moderne Hilfsgesinnung keineswegs so altruistisch, wie die Terminologie vorgibt. Sie perpetuiert Abhängigkeitsverhältnisse und trägt zur weltweiten Verbreitung westlicher Normen und Zivilisationsvorstellungen bei. Hilfe ist, so ihr pessimistisches Resümee, „Hilfe zur Selbstrettung" geworden.

> „Hilfe geschieht um der eigenen zivilisatorischen Errungenschaften willen; sie dient der Bestätigung und Absicherung der Standards einer zur Weltgeltung erhobenen Normalität. [...] ‚Hilfe' bezeichnet dagegen für diejenigen, die ihrer ‚bedürfen', die Durststrecke, die bis zur Ankunft in der schönen neuen Welt noch zurückzulegen ist. Nicht die Rettung aus Not, sondern Zukunftsverheißung ist ihr Metier." (Gronemeyer 1991: 56)

Ebenso radikal, aber auch eindimensional ist die Kritik von Jean Baudrillard an gegenwärtigen Appellen zur Katastrophenhilfe: Katastrophenhilfe für die sich nicht entwickelnden und deshalb als „Vierte Welt" titulierten Länder betrachtet er gar als Ausdruck einer globalen Aktion der Müllverarbeitung, in der sich der Westen seiner historischen Schuld entledigt und durch die symbolische Absolution eine neue Form der kolonialistischen Unterdrückung ausübt.⁸ Die Katastrophen, so seine zynisch anmutende Interpretation, bilden den neuesten Rohstoff des Südens, den der auf Rohstoffverarbeitung spezialisierte Norden ähnlich zu seinem Nutzen verarbeitet wie andere Rohmaterialien. Humanitäre Interventionen, internationale Solidarität oder Aktionen der Ärzte ohne Grenzen formen eine „Neue Sentimentale Ordnung", eine Neue Weltordnung, in der das Schicksal anderer Völker zum Abenteuerspielplatz des Nordens wird.

> „We are the consumers of the ever delightful spectacle of poverty and catastrophe, and of the moving spectacle of our own efforts to alleviate it (which, in fact, merely functions to secure

---

⁷ Zu ausführlichen Darstellungen der Geschichte der Philanthropie und ihrer Kritik vgl. Brummer 1994; Martin 1994 und Gronemeyer 1991.

⁸ „The ‚Fourth World' (we are no longer dealing with a ‚developing' Third World) is once again beleaguered, this time as a catastrophe-bearing stratum. The West is whitewashed in the reprocessing of the rest of the world as waste and residue. And the white world repents and seeks absolution – it, too, the waste-product of its own history." (Baudrillard 1994: 67)

the conditions of reproduction of the catastrophe market); there, at last, in the order of moral profits, the Marxist analysis is wholly applicable: we see to it that extreme poverty is reproduced as a symbolic deposit, as a fuel essential to the moral and sentimental equilibrium of the West."[9]

Wie von einer Droge, einem Aphrodisiakum oder Halluzinogen, sei der Westen von der symbolischen Nahrung einer unablässigen „disaster show" (Baudrillard 1994: 69) des Südens abhängig. Die Medien erlauben es dem Süden, den Rohstoff seiner Katastrophen maximal auszubeuten – ganz ähnlich den anderen Technologietransfers des Westens zur Produktion und Ausbeutung natürlicher Rohstoffe. Die humanitäre Hilfe ermutige und sichere die kontinuierliche Produktion symbolischer Krisen, wie die ökonomische Entwicklungshilfe die Unterentwicklung verewige, wobei der moralische Gewinn die finanziellen Opfer um ein Vielfaches übersteige (vgl. Baudrillard 1994: 68).

> „The misery with which they generously overwhelm us is something we shall never be able to repay. The sacrifices we offer in return are laughable (a tornado or two, a few tiny holocausts on the roads, the odd financial sacrifice) and, moreover, by some infernal logic, these work out as much greater gains for us, whereas our kindness have merely added to the natural catastrophes another one immeasurably worse: the demographic catastrophe, a veritable epidemic which we deplore each day in pictures." (Baudrillard 1994: 69)

Die Kritik an der verschleierten Herrschaftsstrategie der Hilfsaufrufe lässt sich an den Präsentations- und Deutungsschemata zahlreicher Kampagnen zur Solidarität mit den Hungernden der Dritten Welt illustrieren. Die Anzeigen verbildlichen die binäre Semantik paternalistischer Machtverhältnisse: Die Hilfsaufrufe operieren häufig mit moralischen Herrschaftsbildern, auf denen die als hilfsbedürftig inszenierten Fremden zu anonymen Opfern westlicher Hilfe verdinglicht werden. Präsentiert werden nicht mehr wie in den internationalen Gesinnungssolidaritäten der 60er Jahre artikulierte und selbstbewusst aufbegehrende Repräsentanten der Dritten Welt – kein Che Guevara, Castro oder Ho Chi Min – sondern namenlose Objekte der Hilfe. Dabei kontrastiert die Namenlosigkeit der Opfer – wie etwa in den Kampagnen der Kindernothilfe – deutlich die Namhaftigkeit mehr oder weniger prominenter Unterstützer.

Gegen eine einseitige, pessimistische Fundamentalkritik humanitärer Hilfe sind jedoch auch kritische Einwände vorzubringen. Moderne Hilfsaktionen folgen zwar durchaus auch eigennützigen Kalkülen der Initiatoren und Unterstützer. Doch die Motivationsrechnung geht nicht völlig im Paradigma zweckrational agierender Akteure auf. Die Wirkung der Hilfsaktionen wird von Gronemeyer und Baudrillard allzu kurzgeschlossen identifiziert mit den Motiven der Akteure. Aber sowohl auf der Ebene individueller wie kollektiver Akteure liegt eine Mischung von Motivfaktoren vor: Die Kampagnen mobilisieren Hilfe gerade nicht unter Verweis auf Profitmöglichkeiten, sondern unter Hervorhebung des moralisch-altruistischen Aspekts der konditionslosen Gabe.

---

[9] Und sarkastisch fügt Baudrillard hinzu: „In our defense, it might be said that this extreme poverty was largely of our own making and it is therefore normal that we should profit by it." (Baudrillard 1994: 67)

Eine moralische Handlungsmotivation ist Non-Governmental Organisations (NGOs) und anderen Kampagneninitiatoren a priori genauso wenig abzusprechen wie staatlichen Akteuren der Entwicklungshilfe.[10]

5 Zusammenfassung und Ausblick

Abgesehen von unterschiedlichen kommunikationsstrategischen Umsetzungen (vgl. z.B. Baringhorst 1995a) sind die per Sozialkampagne veröffentlichten Solidaritätsappelle der 90er Jahre durch eine konsensuale Norm „dünner Solidarität" (vgl. Walzer 1996) gekennzeichnet. Ihnen fehlt, so ein gemeinsames Merkmal, die radikal gesellschaftskritische und utopische Dimension der Soliaufrufe der sozialen Bewegungen der 60er, 70er und frühen 80er Jahre. Die Botschaften nehmen nur selten Bezug auf konkrete politische Rahmenbedingungen und sozio-ökonomische Machtverhältnisse. Die sprachliche Verkürzung geht einher mit kognitiver Entdifferenzierung und hochgradiger moralischer Verdichtung. Die moralische Aufladung der Kampagnenbotschaften lässt sich, wie erläutert, am ehesten mit Begriffen wie Humanitarismus und Überlebensethik beschreiben. Die in den Appellen postulierte Solidarität fordert eine allgemeine Liebe zu Menschheit und Natur, die sowohl räumlich als auch gattungsspezifisch eine Entgrenzung solidarischer Gemeinschaften einfordert. Dabei wird Solidarität in den Kampagnenaufrufen weitgehend entpolitisiert und retraditionalisiert im Sinne einer karitativen Spendermoral.

Ausgangspunkt unserer Überlegungen war ein Widerspruch zwischen pessimistischen Diagnosen schwindender Solidaritätsressourcen und einer Inflation von Solidaritätsaufrufen in gegenwärtigen Marketingstrategien. Die Inflation moralischer Kommunikation in professionalisierten Kommunikationsabteilungen mehr oder weniger moralischer Unternehmen (vgl. Giesen 1983) deutet jedoch nicht unbedingt auf faktisch anwachsende solidarische Handlungsbereitschaften. Ganz im Gegenteil, die Inflation von Moralkampagnen kann unter den Bedingungen zunehmender Selbstreferenz symbolischer Zeichen auch mit einer Deflation solidarischen Handelns in der Gesellschaft einhergehen.

> „Die Häufung moralischer Kampagnen bewirkt [...] eher eine Vermehrung des moralischen Redens, um moralische Achtung zu erwerben, als eine Veränderung der Gesellschaft im moralisch intendierten Sinne. Wir können das Phänomen einer Wortinflation beobachten, bei der Worte mehr und mehr ihren Wert als verlässliche Beschreibung von gesellschaftlicher Realität verlieren." (Münch 1995: 238f)

Die Fülle massenmedial vermittelter Solidaritätsaufrufe widerspricht dem Bild einer radikalen Konkurrenzgesellschaft von egoistischen Nutzenmaximierern. Die Vielzahl der humanitären und ökologischen Appelle darf jedoch nicht darüber hinwegtäuschen,

---

[10] David H. Lumsdaine hat in einer detaillierten Dokumentation und Analyse der Wirksamkeit moralischer Werte in der internationalen Politik am Beispiel der Entwicklungspolitik nachgewiesen, dass das Eigeninteresse der Geberländer als ausschließliche Erklärungsursache der Entwicklungspolitik nicht hinreichend explikativ sei und auf nationaler wie internationaler Ebene moralische Beweggründe die konstantesten Faktoren der Entstehung von „foreign aid regimes" darstellen (vgl. Lumsdaine 1993).

dass es sich hier in erster Linie um symbolische Formen der Solidarität handelt, deren reale Handlungsfolgen äußert begrenzt sind. Sowohl auf der kommunikativen wie auf der moralischen Handlungsebene wird Solidarität als Kampagne und Gegenstand sozialen Marketings zweckrationalen Strategien unterworfen: Auf der kommunikativen Ebene wird moralische Kommunikation zur Marketingstrategie und damit abgetrennt von lebensweltlichen Verständigungsprozessen; auf der Handlungsebene wird Solidarität tendenziell monetarisiert und auf Spendenhilfe reduziert.

Vormoderne Caritas-Vorstellungen mischen sich mit hochmodernen Kommunikations- und Kommerzialisierungsstrategien. Zumindest auf der symbolischen Ebene sollte man insofern weniger von einem absoluten Schwinden solidarischer Unterstützungsbereitschaft sprechen als von einer Transformation zu kampagnenförmigen, professionalisierten und strategischen Solidaritätskonstruktionen.

Literatur

Baringhorst, Sigrid (1995a): Öffentlichkeit als Marktplatz – Solidarität durch Marketing? In: Vorgänge 132, Dezember, H. 4, 1995: 55-67
Baringhorst, Sigrid (1995b): Kampagnen gegen Ausländerhaß und Gewalt – zur sozialen Konstruktion von Solidarität im Medienzeitalter. In: Siegfried J. Schmid/Brigitte Spieß (Hg.), Werbung, Medien und Kultur, Opladen: 65-78
Baudrillard, Jean (1994): The Illusion of the End, Cambridge
Bauman, Zymunt (1992): Survival as a Social Construct. In: Theory, Culture and Society, Vol. 9, No 1: 1-36
Baier, Annette C. (1993): Hume, der Moraltheoretiker der Frauen? In: Herta Nagel-Docekal/ Herlinde Pauer-Studer (Hg.): Jenseits der Geschlechtermoral. Beiträge zur feministischen Ethik, Frankfurt/M.: 105-135
Beck, Ulrich (1986): Risikogesellschaft. Auf dem Weg in eine andere Moderne. Frankfurt/M.
Brummer, Robert H. (1994): Giving. Charity and Philanthropy in History, New Brunswick, N.J.
Douglas, Mary/Aaron Wildavsky (1983): Risk and Culture. An Essay on the Selection of Technological and Environmental Dangers, Berkeley
Eco, Umberto (1993): Das Denken ist ständige Wachsamkeit. Ein Gespräch mit Umberto Eco. In: Die Zeit vom 5.11.93: 61
Edelman, Murray (1977): Political Language, New York
Gehlen, Arnold (1969): Moral und Hypermoral. Eine pluralistische Ethik, Frankfurt/M., Bonn
Giesen, Bernd (1983): Moralische Unternehmer und öffentliche Diskussion. Überlegungen zur gesellschaftlichen Thematisierung sozialer Probleme. In: Kölner Zeitschrift für Soziologie und Sozialforschung, 35. Jg., Heft 2: 230-255
Gronemeyer, Marianne (1991): Hilfe. Wo geholfen wird, da fallen Späne. In: Dietmar Dirmoser/Reimer Gronemeyer/Georgia Rakelmann (Hg.): Mythos Entwicklungshilfe. Entwicklungsruinen. Analysen und Dossiers zu einem Irrweg, Gießen: 38-69
Gusfield, Joseph R. (1989): Constructing the Ownership of Social Problems: Fun and Profit in the Welfare State. In: Social Problems, 36: 431-441
Gusfield, Joseph R. (1981): The Culture of Public Problems. Drunk Driving and the Symbolic Order, Chicago
Hondrich, Karl-Otto/Claudia Koch-Arzberger (1992): Solidarität in der modernen Gesellschaft, Frankfurt/M.
Karger, Cornelia R./Peter M. Wiedemann (1994): Wir sehen nur, was uns betrifft. Wahrnehmung von Umweltproblemen. In: Politische Ökologie, H. 37, Mai/Juni: 16-20
Kotler, Philip/Gerald, Zaltman (1971): Social Marketing: An Approach to Planned Social Change. In: Journal of Marketing, Vol. 35, July: 3-12

Krzeminski, Michael/Clemens Neck (1994): Praxis des Social Marketing. Erfolgreiche Kommunikation für öffentliche Einrichtungen, Vereine, Kirchen und Unternehmen, Frankfurt/M.

Lofland, John (1989): Consensus Movements: City Twinning and Derailed Dissent in the American Eighties. In: Lones Kreisberg (Hg.): Research in Social Movements, Conflict and Change, New York: 163-196

Lumsdaine, David H. (1993): Moral Vision in International Politics. The Foreign Aid Regime, 1949-1989, Princeton, N.J.

Martin, Mike W. (1994): Virtuous Giving. Philanthropy, Voluntary Service, and Caring, Bloomington

Münch, Richard (1991): Dialektik der Kommunikationsgesellschaft, Frankfurt/M.

Münch, Richard (1995): Dynamik der Kommunikationsgesellschaft, Frankfurt/M.

Prochaska, Frank (1995): Charitable Motives. In: Times Literary Supplement, 28 April 1995: 27

Putnam, Robert (1995): The Strange Disappearance of Social Capital. In: Political Science

Rorty, Richard (1992): Kontingenz, Ironie und Solidarität, Frankfurt/M. (engl. Original 1989, Cambridge University Press)

Schmidt, Siegfried J. (1992): Medien, Kultur: Medienkultur. Ein konstruktivistisches Gesprächsangebot. In: ders. (Hg.): Kognition und Gesellschaft. Der Diskurs des Radikalen Konstruktivismus, 2.Aufl., Frankfurt/Main: 425-450

Schulze, Gerhard (1992): Die Erlebnisgesellschaft. Kultursoziologie der Gegenwart, Frankfurt/Main, New York

Snow, David A./Robert D. Benford (1988): Ideology, Frame Resonance and Participant Mobilization. In: International Social Movement Research, Vol. I: 197-217

Voß, Andreas (1993): Betteln und Spenden. Eine soziologische Studie über Rituale freiwilliger Armenunterstützung, ihre historischen und aktuellen Formen sowie ihre sozialen Leistungen, Berlin, New York

Walzer, Michael (1996): Lokale Kritik – globale Standards, Berlin

Zu gut für diese Welt?

Zur Glaubwürdigkeit unternehmerischer Sozialkampagnen*

Inga Schlichting / Ulrike Röttger

Nächstenliebe und Solidarität sind allgegenwärtig: Einen „Meilenstein für Kinder in Not" will Kellogg's setzen, indem pro verkaufter Packung Cornflakes eine Schulstunde für Kinder in der Dritten Welt finanziert wird; „Für eine Welt ohne AIDS" leitet die Drogeriekette dm-Markt mit jedem verkauften Päckchen Durex-Kondome einen Euro an die Deutsche Aids-Hilfe weiter; der Bäcker auf der linken Straßenseite unterstützt mit dem Verkauf einer bestimmten Brotsorte die Hilfskampagne „Gemeinsam für Afrika" und der Optiker auf der rechten Seite ruft zu Brillenspenden für sein eigeninitiiertes Hilfsprojekt in Togo auf.

Wirtschaftunternehmen ist immer mehr daran gelegen, in der Öffentlichkeit nicht nur als Anbieter hochwertiger und innovativer Produkte und Dienstleistungen aufzutreten, sondern sich gleichzeitig auch als Vertreter sozialer Interessen und ethischer Werte zu präsentieren. Die Wirtschaftskommunikation ist gezeichnet von einem anhaltenden „Ethik-Boom" (Baringhorst 1998: 274), der nicht nur die Kommunikationsaktivitäten großer Unternehmen, sondern vermehrt auch die Selbstdarstellung kleinerer und mittelständischer Betriebe prägt. Dieser Trend spiegelt sich wider in einer wachsenden Zahl unternehmerischer Sozialkampagnen, mittels derer Unternehmen ihre soziale Gesinnung oft in schillernden Farben in Szene setzen.

Unternehmerische Sozialkampagnen[1] lassen sich in Anlehnung an Röttger (2001: 15f.) verstehen als zeitlich und thematisch begrenzte, kommunikative Strategien zur öffentlichen Inszenierung unternehmerischer Sozialinteressen, die unter Rückgriff auf

---

* Dieser Beitrag wurde für die 3. Auflage neu verfasst.
[1] Ist im Folgenden von Sozialkampagnen die Rede, so sind damit immer unternehmerische Sozialkampagnen gemeint.

unterschiedliche kommunikative Instrumente und Techniken – werbliche Mittel, marketingspezifische Instrumente und klassische PR-Maßnahmen – Aufmerksamkeit erzeugen oder auch zu Anschlusshandlungen wie etwa Geldspenden und Warenerwerb mobilisieren sollen.

Auch wenn sich Sozialkampagnen einer wachsenden Beliebtheit erfreuen, birgt die öffentliche Inszenierung unternehmerischer Sozialverantwortung dennoch Risiken. Unternehmen, die ihr ethisches Bewusstsein zum öffentlichen Thema machen, setzen sich einer verstärkten öffentlichen Dauerbeobachtung aus (vgl. ebd.: 19). Sie müssen damit rechnen, an ihren eigenen Wertmaßstäben gemessen zu werden. Als Motive, sich sozial zu engagieren, werden von Unternehmen meist Humanität und Philanthropie in den Vordergrund gestellt. Tatsächlich verfolgen sie mit ihrer praktizierten Sozialmoral immer auch wirtschaftliche Interessen. So profitieren etwa im Falle Kellogg's offensichtlich nicht nur die Kinder der Dritten Welt, wenn dank eines hohen Produktumsatzes eine große Summe für Sozialaufwendungen gesammelt wird. Der Umfang der sozialen Bemühungen steht in direktem Zusammenhang mit der Gewinnerwirtschaftung. Die umfangreich inszenierte und oft stark moralisch überhöhte Sozialbotschaft (vgl. Baringhorst 1998: 274) kann insofern zu Glaubwürdigkeitsproblemen führen. Wie sehr handelt es sich noch um ernst zu nehmende ethische Ansprüche, wie sehr um eine „Instrumentalisierung allgemeiner gesellschaftlicher Wertvorstellungen für partikulare Zwecke" (Saxer 1994: 218)?

Damit stellt sich zugleich die Frage nach der moralischen Bewertbarkeit unternehmerischer Sozialkampagnen. Einerseits lassen sie sich als Ausdruck einer „pragmatischen – da der Marktgesellschaft angepaßten – neuen Möglichkeit der Durchsetzung von Normen sozialer Gerechtigkeit [...] des Wirtschaftens" (Baringhorst 1998: 244) begreifen, welche sowohl dem Geber als auch dem Empfänger der Sozialleistung Nutzen stiften und sich damit durch einen positiv bewertbaren „Win-Win-Charakter" (Habisch 2003: 54) auszeichnen. Auf der anderen Seite drängt sich jedoch auch der Vorwurf auf, dass sie menschliche Not zum bloßen Bestandteil einer Strategie zur Umsatzsteigerung degradieren. Wie auch immer der Einzelne zu solchen Kampagnen Stellung beziehen mag, fest steht, Sozialkampagnen bergen die Gefahr einer Unglaubwürdigkeitsbeurteilung. Bestenfalls bezieht sie sich nur auf die Kampagne, schlimmstenfalls lässt sie das gesamte Unternehmen unglaubwürdig erscheinen.

Glaubwürdigkeit gewinnt für Unternehmen aber gerade im Zeitalter der Informationsgesellschaft an Bedeutung. Sie beeinflusst in wachsendem Umfang ihre Handlungs- und Entscheidungsspielräume. Zwei Faktoren spielen dabei eine wesentliche Rolle: Auf der einen Seite sind die meisten Informationen heute medienvermittelt und für den Einzelnen kaum direkt nachprüfbar, er muss sich auf deren Wahrhaftigkeit verlassen können (vgl. Bentele 1994: 133). Gleichzeitig zeichnen sich die Medien, ihrer eigenen Logik folgend, durch einen starken Hang zum Negativismus aus. Sie beobachten gesellschaftliche Institutionen gerade hinsichtlich ihrer Glaubwürdigkeit und machen Diskrepanzen zwischen deren kommunikativem Auftreten und tatsächlichem Handeln zum bevorzugten Inhalt ihrer Berichterstattung (vgl. Drosdek 1996: 57). Die vermehrte öffentliche Thematisierung solcher Diskrepanzen hat Unternehmen bereits in eine latente Vertrauenskrise geführt. Hohe Glaubwürdigkeitswerte helfen Unternehmen, in diesem allgemein unsicheren Klima zu bestehen und im Falle öffentlicher Skandalisierungen ihre Abwehrkräfte zu erhöhen (vgl. Baringhorst 1998: 274). Glaubwürdigkeit lässt sich in diesem Sinne als „die mentale Liquidität des Unternehmens" (Drosdek 1996: 94) bezeichnen.

Trotz der großen Relevanz des Faktors Glaubwürdigkeit und trotz der Zunahme unternehmerischer Sozialkampagnen gibt es bisher kaum Untersuchungen zu ihrer allgemeinen Glaubwürdigkeitswirkung. Zwar wurde die Frage nach der glaubwürdigkeits- und moralbezogenen Beurteilung solcher Kampagnen in der kommunikationswissenschaftlichen, insbesondere der PR-Forschung auf der Ebene der theoretischen Reflexion bereits kritisch gestellt (vgl. etwa Röttger 2001: 19f.; Baringhorst 1998 und in diesem Band), empirische Befunde existieren jedoch nicht. Bezogen auf die PR-Forschung ist dies insofern nicht verwunderlich, da allgemein nur wenige Studien über die Rezeption von PR-Produkten vorliegen (vgl. Röttger 2003: 288). Im Rahmen der empirischen Marketingforschung hingegen hat die Wirkung unternehmerischer Sozialaktivitäten auf den Rezipienten jüngst größere Aufmerksamkeit erfahren. Das Erkenntnisinteresse konzentriert sich hier jedoch vor allem auf die Frage, ob und wie solche Aktionen Konsumhandlungen beeinflussen können. Die Untersuchungen beschränken sich daher in der Hauptsache auf Befragungen von Kunden und auf eine Beobachtung ihrer Kaufentscheidungen (vgl. u.a. Pracejus/Olsen 2004; Olsen et al. 2003; Maignan 2001; Barone et al. 2000). Offen bleibt die Frage, wie unternehmerische Sozialkampagnen auf den Rezipienten allgemein, nicht nur auf den Konsumenten, wirken, welches Maß an Glaubwürdigkeit er diesen zumisst und woran er ihre Glaubwürdigkeit festmacht. Der vorliegende Beitrag liefert erste Antworten auf diese Fragen. Er basiert auf den Ergebnissen einer Magisterarbeit (Schlichting 2004), die die Glaubwürdigkeit unternehmerischer Sozialkampagnen mittels verschiedener Gruppendiskussionen untersucht hat.

1 Die Sozialkampagne als integriertes Kommunikations- und Beziehungsmanagement

Unternehmerische Sozialkampagnen lassen sich keinem Teilbereich der Unternehmenskommunikation exklusiv zuordnen. Sowohl hinsichtlich der eingesetzten Kommunikationsinstrumente, als auch im Hinblick auf die relevanten internen und externen Akteure geben sie ein äußerst pluralistisches Bild ab. In ihnen sind Instrumente und Techniken der Werbung, des Marketings und der PR miteinander verwoben. Sie zeichnen sich damit durch einen im doppelten Sinne integrativen Charakter aus: zum einen bezüglich des Kommunikationsinstrumentariums, zum anderen hinsichtlich der relevanten Bezugsgruppen. Dieser Annahme gemäß lassen sich unternehmerische Sozialkampagnen als Ausdruck eines integrierten Kommunikations- und Beziehungsmanagements verstehen.

Diese Überlegung unterscheidet sich einerseits von Ansätzen, die unternehmerische Sozialkampagnen als Element des Social Marketings begreifen (vgl. etwa Baringhorst 1998: 69ff.), und andererseits von marketingmotivierten Studien, sie als Cause-Related Marketing-Aktivitäten erörtern. Unter dem Schlagwort Social Marketing wird die Übertragbarkeit klassischer Marketingaktivitäten zur Promotion sozialer Ideen und Ziele als Marktleistungen vor allem des nicht-kommerziellen Sektors diskutiert (vgl. Kotler/Roberto 1989). Da unternehmerische Sozialkampagnen jedoch anders als Kampagnen nicht-kommerzieller Organisationen nicht in erster Linie das Anliegen haben, gesellschaftliche Akteure zur Akzeptanz sozialer Werte zu bewegen, scheint diese Perspektive nur begrenzt aufschlussreich. Ähnliches gilt für den theoretischen Zugang des Cause-Related Marketings, verstanden als „any effort by a corporation to increase its own sales by contributing to the objectives of one or more nonprofit organizations" (Kotler/Andreasen 1996: 304). Hier werden sämtliche unternehmerische Kampagnen als ein Instrument der Absatzförderung betrachtet (vgl. ebd.: 304ff.). Die Diskussion unternehmerischer Sozialkampagnen als Ausdruck eines integrierten Kommunikations- und Beziehungsmanagements soll hingegen deutlich machen, dass unternehmerische Sozialkampagnen auf die simultane Beziehungspflege zu den unterschiedlichen Bezugsgruppen eines Unternehmens – vor allem auch solchen des nicht-marktlichen Umfeldes – ausgerichtet sind.

1.1 Ziele und Zielgruppen unternehmerischer Sozialkampagnen

Das Globalziel unternehmerischer Sozialkampagnen ist es, bei sämtlichen strategisch relevanten Bezugsgruppen das Image eines sozialbewussten und sozialengagierten Unternehmens zu etablieren. In Abhängigkeit von den unterschiedlichen Bedürfnissen, Interessen und Ansprüchen der Zielgruppen, lässt sich dieses Globalziel in verschiedene Subziele ausdifferenzieren.

Gesellschaftsbezogene Ziele: Sicherung der ‚Licence to operate'

Sozialbewusstsein und soziale Verantwortung sind für Unternehmen heute von existenzieller Bedeutung, wenn es darum geht, sich die Akzeptanz relevanter Bezugsgruppen aus dem gesellschaftspolitischen Umfeld zu sichern. Während Sozialengagement in der wirtschaftswissenschaftlichen Literatur lange Zeit als wünschenswerte, aber nicht existenziell notwendige philanthropische Zusatzleistung von Unternehmen diskutiert wurde[2], ist es mittlerweile – vor allem im Rahmen der aktuellen Corporate Citizenship-Diskussion[3] – zu einem bedeutsamen Wert des Unternehmensmanagements avanciert. Hintergrund dieser Entwicklung ist die Erfahrung, dass die moderne Gesell-

---

[2] Vgl. dazu den Corporate Social Responsibility Ansatz nach Carroll (1991, 1979).
[3] Corporate Citizenship lässt sich bezeichnen als „[...] das aktive Streben nach umfassender Nutzung des sozialen und natürlichen Umfeldes, ausgehend von der Einsicht, dass Gewinnmaximierung Investitionen und also die Besserstellung der Interaktionspartner regelmäßig voraussetzt. Corporate Citizenship heißt, nach Chancen der Investition in die Gesellschaft aktiv und mit angemessener Methodik suchen." (Seitz 2002:64) Vgl. zur aktuellen Corporate Citizenship-Diskussion etwa Habisch 2003; McIntosh et al. 2003; Seitz 2002.

schaft eine „Risikogesellschaft" (Beck 1986) ist und mit zunehmender Reichtumsproduktion gleichzeitig die Risikoproduktion wächst (vgl. ebd.: 25). In dem Maße, wie die objektiven Risiken zunehmen, wird auch die subjektive gesellschaftliche Risikosensibilität geschärft. In diesem Sinne hat sich auf gesellschaftlicher Ebene in den letzten Jahrzehnten ein weit reichender Wertewandel vollzogen (vgl. Wiedmann 1989: 231). Neben Umweltschutz und der Schaffung und Sicherung von Arbeitsplätzen nehmen heute vor allem auch soziale und humanitäre Ziele und die stärkere Beachtung der menschlichen Gefühlskultur einen zentralen Stellenwert im gesellschaftsbezogenen Wertesystem ein. Daraus resultieren neue Erwartungen an alle Gesellschaftsmitglieder, insbesondere jedoch an die verschiedenen Institutionen der Wirtschaft.

Diese wirtschaftliche, politische und gesellschaftliche „Modernisierungstendenzen" (Pankau 2002: 97) haben insgesamt dazu geführt, dass die gesellschaftliche Legitimation der meisten Unternehmen nicht mehr problemlos aus der Schaffung materiellen Wohlstands entsteht, sondern ständig – auch durch das Übernehmen sozialer Verantwortung – neu errungen werden muss (vgl. Dyllick 1990: 4f.). Grund dafür ist auch die zunehmende „öffentlichen Exponiertheit" (Dyllick 1989: 15) von Unternehmen: Sie berühren durch ihr Wirken in zunehmendem Maße öffentliche Interessen, aber auch umgekehrt werden sie durch solche selbst berührt. Von ihnen wird folglich eine über den Unternehmenszweck hinausgehende soziale und gesellschaftliche Verantwortung erwartet, ein Wirtschaften allein nach ökonomischen Rationalitäten reicht oft nicht mehr aus, um gesellschaftlichen Legitimationsansprüchen gerecht zu werden. Zudem wird von Unternehmen in zunehmendem Maße eine „Ausfallbürgschaft" (Reichertz 1994: 277) für das Erbringen solcher sozialen Leistungen erwartet, welche vor allem die Nationalstaaten auf Grund ihrer globalisierungsbedingten Machteinbußen immer weniger zu erbringen in der Lage sind (vgl. Seitz 2002: 19).

Um Ihre Ansprüche geltend zu machen, organisieren sich Bürger unter anderem in sozialen Bewegungen. Der Grad ihrer Organisation reicht von lokalen Bürgerinitiativen bis hin zu supranationalen Nicht-Regierungsorganisationen (vgl. McIntosh et al. 2003: 62ff.), die zu einem großen Teil über ein hohes Maß an Vertrauens- und Glaubwürdigkeit verfügen (vgl. Drosdek 1996: 62). Immer häufiger übernehmen sie im Interesse des einzelnen Bürgers eine gesellschaftliche „Kontroll- und Kritikfunktion" (Wiedmann 1989: 231) und immer häufiger sind sie es, die die Wirtschaftunternehmen dazu veranlassen, mehr Sozialverantwortung zu übernehmen. Denn unter dem professionellen Einsatz öffentlichen Drucks sowie durch die verstärkende Wirkung der Medien können sie den Handlungsspielraum der Unternehmen erheblich beeinträchtigen. Häufig richten sich die Forderungen jedoch nicht nur an einzelne Unternehmen, sondern an Institutionen des Wirtschaftssystems allgemein. Unternehmerische Sozialkampagnen können als eine Reaktion auf das neue soziale Bewusstsein der Gesellschaft und die entsprechenden Erwartungen an Wirtschaftsunternehmen verstanden werden. Indem sie ihre soziale Gesinnung öffentlich darstellen, versuchen Unternehmen, sich die Zustimmung relevanter gesellschaftlicher Akteure und damit ihre langfristige „licence to operate" (McIntosh et al. 2003: 17) zu sichern.

Marktbezogene Ziele: Akzeptanz, Unternehmens- und Produktdifferenzierung

Der gesellschaftliche Wertewandel in Richtung eines gestiegenen Sozialbewusstseins hat auch das Verhältnis von Unternehmen zu Gruppen aus dem Marktumfeld in ein neues Licht gerückt. Vor allem Kundenbeziehungen sind dabei von besonderer Bedeutung. Die Bedürfnisse der Konsumenten lassen sich nicht länger allein durch eine hohe Produktqualität erfüllen, in zunehmendem Maße richtet sich ihr Verlangen auch auf eine „sozio-ökologische Prozessqualität" (Wiedmann 1989: 232).

Entspricht der Wertschöpfungsprozess in seiner Öko- und Sozialverträglichkeit nicht den Ansprüchen der Konsumenten, reagieren diese immer häufiger mit Konsumverzicht sowie der Androhung und auch Realisierung gemeinschaftlicher Boykottaktionen. Diese sind in der Risikogesellschaft zu einem Mittel der politischen Beteiligung avanciert, mit dem die Bürger ihren politisch-gesellschaftlichen Forderungen Nachdruck verleihen (vgl. Beck 1995). Auch hierbei spielen Bürgerorganisationen eine zentrale Rolle. Um Konsumenten über die Öko- und Sozialverträglichkeit der Unternehmen aufzuklären und ihnen eine Navigationshilfe für ihre Social-Shopping-Aktivitäten anzubieten, veröffentlichen sie beispielsweise spezielle Einkaufsführer[4]. Stiftung Warentest ermittelt neuerdings die Sozialverträglichkeit der getesteten Produkte.[5] Ähnlich bewertet das Institut für Markt-Umwelt-Gesellschaft (imug) zusammen mit Verbraucherverbänden im ‚Unternehmenstester' regelmäßig Unternehmen verschiedener Branchen u.a. hinsichtlich ihrer Informationsoffenheit, Frauenförderung und ihres Umweltengagements (vgl. Grünewald et al. 2001; Lübke 1999; 1995a, b).

Unternehmerische Sozialkampagnen können als ein Versuch gewertet werden, auf die neuen Bedürfnisstrukturen der Konsumenten einzugehen. Sie bieten dem Unternehmen die Möglichkeit, die eingeforderte Verantwortlichkeit einzulösen, oder zumindest kommunikativ unter Beweis zu stellen (vgl. Röttger 2001: 18). Immer häufiger werden moralische Unternehmensaktionen eingesetzt, um in Zeiten der wachsenden Angebotshomogenisierung am Markt bestehen zu können. Da Produkte und Dienstleistungen austauschbar geworden sind, ist es häufig der über das Unternehmens- bzw. Markenimage kommunizierte Mehrwert, welcher das eigene Angebot von der Konkurrenz differenziert (vgl. Habisch 2003: 71). Diesen Mehrwert konstruieren Unternehmen in zunehmendem Maße, indem sie ihr Wirtschaften sozialmoralisch aufladen und entsprechend darstellen (vgl. Röttger 2001: 19). Oft steht dabei auch der moralische Mehrwert der Konsumhandlung an sich im Vordergrund. Denn der gesellschaftliche Wertewandel hat nicht nur zu neuen Ansprüchen gegenüber Wirtschaftunternehmen, sondern auch zu dem Empfinden einer neuen „sozialen Verantwortung des Einzelnen" (Klages 1994: 238) geführt. Der Konsument kommt nicht umhin, die negativen Folge-

---

[4] Vgl. www.attac.de/konsumnetz; www.saubere-kleidung.de; www.ethicalconsumer.org; www.responsibleshopper.org; Young, William/Richard Welford (2002): Ethical Shopping: Where to Shop, What to buy and How to make a Difference. Fusion Press, London.

[5] So wurden bei einem Test von Outdoorjacken erstmalig auch Aspekte der sozial-ökologischen Unternehmensverantwortung berücksichtigt (http://www.stiftung-warentest.de/online/bildung_ soziales/infodok/1223675/1223675.html (06.07.05)

erscheinungen des wirtschaftlichen Fortschritts auch als Konsequenz seines eigenen Konsums zu erkennen. Damit wächst der Bedarf nach Konsum ohne Reue. Und schon ist ein neues Produkt geboren: ‚Kaufen und Helfen in Einem'. Wie im Fall Kellogg's nutzen mehr und mehr Unternehmen die Gelegenheit und starten Kampagnen nach dem Two-In-One-Prinzip. Im Zentrum steht die „Convenience-Botschaft" (Steger 2000: 30), gleichermaßen die materiellen wie immateriellen Bedürfnisse der Konsumenten zu befriedigen.

Marketing-Studien zeigen, dass diese neue Verkaufsstrategie zu fruchten scheint. Konsumenten schätzen die allgemeine Sozialverantwortung von Unternehmen (vgl. Maignan 2001), unterstützen Marketing-Aktionen mit sozialen Dimensionen (vgl. Handelman/Arnold 1999) und lassen sich durch sie bei ihrer Produktwahl beeinflussen (vgl. Olsen et al. 2003; Barone et al. 2000). Positive Wirkungen eines sozialmoralischen Images versprechen sich Unternehmen auch bezogen auf den Arbeits- und Kapitalmarkt. Neuen Wertansprüchen gerecht zu werden, ihr wirtschaftliches Potenzial zu erkennen und dieses kreativ zu nutzen vermittelt Zukunftsorientierung und weckt Erfolgserwartungen. Das hat „Signalfunktion für Dritte" (Habisch 2003: 73) und soll einerseits helfen, hoch gebildete Kräfte als Arbeitnehmer zu gewinnen, und andererseits auf dem Kapitalmarkt Wertsteigerungen zu erreichen (vgl. Baringhorst 1998: 273). So findet sich mittlerweile kaum ein börsennotiertes Unternehmen, das zusätzlich zum Geschäftsbericht nicht auch ein jährliches Kompendium über seine Sozial- und Umweltschutzaktivitäten veröffentlicht.

Unternehmensbezogene Ziele:
Mitarbeitermotivation und Effizienzsteigerung

Neben unternehmensexternen lassen sich auch interne Bezugsgruppen als Zielpublika unternehmerischer Sozialkampagnen ausmachen. Neben der bereits erwähnten Arbeitskräfterekrutierung, soll ein sozialverantwortliches Image helfen, Mitarbeiter zu motivieren und sie an das Unternehmen zu binden (vgl. Baringhorst 1998: 273). Nach Maignan/Ferell (vgl. 2001: 475f.) führt das Erleben des eigenen Unternehmens als sozialverantwortliche Organisation über eine Steigerung der sozialen Identität zu einer Erhöhung des „organizational commitment". Danach ist die Bereitschaft der Mitarbeiter, aktiv zum Unternehmenserfolg beizutragen, wesentlich davon abhängig, wie hoch das sozialbezogene Ansehen des Unternehmens in der Gesellschaft allgemein und bei den Mitarbeitern persönlich ist. Von diesem Zusammenhang sind viele Unternehmen überzeugt. So sponsert beispielsweise der Chemiekonzern BASF Sportvereine in den Orten, in dem seine Werke stehen. „Wir wollen, dass unsere Mitarbeiter stolz auf ihre Firma sind" (Tillmann, zit. in Sydow 2005: 12)[6], lautet die Begründung für das Engagement. Neben Formen des Corporate Giving in Form von Sponsoring oder Spenden sind zunehmend auch Formen bedeutsam, bei das ehrenamtliche Engagement der Mit-

---

[6] Vgl. Utz Tillmann, Leiter Verbands- und Regierungsbeziehungen für Umweltfragen bei der BASF, zit. in: Anette Sydow (2005): Gewissensfrage für Manager. Die Wirtschaft entdeckt soziales Engagement als Marketinginstrument. In: Die Welt, Nr. 68/22.03.2005: 12

arbeiter gefördert wird. So startete die deutsche BP AG im September 2004 die Sozialoffensive „Ja zum Ehrenamt – und zur sozialen Spende!": Neben der Verdopplung von Mitarbeiter-Spenden honoriert BP den ehrenamtlichen Zeitaufwand der Mitarbeiter für gemeinnützige Organisationen.

1.1 Typen unternehmerischer Sozialkampagnen

Auch wenn unternehmerische Sozialkampagnen im Sinne eines integrierten Kommunikationsmanagements gleichzeitig auf die Beziehungspflege zu vielen unterschiedlichen Bezugsgruppen ausgerichtet sein können, lässt sich in Abhängigkeit von Inhalt und Kontext oft eine dominante Bezugszielgruppe ausmachen. In Anbetracht ihres meist öffentlichen Charakters ist zunächst davon auszugehen, dass sie in erster Linie auf unternehmensexterne Bezugsgruppen ausgerichtet sind. Je nachdem, ob dabei gesellschafts- oder aber marktbezogene Gruppen eine dominante Rolle einnehmen, ergeben sich unterschiedliche Formen von Sozialkampagnen. Eine konkrete Typologisierung unternehmerischer Sozialkampagnen existiert in der kommunikationswissenschaftlichen Diskussion jedoch nicht. Lediglich bei Baringhorst (1998: 67ff.) finden sich erste Ansätze. Wir schlagen in Anlehnung an Baringhorst eine Unterscheidung von Thematisierungs- und Aktivierungskampagnen und damit eine Differenzierung auf der Basis der grundlegenden Intention der Sozialbotschaft vor.

Thematisierungskampagnen

Thematisierungskampagnen wollen im Kern die Botschaft vermitteln, dass das betreffende Unternehmen ein soziales Interesse hat, bzw. dass es sich in irgendeiner Form sozial engagiert. Die Sozialbotschaft ist damit eher allgemein gehalten und erlaubt zunächst keine Rückschlüsse auf eine dominante Bezugsgruppe.

Das im Rahmen von Thematisierungskampagnen dargestellte Sozialinteresse kann sich durch einen sehr abstrakten, oder aber auch einen sehr konkreten Charakter auszeichnen. Prominentes Beispiel für ersteren Fall ist die Anfang der 1990er Jahre gestartete Anzeigenkampagne der italienischen Modefirma Benetton, welche mit der Abbildung realer menschlicher Schicksale und sozialen Elends, insbesondere mit einer Fotografie des aidskranken, sterbenden David Kirby große Aufmerksamkeit erregte.[7] Ziel des Unternehmens war es, zu

> „[...] zeigen, dass es in unserem Betrieb nicht nur um Geld geht, sondern dass da auch der Wille ist, über bestimmte Probleme der Gesellschaft zu diskutieren [...]." (Luciano Benetton, zit. in Thiede 1993: 170f.)

Entgegen solchen sehr allgemeinen Sozialinteressen dominieren vor allem bei Kommunikationskampagnen im Rahmen von Social-Sponsoring-Aktivitäten die konkreten sozialen Leistungen des Unternehmens, nämlich die Unterstützung sozialer Einrichtungen und Projekte, die unternehmerische Sozialbotschaft. Social-Sponsoring bedeutet

> „[...] die Verbesserung der Aufgabenerfüllung im sozialen [...] Bereich durch die Bereitstellung von Finanz-/Sachmitteln oder Dienstleistungen durch Unternehmen, die damit auch (di-

---

[7] Eine Zusammenstellung entsprechender Benetton-Plakate findet sich bei Voigt 1993: 190.

rekt oder indirekt) Wirkungen für ihre Unternehmenskultur und Kommunikation anstreben."
(Bruhn 1998: 275)

Aktivierungskampagnen

Den Kern von Aktivierungskampagnen bildet über die Thematisierung unternehmerischer Sozialinteressen hinaus die gezielte Mobilisierung der relevanten Bezugsgruppen durch Spendenaufrufe (monetäre Aktivierungskampagnen) oder Kaufappelle (kommerzielle Aktivierungskampagnen). An dieser Stelle lässt sich einwenden, dass auch Thematisierungskampagnen auf die Mobilisierung von Unterstützungsleistungen ausgerichtet sind: einerseits, indem sie die Aufmerksamkeit des Rezipienten auf eine bestimmte soziale Notsituation lenken, andererseits, indem sie soziale Organisationen bei der Promotion sozialer Werte unterstützen. Dieser Einwand ist durchaus berechtigt. Dennoch soll hier auf der Basis des Mobilisierungsappells zwischen Thematisierungs- und Aktivierungskampagnen unterschieden werden. Die Annahme dabei lautet, dass bei Aktivierungskampagnen eine sehr viel engere Bindung an die jeweilige Bezugsgruppe angestrebt wird, denn das unternehmerische Sozialengagement gewinnt hier den Charakter einer gemeinschaftlichen Sozialaktion.

Reine Spendenkampagnen folgen meist dem Muster, dass die Unternehmen selber einen größeren Betrag an ein soziales Projekt spenden und die Allgemeinheit dazu animieren, dem guten Beispiel zufolgen. Eine Welle solcher Spendenaufrufe ging 2005 im Rahmen der Seebeben-Katastrophe in Südostasien durchs Land. Mit dem Ziel, „die Verbundenheit der deutschen Wirtschaft mit den Betroffenen"[8] auszudrücken, hat der Deutsche Wirtschaftsverband die Aktion ‚Wirtschaft hilft' gestartet, bei der zu Spenden für die Flutopfer aufgerufen wurde. Bei kommerziellen Aktivierungskampagnen liegt der Schwerpunkt eindeutig auf der Bezugsgruppe der Kunden. Hier wird für die finanzielle Unterstützung eines konkreten sozialen oder ökologischen Projektes zum Konsum bestimmter Produkte aufgerufen, wobei das Unternehmen pro verkaufter Produkteinheit einen bestimmten Betrag für soziale Zwecke aufwendet. Prominentes Beispiel ist die Regenwald-Kampagne der Brauerei Krombacher (siehe hierzu Luchtefeld et al. in diesem Band). Das Unternehmen ruft dazu auf, mit jedem Kasten Krombacher einen Quadratmeter Regenwald zu retten. Dazu führt die Brauerei für jede verkaufte Kiste Bier den für den Schutz eines Quadratmeters Regenwald notwendigen Geldbetrag an die Umweltorganisation WWF ab. Was Krombacher kann, kann Bitburger schon lange: ‚Bolzplätze für Deutschland' heißt hier die Aktion, pro Kiste Bier ein Quadratmeter Bolzplatz für Nachwuchs-Kicker. Oder Kellogg's: Gemeinsam mit den aus dem Boxsport bekannten Klitschko-Brüder rief der Frühstücksflockenhersteller dazu auf, mit dem Kauf jeder Tüte Cornflakes eine Schulstunde für Kinder in Bildungsnot zu sichern. Pro verkaufter Packung wurde dazu ein Geldbetrag an die Unesco abführt, der die Kosten deckt, um in der Dritten Welt einem Kind eine Schulstunde zu finanzieren. Solche kommerzielle Kampagnen sind unter der großen Zahl unternehmerischer Sozialkampagnen von wachsender Bedeutung. Dies korrespondiert mit der sich

---

[8] Vgl. www.wirtschaft-hilft.de/index.html (09.05.05)

ausbreitenden Erkenntnis, dass sich das neue soziale Bewusstsein der Gesellschaft am Markt gewinnbringend instrumentalisieren lässt.

2 Die Glaubwürdigkeit unternehmerischer Sozialkampagnen aus Sicht der Rezipienten

Unternehmen starten Sozialkampagnen, um ihre Beziehung zu den unterschiedlichsten Bezugsgruppen zu pflegen – soviel ist deutlich geworden. So unterschiedlich die resultierenden Kampagnen auch sein mögen, sie alle haben eines gemeinsam: Sie wollen ihre Zielgruppen davon überzeugen, dass das jeweilige Unternehmen soziale Interessen hat. Was aber macht eine Sozialkampagne glaubwürdig? Wie Sozialkampagnen von unterschiedlichen Bezugsgruppen wahrgenommen und bewertet werden, welche Faktoren deren Glaubwürdigkeit fördern und welche sie eher untergraben, hat Inga Schlichting (2004) im Rahmen ihrer Magisterarbeit am Beispiel der „Kellogg's macht Schule"-Kampagne empirisch untersucht. Die Studie basiert auf vier Gruppendiskussionen mit Kellogg's-Kunden und Nicht-Kunden aus unterschiedlichen sozioökonomischen Kontexten. Im Folgenden werden die zentralen Befunde der Studie bezüglich der Glaubwürdigkeit kommerzieller unternehmerischer Sozialkampagnen dargestellt und daraus erste Schlussfolgerungen für die Planung eines möglichst glaubwürdigen unternehmerischen Sozialengagements abgeleitet.

Hier ist nicht der Platz, die theoretischen Erklärungsmodelle rund um das Phänomen Glaubwürdigkeit in ihrer Tiefe zu diskutieren (vgl. u.a. Katz 2002; Wirth 1999; Nawratil 1997; Götsch 1994; Köhnken 1990; Bentele 1988), wichtig ist jedoch: Glaubwürdigkeit im Sinne einer genuinen Subjekt- oder Objekteigenschaft gibt es nicht. Glaubwürdigkeit stellt das Resultat eines Zuschreibungsprozesses seitens der Rezipienten dar und ergibt sich in Abhängigkeit von ihnen sowie der sozialen Interaktionssituation immer wieder neu (vgl. Bentele 1988: 408). Die Zuschreibung von Glaubwürdigkeit stellt ein zentrales Moment innerhalb jeglicher sozialer Kommunikation dar, weil sie maßgeblichen Einfluss darauf nimmt, welche Position der Rezipient gegenüber dem Kommunikat einnimmt.

„Glaubwürdigkeit kann als prinzipielle Bereitschaft verstanden werden, Botschaften eines bestimmten Objektes als zutreffend zu akzeptieren und bis zu einem gewissen Grad in das eigene Meinungs- und Einstellungsspektrum zu übernehmen. Dabei kann die Bereitschaft auf konkreten Evaluationsprozessen oder auf Images beruhen, die sich beim Subjekt herausgebildet haben, von ihm jedoch als Objekteigenschaften wahrgenommen werden." (Wirth 1999: 55)

2.1 Die Intensität der Glaubwürdigkeitsproblematik

Nach den Ergebnissen der Untersuchung sehen Rezipienten vor allem in kommerziellen Sozialkampagnen eher die Frucht wirtschaftlicher als sozialer Interessen. Allgemein lässt sich damit festhalten, dass unternehmerische Sozialkampagnen ein generelles Glaubwürdigkeitsrisiko bergen. Jedoch haben die Gruppendiskussionen gezeigt, dass grundlegende Zweifel an den dargestellten Sozialinteressen nur dann aufkommen, wenn die Rezipienten sich bewusst mit der Thematik auseinander setzen – genau das scheint beispielsweise bei dem Ansehen eines Werbespots nicht der Fall zu sein. Nahezu alle Diskussionsteilnehmer sind davon überzeugt, dass sie die Glaubwürdigkeitsproblematik kommerzieller Sozialkampagnen in der alltäglichen Rezeptionssituation nicht wahrnehmen. Diese Tatsache führen sie insbesondere auf den Kontext der Werbekommunikation als dem dominanten Rezeptionskontext kommerzieller Sozialkampagnen zurück. Diesen beschreiben sie als einen klassischen Low-Involvement-Kontext im Sinne des Elaboration-Likelihood-Modells[9]. Sie sind davon überzeugt, dass sie in solchen Situationen nicht sehr aufmerksam sind, dass ihre Wahrnehmung dabei eher von den emotionalen Reizen des Kommunikates beeinflusst wird und eine Bewertung desselben weniger auf der Basis einer kritischen Prüfung der Inhalte geschieht. Den Kontext einer Gruppendiskussion beschreiben sie dagegen als ausgesprochene High-Involvement-Situation. Demnach kann der Werbekontext die Glaubwürdigkeitsbeurteilung unternehmerischer Sozialkampagnen positiv beeinflussen, indem er durch das Evozieren eines nur geringen Maßes an Aufmerksamkeit bzw. durch das stärkere Wirken emotionaler Faktoren die Wahrnehmung der Glaubwürdigkeitsproblematik hemmt. Dies korrespondiert mit der Erkenntnis, dass sich die Werberezeption auf Grund der allgemein hohen Informationsüberlastung generell durch ein relativ geringes Involvement der Rezipienten auszeichnet (vgl. Schenk 2002: 251).

2.2 Glaubwürdigkeitsrelevante Kampagnenfaktoren

Die Frage lautet nun, was die Rezipienten dazu veranlasst, sich kritisch mit der Glaubwürdigkeit unternehmerischer Sozialkampagnen auseinander zu setzen und an welchen Faktoren sie deren Glaubwürdigkeit bei einer kritischen Betrachtung festmachen.

Journalistische Berichterstattung

Der Hauptgrund für ein kritisches Hinterfragen unternehmerischer Sozialkampagnen liegt in der Wahrnehmung von Diskrepanzen – den Widersprüchen zwischen der dargestellten Sozialbotschaft des Unternehmens und den tatsächlichen Erfahrungen der Rezipienten. Insbesondere die oft negative journalistische Berichterstattung, welche die Rezipienten als sehr verlässlich wahrnehmen, hat bei vielen zu einer sehr kritischen Einstellung gegenüber der Sozialverträglichkeit modernen Wirtschaftens geführt. Diese konfligiert mit den sozialverantwortlichen Selbstinszenierungen der Unternehmen und wird von vielen Rezipienten als Begründung für ihre negative Glaubwürdigkeitsbeurteilung herangezogen. Vor diesem Hintergrund erkennen die Rezipienten unternehmerische Sozialkampagnen als ein Instrument der Imageaufbesserung und Absatzstimulation und weniger als Dokument echter sozialer Interessen. Überzeugendes Sozialengagement fängt nach der Meinung der meisten Rezipienten innerhalb des Unternehmens

---

[9] Das Elaboration-Likelihood-Modell (ELM) der Informationsverarbeitung befasst sich mit Informationsverarbeitungsprozessen, die dazu führen, dass Personen sich von persuasiven Botschaften überreden lassen. Es geht davon aus, dass in High-Involvement-Situation eher starke Argumente überzeugend wirken, in Low-Involvement-Situationen hingegen eher oberflächliche Cues und Emotionen (vgl. Petty/Cacioppo 1986, insbes. S. 126).

an. Um das Image einer sozialverträglichen Organisation zu etablieren, scheinen daher Belege für eine allgemein sozialverantwortliche Unternehmenskultur weitaus wichtiger als aufwendige Sozialkampagnen.

Jedoch kommt der journalistischen Berichterstattung nicht nur wegen ihrer Wirkung auf das allgemeine sozialbezogene Unternehmensimage eine große Bedeutung für die Glaubwürdigkeitsbeurteilung zu. Sie scheint diese vor allem auch als objektive Informationsquelle über das konkrete kampagnenbezogene Sozialengagement zu beeinflussen. Während die Diskussionsteilnehmer in einer negativen journalistischen Berichterstattung über eine konkrete Kampagne eine der größten Gefahren für deren Glaubwürdigkeitsbeurteilung sehen, sehen sie in einer positiven kampagnenbezogenen Berichterstattung eine große Chance für das Unternehmen, die Glaubwürdigkeit der Aktion zu steigern.

Effektivität und Effizienz
Einen zentralen Glaubwürdigkeitsfaktor stellen die Effektivität und Effizienz der Sozialkampagne dar. In den Augen der Diskussionsteilnehmer muss eine Kampagne, um ein positives Glaubwürdigkeitsurteil zu erhalten, sinnvolle soziale Ergebnisse erzielen, möglichst ohne dabei einen großen Betrag für Werbeaktivitäten zu ‚verschwenden'. So kritisieren die Teilnehmer die Kellogg's Kampagne „Pro Kellogg's-Packung eine Stunde für Kinder in Bildungsnot" vor allem wegen des unklaren Spendenumfangs. Den Rezipienten ist nicht eindeutig ersichtlich, dass durch die Aktion eine effektive Sozialleistung zusammen kommt. Viele fragen sich vielmehr, ob nicht der Werbeaufwand um ein Vielfaches größer als der erzielte Sozialaufwand und die ganze Aktion damit höchst ineffizient ist. Darüber hinaus ist für die Diskussionsteilnehmer die Langfristigkeit des jeweiligen Sozialprojektes von großer Bedeutung. Im Falle Kellogg's etwa wollen sie die benachteiligten Kinder in der Dritten Welt langfristig und nicht nur im Rahmen der Kampagne unterstützt wissen. Wird im Rahmen einer Kampagne nicht auf eine langfristige Unterstützung der Bedürftigen verwiesen, scheint sich dies somit negativ auf die Glaubwürdigkeit derselben auszuwirken.

Transparenz
Ein weiterer wichtiger Faktor ist die Transparenz des Engagements. In den Augen der Rezipienten müssen die Ergebnisse des unternehmerischen Sozialengagements und insbesondere die Frage, inwiefern das Unternehmen mittels der Kampagne zum Erreichen derselben konkret beigetragen hat, offen und nachvollziehbar dargestellt werden. An der Kellogg's Kampagne kritisieren sie in diesem Sinne vor allem auch die mangelnde Redundanz in der Darstellung der Sozialleistung. Diesen Anforderungen könnte die Kampagne in den Augen der Rezipienten insbesondere durch das Forcieren objektiver, journalistischer Berichte beziehungsweise durch eine intensive, von den Rezipienten als effizienter und glaubwürdiger wahrgenommene PR-Arbeit gerecht werden.

Die Transparenzwahrnehmung aber auch Effektivitätseinschätzung der Rezipienten scheint nach den vorliegenden Daten durch eine Zusammenarbeit mit sozialen Organisationen positiv beeinflussbar. Ist die Organisation dem Rezipienten als soziale Fachinstitution bekannt, scheint dies zum Einen die Sicherheit, dass hinter dem Kampagnenprojekt eine langfristige Unterstützung der Bedürftigen steht, zum anderen die Gewissheit, dass die Gelder auch in vollem Umfang den angegebenen Bedürftigen zu Gute kommen, erhöhen zu können.

Der häufige Einsatz von Prominenten scheint hingegen weniger die Glaubwürdigkeits- als vielmehr die Aufmerksamkeitswirkung einer Kampagne zu beeinflussen. Ein positiver Einfluss auf das Glaubwürdigkeitsurteil scheint allenfalls möglich, wenn der jeweilige Prominente dem Rezipienten bereits im Vorfeld der Kampagne für seine sozialen Interessen auf dem jeweiligen Gebiet bekannt ist, oder wenn in irgendeiner Form ein persönliches Verhältnis zu Bedürftigkeit an sich erkennbar ist.

Projektwahl
Eine besondere Relevanz für die Glaubwürdigkeit unternehmerischer Sozialkampagnen scheint von der Projektwahl auszugehen. Die meisten Untersuchungsteilnehmer machen ihr Urteil vor allem auch daran fest, ob sie bei dem Engagement ein echtes Interesse des Unternehmens an dem ausgewählten Projekt oder vielmehr einen taktischen Zug zu erkennen glauben.

Während es sicherlich einleuchtet, dass der Kondomfabrikant Durex die Deutsche Aids-Hilfe unterstützt, ist es fraglich, ob der Rezipient eine Brücke zwischen Luxus-Toilettenpapier und Polioimpfung schlagen kann. Ähnlich der Fall Bierbrauerei: Warum hat Krombacher ein solch großes Interesse am Regenwald und Bitburger an Deutschlands Fußball-Kids. Spiegelt das wirklich die genuinen Umwelt- und Sozialinteressen der Unternehmen wider oder vielmehr ihr Ziel, die Marke Krombacher mit tropischer Natürlichkeit und die Marke Bitburger mit der Spontaneität jugendlicher Bolzplatz-Erlebnisse aufzuladen? Im Zweifelsfalle macht der Rezipient jedoch eher eine Kommunikationsagentur als das Unternehmen für die Projektwahl verantwortlich. Dies wirkt sich insofern negativ auf das Glaubwürdigkeitsurteil aus, als dass dem Unternehmen nur ein bedingtes Interesse an dem Sozialprojekt zugerechnet wird.

Sehr kontroverse Meinungen haben die Teilnehmer auch in Bezug auf die Frage, warum viele Unternehmen sich insbesondere in der Dritten Welt sozial engagieren. Während dies einigen plausibel erscheint, da in der Dritten Welt die größte soziale Bedürftigkeit bestehe, betonen andere, dass dies vor allem aus werbetaktischen Gründen eine geschickte Wahl darstelle, da sie den Rezipienten emotional stark anspreche, die Problematik sich zudem mit wenigen Worten und Bilden selbst erkläre und nicht zuletzt aus diesem Grund den Marktrenner unter den Sozialprojekten verkörpere.

2.3 Allgemeine Bewertung unternehmerischer Sozialkampagnen

Interessanterweise scheinen Rezipienten kommerzielle unternehmerische Sozialkampagnen im Falle eines negativen Glaubwürdigkeitsurteils nicht automatisch als gänzlich negativ zu bewerten. Für das Gesamturteil spielen neben der Glaubwürdigkeit der dargestellten Sozialinteressen die Einstellung der Rezipienten zur Sozialverantwortung von Wirtschaftunternehmen sowie ihre Einschätzungen hinsichtlich allgemeiner wirtschaftlicher Zwänge eine große Rolle: Viele Diskussionsteilnehmer gelangen zu einem positiven Gesamturteil, weil sie Unternehmen keine generellen sozialen Verpflichtungen außerhalb des Unternehmens zuschreiben und ein entsprechendes Engagement als löbliche Zusatzleistung werten. Oder aber sie beurteilen solche Aktionen positiv, weil sie die allgemeine wirtschaftliche Situation vor allem auf Grund der starken Globalisierungstendenzen als dermaßen hart einschätzen, dass sie Unternehmen generell unter dem Diktat des totalen Kapitalismus sehen und ihnen wenig Handlungsspielraum zumessen. Insofern begrüßen sie es, wenn Unternehmen trotz der widrigen Umstände wenigstens etwas tun. In diesem Sinne kommt eine Vielzahl der Diskussionsteilnehmer zu dem Schluss, dass insbesondere kommerzielle Sozialkampagnen einen guten Kompromiss zwischen Gewinnerwirtschaftung und Sozialverantwortung darstellen.

Viele Teilnehmer sind zudem der Meinung, dass Rezipienten solche Aktionen vor allem auch in ihrer Rolle als Konsumenten für gut befinden, weil sie ihnen die Gelegenheit bieten, sich ohne einen finanziellen Mehraufwand sozial zu engagieren und dadurch ihr soziales Gewissen zu beruhigen. Der Kaufakt bewirke so nicht nur eine materielle, sondern auch eine emotionale Befriedigung.

Dennoch hat die Studie gezeigt, dass einige Rezipienten über ihre Unglaubwürdigkeitsbeurteilung hinaus auch schwerwiegende moralische Einwände gegen kommerzielle unternehmerische Sozialkampagnen hegen. Insbesondere im Falle eines Engagements in der Dritten Welt wurde diskutiert, ob eine solche Aktion nicht zu sozialer Abhängigkeit führen könne und ob es moralisch vertretbar sei, sich als westliches Industrieunternehmen, welches auf der einen Seite an der Not der Dritten Welt nicht unbeteiligt sei, gerade als deren Wohltäter darzustellen. Moralische Einwände leuchten damit einer großen Zahl an Diskussionsteilnehmern ein und nach den Ergebnissen zu dem großen Einfluss der Medienberichterstattung auf den Meinungsbildungsprozess der Rezipienten ist davon auszugehen, dass diese bei einer entsprechenden Nachrichtenlage beziehungsweise öffentlichen Diskussion durchaus zu der Ablehnung einer Kampagne gelangen könnten.

3 Resümee

Sozialkampagnen lassen sich als Ausdruck eines integrierten Kommunikations- und Beziehungsmanagements auffassen. Sie stellen eine Antwort auf die im Zuge gesellschaftlicher Modernisierungstendenzen mehr und mehr sozial geprägten Interessen und Ansprüche sowohl unternehmensexterner als auch -interner Bezugsgruppen dar. Indem sie ihre soziale Gesinnung öffentlich darstellen, versuchen Unternehmen, diesen neuen Ansprüchen gerecht zu werden und so ihre Handlungsspielräume aufrecht zu erhalten und zu erweitern. Während Thematisierungskampagnen und monetäre Aktivierungskampagnen dabei oft eine eher breit gefächerte Bezugsgruppenorientierung aufweisen, zielen kommerzielle Sozialkampagnen in erster Linie auf die Interessen der Gruppe der Kunden ab. Sie machen Sozialengagement zu einem käuflich erwerbbaren Gut und schöpfen die neuen immateriellen Bedürfnispotenziale der Kunden so gewinnbringend aus: „Der Kauf einer Tube blend-a-med zahlt sich jetzt doppelt aus."

Eine solche Interessengewichtung lässt sich als riskant bezeichnen, da Sozialkampagnen als eine Form öffentlicher Kommunikation zum gleichen Zeitpunkt immer von einer Vielzahl unterschiedlicher Bezugspersonen und -gruppen rezipiert werden. Diese bewerten das dargestellte Sozialinteresse nach persönlichen Maßstäben und gelangen so zu individuellen, oft sehr unterschiedlichen Urteilen. Was der eine für gut befindet, kann bei dem anderen auf erhebliche Ablehnung stoßen. Um sich langfristig die Unterstützungsleistungen sämtlicher relevanter Bezugsgruppen zu sichern, müssen bei der Konzeption kommerzieller Sozialkampagnen immer die Interessen aller relevanten Gruppen – auch des nicht-marktlichen Unternehmensumfeldes – im Auge behalten werden.

Das besondere Glaubwürdigkeitsrisiko vor allem kommerzieller Sozialkampagnen ergibt sich jedoch nicht unbedingt aus ihrem stark kommerziellen Bezug. Im Gegenteil: Setzen sich Rezipienten bewusst mit der Glaubwürdigkeitsproblematik kommerzieller Sozialkampagnen auseinander, tendieren sie sogar häufig dazu, diese als festen Bestandteil kampagnenbezogener Ereignisschemata zu billigen. Zwar halten sie profitorientierte Umsatzsteigerungen für das dominante Ziel solcher Kampagnen, doch sprechen sie den Unternehmen ein soziales Interesse nicht gänzlich ab. Vielmehr sehen sie in kommerziellem Sozialengagement oft eine intelligente Lösung, wirtschaftliche und soziale Ziele für beide Seiten lukrativ miteinander zu verbinden. Sie schätzen solche neuen Formen sozialer Bemühungen, weil sie ihrer Meinung nach im Kontext des aktuell eher unsozialen Wirtschaftsklimas einen Schritt in die richtige Richtung darstellen.

Die Gefahr ergibt sich vielmehr daraus, dass objektive Quellen – insbesondere journalistische Medienberichte – in Abhängigkeit von der Ereignislage diskrepante Informationsangebote bezüglich der allgemeinen aber auch konkret kampagnenbezogenen Sozialinteressen eines Unternehmens bieten. Tritt ein Unternehmen, das sich selbst als sozialbewusst in Szene setzt, in der öffentlichen Diskussion eher unsozial in Erscheinung, erhöht dies zum einen die auf Grund des werblichen Kontextes generell sehr geringe Aufmerksamkeit der Rezipienten für die Glaubwürdigkeitsproblematik der Kampagne. Zudem stimuliert es die Frage nach ihrer moralischen Bewertbarkeit: Wenig glaubwürdigkeitsfördernd und moralisch nicht vertretbar ist es in den Augen der Rezipienten, sich durch eine Hilfskampagne für Not leidende Kinder als sozial orientiert zu präsentieren und zur gleichen Zeit einen großen Teil der Belegschaft in die Arbeitslosigkeit zu schicken, sich mittels einschlägiger Kampagnen als Freund und Partner der Dritten Welt darzustellen und gleichzeitig in derselben Region unter Niedrigstlohnbedingungen produzieren zu lassen oder aber einen Sozialaufwand von 10.000 Euro mit einem unverhältnismäßigem Kommunikationsbudget von 50.000 Euro auszustatten. Die Wahrnehmung solcher Diskrepanzen lässt bei den Rezipienten den Vorwurf einer nicht vertretbaren Instrumentalisierung sozialer Notsituationen zu rein partikularen Zwecken aufkommen. Endet eine solchermaßen reflektierte und durch öffentliche Meinungsbildungsprozesse gestützte Auseinandersetzung mit einer Kampagne in einer moralischen Verurteilung derselben, kann dies der Beziehung des Unternehmens zu den jeweiligen Bezugspersonen und -gruppen einen massiven Schaden, nämlich den Entzug von Zustimmung und Akzeptanz, zufügen.

Diese Gefahr lässt sich vermeiden, indem ein Unternehmen seine Organisationskultur grundlegend an sozialen Normen ausrichtet und dies langfristig, insbesondere durch eine entsprechende PR-Arbeit, öffentlich sichtbar macht. Vor einem solchen Hintergrund können unter der Beachtung einiger zentraler Punkte durchaus sinnvolle Sozialkampagnen durchgeführt werden.

Stichwort *Projektwahl*: Dem Rezipienten muss es plausibel erscheinen, dass das Unternehmen sich für das konkrete Sozialprojekt engagiert. Es muss ein Zusammenhang zwischen Unternehmen, Produktionspolitik, Produktpalette und Projektwahl erkennbar sein. Gleiches gilt für den Einsatz von Prominenten.

Stichwort *Transparenz*: Der Rezipient will umfassend über den Umfang sowie die konkrete Umsetzung des sozialen Engagements informiert werden. Angaben wie ‚pro Cornflakes-Packung eine Schulstunde' sind ungenau und sollten an geeigneter Stelle spezifiziert werden. Die erbrachte Leistung sollte abschließend dokumentiert sowie weitere Handlungsperspektiven aufgezeigt werden.

Stichwort *Effektivität* und *Effizienz*: Das Sozialprojekt muss in jedem Falle einen sinnvollen, sozialen Nutzen generieren. Es sollte vermieden werden, dass das Engagement die Wirkung eines Tropfens auf den heißen Stein hat. Das Projekt sollte nicht nur laut, sondern vielmehr durchdacht und intelligent sein. Dem Rezipienten muss ersichtlich sein, dass das Unternehmen nicht nur für den Zeitraum, da es selbst von dem Engagement profitiert, sondern auch darüber hinaus ein Interesse an der Unterstützung der jeweiligen Empfängergruppe hat. Ferner gilt es unbedingt darauf zu achten, dass Kommunikations- und Sozialaufwand in einem gesunden Verhältnis zueinander stehen.

Stichwort *Pressearbeit*: In besonderem Maße glaubwürdigkeitsfördernd sind Belege für ein umfassendes Sozialinteresse dann, wenn sie aus journalistischer Feder und damit von einer als objektiv wahrgenommenen Quelle stammen. Eine umfangreiche PR-Arbeit bildet damit nicht nur bezogen auf das Sichtbarmachen einer grundlegenden Sozialorientierung des Unternehmens, sondern vor allem auch hinsichtlich der transparenten Darstellung des kampagnenbezogenen Sozialengagements einen wichtigen Glaubwürdigkeitsfaktor.

Literatur

Baringhorst, Sigrid (1998): Politik als Kampagne. Zur medialen Erzeugung von Solidarität. Opladen/Wiesbaden

Barone, Michael J./Anthony D. Miyazaki/Kimberly A. Taylor (2000): The Influence of Cause-Related Marketing on Consumer Choice: Does One Good Turn Derserve Another? In: Journal of the Academy of Marketing Science, Jg. 28, Nr. 2: 248-262

Beck, Ulrich (1995): Was Chirac mit Shell verbindet. In der Weltrisikogesellschaft wird der Konsumentenboykott zum demokratischen Machtinstrument. In: Die Zeit, Nr. 37/8.9.1995: 9

Beck, Ulrich (1986): Risikogesellschaft. Auf dem Weg in eine andere Moderne, Frankfurt/Main

Bentele, Günter (1994): Öffentliches Vertrauen – normative und soziale Grundlage für Public Relations. In: Wolfgang Armbrecht/Ulf Zabel (Hg.): Normative Aspekte der Public Relations. Grundlagen und Perspektiven. Eine Einführung. Opladen: 131-158

Bentele, Günter (1988): Der Faktor Glaubwürdigkeit. Forschungsergebnisse und Fragen für die Sozialisationsperspektive. In: Publizistik, Jg. 33, Nr. 4: 406-426
Bruhn, Manfred (1998³): Sponsoring. Systematische Planung und Integrativer Einsatz. Wiesbaden.
Bruhn, Manfred/Jörg Tilmes (1989): Social Marketing. Stuttgart/Berlin/Köln
Carroll, Archie B. (1991): The Pyramid of Corporate Social Responsibility: Toward the Moral Management of Organizational Stakeholders. In: Business Horizons, Jg. 34, Nr. 4: 39-48
Carroll, Archie B. (1979): A Three-Dimensional Conceptual Model of Corporate Per-formance. In: Academy of Management Review, Jg. 4, Nr. 4: 497-505
Drosdek, A. (1996): Credibility Management: Durch Glaubwürdigkeit zum Wettbewerbsvorteil, Frankfurt am Main/New York
Dyllick, Thomas (1990): Ökologisch bewusstes Management. Die Orientierung, Nr. 96, Schweizerische Volksbank, Bern
Dyllick, Thomas (1989): Management der Umweltbeziehungen. Öffentliche Auseinandersetzungen als Herausforderungen. Wiesbaden
Grünewald, Markus et al. (2001): Der Unternehmenstester: Elektrogeräte. Hannover
Habisch, André (2003): Corporate Citizenship. Gesellschaftliches Engagement von Unternehmen in Deutschland. Berlin/Heidelberg
Katz, Gitte (2002): Wer's glaubt wird selig – oder? Die Glaubwürdigkeit von Öko-Werbung aus Rezipientensicht. Eine qualitative Erkundungsstudie. Wiesbaden
Klages, Helmut (1994): Selbstentfaltung und soziale Verantwortung. Eine Verteidigung der Gesellschaft gegen ihre Selbstmissverständnisse. In: Manfred Hennen/Michael Jäckel (Hg.): Privatheit und soziale Verantwortung. München: 237-246
Köhnken, Günter (1990): Glaubwürdigkeit. Untersuchungen zu einem psychologischen Konstrukt. München
Kotler, Philip/Alan R. Andreasen (1996⁵): Strategic Marketing for Nonprofit Organizations. Upper Saddle River/New Jersey
Kotler, Philip/Eduardo L. Roberto (1989): Social Marketing. Strategies for Changing Public Behaviour. London
Kröher, Michael (2005): Good Company Ranking. Tue Gutes und profitiere davon. In: Manager Magazin, Nr. 2: 80-86
Lübke, Volkmar (1999): Der Unternehmenstester: Lebensmittel. Ein Ratgeber für den verantwortlichen Einkauf. Reinbek
Lübke, Volkmar (1995a): Der Unternehmenstester: Kosmetik, Körperpflege und Waschmittel. Ein Ratgeber für den verantwortlichen Einkauf. Reinbek
Lübke, Volkmar (1995b): Der Unternehmenstester: Die Lebensmittelbranche. Ein Ratgeber für den verantwortlichen Einkauf. Reinbek
Maignan, Isabelle (2001): Consumer's Perception of Corporate Social Responsibilities: A Cross-Cultural Comparison. In: Journal of Business Ethics, Jg. 43, Nr. 30: 57-72
Maignan, Isabelle/O.C. Ferrell (2001): Corporate Citizenship as a Marketing Instrument. Concepts, Evidence and Research Directions. In: European Journal of Marketing, Jg. 35, Nr. 3/4: 457-484
McIntosh, Malcom/Ruth Thomas/Deborah Leipziger/Gill Coleman (2003): Living Corporate Citizenship. Strategic routes to socially responsible business. London
Nawratil, Ute (1997): Glaubwürdigkeit in der sozialen Kommunikation. Opladen/Wiesbaden
Olsen, G. Douglas/John W. Pracejus/Norman R. Brown (2003): When Profit Equals Price: Consumer Confusion About Donation Amounts in Cause-Related Marketing. In: Journal of Public Policy and Marketing, Jg. 22, Nr. 2: 170-180
Pankau, Elmar (2002): Sozial-Ökonomische Allianzen zwischen Profit- und Nonprofit-Organisationen. Wiesbaden
Petty, Richard E./John T. Cacioppo (1986): The Elaboration Likelihood Model of Persuasion. In: Berkowitz, Leonhard (Hg.): Advances in Experimental Social Psychology, Jg. 19. Orlando, London: 123-205
Röttger, Ulrike (2003): Viele Annahmen, wenig Gewissheit. Die Relevanz des Publikums in der PR-Forschung. In: Lars Rinsdorf/Bernd Weber/Falk Wellmann/Petra Werner (Hg.): Journalismus mit Bodenhaftung. Annäherungen an das Publikum. Münster: 287-299

Röttger, Ulrike (2001): Campaigns (f)or a better world? In: Dies. (Hg.): PR-Kampagnen. 2. erw. und überarb. Aufl. Wiesbaden: 15-34

Saxer, Ulrich (1994): Norm und Gegennorm. Probleme von Normenverträglichkeit in der PR-Arbeit. In: Wolfgang Armbrecht/Ulf Zabel (Hg.): Normative Aspekte der Public Relations. Opladen: 195-224

Schenk, Michael (2002^2): Medienwirkungsforschung. Tübingen

Schlichting, Inga (2004): Riskantes Spiel mit der Moral? Die Glaubwürdigkeit unternehmerischer Sozialkampagnen aus Rezipientensicht. Eine qualitative Erkundungsstudie. Magisterarbeit am Institut für Kommunikationswissenschaft der Westfälischen Wilhelms-Universität Münster

Seitz, Bernhard (2002): Corporate Citizenship. Rechte und Pflichten der Unternehmung im Zeitalter der Globalität. Wiesbaden

Steger, Ulrich (2000): Globalisierte Unternehmenskommunikation: Rahmenbedingungen und Voraussetzungen In: Klaus-Peter Johanssen/Ulrich Steger (Hg.): Lokal oder Global? Strategien und Konzepte von Kommunikations-Profis für internationale Märkte. Frankfurt am Main: 20-41

Thiede, Roger (1993): Provokation ade. Interview mit Luciano Benetton. In Focus, Nr. 43/93: 170-172

Wiedmann, Klaus-Peter (1989): Gesellschaft und Marketing – Zur Neuorientierung der Marketingkonzeption im Zeichen des gesellschaftlichen Wandels. In: Günter Specht/Günter Silberer/Werner Hans Engelhardt (Hg.): Marketing-Schnittstellen. Herausforderungen für das Management. Stuttgart: 227-246

Wirth, Werner (1999): Methodologische und konzeptionelle Aspekte der Glaubwürdigkeitsforschung. In: Patrick Rössler/Werner Wirth (Hg.): Glaubwürdigkeit im Internet. Fragestellungen, Modelle, empirische Befunde. München: 47-66

Moralisierung von Unternehmenskommunikation[*]

Ausgewählte Toscani-Kampagnen in Deutschland und in Italien und deren mediale Resonanz

Sarah Zielmann / Ulrike Röttger

1 Problemaufriss

Seit Mitte der 1980er Jahre sind zunächst ein erstes Auftreten und schließlich eine Zunahme sowie eine Ausdifferenzierung *unternehmerischer* Sozialkampagnen zu beobachten. Die moralisch aufgeladenen Kampagnen stehen im Zusammenhang mit einer vermehrt extern geforderten Übernahme gesellschaftlicher Verantwortung durch Unternehmen. Diese zeigt sich beispielsweise in freiwilligem ökologischen Engagement, der Einhaltung sozialer Arbeitsbedingungen, Sportsponsoring oder Sozialkampagnen seitens gewinnorientierter Organisationen.

Unternehmerische Sozialkampagnen werden hier als zeitlich und thematisch begrenzte kommunikative Strategie zur öffentlichen Inszenierung von unternehmerischen Sozialinteressen verstanden, die unter Rückgriff auf unterschiedliche kommunikative Instrumente und Techniken Aufmerksamkeit erzeugen oder auch zu Anschlusshandeln mobilisieren sollen (vgl. Röttger in diesem Bd.; Schlichting 2004). Ziel dieser Kampagnen ist es, auf spezifische gesellschaftliche Probleme hinzuweisen und entweder auf die damit zusammenhängenden eigenen entlastenden Anschlusshandlungen hinzuweisen und/oder die Rezipienten zu ebensolchen Handlungen zu motivieren. Zugleich werden in der Regel wohltätige Themen mit ökonomischen Interessen verknüpft (z.B. die in diesem Bd. thematisierte Regenwald-Kampagne von Krombacher). Durch den Mailänder Modefotografen Oliviero Toscani entstand Ende der 1980er Jahre erstmals eine Serie, die aus diesem Muster herausfiel: „Schockwerbungen", bekannt geworden durch Motive für Benetton. Diese Kampagnen nehmen Bezug auf allgemeine gesell-

---

[*] Dieser Beitrag wurde für die vierte Auflage neu verfasst.

schaftliche Werte bzw. Sozialinteressen, jedoch hinsichtlich solcher, die zum Zeitpunkt der Kampagnen tabuisiert sind. Es fällt darüber hinaus auf, dass eine eindeutige moralische Botschaft fehlt. Gegenstand der Kampagne sind überwiegend reine Bildmotive, die kaum bis keinen Bezug zu den Unternehmensprodukten haben, sondern schwierige bis heikle Themen visuell darstellen. Damit werden Rezipienten fast schon zu einer Stellungnahme gezwungen – mindestens wird man sich für oder gegen eine derartige Visualisierung aussprechen. Mitte der 1990er Jahre ist es zu einem gut sichtbaren Trend – insbesondere in der Modebranche – geworden, mit Schockwerbungen zu arbeiten. Ein Surfbekleidungshersteller warb mit einem aufgeschlitzten Hai, aus dessen Bauch ein menschliches Bein in entsprechender Surfkleidung herausschaute. Ein Jeanshersteller zeigte, wie eine Art Zombie einen Toten zersägte, ein anderer einen Mann und zwei Frauen beim sadomasochistischen Spiel, usw. Diese Art der Werbung, bei der es in erster Linie um den Aufbau eines Marken- oder Firmenimages geht, wird in der Literatur auch vielfach als Lifestyle-Werbung bezeichnet und ist breit besprochen worden, fast immer im Zusammenhang oder Vergleich mit den Benetton-Motiven (vgl. u.a. Hölscher 1998; Diekhof 1997; Wünnenberg 1996; Sosnitza 1995; Reichold 1994; Sosnitza 1993; Henning-Bodewig 1992).

Toscani ist der Linie, die schockierende Realität abzubilden, nach seiner Trennung von Benetton im Jahr 2000 treu geblieben. Zuletzt realisierte er 2007 im Auftrag der Modemarke Nolita provokante Plakatmotive. Zwei Jahre zuvor endete eine Kampagne für die Bekleidungsfirma Ra-Re aufgrund eines durch das italienische Institut für Werbekontrolle ausgesprochenen Verbots der Plakate.

Forschungslücken und Forschungsvorhaben

Es ist zu konstatieren, dass unternehmerische Sozialkampagnen bislang nicht umfassend wissenschaftlich analysiert wurden wie auch Studien, die die Besonderheiten der Toscani-Kampagnen empirisch fokussieren, bislang nicht vorliegen. Eine partielle Ausnahme bilden die Benetton-Kampagnen. Allerdings handelt es sich überwiegend entweder um kaum mehr als eine Nachzeichnung der Zusammenarbeit Toscanis und Benettons, und zwar oftmals aus praxisorientierter Perspektive (etwa Aspesi 2006; Favero 2006). Oder im Zentrum steht die Diskussion hypothetischer ethischer Verantwortlichkeiten bzw. die Erörterung der Gerichtsurteile (u.a. Petzel 2003; Classen 2006; Imbusch 2007). Die Firmenphilosophie wird in der Literatur vielfach für das Unternehmen Benetton aufbereitet (vgl. u.a. auch Giroux 1994; seitens des Unternehmens selbst durch Luciano Benetton 1994 oder Toscani 1996). Diese Zusatzinformationen liegen für andere Auftraggeber von Sozialkampagnen nur sehr vereinzelt vor.

Unternehmerische Sozialkampagnen bewegen sich im Spannungsfeld von Moral und Markt, von Gemeinwohlorientierung und Realisierung von gewinnorientierten Unternehmensinteressen. Entsprechend kritisch und kontrovers wird das kampagnenförmig kommunizierte soziale Engagement von Unternehmen in der Öffentlichkeit diskutiert. Vor diesem Hintergrund will die hier vorgestellte Fallstudie analysieren, inwieweit Sozialkampagnen zur Generierung von Aufmerksamkeit im Interesse der jeweiligen Unternehmen beitragen können, inwiefern also das jeweils ausgelöste mediale Interesse als positiv für die hinter den Kampagnen stehenden Firmen zu werten ist. Oder, um mit den Worten von Ulrich Saxer zu sprechen: „Wie erkennbar ist in der medialen Resonanz die unternehmerische Vertretung der dargestellten gesellschaftlichen Interessen bzw. die unternehmerische „Instrumentalisierung allgemeiner gesellschaftlicher Wertvorstellungen für partikulare Zwecke"? (Saxer 1994: 218) Damit geht es nicht zuletzt um die Frage der *Glaubwürdigkeit* der Kampagnen. Die hängt unter anderem davon ab, wie gut es dem Unternehmen gelingt, die eigenen Motive und darauf bezogenen Sozialleistungen überzeugend darzustellen. Es soll also überprüft werden, welche möglichen Beweggründe der Unternehmen für diese Art von Kampagnen medial thematisiert werden und wie diese Gründe und die Kampagne selbst in der Berichterstattung bewertet werden. Dahinter steht die Überlegung, dass letztlich ein bei solchen Kampagnen stets mitschwingendes Ziel die Legitimierung der Organisationsinteressen ist. Es geht also immer um das Ansehen des Unternehmens, dessen positive Assoziation seitens der Kampagnenbetrachter Voraussetzung für weitere Operationen und langfristig für ein Bestehen am Markt ist.

Die skizzierten Forschungsfragen werden im Folgenden exemplarisch am Beispiel von ausgewählten Toscani-Kampagnen als einer möglichen Erscheinungsform von unternehmerischen Sozialkampagnen durchgeführt. Für die Auswahl spricht nicht nur die hohe Bekanntheit der Kampagnen, sondern auch ihre polarisierende Wirkung. Ausgangspunkt war dabei zunächst die Überlegung, dass dies den Nachrichtenwert steigert, was sich wiederum in einer diskursiven Berichterstattung niederschlagen dürfte, so soll bereits an dieser Stelle vorweggenommen werden: Die mediale Thematisierung der Toscani-Kampagnen fiel überraschend gering aus. Zugleich sind jedoch eindeutige Bewertungen der Kampagnen auszumachen. In einer relativ aufwändigen Recherche wurde zudem überprüft, ob und wie die Resultate anders ausgefallen wären, wenn andere Medien oder andere Kampagnen berücksichtigt worden wären. Dies wird ebenfalls Gegenstand der Ergebnisdarstellung sein.

Für eine zusätzliche Kontextualisierung konnte Oliviero Toscani als Interviewpartner gewonnen werden. Er gab in einem zwanzigminütigen Telefonat Anfang 2008 (nach fast zwei Dutzend verschobenen Terminen) Auskunft zu den Motiven der verschiedenen Kampagnen, der Art ihrer jeweiligen Umsetzung sowie den eigenen und unternehmerischen Reaktionen auf die Besprechung in den Medien.

2 Sozialkampagnen als Reaktion auf externe Erwartungen

Ausgangspunkt der zu beobachtenden Bedeutungszunahme unternehmerischer Sozialkampagnen ist zunächst allgemein eine Ökonomisierung der Gesellschaft und hierbei eine (Re-)Politisierung ökonomischen Handelns sowie eine Politisierung des Konsums (vgl. u.a. Eisenegger/Vonwil 2008; Heidbrink/Hirsch 2008; Schimank/Volkmann 2008). Im Zuge dieser Entwicklung sind die Quantität und Pluralität der Erwartungen, die von unterschiedlichen Anspruchsgruppen an die quasi-öffentliche Institution Unternehmen herangetragen werden, expandiert: Wirtschaftliche Organisationen sind mit moralisch-ethischen Erwartungen konfrontiert, die früher politischen Organisationen vorbehalten waren. Dies führt zu einer zunehmenden Moralisierung der Unternehmenskommunikation und in der Folge zu einer unternehmerischen Ausbildung von spezifischen Moralprogrammen, die sich u.a. in Corporate Governance-Konzepten und CSR-Maßnahmen niederschlagen (vgl. u.a. Schwalbach 2003; Habisch 2003; Hilb 2006; Imbusch/Rucht 2007). Dazu zählt auch die moralische Aufladung der öffentlichen Selbstdarstellung von Unternehmen und ihrer Kundenansprache im Rahmen von Sozialkampagnen.

Die Erwartungen der Konsumenten an Unternehmen beschränken sich längst nicht mehr allein auf die bloße Produktqualität. Immer mehr Konsumenten wollen beispielsweise Pflegeprodukte oder Haushaltsreiniger, die tierversuchsfrei hergestellt wurden, biologisch einwandfreie Lebensmittel, Kleidung und Kaffee, die ‚fair' produziert worden sind. So bemühen sich immer mehr Unternehmen darum, besonders gegenüber kritischen Bürgern allgemein, aber natürlich ebenso speziell auf ihre Konsumenten gerichtet, auch in dieser Hinsicht die Güte ihrer Produkte und Dienstleistungen zu vermarkten. Bei einer zunehmenden Angebotshomogenisierung kommt es zudem darauf an, die eigenen Produkte und Dienstleistungen nicht nur auf einer kommunikativen, sondern auch auf normativer Basis unterscheidbar zu machen. Unternehmerische Sozialkampagnen begegnen dem wachsenden Bedarf von Konsumenten nach Konsum ohne Reue und stillen gleichermaßen materielle wie immaterielle Bedürfnisse der Konsumenten.

Provokative Sozialkampagnen bilden in diesem Zusammenhang eher eine Ausnahme. Dabei scheint es so zu sein, dass sich die Modeindustrie besonders für den ungewöhnlichen, provozierenden Einsatz von visuellen Stimuli eignet, da extreme expressive Ausdrucksformen, Tabu- und Regelverletzungen ohnehin mit ihr in Verbindung gebracht werden. Dies dürfte vor allem für ‚junge Mode' zutreffen, die von Menschen gekauft und getragen wird, die auffallen und sich gegenüber anderen abgrenzen wollen. Dies mag mit ein Grund dafür sein, warum Toscani besonders mmer wieder für Modeunternehmen tätig ist. Die hinter seinen Sozialkampagnen stehenden Bekleidungsfirmen sind scheinbar häufiger als Unternehmen aus anderen Industriezweigen bereit, Neues auszuprobieren und öffentliche Aufmerksamkeit mittels Brüchen mit Gewohntem, Vertrautem und bislang Akzeptiertem zu riskieren.

Mit Blick auf Tabubrüche und Provokationen bilden Informations- und Aufklärungskampagnen aus dem Gesundheitsbereich eine weitere Ausnahme. Schließlich versuchen insbesondere staatliche Behörden weltweit seit Jahren, bezüglich der Vermeidung von sich selbst und andere schädigendem Verhalten wie dem Rasen mit dem Auto, dem übermäßigem Alkoholkonsum, etc. die besten Abschreckungsmethoden zu finden. Dazu gehört zweifelsohne auch das Arbeiten mit schockierenden Bildern und Textbotschaften.

2.1 Ziele und Formen von Sozialkampagnen

Unternehmerische Sozialkampagnen symbolisieren eine konfliktreiche Verschmelzung von Konsum- und Zivilgesellschaft und befinden sich unweigerlich im Spannungsfeld von Markt und Moral. Denn neben gesellschaftsbezogenen sind immer auch unternehmensbezogene Ziele (in Form einer Unternehmens- oder Produktdifferenzierung) mit der spezifischen Kampagne verbunden. Es ist das Globalziel unternehmerischer Sozialkampagnen, bei allen relevanten Bezugsgruppen das Image eines sozial bewussten und sozial engagierten Unternehmens zu etablieren. Je nach darunter spezifisch formulierten Zielen können unterschiedliche Formen von unternehmerischen Sozialkampagnen unterschieden werden (vgl. Schlichting/Röttger in diesem Bd.; Bonfadelli 1994):

1. Bei *Thematisierungskampagnen* geht es um die Darstellung des unternehmerischen Sozialengagements. Die eher allgemeine Sozialbotschaft adressiert keine überlagernde Bezugsgruppe.
2. Bei *Kommunikationskampagnen* werden konkrete soziale Leistungen dargestellt. Hierfür gilt es, eingrenzbare Bezugsgruppen zu gewinnen.
3. Bei *Aktivierungskampagnen* wird das soziale Engagement an den Absatz gekoppelt. Gezielte Bezugsgruppen sollen zum Kauf bestimmter Konsumgüter und zur Unterstützung aufgefordert werden.
4. Kampagnen von Toscani bilden schließlich eine Sonderform. Hier werden gesellschaftliche Themen, die als ungelöste Probleme betrachtet werden, zur Diskussion vornehmlich visualisiert. Es fehlt eine Verknüpfung der sozialen oder ökologischen Themen mit ökonomischen Interessen bzw. Unternehmensinteressen. Stattdessen erfolgt eine wertbezogene Kommunikation ohne klare, zentrale Botschaft und ohne erkennbaren Produktbezug.

Ein bei allen Sozialkampagnen typisches Element sind Testimonials. So steht beispielsweise der ehemalige Rennfahrer Michael Schumacher für „Null Toleranz bei Alkohol am Steuer", einer 2008 angelaufenen, weltweiten Kampagne des alkoholischen Getränks Bacardi. Testimonials müssen jedoch keine Prominenten sein. Gerade im Gesundheitsbereich sind es oft Normalbürger, die entweder auf ihren Vorbildcharakter hinweisen und Menschen aus ihrem Milieu ansprechen sollen oder ebensolche ‚Durchschnittstypen', die als exemplarische Abschreckung vor bestimmten Gefahren dienen.

2.2 Kampagneneffekte

Die allgemein möglichen intendierten Kampagneneffekte können in Anlehnung an Rogers und Storey (1989), die sich mit öffentlichen Informationskampagnen beschäftigt haben, anhand der folgenden drei Dimensionen verortet werden: Die angestrebten Ziele können sich zwischen den Extrempolen Information und Mobilisierung (Verhaltensänderung) bewegen. Es macht des Weiteren einen Unterschied, ob sich der Ort der Veränderung auf einzelne Gesellschaftsmitglieder oder die Gesellschaft als Ganzes bezieht. Schließlich spielt eine wichtige Rolle, wer den eigentlichen Nutzen für sich verbuchen kann: Im Extremfall entweder ausschließlich der Auftraggeber oder der Rezipient/Konsument. Deutlich wird an dieser Stelle, dass die genannten Ausprägungen lediglich als mögliche extreme Ausprägungen der einzelnen Dimensionen zu verstehen sind.

Bonfadelli diagnostiziert den vermehrten Einsatz von Kampagnen in allen Bereichen der Gesellschaft als Reaktion auf soziale Probleme (Bonfadelli 2004a: 101). Wie genau Kampagnen dabei wirken, ist insbesondere für Informationskampagnen im Gesundheitsbereich erforscht. Hauptbefunde lassen sich anhand unterschiedlicher Darstellungen in der Literatur folgendermaßen zusammenfassen: Plakative Textwarnungen funktionieren besser und Bilder wirken besser als Text, vor allem, wenn sie wiederholt geändert werden (vgl. Hammond et al. 2007).* Allerdings gilt generell, dass sich Kampagneneffekte nur dann im Sinne des Auftraggebers bewerten lassen, wenn vorab eine explizite Zielformulierung samt einer Segmentierung nach Zielgruppen erfolgt. Ansonsten bleibt der Erfolg einer Kampagne (ebenso wie die Verstärkerwirkung der Medien) dem Zufall überlassen (vgl. Bonfadelli 2004a: 109). Eine solche Planung erfordert wiederum die Beobachtung des Marktes und seiner unterschiedlichen Konsumgruppen, denn nur mittels deren Kenntnis lassen sich zukünftige Planungen anstellen. Hierzu ist anzumerken, dass Toscani keine Marktforschung betreibt (vgl. Interview mit Vaske 2001: 165; eigenes Telefoninterview mit Toscani 2008): Wiederholt stellte man erstaunt fest, „Benetton ist übrigens wohl das einzige Unternehmen auf der Welt, das keine Marktuntersuchungen und Analysen erstellt. ‚Die Marktuntersuchung bin ich selbst', erklärt Toscani" (o.V. 1991: 13). Gleichwohl Benetton nicht das einzige diesbezüglich unsystematisch vorgehende Unternehmen sein mag, liegt es auf der Hand, dass Toscani sich hier einem Instrument zur Planung und Kontrolle von Kampagnenwirkungen entzieht.

Wenngleich es bis heute keine Medienwirkungstheorie gibt, die die Einflüsse der Medien auf die Rezipienten umfassend erklären kann (vgl. Bonfadelli 2004b: 34), sind sich Medienwirkungsforscher einig, dass die Massenmedien einen erheblichen Einfluss auf die Aufmerksamkeit und den ‚Blickwinkel' auf bestimmte Themen der Rezipienten nehmen können, wobei wiederholt präsentierte Informationen besser in ihr Gedächtnis gelangen (vgl. Schenk 2002: 709). Die dominanten Werte des jeweiligen Mediensystems sowie das Involvement der Mediennutzer beeinflussen das Potenzial der konkreten Medienwirkung im Einzelfall, so dass sich Befunde etwa bezüglich der Wirkung von Warnhinweisen auf Zigarettenschachteln aus dem anglo-amerikanischen Raum nicht ohne Weiteres auf den deutschen Sprachraum übertragen lassen (vgl. Bonfadelli 2004b: 34; für verallgemeinerbare Korrelationen von Rezipientenmerkmalen und Medienwirkungen ebd.: 288f.). Dabei wird davon ausgegangen, dass die Hauptwirkung im Setzen von ‚Frames', also von Bezugsrahmen, in der Attribuierung von journalistisch ausgewählten Themen liegt (Schenk 2002: 710).

---

* Zum Hintergrund der Studie: In zwei Wellen (2002/2005) wurden mittels Telefonbefragungen von knapp 15 000 erwachsenen Rauchern die Wirkung von Anti-Rauchen-Kampagnen in vier Ländern analysiert. Die Erhebung erfolgte vor und nach der Einführung von Warnhinweisen auf Zigarettenschachteln.

2.3 Bedeutung der medialen Thematisierung und Bewertung

Die einleitend aufgeführten empirischen Lücken hinsichtlich der medialen Thematisierung von unternehmerischen Sozialkampagnen sind gerade aufgrund des angenommenen Einflusses der Medienberichterstattung auf die Wahrnehmung der für die Auftraggeber relevanten Teilöffentlichkeiten (siehe hierzu auch Prescher 2007: 71) erstaunlich. Es wird vorausgesetzt, dass sich Unternehmen stark an der Medienresonanz auf ihre Kampagnen orientieren. Doch eine solche ‚Spiegelung' setzt die Kenntnis der medialen Darstellung voraus. Eine Ursache für die Diskrepanz der Annahme eines enormen Medieneinflusses und den ausstehenden Nachweisen könnte darin liegen, dass in aller Regel Ausgangspunkt solcher behaupteten Bedeutungen politische Organisationen sind. Für diese wird theoretisch und empirisch aufgezeigt, dass die komplexen, vielschichtig miteinander verwobenen sozialen Wandlungsprozesse häufig medial induziert sind und gleichzeitig die Rahmenbedingungen der Kommunikation von Organisationen verändern (vgl. etwa für politische Parteien Donges 2008). Mit Blick auf andere Organisationstypen, seien es Wirtschaftsunternehmen, Non-Profit-Organisationen oder solche des intermediären Systems, wissen wir hinsichtlich der Medialisierungswirkungen jedoch wenig. Im Hinblick auf Letztgenannte ist die Medialisierungsthese dagegen sogar eher zurückzuweisen. Denn in Bezug auf bundesweit agierende Wirtschaftsverbände deuten jüngste empirische Resultate darauf hin, dass vornehmlich über nicht-öffentliche Lobbyarbeit versucht wird, Einfluss auf politische Entscheidungsprozesse zu nehmen; Medienarbeit dient nur in Ausnahmefällen dazu, Aufmerksamkeit für bestimmte Themen zu gewinnen oder das eigene Image zu verbessern. PR-Aktivitäten erfüllen in erster Linie den Zweck, Lobbyarbeit zu einem geeigneten Zeitpunkt gegenüber den Politikern zu flankieren und zu unterstützen (vgl. Preusse/Zielmann i.E.).

Es wird also behauptet, dass weite Teile der Auseinandersetzung gesellschaftlich relevanter Themen in modernen Mediengesellschaften (massen-)medial strukturiert seien. Medien wird eine Position als „zentrale Infrastruktur der modernen Gesellschaft" (Jarren 1998: 74) zugeschrieben, und es wird davon ausgegangen, dass sie in herausgehobenem Maße an der Herstellung von Öffentlichkeit beteiligt sind. Nach diesen wie gesagt an politischen Organisationen orientierten Aussagen könnte natürlich zutreffen, was Toscani selbst in dem Telefoninterview mit den Verfasserinnen Anfang 2008 sagte, „wenn eine Kampagne die Medien nicht interessiert, ist sie nutzlos. Dann ist es nutzlos, sie zu machen." An empirischen Belegen fehlt es aber weithin. Tiefer gehende empirische Evidenzen wären dabei gerade vor dem Hintergrund der durchgängig attestierten Medialisierung in Bezug ebenso auf Organisationen anderer Art als politischer Organisationen aufschlussreich.

3 Konzeptionelle Grundlagen und empirische Untersuchung

3.1 Auswahl der Kampagnen

Toscani zählt zu seinen Klienten auch Non-Profit-Organisationen, etwa das Deutsche Grüne Kreuz, für das er 1999 (honorarfrei) Aufnahmen zum Thema Osteoporose gemacht hat, die erstmals beim Weltosteoporosetag 2000 in Rom, 2001 in Berlin und im Anschluss europaweit gezeigt wurden. Er arbeitet ebenso für einzelne Regionen in seinem Heimatland Italien. Für eine Region hat er beispielsweise Anfang 2008 Fotos für eine Kampagne zum Thema „slow car" – zur Vermeidung von Verkehrsunfällen – gemacht. Außerdem inszeniert Toscani eigene Produkte. Er vermarktet u.a. selbst hergestelltes Olivenöl, für das er ironisch, visuell und in Worten mit „extra virgin" auf die Jungfrau Maria anspielt. Es wäre durchaus interessant, die mediale Thematisierung und Bewertung dahingehend zu vergleichen, ob die Art der Toscani-Kampagnen jeweils ähnlich oder unterschiedlich wirkt, je nachdem, wer der Auftraggeber ist. Insbesondere wäre es aufschlussreich, dabei den Vorwurf Saxers gegenüber den gewinnorientierten Auftraggebern – gesellschaftliche Wertvorstellungen für partikulare Zwecke zu instrumentalisieren – einzubeziehen, der bei den Non-Profit-Organisationen gerade nicht zutrifft. Dieser Vergleich muss allerdings ebenso wie eine zusätzliche Einbeziehung weiterer Motive anderer Modeunternehmen aus forschungsökonomischen Gründen Folgestudien überlassen bleiben.

Die Wahl für die im Folgenden präsentierte empirische Untersuchung fiel auf das erste einschlagende Benettonmotiv aus dem Jahr 1989 und die beiden jüngst kontrovers diskutierten Motive, die Toscani für das Modeunternehmen Flash & Partners, und zwar jeweils für die Männermarke (Ra-Re) und die Frauenmarke (Nolita) konzipiert hat.

Toscani fotografierte die Motive der Kampagnen für Benetton seit 1984. Seit diesem Jahr waren die Motive des Unternehmens jahres- und kulturunabhängig. 1989 verbannte Toscani dann die Produkte von den Bildern und wandte sich der Kommunikation von Werten zu. Das erste Motiv, das laut einschlägiger Literatur eine weltweite Debatte auslöste, zeigt ein weißes Baby in den Armen einer schwarzen Frau. Zu der dazugehörigen Idee Toscanis gab es immer mehrere Motive. Hierzu gehörten beispielsweise auch eine schwarze und eine weiße Hand in Handschellen, drei weiße und ein schwarzer Ruderer in einem Boot, ein schwarzer und ein weißer (schwarz verschmierter) Bergarbeiter und eine schwarze Hand mit buntem Blumenstrauß. Nicht alle Bilder aus einem Zyklus fanden die gleiche Beachtung. Anstoß erregte offensichtlich nur das erstgenannte Motiv. Das Bild gewann indes zahlreiche Preise (in Italien, Frankreich, Holland und Österreich); in den USA stieß es jedoch aufgrund der Assoziation ‚arme schwarze Amme stillt weißes Kind' auf heftige Kritik.

In der Literatur wird die Kooperation zwischen Luciano Benetton und Oliviero Toscani immer wieder stark verkürzt und in eine Katastrophe mündend dargestellt. Etwa mit der Aussage, „die wirtschaftlichen Folgen der Toscani-Bilder waren katastrophal. Der Starfotograf musste Benetton im Jahr 2000 verlassen." (Lehmann 2007: 14) Ein solches Resümee lässt aus, dass die Trennung erst nach 16 überaus erfolgreichen Jahren vollzogen wurde. Anlass war die Kampagne, „Zum Tode verurteilt", bei der Toscani 1999/2000 die Gesichter von Todeskandidaten aus US-amerikanischen Gefängnissen abbildete. Die teils äußerst heftige Kritik in den USA nicht zuletzt von den Opferfamilien führte zu erheblichen Umsatzeinbußen. Einige große Ladenketten boykottierten fortan Benetton-Produkte. Der endgültige Bruch erfolgte, als Benetton Entschädigungszahlungen an einen Opferfond leisten musste und diesem nachkommen wollte, Toscani sich hingegen öffentlich heftig dagegen aussprach und Auftraggeber und Fotograf diese Kontroverse nicht überwinden konnten (vgl. u.a. o.V.: 2000b; c).

Das zweite hier analysierte Fallbeispiel widmet sich den Motiven für die Männermarke von Flash & Partners, Ra-Re aus dem Jahr 2005. Hier wurden zwei sich auch an den Genitalien berührende und küssende Männer in unterschiedlichen Positionen abgebildet. Die Kampagne wurde nach wenigen Wochen von der italienischen Werbeaufsichtsbehörde verboten. Eine Begründung lautete, dass diese Motive Kinder verstören könnten, die nicht einzuordnen wüssten, warum zwei Männer sich küssen.[†]

Das dritte Fallbeispiel realisierte Toscani zwei Jahre später für die Frauenmarke von Flash & Partners, Nolita. Es handelte sich um eine Kampagne zum Thema Magersucht, für die eine bekannte französische Schauspielerin sozusagen als Testimonial abgebildet wurde. Das italienische Gesundheitsministerium hatte die Aktion unterstützt. Dennoch wurde diese Kampagne ebenso von der Werbeaufsichtsbehörde zensiert und verboten. Hauptsächlich lautete die Begründung, dass magersüchtige Menschen sich durch das Bild eher zum Hungern animiert fühlen könnten. Für die Kooperation zwischen Toscani und Flash & Partners war zum Zeitpunkt der Analyse weder eine wissenschaftliche Untersuchung noch eine journalistische Aufbereitung zu finden.

Ausgehend von der angenommenen zentralen Bedeutung massenmedialer Berichterstattung über Kampagnen für deren Wahrnehmung und Wirksamkeit und den zugleich fehlenden empirischen Belegen ist es das Ziel der im Folgenden vorgestellten Analyse bei allen drei Kampagnen mittels einer Inhaltsanalyse zu ermitteln, inwieweit die Unternehmen als Auftraggeber der Kampagnen a) als aktive Sprecher in den Medien agieren bzw. b) Gegenstand der Berichterstattung sind und wie die Kampagnen seitens der Medien bewertet werden.

3.2 Interview mit Oliviero Toscani

Toscani hat lange vor der Kooperation mit Benetton begonnen, für Modeunternehmen zu fotografieren. Seine erste – provokante – Aufnahme erfolgte für die ‚jesus jeans', der er auch ihren Namen gab. In einer mehr oder weniger spontanen Reaktion fotografierte er 1973 eine knapp über den Popacken abgeschnittene Jeans dieser Marke an seiner damaligen Freundin, einem Model, für den befreundeten Textilunternehmer. Auf dem Plakat stand über den Jeanstaschen: „Chi mi ama mi segua" („Wer mich liebt, der folge mir!"). Dies entlehnte Toscani aus dem Evangelium, Joh 12,26, wo es heißt, „wenn einer mir dienen will, folge er mir nach." Die Kampagne löste in Italien große Empörung aus, vor allem seitens des Vatikans. In einem umfangreichen Zeitungsartikel urteilte der bekannte italienische Publizist Pier Pasolini kurz darauf, tatsächlich beschränke sich dieser Slogan nicht darauf, den Konsum zu preisen, sondern präsentiere sich geradezu als Nemesis der Kirche (vgl. Pasolini 1973: 3). Toscanis Antiklerikalismus-Haltung wiederholt sich in seinen späteren Benetton-Kampagnen. So etwa bei ei-

---

[†] Gleichwohl gelangte diese Kampagne auch zu Anerkennung. 2007 erhielt sie etwa einen Preis durch die Commercial Closet Association (vgl. www.commercialcloset.org).

nem Motiv, auf dem ein Priester und eine Nonne sich küssen – und diese Haltung demonstriert Toscani auch heute noch in seiner oben erwähnten Olivenöl-Werbung.

1974 fotografierte Toscani für den Jeanshersteller Elio Fiorucci das ‚Abendmahl', das später, u.a. 1993 von Otto Kern (vgl. Moritz 2002: 14), mehrfach nachgeahmt wurde. Fiorucci machte Toscani mit Luciano Benetton bekannt. Es begann eine langjährige Kooperation und Kontinuität des Toscani-Kampagnentyps.

Da sich anhand dieser beiden Beispiele zeigt, dass offenbar maßgeblich Oliviero Toscani selbst die Kampagnenmotive wählt und inszeniert, und zwar nach seinen Vorstellungen und seiner Sicht auf soziale Probleme, Brennpunkte oder Kontroversen, schien es aufschlussreich, ihn zu den Fallbeispielen selbst zu versuchen zu befragen. Er konnte in einem telefonischen Interview Anfang 2008 von den Verfasserinnen zu den Motiven der drei Fälle und seiner Kampagnen allgemein, ihrer Umsetzung, den Medien als Verstärker der Wirkung sowie dem unternehmerischen Nutzen befragt werden.

3.3 Inhaltsanalyse deutscher und italienischer Tageszeitungen

Insgesamt soll die systematische Durchsicht von ausgewählten Tageszeitungen aufzeigen, ob und welches Muster der medialen Resonanz in Bezug auf die Kampagnen auszumachen ist. Mittels einer jeweils drei Monate unmittelbar nach Erscheinen der Anzeigenmotive durchgeführten Inhaltsanalyse von vier Printmedien in Deutschland und in Italien war es das Ziel, in Bezug auf die drei Fallbeispiele Folgendes zu ermitteln:
- wie die Kampagnen seitens der Medien und der weiteren in ihnen zu Wort kommenden Akteure bewertet werden,
- inwieweit die Absender der Kampagnen (die Unternehmen) als aktive Sprecher in den Medien erscheinen bzw. als Objekt thematisiert werden und
- wie sich die Befunde hinsichtlich des dadurch geformten Ansehens der Unternehmen interpretieren lassen.

Für Deutschland wurden die Frankfurter Allgemeine Zeitung und die Süddeutsche Zeitung berücksichtigt, für Italien Il Corriere della Sera und La Repubblica, also jeweils führende überregionale bzw. nationale Tageszeitungen, bei denen davon ausgegangen wurde, dass sie das Thema prominent aufgreifen. Angenommen wurde des Weiteren, dass ein Anzeigenmotiv aufgrund der Nachrichtenwerte nicht länger als drei Monate intensiv thematisiert wird. Darum wurde die Inhaltsanalyse auf die je ersten drei Monate nach Kampagnenstart eingegrenzt.

Ausgewählt wurden alle Medienberichte, die die jeweilige Kampagne thematisierten, sei es als Hauptthema oder als Nebenthema etwa innerhalb der allgemeinen Modeberichterstattung. Nicht berücksichtigt wurden Medienberichte, die als reine Unternehmensberichte zu klassieren sind, wie etwa Meldungen zur Unternehmensentwicklung allgemein oder der Produkterweiterung. Nicht berücksichtigt wurden außerdem Berichte über Toscani, wenn diese keinen Bezug zu der jeweiligen Kampagne hatten.

4 Ergebnisse[‡]

Intensität der medialen Berichterstattung

Im Untersuchungszeitraum – zwölf Wochen nach dem jeweiligen Start der Kampagne – fanden sich deutlich weniger Medienberichte als erwartet.

Tab. 1: Anzahl der Medienberichte

	SZ	FAZ	Il Corriere	Repubblica
2007: No-l-ita	6	4	17	6
2005: Ra-Re	-	1	5	4
1989: Benetton	-	-	-	-

Dass für die Benetton-Kampagne kein einziger Bericht verzeichnet werden konnte, überrascht auf der einen Seite. Auf der anderen Seite wurde in der Literatur bislang lediglich darauf verwiesen, dass ein Motiv aus dem Kampagnenzyklus von Benetton 1989 Anstoß in den USA fand. So hätte sich eigentlich gleich anzweifeln lassen können, ob dies in deutschen und italienischen Medien eine Nachricht wert sein sollte. Darüber hinaus sind zwar keineswegs alle anderen Themen erfasst worden, aber in der Wahrnehmung der Verfasserinnen waren unternehmerischen Sozialkampagnen, Sozialkampagnen allgemein oder einfach Kampagnen ein quasi nicht-existierendes Thema für die untersuchten Medien.

Es ließe sich fragen, ob es nicht falsch war, die gewählten Printmedien in die Analyse einzubeziehen. Eine Nachforschung zu den beiden jüngeren Kampagnen ebenso wie zu der einschneidenden „Todeskandidatenkampagne" hat ergeben, dass diese auch in Fachzeitschriften nicht intensiver thematisiert worden sind als es sich in den Tageszeitungen abbildet. Wenn man sich die Gesamtzahl von unternehmerischen Kampagnen vor Augen führt, ist dies leicht mit dem Stichwort der Aufmerksamkeitsökonomie zu erklären. Eine mögliche Schlussfolgerung wäre, dass die Kampagnen damit nutzlos waren, weil sie nicht oder kaum in den Medien thematisiert wurden. Doch dagegen sprechen sowohl die in manchen Fällen ausgesprochenen juristischen Verbote als auch die schwankenden Absatzzahlen mit teils erheblichen Gewinnsteigerungen, die zwar andere Ursachen haben können, aber nicht müssen.

Auffällig war insbesondere bei den beiden Kampagnen von Flash & Partners, dass in zahlreichen Blogs Argumente pro und contra über die Kampagnen ausgetauscht wurden. So wäre es am ehesten anzuraten, in Folgeuntersuchungen sowohl die Wirkung auf Rezipienten von Kampagnenelementen in Experimenten oder Befragungen zu ermitteln als auch unterschiedliche Anschluss-Verbreitungskanäle, und zwar neben Printmedien auch das Fernsehen und vor allem das Internet einzubeziehen. Dies muss natürlich in Abhängigkeit von der Art der Kampagne sowie ihren Zielgruppen abgewogen werden.

[‡] Die Aussagen aus dem Telefoninterview mit Toscani fließen an jeweils geeigneten Stellen dort ein, wo sie zur Darstellung der Ergebnisse der medialen Inhaltsanalyse passen.

In den Medien auftretende Sprecher

Tab. 2: Unternehmen / Toscani als Sprecher

	SZ	FAZ	Il Corriere	Repubblica
2007: No-l-ita	0 / 3	0 / 1	0 / 8	1 / 2
2005: Ra-Re	-	0 / 0	0 / 4	0 / 2

Pro Artikel wurde nur ein Mal gezählt, ob Toscani oder das Unternehmen zu Wort kamen. Auffälligstes Ergebnis hier ist: Lediglich eine Unternehmensvertreterin von Nolita kam ein einziges Mal zu Wort, und zwar in einem Nebensatz in einem langen Artikel, inmitten diverser anderer Stimmen. Hervorzuheben ist außerdem, dass der jeweilige Auftraggeber oftmals nicht einmal mehr genannt wird. Dann erfährt der Leser nur von der „Kampagne von Toscani" oder den „Fotos von Toscani" – und das genauso oft wie es Berichte gibt.

Konkrete Gegenstände der Berichterstattung

Tab. 3: Unternehmen / Toscani als Objekt

	SZ	FAZ	Il Corriere	Repubblica
2007: No-l-ita	6 / 6	2 / 4	3 / 17	3 / 6
2005: Ra-Re	-	0 / 1	2 / 5	3 / 4

Fakt ist, dass die untersuchten Medien den Kampagnen einerseits eine Wirkungslosigkeit attestieren. Andererseits kritisieren sie den Missbrauch von sozialen Interessen für kommerzielle Zwecke. Dabei ist es evident, dass die Kritik nicht in Richtung Auftraggeber geht, sondern in Richtung Toscani.

> „Die Aufmerksamkeit, die Toscani mit seiner aktuellen Kampagne für eine italienische Modemarke mit dem (..) Namen Nolita auf eine magersüchtige Schauspielerin lenkt, bleibt in ihrer Geste des Zeigens gefangen." (Süddeutsche Zeitung, 13.10.2007)

> „Toscani hat die Krankheit für den Profit einer Marke benutzt." (La Repubblica, 26.09.07)

Hauptakteur aus Mediensicht ist Toscani. Dazu mag noch der berichtete Umstand beitragen, dass Toscani selbst in aller Regel die Rechte an den Fotos hat und beispielsweise eigene anschließende Ausstellungen mit den Motiven ohne Firmenlabel gestalten kann. Deutlich wird auch, dass Toscani als ‚enfant terrible' gilt. Wiederholt ist es ein Thema, dass sich die Skandalisierung der Kampagnen in deren Verbot niederschlägt. In direkten Zitaten empört sich Toscani wiederum wiederholt, dass die Werbeaufsichtsbehörde abgeschafft werden müsse, dass sie jegliche Form der Kunst züchtige. Anhand solcher Bemerkungen zeigt sich bereits, dass Toscani seine Arbeiten weniger als kommerzielle Werbung als mehr als eigenes Kunstwerk betrachtet:

> „Ich frage mich einfach etwas, wie es jeder Künstler tut. Schauen Sie sich Picasso an! Und?! (…) Der Künstler ist für die Kunst da und für die höchste Form der Kommunikation: um Bilder zu machen. Und ich bin hier, um die humanitären Verhältnisse zum Ausdruck zu bringen. (…) Ich habe keine Angst, meine Ideen zu konfrontieren (…). Wer Angst hat, ist sich seiner Ideen nicht sicher. Ich möchte, dass man bereit ist, sich auseinanderzusetzen. Ich habe nichts

zu verlieren, nur zu gewinnen. Durch die Kritiken gewinne ich hinzu!" (Oliviero Toscani im Telefoninterview)

Das heißt: Toscani will keine eindeutige Botschaft übermitteln, sondern aus seiner Sicht relevante, ungelöste Problemthemen *visuell künstlerisch* darstellen und damit die Betrachter zum Nachdenken und Diskutieren anregen. Aufschlussreich ist außerdem seine Aussage:

„Die Firmen interessieren mich ehrlich gesagt nicht besonders. Die haben das Glück, mit mir etwas zu machen, das nicht banal ist. (…) Ich mache immer das, was mich interessiert. (…) Das ist meine Art zu denken. (…) Ich entscheide, etwas zu tun. Die kaufen das oder lassen es sein. Dann mache ich es für wen anders. (…) Mich interessiert die Konsumwelt nicht. Mich interessiert die Kommunikationswelt. Und der wirtschaftliche Markt braucht Kommunikation, um sich zu konsolidieren. Dafür mache ich Bilder, die vom Markt gekauft werden. Nach meinen Vorstellungen sowie nach dem symbolischen Verlangen des Marktes." (Oliviero Toscani im Telefoninterview)

Dazu passt auch die Aussage Toscanis in einem der analysierten Artikel zur Nolita-Kampagne (in La Repubblica vom 24.9.2007), wonach er nicht glaubt, dass die Mode für Magersucht verantwortlich ist, sondern vielmehr das Fernsehen und die Medien allgemein, die den Mädchen absurde Schönheitsideale vorgaukeln. Ihm ist also der Zusammenhang von Motiv und Auftraggeber nicht zwingend wichtig, ihm geht es um seine eigenen Themen und um den Kunstanspruch.

„Ich mache keine Werbekampagnen. Ich bin Fotograf, ein Künstler. Ich mache Sachen, die funktionieren, die Leute anschauen. Die Aufmerksamkeit ist positiv für die Firmen." (Oliviero Toscani im Telefoninterview)

Seine Themenwahl ergibt sich aus seiner Anschauung, wonach es zentrale Themen gibt, die die Menschheit noch immer nicht wirklich gelöst hat:

„Es gibt Themen, die die Menschheit noch immer nicht wirklich gelöst hat, im Gegenteil: den Sex und den Tod – oder das Leben, nennen Sie es wie Sie wollen. Also, Sex und Tod, das bestimmt die ganze Menschheit." (Oliviero Toscani im Telefoninterview)

Eine weitere Recherche zu Nolita, Ra-Re und Toscani in den Jahren der beiden Kampagnen zeigt Folgendes: Im Jahr 2007 wurde Toscani ohne Bezug zu einem Unternehmen allein im Corriere della Sera 76 Mal erwähnt, im Jahr 2005 39 Male. Themenanlass waren Toscanis Kampagnen generell, Tabuthemen allgemein oder Toscanis persönliches Sozialengagement etwa in Bezug auf Alkoholkonsum und Jugendliche. Das heißt: Toscani ist deutlich bekannter als seine Auftraggeber.

5 Interpretation: institutionelle Dynamiken

Wie eingangs bereits erwähnt, zeigt eine Literaturdurchsicht zu unterschiedlichen Typen (unternehmerischer) Sozialkampagnen, dass mittlerweile längst nicht mehr allein Toscani-Kampagnen das Mittel der ‚gezielten Grenzüberschreitung' (Lehmann 2007: 16) wählen, sondern unternehmerische ebenso wie gemeinnützige Organisationen schockierende Elemente als stilistisches Mittel einsetzen (vgl. auch Lischka 2006). Dies tun sie durchaus mit Erfolg, d.h. mit der Folge erhöhter Absatzzahlen[§].

Für das Phänomen der Zunahme solcher Kampagnen soll mit den so genannten institutionalistischen Ansätzen (vgl. Steinmo i.E.) eine konzeptionelle Erklärungshilfe vorgeschlagen werden. Dieser könnte hilfreich sein, die Ausbreitung sowie mutmaßliche Beschränkung auf Branchen und Länder solcher Kampagnen besser einzuordnen und zu verstehen.

Nach Ansicht von Institutionalisten werden Organisationen durch ihre Umwelten konstruiert. Es sind demnach weniger Effizienzerfordernisse, sondern vielmehr Erwartungen der Umwelt, die die Organisationsstruktur und daraus resultierende Handlungen formen. Übertragen auf Sozialprogramme von Unternehmen – von denen Sozialkampagnen ein Teil sind –, meint Institutionalisierung, dass spezifische Corporate Social Responsibility-Maßnahmen seitens bestimmter Organisationen implementiert und nicht weiter hinterfragt werden. Dies geschieht aufgrund der Annahme, dass diese institutionalisierten Elemente die Legitimität der Organisation erhöhen. In Bezug auf Sozialkampagnen lässt sich diese „Bindewirkung neu existierender Normen bzw. Institutionen" (Schulze 1997) zunächst allgemein übertragen. Dies erklärt ein Stück weit die weiter oben geäußerte Feststellung Bonfadellis, dass Kampagnen in immer weiteren Teilen der Gesellschaft genutzt werden. Der vermehrte Einsatz von Sozialkampagnen wäre so verstanden Ergebnis eines neuen, dominanten institutionellen Rahmens, wobei institutionell hier als vorgeschrieben, also regelgeleitet gemeint ist.

Im weiteren Zeitverlauf lässt sich dabei der Prozess des Isomorphismus beobachten. Das heißt in diesem Fall, dass ähnliche Organisationstypen diese institutionalisierten Elemente übernehmen, den anderen nachahmen. Für diese Angleichung gibt es mehrere mögliche Beweggründe: Dahinter kann sich etwa das Motiv der Orientierungssicherheit verbergen. Dies könnte etwa erklären, warum das Abendmahl-Motiv wiederholt Einzug in die Modefotografie hielt, aber auch, warum Mitte der 1990er Jahre ein Höhepunkt der Schockwerbung erreicht war, als es sozusagen ‚in' war, auf dieser Art Aufmerksamkeit zu erzielen und für die eigenen Produkte bzw. die eigene Marke ein bestimmtes Image zu erzeugen. Kulturell bedingte gesellschaftliche Erwartungen oder rechtliche Restriktionen könnten in anderen Fällen gleichfalls ein Grund für bestimmte ‚Moden' sein.

Toscani kann möglicherweise eine Vorreiterposition zugeschrieben werden oder er hat es einfach geschafft, mit einer institutionalisierten Kampagnenart mehr Aufmerksamkeit auf sich zu ziehen als andere. Es müsste zukünftig empirisch geprüft werden, in welchen Jahren welche Modeunternehmen genau mit welchen Motiven warben. Ein erster kurzer Blick auf die Kampagnen der Modebranche, die jeweils zeitgleich geschaltet wurden, zeigt teils große Ähnlichkeit der Machart. So wurde parallel zur Gay-

---

[§] Für Benetton siehe Tinic 1997: 10; o.V. 2000a: 25; der sprunghafte Gewinn nach den Toscani-Kampagnen bei den Marken Nolita und Ra-Re wurde in diversen italienischen Wirtschafts- und Modejournalen verkündet oder in Interviews von einem der Firmengründungsmitglieder genannt, zum allgemeinen Gewinn siehe etwa Sammaro 2006.

Kampagne von Ra-Re eine ebensolche von Sisley lanciert. Bei Sisley finden in einem TV-Spot zwei Frauen über eine gemeinsame Spaghetti zusammen und küssen sich. Wenngleich diese Kampagne eher nicht als Sozialkampagne eingestuft werden kann, so zeigt erstens die Häufung sexueller Anspielungen in der Werbung und weiteren Kommunikationsmaßnahmen, dass dies schlicht ein stilistisches Element mindestens der Modebranche zu dieser Zeit ist und zweitens zeigt die erwähnte Auszeichnung der Ra-Re-Kampagne, dass diese dem Zeitgeist entsprach – ausgezeichnet wurden nämlich von der Jury u.a. Kampagnen, die sich mit dem Thema Homosexualität auseinandersetzten. Eingangs wurden weitere Beispiele für einen Gleichgang der schockierenden Elemente angeführt. Es zeigt sich also eine gewisse Häufung, die zwar keinen Niederschlag in den untersuchten Tageszeitungen gefunden hat, doch wahrscheinlich durchaus Kampagneneffekte hervorrief, die seitens der Rezipienten bzw. Konsumenten wahrgenommen wurde und bestimmte Wirkung hatte.

Während für die bisherigen Beschreibungen die sogenannten soziologischen institutionalistischen Ansätze als Erklärungshilfe dienen können, so stoßen diese an Grenzen, wenn es um das Verstehen von institutionellem Wandel über die Zeit geht. Hier eignet sich die historische Variante nach North (1990), wonach Menschen in Organisationen ihre Umwelten je nach Wissensstand und mit durchaus wechselnden Präferenzen wahrnehmen. Die Instabilität erklärt sich durch neue Interpretationsmuster, die die Komplexität der Umwelt reduzieren. Innerhalb der Handlungskorridore dieser Interpretationsmuster versuchen Organisationen, Handlungsoptionen bestmöglich zu nutzen. Als Benetton sich von Toscani trennte, war dem Unternehmen wichtig, den Preis für die bestehende Institution in Form des vom Fotografen forcierten Sozialengagements zu ändern und in Zukunft wieder selbst zu bestimmen, wofür genau man sich wie engagieren würde. Wie auch von North beschrieben hatte dieser Wandel hinsichtlich der Präferenzen in dem Unternehmen selbst exogene Ursachen: Der drohende finanzielle Schaden für die Verteidigung einer einzelnen Kampagne war zu hoch.

Thelen und Steinmo nennen vier Ursachen einer institutionellen Dynamik, die in zukünftigen Studien als Erklärungsrahmen genutzt werden könnten: a) ein Wandel der sozioökonomischen Rahmendaten, b) neu hinzutretende Akteure, c) ein Strategienwechsel aufgrund exogener Faktoren und ein Strategiewechsel wegen eines Wandels der Institution (Thelen/Steinmo 1992: 17). Es erscheint den Verfasserinnen viel versprechend, in weiteren Studien anhand der institutionellen Dynamiken als Erklärungshilfe weiter zu forschen. Dies würde bedeuten statt einer massenmedialen Inhaltsanalyse die Kampagnen selbst genauer zu betrachten, und zwar die Kampagnen zunächst der Modebranche über einen Zeitraum von mindestens fünf Jahren, gekoppelt mit den jeweiligen Umsatzzahlen der Auftraggeber und möglichst umfangreichen Rahmendaten über die Marktlage die untersuchten Unternehmen betreffend. Hierüber ließe sich herausfiltern, inwiefern eine Entwicklung und spätere Angleichung des Schockstils stattgefunden hat und wem genau dies wie genutzt hat sowie welche Faktoren jeweils dafür ausschlaggebend waren.

6 Fazit

Anhand der Berichterstattung zu den Toscani-Kampagnen in den analysierten Printmedien ist kein Effekt zum Vorteil für den Auftraggeber auszumachen, alle sind zugunsten der Aufmerksamkeit für Toscani und von ihm als relevant erachteten, kontrovers diskutierten Themen, denen eine klare moralische Botschaft fehlt. Nur sofern die hinter den Kampagnen stehenden Unternehmen überhaupt vereinzelt erwähnt werden, kann dies als Aufmerksamkeitsbonus gelten. Um mögliche Folgewirkungen auf eine eventuelle Veränderung im Kaufverhalten der Unternehmensprodukte in der Gesellschaft oder bei einzelnen Personen festzustellen, wäre das Untersuchungsdesign zu erweitern, z.B. um eine Bevölkerungsbefragung. In diesem Zusammenhang wäre es spannend, auf zwei potennzielle Glaubwürdigkeitsfallen einzugehen:

- Den oftmals fehlenden Zusammenhang von Produkt bzw. Unternehmensleistung und Gegenstand des sozialen Problems und
- der Frage nach der Nachhaltigkeit des Sozialengagements. Was wird bspw. aus dem Thema Magersucht, wenn die Kampagne abgeschlossen ist?

Im Fall von Nolita zeigte die Folgekampagne ein normales Model, das halbnackt auf einem riesigen Plüschbär kuschelt. Anders sieht es bei Benetton aus, die über viele Jahre ein starkes soziales Engagement lebten, wenngleich nicht zwingend immer für alle Motive, die Toscani auswählte – und dies wird nicht in den analysierten Artikeln erwähnt und überhaupt selten in der Tagespresse. Wer sich hierfür interessiert, muss am ehesten auf firmeneigene Publikationen zurückgreifen und insgesamt gründlich recherchieren.

Es lässt sich schlussfolgern, dass Toscani einen Kunstanspruch bei häufig gleichzeitiger Ablenkung von einem Konsumappell verfolgt. Die Auftrag gebenden Unternehmen sind in der medialen Berichterstattung im Hintergrund. Benetton und Flash & Partners gelingt es bei den drei Kampagnen nicht, eigene hinter den Bildmotiven stehende Botschaften in den untersuchten Medien zu platzieren. Eine Unternehmensbotschaft ist nicht erkennbar, die Integration unternehmerischer Leistungen ist ebenfalls nicht sichtbar. So erhält der ‚Künstler' Toscani Aufmerksamkeit für ‚seine' Motive und äußert seine Meinung (zu den Reaktionen). Wer also mit Toscani kooperiert, ist *Mäzene künstlerischer Darstellungen tabuisierter gesellschaftlicher Themen*.

Literatur

Aspesi, Natalia (2006): Quarant'anni di Benetton. „Cosi ho colorato il mondo". In: La Repubblica, 26.08.2006, abgerufen unter www.repubblica.it. [Stand: 31.03.08]
Benetton, Luciano (1994): Benetton. Die Farben des Erfolgs. Zürich.
Bonfadelli, Heinz (2004a): Medienwirkungsforschung II. Anwendungen. 2. Aufl. Konstanz.
Bonfadelli, Heinz (2004b): Medienwirkungsforschung I. Grundlagen. 3. Aufl. Konstanz.
Bonfadelli, Heinz (1994): Medienwirkungen in Politik, Wirtschaft, Kultur. (Skript). Zürich.
Classen, Dirk (2006): Die wettbewerbs- und verfassungsrechtliche Beurteilung produktunabhängiger Wirtschaftswerbung. Darstellung am Beispiel der Benetton-Rechtssprechung des BGH und BVerfG. München.
Donges, Patrick (2008): Medialisierung politischer Organisationen. Parteien in der Mediengesellschaft.

Wiesbaden.
Diekhof, Rolf (1997): Zuerst die Moneten und dann die Moral. In: W&V, Nr. 44 vom 31.10.1997, 82-83.
Eisenegger, Mark/Matthias Vonwil (2008): Die Wirtschaft im Bann der Öffentlichkeit. Ursachen und empirische Evidenzen für die erhöhte öffentliche Exponiertheit ökonomischer Organisationen seit den 90er Jahren. fög discussion paper 2008-0001. fög – Forschungsbereich Öffentlichkeit und Gesellschaft. Zürich.
Favero, Giovanni (2006): Le stagioni di Benetton: una storia per immagini. Abgerufen unter: www.dse.unive.it [Stand: 31.03.08]
Giroux, Henry A. (1994): Consuming Social Change: The ‚United Colors of Benetton'. In: Cultural Critique, No. 26, 5-32.
Habisch, André (2003): Corporate Citizenship. Gesellschaftliches Engagement von Unternehmen in Deutschland. Berlin u.a.
Hammond, David et al. (2007): Text and Graphic Warnings on Cigarette Packages: Findings from the International Tobacco Control Four Country Study. In: American Journal of Preventive Medicine. Vol. 32, Issue 3, 202-209.
Heidbrink, Ludger/Alfred Hirsch (Hg.) (2008): Verantwortung als marktwirtschaftliches Prinzip. Zum Verhältnis von Moral und Ökonomie. Frankfurt a.M.
Henning-Bodewig, Frauke (1992): Schockierende Werbung. In: Wettbewerb in Recht und Praxis, H. 9, 533-539.
Hilb, Martin (2006): Integrierte Corporate Governance. Ein neues Konzept der Unternehmensführung und Erfolgskontrolle. 2. Aufl., Berlin u.a.
Hölscher, Barbara (1998): Lebensstyle durch Werbung? Zur Soziologie der Life-Style-Werbung. Opladen u.a.
Imbusch, Peter (2007): Benetton – Authentizität oder Massenbetrug? In: Imbusch, Peter/Dieter Rucht (Hg.): Profit oder Gemeinwohl? Fallstudien zur gesellschaftlichen Verantwortung von Wirtschaftseliten. Wiesbaden, 271-303.
Imbusch, Peter/Dieter Rucht (2007): Wirtschaftseliten und ihre gesellschaftliche Verantwortung. In: Politik und Zeitgeschichte, Nr. 4-5, 3-10.
Jarren, Otfried (1998): Medien, Mediensystem und politische Öffentlichkeit im Wandel. In: Ulrich Sarcinelli (Hg.): Politikvermittlung und Demokratie in der Mediengesellschaft. Beiträge zur politischen Kommunikationskultur. Opladen, 74-94.
Lehmann, Norbert (2007): Schockwerbung. Wie stark sind Ihre Nerven? In: absatzwirtschaft. Zeitschrift für Marketing, Nr. 11, 14-17.
Lischka, Juliana (2006): Schockierende Werbung. Erfolg bei erlebnisorientierten Konsumenten. München.
Moritz, Peter (2002): Kultur und Moral im Wandel der Gesellschaft. Vom „Sanso-Schäfchen" zur Folterkammer. In: Medienimpulse, Dez. 2002, 13-18.
North, Douglas C. (1990): Institutions, Institutional Change, and Economic Performance. Cambridge.
o.V. (2000a): Sagen Sie mal, Herr Toscani,... warum ist es aus mit Benetton? In: Stern, 31. Mai, Nr. 23, 25.
o.V. (2000b): Nicht für die Ewigkeit. In: W & V, 5. Mai, 18.
o.V. (2000c): Der Werber als Moralist und Aufklärer. In: Horizont, 11. Mai, 28.
o.V. (1991): Benetton-Kampagne für ein besseres Zusammenleben. In: Handelsblatt, 12. Juni, 13.
Pasolini, Pier P. (1973): Il folle slogan dei jeans Jesus. In: Corriere della Sera. 17. Mai, 3.
Petzel, Barbara (2003): Was darf die Werbung? In: Medienimpulse, März, 29-30.
Prescher, Katja (2007): Sozialkampagnen. In: Neue Soziale Bewegung, Jg. 20, H. 3, 70-77.
Preusse, Joachim/Sarah Zielmann (i.E.): Gesellschaftlicher Wandel, Mediengesellschaft und Wirtschaft. Eine Bestandsaufnahme der Kommunikationsaktivitäten bundesweit agierender Wirtschaftsverbände. In: Schroeder, Wolfgang/Bernhard Weßels (Hg.): Arbeitgeber- und Wirtschaftsverbände in Deutschland. Ein Handbuch. Wiesbaden.
Reichold, Hermann (1994): Unlautere Werbung mit der "Realität"? Unlauterkeitsmaßstäbe bei produktunabhängiger Image-Werbung. In: Wettbewerb in Recht und Praxis, H. 4, 219-225.
Rogers, Everett M./Douglas J. Storey (1989). Communication Campaigns. In: Charles R. Berger/Steven H. Chaffee. (Hg.): Handbook of Communication Science. 2. Auflage. Newbury Park, London, New Delhi: 817-846.
Sammaro, Silvia (2006): Flash & Partners fotografa la società per Ra-Re. In: www.modaonline.it/publi-

cations/articlemodatab.asp?cart=29963 [Stand: 14.10.2008]

Saxer, Ulrich (1994): Norm oder Gegennorm? Probleme von Normverträglichkeit in der PR-Arbeit. In: Armbrecht, Wolfgang/Ulf Zabel (Hg.): Normative Aspekte der Public Relations. Opladen, 195-224.

Schenk, Michael (2002): Medienwirkungsforschung. Tübingen.

Schimank, Uwe/Ute Volkmann (2008): Ökonomisierung der Gesellschaft. In: Maurer, Andrea (Hg.): Handbuch der Wirtschaftssoziologie. Wiesbaden, 382-393.

Schlichting, Inga (2004): Riskantes Spiel mit der Moral? Die Glaubwürdigkeit unternehmerischer Sozialkampagnen aus Rezipientensicht. Eine qualitative Erkundungsstudie. Münster, Univ., unveröff. Magisterarbeit.

Schulze, Holger (1997): Neo-Institutionalismus. Ein analytisches Instrument zur Erklärung gesellschaftlicher Transformationsprozesse. Arbeitspapiere des Bereichs Politik und Gesellschaft, H. 4, hrsg. von Klaus Segbers. FU Berlin. Abrufbar unter http://userpage.fu-berlin.de/ ~segbers/downloads/working_papers/AP04.pdf [Stand: 14.10.2008]

Schwalbach, Joachim (Hg.) (2003): Corporate Governance. 2. Aufl., Berlin.

Sosnitza, Olaf (1995): Zulässigkeit und Grenzen der sogenannten Imagewerbung. In: Wettbewerb in Recht und Praxis, H. 10, 786-790.

Sosnitza, Olaf (1993): Werbung mit der Realität. In: GRUR, 540-545.

Steinmo, Sven (i.E.): Historical Institutionalism. In: Della Porta, Donatella/Michael Keating (Eds): Approaches in the Social Sciences. Cambridge.

Thelen, Kathleen/Sven Steinmo (1992): Historical Institutionalism in comparativee politics. In: Thelen, Kathleen/Sven Steinmo/Frank Longstreth (Eds.): Structuring Politics. Historical Institutionalism in Comparative Analysis. Cambridge, 1-32.

Toscani, Oliviero (1996): Die Werbung ist ein lächelndes Aas. Mannheim.

Tinic, Serra A. (1997): United Colors and Untied Meanings: Benetton and the Commodification of Social Issues. In: Journal of Communication 47(3), 3-25.

Vaske, Hermann (2001): Standing on The Shoulder of Giants. Hermann Vaske's Gespräche mit den besten der Werbung. Hrsg. von der Stern Bibliothek. Darin auch ein Interview mit Oliviero Toscani: Provokation ist eine Geste der Großzügigkeit, 163-172.

Wünnenberg, Ulrike (1996): Schockierende Werbung - Verstoß gegen § 1 UWG. Frankfurt a.M. u.a.

www.bmwi.de/BMWi/Navigation/Mittelstand/corporate-citizenship.html [Stand: 31.03.2008]

www.commercialcloset.org/common/news/reports/detail.cfm?Classification=report&QID=4238&ClientID =11064&TopicID=384&subsection=resources&subnav=resources [Stand: 14.10.2008]

Gesellschaftliche Verantwortung auf Rezept

Chemie und Pharma kümmern sich um Ihre Gesundheit*

Christian M. Peter

1 Imagebildung durch Verantwortung

Am 1. Oktober 1957 brachte Chemie Grünenthal ein rezeptfreies Beruhigungs- und Schlafmittel auf den Markt, das laut Werbung keine Nebenwirkungen habe und aus diesem Grunde bedenkenlos eingenommen werden könne:

> „Ein Augenblick voll natürlicher Harmonie läßt uns wünschen, daß die Sekunde sich dehne. Doch zumeist bleibt es Augenblick und flüchtiger Wunsch, denn die Unruhe, dem Geiste einst dienstbar, beherrscht uns und treibt uns umher. Ruhe und Schlaf zu fördern vermag Contergan. Dieses gefahrlose Medikament belastet den Leber-Stoffwechsel nicht, beeinflußt weder den Blutdruck noch den Kreislauf und wird auch von empfindlichen Patienten gut vertragen. Schlaf und Ruhe: Contergan, Contergan forte." (Anzeige von Grünenthal, Ende der 1950er Jahre zit. n. Krusche 2005)

Das Unternehmen verschickte 1958 Tausende von Exemplaren einer Broschüre, in der auf die Verträglichkeit des Medikaments aufmerksam gemacht wurde, insbesondere für Schwangere:

> „In der Schwangerschaft und Stillperiode steht der weibliche Organismus unter großer Belastung. Schlaflosigkeit, Unruhe und Spannungen sind beständige Klagen. Die Gabe eines Sedativums-Hypnotikums, das weder Mutter noch Kind schädigt, ist oft notwendig. Ein Arzt hat vielen Patientinnen in seiner gynäkologischen Abteilung und in seiner geburtshilflichen Praxis Contergan und Contergan-forte gegeben." (Auszug aus einer Grünenthal-Broschüre zit. n. Antivivisektion 2005)

Bereits zu dem Zeitpunkt, als Chemie Grünenthal 1959 um die extreme Schädlichkeit seines Präparats wusste, bewarb das Unternehmen weiterhin die risikolose Einnahme von „Contergan – für Greis und Kind gleich gut geeignet" (Chemie Grünenthal zit. n. Gieß/Gottschling 1994: 150; vgl. Arte 2004).

Contergan ist ein Lehrstück, das sämtliche Strukturelemente eines Skandals beinhaltete: Verschweigen, Vertuschen, Beschwichtigen, Bedrohen (Kreß/Potthast 2000:

---

* Dieser Beitrag wurde für die 3. Auflage neu verfasst.

61ff.). Der Arzneimittelproduzent zog über viele Jahre hinweg alle Register, um sich seiner Verantwortung zu entziehen, berichtete Andreas Fischer am 26. Januar 2004 um 10.05 Uhr in SWR2. In dem von Chemie Grünenthal jahrelang verschleppten Prozess soll im Hintergrund ein weiteres Chemieunternehmen die Fäden mit gezogen haben, obwohl es mit dem Fall eigentlich nichts zu tun hatte. Der Düsseldorfer Konzern Henkel, der mit Marken wie Persil berühmt wurde, habe in den 1960er Jahren mit Hilfe höchster politischer Spitzen in Nordrhein-Westfalen einen Präzedenzfall verhindern wollen, in dem ein Chemiekonzern wie Chemie Grünenthal für sein Produkt, also für sein Handeln, verantwortlich gemacht werden sollte (vgl. Plichta zit. n. Ehlers 1999: 61ff.). Der gleiche Waschmittelproduzent gilt heute in seinem Bemühen um gesellschaftliche Verantwortung als mustergültig. Er habe begriffen, dass ökologisches und soziales Handeln die eigene Reputation fördere und damit den wirtschaftlichen Erfolg (vgl. Mauritz/Wilhelm 2005: 5ff.; Mündemann 2005: 49).

2 Unternehmenssicherung durch Verantwortung

Seit den 1980er Jahren ist die Zahl der Störfälle, bei denen es zu ernsten Gefährdungen für Mensch und Umwelt gekommen ist, im Bereich der chemisch-pharmazeutischen Industrie erheblich gestiegen. Die großen Umweltkatastrophen bzw. Gesundheitsskandale wie Contergan (1961), Seveso (1976), Bhopal (1984), Lipobay (2001, Bayers Cholesterinsenker) oder Vioxx (2004, Schmerzmittel des US-amerikanischen Herstellers Merck) haben dazu geführt, dass Chemie und Pharma verstärkt nicht mehr mit Fortschritt und Wohlstand, sondern mit Umwelt- und Gesundheitsgefährdung assoziiert werden (vgl. Peter 2004: 42ff.; Gloger/Leutwyler: 58ff.; Hofmann 2005: 10).

Viele Menschen schätzen aufgrund dieser Ereignisse die Tätigkeitsfelder und/oder Aktivitäten verschiedener Industriezweige wie zum Beispiel von Chemie oder Pharma als besonders riskant und wenig sozial und ökologisch verantwortungsvoll ein. Sie werden als eher eigennützige Risikoproduzenten angesehen. Hierbei gilt der Risikoproduzent als Entscheider, die von seiner Risikoproduktion bedrohten oder geschädigten Individuen und/oder Gruppen dagegen als Betroffene[1] (vgl. Hribal 1999: 14).

Die Öffentlichkeit erwartet aber eine Wirtschaftsordnung, in der ökonomische Erfordernisse und gesellschaftliche Erwartungen aufeinander abgestimmt sind. Wirtschaftliches Handeln darf sich nicht nur auf die Lösung von Fachfragen beschränken, sondern muss auch die Konsequenzen ihres Handelns in den Mittelpunkt der Betrachtung stellen. Dabei geraten Unternehmen im Zuge einer vermehrt differenzierten und sensibilisierten Informationsgesellschaft immer häufiger in gesellschaftspolitische Auseinandersetzungen, die ihre Handlungsautonomie einschränken und sogar ihre Existenz

---

[1] Laut Niklas Luhmann liegt der Unterscheidung von Risiko und Gefahr ein Attributionsvorgang zugrunde. Er spricht nur dann von Gefahren, wenn die Ursache etwaiger Schäden außerhalb eigener Kontrollmöglichkeiten gesehen wird (vgl. Luhmann 1990: 148f.). Gefahr bedeutet für den Einzelnen ein mögliches Ereignis, das unabhängig von seinem Willen eintritt oder nicht. Risiko impliziert dagegen einen Entscheidungsakt, bei dem bewusst oder unbewusst mögliche Schäden in Kauf genommen werden, um einen gewünschten Nutzen zu erzielen (vgl. Bechmann 1990: 123f.).

gefährden können. Die „Ereignisse um Brent Spar" veranschaulichten beispielhaft, wie ein Unternehmen in den Mahlstrom der Meinungsmache hineingesogen und dadurch wirtschaftlich bedroht werden konnte (vgl. Mantow 1995: 8ff.; Zühlsdorf 2002: 22).

Soziale Akzeptanz wird damit in dem Beziehungsgeflecht Medien, kritische Öffentlichkeit und Unternehmen zu einem Erfolgsfaktor bei der Sicherung des langfristigen Unternehmensbestandes. Fälle wie bei Nike, Shell, Coca-Cola, Enron, Worldcom, Bayer oder Parmalat verdeutlichen den Zusammenhang zwischen Firmenwert und Reputation. Daher muss ein erfolgreiches Image-Management auf diese Werteentwicklungen eine Antwort finden, wie vielfach gefordert wird (vgl. Buß/Fink-Heuberger 2000: 111; Bergius 2005: 2).

Viele Unternehmen versuchen, diesen Erwartungen zu genügen, indem sie Benimmregeln entwickelt haben. Nachzulesen sind diese so genannten Codes of Ethics, Integrity Codes, Programme für gesetzmäßiges und verantwortungsbewusstes Handeln (vgl. Bayer 2004a) oder Responsible Care-Konzepte in Anzeigen, Nachhaltigkeitsberichten oder auf den Websites von Unternehmen (vgl. statt anderer Bayer 2004a u. 2004b).

Beispielsweise erschien unter dem Dach des 1989 eingeführten Slogans „Bayer: Verantwortung und Kompetenz" über zehn Jahre lang eine großangelegte Imagekampagne des Pharmakonzerns. Dieser Klassiker gab zwar danach in Anzeigen nicht mehr den Ton an, aber er zierte bis 2004 weiterhin die Websites des Global Players. Heute noch werden die beiden Imagefaktoren als „Schlüssel zum Erfolg" angesehen (vgl. Bayer 2004a: 4). Daher zeichnet das Unternehmen in seiner neu entwickelten Imagekampagne „Bayer: Science For A Better Life" nicht nur die gravierenden Veränderungen des Konzerns in den letzten beiden Jahren nach, sondern verweist unter dem Begriff „Corporate Social Responsibility" (CSR) weiterhin auf seine gesellschaftliche Verantwortung (vgl. Bayer 2005). Nicht nur chemisch-pharmazeutische Unternehmen haben so genannte Corporate-Compliance-Programme ausgearbeitet, sondern auch Lebensmittelproduzenten, Versicherungen, Automobilfirmen, Energieerzeuger oder Warenhäuser, in der Hoffnung, dass sie von ihren CSR-Aktivitäten profitieren mögen: zum Beispiel in Form einer höheren Reputation. So wird die Unternehmensethik als notwendige Voraussetzung für einen nachhaltigen, wirtschaftlichen Erfolg angesehen (vgl. Leitschuh-Fecht 2005: 1).

In Anlehnung an Tobias Mündemann umreißt der Begriff Ethos die Gesamtheit geltender Normen und Wertvorstellungen einer Gesellschaft. Moral drückt hingegen die konkreten Ausprägungen von Regeln aus, die entweder im Einklang mit oder im Gegensatz zur Ethik stehen können. Sie ist die philosophische Theorie, Moral wird dagegen als die hierzu entsprechende Praxis verortet (vgl. Mündemann 2005: 50). Der Begriff Verantwortung wird nicht nur als wichtiger Bestandteil eines Imagemanagements und damit als Beitrag zur Unternehmenssicherung begriffen, sondern auch, in Übereinstimmung mit Max Weber und Hans Jonas, als eine Einstellung, nach der die Unternehmen für die möglichen Folgen ihres Handelns aufzukommen bereit sein sollten (vgl. Jonas 1984: 172; Höffe 1997: 314ff.; Weber 2002: 70f.).

3 Verantwortung als PR-Thema

Ulrich Beck charakterisiert in seiner 1986 erschienenen und weiterhin aktuellen Studie zur „Risikogesellschaft" moderne Industriegesellschaften als Januskopf, der sich in einer modernen Wohlstands- und gleichzeitig in einer Risikogesellschaft zeigt. Diese beiden Seiten einer Gesellschaft müssen mit den ambivalenten Folgen der Industrialisierung umgehen. Technischer Fortschritt und gesellschaftlicher Wandel – auf Basis des ökonomischen Modernisierungsprozesses – bergen zahlreiche unbeabsichtigte Nebenfolgen für Mensch und Natur in sich. Die sichtbar werdenden Nebenfolgen des Modernisierungsprozesses haben den traditionellen Glauben an Wachstum und Fortschritt ins Wanken gebracht, mit der Folge, dass unternehmerische Entscheidungen gesellschaftlich hinterfragt und zu einem PR-Thema werden (vgl. Beck 1986; Zühlsdorf 2002: 34).

Abb.1: Verantwortungs-Kampagne des VCI

Quelle: Verband der Chemischen Industrie

Ein Beispiel: Während Tausende von toten Fischen den Rhein nach dem Störfall bei Sandoz in Basel hinuntertrieben, waren Ende 1986 in deutschen Printmedien die Anzeigen mit den Headlines „Lieber Fisch" und „Lieber Fluß" des Verbandes der Chemischen Industrie (VCI) zu entdecken. Diese Kampagne konnte, so der Interessenvertreter, nicht mehr zurückgezogen und erst wenige Tage später umgestellt werden (vgl. Abb.1). Der Interessenvertreter entschuldigte sich in einer Sonderanzeige – „Liebe Mitbürger..." – bei der Bevölkerung und distanzierte sich von dem Baseler Vorfall (VCI zit. n. Klimke/Schott 1993: 235). Es ist zu vermuten, dass der VCI versuchte, den durch das Verhalten von Sandoz verursachten Imageschaden jenseits der deutschen Rheingrenzen einzudämmen, um zu verhindern, dass durch einen „Domino-Effekt" die Reputation der hiesigen Chemieunternehmen ebenfalls in Mitleidenschaft gezogen wird. In dieser angesichts der Rheinkatastrophe fragwürdig gewordenen Imagekampagne erklärte der Verband unter anderem Folgendes:

„So manches Problem haben wir in der Chemie also schon gelöst. Die noch nicht bewältigten Aufgaben werden wir uns mit Verantwortungsbewußtsein und Energie vornehmen. [...] Verantwortung hat Leitlinien. Ihr Exemplar liegt bereit. Die Initiative ‚Geschützter leben' [...] informiert Sie über DIE CHEMISCHE INDUSTRIE. [...] Natur ist Chemie. Chemie ist Leben. Leben ist Verantwortung." (Anzeige des VCI zit. n. Heimbrecht/Molk 1987. 60)

Im Kielwasser dieses Interessenvertreters surfen von nun an auch die führenden deutschen Chemie- und Pharmaunternehmen BASF, Bayer oder Hoechst[2] auf der gleichen Welle, das heißt, sie erheben in ihren Imagekampagnen (IK) den Anspruch, gesamtgesellschaftlich verantwortungsvoll zu handeln (vgl. Bayer 1989: 62; Vogel 1991: 5f.; Gärtner 1998: 7).

Verantwortung fungiert von nun an als „master frame" ihrer Anzeigen und wird zur Duft-Marke ihrer Public Relations (PR)[3] (vgl. Sarcinelli/Hoffmann 1997: 36; Buß 1999: 55). Unternehmen und Verbände wirken für eine bessere Welt und gefallen sich in der Rolle des Wohltäters. Sie erscheinen als so genannte „Good Citizen" und betreten den Schauplatz mit dem

„... Pathos von Bürgerinitiativen. Und ein neutraler Beobachter könnte sich zuweilen besorgt fragen, ob diese ethisch beflaggten Firmen überhaupt noch an Gewinn denken. Die Sorge ist jedoch unbegründet: Idealismus verkauft sich gut. Das Vokabular der Political Correctness liefert einen hervorragenden Fundus für Public Relations-Maßnahmen. Nichts ist imagefördernder als die Sorge um die Umwelt, Mitleid mit der Dritten Welt, Bekenntnisse gegen Ausländerhaß oder Plakate gegen Tierversuche." (Bolz 1997: 103)

Die häufig in Anzeigen der chemisch-pharmazeutischen Industrie beschriebene Produktvielfalt, die als Wahrzeichen einer omnipräsenten Chemie[4] dient, soll die Innovationskraft, Kompetenz und Verantwortung des Sektors offenbaren. Sie sieht sich in diesem Zusammenhang häufig als Diener des Ganzen, beschreibt sich dort als Funktionär der Menschheit oder Träger des Fortschritts und betrachtet sich als Repräsentant des Gemeinwohls (vgl. Obermeier 1999: 59). Damit ist bei Kampagnen von Unternehmen und ihren Verbänden eine veränderte Qualität ihrer Kampagnenkommunikation zu be-

---

[2] Seit 1999 gehört die selbst ernannte „Apotheke der Welt" zum deutsch-französischen Pharma- und Agrochemiekonzern Aventis, der wiederum von Sanofi-Synthelabo in 2004 übernommen wurde. Bis zum Zeitpunkt der ersten Fusion werden die Imagekampagnen von Hoechst und Rhône-Poulenc getrennt voneinander untersucht.

[3] Den Überlegungen Klaus Mertens und Joachim Westerbarkeys folgend wird hier Public Relations als ein „Prozeß zur Konstruktion wünschenswerter Wirklichkeiten" definiert (vgl. Merten/Westerbarkey 1994: 210), ohne dabei explizit „Kommunikation als instrumentelle Basis aller PR" zu benennen (Merten 2000: 251).

[4] Vergleiche hierzu die Kampagne „Teil unseres Lebens" von DuPont, 1992, oder „Chemie. Element unseres Lebens.", die der VCI seit Juni 2004 in deutschen Tageszeitungen und Magazinen veröffentlicht.

obachten: Sie werden moralisch aufgeladen. Ein Kennzeichen der PR-Kampagnen von Chemie und Pharma ist, dass sie „Wirklichkeit dramatisch inszenieren – und dies in der Regel in medienadäquater Form." (Röttger 1997: 13)

Abb. 2: Claims von Imagekampagnen der chemischen Industrie

Altana:	„Verantwortung nur für die Rendite?" (IK „Think on", seit 2000)
Aventis:	„Wir nutzen verantwortungsvoll die Biotechnologie zur Entwicklung innovativer Arzneimittel. Damit man von den Entdeckungen des Leben lernen kann." (IK „Our Challenge is Life", 2000-2002)
BASF:	IK „Menschen mit Verantwortung", 1989 bis 1993
	IK „Innovativ denken. Verantwortlich handeln", 1997 bis 2003
Bayer:	„Wenn Ihre Katze krank wird, hilft ihr der Arzt. Aber wer hilft dem Arzt?" (IK „Bayer: Verantwortung und Kompetenz", 1989-2001)[5]
Degussa:	„Vor diesem Gremium [Kinder] müssen wir uns verantworten." (IK „Unsere Erde braucht Ideen", 1992-1999; eigene Einfügung)
Hoechst:	„Sustainable Development? Spätestens in 20 Jahren weiß er [ein kleiner Junge], was das heißt." (IK „Sustainable Development: Für eine neue Qualität des Wachstums", 1994 bis 1995; eigene Einfügung)
Bundesverband der Pharmazeutischen Industrie:	Schauspielerin Thekla Carola Wied: „Pharma-Fortschritt? Er schützt das Leben von Anfang an." (IK „Pharma-Fortschritt ist Fortschritt für die Menschen", 1989-1993)
Die Kunststoff-Industrie:	„Tag der Umwelt? Mit uns jeden Tag." (IK „Kunststoff: Wegbereiter des Fortschritts", 1999-2003)
PVCplus. Initiative der PVC-Branche:	„PVC + Verantwortung = Zukunft" (IK „PVC. Wenn's drauf ankommt", 1997-2003)

Je öfter also in Imagekampagnen von gemeinnützigen Interessen, öffentlichem Willen, Wohlfahrt, Gesamtwohl, Wahrnehmung des öffentlichen Interesses oder gesamtgesellschaftlicher Verantwortung die Rede ist, desto eher ist zu vermuten, dass sich hinter diesen Begriffen originäre Unternehmensinteressen verbergen. Die Konzerne lenken durch ein möglichst attraktives Angebot betriebsfreundlicher Botschaften von anderen (meist problematischen) Aspekten ihrer Firmen ab und kaschieren in der Rolle eines am öffentlichen Wohl Interessierten ihre geschäftlichen Absichten (vgl. Westerbarkey 1989: 255; Habermas 1990: 289f.). Walter Lippmann bezeichnete solche Handlungsweisen als Propaganda, Jürgen Habermas als Manipulation (vgl. Westerbarkey 1989: 255 u. 1991: 175; Habermas 1988 Bd. 1: 131, 384ff., 445; Lippmann 1964: 35).

---

[5] Nach Auskünften des Konzerns sei die Imagekampagne „Bayer: Verantwortung und Kompetenz" 1999 eingestellt worden. Allerdings konnten noch zwei Jahre später in Printmedien weitere Anzeigen entdeckt werden, die unter diesem Dach veröffentlicht wurden. Daher wird hier der Zeitraum der Kampagne von 1989 bis 2001 festgelegt.

4 Verantwortung als Gradmesser von Glaubwürdigkeit

Die Studie „Verantwortung als Duft-Marke. Schadensbegrenzung durch Dialog-Inszenierung" (vgl. Peter 2004) untersuchte die Imagekampagnen der chemisch-pharmazeutischen Industrie in führenden deutschen Tageszeitungen und Wochenmagazinen zwischen 1987 und 2003 – als Beispiel für Gesundheits- und Risikokommunikation im Zeitalter der Risikogesellschaft. Die Auswahl der chemisch-pharmazeutischen Industrie eignete sich insbesondere, weil sich im Zuge zahlreicher Störfälle, Umweltkatastrophen, gesundheitsschädigender Produkte und Verfahren eine besonders intensive Diskussion um die Chancen und Risiken, Nutzen und Gefahren dieser Branche herausgebildet hat. Somit fällt der Beginn des Untersuchungszeitraums zusammen mit dem Auftakt dieser Verantwortungs-Diskussion im Gefolge des Sandoz-Störfalles bzw. der VCI-Kampagne zur Verantwortung des Chemiesektors.

Eine der zentralen forschungsleitenden Thesen lautete, dass die Demonstration sozialen und ökologischen Verantwortungsbewusstseins in den Imagekampagnen der chemisch-pharmazeutischen Industrie lediglich der Legitimation und Durchsetzung eigener Partikularinteressen dient. Damit soll zwar das gesellschaftspolitische Engagement von Unternehmen nicht von vornherein diskreditiert werden, aber es muss als problematisch erachtet werden. Denn seine strategische Nutzung gefährdet die Glaubwürdigkeit von Unternehmen, die eigentlich durch deren Unternehmenskommunikation errungen werden möchte (vgl. Vogt 1991: 4 u. 1993: 21; Röttger 1997: 18; Peter 2004: 15ff.).

Die Kommunikationsinhalte ihrer Imagekampagnen wurden mit Hilfe der Methode der sozialwissenschaftlichen Inhaltsanalyse untersucht. Ausgewertet wurden insgesamt 67 Imagekampagnen von 22 unterschiedlichen Akteuren. Es konnten in diesem Zeitraum 833 unterschiedliche Anzeigen identifiziert werden, die von deutschen, englischen, niederländischen, französischen und amerikanischen Unternehmen sowie deutschen Verbänden in überregional verbreiteten Organen veröffentlicht wurden (vgl. Peter 2004: 418 u. 475).

Ökologische und soziale Verantwortung

Im Folgenden werden die Aussagen über die ökologische und gesellschaftliche Verantwortung der chemisch-pharmazeutischen Industrie unter die Lupe genommen. Dabei interessieren neben den möglichen Absichtserklärungen zum Umweltschutz insbesondere konkrete Angaben beispielsweise zur Überprüfung der Produktpalette oder -standorte. Anhand dieser Untersuchungen kann veranschaulicht werden, in welcher Form der Begriff Verantwortung in diesen Anzeigen genutzt wird.

1. Ergebnis: Drei von vier Anzeigen (78,8%) thematisieren das „Allgemeinwohl" im Sinne gesellschaftlicher Verantwortung. Die Unternehmen versprechen, mit großem Aufwand sich um gesellschaftliche Probleme zu kümmern, die sie selbst nicht verursacht haben. So wird verdeutlicht, dass man Personal, Geld, Technologie, Know-how und Zeit investiert, um beispielsweise:

- Krankheiten wie Aids oder Krebs mit Hilfe der Gentechnologie zu bezwingen,
- Lösungen zur Nahrungsmittelversorgung zu entwickeln, angesichts der stetig wachsenden Weltbevölkerung,
- sich des Problems bedrohter Tier- und Pflanzenarten anzunehmen, oder allgemeiner, um
- den Lebensstandard bzw. die Zukunft zu sichern.

2. Ergebnis: Wesentlich zurückhaltender werden die Firmen und Verbände, wenn es darum geht, Verantwortung als Einstellung zu thematisieren (24,4%), nach der beispielsweise Betreiber, Patienten, Konsumenten, Politiker oder die Allgemeinheit für die möglichen Folgen ihres Handelns aufzukommen bereit sein sollten. In etwa jeder zehnten Anzeige wird hierzu konkret Stellung genommen (11,6%). Größtenteils fordern die Kommunikatoren sich selbst auf, ihr (risikobehaftetes) Handeln zu verantworten. Ein Beispiel: Zwei Monate nach der Störfallserie bei Hoechst im Februar 1993 in Frankfurt am Main entschuldigte sich das Unternehmen bei der Bevölkerung in einer ganzseitigen Anzeige für sein Verhalten. Der Konzern bekannte sich zu seiner Verantwortung. Nach diesem Kniefall erfolgte ein monatelanger Anzeigenstopp. Erst im Herbst desselben Jahres waren wieder Anzeigen, die ansonsten im Rahmen der Imagekampagne „Hoechst High Chem" (1987-1996) regelmäßig geschaltet wurden, in überregionalen Blättern zu entdecken. Im April 1994 erinnerte Hoechst nochmals in einer Sonderseite an seine Störfallserie und an seine Selbstverpflichtung zur Verantwortungsübernahme.

3. Ergebnis: Die Kommunikatoren haben sich zwar in 196 Anzeigen zur beispielsweise ökologischen oder wissenschaftlich-technischen Verantwortung geäußert, aber nicht immer hielten sie damit Schritt, wenn es um die Konkretisierung der Verantwortungsübernahme ging (n=167). Im Zusammenhang der Verantwortungsübernahme wurden hauptsächlich wissenschaftlich-technische, ökologische, soziale und ökonomische Themen beschrieben (n=187), selten wurden politische, medizinische oder rechtliche Dimensionen veranschaulicht (n=9). Aufgrund der wenigen Nennungen wurde auf die Darstellung jener Dimensionen in der folgenden Tabelle verzichtet. Mit der meistgenannten wissenschaftlich-technischen Dimension ist die Grundlagenforschung, Diagnostik und Therapie sowie die Entwicklung von Produkten, Verfahren, Forschungs- und Produktionsanlagen gemeint.

4. Ergebnis: Setzt man die absoluten Zahlen ins Verhältnis zum Gesamtaufkommen aller Anzeigen, dann ist zu erkennen, dass nur in 6,8 bzw. 4,7 Prozent aller Fälle die Akteure ihre Bereitschaft signalisieren, im Zusammenhang ökologischer bzw. sozialer Themen die Verantwortung für ihr Handeln zu übernehmen (vgl. Tab. 1).

Tab. 1: Aussagen zur Verantwortungsübernahme in Imagekampagnen

Adressierung von Verantwortung	Dimension der Verantwortung	Übernahme von Verantwortung			Nennung von Verantwortungsdimensionen (n=196)
		implizit	*explizit*	*gesamt*	
Betreiber/ Produzent	wissenschaftlich	46	17	63	65
	ökologisch	26	24	50	57
	sozial/allgemein	15	19	34	39
	ökonomisch	12	8	20	26
	Gesamt			**167** (85,2%)	**187** (95,4%)

Quelle: Peter 2004: 456

Absichtserklärungen zu ökologischen Maßnahmen
Veranschaulicht die chemisch-pharmazeutische Industrie in den Anzeigen ihre Pläne oder Vorstellungen zur Überprüfung ihrer Produktpalette oder -standorte, zur Zurücknahme von Altprodukten, zur Kennzeichnung bzw. Optimierung ihrer Entsorgungsmethoden, zur unternehmerischen Haftung bei Umweltschäden, zu Langzeitzielen, die eine Entlastung der Umwelt beinhalten, zu moralisch-ethischen Dimensionen wie die Nullproduktion von Chemiewaffen oder zur Erforschung und Entwicklung neuer Produkte?

5. Ergebnis: Es werden zwar in 42 Prozent der Anzeigen explizite Absichtserklärungen formuliert, aber diese betreffen überwiegend den Bereich der Forschung und Entwicklung (48%). Vergleichsweise selten werden die Bereiche des konkreten Schutzes von Mensch und Natur (10,3%) oder der moralisch-ethischen Dimension (10%) angesprochen. Damit ist gemeint, dass sich beispielsweise die chemisch-pharmazeutische Industrie verpflichtet hat, keine chemischen Waffen zu entwickeln.

Aussagen zur beispielsweise unternehmerischen Haftung bei selbstverursachten Umweltschäden, die im Sinne von Max Weber oder Hans Jonas den Begriff Verantwortung mit Leben gefüllt hätte (vgl. Abschnitt 2), sind prinzipiell in diesen Imagekampagnen nicht zu finden. Dagegen konnten beispielsweise in ausführlicheren Anzeigen über Jahreshauptversammlungen von Unternehmen verschiedene Absichtserklärungen zu ökonomischen Entwicklungen identifiziert werden, die hier unter dem Begriff „Sonstiges" eingeordnet wurden. Da hier insbesondere die unternehmerische Einstellung zu sozialen und ökologischen Problemen interessierte, blieben ökonomische Problemstellungen, die hauptsächlich den Shareholder Value betrafen, in der tabellarischen Darstellung unberücksichtigt (vgl. Tab. 2).

Tab. 2: Absichtserklärungen in Imagekampagnen

Akteur	Absichtserklärung	Konkrete Daten (n=350)
Betreiber/ Produzent	Langzeitziele bzgl. Umweltentlastung /-schutz	93
	Forschung / Entwicklung	168
	Moralisch Ethische Dimension	35
	Kennzeichnung / Optimierung Entsorgungsmethoden	19
	Überprüfung Produktpalette Verfahren	9
	Überprüfung Produktionsstandort	8
	Gesamt	332 (94,6%)

Quelle: Peter 2004: 457

Maßzahlen/ konkrete Entwicklungen

Ein ökologisches oder soziales Verhalten zeigt sich nicht in abstrakten Aussagen oder Absichtserklärungen, sondern im konkreten Handeln und Verhalten. Daher wurden hierzu deutliche Angaben erwartet.

6. Ergebnis: Insgesamt legten die Akteure in 185 Anzeigen (22,2%) detaillierte Maßzahlen zur Entwicklung unterschiedlicher Bereiche vor. Angaben zu Altprodukten (4,4%), Schadstoffeinträgen (3,6%), Altlasten (1,4%) oder Störfällen (0,2%) wurden selten geliefert. Man blieb relativ unbestimmt, wenn es um den konkreten Nachweis des verantwortlichen Handelns oder der Verhaltensänderungen in ökologischen Bereichen ging. Stattdessen bilanzierten die Akteure hauptsächlich ihre Gewinne oder Verluste in bestimmten ökonomischen Segmenten (9,5%), das heißt, konkrete Maßzahlen werden genutzt, um eigene imageträchtige Wirtschaftsaktivitäten zu untermauern. Konkretere Angaben über die Sicherung oder Schaffung von Arbeitsplätzen konnten in diesem Zusammenhang nicht identifiziert werden. Dagegen versuchten beispielsweise die Kommunikatoren in Anzeigen, den Nutzen ihrer Produkte bei der Bekämpfung einer Krankheit durch Vorher-Nachher-Vergleiche zu illustrieren. Solche Angaben zur Darstellung von Produktmerkmalen, die in Abgrenzung zum Wettbewerb skizziert wurden, wurden hier nicht aufgeführt. Dies erklärt, warum 11,2 Prozent aller aufgelisteten Fälle unerwähnt blieben (vgl. Tab. 3).

Tab. 3: Maßzahlen als Gradmesser sozial-ökologischen Handelns

Akteur	Bereiche / Dimensionen	Konkrete Daten (n=185)
Betreiber/ Produzent	Schadstoffeinträge	30
	Gewinn- / Verlustbilanzierung	79
	Produktpalette / Altprodukte	37
	Altlasten	12
	Unfälle / Störfälle	2
	Gesamt	**160**
		(88,8%)

Quelle: Peter 2004: 458

5 Verantwortung verpflichtet

Beeinflusst durch Störfälle, gesundheitsschädigende Produkte oder Verfahren beurteilt die Öffentlichkeit viele Unternehmen als besonders riskant, wenig ökologisch und sozial verantwortungsvoll. Eine solche Einschätzung kann den Bestand eines Unternehmens gefährden. Dies haben (Medien-)Ereignisse wie Brent Spar gezeigt. Daher ist es eine vordringliche Aufgabe der PR-Abteilungen, diesen negativen Ruf in der Bevölkerung zu korrigieren. Imagefördernd kann sich auswirken, wenn Unternehmen versprechen, bei gesellschaftlichen Problemen, für die sie nicht verantwortlich zeichnen, mit großem Einsatz kompetent zu helfen und Lösungsansätze zu entwickeln (vgl. Peter 2004: 153ff.).

Unternehmen, die ihre gesellschaftliche Verantwortung zur Imagegestaltung einsetzen, müssen allerdings damit rechnen, dass sie verstärkt beobachtet werden. Gemeinwohlorientierte Images verpflichten, das heißt, Aussagen zum Allgemeinwohl werden zum Gradmesser des eigenen Verhaltens. Ein guter Ruf beruht jedoch dauerhaft auf Fakten, weniger auf Fiktionen. Daher müssen sich Aussagen von Public Relations jederzeit an den Taten messen lassen; Handlung und Rede sollten übereinstimmen. Ansonsten wird aufgrund kommunikativer Diskrepanzen die eigene Glaubwürdigkeit geopfert, wie das gerade im Bereich der Chemie und Pharma vielfach geschehen sei.

So sollen sich beispielsweise Unternehmen wie die Ludwigshafener BASF, die umfangreiche Verantwortungs-Kampagnen initiiert haben (vgl. BASF 2000), Hoffmann-La-Roche oder Aventis den Weltmarkt für die Vitamine A, C, D und B jahrelang aufgeteilt haben. Diese Produkte wurden als Zusätze in Müslis, Getränken, Medikamenten und Kosmetika verwendet. Fachleute nehmen an, dass Verbraucher durch die künstlich hoch gehaltenen Preise um Milliardenbeträge geschädigt wurden – soweit zum Allgemeinwohl (vgl. Gareis 2001: 11; Keuchel 2005: 37).

Solche Widersprüche zwischen Rede und Handlung sowie die hier vorgestellten Befunde scheinen die eingangs formulierte These zu bestätigen, dass die Demonstration sozialen und ökologischen Verantwortungsbewusstseins in den Imagekampagnen der chemisch-pharmazeutischen Industrie lediglich dazu dient, von eigenen problematischen Aspekten abzulenken, eigene Interessen durchzusetzen bzw. zu legitimieren. Kritisiert wurde hier nicht das allgemeine Engagement von Unternehmen, sondern dessen mögliche strategische Vernutzung, die die eigene Glaubwürdigkeit hochgradig gefährden kann (vgl. Peter 2004: 472ff.).

Literatur

Antivivisektion e.V. Tierversuchsgegner Rhein-Ruhr (2005): Die Contergan-Story. In: http://www.tierversuchsgegner.org/Contergan (12.09.05)
Arte (2004): Die Geschichte des Contergan-Skandals. In: http://www.arte.de/de/wissen-entdeckung/Contergan/408574,CmC=359756.html (12.09.05)
BASF (2000): Gesellschaftliche Verantwortung 2000. Wir nehmen unsere Verantwortung ernst. Ludwigshafen
Bayer (Hrsg.) (1989): Kompetenz und Verantwortung. Bayer startet eine neue Anzeigenkampagne. In: Bayer Berichte, 61: 62
Bayer (Hrsg.) (2004a): Programm für gesetzmäßiges und verantwortungsbewusstes Handeln. Leverkusen
Bayer (Hrsg.) (2004b): Nachhaltigkeitsbericht 2004. Leverkusen
Bayer (2005): Eine beispielhafte Kampagne. In: http://scienceforabetterlife.bayer.de/konzeption/ index.php (20.07.05)
Bechmann, Gotthard (1990): Großtechnische Systeme, Risiko und gesellschaftliche Unsicherheit. In: Jost Halfmann/Klaus Peter Japp (1990): Riskante Entscheidungen und Katastrophenpotentiale. Elemente einer soziologischen Risikoforschung. Opladen: 123-149
Beck, Ulrich (1986): Risikogesellschaft. Auf dem Weg in eine andere Moderne. Frankfurt/Main.
Bergius, Susanne (2005): Eine gute Reputation beruht auf harter Arbeit. Verbraucher misstrauen vielen Wohltaten der Firmen. In: Verlagsbeilage des Handelsblatts zum Thema „Erneuerbare Energien", 16. Juni 2005: 2
Bolz, Norbert (1997): Spiritueller Mehrwert. Kultmarketing statt Produktwerbung. In: Peter Wippermann: Der Spiegel. Anzeigentrends. Was bleibt. Was geht. Was kommt. Zum 50-jährigen Jubiläum des „Spiegel" ein Bericht über die gemeinsamen Perspektiven von Journalismus, Marketing und Werbung. Mainz: 88-107
Buß, Eugen (1999): Das emotionale Profil der Deutschen. Bestandsaufnahme und Konsequenzen für Unternehmen, Politiker und Öffentlichkeitsarbeiter. Frankfurt/Main.
Buß, Eugen/Ulrike Fink-Heuberger (2000): Image Management. Wie Sie ihr Image-Kapital erhöhen! Frankfurt/Main
Ehlers, Joachim (1999): Die wahren Hintergründe des Contergan-Skandals. Interview mit Dr. Peter Plichta. In: Raum & Zeit, März, April 1999: 61-64
Gärtner, Edgar (1998): Was ist nachhaltig? Vorgeschichte, Verlauf und Ergebnisse der Bundestags-Enquête „Schutz des Menschen und der Umwelt". Frankfurt/Main
Gareis, Angela (2001): Vitaminkartell muss bluten. BASF erwägt Anfechtung des Urteils. In: Westdeutsche Allgemeine Zeitung, 22. November 2001: 11
Gieß, Hubert/Claudia Gottschling (1994): Comeback für Contergan. 33 Jahre nach der großen Arzneimittelkatastrophe erwarten Ärzte neue Therapiemöglichkeiten für Aids und Autoimmunkrankheiten. In: Focus, 2. Mai 1994: 146-150
Gloger, Katja/Henry Leutwyler (2005): Einmal täglich – bis zum Herzinfarkt. In: Stern, 2005: 58-65
Habermas, Jürgen (1988): Theorie des kommunikativen Handelns. Bd. 1-2. Die vorliegende Ausgabe folgt dem Text der vierten, durchgesehenen Auflage von 1987. Frankfurt/Main
Habermas, Jürgen (1990): Strukturwandel der Öffentlichkeit. Unveränderter Nachdruck der zuerst 1962 in Neuwied erschienenen Ausgabe. Frankfurt/Main
Heimbrecht, Jörg/Jochen Molk (1987): Rheinalarm. Die genehmigte Vergiftung. Köln
Hofmann, Siegfried (2005): Experten erwarten strengere Auflagen für Schmerzmittel. Zulassungsbehörden in Europa und in den USA beraten über Wirkstoffgruppe der Coxibe. In: Handelsblatt, 15.02. 2005: 10

Höffe, Otfried (1997): Verantwortung. In: ders. (1997): Lexikon der Ethik. 5., neubearbeitete und erweiterte Auflage. München: 314-316

Hribal, Lucie (1999): Public Relations-Kultur und Risikokommunikation. Organisationskommunikation als Schadensbegrenzung. Konstanz

Jonas, Hans (1984): Das Prinzip Verantwortung. Versuch einer Ethik für die technologische Zivilisation. Diese Taschenbuch-Ausgabe folgt der Schrift, die 1979 im Insel Verlag, Frankfurt am Main, erschienen ist. Frankfurt/Main

Keuchel, Jan (2005): Kartellsündern droht Prozesswelle. Preisabsprachen werden teuer. In: Handelsblatt, 27. Juli 2005: 37

Klimke, Robert/Barbara Schott (1993): Die Kunst der Krisen-PR. Geniale Krisen-PR ist lernbar oder: Der Einzug des NLP in die Medienarbeit. Paderborn

Kreß, Angelika/Thomas Potthast (2000): Diskurse, Wagenburgen und die Allgegenwart der Inszenierung. Überlegungen zur Streitkultur am Beispiel der Gentechnik(debatte). In: Thomas von Schell/Rüdiger Seltz (Hrsg.) (2000): Inszenierungen zur Gentechnik. Konflikte, Kommunikation und Kommerz. Wiesbaden: 54-67

Krusche, Klaus (2005): Die Contergan-Story. Oder die Skrupel der Pharma-Industrie. In: http://www.klaus-krusche.de/contergan.htm (12.09.05)

Leitschuh-Fecht, Heike (2005): Nachhaltigkeit wird Teil der Strategie. Eine Software hilft Managern bei der Umstellung. In: Verlagsbeilage des Handelsblatts zum Thema „Erneuerbare Energien", 16. Juni 2005: 1

Lippmann, Walter (1964): Die öffentliche Meinung. Die Originalausgabe erschien unter dem Titel „Public Opinion" bei der MacMillan Company in New York. Aus dem Amerikanischen von Hermann Reidt. München

Luhmann, Niklas (1990): Risiko und Gefahr. In: ders. (1990): Soziologische Aufklärung. Konstruktivistische Perspektiven. Bd. 5. Opladen: 131-169

Luhmann, Niklas (1994): Die Wirtschaft der Gesellschaft. Frankfurt/Main

Mantow, Wolfgang (1995): Die Ereignisse um Brent Spar in Deutschland. Darstellung und Dokumentation mit Daten und Fakten. Die Hintergründe und Einflußfaktoren. Kommentare und Medienresonanzen. Ausgearbeitet im Auftrag der Deutsche Shell AG. Hamburg

Mauritz, Claudia/Axel Wilhelm (2005): Die Nachhaltigkeitsleistungen deutscher Großunternehmen. Ergebnisse des zweiten vergleichenden Nachhaltigkeitsratings der DAX® 30 Unternehmen. Ermittelt durch die Agentur scoris. Hannover

Merten, Klaus (2000): Das Handwörterbuch der PR. 2 Bände. Frankfurt/Main

Merten, Klaus/Joachim Westerbarkey (1994): Public Opinion und Public Relations. In: Klaus Merten/Siegfried J. Schmidt/Siegfried Weischenberg (Hrsg.) (1994): Die Wirklichkeit der Medien. Eine Einführung in die Kommunikationswissenschaft. Opladen: 188-211

Mündemann, Tobias (2005): Unternehmensethik und Unternehmenskommunikation. Thesen, Anmerkungen und Empfehlungen für die unternehmerische Praxis. In: pr-magazin, 36, 7/2005: 49-56

Obermeier, Otto-Peter (1999): Die Kunst der Risikokommunikation. Über Risiko, Kommunikation und Themenmanagement. München

Peter, Christian M. (2004): Verantwortung als Duft-Marke. Schadensbegrenzung durch Dialog-Inszenierung. Dargestellt am Beispiel der Imagekampagnen der chemisch-pharmazeutischen Industrie (1987-2003). Eine Inhaltsanalyse. 562 maschinenschriftliche Seiten. Dissertation, eingereicht im November 2004 am Institut für Kommunikationswissenschaft der Westfälischen Wilhelms-Universität Münster.

Röttger, Ulrike (1997): Campaigns (f)or a better world? In: dies. (Hrsg.) (1997): PR-Kampagnen. Über die Inszenierung von Öffentlichkeit. Opladen: 13-33

Sarcinelli, Ulrich/Jochen Hoffmann (1997): Öffentlichkeitsarbeit zwischen Ideal und Ideologie. Wieviel Moral verträgt PR und wieviel PR verträgt Moral? In: Ulrike Röttger (Hrsg.) (1997): PR-Kampagnen. Über die Inszenierung von Öffentlichkeit. Opladen: 35-51

Vogel, [o.A.] (1991): Erfolgreiche PR – Ausgewählte Beispiele aus der Praxis. Menschen mit Verantwortung – Die BASF-Umweltkampagne. 65 maschinenschriftliche Seiten. Ludwigshafen

Vogt, Michael (1991): Die Imagekampagne des BPI – Struktur einer „Direct-Response"-Kampagne. 29 maschinenschriftliche Seiten. Frankfurt

Vogt, Michael (1993): Jahresbericht 1992/93. PR-Kommunikation. 21 maschinenschriftliche Seiten. Frankfurt
Weber, Max (2002): Politik als Beruf. Mit einem Nachwort von Ralf Dahrendorf. Diese Reclam-Ausgabe folgt der zweiten Auflage der Schrift, die 1926 im Verlag Duncker & Humblodt, München und Leipzig, erschienen ist. Offensichtliche Druckversehen wurden in diesem Werk stillschweigend korrigiert. Stuttgart
Westerbarkey, Joachim (1989): „Publizistische Maskenbildner". Zur Theorie und Praxis der Öffentlichkeitsarbeit. In: Jürgen Bellers (Hrsg.) (1989): Sozialwissenschaften in Münster. Münster, Hamburg: 253-261
Westerbarkey, Joachim (1991): Das Geheimnis. Zur funktionalen Ambivalenz von Kommunikationsstrukturen. Opladen
Zühlsdorf, Anke (2002): Gesellschaftsorientierte Public Relations. Eine strukturationstheoretische Analyse der Interaktion von Unternehmen und kritischer Öffentlichkeitsarbeit. Wiesbaden

„Wir kümmern uns um mehr als Autos"

Die Geschichte einer Kampagne*

Klaus-Peter Johanssen

> „Gerade in ihrer Selbstdarstellung und ihren
> gesellschaftlichen und kreativen Einstellungen,
> in ihren Phantasien und Philosophien sollten sich
> Unternehmen voneinander unterscheiden.
> Doch statt dessen konkurrieren sie miteinander, indem sie
> die immergleichen verharmlosenden Register ziehen."
> (Toscani 1996: 37)

Am 1. März 1995 startete die Deutsche Shell AG eine neue Werbe- und Kommunikationskampagne unter dem Motto „Wir kümmern uns um mehr als Autos". Sie sollte eigentlich einen Wendepunkt der Kommunikationsaktivitäten des Unternehmens bedeuten. Nach einem viel beachteten Start erzwangen jedoch die Ereignisse um die Lager- und Verladeplattform „Brent Spar" bereits im Sommer desselben Jahres den Abbruch der Kampagne. Der Selbstdarstellung des Unternehmens, vor allem der Betonung seiner sozialen Verantwortung, standen die Anschuldigungen von Greenpeace gegenüber, durch die Tiefsee-Entsorgung der „Brent Spar" einen nachhaltigen Umweltfrevel zu begehen. Da nützten weder die nachträgliche Erkenntnis, dass die Vorwürfe weit überzogen waren, noch der Umstand, dass für die im britischen Teil der Nordsee liegende Plattform nicht die Deutsche Shell, sondern ihre Schwesterfirma, die Shell UK, der eigentliche Adressat war. Die Öffentlichkeit betrachtete – zu Recht – „Shell als Shell" und erkannte einen Widerspruch zwischen dem Anspruch des Unternehmens und der Wirklichkeit. Bei der Klärung der Frage, ob denn eine solche Beurteilung zutrifft, mag dieser Beitrag helfen.

Wie war es zu der Kampagne gekommen? Begonnen hatte es mit der Entscheidung, die gesamten Kommunikationsmaßnahmen der Deutschen Shell zu bündeln und mit-

---

* Dieser Beitrag wurde unverändert aus der 2. Auflage von 2001 übernommen.

einander zu vernetzen: Das Unternehmen hatte Anfang 1994 ein Kommunikationskonzept eingeführt, bei dem alle Kommunikationsaufgaben unter einem organisatorischen Dach zusammengefasst waren. Seither kamen Presse- und Öffentlichkeitsarbeit, Sponsoring und Markenwerbung für das Gesamtunternehmen aus einer Hand, nämlich dem Bereich Unternehmenskommunikation, und nicht wie bisher von verschiedenen Stellen im Unternehmen.

Als zweiter Schritt zur integrierten Kommunikation wurden sämtliche bisherigen Kommunikationsmaßnahmen im Unternehmen einer Bestandsaufnahme und kritischen Prüfung unterzogen. Um die Objektivität zu wahren, wurde damit die Kommunikationsagentur Lauk & Partner aus Frechen beauftragt. Diese begann im April des Jahres 1994 mit ihrer Analyse und legte im Sommer einen Bericht vor, der wichtige Hinweise über Stärken und Schwächen der bisherigen Kommunikationsarbeit lieferte. Die Agentur entwickelte auf der Grundlage der Analyse-Ergebnisse einen Vorschlag, der als integrierte Kommunikationsstrategie für alle Unternehmensteile der Deutschen Shell verbindlich sein sollte. Sie beinhaltete den Ansatz für die neue Kampagne, ihre Ausrichtung, Grundidee und -philosophie. Der nächste Schritt, um beim historischen Ablauf zu bleiben, waren die Arbeiten zur werblichen Umsetzung der Kampagnenidee. Drei Agenturen wurden beauftragt, auf Basis der Strategie eine Dachmarkenkampagne zu entwickeln. Ausgewählt wurde am Ende der Vorschlag der Agentur K,N,S,K, aus Hamburg.

Welche Ideen, welche Gründe lagen der Kampagne zugrunde? In Zeiten identischer Produkte und austauschbarer Leistungsangebote macht es immer weniger Sinn, eine Differenzierung gegenüber den Wettbewerbern über die übliche Produktwerbung erreichen zu wollen. Manchmal sind nicht nur die Produkte, sondern auch die Produktkampagnen kaum voneinander zu unterscheiden. Eine um so größere Bedeutung bekommt damit die Marke. Aus diesem Grunde fiel die Entscheidung, zukünftig weniger Werbung für einzelne Produkte zu machen, sondern sich stärker auf den Ausbau und die Profilierung der Marke Shell zu konzentrieren.

Diese Abkehr von Produktwerbung war auch deshalb sinnvoll, weil gerade bei Massenprodukten wie Kraftstoffen oder Heizölen, die weder gut schmecken noch verführerisch duften, mit denen man sich nicht schmücken oder angeben kann, die Differenzierung vom Wettbewerb schwierig ist. In der heutigen Zeit des „aufgeklärten" Verbrauchers genügt der Hinweis auf eine besondere Produktqualität nicht mehr. Von einer großen Marke wie Shell erwartet man ohnehin eine hohe Qualität der Produkte und Leistungen, aber das erwartet man in gleicher Weise auch von Esso, BP, DEA oder Aral. Wenn also der Verbraucher von Mineralölprodukten bei seiner Kaufentscheidung die Qualität als solche nicht infrage stellt und Qualitätsunterschiede der konkurrierenden Produkte für ihn nicht relevant sind, müssen andere Unterscheidungsmerkmale her. Hier bedeutet die Marke, die nicht nur die Produkte, sondern das gesamte Unternehmen repräsentiert, die einzige Möglichkeit, sich gegenüber den Wettbewerbern zu profilieren.

Was aber sind überzeugende Merkmale der Eigenständigkeit einer Marke? Sachargumente, die den Verstand ansprechen, sind bei austauschbaren Produkten und Service-Angeboten wenig hilfreich. Also bleiben Lösungen, die die Gefühle der Menschen packen. Oder anders formuliert: Gesucht wurde eine Vision, die die Deutsche Shell glaubhaft gegenüber ihren Kunden und der Öffentlichkeit vertreten konnte.

Nicht ohne Grund ist dieser Beitrag mit einem Zitat von Oliviero Toscani („Benetton") überschrieben. In seinem (später als die Shell Kampagne veröffentlichten) Buch „Die Werbung ist ein lächelndes Aas" (1996) fragt er, warum Unternehmen sich nicht über ihre gesellschaftliche Rolle darstellen. Anhand eines Beispiels aus der Automobilindustrie führt er aus, was Unternehmen mit dem Einsatz ihrer Werbebudgets zur Lösung gesellschaftlicher Probleme einerseits und zur Hebung ihres Images andererseits beitragen könnten: „Wie ließe sich bei alledem (gemeint: der Ähnlichkeit der Autos, K.-P. J.) Eigenständigkeit besser vermitteln als durch Zukunftsvision, Engagement, Stellungnahme und Kreativität?" (Toscani 1996: 21)

Auch die Deutsche Shell stieß auf der Suche nach einer Vision auf ihre gesellschaftliche Verantwortung. Da das Unternehmen auf sozialem Gebiet bereits traditionell tätig war, ohne dies aber bis dahin öffentlich breit kommuniziert zu haben, wurde entschieden, das Engagement in diese Richtung zu verstärken und diese Unternehmenshaltung zum Inhalt des neuen Auftritts in der Öffentlichkeit zu machen. Die Vision lautete, es werde gelingen, durch das Auftreten des Unternehmens Anstöße zu Veränderungen in der Gesellschaft zu geben und damit einen Beitrag zu mehr Menschlichkeit, Rücksichtnahme und gegenseitiger Hilfe zu leisten. Allerdings sollte das nicht nur auf Themen aus dem gesellschaftlichen Bereich beschränkt bleiben. Es sollte auch Kampagnenmotive geben, die etwas mit den geschäftlichen Aktivitäten und Leistungen der Deutschen Shell zu tun hatten. Dabei sollten dann aber nicht einfach nur Leistungsmerkmale der Produkte herausgestellt werden, sondern gesellschaftlich relevante Aspekte wie etwa Verbesserungen bei den Umwelteigenschaften von Produkten.

Ein Beispiel soll demonstrieren, wie die Sache ablaufen sollte. Die Deutsche Shell unterstützte seit über 20 Jahren die Evangelische Stiftung Alsterdorf, eine Behinderteneinrichtung in Hamburg. Ein Hauptproblem der Stiftung ist, die Geldmittel für ihre wichtigen Aufgaben zu beschaffen. „Das wollen wir ändern", lautete die Copy einer der Kampagnen-Anzeigen. Indem auf die Arbeit von Alsterdorf hingewiesen und erklärt wurde, warum Shell sich hier engagiert, wurden Dritte, Privatleute und Unternehmen aufgerufen, ebenfalls die Arbeit von Alsterdorf oder vergleichbarer Einrichtungen in anderen Orten in Deutschland zu unterstützen. Ähnliche Aufrufe wurden für andere soziale Einrichtungen oder Aufgaben gestartet in der Hoffnung, dass das Beispiel der Hilfestellung für möglichst viele ansteckend wirkt. Über die Ergebnisse dieser Aufrufe sollte in später erscheinenden Anzeigen und TV-Spots berichtet und Rechenschaft über die eigenen Beiträge abgelegt werden.

Die Idee war also: Die Marke Shell und damit der Firmenname, die Muschel als Firmenzeichen und die Hausfarben gelb/rot stehen nicht nur für hervorragende Produkt- und Serviceleistungen, sondern auch für ein Unternehmen, das sich zu gesellschaftlicher Verantwortung bekennt und dies in der Praxis an nachvollziehbaren Initiativen und Projekten beweist. Die zugrunde liegende Vision, mit dem eigenen Beispiel mehr Menschlichkeit, Rücksichtnahme und gegenseitige Hilfe in der Gesellschaft initiieren zu können, sollte das Unternehmen von seinen Wettbewerbern deutlich differenzieren und ihm damit einen Sympathievorsprung verleihen. Auf die Vermittlung dieser Idee sollten sämtliche Kommunikationsmaßnahmen ausgerichtet sein mit dem Ziel, das Bild der Marke beeindruckender und größer erscheinen zu lassen.

Abb. 1: Doppelseitige Eröffnungsanzeige

Abb. 2: Engagement gegen Einsamkeit; doppelseitige Anzeige

Für die Media-Planung war vorgesehen, dass die Kampagne im ersten Jahr einen dramaturgischen Spannungsbogen durch drei aufeinander folgende Wellen erhalten sollte: In einer Eröffnungsanzeige war die Idee der Kampagne vorgestellt worden. Die zweite Welle bildeten Printanzeigen und TV-Spots, in denen die gesellschaftlichen Probleme thematisiert und mit der Aussage verknüpft waren, dass Shell hier etwas ändern wolle und bereits Initiativen dazu ergriffen hatte. Zugleich wurde an alle appelliert, sich diesen Initiativen anzuschließen, sie weiterzutragen und im täglichen Leben umzusetzen. Für 1995 wurden fünf Schwerpunkte gesetzt: Kinder im Straßenverkehr, Abfallvermeidung, Benachteiligung behinderter Menschen in der Gesellschaft, das Miteinander von jungen und alten Menschen sowie Aggressionen im Straßenverkehr. In der dritten Welle der Kampagne sollte dann darüber informiert werden, wie weit die Initiativen gediehen waren und welche weiteren Schritte noch hätten getan werden müssen.

Die Eröffnungsanzeige bestand aus zwei Doppelseiten, die ab März 1995 in überregionalen Zeitungen und Zeitschriften veröffentlicht wurden. Der damalige Vorstandsvorsitzende der Deutschen Shell, Peter Duncan, erläuterte auf der ersten Doppelseite das neue Konzept. Auf der zweiten Doppelseite folgte der neue Slogan: „Wir kümmern uns um mehr als Autos", ein Bekenntnis des Unternehmens, das seine Haltung auf den Punkt bringen sollte (Abb. 1).

In der zweiten Stufe der Kampagne ging es darum zu beweisen, dass Shell es mit dem Anliegen ernst meint. Dazu kündigte das Unternehmen in prägnanten doppelseitigen Anzeigen in großen Zeitungen und Zeitschriften konkret einige der Themen an, um die es sich 1995 kümmern wollte und wie das geschehen sollte. Die zweite Stufe begann Mitte März und dauerte rund zwei Monate. Thema Nr. 1 war das Zusammenbringen junger und alter Menschen. Immer mehr Menschen leben als Singles, immer mehr Elternteile sind allein erziehend, immer mehr Kinder werden vernachlässigt und immer mehr alte Leute werden abgeschoben. Als Beitrag zur Verbesserung dieser Situation waren deshalb lokale Initiativen geplant, die zum Ziel hatten, diese beiden Gruppen zusammenzuführen. Alte Menschen, die viel Zeit haben, sollten sich um Kinder kümmern, deren Eltern zu wenig Zeit haben (Abb. 2).

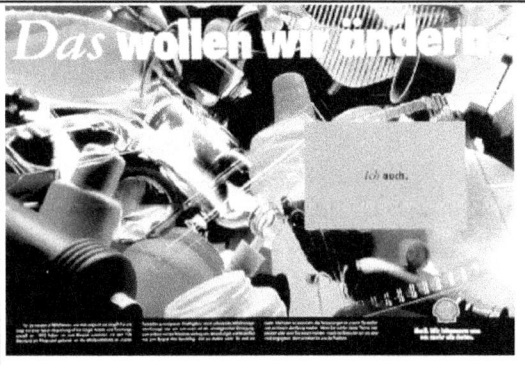

Abb. 3: Engagement für Umwelt; doppelseitige Anzeige

Abb. 4: Engagement gegen Verkehrsrowdytum; doppelseitige Anzeige

Thema Nr. 2 betraf die Abfallproblematik: 1993 hatte Shell zusammen mit dem TÜV Rheinland ein Pilotprojekt gestartet mit dem Ziel, die Abfallproblematik an Tankstellen zu analysieren. Das Ergebnis war ein umfassendes Abfallmanagement-Konzept, das sich einerseits mit der umweltgerechten Entsorgung, zum anderen mit der Wiederverwertung von Verpackungen und Reststoffen wie zum Beispiel Altöl beschäftigte. Darauf aufbauend sollten weiterführende Initiativen und Modelle erarbeitet werden mit der Zielsetzung, eines Tages Verpackungen an Tankstellen überflüssig zu machen (Abb. 3).

Thema Nr. 3 befasste sich mit behinderten Menschen: Sie müssen nicht nur mit ihrer Behinderung fertig werden. Häuser, Bahnhöfe und Straßen – für Nichtbehinderte gebaut – machen ihnen zusätzlich das Leben schwer. Viel größer sind jedoch zwischenmenschliche Mauern: Bis heute bleibt vielen behinderten Menschen die aktive Teilnahme am gesellschaftlichen Leben versagt, sie leben isoliert in Heimen oder bei ihren Familien. Shell setzt sich seit langem für behinderte Menschen ein. Dabei gilt die besondere Aufmerksamkeit seit über 20 Jahren den geistig Behinderten und psychisch kranken Menschen der Evangelischen Stiftung Alsterdorf in Hamburg. Dieses Engagement sollte ausgedehnt und für Dritte nachahmbar gemacht werden.

Beim vierten Thema stand das Verkehrsrowdytum im Blickpunkt: Autos made in Germany genießen zwar weltweit einen ausgezeichneten Ruf. Die deutschen Autofahrer leider nicht. Viele Deutsche fahren rücksichtslos und aggressiv, lautet die allgemeine Meinung. Und wie an vielen Vorurteilen ist auch an diesem gewiss ein Funken Wahrheit. Die Idee war mitzuhelfen, diesen Ruf aus der Welt zu schaffen. Dafür sollten gezielte Aktionen gestartet werden, um Autofahrer zu bewegen, etwas freundlicher, zuvorkommender und gelassener zu sein. Außerdem war die Durchführung wissenschaftlicher Studien beabsichtigt (Abb. 4).

Das fünfte Thema widmete sich den Kindern im Straßenverkehr: Laut Statistik verunglücken in Deutschland mehr Kinder im Straßenverkehr als in allen anderen europäischen Ländern. Ein trauriger Rekord, den die Deutschen bereits sehr lange halten. Schon vor über vierzig Jahren hatte die Shell deshalb eine Aktion ins Leben gerufen, die mittlerweile zur Institution geworden ist: Verkehrsunterricht in Shell Jugendverkehrsschulen. Der Ausbau dieses Engagements für die Schwächsten in Straßenverkehr wurde angekündigt.

In Ergänzung zu dieser Printkampagne war für einen Teil der Aktionen eine breit angelegte TV-Unterstützung vorgesehen. Verschiedene TV-Spots sollten Themen wie Jugendliche im Straßenverkehr, Ältere kümmern sich um Kinder, Integration von Behinderten in die Gesellschaft visuell anspruchsvoll umsetzen, damit auf die Problemstellung aufmerksam machen und im Zusammenwirken mit der Print-Darstellung Anregungen für eigene Beiträge der Rezipienten geben.

An dieser Stelle, nämlich etwa vier Wochen nach Start des ersten TV-Spots (Kinder im Straßenverkehr), also noch während der zweiten Welle, musste die Kampagne im Sommer 1995 aus den oben erwähnten Gründen abgebrochen werden. Damit konnten die weiteren Schritte nicht mehr durchgeführt werden. Eigentlich sollte am Jahresende eine Broschüre als Bericht und Bilanz über das Erreichte, aber auch über weiterhin ungelöste Probleme erscheinen. Unabhängig von diesem Jahresbericht sollten das ganze Jahr über weiter Anzeigen in vielen großen Zeitschriften und Zeitungen veröffentlicht werden. In dieser dritten Phase der Kampagne sollte der Nachweis geführt werden, dass es sich bei den Aktionen nicht um eine plumpe Werbeidee handelte, sondern um ein tatsächliches Engagement, hinter dem ein echtes eigenes Anliegen und das Ziel standen, wieder möglichst viele Menschen bewegen mitzumachen. Die Anzeigen der dritten Stufe sollten – zur Unterstreichung der Seriosität des Anliegens bewusst in journalistischer Form dargestellt – Geleistetes bilanzieren, neue Aktivitäten ankündigen und zur Mitwirkung auffordern.

Die Kampagne lief zu kurz, um ein abschließendes Urteil über sie und die mit ihr beabsichtigten Wirkungen zu ermöglichen. Erste Meinungsbefragungen wenige Wochen nach ihrem Start zeigten spontane Verbesserungen bei den Sympathie- und Imagewerten des Unternehmens in Kombination mit einer erfreulichen Steigerung der Kaufbereitschaft der angesprochenen Zielgruppen. Die ersten sozialen Aktionen liefen an und wurden größtenteils durch den Fall „Brent Spar" nicht tangiert. Der beabsichtigte volle Erfolg konnte jedoch auch in diesem Bereich nicht erzielt werden. Durch Einstellung der Werbeaktivitäten der Deutschen Shell und mehr noch durch den dramatischen Verlust ihrer Glaubwürdigkeit und ihres Ansehens wurden die mit der Kampagne erhofften Mitmacheffekte nicht erreicht. Schade, lag hierin doch die Absicht eines Beitrags „for a better world".

Literatur

Toscani, Oliviero (1996): Die Werbung ist ein lächelndes Aas, Mannheim

Fallstudien zur Kampagnenpraxis

Unternehmerische Sozialkampagnen – total sozial?

Eine Untersuchung am Beispiel der Krombacher Regenwald-Kampagne *

A. Luchtefeld / J. Neidhart / S. Schröder / A. Schwital

„Lächeln für Brasilien" (Bonstein 2005: 62). So lautet die Überschrift eines im SPIEGEL erschienenen Artikels, der sich mit der wachsenden Zahl unternehmerischer Sozialkampagnen beschäftigt. Unternehmen engagieren sich demnach – vereinfacht gesprochen – für soziale Zwecke, „wenn die Verbraucher ihre Produkte kaufen" (Bonstein 2005: 62). Beispiele für derartiges soziales oder ökologisches Engagement sind unter anderem die Bekämpfung des Trinkwassermangels in Äthiopien (*Volvic*), die Bereitstellung von Schulmaterial für Kinder in Angola, Malawi und Ruanda (*Ritter Sport*) oder eben das Schützen von Teilen des afrikanischen Regenwaldes (*Krombacher*). Von der Autorin des Spiegel-Artikels werden diese Aktivitäten als „Werbe-Dreingabe" und als „Marketingmasche" abgetan: „'Responsible Marketing' nennen Werber den Trick, der Marken ein soziales Image und dem Konsum ein karikatives Deckmäntelchen verpasst." (Bonstein 2005: 63) Nicht berücksichtigt wird allerdings ein Aspekt, der für moderne Konzerne eine immer wichtigere Rolle spielt. „Privatwirtschaftlichen Unternehmungen wird seitens der KonsumentInnen vermehrt soziale und ökologische Verantwortung abverlangt." (Röttger 2001:18) Die Beurteilung von Unternehmen erfolgt demnach immer weniger nach rein ökonomischen Gesichtspunkten. Im Gegenteil: Das soziale Handeln gegenüber den Bezugsgruppen des Unternehmens und die ökologische Verträglichkeit der Produkte und der Produktion gewinnen an Bedeutung. Die Konsumenten schauen in Zukunft also vermutlich nicht mehr nur auf den Preis. Die gesamte

---

* Dieser Beitrag wurde für die 3. Auflage neu verfasst. Die Fallstudie wurde im Rahmen eines Seminars am Institut für Kommunikationswissenschaft der Universität Münster durchgeführt.

Wertschöpfungskette wird für die Kaufentscheidung relevant. Die Firmen tun also gut daran künftig verstärkt gesellschaftliche Aufgaben zu übernehmen.

In der Diskussion um die neue Rolle der Unternehmen in der modernen Informationsgesellschaft kommt man an einem Schlagwort nicht vorbei: CSR (Corporate Social Responsibility). Dieses Konzept versteht sich in seiner ursprünglichen Fassung nach Bowen als Verpflichtung der Unternehmen „to pursue those policies, to make those decisions, or to follow those lines of action which are desirable in terms of the objektives and values of our society" (Bowen 1953: 6). Das Bundesministerium für wirtschaftliche Zusammenarbeit und Entwicklung schreibt diesbezüglich in seinem Aktionsprogramm 2015:

> „Corporate Social Responsibility ist das Bekenntnis der Privatwirtschaft zu sozial und ökologisch verantwortungsvoller Unternehmensführung. Die Unternehmen verpflichten sich zur Beachtung sozialer, menschenrechts- und umweltrelevanter Grundsätze bei der Geschäftstätigkeit und ihren Beziehungen zu Arbeitnehmenden, Anteilseignern und Konsumenten, Investoren und Organisationen der Zivilgesellschaft. Die Selbstverpflichtung zu diesen Grundsätzen umfasst die gesamte Wertschöpfungskette." (BMZ 2004)

Die Definition macht deutlich, dass sich das einzelne Unternehmen einer Vielzahl von Bezugsgruppen mit unterschiedlichen Interessen gegenübersieht. Eine große Herausforderung besteht folglich darin, die oft unterschiedlichen Erwartungshaltungen dieser Gruppen miteinander in Einklang zu bringen (vgl. Schlichting 2004:11). Diese Synchronisierung kann in der Praxis allerdings von Unternehmen zu Unternehmen differieren. Deshalb ist es auch kaum möglich – vielleicht sogar kontraproduktiv – „eine materielle Norm oder einen dezidierten Standard zu erarbeiten, der festlegt, was im Einzelnen unter CSR, bzw. unter einem verantwortlichen Unternehmen zu verstehen [...] ist" (Hansen/Schoenheit 2001: 239). Insgesamt ist festzuhalten, dass Corporate Social Responsibility für das eine Unternehmen etwas ganz anderes zum Inhalt haben kann als für das andere. Dennoch gibt es natürlich Bemühungen, das Themenfeld CSR näher einzugrenzen und damit der Beobachtung und dem Diskurs besser zugänglich zu machen. An dieser Stelle ist – stellvertretend für andere – auf die Bemühungen der International Organization for Standardization (ISO) zu verweisen. Trotz Unterschieden in der weltweiten Diskussion führen sie gemeinsame Elemente eines CSR-Verständnisses an:

> „CSR is about the role of business in society and the expectations of society concerning firms;
> CSR is seen as a voluntary concept and is about activities that assume or include compliance with the law and also socially beneficial activities that are beyond compliance with the law;
> CSR is concerned with the role of management and management initiatives, managing social impact, and management systems;
> CSR includes a major focus on the impact of business activities and the result of those impacts, both positive and negative, on society;
> CSR is about the ongoing or regular activities of a business, and not unrelated philanthropic activities. However, some questions whether philanthropy even qualifies as CSR;
> CSR is about measuring and improving performance on social, environmental and economic dimensions and can contribute to furthering the goal of sustainable development;
> CSR is about identifying, engaging and reporting performance to those who are impacted by the activities of the business." (ISO 2004: 28f.)

Die Liste ließe sich sicher noch erweitern – einige Punkte sind möglicherweise auch diskussionswürdig. Im Prinzip können diese Elemente aber als ein Konsens angesehen werden. Sie bilden die Basis für die folgende Untersuchung: Eine Analyse der Krombacher Regenwald-Kampagne vor dem Hintergrund des CSR-Konzeptes. Die Auswahl genau dieser Kampagne erfolgte nicht nur aufgrund ihrer Vorreiter-Rolle, sondern vor allem wegen ihrer breiten öffentlichen Wahrnehmung. Im Vordergrund der Untersuchung stehen die Fragen: Welche Instrumente wurden im Rahmen der Kampagne eingesetzt? Welche Wirkungen konnten erzielt werden – bei wem? Und was hat das soziale Engagement unterm Strich (wem) gebracht? Auf diese Weise entsteht bereits ein relativ präzises Bild der Kampagne. Um die Kampagnenwirkung auf die Konsumenten besser einschätzen zu können, wurde zudem eine Befragung durchgeführt. Diese liefert Anhaltspunkte bezüglich der Glaubwürdigkeit der Kampagne und einer möglichen Änderung des Käuferverhaltens. Anhand der gewonnenen Erkenntnisse folgt eine abschließende Betrachtung: Kosten und Nutzen, also Einsatz der (Werbe-)Mittel und geschützter Regenwald – aber eben auch Profit des Unternehmens – werden hier noch einmal kritisch gegenübergestellt.

Kommerzielle Aktivierungskampagne par excellence

Unter dem Slogan „Handeln und genießen" galt es, den Regenwald in Zentralafrika zu schützen. Mit dem Kooperationspartner WWF und den Presentern Günther Jauch und Steffi Graf initiierte die Krombacher Brauerei dazu ein ausgeklügeltes Projekt: Im Aktionszeitraum vom 26. April bis 31. Juli 2002 wurde durch den Kauf eines Kastens Krombacher Pils, Alkoholfrei oder Radler 1 m^2 im Dzanga Sangha-Regenwaldgebiet im Herzen von Zentralafrika für 100 Jahre geschützt. Für die Partner in der Gastronomie galt: Für ein 30 l Fass werden 2 m^2 und für ein 50 l Fass 5 m^2 geschützt. Das Krombacher-Regenwald-Projekt stellt eine kommerzielle Aktivierungskampagne par excellence dar: Die Brauerei koppelt ihr sozio-ökologisches Engagement für den Regenwald an den Absatz ihrer Produkteinheiten *Krombacher Pils*, *Alkoholfrei* und *Radler*, indem sie im Aktionszeitraum für jeden verkauften Kasten den für den Schutz eines Quadratmeters Regenwalds notwendigen Geldbetrag an die Umweltorganisation des *WWF* abtritt, die alle Projekt-Maßnahmen vor Ort umsetzt. Mit dem kommerziellen Aspekt geht die Brauerei dabei äußerst offen und ehrlich um – und nimmt damit potentiellen Gegnern von vornherein den Wind aus den Segeln: „Klar wollen die Bier verkaufen", sagt Jauch in einem seiner TV-Spots, „aber warum auch nicht? Wenn damit etwas für die Umwelt getan wird, dann finde ich das richtig gut." Die Kampagne war im ersten Jahr so erfolgreich, dass sie in den Jahren 2003 (25.04. bis 31.07.) mit weiteren Partnern wiederholt wurde. 2004 (30.04. bis 30.06.) wurde die Kampagne allerdings vornehmlich auf Radio-Spots beschränkt und fand ohne Testimonials statt.

Crossmedial und integriert: Die Umsetzung des Projekts

Die Kampagne beruht auf dem eigeninitiierten Umweltsponsoring mit der weltweit tätigen Naturschutzorganisation WWF Deutschland als Partner. Unter Umweltsponsoring (oder synonym: Öko-Sponsoring) soll

„... die Verbesserung der Aufgabenerfüllung im ökologischen Bereich durch die Bereitstellung von Geld-/Sachmitteln oder Dienstleistungen durch Unternehmen verstanden werden, die damit auch (direkt oder indirekt) Wirkungen für eine ökologiegerichtete Unternehmenskommunikation anstreben." (Bruhn 1994: 143)

Die Stärken des Umweltsponsoring liegen in der großen Akzeptanz in der Bevölkerung, der daraus folgenden Sympathie und wirkungsvollen Ansatzpunkten für die Unternehmenskommunikation. Durch die Sponsorships können z.B. der Öffentlichkeitsarbeit neue Impulse gegeben werden, welcher hier die generelle Funktion obliegt, ökologisch ausgerichteten *good will* bei gesellschaftlich relevanten Gruppen aufzubauen und zu pflegen (Bruhn 1994: 165). Des Weiteren sollen sie insbesondere den aus Kundensicht interessanten, „moralischen Mehrwert" (Röttger 2001: 18) des Produkts kommunizieren.

Grundsätzlich hat sich Sponsoring dabei aus Unternehmenssicht in die gesamte Unternehmenskommunikation einzuordnen – ist also Teil des Kommunikationsmix. Im Zusammenhang mit der Notwendigkeit einer integrierten Unternehmenskommunikation ist Sponsoring so immer im Verbund mit klassischen Instrumenten wie Werbung, Public Relations oder Verkaufsförderung zu betrachten. Auch die Kampagne zum Regenwald-Projekt fußt, in ihrer Umsetzung auf diesem Begriff des „integrierten Sponsorings" (Bruhn 1991: 51). Entsprechend crossmedial wurde die Kampagne in Deutschland umgesetzt. Dafür standen den Planern von *DMS* (Dienstleistungsagentur für Media und Sponsoring), einer 100-prozentigen Tochter der Krombacher Brauerei, zehn Mio. Euro brutto zur Verfügung. Der Werbung in den Massenmedien kam die spezielle Aufgabe zu, die zielgruppenspezifischen Motivationsstrukturen anzusprechen. Besonders über TV-Spots mit dem Presenter Jauch konnte die Botschaft *Handeln und genießen*, die nach eigenen Angaben eine 80- bis 90-prozentige Reichweite in der Zielgruppe der 14- bis 49-jährigen Männer erreicht haben soll, in kürzester Zeit verbreitet werden. Dazu hatte die Krombacher Brauerei ein umfassendes Werbepaket geschnürt: Im Aktionszeitraum 2003 wurden bspw. auf *RTL*, *Pro7* und *Sat.1* fünf verschiedene TV-Werbespots sowie 14 Infomercials (insgesamt 42 Ausstrahlungen) mit dem Erfolgsmoderator geschaltet. Die 90 Sekunden langen Infomercials mit Kurzreportagen-Charakter liefen exklusiv vor *RTL aktuell* (jeden Freitag um 18.43 Uhr), *Wer wird Millionär?*, *stern TV* und *Spiegel TV*.

Dass Fernsehen und Kino über die multisensorische Ansprache der Kombination aus Text, Bild und Ton intensiv wirkende Gestaltungsvariationen ermöglichen, machte sich die Werbeagentur Wensauer & Partner für die TV- und Kino-Spots zu Nutze. Denn im Vergleich zu anderen Medien ist der Spot geeignet, neben argumentierender Werbung vor allem emotionale Aspekte der Zuscheueransprache umzusetzen. Die Agentur, sonst für eher spannungsfrei und generisch wirkende Krombacher-Spots zuständig, setzte auf eine höchst emotionale Tonalität: „Mit jeder Kiste Krombacher-Pils, die Sie in Zukunft kaufen, schützen Sie einen Quadratmeter afrikanischen Regenwaldes" – sogar so emotional, dass Wettbewerbsschützer 2002 vor Gericht klagten, und Recht bekamen. Der Slogan sei nicht mit den guten Sitten des Wettbewerbs vereinbar, so die Richter damals, denn die Aktion sei für die Verbraucher zu wenig durchschaubar:

> „Eine an ‚Gefühle appellierende Werbung' sei, so der Vorsitzende Richter Alois Michalek, nach der Rechtsprechung des Bundesverfassungsgerichts zwar zulässig, aber nicht ‚schrankenlos'. Die von Günter Jauch moderierten Werbespots schränkten die ‚Entscheidungsfreiheit' des Verbrauchers unzulässig ein, weil sie ihn vor die Entscheidung stellten, entweder ‚Krombacher zu kaufen oder den Schutz des Regenwalds zu verweigern'. Dies aber käme einem unerlaubten ‚moralischen Kaufzwang' gleich." (Manager Magazin 2002)

Das Unternehmen sammelte daraufhin die eigens gedruckten Beipackzettel wieder ein und stoppte die TV-Spots. Zuletzt verkündete die Brauerei ganz zahm, „Sie genießen – wir spenden" und überwies 2004 weitere 500.000 Euro an den WWF, ohne die Spende an den Bierabsatz zu koppeln. Krombacher bedauerte, in seinem Tatendrang von der Justiz ausgebremst zu werden. Kein Wunder, konnte man sich über die emotionale Aufladung endlich mal aus dem „Glas-Flasche-Schaumkronen-Einerlei" der Kampagnen für deutschen Gerstensaft abheben. Wo sonst – entsprechend der vom Hersteller gewünschten „Naturpositionierung" – Sauerland, See und „Krombacher Insel" im Vordergrund stehen, informierte diesmal Jauch über Wissenswertes aus dem Dzanga-Sangha-Regenwaldgebiet. Somit war die Marke Krombacher endlich in der Lage, sich von den 5000 anderen deutschen Biermarken zu differenzieren, deren Werbung sonst nahezu ausnahmslos durch austauschbare Analogien und Symbolbilder im Sinne des deutschen Reinheitsgebotes geprägt ist (vgl. Peymani 2005).

Grundlage der Reichweitenkampagne war das Fernsehen. Das Basismedium wurde durch Anzeigen in auflagenstarken Printmedien und in Fachmedien für den Getränkehandel ergänzt. Auch das Radio wurde als Zusatzmedium genutzt, denn durch den so genannten Visual Transfer ist es generell möglich, bekannte Kampagnen aus Fernsehen und Print durch Radiowerbung kostengünstig zu verlängern: Nimmt ein Radiospot Elemente aus bekannten TV-Spots auf, rufen sie beim Zuhörer Eindrücke hervor, die an Intensität dem Kontakt mit dem TV-Spot gleichen. So nahmen die Promotiontrailer als Grundelemente das Krombacher-Sound-Logo, den Slogan „Handeln und genießen" und die vertraute Stimme Günther Jauchs auf. Die Trailer wurden in ein redaktionelles Umfeld eingebettet: Unter dem Motto „Feiert Eure eigene Regenwald-Party" startete im Mai 2003 deutschlandweit eine Radiopromotion für das Projekt. Insgesamt 12 private Radiosender unterstützten diese Aktion. Die Hörer der Radio-Partner wurden aufgerufen, sich mit ihrer individuellen Idee für eine rauschende Regenwald-Party bei den Sendern zu bewerben. Die Privatsender stellten aus den gesammelten Ideen jede Woche ausgewählte Partys im Programm und im Internet vor. Am Ende des 4-wöchigen Aktionszeitraumes wurde unter den Siegern mit den schönsten Party-Ideen pro Sender eine Reise für zwei Personen in den Regenwald verlost. Die Gewinner der beteiligten Radiosender fuhren gemeinsam in den Dzanga-Sangha Regenwald, um vor Ort das Projekt kennen zu lernen. Bilder und Eindrücke dieser Reise wurden in der Nachberichterstattung auf den Internetseiten der Sender dargestellt (SAR Media 2003).

Das Gewinnspiel kreierte neben dem zielgerichteten Involvement mit dem Regenwaldthema auch den interaktiven Dialog mit der Zielgruppe auf mehreren Medienkanälen. Krombacher setzte Kino-Werbung ein, um speziell die kaufkräftige jüngere Zielgruppe der bis 29-Jährigen zu erreichen. Kinowerbung genießt unter allen Medien die höchste Affinität mit dieser Zielgruppe. Da die Spots zwischen Trailern für neue Filme gezeigt werden, kann von einem hohen Interesse der Zuschauer ausgegangen werden. Zudem machen sich Kino-Werbung, aber auch Werbung im Internet ein durch Freizeitstimmung positiv eingestelltes Publikum zu Nutze. Gemeinsam mit Web.de, eines der größten deutschen Internet-Portale, sollte 2003 eine Intensivierung des TV-Kontakts durch Verlängerung der Kampagne im Internet erfolgen. Zielsetzung war die „Erhöhung von Glaubwürdigkeit und Verständnis der Gesamtkampagne durch zusätzliche Informationen" (Web.de 2004: 5). Dreh- und Angelpunkt stellte dabei die in den redaktionellen Inhalt des Portals eingebettete und co-gebrandete Microsite[1] dar. Sie diente als wahrnehmungs- und aufmerksamkeitsstarker „Landepunkt" in vertrauter Internetumgebung und beinhaltete sämtliche Informationen zum Regenwaldprojekt, aber auch Unterhaltungselemente wie bspw. ein Gewinnspiel. Die geschaltete Bannerwerbung, v.a. aber die Microsite, hatten die Aufgabe, eine Hebelwirkung von der emotionalen Ansprache im TV über die Vertiefung des Interesses (im Internet) bis hin zur Aktion am Point of Sale zu erzielen: Das Interesse der Konsumenten, das durch die TV Spots geweckt worden war, wurde mittels der online bereit gestellten Informationen vertieft und die in den TV-Spots angestoßene Werbeerinnerung hinsichtlich der Detailerinnerung (Slogan, Key Visuals, Werbebotschaft) entscheidend verstärkt sowie in der Erinnerung der Nutzer nachhaltig verankert (Ehrlich 2003a: 5).

Über den „integrierten Kaufimpuls („Der Kauf von 1 Kasten Krombacher Bier schützt 1 qm Regenwald") sollte schließlich eine (Trans-)Aktion ausgelöst werden, die das oberste Marketingziel – den gesteigerten Abverkauf des Krombacher Biers – unterstützte" (Ehrlich 2003b: 4). Mit dem Ergebnis, dass sich

> „erhebliche Steigerungen zentraler Größen der Werbewirkung wie Markenbekanntheit, Werbe(detail-)erinnerung, Markensympathie und/oder Kaufbereitschaft erzielen lassen. So brachte bspw. die Krombacher Regenwald-Kampagne, die erstmals zusätzlich zu TV auch im Internet exklusiv auf WEB.DE lief, Krombacher bei der ungestützten Werbeerinnerung eine Steigerung von 35 Prozent und damit Platz eins (noch vor Becks und Warsteiner)." (Ehrlich 2003b: 3; vgl. WWeb.de 2004: 13ff.)

Werbung auf allen Kanälen allein reicht jedoch nicht aus, um den Konsumenten von Kampagne und Produkt und damit vom Kauf zu überzeugen – denn bis zu 75 Prozent der Kaufentscheidungen fallen erst am Point of Sale (PoS) im Geschäft. Glücklicherweise lässt sich die Einkaufsentscheidung am PoS durchaus noch beeinflussen: Mehr als drei Viertel aller Supermarktbesucher achten beim Einkauf auf Instore-Maßnahmen wie Werbemittel und Promotionaktionen. So lassen sich beispielsweise mehr als ein Drittel der Befragten von Sonderplatzierungen zum Kauf der angebotenen Produkte verführen (W&V 2004: o.S.). Daher führte die Brauerei nach eigenen Angaben Ver-

---

[1] Auf der Fläche eines normalen Werbebanners wird versucht, die Kernfunktionen einer kompletten Internetseite nachzubilden. Im Gegensatz zum normalen Banner, der lediglich einen Link auf eine (Bestell-)Site ausführt, wird bei Microsites ein neues Fenster (Pop-up-Fenster) aufgerufen. Die werbende Seite, die die Micro-Site enthält, wird dabei nicht verlassen.

kaufsförderungsmaßnahmen an 4000 Stellen im Lebensmittel- und Getränkefachgroßhandel durch. Zur Förderung des Abverkaufs standen zahlreiche gebrandete Händlerhilfen (Verkaufsförderungshilfen der Hersteller für Einzelhändler) zur Verfügung: Sonderdisplays, Preis-/Aktionskreise, 3D-Deckenhänger, Instore-Fahnen und Fensterplakate. Die Materialien sollten am unmittelbaren Verkaufsort viel Aufmerksamkeit erzeugen und so unentschlossene Verbraucher zu Impulskäufen anregen.

Breite Unterstützung fanden die Maßnahmen der Werbung und Verkaufsförderung durch kontinuierliche PR. Hier dominierte nicht die der Projekt-Werbung eigene, emotionale Tonalität sondern vielmehr der sachliche Stil einer auf die Überzeugung von Meinungsbildern angelegte Austausch von Argumenten. In den drei Jahren der Aktion wurden von der Abteilung Öffentlichkeitsarbeit und vom Partner WWF zahlreiche Pressemitteilungen herausgegeben. Hinzu kamen aufwendig inszenierte Pressekonferenzen, an denen auch Testimonial Günther Jauch teilnahm. Insbesondere im ersten Jahr wurde über das Regenwald-Projekt häufig in den Medien berichtet – was nicht zuletzt am häufig aufgegriffenen juristischen Streit um die Transparenz des Projekts lag. Die Berichterstattung in den Medien wurde zum Selbstläufer, die Herausgabe gezielter Pressemitteilungen zu juristischen Aspekten und Stand der Gerichtsverhandlung sollte einem Imageschaden gezielt entgegenwirken. Verlass war dabei stets auf den Projektpartner WWF Deutschland. So heißt es in einer Pressemitteilung: „Wir können nicht verstehen, wie man etwas dagegen haben kann, wenn durch eine Werbekampagne zusätzliche Gelder in den Naturschutz fließen. Sonst wäre die Summe wahrscheinlich für irgendwelchen Werbeschnickschnack verpulvert worden", zeigte sich Olav Bouman, Marketingchef des WWF empört. [...] Der WWF sieht darin „völlig neue Perspektiven im Ökosponsoring" (WWF 2002).

An den Konsumenten ging das angeblich von zwei Mitbewerbern indizierte juristische Geplänkel wohl vorbei. Der starke crossmediale Auftritt des Projekts ist mehr als geglückt: Krombacher konnte bspw. im Aktionszeitraum 2003 seinen Absatz um 17,7 Prozent steigern und für das Geschäftsjahr 2004 eine Umsatzsteigerung von 8,1 Prozent vermelden (Bonstein 2005: 62).

Die Meinung der Rezipienten

Um die oben gestellte Frage, was die Kampagne wem gebracht hat bzw. welche Wirkung sie auf die Rezipienten hatte, zumindest teilweise beantworten zu können, wurde vom 01. bis 09.07.2005 in Münster eine Passantenbefragung durchgeführt. Die Befragung liefert zwar keine repräsentativen Daten, kann aber Tendenzen aufzeigen, wie die Krombacher-Kampagne von unterschiedlichen Zielgruppen wahrgenommen wurde. Es wurden insgesamt 181 Personen befragt, von denen 102 männlich und 79 weiblich waren. Das Durchschnittsalter betrug 36,6 Jahre. Von den 181 Befragten stellten Studenten mit 26 Prozent die Mehrheit dar, 15 Prozent waren Angestellte, 13 Prozent Hausfrauen, 11 Prozent Selbständige, 8 Prozent Rentner, 7 Prozent Handwerker, jeweils 6 Prozent waren Schüler oder Azubi und Beamte im öffentlichen Dienst. Die restlichen 8 Prozent verteilten sich auf soziale Berufe, Arbeitslose und Sonstige.

86,2 Prozent der Befragten kannten das Krombacher-Regenwald-Projekt und nur 13,8 Prozent war es unbekannt. 94 Prozent der 181 Befragten (Mehrfachnennungen möglich) erinnerten sich, von der Kampagne durch das Fernsehen erfahren zu haben. Darüber hinaus erreichte man die Kunden am besten am Point of Sale (24,7%). Plakatwerbung wurde zu 17 Prozent erinnert, die Radiowerbung zu 16 Prozent.

Abb. 1: Kontakt mit der Krombacher-Kampagne (n= 181; Mehrfachnennungen)

Medium	Anteil
Fernsehen	94,0
Radio	4,0
Internet	6,9
Zeitungen/Zeitschriften	11,9
Bekannte	8,9
Einkaufen/Werbung in Geschäften	24,7
Werbeplakate	16,8
Sonstiges	69,3

Von denjenigen, die die Kampagne kannten, wussten 74 Prozent, dass Günter Jauch Testimonial war, eine Person kannte auch Steffi Graf als Testimonial. Ebenfalls wussten 27 Prozent, dass der WWF Hauptpartner war, ein Befragter kannte den „Juniorpartner" LTU, ein weiterer Befragter wusste, dass ein Internetanbieter (Web.de) Partner war. Außerdem wurden die Sympathiewerte der Testimonials abgefragt, wobei auf der Skala 1 für sehr glaubwürdig und 5 für unglaubwürdig stand. Hier erreichte Günter Jauch unter den Befragten einen Wert von 2,24, wurde also als glaubwürdig eingestuft. Dieses Ergebnis, wie auch die Tatsache, dass ca. drei Viertel der Befragten, denen die Kampagne bekannt war, ebenso auch Günther Jauch als Testimonial kannten, zeigt uns, dass der Einsatz dieses Testimonials für die Kampagne hilfreich war und dass durch ihn die Glaubwürdigkeit der Kampagne gestützt wurde. Dass in der Kampagne Prominente Werbung für Alkohol machen, empfand die Mehrzahl der Befragten nicht als problematisch: 54 Prozent der Befragten hatten damit kein Problem, 38 Prozent dagegen sahen es als Problem an, 8 Prozent hatten dazu keine Meinung.

Da wir die Fragen bisher speziell auf die Krombacher-Kampagne als unternehmerische Sozialkampagne bezogen hatten, stellte sich zudem die Frage, wie derartige Sozialkampagnen im Allgemeinen von den Kunden beurteilt werden. Zwar halten 38 Prozent der 181 Befragten diese Art von Kampagnen für reine Alibiaktionen gegen das schlechte Gewissen der Unternehmen, aber immerhin finden 21 Prozent solche Kampagnen sympathisch. 19 Prozent glauben, die Unternehmen sollten das Geld besser direkt spenden und 22 Prozent haben dazu keine Meinung. Somit stehen insgesamt 57 Prozent der Befragten diesen Sozialkampagnen eher skeptisch gegenüber.

Abb. 2: Bewertung der Kampagne (n= 181; Angaben in Prozent)

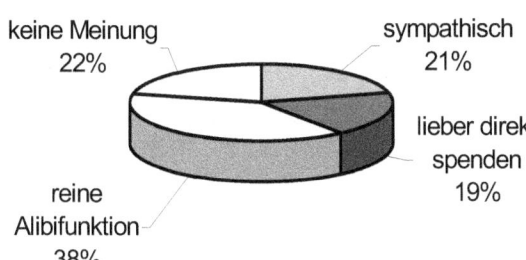

Da wir keine genauen Meinungen abgefragt haben, ist es schwierig zu beantworten, was genau diese 57 Prozent der Befragten an den Kampagnen stört bzw. ob dieser Grund so schwerwiegend ist, dass die Kampagnen allgemein nicht den gewünschten Zweck erfüllen. Dieser Zweck würde ja in erster Linie darin liegen, den Kunden zum Kauf von Krombacher-Bier zu bewegen. (Natürlich soll auch das Image des Krombacher-Konzerns langfristig gesehen erhalten bzw. verbessert werden. Bei dieser Umfrage beziehen wir uns jedoch nur auf die unmittelbare Auswirkung auf das Kaufverhalten.) Die Frage ist, ob die skeptisch eingestellten Kunden aufgrund der Kampagne nicht vielleicht trotzdem das Bier kaufen würden oder ob sie vielleicht gerade aufgrund ihrer Skepsis lieber Bier von anderen Marken kaufen. .

Abb. 3: Kaufen Sie wegen der Kampagne Krombacher-Bier?
(n=181; Angaben in Prozent)

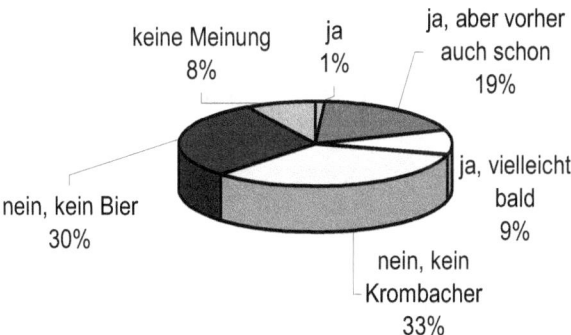

Hierzu passt, dass gerade einmal 21 Prozent der Befragten angaben, diese unternehmerischen Sozialkampagnen sympathisch zu finden. Es kann allerdings nicht davon ausgegangen werden, dass diese 21 Prozent sich genau auf die Krombacher-Kampagne übertragen lassen und dass diese sich dann wirklich dazu veranlasst sehen würden, das Bier zu kaufen. Nur 1 Prozent gibt an, als Reaktion auf die Kampagne Krombacher-Bier gekauft zu haben, immerhin 9 Prozent können sich vorstellen, beim nächsten Einkauf Krombacher zu wählen, 30 Prozent der Befragten trinken gar kein Bier und fallen somit als Zielgruppe aus. Sie sind aber prinzipiell für die soziale Botschaft empfänglich.

Das Krombacher Regenwaldprojekt – Eine Bilanz

Die Krombacher Brauerei konnte während der ersten Aktion im Jahr 2002 insgesamt 15 Quadratkilometer Regenwald für die nächsten 100 Jahre retten.[2] Dieses Vorhaben wurde durch eine Spende von einer Million Euro an den WWF realisiert. Die Spendenaktion des Jahres 2003 brachte es auf eine geschützte Fläche von über 29 Quadratkilometern, allerdings wurden hier auch die Erlöse der Verbundpartner Web.de und LTU berücksichtigt. Während der dritten und vorläufig letzten Aktion wurde aufgrund rechtlicher Auflagen keine Regenwaldfläche in Relation zu verkauften Einheiten erworben, sondern eine generelle Spende in Höhe von 500.000 Euro an den WWF übergeben (Krombacher 2004).

Berücksichtigt man die Aktionen von 2002 und 2003, die eine konkrete Betrachtung von verkauften Einheiten geschütztem Regenwald erlauben, so kann festgestellt werden, dass insgesamt über 44 Millionen Quadratmeter Regenwaldfläche in Afrika geschützt wurden. Diese Zahl erscheint auf den ersten Blick sehr imposant. Bedenkt man jedoch, dass es sich hierbei lediglich um 44 Quadratkilometer handelt, so relativiert sie sich. Ein Vergleich zur Größe der Stadt Münster zeigt, dass diese mit über 302 Quadratkilometern sieben mal so groß ist wie das geschützte Gebiet (vgl. Stadt Münster 2004). Ebenfalls zu erwähnen ist, dass alleine in Afrika in der Zeit von 1995 bis 2000 über 40000 Quadratkilometer Regenwald abgeholzt wurden. Krombacher konnte also etwas mehr als ein Promille der in fünf Jahren zerstörten Fläche retten.[3]

Neben den konkreten Zahlen zum Schutz der Natur ist auch die Summe, die pro Kasten Bier konkret in das Regenwaldprojekt geflossen ist, für die Betrachtung der Kampagne von Bedeutung. Im Jahr 2002 wurden 15 Quadratmeter Regenwald geschützt, was einer Menge von 15 Millionen Kisten Bier entspricht. An den WWF wurde zum Abschluss der Kampagne eine Million Euro überwiesen. Es ist also festzuhalten, dass 2002 aus den Verkaufserlösen von 15 Millionen Kisten Bier eine Million Euro für den Schutz des Regenwaldes aufgebracht wurden. Pro Kasten Bier wurden also gerade einmal 6,7 Cent an den WWF weitergeleitet.

Die Gelder, die in den WWF-Fond geflossen sind, dürfen nicht direkt entnommen werden. Lediglich die Erträge dieses Fonds dürfen für den Schutz des Regenwaldes eingesetzt werden (WWF 2002a). Daher ist es fraglich, ob die Nachhaltigkeit des Projektes gewährleistet ist. Bei einer Gesamtsumme von 2,3 Millionen Euro, die im Zeitraum von 2002 bis 2004 dem Fond zufloss, ergeben sich bei einer optimistischen Verzinsung von 4 Prozent p.a. gerade einmal 8.333 Euro pro Monat, die dem Schutz des Regenwaldes zugute kommen. Für die Krombacher Brauerei stellte die Kampagne einen großen Erfolg dar. Viele Medien berichteten über das Konzept, indem sie zum Beispiel vom „Bechern für den Busch" sprachen (Manager Magazin 2002). Das Projekt wurde im Jahr 2004 von Fachleuten sogar mit dem Deutschen Medienpreis 2004 im Bereich „beste integrierte Mediakampagne" ausgezeichnet (Media & Marketing 2004).

---

[2] Internetquelle: http://www.geocities.com/RainForest/Vines/2511/page4.html (18.09.05)
[3] Internetquelle: http://science.orf.at/science/news/61426 (24.09.05)

Als positiv ist ebenfalls die Auswahl des Presenters Günter Jauch festzuhalten. Sein Auftritt wurde als glaubwürdig eingestuft, zudem verband ein Großteil der Befragten das Krombacher Regenwaldprojekt mit dem Namen Jauch. Für die Krombacher Brauerei stellten die Aktionen der Jahre 2002 bis 2004 einen großen Erfolg dar. Zwar ist es nicht möglich, die stark gestiegenen Absatzzahlen im genannten Zeitraum alleine an der Kampagne festzumachen. Festzustellen ist allerdings, dass die Marktpositionierung bei Krombacher in den vergangenen Jahren stetig erhöht wurde, ebenso stieg der Ausstoß an Bier stark an. Zwar geben die von uns Befragten an, sich durch die Kampagne nicht zum konkreten Kauf verleiten zu lassen, trotzdem stieg der Absatz bei Krombacher im Kampagnenzeitraum stark an. Grund kann eine unterbewusste Beeinflussung des Kaufverhaltens sein, das durch das positive Image des Unternehmens hervorgerufen wird. 86 Prozent der von uns Befragten verbinden mit dem Regenwaldprojekt die Marke Krombacher und auch die Verkaufszahlen stützen dieses Argument. Der Regenwald konnte hingegen weit weniger partizipieren als gedacht, die konkreten Erlöse sind nicht mehr ein als ein Tropfen auf den heißen Stein, wenn man die Zahl der geschützten Fläche in Relation zur jährlichen Abholzung sieht und die geschützte Fläche genauer betrachtet.

Und auch die Werbung in einer Zielgruppe von 14-Jährigen kann als problematisch angesehen werden, wenn Jugendliche schon früh über alle medialen Kanäle erfahren, dass Bier trinken gut für den Regenwald ist. Aber für den Erfolg rückt die Moral in den Hintergrund. Oder wie es der bekannte Werbemanager Vasata auf die Frage nach der Moral in der Werbung sagte: „Da verlangen sie zuviel. Hat ein Waschpulver Moral?" (Eicke 1991: 229).

Literatur

BMZ, Bundesministerium für wirtschaftliche Zusammenarbeit und Entwicklung (2004): Im gemeinsamen Interesse. Unternehmensführung in sozialer und ökologischer Verantwortung. Im Internet: http://www.aktionsprogramm2015.de/www/images/download/CSR_02.pdf (09.12.05)

Bonstein, Julia (2005): Lächeln für Brasilien. in: Der Spiegel Nr. 31/1.8.05: 62-64

Bowen, H. R. (1953): Social Responsibilities of the Businesman, New York

Bruhn, Manfred (1991): Sponsoring. Unternehmen als Mäzene und Sponsoren. 2. Aufl., Frankfurt

Bruhn, Manfred (1994): Umweltsponsoring. Ein neuer Weg zur langfristigen Imagebildung. In: Rolke, Lothar/Bernd Rosema/Horst Avenarius (1994) (Hrsg.): Unternehmen in der ökologischen Diskussion. Umweltkommunikation auf dem Prüfstand. Opladen: 142-171.

Ehrlich, Matthias (2003a): Ohne Titel. In: E-Marketing Potenziale. Virtual Roundtable E-Marketing von OMD 2003, DMMV und NetSkill AG: 2-4. Im Internet: http://www.competence-site.de/emarketing.nsf/news/VR-E-Marketing_Q1.pdf (01.08.05)

Ehrlich, Matthias (2003b): Ohne Titel. In: E-Marketing versus „Non-E-Marketing". Virtual Roundtable E-Marketing von OMD 2003, DMMV und NetSkill AG. Im Internet: http://www.competence-site.de/marketing.nsf/newsVR-E-Marketing_Q3.pdf (01.08.05)

Hansen, Ursula/Ingo Schoenheit (2004): Corporate Social Responsibility – eine neue Herausforderung für Management mit Vision und Verantwortung, Wiesbaden

Krombacher (2003): Neu…Neu…Neu… Das Krombacher Regenwald Projekt geht in eine neue Runde. Pressemitteilung vom 23.04.2003. Im Internet: http://www.krombacher.de/presseservice/presse_artikel.php?id=73 (31.07.05)

Krombacher (2004): Krombacher Regenwald Projekt 2004 am Start. Im Internet: http://www.krombacher.de/presseservice/presse_artikel.php?id=98 (09.12.05)

Krombacher (2005): Geschäftsbericht 2004. Im Internet http://www.krombacher.de/presseservice/geschaeftsbericht_04.php (11.08.05)

Manager Magazin (2002): Schluss mit Bechern für den Busch. Im Internet: http://www.manager-magazin.de/koepfe/artikel/0,2828,202107,00.html (31.07.05)

Media & Marketing (2004): Deutscher Mediapreis 2004. Die besten Media-Strategien des Jahres. Im Internet: http://www.media-und-marketing.com/news/mp2004/news_m-p_02.php3 (11.08.05)

Naturschutzbund Deutschland (2004): 100 Jahre für Mensch und Natur. Im Internet: http://www.geocities.com/RainForest/Vines/2511/page4.html (18.09.05)

Peymani, Bijan: Fade und abgestanden. Die Cannes Lions beweisen es immer wieder: Bierwerbung gehört weltweit zu den Königsdisziplinen. In deutschen Kampagnen herrscht jedoch nur Mittelmaß. In: W&V (Werben und Verkaufen). 43. Jg. Nr. 25/05 v. 23.06.2005: 32-34

Röttger, Ulrike (Hrsg.) (2001): PR-Kampagnen. Über die Inszenierung von Öffentlichkeit. 2. Auflage. Opladen

SAR Media (Sachsen-Anhalt Radio Marketing GmbH & Co. KG) (2003): Feiern für den Regenwald. Krombacher ruft deutschlandweit Regenwald-Partys ins Leben. Im Internet: http://www.sarmedia.de/new/start.php?news,5 (01.08.05)

Schlichting, Inga (2004): Riskantes Spiel mit der Moral? Die Glaubwürdigkeit unternehmerischer Sozialkampagnen aus Rezipientensicht. Eine qualitative Erkundungsstudie. Magisterarbeit am Institut für Kommunikationswissenschaft der Universität Münster. Münster

Stadt Münster (2004): Münster im Kurzpoträt. Daten und Fakten. Im Internet: http://www.muenster.de/stadt/livcom/index25.htm (25.09.05)

Web.de (2004): Case-Study Krombacher Regenwald Kampagne. Exklusiver Online-Partner Web.de. Im Internet: http://die-onlinevermarkter.de/site/pdf/erfolgstorys/Krombacher.pdf. (01.08.05)

W&V (Werben&Verkaufen) (2004): UGW: POS-Marketing Report 2004. Im Internet: http://www.wuv.de/daten/studien/062004/882/ (03.08.05)

WWF (2002): Jauch wirbt weiter für den Regenwald. WWF hofft auf Signalwirkung in Sachen Öko-Sponsoring. Pressemitteilung vom 26.06.2002. Im Internet: http://www.wwf.de/presse/pressearchiv/artikel/00473/ (03.08.05)

WWF (2002a): Das Krombacher Regenwaldprojekt: Altersversicherung für Gorilla & Co in Zentralafrika. Im Internet:www.wwf.de/regionen/welt/dzangasangha/k-projekt/index.html (19.09.05)

Auf Verbrecherjagd

Analyse der Kampagne „Raubkopierer sind Verbrecher" *

Kirsten Bothe / Julia Roeckner

Einleitung

Neue digitale Techniken begünstigen die Produktion von so genannten Raubkopien, deren Anzahl in den letzten Jahren stetig und unaufhaltsam gestiegen ist und immense Schäden für die Filmwirtschaft verursacht hat. So lautete das Ergebnis der Brennerstudie, die im Jahr 2002 von der Filmförderungsanstalt (FFA) in Auftrag gegeben wurde. Die Ergebnisse der Brennerstudie waren Ausgangspunkt der bundesweiten Kampagne *Raubkopierer sind Verbrecher – eine Initiative zum Schutz des Originals*, die im November 2003 initiiert wurde. Provokante Spots, Plakatmotive und verstärkte Öffentlichkeitsarbeit sollen die Bevölkerung darauf aufmerksam machen, dass die Verwertung urheberrechtlich geschützter Filme unter bestimmten Umständen einen Straftatbestand erfüllt. Die Kampagne *Raubkopierer sind Verbrecher* hebt sich durch ihre „drastisch-humorvollen Spots und Print-Motive", [die] „das fehlende Unrechtbewusstsein der Endverbraucher schärfen sollen," (ZKM 2004a) deutlich von anderen Kampagnen ab und hat aufgrund ihrer Provokanz ein großes, allerdings nicht immer positives Medienecho hervorgerufen. Dennoch wird die Kampagne *Raubkopierer sind Verbrecher* von ihrem Träger Zukunft Kino Marketing GmbH (ZKM) bislang als großer Erfolg gewertet (vgl. http://www.hartabergerecht.de).

In dieser Studie soll die Kampagne *Raubkopierer sind Verbrecher* systematisch analysiert werden. Der Fokus liegt auf der Wahrnehmung und der potentiellen Wirkung sowie auf der Beurteilung der Zielrealisierung. Bei *Raubkopierer sind Verbrecher* handelt es sich um eine PR-Kampagne, die durch die strategische Kommunikation hauptsächlich in der Zielgruppe das Problembewusstsein schärfen und somit Meinungen,

---

* Dieser Beitrag wurde für die 3. Auflage neu verfasst. Die Fallstudie wurde im Rahmen eines Seminars am Institut für Kommunikationswissenschaft der Universität Münster durchgeführt.

Einstellungen und schließlich das Handeln beeinflussen möchte. *Raubkopierer sind Verbrecher* grenzt sich insofern von öffentlichen Informationskampagnen ab, weil primär die Interessen der Filmwirtschaft legitimiert werden sollen (vgl. Bonfadelli 2000: 104).

Nach Bonfadelli sind in der Planungsphase von Kampagnen fünf Konstituenten zu berücksichtigen, die essentiell für den Erfolg sind: die sorgfältige Problemanalyse, die Formulierung von expliziten Zielen, die Zielgruppensegmentierung, die Einbeziehung interpersonaler Kanäle und die empirische Evaluation (vgl. Bonfadelli 2000: 109). Unter Berücksichtigung dieser fünf Konstituenten wird die Kampagne *Raubkopierer sind Verbrecher* anhand folgender Dimensionen analysiert: Kampagnenakteur und Organisationsmerkmale, Problemanalyse, Zielgruppen und Kampagnenziel, Kernbotschaft (Claim) und grundlegende Kampagnenstrategien sowie Kommunikationsinstrumente und -stil (Tonality). Ziel der Arbeitsgruppe[1] war es zudem, die Wahrnehmung und potentielle Wirkung der Kampagne *Raubkopierer sind Verbrecher* zu evaluieren. Es sollte festgestellt werden, ob LAN-Party-Besucher[2] eine positivere Einstellung zur Filmpiraterie haben als Nicht-LAN-Party-Besucher. In dieser Studie wird davon ausgegangen, dass LAN-Party-Besucher über höhere technische Kompetenzen und eine größere Vertrautheit im Umgang mit dem Internet verfügen als Nicht-LAN-Party-Besucher, was den Zugriff auf Daten und deren Austausch erheblich erleichtert. Zur Evaluation wurde ein Online-Fragebogen herangezogen, durch den eruiert werden sollte, wie die Kampagne bzw. deren Claim von den Teilnehmern wahrgenommen wird und wie sie den Kampagnenerfolg einschätzen.

Kampagnenträger und Organisationsmerkmale

Die deutsche Filmwirtschaft, d.h. die Filmproduktions- und Kinobetriebe, Filmverleih- und -verkaufsverbände, hat sich im November 2003 unter dem organisatorischen Dach der Zukunft Kino Marketing GmbH (ZKM) zusammengeschlossen. Die ZKM ist eine Tochtergesellschaft des Hauptverbandes deutscher Filmtheater e.V. (HDF), des Multiplexverbandes Cineropa e.V. und des Verbandes der Filmverleiher e. V. (VdF). Ihr Ziel ist es, „Branchenkampagnen zur Erhöhung des Filmbesuchs in Deutschland zu entwickeln und durchzuführen" (ZKM 2003). Die Kampagne *Raubkopierer sind Verbrecher – eine Initiative zum Schutz des Originals* wird von der ZKM durchgeführt und vom Bundesverband Audiovisueller Medien (BVV), dem Interessenverband des Videos- und Medienfachhandels (IVD), der Gesellschaft zur Verfolgung von Urheberrechtsverletzungen (GVU) und dem Internet-Auktionshaus eBay unterstützt. Die Auflistung der fördernden Organisationen macht deutlich, dass dem Träger ein breites Spektrum an Möglichkeiten zur Platzierung der Botschaften und vermutlich ausreichend finanzielle Möglichkeiten zur Kampagnenrealisierung zur Verfügung stehen.

---

1 Zur Arbeitsgruppe, die die Analyse der Kampagne *Raubkopierer sind Verbrecher* durchführte, gehörten neben den Verfasserinnen Jens Broens und Markus Lechner.
2 Die Abkürzung LAN steht für Local Area Network (LAN) und bedeutet, dass mehrere Computer in einem begrenzten Bereich über Kommunikationsleitungen miteinander verbunden sind, so dass die Nutzer interagieren und Daten austauschen können (vgl. Taube 2005: 408).

Problemanalyse: Die Brennerstudien der Filmförderungsanstalt

Die Problemanalyse ist essentiell für jede Kampagne und elementare Voraussetzung für alle weiteren Planungsschritte. Anhand dieser Analyse können die Ziele und Zielgruppen sowie die jeweiligen Lösungsstrategien festgelegt werden (vgl. Bonfadelli 2000: 117f.).

Vor Start der Kampagne *Raubkopierer sind Verbrecher* wurden im Auftrag der FFA zwei so genannte Brennerstudien durchgeführt, die zur Feststellung und Untersuchung des Problems herangezogen wurden. Die erste Brennerstudie wurde im Februar 2002 initiiert. Die zweite Brennerstudie stützt sich auf Daten, die von Januar bis August 2003 erhoben wurden. Beiden Brennerstudien liegt eine schriftliche Befragung von jeweils 10.000 Personen des GfK-Media-Scope Panels zugrunde, die repräsentativ für 63,2 Millionen deutsche Personen ab 10 Jahren sind. Anhand der Brennerstudien sollten die Hardware-Bestände von CD- und DVD-Brennern, CD- und DVD-Rekordern und Playern für Internetseiten festgestellt und das Nutzungsverhalten im Hinblick auf digitales Kopieren (Brennen) und Herunterladen von Spielfilmen analysiert werden. Eine dritte Befragung (Brennerstudie 3) des GfK-Media-Scope Panels wurde von Januar bis Juni 2004 durchgeführt und wurde zur kontinuierlichen Marktforschung und Kampagnenevaluation herangezogen.[3] Nach Angaben des Kampagnenträgers ZKM waren die Daten der Brennerstudien wichtig, um „den Markt zu verstehen und das Ausmaß der Schäden einschätzen zu können" (ZKM 2004b).

Segmentierung nach Zielgruppen

Die Auswertung der Brennerstudien 1 und 2 ergab für die ZKM als Kernzielgruppe den Personenkreis der 20- bis 29-Jährigen. Beide Studien zeigten, dass deutsche Haushalte im Allgemeinen in den Jahren 2002 und 2003 über eine hohe technische Ausstattung verfügten, die einen schnelleren Zugriff auf Filmdaten aus dem Internet und eine in der Regel problemlose Vervielfältigung von Kino- und Spielfilmen ermöglicht (vgl. Filmförderungsanstalt 2003a: 5ff.; Filmförderungsanstalt 2003b: 5ff.).

Um die Kampagnenbotschaften adäquat konzipieren zu können, müssen umfassende Informationen über den Wissensstand, das Themeninteresse und die Mediennutzung der Zielgruppe vorhanden sein. Der Kampagnenplaner muss zudem den Aspekt der selektiven Wahrnehmung und Informationsverarbeitung berücksichtigen und darf nicht davon ausgehen, dass die Zielgruppe von vornherein sensibilisiert und motiviert ist (vgl. Bonfadelli 2000: 118). Im Fall der PR-Kampagne *Raubkopierer sind Verbrecher* konnte durch die Brennerstudien 1 und 2 nicht eindeutig belegt werden, ob die hohe Zahl der Filmkopierer neben finanziellen Beweggründen auch auf ein eventuelles Des-

---

[3] Die Ergebnisse der Brennerstudien sind abrufbar unter: www.filmfoerderungsanstalt.de/downloads/publikationen/brenner_studie.pdf bzw. -brenner_studie2.pdf und -brenner_studie3.pdf.

interesse am Thema Filmpiraterie und/oder auf die mangelnde Kenntnis des Urheberrechtsgesetzes[4] zurückzuführen ist.

Freunde, Bekannte und Verwandte stellen die wichtigste Bezugsquelle für Filmkopien dar. Dies wiederum scheint einen Schneeball-Effekt auszulösen, durch den die hohe Vervielfältigungsrate zustande kommt (vgl. Filmförderungsanstalt 2003b: 41). Nach privaten Bezugsquellen stellten in den Jahren 2002 und 2003 kommerzielle Internet-Tauschbörsen die zweitgrößte Beschaffungsmöglichkeit für Filmkopien dar (vgl. Filmförderungsanstalt 2003a: 23f.; Filmförderungsanstalt 2003b: 20f.). Da sich Streuverluste bei den Rezipienten der Kampagne zum einen daraus ergeben könnten, dass ein Großteil der gewerblich aktiven Filmpiraten unempfänglich für ihre Botschaften ist und zum anderen weltweit agierende Ripper[5] medial nicht erreicht werden können, rücken die privaten Filmkopierer im Alter zwischen 20 und 29 Jahren in den Fokus der Kampagne *Raubkopierer sind Verbrecher*.

Problem der Zieldefinierung

Nach Angaben des Trägers ZKM soll die Kampagne gezielt zur massiven Einschränkung der Filmpiraterie beitragen (vgl. http://www.hartabergerecht.de). *Raubkopierer sind Verbrecher* verfolgt primär ein affektives Ziel, d. h. die Beeinflussung von Einstellungen, Verhaltensweisen oder Motivationen ist wichtiger als die reine Sensibilisierung für ein Problem und die Vermittlung von handlungsrelevantem Wissen (vgl. Bonfadelli 2000: 119). Die Spots und Plakatmotive haben einen geringen Informationsgehalt, weil hauptsächlich die Darstellung des Höchststrafmaßes (5 Jahre Freiheitsentzug) in den Mittelpunkt gestellt wird. Im Unterschied zu Informationskampagnen im Gesundheitsbereich werden in der PR-Kampagne *Raubkopierer sind Verbrecher* keine Gratifikationen (Nutzen) für die Zielgruppe genannt, sondern nur die Sanktionen dargestellt, die bei einer bestimmten Handlungsweise zu erwarten sind.

---

[4] Nach der Novellierung des Urheberrechts, die am 13. September 2003 in Kraft trat, ist das Kopieren von Original-Videos und Original-DVDs für den Privatgebrauch weiterhin erlaubt (z. B. die Sicherheitskopie einer gekauften DVD/CD). Des Weiteren dürfen Filme von legalen Angeboten, z.B. bei T-Online-Vision, herunter geladen werden. Nicht mehr erlaubt ist das Umgehen des Kopierschutzes einer Orignial-DVD/CD ohne die Zustimmung des Rechtsinhabers sowie das Downloaden und Brennen aktueller Kinofilme. Außerdem wird durch die neue Gesetzgebung untersagt, Software herzustellen und zu vertreiben, durch die der Kopierschutz überwunden werden kann. Kopiergeschützte Medien müssen nun deutlich als solche gekennzeichnet sein. Neben den zivilrechtlichen Vorschriften, die den Rechteinhaber ermächtigen, auf Unterlassung und Schadensersatz zu klagen, wird strafrechtlich zwischen unerlaubter Verwertung und unerlaubter gewerbsmäßiger Verwertung unterschieden. Während unerlaubte Verwertung eine Geldbuße oder Freiheitsstrafe von ein bis drei Jahren nach sich ziehen kann, können gewerblich tätige Filmpiraten mit einem Freiheitsentzug von bis zu fünf Jahren bestraft werden (vgl. §§ 53, 95a, 95b, 95d, 96, 106, 108a & 108b UrhG,). Die urheberrechtlichen Bestimmungen sind auf der Homepage des Instituts für Urheber- und Medienrecht abrufbar unter: http://www.urheberrecht.org.

[5] *Rip* bezeichnet im Umfeld der Software- und Filmpiraterie eine illegal erzeugte Kopie eines urheberrechtlich geschützten Datenträgers, bei dem nicht alle Dateninhalte vervielfältigt wurden. In Anlehnung an das englische Verb *to rip* (reißen, zerreißen) bedeutet *rippen* somit die Verkleinerung des Datenvolumens beim Kopieren auf die Festplatte (vgl. Taube 2005: 579).

Kernbotschaft (Claim) und Kampagnenstrategien

Der Titel *Raubkopierer sind Verbrecher* bezeichnet gleichzeitig den Claim der Kampagne und legt außerdem explizit die Strategien dar, die verfolgt werden. Die Kampagne versteht sich als *eine Initiative zum Schutz des Originals*, die durch die „drastisch-humorvolle" Ansprache in verschiedenen Medien, aber auch durch andere Maßnahmen, über die Grundlagen des neuen Urheberrechts aufklären will. Der Kampagnenakteur bezeichnet *Raubkopierer sind Verbrecher* als Informationskampagne, die das fehlende Unrechtsbewusstsein des Endverbrauchers schärfen und damit eine Verhaltensänderung erzielen will (vgl. ZKM 2004a). Um erfolgreiche Überzeugungsarbeit leisten zu können und Konsens über die Illegalität von Filmpiraterie herzustellen, ist laut ZKM ein breites Maßnahmenpaket erforderlich. Als primäre Kommunikationsstrategie wird die Aufklärung der Zielgruppe bzw. Gesamtbevölkerung verfolgt, die durch die provokante Ansprache in den Spots für TV und Kino und den Printmotiven in Zeitungen und Zeitschriften sowie den Plakaten erfolgen soll. Ergänzend werden nicht-kommunikative Lösungsstrategien zur Eindämmung der Filmpiraterie herangezogen, die auf Strafverfolgung, neuen technischen Entwicklungen und der kontinuierlichen Marktforschung basieren (vgl. ZKM 2004b).

Die Strategie der Aufklärung

Als ein wichtiges Kampagnenziel wird von der ZKM die Aufklärung der breiten Öffentlichkeit genannt. Es solle eine Auseinandersetzung mit dem Thema initiiert werden, die zu einem neuen Wissensstand von Urheberrechten führe. Darüber hinaus sollen die rechtlichen Konsequenzen für Filmpiraterie ins Bewusstsein der breiten Bevölkerung gerückt werden (vgl. ZKM 2004b). Auf der Internetseite des ZKM wird ausführlich über die Ziele und Absichten der Kampagne berichtet und Informationen rund um das Kampagnenthema und das neue Urheberrecht in seinen wesentlichen Auszügen bereitgestellt. Außerdem wird an dieser Stelle auf verschiedene Aktionen der ZKM und ihren Partnern hingewiesen. So haben sich z.B. neben dem Kampagnenakteur mehrere Filmverbände und das Auktionshaus eBay zusammengeschlossen und die Bildungsinitiative RESPE©T entwickelt, die sich u.a. der Aufklärung der Schüler widmet, aber auch Lehrer und Erzieher als Adressaten ansprechen soll.

Die Strategie der zivil- und strafrechtlichen Verfolgung

Die zum Zweck der Strafverfolgung gegründete Gesellschaft zur Verfolgung von Urheberrechtsverletzungen e.V. (GVU) hat sich unter anderem als Ziel die Aufdeckung kommerzieller Downloads gesetzt. Mit Hilfe der GVU werden Razzien bei verdächtigen Anbietern durchgeführt. Dies sind zum Teil Download-Portale und Peer-to-Peer-Netzwerke[6], die illegale Ware anbieten, aber auch legale Massenmärkte wie das Auktionshaus eBay. Auch im nicht-virtuellen Bereich, wie zum Beispiel auf Flohmärkten

---

[6] In den internetbasierten Peer-to-Peer-Netzwerken (P2P) sind zwei oder mehrere Computer direkt miteinander verknüpft, so dass Kommunikation und Datenaustausch gewährleistet wird. „P2P-Netzwerke werden größtenteils dazu genutzt, um illegale Kopien von Software, Computer- und Videospielen, Musik sowie TV-, DVD- und Kinofilmen zu verbreiten." (Taube 2005: 518)

und in Kinos, werden Untersuchungen durchgeführt. Hierbei werden bei begründetem Verdacht Nachtsichtgeräte eingesetzt, um das Abfilmen in den Kinos zu verhindern. Seit Beginn der Kampagne 2003 wurden nach Angaben der ZKM Hunderttausende von unrechtmäßigen Filmkopien sichergestellt und auch zahlreiche private Wohnungen durchsucht (ZKM 2005b).

Die Strategie der technischen Forschung und der Sicherheitschecks
Zur Unterstützung besonders der zivil- und strafrechtlichen Verfolgung werden technische Hilfsmittel entwickelt, die die Arbeit der GVU erleichtern sollen. Dies sind zum Beispiel neue Software-Konzepte, die ein permanentes Screening des Internets ermöglichen, aber auch das digitale Wasserzeichen. Das Fraunhofer Institut für Integrierte Publikations- und Informationssysteme suchte im Auftrag der deutschen Filmwirtschaft mit Unterstützung der FFA nach einem Verfahren zur Rückverfolgung der Quelle bei sicher gestellten, illegalen Filmkopien und entwickelte das digitale Wasserzeichen. Aber auch das von Sony entwickelte Kopierschutzsystem ArccOS©, das jeden DVD-Film mit einem eigenen Verschlüsselungscode ausstattet und Kopieren, Rippen, Re-Komprimierungen und unerlaubte Massenreplikationen verhindern soll, soll die illegale Filmverwertung erschweren (vgl. ZKM 2004b).

Kommunikationsinstrumente
Die im vorigen Abschnitt dargestellten Kampagnenstrategien werden durch eine Vielzahl von Kommunikationsinstrumenten realisiert. Die ZKM benutzt die Massenmedien als Kanäle zum Transport und zur Verbreitung ihrer Botschaften. Dies geschieht in Form der klassischen Kommunikationsinstrumente, den Kampagnenspots für Fernsehen und Kino sowie Plakaten, durch redaktionelle Beiträge zum Thema, aber auch über den eigenen Internetauftritt (vgl. Bonfadelli 2000: 104). Der Einsatz der Medien wird zusätzlich durch interpersonale Kommunikation unterstützt, wie sie zum Beispiel in Form von Promotionaktionen oder Aufklärungsgesprächen stattfindet. Die verwendete Tonality[7] und der Claim sind durchgehend in allen eingesetzten Medieninstrumenten (z.B. Poster, Spots usw.) wieder zu finden, so dass diese PR-Maßnahmen jeweils für sich als einzelnes Instrument stehen können, aber anhand des Layouts und der textlichen Aufmachung trotzdem als Teil der Kampagne identifizierbar sind. Die Kommunikation über die Massenmedien wird als besonders wichtig eingeschätzt, da sie den Kontakt zur Zielgruppe herstellen und eine Auseinandersetzung mit dem Thema initiieren können. Dies führt möglicherweise zu einer Anschlusskommunikation im privaten Bereich und lässt die Kampagneninhalte auf diesem Wege zu einem Teil des öffentlichen Diskurses werden. Redaktionelle Beiträge über *Raubkopierer sind Verbrecher* haben zudem den Vorteil, dass sie mehr Aufmerksamkeit und vor allem eine höhere Glaubwürdigkeit erzielen können als Anzeigen und andere Kampagneninstrumente (vgl. Leonarz 2001: 280).

---

[7] Tonality wird in dieser Arbeit verstanden als der Stil bzw. die Atmosphäre, die in einer Kommunikationsaktivität vermittelt wird. „Mit der Tonality wird der kreative, verbale und visuelle Stil der Kommunikationsmaßnahmen festgelegt." (Schmidt 2004: 1993)

Kommunikationsstil (Tonality)

Damit Kampagnen überhaupt erst von den Rezipienten wahrgenommen werden und eine entsprechende Wirkung entfalten können, müssen sie „professionellen Standards entsprechen und innovative Komponenten enthalten". (Dorer 2002: 55) Die Kampagne *Raubkopierer sind Verbrecher* wird von Seiten der ZKM als „durchaus provokante, aggressive Kampagne" eingeschätzt, „die aber humorvoll" wirken soll (Krempl 2004: 68). Man habe das Thema nicht so „lax und pädagogisch" angehen wollen wie in der Musikindustrie (Waehlisch: 2003). Verständnis suchende Kampagnen hätten in der Vergangenheit nichts bewirkt (ZKM 2005a). In den Kinospots werden deshalb deutlich die rechtliche Höchststrafe für Filmpiraterie aufgezeigt und fünf Jahre Haft für gewerblich aktive Filmkopierer in Aussicht gestellt. Diese direkte Ansprache sei laut ZKM notwenig, da den meisten Filmpiraten ein Unrechtsbewusstsein für ihr Handeln fehle (vgl. ebd.). Trotz der Bezeichnung „Verbrecher" für Filmpiraten wolle die ZKM niemanden kriminalisieren, sondern nur herausstellen, „dass der Raubkopierer sich der Illegalität seines Handelns bewusst wird und sein Verhalten kritisch hinterfragt und verändert" (ZKM 2005a). Die Kampagne soll primär als Mittel zur Informationsverbreitung verstanden werden, um mit Menschen aller Altersgruppen und aller Schichten ins Gespräch zu kommen (vgl. Aretz 2004). Die betreuende Werbeagentur *Zum Goldenen Hirschen* habe bewusst „mit dem Mittel der Parodie und Übertreibung" (Krempl 2003) gearbeitet, um eine Diskussion über das drohende Strafmaß auszulösen. Die Bezeichnung „Verbrecher" sei hier umgangssprachlich zu verstehen, da die Kampagne nach dem Vorbild des schwarzen Humors in der englischen Werbung konzipiert sei. Daher wurde sie von den Verantwortlichen der Werbeagentur als „hart, aber herzlich" vorgestellt (Krempl 2003). Obwohl bei der Neuauflage der Kampagne im letzten Jahr die Drastik der Tonality abgeschwächt wurde, stehen weiterhin deutlich Sanktionen im Vordergrund. Die Androhung von Sanktionen kann beim Rezipienten jedoch zu Angst führen – was vom Kampagnenakteur auch intendiert wird – aber häufig Abwehrreaktionen gegen die Kampagne zur Folge hat (vgl. Bonfadelli 2000: 121). Die Erzeugung von Angst allein reiche somit nicht aus, um das von den Kampagnenträgern intendierte Verhalten zu erzielen. Es müssten zusätzlich adäquate Verhaltensweisen (Gratifikationen) im Sinne der Rezipienten genannt werden (vgl. Devine/Hirt 1989: 246f.).

Medien-Mix und interpersonale Kommunikation

Die verschiedenen Medieninstrumente der Kampagne *Raubkopierer sind Verbrecher* wurden von der ZKM in einem wirkungsvollen Medien-Mix kombiniert. Die Effektivität zeichnet sich vor allem durch den Zuschnitt auf die Medien aus, die innerhalb der Zielgruppe Leitcharakter haben. Deshalb werden die TV-Spots vor allem bei NBC Giga, Viva und MTV ausgestrahlt, deren Zuschauer über ähnliche demographische Merkmale wie die Zielgruppe verfügen. Vor allem die interpersonale Kommunikation hat sich als effektiv erwiesen. Daher wird von der ZKM die bundesweite Informationsveranstaltung „Knast on Tour" organisiert, die den Besuchern einen Kontakt mit dem Thema ermöglichen soll und zugleich vor Ort geführte Gespräche mit dem Kampagnenakteur bietet. Im kleineren Rahmen konnte dies nach Angaben der ZKM ebenfalls bei den Beratungsgesprächen und in Diskussionen auf LAN-Partys und deren Besuchern erreicht werden. Der Kampagnenakteur veranstaltet gezielt Informations- und Bildungsinitiativen, um dort einen zielgruppenrelevanten und möglichst direkten Kontakt zu der Kernzielgruppe herzustellen.

Evaluation der Kampagne durch die Arbeitsgruppe
Um den aktuellen Stand der möglichen Eindämmung oder Ausweitung der Filmpiraterie einschätzen zu können, führt die ZKM regelmäßig Marktforschungen mit Hilfe der Brennerstudien durch. Die aktuelle Ausstattung und das Nutzungsverhaltens des Endverbrauchers werden noch immer mittels der Befragungen im Auftrag der FFA untersucht. Die Kontinuität der Datenerhebungen lässt Aussagen hinsichtlich der Veränderung des Nutzerverhaltens zu, und zwar sowohl unter der Berücksichtigung der veränderten technischen Ausstattung als auch hinsichtlich eines Vergleiches mit früheren Daten (vgl. http://www.hartabergerecht.de/index.php=id=5). Während die Brennerstudie 1 und 2 primär den neuesten Stand der technischen Ausstattung in deutschen Haushalten und deren Nutzung ermittelte, sind in der Brennerstudie 3 nun auch direkte Fragen zur Kampagne integriert worden, an denen sich die Rezeption der Kampagne messen und eine Verbindung mit dem Nutzungsverhalten herstellen lässt. Kontinuierlich durchgeführte Marktforschung ermöglicht eine besonders genaue Evaluation, da der Vorher-/Nachher-Stand erhoben werden kann und die Möglichkeit besteht, auf veränderte Situationen zu reagieren (vgl. Bonfadelli 2000: 122).

Auf Grundlage der in der Brennerstudie 3 erhobenen Daten hatte sich die Arbeitsgruppe zum Ziel gesetzt, mittels eines Online-Fragebogens zu untersuchen, ob LAN-Party-Besucher eine signifikant positivere Einstellung zur Filmpiraterie haben als Nicht-LAN-Partybesucher. Anhand des Fragebogens sollte der Bekanntheitsgrad der Kampagne *Raubkopierer sind Verbrecher*, der Wissensstand der Teilnehmer über die Kampagne sowie deren Wahrnehmung und die tendenzielle Wirkung der Inhalte untersucht werden. Der Online-Fragebogen war für etwa sechs Wochen über die Homepage http://www.lanparty.de, bzw. den Link http://umfrage.lantreff.net frei zugänglich[8]. Es nahmen insgesamt 608 Personen an der Befragung teil, 603 Fragebögen konnten in der Analyse berücksichtigt werden. 377 Personen waren LAN-Party-Besucher und 226 Personen gaben an, diese nicht zu besuchen.

Das Konzept und die Ergebnisse des Online-Fragebogens
Neben demographischen Angaben der Teilnehmer sollte anhand des Online-Fragebogens die Vertrautheit mit dem Kampagnenthema/-inhalt festgestellt werden. Die Kampagnen-Zielgruppe der 20- bis 29-Jährigen unterscheidet sich hier nicht von der Gesamtheit der Befragten. Die Auswertung der Fragebögen ergab, dass 81 Prozent aller Befragten *Raubkopierer sind Verbrecher* kennen. Fast genauso viele Personen (79%) wissen, dass sich die Kampagne gegen das unrechtmäßige Kopieren und Down-

---

[8] Zusätzlich wurde der Fragebogen im Schneeballsystem über Bekannte und Kommilitonen per Mail verbreitet.

loden von Filmen richtet. Da Mehrfachnennungen möglich waren, nahmen auch über die Hälfte der Teilnehmer (57%) an, es handele sich um eine Kampagne gegen das illegale Vervielfältigen von Musikinhalten. Darüber hinaus wurde im Hinblick auf *Raubkopierer sind Verbrecher* gefragt, durch welche Informationsmittel (Kampagneninstrumente) sie auf die Kampagne aufmerksam geworden sind. Über die Hälfte der Teilnehmer (72%) sind durch die Spots auf die Kampagne aufmerksam geworden, während 32 Prozent die Plakatmotive kennen und 24 Prozent der befragten Personen Anzeigen zur Kampagne gelesen haben. Im Hinblick auf die Wahrnehmung der Kampagne sind leichte Unterschiede in der Bewertung der LAN-Party-Besucher und Nicht-LAN-Party-Besucher zu verzeichnen. So glaubt ein größerer Teil der LAN-Party-Besucher, dass die Kampagne lediglich Aufmerksamkeit durch Übertreibung erzeugen will. Obwohl die Mehrzahl beider Gruppen nicht der Auffassung ist, dass die Kampagne umfassend Informationen zu Straftatbestand und Sanktionen bereitstelle und zum Nachdenken anrege, ist auch hier der Anteil der LAN-Party-Besucher größer. Hinsichtlich der Kampagnenwirkung ist ebenfalls die Mehrzahl beider Gruppen davon überzeugt, dass die Kampagneninhalte die Einstellungen nicht verändern und somit auch keine Auswirkungen auf das eigene Verhalten haben können. Auch bei der Wirkungsbeurteilung von *Raubkopierer sind Verbrecher* stehen die LAN-Party-Besucher der Kampagne kritischer gegenüber als die Nicht-LAN-Party-Besucher. Die Auswertung der Fragebögen ergab zudem, dass LAN-Party-Besucher das Vervielfältigen und Speichern von Musik- und Filminhalten auf Datenträgern eher als legal einschätzen als Nicht-LAN-Party-Besucher. Obwohl beide Gruppen die Auswirkungen der Kampagneninhalte auf das (eigene) Verhalten als gering bewerteten, lässt sich anhand der ausgewerteten Daten konstatieren, dass LAN-Party-Besucher *Raubkopierer sind Verbrecher* tendenziell anders wahrnehmen und die Kampagneninhalte eher negativer beurteilen als Nicht-LAN-Party-Besucher. LAN-Party-Besucher könnten sich intensiver mit der Thematik Filmpiraterie auseinander gesetzt haben, was zur Folgerung führen könnte, dass sie der Filmpiraterie positiver gegenüber stehen könnten als Nicht-LAN-Party-Besucher.

Abschließende Bewertung
In dieser Studie wurde die PR-Kampagne *Raubkopierer sind Verbrecher* anhand der Dimensionen Kampagnenakteur und Organisationsmerkmale, Problemanalyse, Zielgruppen und Kampagnenziel, Kernbotschaft (Claim) und grundlegende Kampagnenstrategien sowie Kommunikationsinstrumente und -stil (Tonality) analysiert. Es konnte festgestellt werden, dass aufgrund der Struktur der beteiligten Unternehmen und Organisationen dem Kampagnenakteur ZKM ein breites Spektrum zur Platzierung der Kampagnenbotschaften zur Verfügung steht. Dies wird verdeutlicht durch die professionelle Aufbereitung der Kampagnenbotschaften und durch einen effektiv platzierten Medien-Mix. Darüber hinaus wurde die Kampagne von einer extensiven Öffentlichkeitsarbeit begleitet.

Dem Internetauftritt der ZKM kann entnommen werden, dass primär die breite Aufklärung über den Sachverhalt Filmpiraterie und als Folge dessen die Schärfung des

Unrechtbewusstseins erfolgen soll. Die Analyse der provokanten Spots und Printmotive ergab jedoch, dass keine detaillierten Informationen zum Thema Filmpiraterie bereitgestellt wurden, die einer umfassenden Aufklärung dienlich sein könnten, sondern es wurden vielmehr die Sanktionen fokussiert. Nur auf der Internetseite der ZKM findet sich unter der Rubrik „Fragen und Antworten" ein Hinweis, dass die „Spots und Motive [.] die Strafandrohung für gewerbliches Raubkopieren [zeigen]" (ZKM 2005a). Die Zielgruppenansprache lautet jedoch: Raubkopierer sind Verbrecher. Die Kampagnenbotschaften verschweigen jedoch, dass das Recht auf die Privatkopie – z.B. die Sicherheitskopie einer gekauften DVD, auch mit Kopierschutz – weiterhin gesetzlich besteht und ein fünfjähriger Freiheitsentzug nur die gewerblich aktiven Filmpiraten betrifft. Der Kampagnenakteur arbeitet somit mit den Mitteln der Übertreibung, welches auch die LAN-Party- und Nicht-LAN-Party-Besucher, die an der Online-Befragung teilnahmen, so empfanden. Dem Kampagnenakteur könnte somit vorgeworfen werden, dass er aufgrund der provokanten Zielgruppenansprache die privaten Filmverwerter mit den gewerblich aktiven Filmpiraten gleichsetzt. Viele Kritiker wehren sich gegen eine solche Stigmatisierung. Die drastische Ansprache, die zu Aufmerksamkeit führen sollte, ist von vielen Medien und Endkonsumenten kritisiert worden und hat daher eher Abwehrreaktionen als Zustimmung hervorgerufen.

Es kann abschließend konstatiert werden, dass die Kampagne *Raubkopierer sind Verbrecher* die Sensibilisierung für ein Problem und die Mobilisierung der Rezipienten herbeiführen will, anstatt ausschließlich handlungsrelevantes Wissen zu vermitteln. Somit wird konträr zur Aussage des Trägers ZKM ein affektives Ziel verfolgt, was bedeutet, dass die Kampagne eben nicht nur aufklärt, sondern die Aufmerksamkeit der Zielgruppe erreichen und diese durch die Androhung von Sanktionen abschrecken will.

Literatur

Aretz, Eckart (2004): „Wir wollen niemanden kriminalisieren". In: tagesschau.de, 30.11.2004 URL: http://www.tagesschau.de/aktuell/meldungen/0,1185,OID3841410_TYP1_NAV_REF1,00.html (20.07.05)

Bonfadelli, Heinz (2000): Medienwirkungsforschung II. Anwendungen in Politik, Wirtschaft und Kultur, 2. überarbeitete Auflage, Konstanz

Devine, Patricia G./Edward R. Hirt (1989): Message Strategies for Information Campaigns: A Social-Psychological Analysis. In: Charles T. Salmon (Hg.): Information Campaigns: Balancing Social Values and Social Change. Newbury Park: 229-258

Dorer, Johanna (2002): Die Bedeutung von PR-Kampagnen für den öffentlichen Diskurs. Ein theoretischer Ansatz. In: Ulrike Röttger (Hg.): PR-Erfolgskontrolle. Über die Inszenierung von Öffentlichkeit. 2., überarbeitete und ergänzte Auflage. Wiesbaden: 53-70

Filmförderungsanstalt (2003a): Brennerstudie 1. Studie über das Kopieren und Downloaden von Spielfilmen. Auf Basis der GfK-Sonderbefragung im Februar 2002. URL: www.filmfoerderungsanstalt.de/downloads/publikationen/brenner_studie.pdf

Filmförderungsanstalt (2003b): Brennerstudie 2. Studie über das Kopieren und Downloaden von Spielfilmen. Auf Basis der zweiten GfK-Sonderbefragung im September 2003. URL: www.filmfoerderungsanstalt.de/downloads/publikationen/brenner_studie2.pdf

Filmförderungsanstalt (2004): Brennerstudie 3. Studie über das Kopieren und Downloaden von Spielfilmen. Auf Basis der dritten GfK-Sonderbefragung im Juli 2004. URL: www.filmfoerderungsanstalt.de/downloads/publikationen/brenner_studie3.pdf

Krempl, Stefan (2003): Filmwirtschaft startet Abschreckungskampagne gegen Raubkopierer. 27.11.2003 URL: http://www.heise.de/newsticker/meldung/42431 (20.07.05)

Krempl, Stefan (2004): Ausgebrannt!? In: c't 24: 67-69

Leonarz, Martina (2001): Die (Un)wirksamkeit öffentlicher Informationskampagnen im Gesundheitsbereich. In: Ulrike Röttger (Hg.): PR-Kampagnen. Wiesbaden: 269-289

Schmidt, Siegfried J. (Hg.) (2004): Handbuch Werbung. Bd. 5. Münster

Taube, Christian (Hg.) (2005): Microsoft Computer Lexikon. Ausgabe 5. Unterschleißheim.

Waehlisch, Natalie (2003): Raubkopierer sind Verbrecher. In: Spiegel Online. 27.11.2003. URL: www.spiegel.de/netzwelt/politik/0,1518,275867,00.html (20.07.05)

ZKM, Zukunft Kino Marketing GmbH (2003): Wer engagiert sich für den Schutz des Originals? In: www.hartabergerecht.de/index.php?id=4 (24.11.05)

ZKM, Zukunft Kino Marketing GmbH (2004a): Hart aber herzlich. In: http://www.hartabergerecht.de/index.php?id=26 (24.11.05)

ZKM, Zukunft Kino Marketing GmbH (2004b): Strategien gegen illegale Filmnutzung? In: www.hartabergerecht.de/index.php?id=5 (24.11.05)

ZKM, Zukunft Kino Marketing GmbH (2005a): Fragen & Antworten. Fakten statt Vorurteile. In: www.hartabergerecht.de/index.php?id=3 (24.11.05)

ZKM, Zukunft Kino Marketing GmbH (2005b): Wer kopiert, verliert! In: www.hartabergerecht.de/index.php?id=9&go=6&L=0 (24.11.05)

Goethe Institut – Learn German (and brand your nation)

Zwei Imagekampagnen für die deutsche Sprache*

Hanna Lena Lepp / Hanna Tank

> „Deutsch ist ein sperriges Produkt mit dem Image: schwierig und zu hart."
> Cécile Coutheillas, Agentur *„Ailleurs Exactement"*, Paris

Kann sich eine Nation mit Hilfe kommunikativer Kampagnen im Ausland ein Image geben, das bestimmte Werte verkörpert, als Marke akzeptiert wird und daher attraktiv für verschiedene Zielgruppen ist? Im Mittelpunkt dieser Untersuchung stehen zwei Imagekampagnen des Goethe-Instituts, die in England unter dem Titel „*Learn German*" und in Frankreich unter „*On a tout à faire ensemble*" für den Erwerb der deutschen Sprache warben. Dabei spielte das bestehende Image Deutschlands eine große Rolle bei der Kampagnenausgestaltung wie auch der Botschaft. Doch wie können Images und Stereotype genutzt werden, um eine Nation zu einer Marke zu machen? Dies soll im Folgenden durch die Vorstellung der beiden Kampagnen genauer betrachtet werden.

1 Von Image bis Nation Branding – Begriffsdefinitionen

> „Images, Stereotype, Vorurteile und Feindbilder werden als spezifische Ausprägungen eines Nationenimages gesehen, die alternativ oder zusammenwirkend in einem solchen Bild auftreten können. Das Image eines Landes bildet demnach die übergeordnete Kategorie und kann gleichzeitig mehrere der genannten Elemente enthalten." (Peters 1999: 48f.)

Folgend sollen die beiden Konstrukte Image und Stereotyp beschrieben werden, die für den Prozess der Staaten-PR und des Nation Branding eine wichtige Rolle spielen. Die

---

* Dieser Beitrag wurde für die 3. Auflage neu verfasst. Die Fallstudie wurde im Rahmen eines Seminars am Institut für Kommunikationswissenschaft der Universität Münster durchgeführt.

Berücksichtigung der Begriffe Vorurteil und Feindbild bieten sich im Rahmen dieser Untersuchung nicht an, da sie aufgrund ihrer Veränderungsrigidität keine Basis für PR-Maßnahmen bilden.

Image

Die Vorstellung von fremden Nationen oder alltäglichen Dingen liegt der menschlichen Wahrnehmung in verkürzten Bildern vor. *Image* meint nichts anderes als das Bild, das sich jeder Einzelne ganz subjektiv von seiner Umwelt macht. „Ein Image ist ein vereinfachtes, überverdeutlichtes und bewertetes Vorstellungsbild" (Bergler 1991: 47), das die Wahrnehmung mit situationsbedingten emotionalen und affektiven Elementen koppelt und somit die „eigentliche, psychologische Wirklichkeit" (Schulte 2002: 34) des Menschen bildet.

In Anbetracht der ungeheuren Informationsflut, die über den Einzelnen tagtäglich hereinbricht, bilden Images die Möglichkeit Komplexität zu reduzieren, Informationen zu selektieren und einzuordnen und die Wirklichkeit handhabbar zu machen. Die Forschung spricht folglich von einem „kognitiv-psychologischen Konstrukt" (Peters 1999: 30). Images entstehen entweder auf der Basis konkreter eigener Erfahrungen oder sekundär durch mediale oder kommunikative Vermittlung. Sie bestimmen unbewusst allgegenwärtig die menschliche Wahrnehmung, werden im sozialen und medialen Umfeld abgeglichen und ermöglichen so innerhalb einer Gruppe Handlungsfähigkeit. Erfolgreich ist ein Image, das unabhängig davon, ob es objektiv korrekt ist, eine „erfolgreiche Umweltbewältigung" (Kunczik 1996: 115) ermöglicht. Daraus resultiert auch, dass vorhandene und bewährte Images nicht leicht zu verändern sind. Eine Möglichkeit bildet die Erwartungsenttäuschung, wodurch ein Überdenken der vorhandenen Bilder erzeugt werden kann.

Stereotyp

Ähnlich dem Image dienen Stereotype der schnellen Einordnung von Objekten und Situationen. Dabei spielt hier in einem noch entscheidenderen Maße die kognitive, bewertende und affektive Dimension eine Rolle. Zwar knüpft auch das Stereotyp an die Wirklichkeit an – man spricht von einem „*kernel of truth*" (vgl. Peters 1999: 37) – doch ist dieser Bezug schwächer als beim Image.

> „Meistens schauen wir nicht zuerst und definieren dann, wir definieren erst und schauen dann. [...] Wir neigen dazu, nur das wahrzunehmen, was wir in der Gestalt ausgewählt haben, die unsere Kultur für uns stereotypisiert hat." (Lippmann 1990: 63)

Einem Stereotyp werden Merkmale zugeschrieben, die als universell gültig angesehen werden, was sie sehr langlebig und rigide macht. Zudem sind Stereotype in einem höheren Maße sozial verankert. So spiegeln sich etwa kulturelle Dimensionen und Anschauungen in einem Stereotyp wider. Nationale Stereotype sind unlöslicher Bestandteil des Wertebezugssystems einer jeden kulturellen Gruppe und erfüllen eine soziale Integrationsfunktion (vgl. Bassewitz 1990: 23). Bei Nationenbildern spielt die Differenzierung zwischen Heterostereotypen und Autostereotypen eine entscheidende Rolle. Nationale Stereotype

> "... fassen als Heterostereotype Sollerwartungen an andere Nationen, Völker etc. und spiegeln als Autostereotype im Sinne eines Selbst- bzw. Rollenbildes das Eigenverständnis der eigenen Gesellschaft, Nation etc. [wider]." (vgl. Wernecken 2000: 116)

Staaten-PR und Nation Branding

Länderimages spielen in der Beziehung zwischen Staaten eine bedeutende Rolle und haben prägenden Einfluss auf die öffentliche Meinungsbildung wie auch auf politische Entscheidungsträger (vgl. Peters 1999: 50). Daraus lässt sich eine Notwendigkeit von Staaten-PR ableiten, um negative Stereotypen im Ausland abzubauen und ein positives Image zu implementieren. Dies findet sich auch in der Definition von Staaten-PR bei Michael Kunczik wieder:

> „Public Relations für Staaten, die an das Ausland gerichtet ist, bezeichnet die bewußt geplante, dauerhafte Verbreitung interessensgebundener Informationen mit dem Ziel, ein positives Image des eigenen Staates im Ausland generell oder bei bestimmten Teilöffentlichkeiten aufbauen oder stabilisieren beziehungsweise ein negatives Image abbauen zu wollen." (Kunczik 1996: 111)

Doch kann das bestehende Image einer Nation durch Staaten-PR in Form langfristiger Kampagnen gezielt verändert und mit positiven Attributen besetzt werden? Die Vorstellung eines Staates als Marke, die sich von anderen Wettbewerbern abgrenzen und beworben werden muss, ist relativ neu, doch unter der Bezeichnung *Nation Branding* zunehmend akzeptiert. Der Blick auf die derzeitige Literatur zeigt jedoch auch, dass Nation Branding ein Phänomen der Praxis ist und den Eingang in die wissenschaftliche Diskussion bisher kaum gefunden hat.

Doch woraus speist sich eine nationale Marke? Simon Anholt, Experte auf dem Gebiet des Markenimages von Nationen und Herausgeber des Anholt-GMI-Index[1], einem Meinungsbarometer über das Image 25 verschiedener Staaten, führt an, dass Produktmarken eine große Bedeutung für das Image einer Nation haben: „Commercial brands are increasingly performing the role of transmitting national culture." (Anholt 2002: 233) Um das Image einer Nation mit Werten und Versprechungen zu verknüpfen, die für verschiedene Bezugsgruppen attraktiv sind, hat jedoch vor allem die Kultur einen großen Stellenwert innerhalb des Nation Branding. „It is my belief that culture plays an essential role in the process of enriching a country's brand image, in driving the process from the initial shorthand of media communications towards a fuller and more durable understanding of the country and its values." (Anholt 2002: 235).

Nation Branding zeichnet sich gegenüber Staaten-PR durch den Versuch aus, ein vorhandenes Image in eine Marke zu transferieren, die analog zum Brand Management einer Produktmarke oder eines Unternehmens strategisch und professionell aufgebaut wird. Für Thomas Cromwell und Savas Kyriacou von der auf Nation Branding spezialisierten Agentur „East West Communications" mit Sitz in Washington, besteht die Zielsetzung dieses Prozesses für Staaten analog zu Unternehmen in der Etablierung ei-

---

[1] Einzusehen unter URL: http://www.nationbrandindex.com (Stand: 15.08.05)

nes gutes Images, um neue Märkte zu erschließen bzw. Investitionen in den nationalen Markt zu fördern.[2]

Trotz der großen Bedeutung, die Nation Branding von Praktikern für den Image-Wettbewerb von Staaten zugesprochen wird, steckt die Umsetzung dieses Konzepts in der Praxis noch in den Kinderschuhen. Dies ist unter anderem auf Schwierigkeiten wie der Fluktuation des politischen Führungspersonals sowie dem häufigen Fehlen klar definierter, langfristiger Marketingstrategien und -ziele zurückzuführen. Auch müssen weit reichende Rücksichten auf nationale wie internationale Vorbehalte genommen werden, wenn die Marke auf Akzeptanz stoßen soll. Um Nation Branding erfolgreich zu betreiben, muss daher ein Konsens über grundlegende Ziele und Strategien erzielt werden und möglichst viele Stakeholder wie Ministerien, Verbände, NGOs und andere Gruppen in den Prozess eingebunden werden.

2 Staaten-PR in Form der Auswärtigen Kulturpolitik

In Deutschland lässt sich gezielte Staaten-PR im Bereich der auswärtigen Kulturpolitik erkennen. Die politischen Leitlinien formuliert das Auswärtige Amt, in dessen Zuständigkeitsbereich die auswärtige Kulturpolitik liegt. Die übergreifenden Ziele sind unter anderem die „Wahrung deutscher kultur- und bildungspolitischer Interessen" sowie die „Vermittlung eines zeitgemäßen Bilds von Deutschland", worunter „Sympathiewerbung für Deutschland im Sinne der Außendarstellung der "corporate identity" eines modernen Unternehmens"[3] verstanden wird. Ein zentraler Aufgabenbereich, der sich aus dieser Zielsetzung ableiten lässt, betrifft die Förderung der deutschen Sprache im Ausland. Ziel ist es, dem Rückgang von Deutsch als Fremdsprache entgegenzuwirken und die deutsche Sprache insbesondere in den europäischen Institutionen zu stärken. Die Durchführung entsprechender Maßnahmen wird vom Auswärtigen Amt auf verschiedene unabhängige Mittlerorganisationen übertragen. Dazu zählen der Deutsche Akademische Austauschdienst (DAAD), der Pädagogische Austauschdienst der Kultusministerkonferenz, die Zentralstelle für das Auslandsschulwesen und das Goethe-Institut.

Aufgaben und Ziele des Goethe-Instituts

Das Goethe-Institut, gegründet 1951, ist das weltweit tätige Kulturinstitut der Bundesrepublik Deutschland. Laut seiner Satzung[4] verfolgt es drei Hauptziele:
- „die Förderung der Kenntnis der deutschen Sprache im Ausland",
- „die Pflege der internationalen kulturellen Zusammenarbeit" sowie
- „die Vermittlung eines umfassenden Deutschlandbildes durch Informationen über das kulturelle, gesellschaftliche und politische Leben".

---

[2] Thomas Cromwell und Savas Kyriacou: Corporate Strategies for a Nation's Success. URL: http://eastwestcoms.com/Corporate-Strategies-for-a-Nation's-Success.htm. (Stand: 15.08.05)
[3] Vgl. Auswärtiges Amt, 8. Bericht der Bundesregierung zur Auswärtigen Kulturpolitik 2003: 5.
[4] Satzung des Goethe-Instituts: http://www.goethe.de/uun/auz/rch/deindex.htm (Stand: 06.08. 2005)

Das Goethe-Institut ist als Netzwerk organisiert. 16 Institute in Deutschland sowie 128 Institute in 78 Ländern bieten Sprachkurse an und vermitteln Kultur und allgemeine Informationen zu Deutschland. Um auf Deutsch als Fremdsprache und Deutschland aufmerksam zu machen, gehören Imagekampagnen seit Jahren zur Praxis des Goethe-Instituts. Die Kampagnen „Learn German" in England und „On à tout a faire ensemble" in Frankreich sind zwei Versuche, Deutsch und Deutschland durch Nation Branding zur Marke zu machen.

3 Sauerkraut und Lederhosen – das Deutschlandbild im Ausland

Den Deutschen wird im Ausland gleich eine ganze Bandbreite von Vorurteilen entgegengebracht, von den „Stechschritt marschierenden Krauts" bis hin zu immer pünktlichen, effizienten, aber langweiligen und humorlosen Autobauern und Schrebergarten-Besitzern. Hier zeigt sich ein grundsätzliches Problem in der Außenwirkung Deutschlands: Während den deutschen Marken wie BMW, Audi, Siemens oder AEG im Ausland viel Respekt entgegengebracht wird, steht es um das Deutschlandbild abseits der großen Technikmarken nicht so gut.

Wenig „trendy", historisch belastet und insgesamt sehr diffus – so stellt sich das Image Deutschlands 2003 laut einer Studie des Goethe-Instituts bei britischen Jugendlichen dar.[5] Auch eine weitere, 2004 durchgeführte Studie[6] zum Image der Deutschen und Deutschlands im Ausland kommt bezüglich Großbritannien zu wenig positiven Ergebnissen: Während das Attribut „sympathisch" im Hinblick auf die Deutschen noch knapp im positiven Nennungsbereich rangiert, wird bei der Frage nach der Zuschreibung „fröhlich" der schlechteste Wert aller elf befragten Länder erzielt. Besser schneidet das Image Deutschlands und seiner Bevölkerung bei der Beurteilung in Frankreich ab. Hier werden in den Kategorien „gastfreundlich", „sympathisch" und „fröhlich" durchweg positive Werte erzielt. Dies ist auf die historisch gewachsene, enge Freundschaft der beiden Länder zurückzuführen, die sich seit dem Elysée-Vertrag von „Erzfeinden" zu Partnern entwickelt haben.

Deutsche Sprache, schwere Sprache

„In Frankreich und den meisten westeuropäischen Ländern nimmt das Interesse an Deutsch derzeit tendenziell eher ab", so der Lagebericht 2003 zur Kulturpolitik des Auswärtigen Amts.[7] Während man mit Spanisch Attribute wie Temperament, Urlaub und Sonne verknüpft, gilt Deutsch allgemein als langweilig, hart und schmucklos,

---

[5] „Mutual Reception Research UK", eine Studie im Auftrag des Goethe-Instituts und des British Council, die im Mai und Juni 2003 durchgeführt wurde. Befragt wurden je 1.000 Briten und Deutsche im Alter zwischen 16 und 25 nach ihren Eindrücken über das jeweils andere Land.

[6] Ergebnisse einer Repräsentativbefragung zum Image Deutschlands und der Deutschen im Ausland in Brasilien, Dänemark, Frankreich, Großbritannien, Italien, Mexiko, Niederlande, Polen, Russland, Südafrika und USA. Durchgeführt von TNS Emnid im Auftrag des Presse- und Informationsamts der Bundesregierung.

[7] Auswärtiges Amt, 8. Bericht der Bundesregierung zur Auswärtigen Kulturpolitik 2003: 26.

schlicht als „uncool". In England und Frankreich ist seit den 1990er Jahren ein starker Rückgang an Schülern und Studierenden, die Deutsch belegen, zu beobachten. Für Jugendliche, die sich entscheiden müssen, welche Sprache sie lernen wollen, spielt das Image des Landes eine entscheidende Rolle. „Junge Leute lernen eine Sprache zum einen, um ihre beruflichen Chancen zu verbessern, zum anderen, weil sie ein bestimmtes Lebensgefühl vermittelt"[8], so Christoph Müchner.

4 «On a tout à faire ensemble» – Imagekampagne des Goethe Instituts Paris

Zum 40. Jahrestag des Elysée-Vertrags am 22. Januar 2003 wurde auf den obersten politischen Ebenen Deutschlands und Frankreichs der Beschluss gefasst, dem Erlernen der Partnersprache eine höhere Priorität einzuräumen. In diesen Rahmen ist auch die Imagekampagne „*On a tout à faire ensemble*" des Goethe Instituts Paris einzuordnen. Sie sollte informieren, aber gleichzeitig auch emotional das Image Deutschlands und der deutschen Sprache aufpolieren. Man entschloss sich für die zentrale Botschaft „Französisch und Deutsch – Schlüssel für Beruf und Karriere in Europa". Primär sollten Schüler und Studierende sowie Eltern und Lehrer als Multiplikatoren angesprochen werden. Generell war die Kampagne auf eine breite öffentliche Wahrnehmung ausgerichtet, so dass verstärkt der Kontakt zu Presse und Medien gesucht und eine gezielte Inszenierung von medienwirksamen Ereignissen unter Beteiligung von Prominenten verfolgt wurde. Dazu gehörte auch die zeitliche Staffelung der Maßnahmen, um vor dem Zeitpunkt der Sprachenwahl in den Schulen im März ein Optimum an Aufmerksamkeit zu erreichen. Die Kampagne startete im Februar 2004 anlässlich des eigens organisierten Deutsch-Französischen Tags mit einer gemeinsamen Erklärung von Jacques Chirac und Gerhard Schröder zur Bedeutung von Sprachen für die interkulturelle Verständigung.[9]

Kampagnenumsetzung

Einen Schwerpunkt der Kampagne bildete Printmaterial in Form von Plakaten, Postkarten und Lesezeichen. Das Bildthema ist das *„couple franco-allemand"*[10], das auf junge Leute in Form deutsch-französischer Liebespärchen oder Arbeitspartnerschaften übertragen wurde, welche die emotionale, aber auch wirtschaftliche Nähe der Länder verdeutlichen sollten.

Die generelle Aussage der Kampagne war zweidimensional angelegt. Barbara Malchow-Tayebi, Leiterin der Sprachabteilung des Goethe-Instituts Paris, zu den Zielen

---

[8] Christoph Müchner war als damaliger Leiter der Werbekommission des Goethe Instituts München mitverantwortlich für die nachfolgend erläuterten Kampagnen. Zit. n.: Müller 2004: 52.
[9] Gemeinsame Erklärung von Bundeskanzler Schröder und Staatspräsident Chirac zum Deutsch-Französischen Tag am 22. Januar 2004: „Die Sprache ist das wichtigste Tor zum Verständnis des Partners, seiner Kultur, seiner Arbeits- und Lebensweise."
[10] Das deutsch-französische Paar wurde v.a. durch die enge Zusammenarbeit der Staatsoberhäupter Konrad Adenauer/Charles de Gaulle und Helmut Kohl/Francois Mitterand geprägt.

der Kampagne mit Blick auf das Sprachimage: „Deutsch ist sympathisch, Deutsch ist cool, Deutsch macht Spaß, mit Deutsch kann man sein Privatleben interessanter gestal-

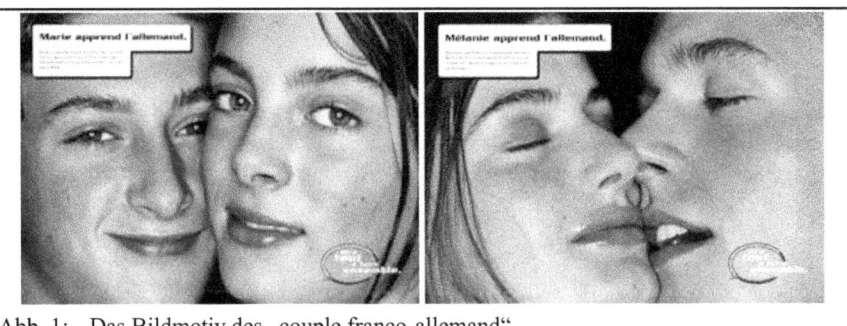

Abb. 1: „Das Bildmotiv des „couple franco-allemand"

ten. Auf der anderen Seite: Deutsch bringt Vorteile für den Beruf."[11] Begleitend zu der Printkampagne, die auch in der Pariser Métro zu sehen war, gab es neben Fernseh- und Radiowerbung sowie der Informationsbroschüre „L'allemand, passeport pour l'Europe" auch ein breites Spektrum an Events und Kulturprogrammen in verschiedenen Städten Frankreichs. Darunter eine Hip-Hop-Tournee mit deutschen Künstlern, das „Cinéallemand", sowie Deutschlandtage in vielen Schulen mit deutschem Essen, Ausstellungen und Filmen.

Öffentliche Wahrnehmung

Bei der Zielgruppe der Schüler und Studierenden traf die Imagekampagne auf große Akzeptanz, was sich in der Abnahme der Werbemittel in den Schulen und dem positiven Feedback der Eltern widerspiegelte. Der Rückgang von Deutsch als erste Fremdsprache, der in den vorangegangenen Jahren etwa 10 Prozent betragen hatte, minimierte sich nach der Sprachenwahl im Oktober 2004 um die Hälfte. Gleichzeitig wuchs Deutsch als zweite Fremdsprache erheblich an.[12]

Allgemein war die öffentliche Wahrnehmung der Kampagne enorm. Das Presseecho in Frankreich und Deutschland war durch alle Medien hinweg hoch, mit generell positivem Tenor. Nur vereinzelt meldeten sich kritische Stimmen, die bemängelten, dass die Geschichten der Printkampagne zu „schlicht gestrickt"[13] seien. Auf politischer Ebene hat die Kampagne zu einer Sensibilisierung für die deutsche Sprache geführt und konnte für das Goethe-Institut im französischen Erziehungsministerium einen Partner für strukturelle Maßnahmen zur Verbesserung des Stellenwerts von Deutsch gewinnen.

Das Fazit des Goethe-Instituts als Kampagnenträger fällt aufgrund der erzielten Wirkungen bei den Zielgruppen sehr positiv aus. Obwohl keine Evaluation durchgeführt wurde, hat die Kampagne das gesetzte Ziel scheinbar erreicht, Deutsch als Fremdsprache zu stärken.

---

[11] Dr. Barbara Malchow-Tayebi im Interview mit den Autorinnen vom 03.06.2005
[12] Angaben von Dr. Barbara Malchow-Tayebi im Interview mit den Autorinnen vom 03.06.2005.
[13] Siehe z.B. WAZ am 22.01.2004; Mannheimer Morgen am 23.01.2004

5 «Learn German» – Imagekampagne des Goethe-Instituts London

Durch den deutlichen Rückgang der Deutsch lernenden Schüler und Studierenden veranlasst, wandten sich die „Conference of University Teachers of German" (CUTG) und der DAAD an das Goethe-Institut als primären Ansprechpartner für die Schulen, um Gegenmaßnahmen zu ergreifen. Mit „*Learn German*" startete das Goethe-Institut London 2001 eine Imagekampagne, die durch die Vermittlung eines positiven, überraschenden Deutschlandbildes Anreize zum Erlernen der deutschen Sprache schaffen sollte. Primäre Zielgruppe waren Schüler im Sekundarbereich, als zweite Zielgruppe sollten Deutschlehrer als Multiplikatoren angesprochen werden.

Das Ziel war Aufmerksamkeit durch Selbstironie – eine Eigenschaft, die den Deutschen in England abgesprochen wird. Die Kernbotschaft der Kampagne lautete nach Angaben von Karl Pfeiffer, Werbebeauftragtem des Goethe-Instituts London, daher auch: „Deutsch und Deutschland ist etwas anderes als das, was in Stereotypen gezeigt wird, es ist etwas, was auch in der Lage ist, über sich selbst zu lachen, sich selbst nicht zu ernst zu nehmen."[14] Die Verbreitung dieser Botschaft erfolgte via Postkarten und Postern, die von der Agentur *Brigh-ten the Corners* entworfen und vom Goethe-Institut an Schulen und Universitäten verschickt wurden.

Bei der grafischen Umsetzung lehnte sich die Kampagne bewusst an das Tabloid-Newspaper-Format der englischen Zeitungen an. „Also richtig große Lettern, knallige Farben.

Abb. 2: „Learn German" - Postkarten und Plakatmotive

Man konnte sich vorstellen, das ist eine von diesen Boulevardzeitungen, die sehr billig, sehr krass operieren. Und dies dann ironisch unterwandern, das war die Idee dahinter."[15] Die Motive griffen deutsche Prominente wie Oliver Kahn, Claudia Schiffer oder Michael Schumacher sowie Stereotype wie Lederhosen und Sauerkraut, aber auch Autobahn, Effiency oder Recycling auf. Der Claim „*Learn German*" spielte in Verbindung mit den Sub-claims mit den Stereotypen über Deutschland:

- Autobahn – Learn German (and get in the fast lane) oder
- Einstein – Learn German (it's relatively easy).

Im Rahmen eines Wettbewerbs im Zuge der zweiten Kampagnenwelle 2002 wurden die Schüler dazu angehalten, selbst Slogans zu entwickeln. Der Gewinnerspruch „Oliver Kahn – Learn German (and let it all in)" nimmt wie das Auftaktmotiv 2001, „5:1 – Learn German (there's nothing to loose)", Bezug zum Thema Fußball, dem im Jahr

---

[14] Karl Pfeiffer im Interview mit den Autorinnen vom 14.06.2005
[15] Karl Pfeiffer im Interview mit den Autorinnen vom 14.06.2005.

2006 zur Fußballweltmeisterschaft in Deutschland eine weitere Kampagnenwelle mit grünen Postkarten gewidmet wird.

Öffentliche Wahrnehmung

Obwohl keine gezielten, kampagnenbegleitenden Pressemaßnahmen vom Goethe-Institut ausgingen, erzielte „Learn German" eine breite Resonanz in der in- wie ausländischen Presse. Dabei zeigten sich zwei Wirkungen: zum einen eine breite und positive Berichterstattung über die Kampagne selbst, zum anderen die Hervorhebung des Goethe-Instituts als Ansprechpartner für Medien zum Thema Deutschland und Deutsch. Auch bei den primären Zielgruppen Schüler und Deutsch-Lehrer rief die Kampagne positive Reaktionen hervor. Es gab nach Auskunft des Goethe-Instituts London eine große Nachfrage nach den Werbematerialien und dem Wettbewerb sowie eine gute Partizipation und eine langfristige Kontaktverbesserung zu den Lehrern.

Ob die Kampagne neben der erzielten Aufmerksamkeit auch Auswirkungen auf die Zahl Deutsch lernender Schüler hatte, konnte nicht festgestellt werden, da sich zum Zeitpunkt der Kampagnendurchführung die Rahmenbedingungen für Deutsch verschlechterten. Da ein neu verabschiedetes Gesetz das Belegen einer Fremdsprache nur noch bis 14 Jahre verpflichtend macht, besitzt Deutsch gegenüber dem traditionell als erste Fremdsprache gewählten Französisch einen strategischen Nachteil. Es müsste daher auch auf politischer Ebene für Deutsch geworben werden – dies wäre jedoch nur mit Lobbying zu erreichen. Es gibt jedoch auch optimistischere Stimmen:

> „It will take three or four years for any effect to feed through into increased take-up of German. But the campaign has raised awareness and maybe there are now a few more people who can agree with the tag-line to go with: Recycling – Learn German (it's not all rubbish)", so die Bewertung der Kampagne durch Colin Riordan.[16]

Gemeinsamkeiten und Unterschiede der beiden Kampagnen

Die vorgestellten Kampagnen lassen sich leicht für einen Vergleich heranziehen, da sie zum einen vom gleichen Akteur durchgeführt wurden, zum anderen aber auch auf der gleichen Problemstellung fußen. Das Ziel ist identisch: Deutsch als Fremdsprache positiv zu besetzen und so den Rückgang Deutsch lernender Schüler und Studierender zu stoppen. Der Weg jedoch, der zu dieser Zielerreichung gewählt wurde, ist ein anderer.

Die englische Kampagne „Learn German" bezieht sich in ihrer Argumentation fast ausschließlich auf das Deutschlandbild. Die Tonality der Kampagne sollte ein überraschendes, junges Image von Deutschland in den Köpfen der Betrachter entstehen lassen. Die französische Kampagne stützt sich hingegen auf die Idee der Partnersprache und argumentiert mit Vorteilen in Privat- und Berufsleben. Durch die Verkörperung dieser Idee anhand des „couple franco-allemand" agierte die Kampagne sehr gefühlsbetont. Das Image Deutschlands trat fast gar nicht in Erscheinung.

Trotz der unterschiedlichen Argumentationslinie wird deutlich, dass beide Kampagnen explizit auf die bestehenden Images und Stereotype von Deutschland und Deutsch eingehen und in der Kampagnenausgestaltung auf national-kulturelle Beson-

---

[16] Colin Riordan: Lederhosen – who says it's pants? The Journal. 16.09.2003: 24

derheiten Rücksicht genommen wurde. Damit sollte eine größtmögliche Akzeptanz der Kampagnenbotschaft erzielt werden.

6   Resümee und Ausblick

Haben die vorgestellten Kampagnen das Ziel der auswärtigen Kulturpolitik erreicht, ein „zeitgemäßes Bild von Deutschland" zu vermitteln? Wurde Deutschland als „Brand" mit attraktiven Werten für die Bezugsgruppen gefüllt?

Einzeln betrachtet konnten beide Kampagnen eine positive Resonanz bei den Zielgruppen und eine Sensibilisierung für Deutsch als Fremdsprache erreichen und somit als erfolgreich bezeichnet werden. Doch haben die Kampagnen auch imagebildend im Sinne des Nation Branding gewirkt? Diese Frage ist sowohl zu bejahen als zu verneinen. Die Kampagnen griffen bestehende Images und Stereotype auf und gingen darauf ein. Dies war wichtig, um die Glaubwürdigkeit der Kampagnenbotschaft zu erhöhen und akzeptiert zu werden. Die Konsequenz dieser angepassten Argumentation bedeutete jedoch, dass kein einheitliches Image von Deutschland vermittelt wurde. Im Rahmen eines strategischen Nation Branding-Konzepts wäre ein einheitliches Vorgehen jedoch zu präferieren, da nur so eine universelle Marke geschaffen werden könnte.

Die Autoren vertreten hierbei die Meinung, dass den bestehenden Images innerhalb einer Nation adäquat im Sinne einer angepassten Kommunikationsstrategie begegnet werden muss, da Images zu komplex und rigide sind, als dass man in unterschiedlichen Nationen nach dem gleichen Mechanismus verfahren könnte. Da die Modifikation und Neupositionierung von Staaten-Images ein langwieriger und vielschichtiger Prozess ist, wäre es illusorisch anzunehmen, dass mittels identischer Kampagnen ein Wandel zu einer global einheitlichen Marke „Deutschland" vollzogen werden könnte. Bei dem Versuch, eine Nation zur Marke zu machen, müssen daher immer alle Image-Dimensionen – wirtschaftliche, historische, gesellschaftliche und kulturelle Verbindungen zweier Nationen – beachtet werden. Nation Branding kann nur funktionieren, wenn die Botschaft den Zielgruppen nicht in Form aggressiver Werbung aufgedrückt wird, sondern langfristig das bereits bestehende Image im Ausland nutzt, um Stärken kommunikativ auszubauen und Vorurteile glaubwürdig zu widerlegen. Diesen Ansatz verfolgt auch das Goethe-Institut in der auswärtigen Kulturpolitik:

„Erfolgreiche Werbung muss an den bestehenden Deutschlandbildern ansetzen und kann nicht zentral und weltweit nach einheitlichem Muster erfolgen; vielmehr müssen die jeweiligen kulturellen Besonderheiten und Beziehungen zu Deutschland und seiner Sprache respektiert werden." [17]

---

[17] Christoph Müchner zit. n.: Müller 2004: 52

Literatur

Anholt, Simon (2002): Vorwort zum Journal of Brand Management. Special Issue: Nation Branding. 9. Jahrgang, Ausgabe 4-5, April 2002, London: 229-239

Bergler, Reinhold (1991): Standort als Imagefaktor. In: Deutsche Public Relations Gesellschaft (Hrsg.): DPRG-Jahrestagung: Führung und Kommunikation. Erfolg durch Partnerschaft. Standort als Imagefaktor, Bonn

Bassewitz, Susanne von (1990): Stereotypen und Massenmedien. Zum Deutschlandbild in französischen Tageszeitungen, Wiesbaden

Bentele, Günter (1992): Images und Medien-Images. In: Werner Faulstich (Hrsg.): Image, Imageanalyse, Imagegestaltung, Bardowick: 152-176

Bentele, Günter (1995): Der Entstehungsprozess von Nationenimages: Informationsquellen und Verzerrungen. Überlegungen zu Grundlagen der staatlichen Auslands-Öffentlichkeitsarbeit. In: Walter A. Mahle (Hrsg.): Deutschland in der internationalen Kommunikation, Konstanz: 59-73

Claussen, Bernhard (1989): Politische Sozialisation durch Massenmedien und die Vermittlung von Vorstellungen über fremde Völker, Gesellschaften und Nationen. In: Bundeszentrale für politische Bildung (Hrsg.): Völker und Nationen im Spiegel der Medien. Bd. 269, Bonn: 71-98

Kunczik, Michael (1989): Public Relations für Staaten. Die Imagepflege von Nationen als Aspekt der internationalen Kommunikation: Zum Forschungsstand. In: Max Kaase/Winfried Schulz (Hrsg.): Massenkommunikation. Theorien, Methoden, Befunde. Kölner Zeitschrift für Soziologie und Sozialpsychologie. Sonderheft 30, Opladen: 165-185

Kunczik, Michel (1990): Die manipulierte Meinung. Nationale Image-Politik und internationale Public Relations, Köln/Wien/Böhlau

Kunczik, Michael (1996): Public Relations für Staaten. In: Johanna Dorer/Klaus Lojka (Hrsg.): Öffentlichkeitsarbeit. Theoretische Ansätze, empirische Befunde und Berufspraxis der Public Relations, Wien: 111-128

Lippmann, Walter (1990): Die öffentliche Meinung, München

Müller, Svenja (2004): Branding Germany: Das Experiment. In: Politik & Kommunikation. 13. Ausgabe. Februar 2004, Berlin: 50-52

Peters, Christoph (1999): Deutschland und die Deutschen im Spiegel britischer Tageszeitungen: Die Berichterstattung der überregionalen Presse Großbritanniens 1989-1994, Münster

Schulte, Jessica (2002): Deutschland für die Welt. Eine Analyse zum vermittelten Deutschlandbild der deutschen Welle. Magisterarbeit am Institut für Kommunikationswissenschaft der Universität Münster, Münster

Wernecken, Jens (2000): Wir und die anderen ...: nationale Stereotypen im Kontext des Mediensports, Münster

„Man muss das Chaos lieben"

Untersuchung der GATS-Kampagne von Attac[*]

Nadine Fislage / Sandya Stiebling

1 Einführung

Wenn junge Leute in der Fußgängerzone eine aufblasbare Weltkugel hin und her werfen, die Menschen mit fragenden Blicken an Ihnen vorbeigehen oder staunend stehen bleiben und sich daneben vielleicht noch ein Stand mit Infomaterial befindet, handelt es sich mit großer Wahrscheinlichkeit um eine Aktion der Globalisierungsgegner Attac. Wer verbirgt sich hinter Attac, was will die Organisation erreichen? Und vor allem: Wie öffentlichkeitswirksam sind deren Kommunikations- und Kampagnenpraxis, um die gesteckten Ziele zu erreichen? Um diese Fragen genauer zu beleuchten, wird im Folgenden eine Kampagne exemplarisch für die allgemeine Kampagnenarbeit von Attac analysiert. Es handelt sich um die GATS-Kampagne, die sich gegen das Dienstleistungsabkommen der Welthandelsorganisation (WTO) richtete. Die grundlegende Frage ist: *Wie ist die Kampagne aus Sicht eines professionellen Kampagnenmanagements zu bewerten bzw. ist sie überhaupt mit professionellen Kampagnen vergleichbar?* Um zu einer Antwort zu gelangen, werden die einzelnen Bausteine der Kampagne in Bezug auf die vier Phasen Situationsanalyse, Planung, Durchführung und Evaluation betrachtet. Die Informationen über die Kampagne stammen vor allem von der Attac-Homepage www.gats-kritik.de, aus verschiedenen Materialien der Kampagne selbst und einem Interview vom 14. Juli 2005 mit dem Attac-Mitglied David Hachfeld, der mit der Koordinierung der Kampagne befasst war.

Nach einer Einordnung von Attac in gesamtgesellschaftliche Zusammenhänge wird die Organisation selbst vorgestellt: Wie ist Attac entstanden, wie ist die Struktur, wer

---

[*] Dieser Beitrag wurde für die 3. Auflage neu verfasst. Die Fallstudie wurde im Rahmen eines Seminars am Institut für Kommunikationswissenschaft der Universität Münster durchgeführt.

sind seine Mitglieder und wie arbeitet sie? Zudem wird in einem kleinen Exkurs das Abkommen GATS erläutert, da dies zum Verständnis der Kampagne notwendig ist. Im Hauptteil erfolgt schließlich die Beschreibung und Analyse der Kampagne, bevor eine kritische Bewertung und ein kurzes Fazit den Beitrag abschließen.

2 Der Kampagnenträger Attac

Attac gründete sich 1998 in Frankreich im Zuge der Debatte um die Tobinsteuer[1]. So kam A.T.T.A.C. zu seinem – auch durchaus symbolischen – Namen: «Association pour une taxation des transactions financières pour l'aide aux citoyens et citoyennes» (Vereinigung zur Besteuerung von Finanztransaktionen zur Hilfe der Bürger). Heute ist die Organisation in über 50 Ländern vertreten, in Deutschland wurde Attac im Jahr 2000 gegründet. Die Mitgliederzahl stieg, besonders nach den Protesten gegen den G8-Gipfel in Genua im Jahr 2001, innerhalb von nur zwei Jahren von anfangs 226 auf heute 16.000 Mitglieder, die v.a. in den momentan über 250 Ortsgruppen aktiv sind. (Vgl. Attac 2005)

Attac kritisiert die aktuelle Form der Globalisierung, die in ihren Augen neoliberal dominiert und primär an den Interessen der Vermögenden und Konzerne orientiert ist. Zu den Forderungen gehören v.a. soziale Gerechtigkeit, die Einhaltung von Menschenrechten, Demokratie und umweltgerechtes Handeln. Um diese Ziele zu erreichen, setzt Attac auf Aufklärung, die Vermittlung von Wissen und die Erzeugung öffentlichen Drucks. Die drei Standbeine der Arbeit sind daher Expertise, Aufklärung und Aktion. (Vgl. Attac Deutschland 2004: 104ff.)

Innerhalb von Attac-Deutschland gibt es folgende Gremien: Den *Ratschlag (*das höchste Entscheidungsgremium), den *Attac-Rat* (Diskussions- u. Entscheidungsplattform für Themen, die im Ratschlag nicht behandelt werden), den *Koordinierungskreis* (vertritt Beschlüsse nach außen, organisiert die Durchführung bundesweiter Aktionen und die interne Kommunikation), das *Bundesbüro* in Frankfurt (u.a. zuständig für Buchhaltung, Gruppenunterstützung, Fundraising, Öffentlichkeitsarbeit und Mitgliederverwaltung) und die *bundesweiten Arbeitsgruppen*, die zu speziellen Themen arbeiten. (Vgl. ebd.: 131ff.) Zudem gibt es den *wissenschaftlichen Beirat*, dem fast 100 WissenschaftlerInnen und ExpertInnen unterschiedlicher Fachrichtungen angehören und mit deren Hilfe Aktionen wissenschaftlich untermauert und begleitet werden (vgl. Nicoll 2005: 93). Die meisten Attac-Mitglieder sind in den lokalen Ortsgruppen, die autonom arbeiten. Zum Prinzip von Attac gehört es, dass Entscheidungen nach dem Konsensprinzip getroffen werden. Abgesehen von wenigen Ausnahmen (z.B. dem Pressesprecher) arbeiten fast alle Mitglieder ehrenamtlich.

---

[1] Bei der Tobinsteuer handelt es sich um eine Steuer auf Devisen, um v.a. Währungsspekulationen zu verteuern und damit einzudämmen. Sie wurde nach ihrem Erfinder, dem Wirtschaftsnobelpreisträger James Tobin, benannt.

Einordnung: Soziale Bewegung, NGO[2] oder Netzwerk?

Auf die Frage, ob Attac als soziale Bewegung, als NGO oder beispielsweise als Netzwerk einzuordnen ist, gibt es keine leichte und eindeutige Antwort, denn Attac selbst ist sehr vielgestaltig und vielfältig. Eine vergleichbare Art des Protests gab es bereits in den (späten) 1970er und 1980er Jahren und fällt unter den Oberbegriff „Neue soziale Bewegungen" (vgl. Zwick 1990: 48). Dazu zählten vor allem die Frauenbewegung, die Anti-Atomkraft-Bewegung, stellvertretend für die vielen Ökologiebewegungen, und die Friedensbewegung. Lässt sich aber auch das Phänomen, das Attac verkörpert, 25 Jahre später unter dem Begriff der „Neuen Sozialen Bewegungen" fassen? Für den Begriff der „sozialen Bewegung" liefert die Literatur beispielsweise folgende Definition: Sie ist ein

> „auf gewisse Dauer gestelltes und durch kollektive Identität abgestütztes Handlungssystem mobilisierter Netzwerke von Gruppen und Organisationen, welche sozialen Wandel mit Mitteln des Protests – notfalls bis hin zur Gewaltanwendung – herbeiführen, verhindern oder rückgängig machen wollen." (Rucht 1994: 76f.)

Nach dieser Definition ist Attac eindeutig als soziale Bewegung einzuordnen, die die negativen Folgen der Globalisierung mittels Protests verhindern will und Alternativen aufzeigen möchte. Dennoch gibt es etwas, das neu ist und sich eben nicht in das klassische Schema einordnen lässt. So bezeichnete Attac Deutschland sich selbst in der Startphase als NGO-Netzwerk, hat aber seine Struktur später verändert und Möglichkeiten für eigenständiges Engagement lokaler Gruppen eröffnet (vgl. Attac Deutschland 2004: 104ff.). Trotzdem gibt es innerhalb von Attac Bündnisse und Ausprägungen, die eine festere und dauerhaftere Organisationsstruktur aufweisen als eine Bewegung; so sind z.B. auch Gewerkschaften (z.B. ver.di, GEW), Verbände (z.B. BUND) oder NGOs (z.B. Pax Christi, Weed) Mitglieder. Attac selbst sagt dazu:

> „Die Kombination all dieser Elemente (Anm.: gemeint ist die Vielfalt politischer Aktionsformen und Instrumente) macht den spezifischen Charakter von Attac aus. Insofern ist Attac ein innovatives Projekt, das nicht ohne weiteres in die Kategorien Netzwerk, Verbandsinternationale, NGO oder Bewegung passt." (Ebd.: 110)

Solange das Kind noch keinen Namen hat, mit dem es eindeutig klassifiziert werden kann, begnügt sich Attac selbstbewusst mit dem Satz: „Attac ist Attac." Das zentrale Thema der Globalisierung ist so komplex und deren Zweige so vielfältig, dass auch die neuen sozialen Bewegungen aus den 1980er Jahren hier wieder Anschluss finden: Es gibt das FrauenNetzAttac, aber auch Umwelt- und Friedensthemen (z.B. Irakkrieg), die aufgegriffen werden. So scheint es, dass der Name Attac im Laufe der Zeit immer mehr zum Synonym für *jegliche Form* globalisierungskritischer Stimmen geworden ist. Allerdings sieht sich Attac selbst lediglich als *Teil* der weltweiten Globalisierungsbewegung.

Die einzige *Waffe*, über die Attac verfügt, ist die Kommunikation. Ziel ist, durch öffentlichen Druck langfristig dem Ziel eines sozialen Wandels im Sinne einer anderen und gerechteren Welt (Claims: „Die Welt ist keine Ware", „Eine andere Welt ist mög-

---

[2] NGO = Nongovernmental Organization / Nichtregierungsorganisation

lich") näher zu kommen. Die PR-Instrumente sind Vorträge, Infostände, Publikationen, Podiumsdiskussionen, Pressearbeit und vor allem spektakuläre Aktionen, mit denen Attac über die komplexen ökonomischen Themen informieren und sie auf verständliche Forderungen herunterbrechen will (vgl. Nicoll 2005: 45). Ganz wesentlich für die Entwicklung und Vernetzung Attacs war und ist das Internet. Der größte Teil der internen und externen Kommunikation läuft über dieses Medium und bietet auch für die Kampagnen eine Plattform mit vielfältigen Möglichkeiten (Rundmails zur Mobilisierung, Flugblätter für Aktionen zum Download etc.).

3 Das Kampagnenthema GATS

Hintergrund der GATS Kampagne

Das GATS (General Agreement on Trade in Services) ist ein Abkommen zur Liberalisierung von Dienstleistungsmärkten. Es wurde 1995 unter dem Dach der Welthandelsorganisation (WTO) gegründet. Dienstleistungen, die heute noch in staatlicher Hand liegen, würden innerhalb der zurzeit 148[3] WTO-Mitgliedsstaaten ausgeschrieben, und könnten von (auch ausländischen) privaten Unternehmen innerhalb der Mitgliedsstaaten gekauft werden. Der Regelungsumfang des GATS ist groß. Kein Dienstleistungssektor ist grundsätzlich ausgenommen: Dazu zählen z.B. die Wasser- und Energieversorgung, der Bildungs-, Kultur- und Gesundheitsbereich, der Banken- und Versicherungssektor, die Müllentsorgung, Verkehrsbetriebe, die Telefonnetzversorgung, der Tourismussektor, Nachrichtenagenturen sowie Postdienste. Die Dienstleistungsbereiche sollen den WTO-Prinzipien des Marktzugangs und der Gleichbehandlung in- und ausländischer Anbieter unterworfen werden (vgl. Fritz o.J.). Attac sieht die besondere Brisanz dieses Abkommens darin, dass

> „Dienstleistungsmärkte weniger durch klassische Handelshemmnisse wie Zölle geschützt werden, sondern vor allem durch innerstaatliche Gesetze, Verordnungen, ökologische Normen oder soziale Standards. Ziel der GATS- Verhandlungen ist es aber, sämtlichen innerstaatlichen Regelungen ein möglichst enges Korsett von verbindlichen Rahmenrichtlinien anzulegen." (Fritz o.J.)

Aus Sicht von Attac bedeutet das Abkommen einen besonders tiefen Einschnitt für die Entwicklungsländer, weil dort viele Dienstleistungsmärkte noch unterentwickelt sind, so dass sie dem direkten Wettbewerb kaum gewachsen sind (vgl. Beise 2001: 115). Attac kritisiert, dass sich das Kräfteverhältnis zwischen armen und reichen Ländern, trotz gleichwertiger Stimme in der WTO, in einer Schieflage befindet: Angedrohte Sanktionen gegen ein wirtschaftliches schwaches Land können es zur Marktöffnung zwingen, wohingegen die Sanktionierung z.B. der USA derartig starke Auswirkungen auf die Weltwirtschaft hätte, dass Drohungen nicht realistisch sind und kein Druckmittel darstellen würden (vgl. Grefe u.a. 2002: 88f.). Attac betont, dass es besonders die Industrieländer sind, die von dem Öffnen der Dienstleistungsmärkte profitieren. Weiter kriti-

---

[3] Dies ist der Stand vom 16.02.05, der auf der offiziellen WTO-Homepage-Startseite bekannt gegeben wird (www.wto.org, abgerufen am 12.09.05).

siert Attac, dass die Verhandlungen lange Zeit unter Ausschluss der Öffentlichkeit geführt worden sind. Insgesamt gab es bis heute fünf Verhandlungen über das GATS. Die letzte ist im Jahr 2003 in Cancún (Mexiko) laut Attac daran gescheitert, dass die großen Industrienationen versuchten

> „die ungehinderte Expansion ihrer eigenen Unternehmen auf die Märkte der Armen durchzusetzen, ohne auf die berechtigten Interessen der Entwicklungsländer oder Umweltbelange einzugehen." (Attac Göttingen, Arbeitskreis WTO, Welthandel 2003)

Die Verhandlungen sollten ursprünglich bereits Ende 2004 abgeschlossen sein. Eine Weitere ist für Dezember 2005 in Hongkong geplant.

Gesellschaftliche Relevanz des Themas

Im Grunde betrifft das GATS jeden einzelnen Bürger der WTO-Mitgliedsstaaten, denn es kann, je nach Verhandlungsergebnis, große Auswirkungen auf verschiedenste Bereiche der Gesellschaft haben. Attac kritisiert, dass die WTO, obwohl sie dazu verpflichtet wäre, die Auswirkungen des GATS noch nicht untersucht hat (vgl. Fritz o.J.). Attac befürchtet vor allem negative Auswirkungen wie Qualitätseinbußen, Preissteigerungen, Entlassungen, Lohnsenkungen und die Gefahr, dass die zuvor vom Staat geleistete Grundversorgung nach der Privatisierung nicht mehr gewährleistet ist (vgl. ebd.). Die gesellschaftliche Relevanz des GATS kann deshalb als sehr hoch bezeichnet werden. Für den Normalbürger wird es aber schwierig sein, einzelne Auswirkungen unmittelbar auf das GATS zurückzuführen. Dies und der langwierige Verhandlungsprozess lassen vermuten, dass sich die Bekanntheit des GATS und das Empörungs- und Mobilisierungspotential der Bevölkerung in Grenzen halten.

4 Analyse der GATS Kampagne

Bei der Bewertung einer Kampagne interessiert vor allem der Erfolg in Form von erreichten Zielen. Da dieser nicht nur von der Zieldefinition, sondern auch von anderen Konzeptionsbausteinen abhängt, betrachtet die folgende Analyse alle Phasen der Kampagne. Die Fachliteratur liefert dazu eine ganze Reihe von Empfehlungen, denen häufig das grundlegende Modell strategischer Öffentlichkeitsarbeit mit den Phasen Situationsanalyse, Strategie, Umsetzung und Evaluation/Erfolgskontrolle zugrunde liegt (vgl. u.a. Bonfadelli 2000: 116, Avenarius 2000: 197ff.; Faulstich 2000: 208ff.).

Bevor eine Strategie entwickelt werden kann, muss zunächst eine ausführliche Situationsanalyse vorgenommen werden. Dann erfolgt die Umsetzung der Strategie in Form konkreter taktischer Maßnahmen. Abschließend kommt die Phase der Evaluation, die den Erfolg der Kampagne überprüfen und in Zukunft verbessern soll. Zudem ist es sinnvoll eine begleitende Evaluation vorzunehmen, um sicherzustellen, dass das Kampagnenkonzept in sich schlüssig ist oder erforderliche Anpassungen vorgenommen werden können (vgl. Avenarius 2000: 197). Die folgenden Abschnitte beschäftigen sich mit der Frage, inwiefern sich einzelne Punkte strategischer PR innerhalb der

GATS-Kampagne wieder finden lassen. Zunächst erfolgt allerdings eine Vorstellung der Kampagnenakteure.

Akteure der Kampagne

Initiator der Kampagne war die bundesweite Attac-AG *Welthandel und WTO* (im Folgenden *WTO-AG*), die eine *Koordinationsgruppe* einsetzte, deren Aufgaben u.a. die Koordination der Kampagnenmaßnahmen, die Finanzaufsicht sowie Pressearbeit umfassten. Unterstützt wurde diese Gruppe durch ein GATS-Büro in Berlin und verschiedene Arbeitsgemeinschaften wie die AG Vortragskoordination, die Aktivenunterstützungs-AG, die Öffentlichkeitsgruppe, die Texte- und Analysen-AG und die Pressure Group[4] (vgl. Nagele 2002a). Ein wichtiger Akteur war außerdem das Aktionsbündnis mit verschiedenen Organisationen wie z.B. Medico, WEED, ver.di und DGB Jugend, das an mehreren Aktionen beteiligt war. Darüber hinaus befassten sich auch andere bundesweite AGs mit der Kampagne (z.B. AGs zu sozialer Sicherung, Ökologie, Bildung oder das FrauenNetzAttac). Die wohl wichtigste Rolle spielten allerdings die Attac-Ortsgruppen, die als Multiplikatoren die meisten Aktionen ausführten, Flugblätter verteilten, Infostände aufbauten und eigene GATS-Arbeitskreise bildeten (vgl. Fritz 2002). Zu erwähnen ist außerdem eine Gruppe von sieben StudentInnen der Universität der Künste (UdK) in Berlin, die im Vorfeld der Kampagne als Projektarbeit für ihren Studiengang *Gesellschafts- und Wirtschaftskommunikation* ein 172 Seiten umfassendes Dokument mit dem Titel ‚attac - die welt ist keine ware. eine kampagne zum general agreement on trade in services (gats)'[5] erstellten. In dieser Arbeit sind nicht nur Hintergrundinformationen zur Globalisierung und dem GATS enthalten. Die StudentInnen entwickelten auch ein konkretes Kampagnenkonzept.

Insgesamt lässt sich festhalten, dass die Akteursstruktur der Kampagne dem netzwerkartigen Charakter von Attac Rechnung trug: Statt einer hierarchischen Organisation fanden sich verschiedene Arbeitsgruppen, die eigenverantwortlich arbeiteten und den anderen Gruppen Vorschläge unterbreiteten. Die Vielfalt der Kampagne wurde dadurch groß, allerdings auch die Unübersichtlichkeit. So gab es trotz der Koordinierungsgruppe Absprachprobleme und Aufgabenüberschneidungen. Für viele Akteure war die GATS-Kampagne außerdem nicht das einzige Thema, an dem sie arbeiteten, so dass im Verlauf der Kampagne Ermüdungserscheinungen festgestellt wurden[6] (vgl. Nagele 2002a).

Situationsanalyse

Im Vorfeld einer Kampagne ist eine ausführliche Situationsanalyse notwendig, auf der alle weiteren Schritte der Konzeption aufbauen. Es müssen Informationen zum Thema gesammelt, Organisationsziele formuliert, internes und externes Umfeld erkundet sowie personelle und materielle Ressourcen ermittelt werden. Sinnvoll ist auch eine

---

[4] Sie ist zuständig für den Kontakt zu Verbänden und Protestmaßnahmen auf Parlamentsebene.
[5] Dieses Dokument ist im Internet einzusehen (http://www.Attac.de/gats/udk/udkprojekt.pdf).
[6] So fielen in die Zeit der Kampagne auch die Proteste gegen den Beginn des Irak-Kriegs.

SWOT-Analyse, die die Stärken, Schwächen, Chancen und Risiken in Bezug auf die Maßnahme bzw. Organisation betrachtet (vgl. Dörrbecker/Fissenewert-Gosmann 1999: 23ff.). Tatsächlich wurde im Vorfeld der Kampagne von den UdK-StudentInnen eine umfassende Situationsanalyse vorgenommen: Sie betrachteten z.B. die Themen Globalisierung, WTO und GATS (z.B. die Eignung als Kampagnenthema), beleuchteten die bisherige Kommunikation, führten eine Selbst- und Fremdbild-Analyse und eine SWOT-Analyse durch (vgl. Guttenberg et al. 2002: 21ff.). Für die Planung der Kampagne wurde diese so genannte *UdK-Projekt-Mappe* von Attac genutzt, allerdings gab es keine konsequente Ausrichtung an den Analyseergebnissen.

Als Budget wurden zu Beginn der Kampagne 76.500 €[7] veranschlagt (vgl. Nagele 2002b), außerdem wirkte in der Koordinationsgruppe ein Hauptamtlicher mit einer halben Stelle mit, was für eine Attac-Kampagne einen verhältnismäßig hohen Personal- und Mitteleinsatz darstellt.

Strategieentwicklung

Die Entwicklung einer Strategie war im Falle der GATS-Kampagne nicht einfach. Begründet ist dies in der bereits erwähnten Vielfalt der Akteure, die nach dem Konsensprinzip entschieden und oft zu keinem klaren Abstimmungsergebnis gelangten. Eine große Rolle spielten dabei mehrere Kampagnentreffen von Oktober 2002 bis Juni 2003, bei denen sich herauskristallisierte, dass es grundlegend verschiedene Vorstellungen darüber gab, wie die Kampagne gestaltet sein sollte. Obwohl Attac in einer Selbstdefinition „ein fest definiertes Ziel, das auch erreichbar sein soll" (Attac Deutschland 2004: 128) fordert, wurde dieser Anspruch in der GATS-Kampagne nicht erfüllt: Viele sprachen sich gegen die Definition konkreter Ziele aus. Darunter hatte die Klarheit der Zielformulierung zu leiden, auf allen Treffen wurden neue Aspekte und Forderungen angeregt und von interessierten Akteuren bearbeitet (vgl. Kraus 2002; Nagele 2002a). So gab es z.B. noch im Mai 2003 eine Diskussion über folgende Fragen:

> „Benötigen wir ein politisches Oberziel oder haben wir in der Kampagne nebeneinander gleichberechtigte Ziele? Ist das Thema EU-request oder die Forderung Stopp GATS unser Oberziel und EU-request ein Zwischen- oder Unterziel? [...] Was ist eine Kampagne? Benötigen wir ein realistisches Kampagnenziel? Über diese Fragestellungen wurde kein Konsens erzielt." (Nagele 2002a)

Trotzdem sollen hier die wichtigsten Ziele dargestellt werden (vgl. Kraus 2002):
- Institutionell-politische Ziele: Debatte im Bundestag anstoßen, um eine politische Öffentlichkeit zu erzeugen und im Parlament Befürworter eines Abbruchs der GATS-Verhandlungen zu gewinnen
- Diskursziele: Kernbotschaften vermitteln (Delegitimierung der neoliberalen Globalisierung, Bekanntmachung und Skandalisierung des GATS, Forderung einer right-to-regulate-Debatte im Bundestag, Priorität der Demokratie vor dem Markt usw.)
- Organisatorische Ziele: Zahl der AktivistInnen steigern

---

[7] 42.000 € von ATTAC Deutschland (vgl. Nagele 2002b)

Darüber hinaus forderte Attac die Herausnahme der öffentlichen Dienste (Bildung, Gesundheit, Wasser- und Energieversorgung etc.) aus dem GATS und umfassende Transparenz der Verhandlungen. Der zur Erreichung dieser Ziele notwendige Druck sollte durch die öffentliche Thematisierung verschiedener Probleme des GATS erzeugt werden (vgl. Hachfeld/Fritz 2002). Problematisch war nicht nur der Umfang dieser (wie gesagt noch erweiterten) Zieldefinitionen. Vor allem der Stopp der GATS-Verhandlungen war nicht realistisch, da fast 150 Länder dem Vertragswerk angehören und eine Kampagne in einem Mitgliedsland fast nichts ausrichten kann. Zudem war die Messbarkeit mancher Ziele nicht gegeben bzw. eine Messung durch Attac aus organisatorischen und finanziellen Gründen nicht realisierbar.

Ebenfalls unscharf war die *Definition der Zielgruppen*. Obwohl die StudentInnen der UdK umfangreiche Analyse durchgeführt hatten[8], konnten sich die Kampagnen-Akteure nicht auf die Übernahme der Vorschläge einigen. Stattdessen wurden neben der „gesamten Bevölkerung" als Zielgruppen benannt: Ortsgruppen von Attac, Kommunal-, Berufs- und Wohlfahrtsverbände, Gewerkschaften, Umwelt-, Entwicklungs- und Verbraucherorganisationen, lokale und überregionale Medien sowie Lokal-, Landes- und BundespolitikerInnen (vgl. Hachfeld/Fritz 2002). Damit wurde Empfehlungen der PR-Fachliteratur nicht entsprochen, die eine genaue Eingrenzung der Zielpersonen anrät: „Wer seine Dialoggruppen nicht genau kennt, weiß nicht, mit wem er kommunizieren will." (Dörrbecker/Fissenewert-Gossmann 1999: 64) Eine optimale Wirkung könne die Öffentlichkeitsarbeit nur dann entfalten, wenn das Mediennutzungsverhalten und potentielle Reaktionen der Zielgruppe berücksichtigt würden (vgl. Bonfadelli 2000: 118). Im Falle der GATS-Kampagne fand eine Analyse der vage formulierten und sehr weit gefassten Zielgruppen nicht statt.

Die konkrete *Planung* der Kampagne war geprägt durch die einzig mögliche Lösungsstrategie Kommunikation, da technische, politische oder ökonomische Lösungen (vgl. Bonfadelli 2000: 102) ausschieden. Die StudentInnengruppe der UdK stellte dazu fest, dass Attac nur durch spektakuläre Aktionen und anschließende Berichterstattung das Thema GATS auf der politischen Agenda platzieren und so Druck ausüben könne (vgl. Guttenberg et al. 2002: 99). Als Strategie wurde daher geplant, die Kampagne am Zeitrahmen der GATS-Verhandlungen zu orientieren und die größte Aufmerksamkeit jeweils vor den wichtigsten Terminen zu erzeugen (vgl. Hachfeld/Fritz 2002); dieses Vorhaben wurde hinsichtlich der größten Aktionen und Maßnahmen allerdings nur eingeschränkt umgesetzt. Überhaupt gab es keine Einigung über einen konkreten Zeitplan: Während teils eine Postkartenaktion am 12.09.2002 als Kampagnenauftakt genannt wird, wurde auf einem Kampagnentreffen im Dezember 2002 festgehalten, dass die Vorbereitung der Kampagne begonnen hätte (vgl. Nagele 2002b). Auch ein konkretes Ende ist nicht definierbar. Zwar flaute die GATS-Kampagne nach den gescheiterten Cancún-Verhandlungen ab und die Koordinationsgruppe löste sich auf, gleichzeitig

---

[8] Sie führten eine Attac-Mitgliederbefragung durch und glichen die Ergebnisse ab mit den Gesellschaftsstudien Sinus-Milieus 2002 in Deutschland und der Shell-Jugendstudie 1999 (vgl. Guttenberg et al. 2002: 67ff.).

fand aber ein fließender Übergang in eine Anti-Privatisierungs-Kampagne statt. Dazu hat die stetige Ausweitung der Kampagnenziele beigetragen: Irgendwann passten die viele unterschiedlichen Aspekte nicht mehr in das Korsett der GATS-Kampagne. Inzwischen laufen die Protestvorbereitungen für die Ministerkonferenz in Hongkong im Dezember 2005 – hier wird das GATS wieder Thema sein. Von einem dramaturgischen Ablauf mit Beginn, Höhepunkt und Ende, wie er für Kampagnen empfohlen wird (vgl. Dörrbecker/Fissenewert-Gossmann 1999: 82f.), kann also nicht die Rede sein.

Um die Kampagne für jeden offen zu halten, der sich wie auch immer an der Kampagne beteiligen wollte, gab es keine Festlegung von *Kommunikationsinstrumenten* oder verbindliche Vorgaben für deren *Gestaltung*. Die Zielgruppenorientierung in Bezug auf Sprache, Tonalität und Stil blieb zum großen Teil dem Zufall überlassen. Trotzdem gab es Vorschläge, die vielfach aufgegriffen wurden: Das Corporate Design mit dem Attac- bzw. Anti-GATS-Logo, der Claim *Die Welt ist keine Ware* (vgl. Guttenberg et al. 2002: 98) und vor allem der typische Attac-Stil – u.a. unerwartet, provozierend, humorvoll, bissig, ironisch und emotional (vgl. Guttenberg et al. 2002: 98). Um die Vermittlung der Botschaft(en) zu verbessern, fanden während der Kampagne an verschiedenen Orten Argumentationstrainings statt, bei denen sowohl inhaltliche als auch gestalterische Aspekte des Argumentierens geübt wurden (vgl. Attac o.J.).

Planung und Umsetzung der Kommunikationsinstrumente

Die Umsetzung der Strategie war so vielfältig wie Attac selbst. Neben der Kampagnenhomepage (www.gats-kritik.de) existierten Flugblätter, Plakate, Stoppt-GATS-Preisschilder, Radiosendungen zu GATS-Schwerpunktthemen und eine ganze Reihe von Informationsschriften (vgl. Attac 2003d). Die UdK-StudentInnen hatten außerdem einen Kinospot über die Gefährdung der öffentlichen Filmförderung durch das GATS produziert, der in vielen Kinos lief, die zur kostenlosen Ausstrahlung bereit waren (vgl. Attac 2003e). Darüber hinaus wurden die Massenmedien mit professionellen Pressemitteilungen versorgt und zu mehreren Pressekonferenzen eingeladen. Viel bekannter ist Attac allerdings aufgrund der meist sehr bunten Aktionen. So wurden BundespolitikerInnen und vor allem der Bundeskanzler mit einer Flut von Postkarten und Protestbriefen (vgl. Attac 2003b) sowie zwei Unterschriftenlisten gegen das GATS konfrontiert. Die wichtigste Veranstaltung der Kampagne waren die europaweiten GATS-Aktionstage (13.-15. März 2003), an denen in über 50 deutschen Städten sehr individuelle Protestaktionen stattfanden (vgl. Attac 2003f). Groß angelegt war auch der internationale Kongress *Dienste ohne Grenzen? GATS und die Konsequenzen für Frauen* mit über 500 TeilnehmerInnen aus dem In- und Ausland. Im April wurde Attac vom Ausschuss für Wirtschaft und Arbeit eingeladen, an einer öffentlichen Anhörung zum GATS im Bundestag teilzunehmen. Die Ortsgruppen veranstalteten unterdessen zahlreiche Infoveranstaltungen und Aktionen. Als Abschluss der Kampagne können die Proteste gegen die Cancún-Konferenz betrachtet werden, z.B. der Gegenkongress *Fatal Global?!* in Berlin (vgl. Attac 2003a). Die dritte Säule der Kommunikationsmaßnahmen bildeten Informationsmaterial, Koordinierung und Hilfestellungen für die bereits aktiven Attac-Mitglieder in den Ortsgruppen. Für sie gab es regelmäßige GATS-Rundbriefe und einige GATS-Regionalkonferenzen. Hinzu kam Hilfestellung bei der Erstellung von Flugblättern oder Webseiten und bei der Pressearbeit.

Die Kommunikation im Zuge der GATS-Kampagne war Attac-gemäß sehr vielfältig, kreativ und abwechslungsreich, tatsächlich wurde alles abgedeckt, was im Hinblick auf das Budget machbar war. Allerdings ist eine Anpassung der Instrumente an die zu vermittelnde(n) Botschaft(en) und Zielgruppen, abgesehen von der Lokalbezogenheit der Ortsgruppen, meist nicht erkennbar. Da aber „aus allen Rohren geschossen" wurde, ist die Wahrnehmung der Kampagne bei vielen Zielpersonen wahrscheinlich.

Erfolgskontrolle

Die Fachliteratur unterscheidet zwischen *summativer* Evaluation, der Bewertung nach Beendigung einer Maßnahme, und *formativer* Evaluation, die prozessbegleitend stattfindet. Auf diese Art können Probleme rechtzeitig erkannt und Ziele ggf. geändert werden (vgl. Faulstich 2000: 215). Für die GATS-Kampagne gab es keine klassische Erfolgskontrolle durch eine Medienresonanzanalyse oder Befragungen von Zielgruppen. Allerdings betreiben die Akteure wie bereits erwähnt eine intensive prozessbegleitende Evaluation, allerdings nicht systematisch und nach definierten methodischen Regeln, sondern vielmehr im Rahmen der allgemeinen Prozessorientierung von Attac. Auf jedem Kampagnentreffen gab es eine ganze Reihe von Verbesserungsvorschlägen und Kritik, thematischen Schwerpunktverschiebungen, Abänderung von Zielen, unwissenschaftliche Erfolgskontrollen von Teilzielen usw. (vgl. Attac 2003c; Kraus 2002; Nagele 2002a und 2002b). Dies ist grundsätzlich positiv zu beurteilen, allerdings führte die Zerpflückung sämtlicher Aspekte der Kampagne, wie sie hier stattgefunden hat, letztlich zum nahtlosen Übergang der Kampagne in eine andere. Es macht wenig Sinn an einer Kampagne weiterzuarbeiten, wenn Ziele, Zielgruppen und Botschaft aus den Augen verloren werden.

5 Bewertung der GATS Kampagne

Wie oben bereits erwähnt wurde, gibt es bei Attac unterschiedliche Vorstellungen darüber, wie eine Kampagne durchgeführt werden soll – dies drückt sich auch im Vergleich der Kampagne mit professionellen Empfehlungen aus, von denen viele nicht erfüllt wurden. Dies und die Tatsache, dass die sorgfältig ausgearbeitete Projekt-Mappe der UdK-StudentInnen nicht als Vorlage für die Kampagne diente, sind Konsequenzen der Attac-Strukturen, die jegliche Vorschriften ablehnen und auf dem Konsens-Prinzip aufbauen. Zudem muss berücksichtigt werden, dass Attac nicht den Anspruch erhebt, „perfekte" Kampagnen durchzuführen, dafür verfügen die Akteure weder über die organisatorischen, noch über die finanziellen Mittel. Ein Ziel der Kampagne wurde aber zum großen Teil erreicht: die Thematisierung verschiedener GATS-Probleme in den

Printmedien. Prof. Dr. Brigitte Young[9], Mitglied des wissenschaftlichen Beirats, bestätigt den Erfolg Attacs, überhaupt ein Bewusstsein für die Problematik in der Öffentlichkeit geschaffen zu haben. Teilerfolge gab es außerdem in der Politik, so z.B. die öffentliche Anhörung im Bundestag, bei der einige Mitglieder von Attac die Möglichkeit hatten, ihre Position deutlich zu machen. Außerdem gab es zwei Parlamentsbeschlüsse, die u.a. die Herausnahme einiger öffentlicher Dienste aus dem GATS beinhalteten. Der Einfluss der Kampagne auf diese Ereignisse ist aber schwer nachzuweisen. Ebenfalls nicht untersucht ist der Anstieg der AktivistInnenzahl. Ganz klar unerreicht blieb das Ziel, die GATS-Verhandlungen zu stoppen. Zwar scheiterten die Cancún-Verhandlungen und verschoben den Fortgang des Liberalisierungsprozesses, aber das ist v.a. auf die Blockadehaltung der Entwicklungsländer zurückzuführen.

Insgesamt lautet die Bewertung der GATS-Kampagne daher: Sie wurde sicher von den Medien und vielen Menschen wahrgenommen, aber eine Öffentlichkeit von einem Ausmaß, dass deutlicher Druck auf die Politik ausgeübt werden konnte, gab es nicht. Es passt daher folgendes Zitat: „So bescheiden auch die Problemlösungsfähigkeiten der meisten sozialen Bewegungen sein mögen, so wichtig ist doch ihre Thematisierungs- und Problematisierungsleistung." (Rucht 1994: 517) Ein großes Problem der Kampagne war die Abhängigkeit vom Engagement der einzelnen Ortsgruppen. Sofern diese nicht in ihren Städten über das GATS informierten, konnte die Kampagne kaum wahrgenommen werden. Schwierig ist zudem der Umstand, dass Menschen am ehesten Informationen aufnehmen, wenn das Thema sie schon vorher interessiert hat (vgl. Bonfadelli 2000: 107).[10] Die Informationsmaterialien waren aber z.B. sehr textlastig und wurden vermutlich kaum von Menschen gelesen, die kein spezielles Interesse am Thema GATS hatten. Eine Alternative hätte eine verstärke Präsenz in Radio und TV durch die Förderung redaktioneller Beiträge sein können, die das Schlagwort *GATS* bekannt gemacht und evtl. eine Grundlage für weiteres Interesse geschaffen hätten.

Positiv ist der Einsatz des Internets mit einer eigenen Kampagnen-Webseite zu beurteilen. Dies ist für die gesamte Kampagnenpraxis von Attac wichtig, da durch den öffentlichen Zugriff auf alle Dokumente gewährleistet wird, dass alle Aktiven auf dem neuesten Stand sind, sich viele Tipps und vor allem konkretes Material (z.B. Flugblätter) runterladen können. Auch die Kampagnentreffen sind positiv zu beurteilen, da im persönlichen Zusammensein nicht nur Raum für neue Ideen geschaffen wird, sondern auch neue Motivation aufgebaut und ein Gemeinschaftsgefühl gepflegt werden kann, welches für den Erfolg der Kampagne, aber auch Attac als solches, elementar ist.

---

[9] Interview mit Prof. Dr. Young, geführt am 21.06. 2005 in Münster
[10] Da der größte Erfolg der Kampagne laut David Hachfeld (Interview vom 14.07.05) in der Mobilisierung der bereits aktiven Attac-Mitglieder bestand, kann dies hier bestätigt werden.

6 Fazit

Die Analyse hat gezeigt, dass die GATS-Kampagne alles wollte: Thematisierung, Information, Aktivierung, Mobilisierung, Druck ausüben. Deshalb müsste man eigentlich von mehreren Kampagnen sprechen, nämlich einer Informationskampagne für die Öffentlichkeit, einer Kampagne, die Druck auf die PolitikerInnen ausüben wollte, und einer Mobilisierungskampagne für die Ortsgruppen. Diese Vermischung spiegelt die Unübersichtlichkeit und häufige Unentschlossenheit Attacs als Ganzem wider. „Man muss das Chaos lieben" lautet die Aussage des französischen Attac-Mitglieds Christophe Ventura (vgl. Grefe u.a. 2002: 121). Diese abschließenden Bemerkungen führen wieder zur Eingangsfrage, ob Kampagnen von Attac überhaupt mit professionellen Kampagnen vergleichbar sind. Dazu ist eine Betrachtung dessen sinnvoll, was Attacs *Kampagnen* eigentlich sind: eine Bündelung und möglichst einheitliche Darstellung von Kommunikationsmaßnahmen zu einem Thema, mit dem sich Attac-Mitglieder auch schon vorher befasst haben. Dabei dominiert das Thema die Kampagne, nicht umgekehrt: Sobald sich die Kommunikation thematisch in eine andere Richtung entwickelt, läuft die Kampagne aus oder geht über in die nächste, wie die GATS-Kampagne zeigt. Wissenschaftliche Kampagnendefinitionen greifen hier also nicht. Dies unterstreicht ein weiteres Mal, dass Attac sich nicht so ohne Weiteres in ein Schema pressen lässt.

Literatur

Attac (2005): Wer wir sind und was wir wollen. URL: http://www.Attac.de/material/selbst.php (19.08.05)
Attac (2003a): GATS-Rundbrief 7/03 URL: http://www.Attac.de/gats/rundbrief/rundbrief07, (05.08.05)
Attac (2003b): Neuigkeiten-Archiv von gats-kritik.de. www.Attac.de/gats/layout/neuigkeiten_archiv.php (06.08.05)
Attac (2003c): Einladung Kampagnen-Treffen 3. bis 4. Mai 2003. www.Attac.de/gats/ termine/kampagnentreffen030503 (06.08.05)
Attac (2003d): Materialien zur GATS-Kampagne. URL: http://www.Attac.de/gats/kampa/kampagnenmaterial.php (06.08.05)
Attac (2003e): Der GATS-Kino-Spot! Audiovisuelle Medien unter Liberalisierungsdruck des GATS - Öffentliche Filmförderung als "Handelshemmnis"! http://www.Attac.de/-gats/1303/spot.php (05.08.05)
Attac (2003f): GATS-Aktionstage großer Erfolg! URL: http://www.Attac.de/gats/1303/ (05.08.05)
Attac (o.J.): Ergebnisse des Argumentationstrainings. http://www.Attac.de/gats/kampa/argumentationstraining_ergebnisse.php (04.08.05)
Attac Deutschland (Hrsg.) (2004): Alles über Attac. Frankfurt a.M.
Attac Göttingen, Arbeitskreis WTO, Welthandel (2003): Die gescheiterte WTO. Stellungnahme nach der Ministerkonferenz der Welthandelsorganisation (WTO) in Cancun. http://www.attac.de/ cancun/cancun_danach_flyer.pdf (12.09.05)
Avenarius, Horst (2000): Public Relations. Die Grundform der gesellschaftlichen Kommunikation. Darmstadt
Bonfadelli, Heinz (2000): Medienwirkungsforschung II. Konstanz
Beise, Marc (2001): Die Welthandelsorganisation (WTO). Funktion. Status. Organisation, Diss. 1996 Univ. Tübingen. Baden-Baden
Dörrbecker, Klaus/Renée Fissenewert-Gossmann (1999): Wie Profis PR-Konzeptionen entwickeln. Das Buch zur Konzeptionstechnik. Frankfurt a.M.

Faulstich, Werner (2000): Grundwissen Öffentlichkeitsarbeit. München

Fritz, Thomas (2002): Startschuss für die GATS-Kampagne. http://www.Attac.de/gats/startschuss-fuerdiegats-kampagne (05.08.05)

Fritz, Thomas (o.J.): Was ist das GATS? http://www.Attac.de/gats/wasistdasgats.pdf (12.09.05)

Grefe, Christiane/Mathias Greffrath/Harald Schumann (2002): Attac. Was wollen die Globalisierungskritiker? Berlin

Guttenberg, Sönke et. al (2002): Attac. Die Welt ist keine Ware. Kommunikationsprojekt im Studiengang Gesellschafts- und Wirtschaftskommunikation an der Universität der Künste Berlin. URL: http://www.Attac.de/gats/udk/udkprojekt.pdf (05.08.05)

Hachfeld, David (2005): Neues vom GATS: Die Daumenschrauben werden angezogen. Eine Analyse der Benchmark-Offensive der EU in den aktuellen GATS-Verhandlungen. http://www.attac.de/gats/neues-vom-gats.pdf (12.09.05)

Hachfeld, David/Thomas Fritz (2002): Kampagnenentwurf. GATS-Kampagne Attac-Deutschland. http://www.Attac.de/gats/kampagnenentwurf.php?print=yes (06.08.05)

[Kraus, Michael] (2002): Protokoll zum Treffen der Welthandels- und WTO-AG in Iserlohn.: http://www.Attac.de/gats/ProtokollIserlohn.rtf (06.08.05)

[Nagele, Georg] (2002a): WTO/GATS-Kampagnen-Treffen in Hannover, 3./4. Mai 2003. Protokoll. http://www.Attac.de/gats/termine/kampagnentreffen030503protokoll.rtf (06.08.05)

[Nagele, Georg] (2002b): Protokoll zum Treffen der Attac-AG Welthandel und WTO, 7.12.02 in Hannover. URL: http://www.Attac.de/gats/protokoll071202hannover.rtf (06.08.05)

Nicoll, Norbert (2005): Attac Deutschland. Kritik, Stand und Perspektiven. Marburg

Rucht, Dieter (1994): Modernisierung und neue soziale Bewegungen. Deutschland, Frankreich und USA im Vergleich. Frankfurt a.M./New York

[o.V.] (2002): Protokoll des GATS-Vorbereitungstreffen der WTO AG. URL: http://www.Attac.de/gats/protokoll08-12-2002hannover.rtf (06.08.05)

Zwick, Michael M. (1990): Neue soziale Bewegungen als politische Subkultur. Frankfurt/M., New York

Mit Schnipsen gegen die Armut? *

Sebastian Bonse / Christine Drath / Sonja Ramm / Julia Völker

> „Alle drei Sekunden stirbt ein Kind an den Folgen extremer Armut. Jetzt. Und jetzt. Du kannst etwas tun! Wir wollen kein Geld. Wir brauchen Deine Stimme. Schreib deinem Regierungschef. Er muss handeln. Jetzt! Deine Stimme gegen Armut."
> (www.deine-stimme-gegen-armut.de/medien_spot.html)

Kampagnen, die auf soziale Missstände hinweisen, sind allgegenwärtig und haben eine lange Tradition. So werben beispielsweise kirchliche Organisationen schon seit langem mit Spots und Plakaten, um Spenden zur Linderung des weltweiten Hungerproblems zu akquirieren oder initiieren kurzfristig groß angelegte mediale Kampagnen für die Opfer von humanitären Katastrophen. Motiviert durch die Agenda-21-Leitlinien[1] wird auch für die meist sehr komplexen und zahlenmäßig schwer fassbaren Themen globaler Problematiken zunehmend kampagnenförmig um öffentliche Aufmerksamkeit geworben. Die Herangehensweise ist dabei heute zunehmend professionell und gleichzeitig immer differenzierter. So existieren neben Informationskampagnen, deren Ziel die möglichst vollständige kontextuelle Aufklärung über einen Sachverhalt (z.B. die Kampagne „Gib AIDS keine Chance") ist, auch zivilgesellschaftliche Kampagnen, die vorrangig auf mittelfristige bzw. langfristige gesellschaftliche Mobilisierung und Erzeugung von Protest zu bestimmten Themen abzielen.

Die in dieser Studie untersuchte Kampagne *Deine Stimme gegen Armut*, durchgeführt von VENRO, Verband Entwicklungspolitik für Nichtregierungsorganisationen (NROs), zielt stark auf eine situative (also auf bestimmte politische Ereignisse fixierte), affektive und eher kurzfristige Mobilisierung von Protest ab. "Schnipsen gegen die

---

* Dieser Beitrag wurde für die 3. Auflage neu verfasst. Die Fallstudie wurde im Rahmen eines Seminars am Institut für Kommunikationswissenschaft der Universität Münster durchgeführt.
[1] Die Agenda 21 ist ein entwicklungs- und umweltpolitisches Aktionsprogramm für das 21. Jahrhundert, das von 178 Staaten auf der UN-Konferenz über Umwelt und Entwicklung (UNCED) 1992 in Rio de Janeiro beschlossen wurde. An der Konferenz nahmen neben Regierungsvertretern auch viele Nicht-Regierungsorganisationen (NRO) teil. Zentrales Thema der Agenda 21 ist nachhaltige Entwicklung, d.h. eine Wirtschafts-, Umwelt- und Entwicklungspolitik, bei der die Bedürfnisse der heutigen Generation Befriedigung finden, ohne die Chancen künftiger Generationen zu beinträchtigen. Leitsatz des Agenda 21-Prozesses ist „lokal handeln, global denken".

Armut", so titelte die taz in einem Artikel[2] zum offiziellen Start der deutschen Kampagne am 31. März 2005: Kernstück der Kampagne ist ein Werbespot, in dem 13 Prominente wortlos und hintereinander im drei Sekunden-Abstand, den „Takt des Todes aus Armut" schnipsen (Koch 2005: 8). Genau also in jenem Rhythmus, in dem auf der Welt Kinder an den Folgen von Armut sterben. Der Spot ruft dazu auf, eine politische Forderung an die deutsche Regierung zu unterschreiben: Die Bundesregierung soll an ihr Versprechen erinnert werden, die Millennium Development Goals (MDGs)[3] zu erfüllen. Die MDGs sind für die Mehrzahl entwicklungspolitischer Nichtergierungsorganisationen zu den Leitlinien der Armutsbekämpfung und ihrer politischen Forderungen geworden. Aufgrund der relativen Kompaktheit der Forderungen sind sie leicht zu kommunizieren und eignen sich als Handlungsanweisungen für Politik und Gesellschaft.

In diesem Beitrag soll erörtert werden, ob – überspitzt formuliert – simples Schnipsen gegen Armut hilft, ob eine auf kurzfristige Mobilisierung und wenige Schlagworte reduzierte Kampagne eine nachhaltige Wirkung erzielen kann oder die Thematik so komplex ist, dass sie nach einer anderen Art der Kampagnengestaltung – vielleicht sogar nach einer grundsätzlich anderen Art des Vorgehens – verlangt hätte. Kurz gesagt geht es um die Frage, ob Form und Inhalt der Kampagne *Deine Stimme gegen Armut* adäquat waren. Dazu soll zunächst betrachtet werden, welche Mittel und Kommunikationsinstrumente eingesetzt worden sind. Ein wichtiger Gesichtspunkt, der mit Blick auf die Fragestellung ebenfalls berücksichtigt werden muss, ist jener der Wirkung. Diese wurde anhand einer exemplarischen und nicht repräsentativen Straßenbefragung untersucht und soll nicht zuletzt die Frage zur Diskussion bringen, ob ein gewisser Abnutzungseffekt (d.h. sinkende Beteiligung an Aktionen) der zivilgesellschaftlichen Kampagnenarbeit beobachtbar ist.

Zivilgesellschaftliche Kampagnen

NROs erlangen gerade deshalb eine große Zustimmung in der Bevölkerung, weil sie auf allgemein anerkannten Werten wie z.B. Demokratie, Gerechtigkeit, ökologische Nachhaltigkeit oder Frieden Bezug nehmen. Da diese Werte jedoch zu abstrakt sind, um Unterstützung zu mobilisieren, wird mit Hilfe von Kampagnen versucht, spezifische und konkrete Probleme aufzuzeigen, die die Verletzung dieser Werte verdeutlichen. Ziel ist es, durch Kampagnenkommunikation zunächst die Interessen der jeweiligen Organisation öffentlichkeitswirksam zu artikulieren, um so Unterstützung zu mobilisieren und damit öffentlichen Druck auf die Politik ausüben zu können. Kampagnenkommunikation fungiert also als ein Mittel, um zivilgesellschaftlichen Akteuren einen

---

[2] Koch, Hannes (2005): Schnipsen gegen die Armut. Globale Kampagne mit Briefen an die Regierungen. Grönemeyer, Clooney, Pitt & Co fordern: Mehr Entwicklungshilfe statt Umbuchung auf Regierungskonten. In: taz Nr.7628 vom 01.04.2005, S. 8.(http://www.taz.de/pt/2005/04/01/a0163.nf. (14.06.05))

[3] Die Millennium Development Goals wurden im Jahr 2000 auf der Vollversammlung der Vereinten Nationen in New York von 150 Staats- und Regierungschefs unterzeichnet. Formuliert in acht Zielen mit jeweiligen Unterkategorien sollen bis zum Jahr 2015 gravierende Bildungs-, Armuts- und Umweltprobleme reduziert werden. Die Länder haben die Erklärung unterzeichnet und sich demzufolge auf dem Papier verpflichtet den Forderungen nachzukommen.

Einfluss auf die Politikgestaltung zu ermöglichen. Dafür spricht auch, dass Kampagnenarbeit zunehmend zum festen Handlungsrepertoire zivilgesellschaftlicher Akteure wie NROs, sozialen Bewegungen und Graswurzelorganisationen gehört (vgl. Leggewie 1997: 166).

Betrachtet man die hier untersuchte Kampagne *Deine Stimme gegen Armut*, so lässt sich dieser Weg politischen Einfluss zu erlangen, nachzeichnen. Jedoch versucht die Kampagne nicht nur indirekt durch die Erzeugung von Betroffenheit und moralische Empörung Unterstützung in der Bevölkerung zu erlangen, sondern sie wendet sich auch direkt an politische Akteure. Sie ruft gezielt zu einer Unterschriftenaktion auf, die sich mit konkreten Forderungen an die Bundesregierung wendet. In diesem Fall ist es sinnvoll, mit einer Definition zu arbeiten, die politische Kampagnenarbeit zivilgesellschaftlicher Akteure in hohem Maße einschließt. Eine politische Kampagne ist nach Eberlei (2005: 388)

„[...] eine inszenierte Form gesellschaftlicher Kommunikation, die mit klar operationalisierten Zielen und Strategien politische Interessen auch gegen Interessen und Machtpotentiale anderer Akteure zur demokratisch legitimierten Durchsetzung verhelfen will."

Entscheidend bei der Kampagne *Deine Stimme gegen Armut* ist die Rolle des Kampagnenträgers im politischen Diskurs. VENRO nimmt als entwicklungspolitischer Dachverband mit einer Stellvertreterfunktion für ein Netzwerk einen besonderen Status ein.

Eine zivilgesellschaftliche Kampagne zielt in der Regel auf die Mobilisierung der Gesellschaft bzw. der Öffentlichkeit durch Informationen ab. Von der Großveranstaltung über Postkarten und Unterschriftenaktionen kommen dabei alle denkbaren medialen Ausformungen für die Kampagnen in Frage. Darüber hinaus zeichnen sich zivilgesellschaftliche Kampagnen in der Regel durch ein hohes Maß an (internationaler) Vernetzung aus. (vgl. Eberlei 2005: 404f.)

Hinsichtlich der Zielgruppen zivilgesellschaftlicher Kampagnen lässt sich sagen, dass die „Kommunikation [...] sich im Sinne entwicklungspolitischer Bildungsarbeit oder politischer Kampagnenarbeit in erster Linie an die interessierte Öffentlichkeit [richtet] [...]." (Eberlei 2005: 404) Zusätzlich wenden sich NROs häufig mit ihren Forderungen gezielt an die Regierungen.

Im Gegensatz zu einer reinen Informationskampagne nach Bonfadelli (2000: 111) werden bei einer zivilgesellschaftlichen Kampagne weniger kognitive, also beispielsweise die Vermittlung von handlungsrelevantem Wissen, als vor allem affektive Ziele, verfolgt. Insbesondere sollen Einstellungen verändert und die Zielgruppe für ein bestimmtes Ziel gewonnen werden. Schließlich wollen zivilgesellschaftliche Kampagnen bestimmte Handlungsmuster fördern oder verändern. Im konkreten Fall will *Deine Stimme gegen Armut* entwicklungspolitische Fortschritte gemäß den MDGs, insbesondere eine Erhöhung der öffentlichen Entwicklungshilfe, erreichen. Die Durchsetzungskraft der NROs durch Kampagnenkommunikation ist dabei auf systemimmanente und maximal systementwickelnde Reformen begrenzt. Darüber hinaus sind Erfolge nur schwer zu erzielen. (vgl. Eberlei 2005: 409) Für die Reichweite der Kampagne *Deine Stimme gegen Armut* hieße dies im besten Fall, dass die Bundesregierung die Mittel für öffentliche Entwicklungshilfe anhebt bzw. neue Mechanismen zur Anhebung schafft.

Ein grundlegender entwicklungspolitischer Kurswechsel kann dagegen nicht erwartet werden.

VENRO

Bevor hier die Kampagne *Deine Stimme gegen Armut* im Detail beschrieben und analysiert wird, soll zunächst die kampagnenführende Organisation VENRO kurz vorgestellt werden. VENRO ist ein Dachverband für ca. 100 Nichtregierungsorganisationen (NROs) in Deutschland und vertritt durch Kampagnenarbeit und politisches Lobbying die Interessen seiner Mitglieder. VENRO verfolgt ausdrücklich die Ziele der Agenda-21 für eine zukunftsfähige und nachhaltige Entwicklungspolitik.

Für die deutschlandweite Koordination der Kampagne *Deine Stimme gegen Armut* hat VENRO ein Büro in Bonn eingerichtet. Eine hauptamtliche Mitarbeiterin und ihre Assistentin sind dort Ansprechpartnerinnen für die Kampagne. Parallel pflegt ein weiterer Mitarbeiter die Website der Kampagne und Teile der Öffentlichkeitsarbeit werden vom zuständigen Referenten übernommen. Der Abschluss der Kampagne war zunächst für September 2005 geplant, wurde jedoch zum Zeitpunkt der Schriftlegung dieses Aufsatzes unbestimmt verlängert.

Kampagnenanalyse

Deine Stimme gegen Armut ist Teil einer weltweiten Aktion gegen Armut, die ihren Ausgangspunkt bei den Vereinten Nationen genommen hat und in 60 Ländern weltweit durchgeführt wird. Schwerpunkt der Aktion sind die G7-Länder (Deutschland, Japan, England, Kanada, USA, Frankreich und Italien). Gestartet wurde die Kampagne mit dem eingangs erwähnte Kampagnenspot, der im Fernsehen und in Kinos gezeigt wurde. Dieser will auf die Folgen von Kinderarmut aufmerksam machen. Ziel ist es, eine möglichst große Öffentlichkeit für die Thematik zu sensibilisieren. Ohne Zweifel sorgt auch der Einsatz von vielen Prominenten Akteuren für Aufmerksamkeit. Wie auch in anderen Werbespots setzt *Deine Stimme gegen Armut* in ihrem Spot auf den Faktor Prominenz. In diesem Spot potenziert sich der Prominenzfaktor um ein Vielfaches – mit Brad Pitt, George Clooney, Cameron Diaz, Hugh Grant, Herbert Grönemeyer, Kylie Minogue, Bono, Xavier Naidoo, Claudia Schiffer, P. Diddy, Justin Timberlake, Jamie Foxx und Anne Will beteiligen sich gleich 13 Prominente an dem Kampagnenspot und stehen mit ihrem Namen hinter der Kampagne. Alle Beteiligten haben unentgeldlich mitgewirkt, wodurch keine Produktionskosten für den Spot entstanden sind. Speziell für die Anzeigetafeln in Fußballstadien wurde ein weiterer Spot produziert, in dem bekannte Fußballer zu sehen sind. Die Sender haben den Spot zudem kostenfrei ausgestrahlt, was einem Gegenwert von eineinhalb Millionen Euro an Werbefläche entspricht.

> „Das Medium ist, so die bekannte Formel McLuhans, die Botschaft. Die Massenmedien bestimmen mit ihrer Orientierung an einem Massenpublikum nicht nur die Inhalte der Botschaften, sondern auch die Auswahl der Botschafter." (Baringhorst 1998: 265)

Als Botschafter von *Deine Stimme gegen Armut* stehen Herbert Grönemeyer und Bono im Vordergrund – sie sind Sinn- und Solidaritätsstifter und übernehmen so eine Vorbildfunktion. Von den Medien zugeschriebene Attribute wie z.B. „der Heilige Herbert" (Baringhorst 1998: 262) unterstreichen die kulturelle Überhöhung (vgl. ebd.: 262). Ihre Prominenz verleiht der Kampagnenbotschaft Glaubwürdigkeit und vor allem Aufmerksamkeit. Außerhalb des Spots treten diese Prominenten wie auch der Musiker Bob Geldof als Träger politischer Botschaften auf. Sie sprechen mit Ministern, äußern sich in Interviews zur Thematik und Bono wurde Anfang 2005 gar zum Präsidenten der Weltbank vorgeschlagen. Durch ihre Vorbildfunktion und die Aufmerksamkeit, die sie erzeugen, sind sie ein wichtiges Element für die Kampagnenarbeit.

Neben dem Kino- und Fernsehspot und den prominenten Botschaftern kommen in der Kampagne weitere Instrumente zum Einsatz. Das „White Band", ein Armband, das zum Kauf angeboten wird, ist das internationale Erkennungssymbol der Kampagne. Zentral bildeten die weltweit koordinierte Aktionstage „White-Band-Days" und das „Live-8-Konzert'" am 2. Juli 2005 in Berlin die medialen Höhepunkte der Aktion. Parallel fanden weltweit auch in anderen Städten Konzerte statt, mit denen die Forderungen der Kampagne an die teilnehmenden Staatschefs des G8-Gipfels im schottischen Gleneagles getragen werden sollten.

In Anzeigen[4] wurde sowohl auf die Unterschriftenaktion als auch auf die Internetpräsenz der Kampagne aufmerksam gemacht. Die Internetseite, die nach Angaben der Kampagnenkoordination im Schnitt 50.000 Zugriffe pro Woche hat (in der Woche nach dem Live-8-Konzert waren es 500.000 Zugriffe), liefert neben der Möglichkeit, sich an der Unterschriftenaktion zu beteiligen, auch Hintergrundinformationen zur Kampagne und die Möglichkeit den Kampagnen-Newsletter zu abonnieren. Hier können die Armbänder sowie T-Shirts und Unterschriftenlisten bestellt bzw. heruntergeladen werden. Ergänzt wird diese Palette von Instrumenten durch politische Lobbyarbeit: In Briefen an Politiker und Akteure der Entwicklungszusammenarbeit und in persönlichen Gesprächen etwa mit dem damaligen Finanzminister Hans Eichel oder der Ministerin für wirtschaftliche Zusammenarbeit und Entwicklung Heidemarie Wieczorek-Zeul, werden die Forderungen der Kampagne weitergetragen.

Zielgruppen und Ziele der Kampagne

Bevor die konkreten Zielgruppen und Ziele der Kampagnen beschrieben werden, ist einschränkend zu sagen, dass die öffentliche Präsenz der Kampagne deutlich größer war, als ursprünglich geplant.[5] Mit dem Fortschreiten der Kampagne kristallisierte sich ein eigendynamischer Prozess heraus, der den Umfang der Kampagne extrem wachsen ließ. Ursachen dafür waren zum einen die Zusammenarbeit von Herbert Grönemeyer mit *Deine Stimme gegen Armut* und damit verbunden, eine große mediale Aufmerk-

---

[4] In Stern, FAZ und Spiegel wurden im Juni 2005 Anzeigen in Form eines offenen Briefes zum Absenden an den damaligen Finanzminister Hans Eichel bzw. den damaligen Bundeskanzler Gerhard Schröder geschaltet. Die Anzeigen wurden teils verbilligt und teils gratis geschaltet.

[5] Die Informationen und Einschätzungen zur Kampagne stammen aus einem telefonischen Interview mit Stephanie Angermeier, Koordinatorin der Kampagne, das am 28.07.2005 geführt wurde. Zusätzlich wurden von VENRO weitere Daten zur Kampagne zur Verfügung gestellt.

samkeit sowie eine große Zahl freiwilliger Helfer, etwa bei der Produktion des TV- und Kino-Spots.

Kernzielgruppen waren ursprünglich die Mitglieder der beteiligten Organisationen, die das Thema als Multiplikatoren weitertragen sollten, sowie die Medien. Vorrangiges Ziel ist dabei das Thema Entwicklungszusammenarbeit und die MDGs[6] auf die politische und öffentliche Agenda zu setzen. Zudem sollen Menschen erreicht werden, die sich ohnehin mit der Thematik auseinander setzen und schließlich auch die breite Öffentlichkeit. Von besonderer Bedeutung war hier die Zielgruppe der 14- bis 29-Jährigen, die v.a. durch die Ausstrahlung des Spots auf MTV auf die Thematik aufmerksam gemacht werden sollte.

Die ursprüngliche Strukturierung der Kampagnenarbeit bei VENRO sah vor, dass im Koordinationsbüro die Fäden der Kampagne zusammenlaufen und die Organisation der Großevents stattfinden sollte. Weitere Events und ergänzende Maßnahmen sollten weitgehend unabhängig von den Mitgliedsorganisationen übernommen werden. Durch die Tsunami-Katastrophe Ende 2004 waren jedoch viele Ressourcen der Mitgliedsorganisationen gebunden. Zusätzlich brachte der Eintritt Herbert Grönemeyers in die Kampagne Ende März 2005 weitere Anforderungen an die Öffentlichkeitsarbeit. Beide Faktoren führten dazu, dass die Arbeit zu Lasten des Koordinationsbüros zunahm. Dennoch finden auch realisiert durch die Mitgliedsorganisationen und viele freiwillige Helfer (beispielsweise Privatpersonen oder Schulen/Universitäten) zahlreiche Aktionen auf lokaler Ebene statt. Die Verkaufszahlen der White-Bands beliefen sich Ende Juli 2005 auf insgesamt 282.500, bei 210.000 gesammelten Unterschriften.

Ergebnisse der Befragung

Mit einer quantitativen Befragung zur Kampagne *Deine Stimme gegen Armut* sollte der Grad der Bekanntheit, eine allgemeine Bewertung und die Wirkung des Spots abgefragt werden. Außerdem wurden Fragen gestellt, die Rückschlüsse auf das Hintergrundwissen, allgemeine Einstellungen der Befragten, die emotionale Wirkung der Kampagne und eventuelles Anschlusshandeln zulassen. Die Befragung wurde im Zeitraum vom 25. bis zum 30. Juni 2005 in Münster in Form des persönlich-mündlichen Straßeninterviews (face-to-face-Interview) durchgeführt.[7] Der Befragung lag ein teilstandardisierter Fragebogen zugrunde. Der Fokus der Befragung lag auf dem breitenwirksamsten Instrument der Kampagne, dem Spot. Aber auch anderweitige Kenntnis (z.B. über Anzeige, Internet) der Kampagne und die Beteiligung an der Unterschriftenaktion wurden abgefragt. 48,6 Prozent der Befragten waren weiblich, 51,4 Prozent männlich. Die Altersstruktur der Stichprobe war mit 74 Prozent 14- bis 30-Jähriger im Durchschnitt sehr jung – dies entspricht aber gleichzeitig der Hauptzielgruppe von

---

[6] Die einzelnen Ziele lauten: 1. Hunger und extreme Armut beseitigen; 2. Grundschulbildung für alle Kinder; 3. Gleichstellung und stärkere Beteiligung von Frauen; 4. Kindersterblichkeit verringern; 5. Die Gesundheit von Müttern verbessern; 6. HIV/AIDS, Malaria und andere Krankheiten bekämpfen; 7. Nachhaltigen Umgang mit der Umwelt sichern; 8. Aufbau einer weltweiten Partnerschaft für Entwicklung.

[7] Ingesamt wurden 111 Personen befragt. Die Befragung ist nicht repräsentativ.

MTV, dem Sender mit der höchsten Ausstrahlungsquote des Spots. Von den 111 Befragten kannten 41 den Claim der Kampagne. Weit über zwei Drittel dieser 41 Personen gab an, die Kampagne über den Spot aus dem Fernsehen und/oder Kino zu kennen.

Der Spot hat eine größere Bekanntheit als die Kampagne selbst: Insgesamt war der Spot 71 Befragten bekannt, wurde jedoch zunächst nicht mit dem Namen der Kampagne assoziiert. Eine der Hypothesen, die der Befragung zugrunde lagen war, dass vom Spot vor allem die teilnehmenden Prominenten in Erinnerung bleiben und weniger die konkreten Inhalte – der Prominenzfaktor gewissermaßen den Inhalt überschatten würde. Die Nennungen der 71 Spot-Kenner wurden für die jeweilige Frage summiert und von diesem Ergebnis wiederum die Anzahl falscher Antworten[8] abgezogen. In der Tat ist es so, dass 56 mal korrekt erinnerte Prominente, aber nur 30 mal korrekt erinnerte Inhalte der Kampagne genannt wurden. Beinahe jeder Vierte der Befragten hat sich schon einmal mit jemandem über den Spot unterhalten. Die Qualität dieser Anschlusskommunikation kann jedoch nicht bewertet werden.

Dreizehn der Befragten haben sich an der Unterschriftenaktion beteiligt.[9] Auf die Frage, wie der Erfolg der Unterschriftenaktion eingeschätzt wird, antworteten über zwei Drittel, dass sie die Bundesregierung „eher weniger" oder „gar nicht" in ihrem Handeln beeinflussen werde. Insgesamt wurde der Spot von den 71 Befragten, die ihn kannten, im Schulnotensystem durchschnittlich mit „gut" bewertet.

Fazit

Aus der Interpretation der Zielgruppenanalyse und der erwähnten Entwicklung einer Eigendynamik der Kampagne ergibt sich, dass VENRO nicht auf den Ansturm der breiten Öffentlichkeit vorbereitet war. Die breite Masse, die durch die Instrumente in Kontakt mit der Problematik der Armutsbekämpfung kam, war nicht eigentliche Kernzielgruppe. Zwischen Mittel und Inhalt ergab sich eine Diskrepanz. Die thematischen Inhalte der Kampagne wurden durch das massenmediale Primärinstrument Spot nicht hinreichend transportiert. Zwar konnte durch den Faktor Prominenz Aufmerksamkeit erzeugt werden, jedoch weniger für das Kampagnenthema als für die Protagonisten des Spots.

Anschlusshandeln im Sinne einer inhaltlichen Beschäftigung mit dem Thema sowie der Beteiligung an der Unterschriftenaktion konnte dadurch nicht in dem Maße motiviert werden wie gewünscht. Dem wird aber durch die Kampagnenkoordination entgegengehalten, dass die Zielsetzung hauptsächlich die politische Druckerzeugung und die Entstehung einer öffentlichen, d.h. medialen Debatte war. Das Ziel der medialen Debatte ist nach Angaben der Kampagnenkoordination erreicht worden. Für die Unterschriftenaktion ergibt sich jedoch die Frage nach der Plausibilität des Instruments. Un-

---

[8] Die Indikatoren wurden gebildet, indem erstens von der absoluten Zahl der korrekt erinnerten inhaltlichen Nennungen die absolute Zahl der falsch erinnerten Nennungen abgezogen und zweitens von der absoluten Zahl der korrekt erinnerten Prominenten die absolute Zahl der falsch erinnerten Prominenten abgezogen wurde.

[9] Die reelle Beteiligung bei der deutschen Bevölkerung lag nach letztem Stand (Juli 2005) bei etwa 0,25 Prozent.

terstellt man der Aktion sowie auch dem Spot symbolischen bzw. inszenierten Wert, kann sie als zusätzliches politisches Druckmittel zur Erzeugung von Öffentlichkeit angesehen werden. In jedem Falle soll die Sammlung von Unterschriften die Glaubwürdigkeit der Kampagne gegenüber der Politik unterstützen. Grundsätzlich ist hierbei ein Phänomen zu beobachten: Trotz eines immer umfangreicheren und ausdifferenzierteren Mitteleinsatzes lässt sich ein Interessenrückgang festmachen. „[...] die Inflation von Moralkampagnen kann unter den Bedingungen zunehmender Selbstreferenz symbolischer Zeichen auch mit einer Deflation solidarischen Handelns in der Gesellschaft einhergehen" (Baringhorst 1997: 251) und die

> „[…] Häufung moralischer Kampagnen bewirkt [...] eher eine Vermehrung des moralischen Redens, im moralisch intendierten Sinne. Wir können das Phänomen einer Wortinflation beobachten, bei der Werte mehr und mehr ihren Wert als verlässliche Beschreibung von gesellschaftlicher Realität verlieren." (Münch 1995: 238f.)

Kann dieser Effekt sowohl für die in der Kampagne verwendeten Begrifflichkeiten als auch für die Beteiligung an ihr beobachtet werden? Waren es bei der prinzipiell vergleichbaren Kampagne „Erlassjahr 2000" noch einige Millionen Unterschriften, die gesammelt wurden (vgl. Eberlei 2005: 413), sind es bei *Deine Stimme gegen Armut* nur 210000 (Stand: Juli 2005). Berücksichtigt man die ausführliche öffentliche Debatte, kann dies zumindest als Anzeichen für das oben beschriebene Phänomen angesehen werden. Bei *Deine Stimme gegen Armut* waren die Ziele der Kampagne und dementsprechend auch das Arbeitsfeld sehr weit gefasst. Die Kampagne nutzte ein ganzes Bündel an (medialen) Maßnahmen, um die weitreichenden Ziele zu erreichen. Losgelöst von inhaltlichen Aspekten ist deshalb zu fragen, ob eine Reduktion der Maßnahmen, also eine Konzentration auf weniger Instrumente nicht vorteilhaft gewesen wäre. Eine solche Ressourcenbündelung hätte wahrscheinlich eine Minimierung der von VENRO beschriebenen Eigendynamik bewirken können. Vorausgesetzt, eine Konzentration auf bestimmte Maßnahmen bedeutet eine bessere Umsetzung dieser wenigen Maßnahmen, dann können wenige Maßnahmen mitunter zu mehr Aufmerksamkeit führen als ein Bündel vieler, aber wenig gereifter Maßnahmen.

Eine erste Bilanz von VENRO zur Kampagne fällt positiv aus: Das Ziel, eine öffentliche Debatte zu entfachen, sei erreicht, das Thema in den Medien präsent – auch wenn in der Berichterstattung nicht immer eine Verbindung mit der Kampagne selbst hergestellt werde. Hier stellt sich die Frage, ob die Debatte, die beispielsweise in Verbindung mit dem Wirtschaftsgipfel in Schottland in der Tat deutlich in den Medien präsent war, in erster Linie durch die Kampagne initiiert oder verstärkt wurde, oder ob die Medien das Thema aus anderen Gründen (z.B. Aktualität, Relevanz) aufgegriffen haben.

Es heißt, „dass medienvermittelte Botschaften […] nur dann eine optimale Wirkung entfalten können, wenn sie auf die Situation des Publikums abgestimmt sind" (Bonfadelli 2000: 110). Der komplexe Inhalt der Entwicklungszusammenarbeit musste also – zumindest für den Spot – auf eine einfache Formel heruntergebrochen werden. Neben dem Prominenzfaktor der Botschafter setzte man hierbei auf einen hohen Emotionalisierungsfaktor der durch die bedrückende Stille in der Werbung unterstrichen wurde.

Deine Stimme gegen Armut und zivilgesellschaftliche Kampagnen insgesamt scheinen in ihren breitenkommunikativen Elementen gern auf eben diese beiden Faktoren zurückzugreifen. Die Personen, die dazu befragt wurden, tendierten dann auch eher dazu, sich an die Prominenten zu erinnern als an konkrete Inhalte. Dennoch erzeugt der Spot Anschlusskommunikation – jeder Vierte hatte sich mit anderen Personen darüber unterhalten. Zwar deuten die relativ hohen Besucherzahlen auf der Website der Kampagne auf eine große Resonanz des Publikums hin, die in Relation gezeichneten Unterschriften dagegen, genau wie die Kluft zwischen Form und Inhalt, auf eine geringe Tiefe der Weiterbeschäftigung mit dem konkreten Themenkomplex. Einschränkend muss jedoch erwähnt werden, dass die Analyse der Kampagne zu einem sehr frühen Zeitpunkt stattgefunden und vor allem in der Anfangszeit der Werbespot als kommunikatives Mittel eine große Rolle gespielt hat. Es erscheint sinnvoll, eine größer angelegte Analyse nach Ende der Kampagne durchzuführen, um zu ermitteln, ob die Diskrepanz zwischen Form und thematischem Inhalt erkannt und durch weitere und/oder anderen Mitteln aufgehoben worden ist.

Literatur

Baringhorst, Siegrid (1997): Sweet Charity. Zum moralischen Ethos zeitgenössischer Sozialkampagnen. In: Ulrike Röttger (Hrsg.): PR-Kampagnen. Über die Inszenierung von Öffentlichkeit. Opladen: 235-255

Baringhorst, Siegrid (1998): Politik als Kampagne. Zur medialen Erzeugung von Solidarität. Opladen

Bonfadelli, Heinz (2000): Medienwirkungsforschung II. Anwendungen in Politik, Wirtschaft und Kultur. Konstanz

Eberlei, Walter (2005): Entwicklungspolitik fair-ändern. Zivilgesellschaftliche Kampagnen in Deutschland. In: Achim Brunnengräber/Ansgar Klein/Heike Walk (Hrsg.): NGOs im Prozess der Globalisierung. Mächtige Zwerge – umstrittene Riesen. Wiesbaden: 386-416

Koch, Hannes (2005): Schnipsen gegen Armut. In: taz Nr. 7628, 01.04.2005. Berlin: 8

Leggewie, Claus (1997): Kampagnenpolitik - eine nicht ganz neue Form politischer Mobilisierung. In: Ulrike Röttger (Hrsg.): PR-Kampagnen. Über die Inszenierung von Öffentlichkeit. Opladen, 151-171

Münch, Richard (1995): Dynamik der Kommunikationsgesellschaft. Frankfurt a. M.

Verzeichnis der Autorinnen und Autoren

HANS-JÜRGEN ARLT, Jg. 1948, Dr. phil., arbeitet in Berlin als Publizist und Kommunikationsberater. Lehraufträge an der FU und der UdK. Bis 2002 Leiter der Abteilung Öffentlichkeitsarbeit des Deutschen Gewerkschaftsbundes, von 1995 bis 1997 Forschungsurlaub an der Universität Hamburg zum Thema „Gewerkschaft, Kommunikation, Öffentlichkeit", mehr unter www.kommunikation-und-arbeit.de/.

SIGRID BARINGHORST, Jg. 1957, Dr. phil., Professorin für Politikwissenschaft an der Universität Siegen. Forschungsschwerpunkte: Kampagnenkommunikation; Protestkulturen, vergleichende Migrationsforschung. Veröffentlichungen u.a.: Political Campaigning on the Web, Bielefeld 2009 (hrsg. zus. mit J. Niesyto u. V. Kneip).

SEBASTIAN BONSE, Jg. 1980, studierte Kosmmunikationswissenschaft an der Westfälischen Wilhelms-Universität Münster.

KIRSTEN BOTHE, Jg. 1976, studierte Kommunikationswissenschaft an der Westfälischen Wilhelms-Universität Münster.

PATRICK DONGES, Jg. 1969, Dr. phil., Assistenzprofessor am IPMZ-Institut für Publizistikwissenschaft und Medienforschung der Universität Zürich. Schwerpunkte in Forschung und Lehre sind Politische Kommunikation, Organisationskommunikation, Medienstrukturen und Medienpolitik in vergleichender Perspektive sowie Medien- und Gesellschaftstheorien.

CHRISTINE DRATH, Jg. 1982, studierte Kommunikationswissenschaft an der Westfälischen Wilhelms-Universität Münster.

NADINE FISLAGE, Jg. 1976, studierte Kommunikationswissenschaft an der Westfälischen Wilhelms-Universität Münster.

VOLKER GEHRAU, Jg. 1966, Prof. Dr. phil, M.A., Studium der Kommunikationswissenschaft, Informationswissenschaft und Betriebswirtschaftslehre an der FU Berlin. Mitarbeiter an der TU Dresden sowie der FU Berlin, Promotion 2000 zu Fernsehgenres und Fernsehgattungen, seit 2006 Professor für Kommunikationswissenschaft an der WWU Münster.

JOCHEN HOFFMANN, Jg. 1969, Prof. Dr. phil., Studium der Politikwissenschaft, Publizistik und Geschichte in Münster und Dublin, Promotion an der Universität Zürich, seit 2009 Professor für Kommunikationswissenschaft an der European University of Lefke (Zypern).

OTFRIED JARREN, Jg. 1953, lehrt und forscht seit 1997 am IPMZ – Institut für Publizistikwissenschaft und Medienforschung der Universität Zürich. Zuvor tätig an der Universität Hamburg (1989 – 1997) und an der FU Berlin (1979 – 1989).

KLAUS-PETER JOHANSSEN, Jg. 1938, Beruf Volljurist, von 1967 bis 1998 bei der Deutschen Shell AG, zuletzt seit 1987 Direktor Unternehmenskommunikation und Wirtschaftspolitik mit den Zuständigkeiten für Volkswirtschaft, Presse, Öffentlichkeitsarbeit, Public Affairs, Werbung, Corporate Identity und Sponsoring. Heute ist Johanssen Geschäftsführender Gesellschafter der Kommunikationsberatung Johanssen + Kretschmer Strategische Kommunikation, Berlin/Hamburg.

ELISABETH KLAUS, Jg. 1955, Prof. Dr.phil (USA), Leiterin des Fachbereichs Kommunikationswissenschaft der Universität Salzburg. Schwerpunkte in Forschung und Lehre: Theorien und Methoden der Kommunikationsforschung, Cultural Studies und Populärkultur, Theorien der Öffentlichkeit, Medien- und Geschlechterforschung.

SVENJA KOCH, Jg. 1964, seit Januar 2008 Sprecherin des Generalsekretariatsdes Deutschen Roten Kreuzes, davor seit 1995 Pressesprecherin bei Greenpeace Deutschland, zuvor Journalistin (Tageszeitungsvolontariat, 7. Lehrgang Henri-Nannen-Schule, Radio ffn, Spiegel, NDR).

CLAUS LEGGEWIE, Jg. 1950, Professor für Politikwissenschaft und Direktor des Kulturwissenschaftlichen Instituts (KWI) in Essen. Letzte Veröffentlichungen zur politischen Kommunikation in neuen Medien als (Hg.) Von der Politik- zur Gesellschftsberatung.Neue Wege öffentlicher Konsultation, Frankfurt am Main/New York 2006

MARTINA LEONARZ, Jg. 1965, Dr. phil., Studium der Publizistikwissenschaft, Filmwissenschaft und Populären Kulturen an der Universität Zürich. Lehrbeauftragte der Universität Zürich mit den Schwerpunkten Gender und Medien, Risikokommunikation und Medieninhalte.

HANNA LENA LEPP, Jg. 1982, studierte Kommunikationswissenschaft an der Westfälischen Wilhelms-Universität Münster. Seit 2007 Wissenschaftliche Mitarbeiterin am Marketing Centrum Münster (MCM) der Westfälischen Wilhelms-Universität Münster.

ANJA LUCHTEFELD, Jg. 1980, M.A., Studium der Kommunikationswissenschaft, Psychologie und Politikwissenschaft. Seit 2008 Doktorandin am Institut für Kommunikationswissenschaft der Universität Münster.

MARION G. MÜLLER, Jg. 1965, Prof. Dr. phil., habil., Professorin für Massenkommunikation an der Jacobs University Bremen, seit 2007 Vorsitzende der Visual Communication Studies Division der International Communication Association (ICA).

JÖRG NEIDHART, Jahrgang 1978, studierte Kommunikationswissenschaft an der Westfälischen Wilhelms-Universität Münster.

CHRISTIAN NUERNBERGK, Jg. 1979, M.A., Wissenschaftlicher Mitarbeiter an der Forschungsstelle Internetöffentlichkeit des Instituts für Kommunikationswissenschaft der Westfälischen Wilhelms-Universität Münster. Forschungs- und Arbeitsgebiete: Internetöffentlichkeiten, Journalismusforschung, politische und Organisationskommunikation.

CHRISTIAN M. PETER, Jg. 1962, Dr. phil., Studium der Kommunikations- und Politikwissenschaft sowie Germanistik an der WWU Münster. Post-Graduierten-Stipendiat (1994-1996), Lektor für „Publizistik- und Kommunikationswissenschaft" beim Lit Verlag (1991-1996). Leitung der Kommunikationsaktivitäten des Projektes „Ökologische Stadt der Zukunft" (1997-2003). 2004 Gründung der PR-Agentur CMP-Relations.

SONJA RAMM, Jg. 1982, studierte Kommunikationswissenschaft an der Westfälischen Wilhelms-Universität Münster.

JULIA ROECKNER, Jg. 1979, studierte Kommunikation, Kultur und Management an der Westfälischen Wilhelms-Universität Münster.

ULRIKE RÖTTGER, Jg. 1966, Prof. Dr. phil., Dipl.-Journ., Studium der Journalistik in Dortmund. 1994-1998 Institut für Journalistik der Universität Hamburg; 1998-2003 Institut für Publizistikwissenschaft und Medienforschung der Universität Zürich; seit 2003 Inhaberin der Professur Public Relations-Forschung am Institut für Kommunikationswissenschaft der Westfälischen Wilhelms-Universität Münster.

ULRICH SARCINELLI, Jg. 1946, Prof. Dr. phil. M.A., Studium der Politikwissenschaft, Rechtswissenschaft, Soziologie und Pädagogik; Promotion (1979) an der Johannes-Gutemberg-Universität in Mainz, Habilitation 1984; 1988-1995 Professor für Politikwissenschaft an der Christian-Albrechts-Universität zu Kiel sowie an der Pädagogischen Hochschule Kiel; seit 1995/96 Prof. für Politikwissenschaft an der Universität Koblenz-Landau, Abt. Landau, seit 1998 Leiter des Frank-Loeb-Instituts Landau an der Universität; seit 4/2009 Vizepräsident der Universität Koblenz-Landau.

ULRICH SAXER, Jg.. 1931 in Küsnacht (Zürich), Professor für Publizistik und Leiter des Seminars für Publizistikwissenschaft der Universität Zürich (1978-1996). Ab 1997 Honorarprofessor für Publizistik- und Kommunikationswissenschaft an der Universität Wien. Pride Award der American Commission for Public Relations (1993). Mitherausgeber von Publizistik (1985-2001). Arbeitsschwerpunkte: Kommunikationssoziologie, Kommunikatorforschung, Kommunikationspolitik, Aussagenanalyse, Public Relations, Politische Kommunikation, Kulturkommunikation.

INGA SCHLICHTING, Jg. 1979, M.A., Studium der Kommunikationswissenschaft in Münster, Karlstad/ Schweden und Wien; 2005-2008 PR-Beraterin bei der Hamburger Agentur Mann beißt Hund; seit 2008 Promotion am Institut für Journalistik und Kommunikationswissenschaft der Universität Hamburg und freie PR-Beraterin.

SÖREN SCHRÖDER, Jg. 1982, studierte Kommunikationswissenschaft an der Westfälischen Wilhelms-Universität Münster.

ASTRID SCHWITAL, Jg. 1979, studierte Kommunikationswissenschaft an der Westfälischen Wilhelms-Universität Münster.

SANDYA STIEBLING, Jg. 1981, studierte Kommunikationswissenschaft an der Westfälischen Wilhelms-Universität Münster.

HANNA TANK, Jg. 1982, studierte Kommunikationswissenschaft an der Westfälischen Wilhelms-Universität Münster.

JULIA VÖLKER, Jg. 1979, studiert Kommunikationswissenschaft an der Westfälischen Wilhelms-Universität Münster.

GERHARD VOWE, Jg. 1953; Studium der Politik-, Publizistik- und Informationswissenschaft an der FU Berlin; Promotion 1983; Habilitation 1991 an der TH Darmstadt mit einer Arbeit über die Enquete-

Kommissionen des Bundestages zu riskanten Technologien. 1997 bis 2004 Professor für Politik und Medien an der der TU Ilmenau, seit 2005 Professor für Kommunikations- und Medienwissenschaft an der Heinrich-Heine-Universität Düsseldorf.

SARAH ZIELMANN, Jg. 1976, M.A., Studium der Kommunikations- und Medienwissenschaft, Soziologie in Göttingen, Padua und Leipzig. Danach Assistentin am Institut für Publizistikwissenschaft und Medienforschung Zürich. Seit 2003 Wissenschaftliche Mitarbeiterin am Institut für Kommunikationswissenschaft der Westfälischen Wilhelms-Universität Münster. Schwerpunkte PR/Organisationskommunikation, Politische Kommunikation, international vergleichende Kommunikationsforschung, Gesundheitskommunikation.

Lehrbücher

Hans J. Kleinsteuber
Radio
(Arbeitstitel)
Eine Einführung
2009. ca. 280 S. Br. ca. EUR 22,90
ISBN 978-3-531-15326-1

Juliana Raupp / Jens Vogelgesang
Medienresonanzanalysen
(Arbeitstitel)
Eine Einführung in Theorie und Praxis
2009. ca. 200 S. Br. ca. EUR 19,90
ISBN 978-3-531-16000-9

Ulrich Sarcinelli
Politische Kommunikation in Deutschland
(Arbeitstitel)
Zur Politikvermittlung
im demokratischen System
2. Aufl. 2009. ca. 350 S. Br. ca. EUR 24,90
ISBN 978-3-531-15386-5

Daniel Süss / Claudia Lampert / Christine W. Wijnen
Studienbuch Medienpädagogik
(Arbeitstitel)
Eine Einführung
2009. ca. 250 S. (Studienbücher zur Kommunikations- und Medienwissenschaft) Br. ca. EUR 19,90
ISBN 978-3-531-13894-7

Hartmut Weßler / Michael Brüggemann
Internationale Kommunikation
(Arbeitstitel)
Vergleichende und transnationale Perpektiven
2009. ca. 250 S. (Studienbücher zur Kommunikations- und Medienwissenschaft) Br. ca. EUR 24,90
ISBN 978-3-531-15008-6

Erhältlich im Buchhandel oder beim Verlag.
Änderungen vorbehalten. Stand: Juli 2008.

www.vs-verlag.de

VS VERLAG FÜR SOZIALWISSENSCHAFTEN

Abraham-Lincoln-Straße 46
65189 Wiesbaden
Tel. 0611.7878-722
Fax 0611.7878-400

GPSR Compliance
The European Union's (EU) General Product Safety Regulation (GPSR) is a set of rules that requires consumer products to be safe and our obligations to ensure this.

If you have any concerns about our products, you can contact us on

ProductSafety@springernature.com

In case Publisher is established outside the EU, the EU authorized representative is:

Springer Nature Customer Service Center GmbH
Europaplatz 3
69115 Heidelberg, Germany

www.ingramcontent.com/pod-product-compliance
Lightning Source LLC
LaVergne TN
LVHW081346060526
838201LV00050B/1724